GUIA VISUAL - FOLHA DE S.PAULO

NOVA ZELÂNDIA

DK

UM LIVRO DORLING KINDERSLEY

www.dk.com

ISBN 978-85-7402-824-8

PUBLIFOLHA
Divisão de Publicações do Grupo Folha
Al. Barão de Limeira, 401, 6º andar, CEP 01202-900, São Paulo, SP
Tel.: (11) 3224-2186/2187/2197
www.publifolha.com.br

COORDENAÇÃO DO PROJETO
PUBLIFOLHA
ASSISTÊNCIA EDITORIAL: Rodrigo Villela
PRODUÇÃO GRÁFICA: Soraia Pauli Scarpa

PRODUÇÃO EDITORIAL
EDITORA PÁGINA VIVA
EDIÇÃO: Carlos Tranjan
ASSISTÊNCIA DE EDIÇÃO: Lívio Lima de Oliveira
TRADUÇÃO: Ibraíma Tavares, Vera Caputo, Marcos Maffei
REVISÃO: Felice Morabito

PRODUÇÃO GRÁFICA
EDITORA PÁGINA VIVA
DIREÇÃO DE ARTE: José Rodolfo Arantes de Seixas
ASSISTÊNCIA: Priscylla Cabral

DORLING KINDERSLEY
DIREÇÃO EDITORIAL: Timothy Auger
EDIÇÃO DO PROJETO: Noor Azlina Yunus
EDIÇÃO: Dianne Buerger, Zuraidah Omar
DIAGRAMAÇÃO: Theivanai Nadaraju, Yong Yoke Lian
COLABORAÇÃO: Helen Corrigan, Roef Hopman, Gerard Hutching, Rebecca Macfie, Geoff Mercer, Simon Noble, Peter Smith, Michael Ward, Mark Wright
FOTOGRAFIAS: Peter Bush, Gerald Lopez, Lloyd Park, Ron Redfern
ILUSTRAÇÕES: Yeap Kok Chien, Tan Hong Yew, Denis Chai Kah Yune
Mapas: ERA-Maptec Ltd, Dublin, Ireland

Impresso na South China Printing Company, China.

Os leitores interessados em fazer sugestões ou comunicar eventuais correções podem escrever para a Publifolha, Al. Barão de Limeira, 401, 6º andar, CEP 01202-900, São Paulo, SP, enviar um fax para: (11) 3224-2163 ou um e-mail para: atendimento@publifolha.com.br

Imagem principal da capa: Miter Peak, Milford Sound

◁ **Ovelhas e gado no pasto, Mount Hutt**

SUMÁRIO

Tamatekapua, casa de reuniões maori, em Rotorua

***Pohutukawa* em flor em Oriental Bay, Wellington**

Passeio de bote no rio Avon, Christchurch

Sofisticado peixe com fritas

Partida de rúgbi em East Cape, Ilha Norte

Olveston House, Dunedin

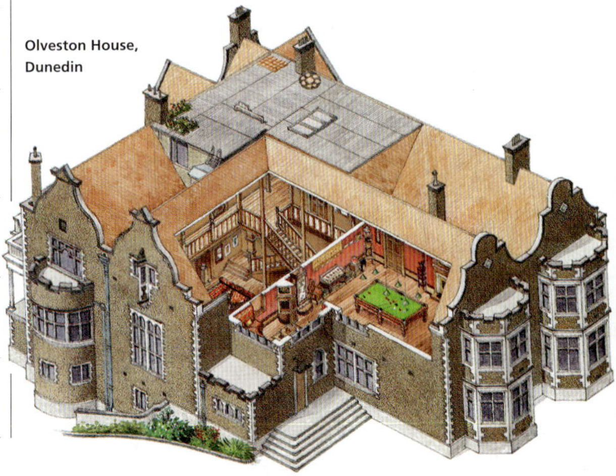

COMO USAR ESTE GUIA

Este guia irá ajudá-lo a aproveitar ao máximo sua visita à nova Zelândia. A seção *Introdução à Nova Zelândia* mapeia o país e o situa histórica e culturalmente. Os sete capítulos da seção *Nova Zelândia Área por Área* descrevem as principais atrações, com fotos, ilustrações e mapas. São cobertos tópicos relacionados especificamente às duas ilhas principais, além de temas de interesse regional. Restaurantes e hotéis estão listados em *Indicações ao Turista*. O *Manual de Sobrevivência* traz dicas práticas de todo tipo, de como fazer uma ligação telefônica ao uso dos meios de transporte.

NOVA ZELÂNDIA ÁREA POR ÁREA

As atrações da Nova Zelândia foram divididas em sete áreas principais. Para facilitar a consulta, cada uma recebeu uma cor diferente em um índice de dedo. Do lado de dentro da primeira capa, há um mapa com as divisões das duas ilhas principais. As atrações listadas em cada área estão numeradas no *Mapa da Região*.

1 Introdução
A paisagem, a história e as características de cada região são descritas aqui: o desenvolvimento da área ao longo dos anos e o que ela tem a oferecer ao turista.

Localize-se
Um mapa aponta a localização da região no país.

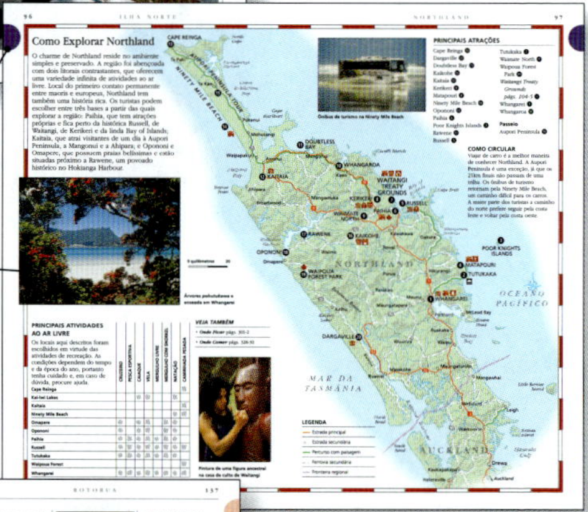

Cada área da Nova Zelândia pode ser identificada pelo código de cores.

2 Mapa da Região
Ele oferece uma visão geral da área. Todas as atrações comentadas no capítulo são numeradas, e há dicas de como circular de carro ou de transporte público.

3 Informações detalhadas
Todas as cidades importantes e outros locais de interesse são descritos separadamente. Eles são listados na sequência indicada no Mapa da Região. *Em cada entrada há detalhes sobre edifícios e outras atrações relevantes.*

Boxes especiais
destacam características excepcionais ou únicas de uma área ou atração.

4 Cidades principais

Todas as cidades importantes são descritas separadamente. Em cada entrada há mais detalhes sobre edifícios e outras atrações de interesse. O Mapa da Cidade *mostra a localização das principais atrações.*

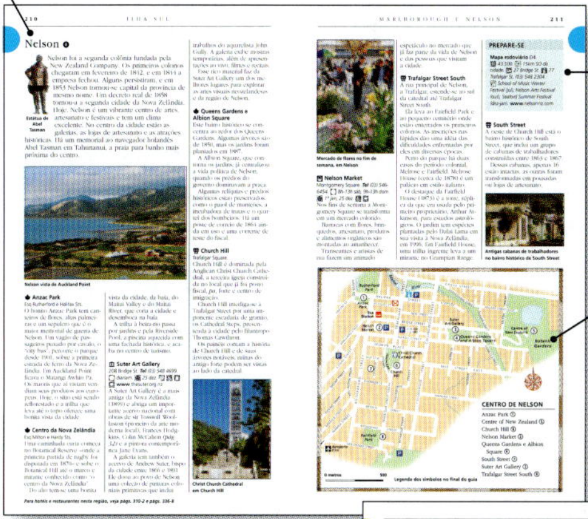

A seção Prepare-se dá detalhes práticos para o planejamento da viagem, como transporte, endereço do Centro de Informação Turística e festas.

O Mapa da Cidade mostra as estradas principais e as secundárias. Indica as principais atrações, terminais rodoviários e estações de trem, estacionamentos e o Centro de Informação Turística.

5 Mapa Rua a Rua

Cidades e bairros de interesse especial são apresentados com vista aérea em 3D e textos que descrevem as atrações mais importantes.

O percurso sugerido para passeios a pé cobre as principais ruas da área.

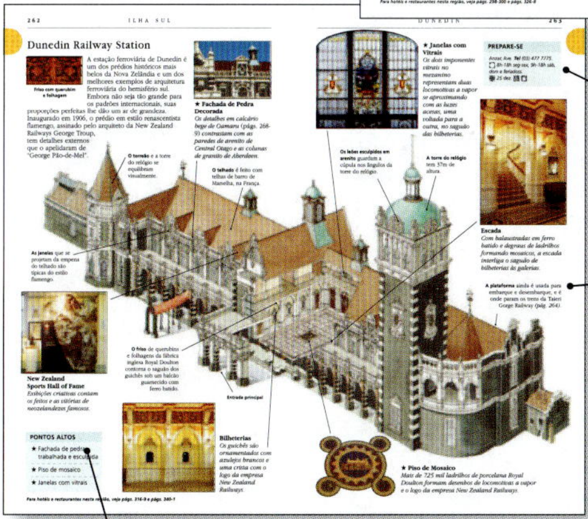

Horário de funcionamento, telefone e detalhes de transporte são oferecidos na seção Prepare-se

6 As melhores atrações

recebem duas ou mais páginas. Os edifícios históricos têm o interior dissecado; os parques nacionais são descritos com mapas e os museus, com as plantas dos andares. As características mais interessantes são mostradas em fotos

As estrelas indicam as atrações imperdíveis.

INTRODUÇÃO À NOVA ZELÂNDIA

DESCUBRA A NOVA ZELÂNDIA

Apesar de a maior parte dos turistas ser atraída à Nova Zelândia por sua beleza natural, o país oferece uma ampla variedade de atrativos naturais e urbanos, desde o Norte subtropical até o Sul subantártico. As atrações naturais incluem praias, estreitos de águas profundas, altas montanhas, fontes termais e florestas. A cultura neozelandesa pode ser experimentada em Auckland, a multicultural capital de negócios; em Wellington, capital política; na "cidade-jardim" de Christchurch; no vilarejo universitário de Dunedin; e nas vibrantes províncias.

Vinho da Nova Zelândia

AUCKLAND

- **Cafés boêmios e bares de Ponsonby**
- **Importantes galerias de arte e museus**
- **Ação na região portuária de Viaduct Basin**

Auckland *(págs. 66-93)* é a maior cidade da Nova Zelândia e lar de um terço dos habitantes do país; tem também a maior população polinésia do mundo. É o lugar para comprar moda e arte neozelandesas, para jantar em restaurantes de vanguarda e visitar cafés e bares. **Viaduct Basin** *(pág.72)*, cenário das disputas da America's Cup, é um grande lugar para apreciar barcos e fazer cruzeiros. A cidade tem entretenimentos soberbos, do cassino SKYCITY a concertos no Auckland Domain. Os maiores tesouros maoris da nação e obras de artistas como Frances Hodgkins e Ralph Hotere estão à mostra nos museus e galerias da cidade. Como antídoto para a vida urbana, há nas proximidades os vinhedos de **Henderson** *(pág. 87)* e as praias de **Piha** e **Karekare** *(págs. 86-7)*.

Barcos em Viaduct Basin, Auckland

O litoral irregular de Bay of Islands, em Northland

NORTHLAND

- **Cape Reinga, a escarpada extremidade norte do país**
- **As deslumbrantes enseadas e angras de Bay of Islands**
- **As históricas Kerikeri, Waitangi e Russell**

Northland é o coração simbólico da Nova Zelândia, desde **Cape Reinga** *(pág. 108)*, de onde os espíritos maoris partem desta vida para Hawaiki, sua terra natal, **Waitangi** *(págs. 104-5)*, onde foi assinado em 1840 um tratado fundamental para o país. A costa ocidental desta península é uma longa praia de areia, enquanto a costa oriental é interrompida por promontórios e golfos salpicados de ilhotas.

Na idílica **Bay of Islands** *(pág. 103)* pode-se relaxar em barcos, mergulhar e fazer pesca submarina; este é também o berço da Nova Zelândia colonial, onde os missionários convertiam tribos maoris, história que pode ser vista em Mission Station, **Kerikeri** *(pág. 106)*, no vilarejo de **Russell** *(pág. 102)* e no sagrado **Waitangi Treaty Grounds** *(págs.104-5)*. A Nova Zelândia pré-histórica ainda pode ser apreciada na forma da dâmara Tane Mahuta, uma árvore *kauri* de 1.500 anos de idade que se encontra no **Waipoua Forest Park** *(pág. 111)*.

CENTRO DA ILHA NORTE

- **Termas, lama borbulhante e gêiseres**
- **Vinhedos ensolarados e vinícolas de Hawke's Bay**
- **O paraíso dos surfistas em Whale Bay, Raglan**

A região central de North Island oferece muitas delícias, desde as termas de **Rotorua** *(págs. 134-9)* e as pistas de esqui de **Mount Ruapehu** *(pág. 142)* até os quentes e ensolarados vinhedos de **Hawke's Bay** *(págs.*

150-1) e a famosa arrebentação de ondas em Whale Bay, perto de **Raglan** *(págs. 116-7)*. As melhores e menos comerciais experiências maoris são encontradas no remoto **East Cape** *(págs. 131-3)*, e, a oeste desta região, aqueles que buscam emoção podem descer corredeiras de águas negras nas cavernas de **Waitomo** *(págs. 120-1)*. A **Coromandel Peninsula** *(págs. 124, 127)* oferece férias à beira-mar entre alternativos e artesãos.

Cerimônia maori, Wellington

WELLINGTON E O SUL

- Govett-Brewster Gallery, em New Plymouth
- Vinícolas de Wairarapa
- Te Papa Tongarewa, o museu das tradições nacionais

Há muitas atrações turísticas menos conhecidas a caminho de **Wellington** *(págs. 153-67)*. **New Plymouth** *(págs. 180-1)* tem exposições inovadoras de arte contemporânea na **Govett-Brewster Gallery** *(pág. 180)* e o festival de luzes do verão. Se preferir, faça uma viagem pelas corredeiras do rio Whanganui, em **Wanganui** *(págs. 178-9)*. Alguns dos melhores vinhos do país estão na região vinícola de **Martinborough** *(págs. 37, 172)*. **Te Papa Tongarewa** *(págs. 166-7)*, o museu das tradições nacionais, é imperdível. Visite também o distrito histórico de **Thorndon** *(pág. 161)*, com suas mansões do século 19.

Vinhedo em Hawke's Bay, com as montanhas ao fundo

MARLBOROUGH E NELSON

- A artística e relaxada Nelson
- Baleias em Kaikoura
- Os vinhos de Marlborough

Para caminhadas suaves, dirija-se ao **Abel Tasman National Park** *(págs. 214-5)*, e, para nadar e andar de caiaque, procure as praias próximas à Golden Bay e a **Nelson** *(págs. 210-3)*. A costa oriental ao redor de **Kaikoura** *(pág. 208)* é famosa pela observação de baleias, e os renomados vinhos de **Marlborough** *(págs. 206-7)* completam o passeio pela região. Se quiser vida selvagem, visite **Marlborough Sounds** *(págs. 202-3)*.

CANTERBURY E COSTA OESTE

- Christchurch , "cidade-jardim"
- As florestas da Costa Oeste
- Glaciares cintilantes

A leste dos Southern Alps (Alpes do Sul) ficam as planícies de Canterbury e a cidade de **Christchurch** *(págs. 222-31)*, que traz a marca dos fundadores anglicanos nos parques, nos jardins e nos edifícios coloniais. A oeste de duas gargantas espetaculares fica a **Costa Oeste** *(págs. 220-1)*, uma faixa de floresta tropical pontuada pelas falhas de **Punakaiki** *(pág. 236)* e os glaciares de **Fox** e **Franz-Josef** *(pág. 239)*. O pico mais alto do país, **Aoraki/ Mount Cook)** *(págs. 252-3)*, tem ótimas trilhas para cavalgadas e caminhadas.

OTAGO E SOUTHLAND

- Descargas de adrenalina em Queenstown
- A pré-histórica Fiordland
- A vida dos pássaros em Stewart Island

Queenstown *(págs. 276-7)* e **Wanaka** *(págs. 270-1)* são as capitais do *rafting* em corredeiras, do *bungee-jumping*, do *snowboarding* e do esqui. Esta bela região também a cadeia de montanhas Remarkables, a paisagem primordial de **Fiordland** *(págs. 280-3)*, a flora e a fauna nativas e intocadas de **Stewart Island** *(págs. 288-9)* e as históricas construções de pedra da principal cidade da região, **Dunedin** *(págs. 258-65)*.

Caminhada em um glaciar

Nova Zelândia Dentro do Mapa: Ilha Norte

A Nova Zelândia fica no sul do Pacífico, 1.600km a leste da Austrália, a 12.000km de São Paulo e a uma distância semelhante de Tóquio. Formada por duas ilhas grandes e diversas ilhas menores, tem 270.530km², tamanho comparável ao do Japão e ao das ilhas britânicas.
A Ilha Norte e a Ilha Sul são separadas pelo Estreito de Cook, que tem 20km de extensão na parte mais estreita. Dois terços dos 4 milhões de habitantes moram na Ilha Norte, pouco mais de 1 milhão apenas em Auckland, a maior cidade do país e o mais populoso centro polinésio do mundo. A capital da Nova Zelândia é Wellington, que fica na extremidade meridional da Ilha Norte.

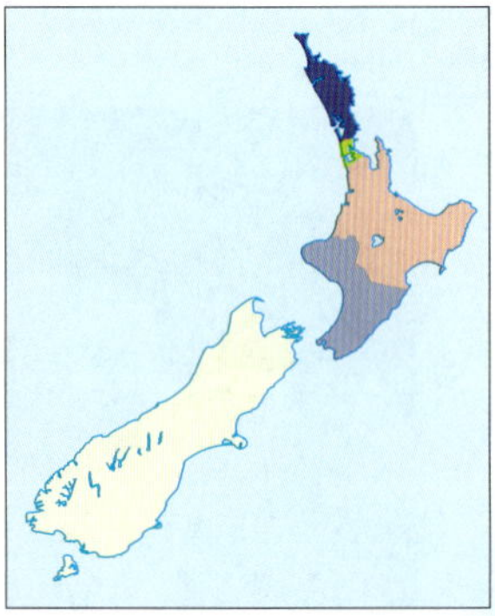

LEGENDA

Ilha Norte

- Northland
- Auckland
- Centro da Ilha Norte
- Wellington e o Sul

0 quilômetros 50

LEGENDA
Área urbana
Aeroporto internacional
Aeroporto doméstico
Serviço de ferryboat
Rodovia
Rodovia estadual
Outras estradas
Ferrovia
Great Barrier Island
Golfo de Hauraki
Orewa
AUCKLAND
OCEANO PACÍFICO
Coromandel
Whitianga
Coromandel Peninsula
Thames
Waikato
Waihou
Hamilton
Tauranga
Cambridge
Bay of Plenty
Waipa
Lake Rotorua
Whakatane
East Cape
Otorohanga
Rotorua
Tokoroa
Whakatane
Lake Taupo
Taupo
Taumarunui
Lake Waikaremoana
Gisborne
Turangi
Raetihi
Waiouru
Hawke Bay
Napier
Hastings
Rangitikei
Waipukurau
Palmerston North
Masterton
artinborough
hangarei
AUCKLAND E ARREDORES
Para Whangarei e o Norte
Rangitoto Island
Waitemata Harbour
Auckland Harbour Bridge
CIDADE DE AUCKLAND
Waitakere City
Manukau Harbour
Aeroporto Internacional de Auckland
Manukau City
0 quilômetros 5
Para Hamilton e o Sul
WELLINGTON E ARREDORES
Para Levin e o Norte
Para Masterton e o Leste
Porirua
Upper Hutt
Lower Hutt
Johnsonville
RIMUTAKA RANGE
Wellington Harbour
CIDADE DE WELLINGTON
Aeroporto Internacional de Wellingtont
0 quilômetros 10

Nova Zelândia Dentro do Mapa: Ilha Sul

Com 150.440km², a Ilha Sul é ligeiramente menor que a Ilha Norte. A cordilheira Southern Alps (Alpes do Sul) corta quase toda a ilha no comprimento e tem 223 picos com mais de 2.300m de altura. A região oriental dos Alpes é seca e, em grande medida, desprovida de florestas, ao passo que West Coast, a costa oeste, apresenta alto índice pluviométrico e florestas exuberantes, lagos, montanhas e glaciares. Christchurch, a maor cidade da Ilha Sul, tem 330 mil habitantes e importantes conexões para viagens internacionais. Ao sul fica a cidade universitária de Dunedin. Stewart Island, ao sul de Invercargill, é a terceira maior ilha da Nova Zelândia

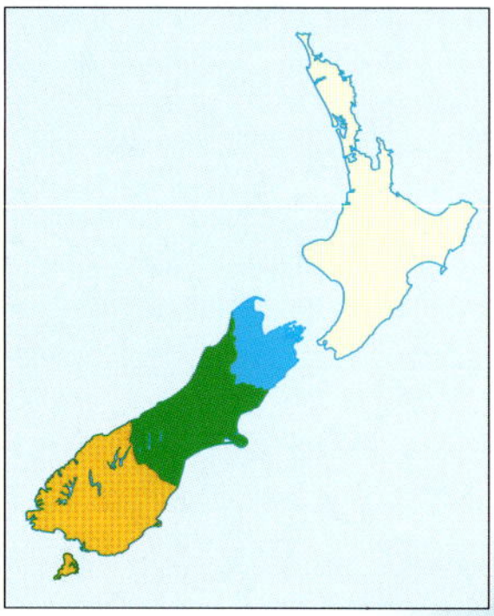

LEGENDA

Ilha Sul

- Marlborough e Nelson
- Canterbury e Costa Oeste
- Otago e Southland

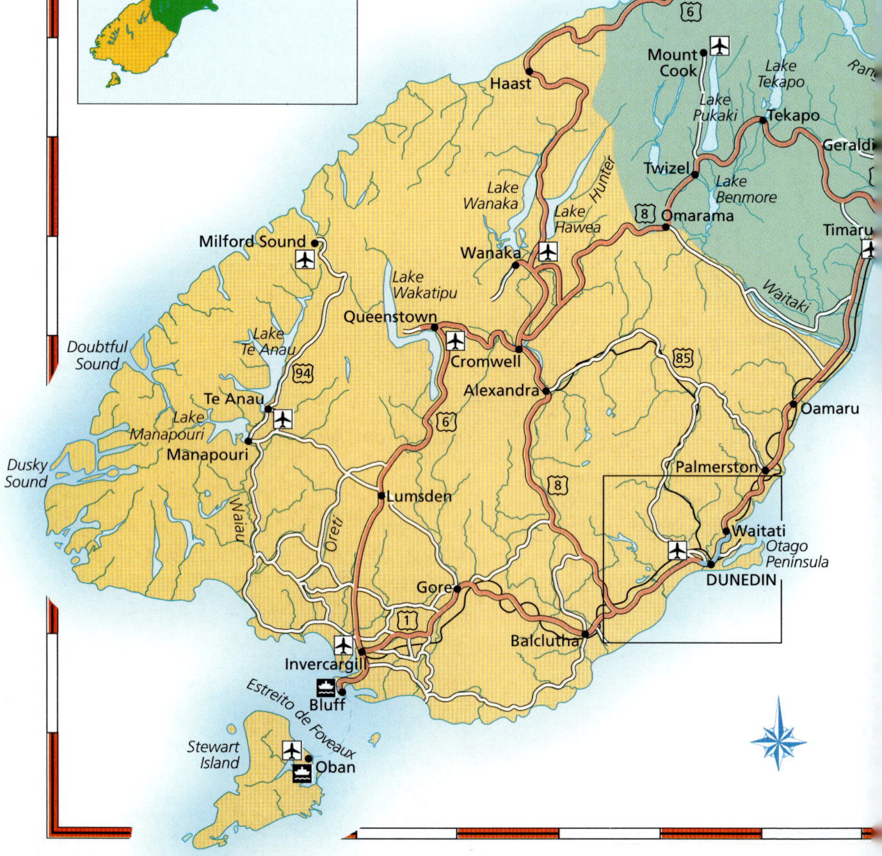

Farewell Spit
Golden Bay
Collingwood
Takaka
60
Tasman Bay
Marlborough Sounds
Karamea
Motueka
Palmerston North
Levin
Paraparaumu
Upper Hutt
Masterton
Nelson
Picton
WELLINGTON
Lower Hutt
Rumahanga
Wairau
Westport
6
Blenheim
Estreito de Cook
Murchison
St Arnaud
Awatere
Cape Palliser
1
Reefton
Clarence
Springs Junction
eymouth
Hanmer Springs
hara Junction
7
Kaikoura
r's ass
73
Waipara
Springfield
Oxford
Pegasus Bay
Mount Hutt
CHRISTCHURCH
Rakaia
Lake Ellesmere
Ashburton
Banks Peninsula
terbury ight
Oceano Pacífico
LEGENDA
Área urbana
Aeroporto internacional
Aeroporto doméstico
Serviço de ferryboat
Rodovia
Rodovia estadual
Outras estradas
Ferrovia
0 quilômetros 50
CHRISTCHURCH E ARREDORES
Blenheim
1
Oxford
72
Rangiora
Oceano Pacífico
Kaiapoi
Eyre
Waimakariri
Belfast
Christchurch International Airport
CHRISTCHURCH
Darfield
73
Halswell
Selwyn
Lyttelton
Banks Peninsula
1
Lincoln
75
Lake Ellesmere
Rakaia, Timaru
Akaroa
0 quilômetros 20
Rakaia
DUNEDIN E ARREDORES
Oamaru
Queenstown
Karitane
Michies Crossing
Blueskin Bay
Porto de Chalmers
87
88
Mosgiel
1
Otago Peninsula
Fairfield
DUNEDIN
Henley
Queenstown
1
Oceano Pacífico
8
0 quilômetros 20
Milton
Invercargill

RETRATO DA NOVA ZELÂNDIA

A Nova Zelândia é um dos países mais isolados do mundo. Os maoris, que foram os primeiros a ali chegar, chamavam-na Aotearoa, "terra da grande nuvem branca", já que a nuvem acima deles fora a primeira indicação da existência das ilhas. A localização das ilhas da Nova Zelândia afeta decisivamente seu clima, sua história e seu caráter contemporâneo..

Quivi, um ícone da Nova Zelândia

Situada entre as latitudes 34° e 47° sul, a Nova Zelândia fica na passagem dos *roaring forties,* os ventos que circundam essa parte do globo, e é separada da massa terrestre mais próxima, a Austrália, pelos 1.600km do mar da Tasmânia. Como está na Linha de Data Internacional, oposta ao meridiano de Greenwich (o meridiano de grau zero), a Nova Zelândia reivindica ser o primeiro país a ver o sol nascer.

O clima varia de subártico a subtropical. A orientação das correntes marítimas propicia chuvas regulares e vegetação exuberante. Há grande variedade de aves e peixes, mas apenas duas espécies de morcego, e os únicos mamíferos terrestres são os introduzidos pelos antigos maoris e pelos europeus. De colonização recente, com cerca de 4 milhões de habitantes, o país conserva seu meio ambiente limpo e preservado.

Os picos nevados dos Southern Alps, os lagos e os fiordes de formação glacial proporcionam um cenário espetacular, e existe extensa atividade vulcânica e termal no planalto central da Ilha Norte. O litoral

***Silver fern*, um dos símbolos da Nova Zelândia**

◁ **Vista aérea dos picos nevados dos Southern Alps**

Vista do litoral a partir de Tunnel Beach, ao sul de Dunedin

do país oferece baías protegidas, portos e praias soberbas. O turismo da Nova Zelândia está focado no meio ambiente, e os aspectos urbanos são, comparativamente, muito menos significativos.

COLONIZAÇÃO

A circunavegação do capitão James Cook e o mapeamento das principais ilhas, em 1769, abriram o caminho para a indústria ligada à caça de focas e à pesca de baleias. As condições ingovernáveis, as preocupações dos missionários com os conflitos com os maoris e a ameaça de anexação pelos franceses levaram os ingleses, em 1840, a declarar a Nova Zelândia como uma de suas colônias. Em Waitangi, em Bay of Islands, a Coroa britânica assinou um tratado com os maoris. Apesar de o acordo dispor sobre a proteção dos maoris e de seus recursos naturais, a venda de suas terras continuou a ocorrer em pleno século 20. Seus líderes fizeram pressão por justiça e organizaram marchas pela terra. Em 1975 foi editada a Lei do Tratado de Waitangi e instalado o Tribunal de Waitangi, para examinar as reivindicações dos maoris.

Capitão James Cook

A líder maori Dame Whina Cooper encaminha-se para uma marcha em outubro de 1975

O povoamento planejado após 1840 foi feito por empresas inglesas e escocesas, e cidades como Christchurch e Dunedin ainda refletem essas origens. Auckland, antiga capital e atual centro comercial, permanece mais cosmopolita. O pronto estabelecimento de Wellington como capital contribuiu para seu caráter político.

Os primeiros colonizadores voltaram-se para a terra, atraídos pelas extensas florestas, tanto em razão do comércio de madeira como em função de campos cultiváveis. O espírito independente dos neozelandeses pode ser considerado como oriundo dos colonizadores, operários determinados a escapar da opressiva estrutura de classes inglesa. O cultivo da terra promoveu o orgulho pela intrepidez física, extraordinariamente representado quer nas duas guerras mundiais, quer na prática do rúgbi, o esporte nacional.

Beehive ("colméia"), parte do edifício do Parlamento que abriga os ministérios, Wellington

SOCIEDADE

Apesar de independente e democrática, a Nova Zelândia é ainda um domínio britânico. O Parlamento do país, baseado nos Estatutos de Westminster, obedece ao soberano britânico por meio de seu governador-geral. Propostas de que a Nova Zelândia se torne uma república têm grande apoio no país.

Os neozelandeses têm orgulho de sua história de reformas sociais. Primeiro país no mundo a assegurar o voto feminino, em 1893, a Nova Zelândia tinha implantado o ensino compulsório e gratuito por volta de 1877, e, em 1938, o sistema de saúde gratuito, a aposentadoria universal e uma rede de bem-estar social.

Não obstante o Tribunal de Waitangi tenha permitido compensações substanciais aos maoris, cujas terras foram irregularmente tomadas, as questões envolvidas continuam a inflamar as relações maoris-europeus. O encorajamento à imigração de ilhéus do Pacífico pelos governantes dos anos 1960, na tentativa de obter força de trabalho, complicou ainda mais a questão racial, e hoje o influxo de imigrantes asiáticos cria algumas tensões. No entanto, os turistas testemunham o comportamento amigável e acolhedor dos neozelandeses, o que pode ser

Feira de arte e artesanato em Christchurch

Os jogadores do All Black antes da partida contra a África do Sul, em Dunedin, 1999

atribuído ao fato de tratar-se de uma população pequena, que, segundo os padrões mundiais, vive em boas condições habitacionais, em cidades pequenas que ainda não sofrem com congestionamentos e criminalidade generalizada, e tem fácil acesso a um estupendo meio ambiente.

Jovens maoris montam seus cavalos

Embora haja sinais de um alargamento da distância entre ricos e pobres, a Nova Zelândia permanece, de forma geral, uma sociedade igualitária. Existem algumas distinções baseadas em nível de riqueza, ocupação e raça, mas não há nenhum sistema de classes fundado em nascimento ou hereditariedade. Espírito empreendedor e energia podem assegurar bons empregos e qualidade de vida. Quase 85% da população é urbana, com 75% residente na Ilha Norte.

Após sua quase dizimação, a população maori vem crescendo com constância e hoje representa 16% do total de habitantes do país. No entanto, a condição socioeconômica dos maoris está ainda abaixo da média, uma situação que se espera venha a ser corrigida por políticas governamentais afirmativas de educação e emprego.

Rebanho de ovelhas em uma rodovia

TRABALHO E ECONOMIA

A agricultura é a principal atividade econômica, com predomínio da produção de carne, laticínios e madeira, mas a necessidade de competir no mercado internacional exigiu diversificação. Pioneiro em pesquisa agrícola, o país é líder em tecnologia animal e de colheita. Seus vinhos, em especial os brancos, são internacionalmente reconhecidos e seus alimentos são exportados para a Ásia, a Europa e os Estados Unidos. O turismo é importante. As instalações, acomodações, restaurantes e cafés atendem todos os gostos. Por ser uma pequena nação que precisa exportar para os mercados estrangeiros, a Nova Zelândia é vulnerável à economia global. Não possui recursos minerais substanciais nem uma grande indústria manufatureira. De todo modo, há sinais encorajadores nos setores de tecnologia da informação, eletrônicos e indústria naval. A recessão dos anos 1980 levou à mudança do Estado de bem-estar social para uma política de usuários pagantes, com a privatização de empresas públicas. Os maiores partidos políticos são o Trabalhista e o Nacional; partidos menores influenciam o equilíbrio de poder por meio da formação de coalizões.

Refeição ao ar livre em Mapua, Nelson

Professora ensina os alunos em um parque

ESPORTE E CULTURA

A Nova Zelândia é um paraíso esportivo. Em 2000, a defesa da America's Cup atraiu uma imensa aglomeração de iates. Corridas de cavalo são comuns e populares, e os criadores do país são mundialmente procurados. Grande variedade de artistas e espetáculos visita o país. Os festivais das ilhas do Pacífico e da cultura maori coincidem com o reflorescimento da arte e dos artistas maoris. A Nova Zelândia tem a primazia em diversas questões. Lorde Rutherford foi o primeiro a promover a fissão nuclear e Sir Edmund Hillary, com o xerpa Tenzing, foi o primeiro a alcançar o topo do monte Everest. Também têm reputação internacional a escritora Katherine Mansfield, a diva da ópera Kiri Te Kanawa e o cientista espacial Sir William Pickering.

A Nova Zelândia é atualmente uma nação vibrante, hospitaleira e multicultural, que forjou uma identidade única, derivada da combinação de sua herança maori com sua cultura colonial.

Músicos de rua em Auckland

A Paisagem da Nova Zelândia

A Nova Zelândia é um território velho com uma paisagem nova: algumas de suas rochas têm 600 milhões de anos e são relativamente antigas, mas os relevos que surgiram delas são bem recentes. Os Southern Alps, por exemplo, começaram a emergir apenas 3 milhões de anos atrás, e explosões vulcânicas e terremotos continuam a criar novas formas. A paisagem é diversificada: montanhas, lagos, rios, praias, montes, vulcões, florestas tropicais e fiordes ocupam ao mesmo tempo uma área relativamente pequena.

Mount Ruapehu: *como outros vulcões do país, entra em erupção com frequência. Fica em um dos maiores centros de atividade vulcânica do mundo* (págs. 64-5).

O litoral da Nova Zelândia tem *18.200km de extensão. Cerca de 80% dele estão expostos ao mar aberto e 20% são enseadas protegidas. Além de abrigar espécies marinhas, a costa do país é muito procurada por esportistas.*

Os contrafortes dos Southern Alps, que separam as costas leste e oeste, protegem as planícies de Canterbury dos ventos.

AS PLACAS TECTÔNICAS

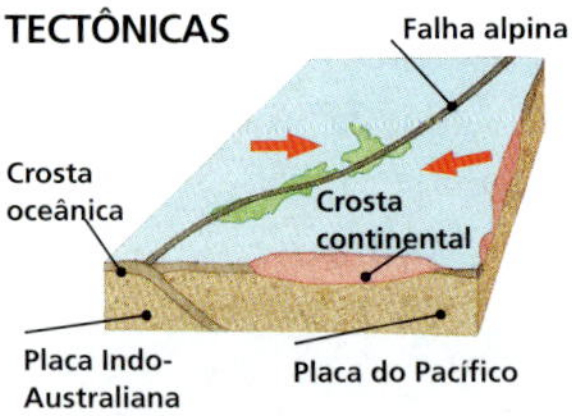

Entre 20 e 25 milhões de anos a Nova Zelândia se assenta sobre duas das 15 placas em movimento. Na Ilha Norte, a placa do Pacífico avança sob a placa Indo-Australiana, formando vulcões. Na Ilha Sul, a placa Indo-Australiana avança sob a placa do Pacífico, formando a falha alpina.

CANTERBURY E SOUTHERN ALPS

A agricultura intensiva transformou antigas planícies cobertas de florestas em pastagens recortadas por rios e salpicadas de ovelhas. Os distantes Southern Alps são testemunhas das poderosas forças geológicas que vêm moldando o país nos últimos 600 milhões de anos.

Moitas baixas *cobrem cerca de 10% da superfície da Nova Zelândia. Boa parte delas fazia parte de florestas, que foram queimadas pelos maoris na caça ao* moa.

Bay of Islands *compreende 144 ilhas, todas a uma distância máxima de 50km da costa. Nos períodos glaciais, quando o nível do mar era mais baixo, as ilhas eram ligadas ao continente.*

Os rios *(pág. 191)* transportam rochas e seixos dos Southern Alps e fertilizam a terra.

As ovelhas, criadas por causa da lã e da pela carne, crescem nas colinas do sul de Canterbury e nas chapadas.

A CONEXÃO GONDWANA

Até aproximadamente 80 milhões de anos atrás, a Nova Zelândia fazia parte de um grande continente, a Gondwana, que compreendia o que hoje conhecemos como Antártica, Austrália, Índia, África e América do Sul. Uma vez que a Nova Zelândia ficou isolada, vários animais e diversas plantas evoluíram para formas jamais encontradas em outras massas terrestres.

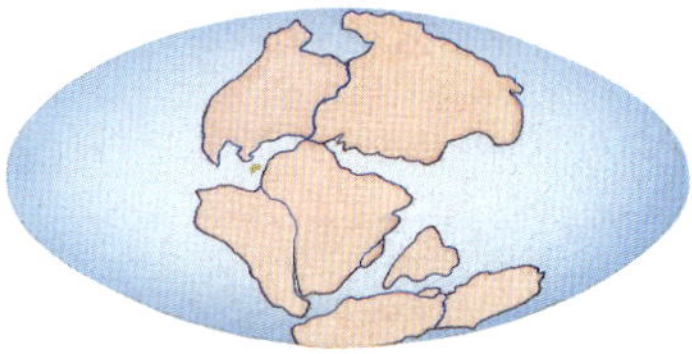

180 milhões de anos atrás, a Nova Zelândia ocupava um canto da Gondwana, um dos dois supercontinentes do mundo; o outro era a Laurásia.

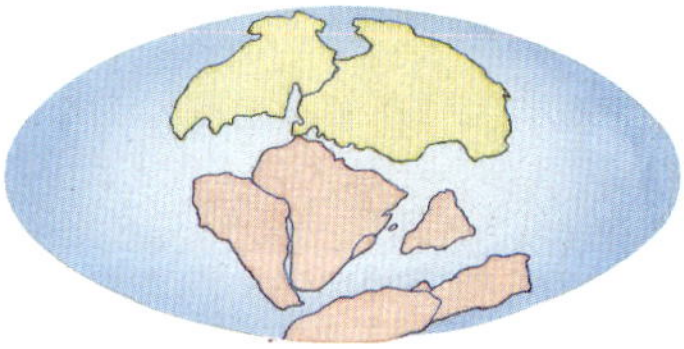

135 milhões de anos atrás, a Gondwana começou a se separar nos continentes modernos. Nessa época a Nova Zelândia ainda estava ligada à Austrália.

Hoje o mar da Tasmânia separa a Nova Zelândia da Austrália, e os continentes continuam a se afastar. A Nova Zelândia se movimenta em direção ao Equador a um ritmo de cerca de 30mm por ano.

Os fiordes *do sudoeste do país, escavados ao longo de milhões de anos por sucessivas épocas glaciais – a última foi há 10 mil anos – estão entre os mais espetaculares do mundo* (págs. 280-1). *Seu litoral se estende por 1.000km. Doubtful Sound, a 420m, é o mais profundo; Dusky Sound, que tem 40km, é o mais extenso.*

Flora e Fauna

Pinguim azul

A Nova Zelândia é um território isolado há 80 milhões de anos, e o resultado disso é que ela abriga diversos animais e várias plantas que não existem em outra parte do mundo. Vivem ali apenas dois mamíferos terrestres (ambos morcegos), mas as focas, as baleias e os golfinhos são abundantes no litoral. Aves que não voam, lagartos, cobras gigantes, rãs primitivas e plantas do tempo dos dinossauros tornam o país único. Apesar do impacto da atividade humana sobre a flora e a fauna nos últimos mil anos, o turista ainda encontra um ambiente fascinante.

O tuatara *é a única espécie remanescente de uma ordem de répteis que viveu há cerca de 220 milhões de anos. O melhor lugar para observá-lo é o "tuatário" de Invercargill* (pág. 286).

FLORESTAS DE DÂMARAS

As florestas de Northland são dominadas pelas imensas dâmaras, entre as quais cresce uma variedade de plantas subtropicais. Sua madeira era tão procurada para a construção de barcos e casas que as florestas foram severamente desmatadas a partir dos anos 1790.

Os quivis *se concentram nas florestas quentes de Northland, onde escavam o solo com o bico longo em busca de comida.*

Os *wetas*, *"grilos" que não voam, têm o tamanho da mão de um adulto. Inofensivos, vivem nas dâmaras.*

A *silver fern*, *ou* ponga, *é considerada por muitos o símbolo nacional. A parte de baixo de suas folhas é prateada.*

VEGETAÇÃO BAIXA

Os bosques de vegetação baixa e raquítica abrigam diversas espécies animais e funcionam como sementeiras das florestas maduras. Espalhados pelo país, eles já foram muito desmatados, mas atualmente estão se recuperando.

O geco-verde *vive nos galhos exteriores dos arbustos e caça durante o dia. Ele dá à luz filhotes, ao contrário de outras espécies, que põem ovos.*

A planta *kowhai*, *descrita como a flor típica da Nova Zelândia, produz lindos botões amarelos na primavera.*

A planta *manuka* *fornece pólen e néctar às abelhas.*

AS AVES DA NOVA ZELÂNDIA

A Nova Zelândia é famosa por suas aves incomuns. Como evoluíram sem a ameaça de grandes predadores, como ratos, felinos ou cães, elas elas perderam todos os motivos para voar. Além de não voarem mais, algumas se transformaram nas maiores aves de todos os tempos. Quando os maoris chegaram ali, descobriram o imenso *moa,* que tinha mais de 2m de altura. Devido à caça excessiva, a ave acabou extinta centenas de anos atrás. Hoje apenas algumas espécies antigas sobrevivem, entre elas o quivi, o *kakapo,* o *takahe,* o tordo-preto e o *kea,* e tem-se empreendido um grande esforço para garantir a sua preservação.

O *kakapo* *é um papagaio noturno que não voa.*

Os *kokakos* *voam mal, mas são conhecidos por seu belo canto.*

PAISAGEM ALPINA

A região alpina da Nova Zelândia começa a cerca de 1.300m de altitude na Ilha Norte e a 900m na Ilha Sul. Frio, calor, secura e ventos intensos se combinam para produzir moitas e arbustos adaptados às condições climáticas extremas.

Os *keas* *são papagaios alpinos da Ilha Sul. Têm a reputação de ser brincalhões e inteligentes.*

Este vegetal *é composto de uma massa de milhares de pequenas plantas, que, juntas têm a aparência de lã de ovelha.*

Plantas alpinas *escalam as concorrentes para ser notadas pelos insetos polinizadores.*

NO LITORAL

O litoral rochoso, as praias arenosas e os estuários lamacentos proporcionam diversos hábitats para a flora e a fauna costeiras. Graças a adaptações como folhas que retêm a umidade durante a seca, muitas plantas sobrevivem ao ambiente salgado.

O albatroz-real *se reproduz em Taiaroa Head, na península de Otago* (pág. 266), *para onde volta depois de passar o inverno fora.*

o carmim das flores *da* pohutukawa *anuncia a chegada do Natal na Ilha Norte.*

As focas neozelandesas *passam um bom tempo deitadas nas rochas do litoral.*

Parques Nacionais e Reservas da Nova Zelândia

Diplodactylus elderi

Dos vulcões nevados do Tongariro National Park aos penhascos escarpados de Fiordland, os parques nacionais da Nova Zelândia contêm paisagens de tirar o fôlego, lindas trilhas para caminhadas, numerosas plantas e animais que não existem em outra parte do globo. Seus 14 parques nacionais cobrem 29.000km², ou cerca de 8% da superfície terrestre do país. Há também 20 parques de preservação, 3.500 reservas florestais e 18 reservas marinhas na Nova Zelândia. O Departamento de Preservação, que administra todas essas áreas, salvaguarda 30% das terras neozelandesas.

No Abel Tasman National Park, *praias de areia dourada margeiam os rochedos cobertos de arbustos. No interior, cavernas e rios subterrâneos cortam o terreno calcário* (págs. 214-5).

Fica no Aoraki/Mount Cook National Park *a maior montanha da Australásia, o monte Cook, chamado de Aoraki ("fura-nuvens") pela tribo* ngai tahu, *assim como o mais extenso glaciar do país* (págs. 252-3).

O Paparoa National Park *tem um quê especial graças ao relevo calcário. Ao longo da costa, os golpes constantes do mar da Tasmânia esculpiram a rocha e criaram Pancake Rocks e os respiradouros* (pág. 236).

O Fiordland National Park *é uma área imensa e remota, com montanhas de picos nevados, fiordes, vales e lagos glaciais, cachoeiras, ilhas e uma densa floresta temperada* (págs. 280-1).

A Waipoua Forest, Northland, *tem os mais belos exemplares de dâmaras do país* (pág. 111). *As dâmaras estão entre as maiores árvores do mundo, e o clima quente da região estimula o seu crescimento.*

O Miranda Shorebird Centre, *na costa oeste de Firth of Thames, atrai milhares de aves migratórias de toda parte por causa de suas planícies alagadas* (pág. 122).

O lago de cratera do Mount Ruapehu, *no Tongariro National Park, um caldeirão geológico, explode periodicamente e depois volta a adormecer* (págs. 64-5, 142-3).

Mount Taranaki/Egmont, *a peça central do Egmont National Park, compõe um fundo espetacular para a cidade de New Plymouth. Está adormecido desde a última erupção, em 1755* (págs. 182-3).

Arquitetura da Nova Zelândia

O risco de terremotos limitou a altura dos prédios na Nova Zelândia, o que acabou por conferir às cidades uma aparência um tanto uniforme. A abundância de espaço, por sua vez, promoveu a expansão dos subúrbios. As onipresentes casas de madeira são entremeadas por graciosas construções históricas, por casas maoris bem preservadas e impressionantes edifícios públicos e comerciais, que vão de estruturas construídas em pedra ao estilo europeu até as modernas torres de concreto e vidro. A arquitetura contemporânea é uma mistura eclética de "Nova Zelândia" e estilos importados.

Torres de concreto e vidro em Auckland

CASAS DE CULTO MAORIS

As casas de culto e os armazéns comunitários têm um telhado de duas águas sustentado por pilares enterrados no solo e são elaboradamente entalhados. As tábuas de empena do pórtico simbolizam os braços dos ancestrais; a viga mestra, a espinha tribal; os caibros, o esteio da linhagem familiar. Muitas casas foram restauradas e outras construídas com materiais

As figuras nas colunas do telhado representam os ancestrais e os chefes

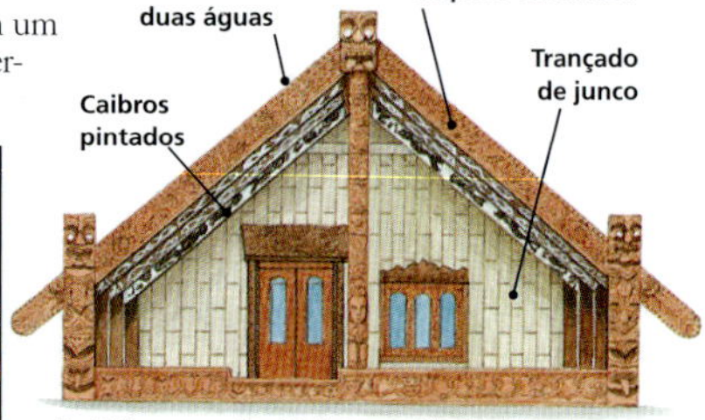

Te Tokanganui-a-Noho, *em Te Kuiti, uma casa de culto bem preservada, de 1872.*

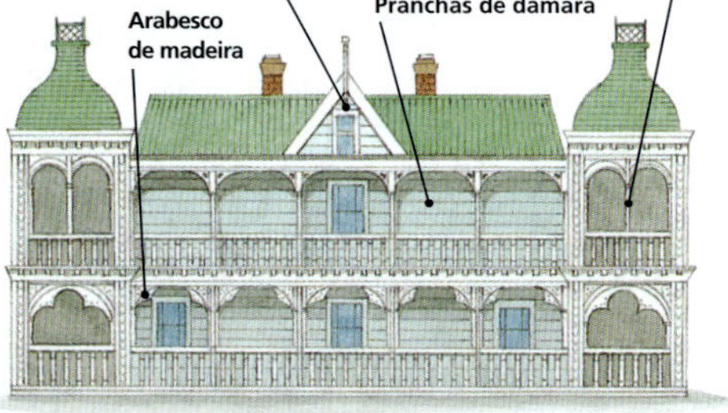

Alberton, *residência de dois andares do fazendeiro Allen Kerr, erguida em 1862 e mais tarde ampliada, em Auckland.*

GRANDES PROPRIEDADES

A partir de meados dos anos 1800, ricos criadores de ovelha e gado e mercadores abastados começaram a ostentar sua riqueza com mansões projetadas por arquitetos, às quais adicionavam cômodos à medida que prosperavam. De estilos variados, em sua maioria elas têm um toque vitoriano; algumas são grandiosas. Em geral o interior é ricamente adornado com corrimãos e balaustradas entalhados, tetos com moldura e cornijas *(pág. 265)*.

EDIFÍCIOS PÚBLICOS

Nos anos 1860, a construção de edifícios públicos reforçou as ligações com o "lar", refletindo, por exemplo, o renascimento gótico na Grã-Bretanha. Às vezes a madeira era substituída por pedra. Enfatizava-se a verticalidade e a repetição de adornos.

Otago University *(1878), em Dunedin, construída em estilo gótico, como a Universidade de Glasgow (1870), Escócia.*

MANSÕES COM SACADA

Nos anos 1900, as mansões com sacada eram o padrão na arquitetura residencial. Geralmente construídas com tábuas de madeira e telhados de ferro corrugado ou telhas de barro, elas variavam de unidades térreas decoradas com arabescos toscos a exemplares de vários andares, mais sofisticados, para a população abastada *(pág. 161)*.

Decoração com arabescos

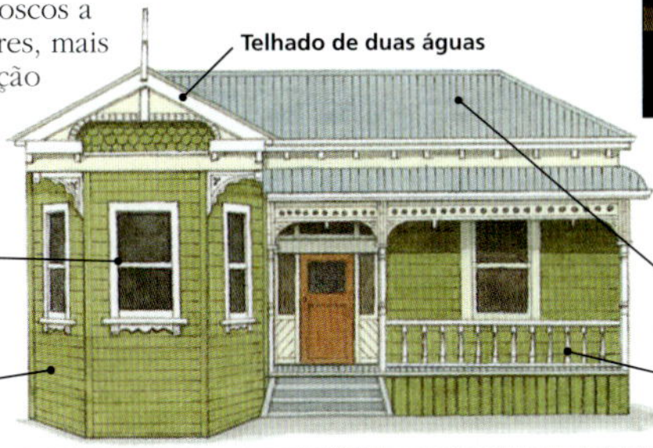

EDIFÍCIOS COMERCIAIS

Nos anos 1900, à medida que o país prosperava, mais edifícios comerciais permanentes substituíam as lojas e os armazéns temporários. Os estilos variados, que incluíam o renascença clássico e o barroco eduardiano, eram prova da riqueza da bem-sucedida classe comerciante.

Embora as fachadas sejam em geral esplêndidas, com colunas romanas, a estrutura utiliza materiais mais modernos, como aço e concreto reforçado. E, como eles permitiam um tratamento externo mais variado, há pouca consistência de estilo nesses edifícios.

Detalhe da coluna romana na base da torre

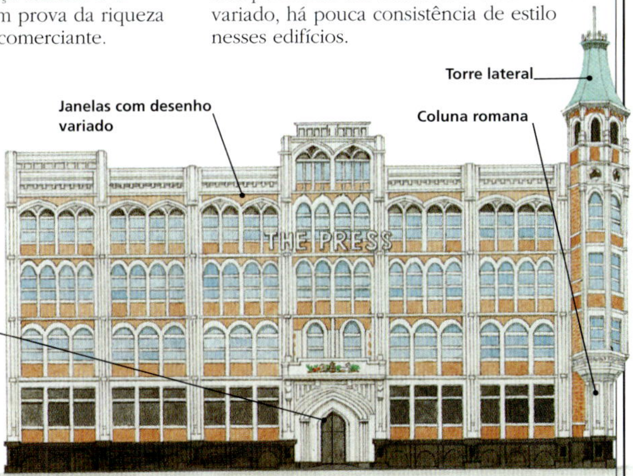

O Press Building *(1909), em Christchurch, em estilo gótico, tem janelas grandes, variadas, e uma linda torre.*

ARQUITETURA NEOZELANDESA CONTEMPORÂNEA

Embora atualmente a arquitetura da Nova Zelândia seja um reflexo da diversidade internacional de estilos, muitos arquitetos vêm se esforçando para responder ao ambiente natural e para usar ingredientes das heranças maori e européia.

Decoração abstrata na fachada

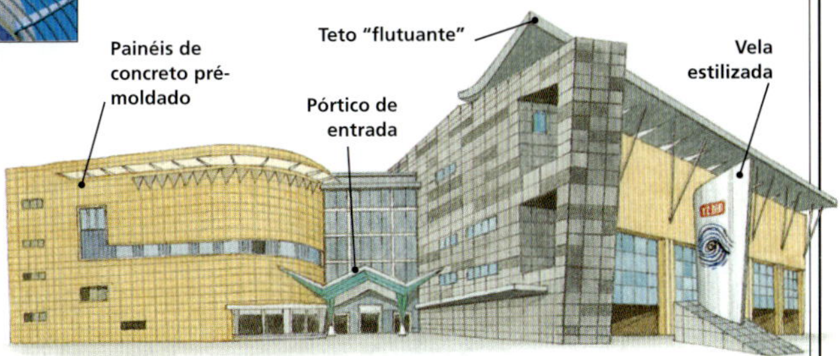

O Museum of New Zealand Te Papa Tongarewa, *inaugurado em 1998, incorpora elementos da arquitetura das casas de culto maoris.*

Arte e Cultura Maoris

Pingente de nefrita

Graças à herança polinésia, os maoris desenvolveram uma cultura complexa. Condições climáticas distintas das existentes em sua terra de origem e uma área maior permitiram o desenvolvimento de tribos independentes, com variações de língua, costumes e arte. As florestas possibilitaram a construção de grandes canoas para o transporte, a guerra e para as casas de culto. Os maoris são mestres na entalhadura em madeira e osso, e também na cestaria. Os relatos orais, os cantos e as danças são os meios de transmissão do conhecimento ancestral e fazem parte dos rituais de passagem, boas-vindas e despedida.

No moko *(tatuagem) são feitas incisões na pele, porteriormente coloridas com pigmentos. Hoje um grande número de jovens maoris segue orgulhosamente a tradição.*

ENTALHADURA

A abundância de madeiras duráveis, de grão retilíneo, e a variedade de pedras duras e obsidiana, que podiam ser transformadas em ferramentas, permitiu aos antigos maoris prosseguir com a tradição da entalhadura. Hoje, com a renovação do interesse pelas tradições, há um renascimento do artesanato. No At Te Puia, um centro de arte e artesanato maoris em Rotorua, os alunos aprendem a entalhar madeira, osso e nefrita, produzindo lindos e intricados pingentes, pentes e objetos cerimoniais *(pág. 138)*.

Entalhe *na Sala da Comissão de Assuntos Maoris, no edifício do Parlamento, em Wellington.*

Os olhos são feitos com a *paua*, uma concha iridescente

Linhas paralelas preenchidas com contas são uma característica dos entalhes maoris

Taurapa *(cadaste de popa) de meados dos anos 1800, entalhado no estilo* arawa, *de* Rotorua *e arredores.*

Os motivos maoris são curvilíneos

MÚSICA E DANÇA

Cantar e dançar são atividades importantes na cultura maori. Homens e mulheres cantam e dançam em diversas ocasiões. No entanto, a dança *poi*, de movimentos graciosos, é realizada apenas pelas mulheres.

A **haka** *é uma dança de guerra realizada pelos homens. Nos rostos, uma expressão desafiadora.*

Trançar cestas *com linho, junco ou penas de pássaros é trabalho das mulheres. Esta sacola decorada (*kete whakairo*) dos anos 1880 é feita de linho.*

Os mantos e as capas *são vestimentas maoris tradicionais. Podem ser feitos com linho, penas e pele de cachorro. Esta gravura de Sydney Parkinson (1745 -71) mostra um guerreiro maori trajando um manto.*

As bolas *poi* são recheadas de junco e revestidas com tecido de fibra de linho.

As canções são interpretadas com o corpo todo. Mãos, pernas, braços e rosto: cada parte desempenha um papel.

As saias consistem em tiras de linho presas a um cinto. As folhas são raspadas, secas e moldadas em canutilhos.

As antigas armas maoris *eram feitas de madeira, pedra e osso. A luta corpo a corpo predominava nas guerras das tribos. Esta* wahaika, *uma clava de madeira do início dos anos 1800, é um exemplo de arma de ataque.*

UM ARTISTA MAORI CONTEMPORÂNEO

Peça fundamental do atual renascimento da arte maori, Cliff Whiting celebra sua herança cultural nesta interpretação do mito da criação. Utilizando uma mistura de materiais e técnicas tradicionais e modernos, ele retrata Tane Mahuta, deus das florestas, separando Ranginui, o Pai Céu, de Papatuanuku, a Mãe Terra, abrindo assim espaço para a luz entrar no mundo.

Este mural de Cliff Whiting (1974) retrata a separação de Ranginui e Papatuanuku

Artistas e Escritores

Litogravura de J. G. Kuelemans (1888)

Desde a época do primeiro contato, botânicos, navegadores, topógrafos e pintores amadores registraram aspectos da flora e da fauna da Nova Zelândia, do povo maori e dos povoados iniciais. Houve também muitos relatos e comentários na imprensa britânica, com descrições interessantes sobre o território descoberto. Poesias, romances e pinturas do fim do século 19 seguiam a tradição européia, mas por volta do início do século 20 elementos distintamente nacionais começaram a emergir na literatura e na arte deste país.

Pintura de um chefe maori feita por Charles Goldie

ARTISTAS

O espírito de pioneirismo não era muito propício às artes. Lutando para sobreviver em uma terra hostil, os colonizadores "operários" tinham pouco conhecimento artístico. Entre os abastados, as artes eram uma diversão para as senhoras. Obras de alguma substância eram principalmente de autoria de artistas visitantes, como o italiano Girolamo Pieri Nerli e o holandês Petrus van der Velden.

Poucos neozelandeses buscaram treinamento em academias européias, como foi o caso de Charles Frederick Goldie, que, em seus retratos, romantizou os maoris como uma raça triste e moribunda. Por volta dos anos 1900, escolas de arte e sociedades artísticas foram estabelecidas no país. Muitos artistas, porém, cientes do movimento impressionista e de outros desenvolvimentos na Europa, escaparam para esse meio mais excitante. Frances Hodgkins mudou-se em 1901, e, apesar de alguns a considerarem uma eminente artista da Nova Zelândia, ela construiu sua reputação trabalhando na Grã-Bretanha e na França.

Na década de 1920, artistas formados na Grã-Bretanha, como Robert Field e Roland Hipkins, que lecionaram na escola de arte de Dunedin, transmitiram a seus estudantes as idéias "radicais" dos movimentos modernos, então consolidados na Europa. Influências expressionistas, cubistas e abstratas em geral começaram a aparecer nas obras de John Weeks, Rhona Haszard e Christopher Perkins, e por volta dos anos 1940 alguns artistas viram no modernismo uma chance de explorar o caráter "nacional" do país e de seu povo. Boa parte das obras de Eric Lee-Johnson, Sir Tosswill Woollaston, Russell Clark, Rita Angus e William Sutton procura definir a substância e o espírito da terra, em vez de dar-lhe descrição superficial.

Em 1954, a Auckland City Art Gallery realizou a primeira exposição de pinturas abstratas na Nova Zelândia, Objeto e Imagem, a qual provocou clamor popular. No entanto, artistas como Louise Henderson, Colin McCahon, Don Peebles e Rudy Gopas começaram a expor em galerias comerciais, um traço característico das cidades maiores.

A escultura ficou para trás em relação à pintura, apesar de Len Lye ter iniciado suas obras cinéticas em 1950. Ele mudou-se para Nova York. A Nova Zelândia, porém, é agraciada com uma grande coleção de seus trabalhos na Govett-Brewster Gallery, em New Plymouth *(pág. 180)*. Nos anos 1960, significativas obras modernas foram encomendadas para locais públicos a Jim Allen, Greer Twiss, Marte Szirmay, Terry Stringer, Neil Dawson e Paul Dibble. Desde os anos 1970, tem aumentado o número de artistas profissionais, inclusive o de maoris, como Ralph Hotere, Para Matchett, Fred Graham e Shona Rapira Davies.

Setembro-seco (1949), óleo sovre tela de William Sutton

Nga Morehu (Os sobreviventes; 1988), escultura mista de Shona Rapira Davies

ESCRITORES

A literatura na Nova Zelândia começou a atrair atenção por volta da década de 1860, mas a maior parte da produção da época foi publicada na Grã-Bretanha, dada a falta de editoras locais. *Erewhon* (1872), de Samuel Butler, baseia-se em sua vida na parte alta da Ilha Sul. *A History of New Zealand Birds* (1873), de Sir Walter Buller, ainda é grandemente apreciado por sua cuidadosa documentação e por suas ilustrações. *The Long White Cloud*, de William Pember Reeves, uma versão romanesca da história da Nova Zelândia, foi publicado em 1898.

The Story of a New Zealand River (1920), de Jane Mander, atraiu alguma atenção internacional por sua descrição da vida colonial. *Bliss,* a primeira antologia de contos de Katherine Mansfield, marcou o advento da originalidade e da substância na literatura da Nova Zelândia. Nascida em Wellington, Mansfield foi enviada a Londres para prosseguir em sua educação. Passou a maior parte da vida na França e na Inglaterra, mas sua obra, que revela aguçada observação do comportamento humano, é baseada em suas memórias de infância. Ela morreu em 1923, aos 34 anos.

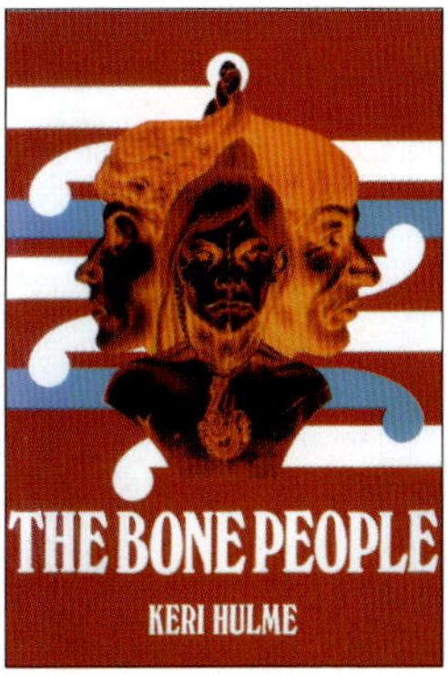

Capa de *The Bone People*, romance de Keri Hulme

Nos anos 1930, emergiu entre romancistas e poetas a determinação de definir um estilo próprio do país, por meio de idiomas locais, de referências à paisagem agreste e da caracterização dos colonizadores. O serviço militar na Segunda Guerra também lhes deu uma nova perspectiva da terra natal e agregou mais pujança a suas obras. Exemplo típico é *Landfall in Unknown Seas,* do poeta Allen Curnow.

Nos anos 1950, Denis Glover, Robin Hyde, Frank Sargeson e Ruth Dallas, entre outros, conduziram um período de grande produtividade. Romancistas como John Mulgan, Dan Davin, Roderick Finlayson e o poeta James K. Baxter também lançaram um aguçado olhar crítico sobre o que consideravam uma sociedade conformista e convencional, que ocultava tendências um tanto perturbadoras.

O historiador e poeta Keith Sinclair, em seu *A History of New Zealand* (1961), foi um dos primeiros a questionar as versões prevalentes da história da Nova Zelândia, que propalavam a supremacia colonial sobre o primitivismo "nativo".

A pesquisa de Dick Scott em *Ask that Mountain* (1975) revelou aos neozelandeses uma narrativa mais fidedigna dos primeiros povoamentos e de suas relações com os maoris. Hoje, escritores como Fiona Kidman, C. K. Stead, Maurice Gee, Fleur Adcock e o historiador Michael King demonstram uma nova maturidade em seus comentários sobre questões raciais e sociais.

Katherine Mansfield

Alguns romancistas e poetas maoris são a voz de seu povo, como Witi Ihimaera, Patricia Grace e Hone Tuwhare. Em 1985, Keri Hulme, de ascendência maori e *pakeha,* ganhou o prestigioso Booker Prize com *The Bone People. Alma guerreira,* do escritor maori Alan Duff, depois adaptado para o cinema com o mesmo título, é uma vigo-rosa exposição da turbulência entre os maoris urbanos. O romance *Spinster*, de Sylvia Ashton-Warner, sobre as atitudes provincianas em uma comunidade rural, foi transformado em um filme nos Estados Unidos, assim como aconteceu com *God Boy,* de Ian Cross, uma visão sobre adolescência e religião.

James K. Baxter

Agricultura e Pecuária

Caixa de correio rural

Apesar do alto grau de urbanização (85% dos neozelandeses vivem nas cidades), a economia do país ainda depende muito do campo. A agricultura e a pecuária utilizam mais de 62% dos165.000km² de área e produzem mais da metade de toda a receita de exportações. Tradicionalmente, a criação de animais é centrada na ovelha e no gado, mas a produção de carne de cervo, cabra, porco e aves vem ganhando importância. As encostas íngremes e cobertas de pinheiros impedem a presença dos animais, e a agricultura é praticada nas terras férteis do litoral e do interior.

O quiuí, *fruta oriunda da baía de Plenty* (pág. 129), *é comercializado em mais de 50 países. A Nova Zelândia fornece cerca de um quarto da produção mundial.*

Maçãs e peras, *as principais frutas de caroço do país, são cultivadas em Hawke's Bay e Marlborough/Nelson. Cerca de 18 milhões de caixas são exportadas por ano.*

Folhas de plástico protegem da geada as delicadas frutas vermelhas.

As fileiras de árvores entre as culturas cortam o vento.

O quiuí é uma trepadeira que cresce em treliças.

Os **pêssegos**, *os abricós, as nectarinas, as ameixas e as cerejas estão concentrados em Hawke's Bay e no centro de Otago.*

FRUTICULTURA

Embora a pecuária ocupe a maior parte das terras da Nova Zelândia, grandes áreas são ocupadas com frutas. O clima ameno e ensolarado e o solo fértil de Bay of Plenty, de Gisborne, Hawke's Bay, Nelson e Otago propiciaram um colossal mosaico de pomares, que produzem uma variedade de frutas com caroço, frutas cítricas e frutas vermelhas.

CRIAÇÃO DE ANIMAIS

Dos 40 milhões de ovelhas e 9 milhões de cabeças de gado são produzidos carne, lã, leite e couro. O gado de corte predomina em Northland, o leiteiro em Waikato, Taranaki e Manawatu, e a criação de ovelhas ocupa o resto do país. A criação de cervos, cabras e outros animais é espalhada pelas ilhas.

A ovelha romney *é a mais comum na Nova Zelândia e fornece tanto a carne quanto a lã.*

O holstein-friesian, preto e branco, *é o gado leiteiro mais comum e produz mais leite do que todas as outras raças.*

CEREAIS E OUTRAS LAVOURAS

Trigo e alho em Marlborough

Tradicionais lavouras de cereais ocupam boa parte das áreas planas da Ilha Sul, especialmente em Canterbury e Southland. Aqui, trigo e aveia são produzidos para consumo doméstico e também para a moagem, enquanto a cevada alimenta os animais e é utilizada nas cervejarias do país.

A produção extensiva de legumes e verduras é feita nas terras férteis da costa das ilhas Norte e Sul, enquanto as variedades novas, como girassol, lavanda e alho, adicionam um colorido especial à paisagem agrícola do país.

Girassóis, dos quais se aproveita a semente, em Palmerston North

A seleção e a embalagem são feitas em barracões.

As frutas cítricas são plantadas em linha reta.

Outras frutas, *como* grapefuit *e certas variedades subtropicais de abacate,* tamarillo, *caqui e* pepino *(além de quiuí), são cultivados em pomares pequenos nas áreas mais quentes da Nova Zelândia –Northland, ao redor de Auckland e Bay of Plenty–, enquanto frutas como a framboesa florescem em South Island, que tem o clima mais frio.*

Grapefruit

Abacates

Pepinos

Caqui

Tamarillos

Framboesas

As uvas *são cultivadas principalmente para a produção de vinhos* (págs. 36-7). *Marlborough, Gisborne e Hawke's Bay são os principais centros produtores. Há poucas uvas de mesa.*

O cervo *é criado em 5 mil fazendas. Ele arrebata prêmios na Europa e é bastante popular na Ásia.*

As cabras *são criadas para o comércio e para o consumo doméstico. Delas se aproveitam o leite, a carne e o pêlo.*

Os avestruzes *(na foto) e os casuares vêm ganhando popularidade entre os pecuaristas do país.*

Os Vinhos da Nova Zelândia

Rótulos Corbans Longridge

Embora a uva já fosse cultivada na Nova Zelândia nos anos 1830, foi apenas na década de 1980, quando os fabricantes decidiram se concentrar na produção de brancos, como o *sauvignon blanc e o chardonnay,* que a reputação do país como grande produtor de vinhos nasceu. Atualmente existem ali cerca de 400 vinícolas, e no ano 2000 as exportações chegaram a 19,2 milhões de litros. Em menos de 20 anos o país deixou de produzir vinhos de qualidade mediana e passou a fabricar alguns dos melhores do mundo. Beber vinho tornou-se uma atividade popular na Nova Zelândia. Muitas vinhas dispõem de restaurante, oferecem degustação de vinhos e um local para vendê-los.

Visitar um vinhedo *para degustar vinhos ou almoçar é um bom passeio de fim de semana.*

JAMES BUSBY

Nomeado residente (representante do governo) pela Grã-Bretanha em 1833, James Busby (1800-71) é oficialmente o primeiro produtor de vinhos do país. Ele havia estudado a fabricação do produto na França e ajudara a estabelecer a indústria no vale Hunter, na Austrália. O explorador francês Dumont D'Urville confirmou a promessa da vinicultura no país quando cobriu de elogios o vinho branco fabricado por Busby, que provou durante uma visita a Bay of Islands, em 1840.

Marlborough *é a maior região vinícola da Nova Zelândia* (págs. 206-7). *O extenso e plano Wairau Valley, o clima ensolarado e seco e condições especiais se combinam para garantir o melhor* sauvignon blanc *do país.*

A Gibbston Valley Wines, *no centro de Otago* (pág. 278) *produz* pinot noir, chardonnay, pinot gris, sauvignon blanc *e* riesling. *Lá existe uma adega subterrânea escavada na rocha.*

Colonizadores franceses plantaram videiras na pitoresca península de Banks, em Canterbury, ainda em 1840 *(págs. 230-1).* Waipara, ao norte de Christchurch *(págs. 232-3),* tornou-se uma região vinícola importante.

No centro de Otago a estação de produção é curta, e a maior parte do vinho é vendida aos turistas.

Os croatas *residentes em Henderson Valley, perto do centro de Auckland, são os pioneiros da moderna indústria de vinhos* (pág. 87).

VARIEDADES DE UVA DA NOVA ZELÂNDIA

Os vinhos mais notáveis de **Northland** são os tintos encorpados, em especial o *merlot*. A área de **Auckland** também produz basicamente tintos, concentrando-se no *cabernet sauvignon*. Os melhores vinhos de **Waikato**, **Bay of Plenty** e **Gisborne** são os *chardonnays*. **Hawke's Bay** tem boa reputação quanto aos *chardonnays* e às misturas de *cabernet*. Em **Wairarapa**, a uva *pinot noir* é a mais cultivada. **Marlborough** produz um excelente *sauvignon blanc*, alguns *chardonnays* e vinhos espumantes, ao passo que os pequenos vinhedos de **Nelson**, como os de **Canterbury**, produzem *chardonnay, pinot noir* e *riesling*. O **centro de Otago**, a região vinícola mais meridional do mundo, produz *gewurztraminer, riesling* e borgonha, entre outras variedades.

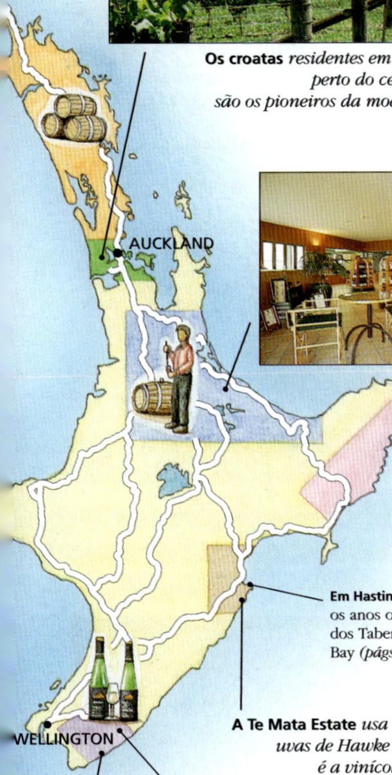

A Mills Reef Winery, *em Tauranga, Bay of Plenty, vende seus produtos em um restaurante Art Déco.*

Em Hastings acontece todos os anos o Leilão de Vinhos dos Taberneiros de Hawke's Bay *(págs. 150-1).*

A Te Mata Estate *usa apenas uvas de Hawke's Bay e é a vinícola mais antiga do país* (págs. 150-1). *Seu* coleraine cabernet merlot *é um vinho de primeira classe.*

Wairarapa é a nova região vinícola da Nova Zelândia. Em 1980 havia apenas quatro vinícolas, mas hoje elas somam 25.

Martinborough, *o centro da produção de vinho em Wairarapa, recebe muitos visitantes de Wellington. É também cenário de um festival anual de vinho e comida* (pág. 172).

LEGENDA

- Northland
- Auckland
- Waikato e Bay of Plenty
- Gisborne
- Hawke's Bay
- Wairarapa
- Marlborough
- Nelson
- Canterbury
- Centro de Otago

O Calendário Esportivo

O esporte sempre desempenhou um papel importante na cultura neozelandesa. Os maoris gostavam das competições de corrida, luta, surfe e canoagem, embora elas não fossem formalizadas. Livres das distinções de classe, os colonizadores europeus descobriram, ao chegar à Nova Zelândia, que poderiam apreciar passatempos que lhes eram negados na Grã-Bretanha. A paixão nacional pela recreação ao ar livre contribuiu para que a nação conquistasse uma reputação esportiva internacional e produzisse campeões de altíssimo nível em uma quantidade desproporcional ao seu tamanho.

A Competição Internacional de Pesca de Truta do Lago Taupo *atrai participantes de todo o mundo.*

O Campeonato Aberto de Golfe da Nova Zelândia *acontece em um local diferente todos os anos e atrai campeões.*

A Copa de Inverno da Nova Zelândia, em Addington, Christchurch, é uma das mais importantes corridas de carros puxados por cavalos.

Janeiro | Fevereiro | Março | Abril | Maio | Junho

A Regata de Aniversário de Auckland, da qual participam mais de 600 iates, é um dos maiores eventos do gênero no mundo.

A Copa Wellington, *como as principais corridas de cavalo, é realizada no verão.*

O Rally da Nova Zelândia *atrai corredores de nível internacional. Ele tem um dos percursos mais difíceis do mundo.*

O Campeonato Internacional de Barco-Dragão *acontece em Lambton Harbour, Wellington.*

O Provincial Trophy *é o principal torneio de críquete da Nova Zelândia. Depois do rúgbi, o críquete é o esporte mais popular no país, e atrai muitos espectadores.*

O Campeonato Mundial de Corrida de Aventura, *disputado por equipes de três a cinco pessoas, varia o percurso a cada ano. As equipes pedalam e cruzam lagos e rios em caiaques e jangadas.*

O Campeonato Amador de Golfe Feminino da Nova Zelândia, *realizado em um campo diferente todos os anos, atrai grandes jogadoras de todo o mundo.*

O Campeonato Nacional de Províncias, *o mais importante torneio de rúgbi do país, é o auge da temporada do esporte.*

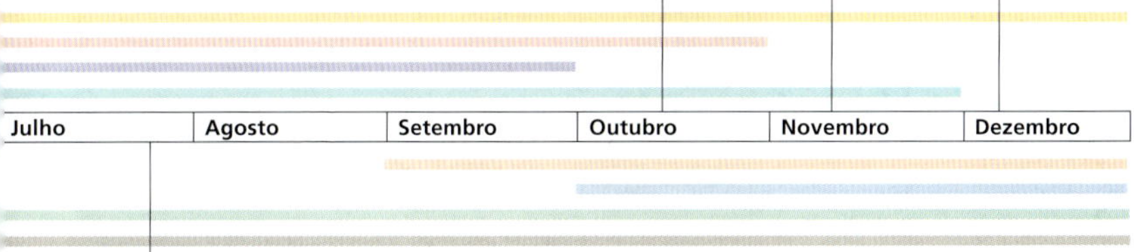

O World Heli-Challenge, *em Wanaka, é um dos muitos eventos de esportes de aventura realizados na Nova Zelândia.*

LEGENDA

- Críquete
- Golfe
- Corrida de cavalo
- Boliche de grama
- Netball
- Rúgbi
- Esqui
- Surfe

MAGIA NEGRA

Nenhum esporte é tão importante na Nova Zelândia quanto o rúgbi. Importado da Inglaterra nos anos 1870, o esporte foi adotado com entusiasmo pelos neozelandeses, em especial os maoris e, mais recentemente, os polinésios. O All Black é sinônimo do esporte. Em 1888, a equipe Native fez uma turnê pela Grã-Bretanha. Seu uniforme era preto, com uma *silver fern* desenhada no peito. Conhecidos como Blacks, seus jogadores foram os precursores da primeira equipe All Black, que venceu times britânicos em 1905.

O uniforme preto foi adotado por outras equipes neozelandesas em eventos internacionais. A seleção de críquete é chamada de Black Caps; a de basquete, de the Tall Blacks.

Jonah Lomu, do All Black

NOVA ZELÂNDIA MÊS A MÊS

Na Nova Zelândia, as estações são como as do Brasil. A primavera começa em setembro e o verão, em dezembro. O outono vai de março a maio, e os meses de inverno são junho, julho e agosto. Na Ilha Sul a temperatura é ligeiramente mais baixa do que na Ilha Norte. A chuva cai mais fortemente no inverno na maior parte do país, e o meses de verão são relativamente secos. Os turistas devem estar preparados para súbitas mudanças no tempo. A latitude em que se encontra o país o deixa exposto a ventos que circulam predominantemente de oeste para leste, variando de brisas suaves a ventanias furiosas.

Cartaz do festival de arte

PRIMAVERA

As balizas de rúgbi são baixadas e os jogadores de críquete começam a praticar suas tacadas. Festivais de flores e gastronômicos, exposições de jardinagem e desfiles de moda começam, e a temporada de corridas de cavalo entra em cena.

SETEMBRO

Hastings Blossom Festival *(2ª semana)*. O maior distrito de fruticultura anuncia a nova estação. Os pontos altos são concertos e paradas.
World of WearableArt Awards (WOW) *(fim de set)*, Wellington. Noite em que há desfile de obras de arte para despir. A competição começou em Nelson, onde há um museu dos antigos vencedores.

Desfile no World of Wearable-Art Awards

Gado na parada de Showtime Canterbury

OUTUBRO

Rotorua Trout Festival *(início de out)*. O torneio e o festival anual de pesca abrem a estação das trutas.
Air New Zealand Fashion Week *(meados de out)*, Auckland. Os principais estilistas de moda reúnem-se para exibir a última coleção a compradores locais e internacionais, à imprensa e a convidados.
Dunedin Rhododendron Festival *(fim de out)*. Exposição de rododendros no Dunedin Botanic Garden e em outros jardins ao redor de Otago.
Taranaki Rhododendron Festival *(última semana)*. Mais de cem jardins em exposição *(pág. 180)*.

NOVEMBRO

Showtime Canterbury, Christchurch. Apresenta a principal exposição agropecuária da região, corridas de cavalo, concertos e uma diversidade de eventos.
Adventure Racing World Championship *(meados de nov)*, Buller. Corrida de aventura por alguns dos mais difíceis terrenos da Ilha Sul.
Toast Martinborough *(meados de nov)*, Wairarapa. Os melhores vinhos e comidas da região, com entretenimento de artistas locais.
Ellerslie Flower Show *(meados de nov)*, Auckland. A maior exposição de flores do hemisfério sul, sediada no Auckland Regional Botanic Gardens.

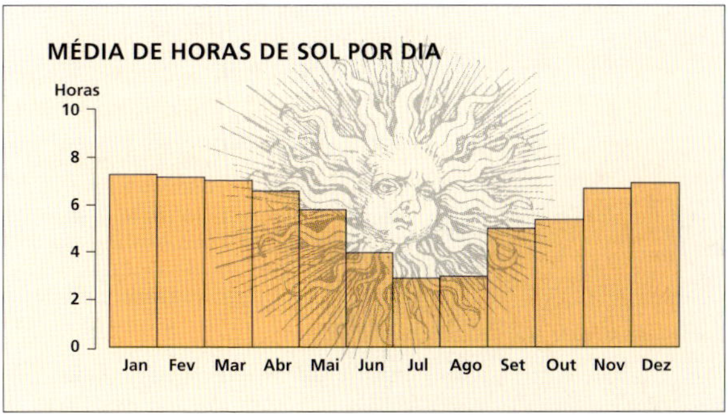

Dias de Sol
O gráfico exibe dados relativos a Wellington, mas eles são similares nos outros centros principais. Nelson e Blenheim, na Ilha Sul, e Tauranga, Napier e Gisborne, na Ilha Norte, têm mais horas de sol que qualquer outro lugar. A região menos ensolarada é a parte sul da Ilha Sul.

VERÃO

Embora muitos neozelandeses saiam para sua visita anual às praias, à região dos lagos ou às montanhas nas férias de verão, o comércio não mais fecha as portas, salvo nos dias de Natal e Ano-Novo. As cidades tornaram-se lugares muito mais animados durante o período de férias.

Os maoris se apresentam nas celebrações do Waitangi Day

DEZEMBRO

Kepler Challenge *(início de dez)*, Te Anau. Corrida anual de resistência por Kepler Track *(pág. 283)*, sobre cumes de montanhas, pântanos e vales de rios, tudo através de paisagem magnífica.
Festival of Lights *(Natal a fev)*, New Plymouth. Iluminação festiva especial no Pukekura Park e nas ruas da cidade. Há apresentações de música e dança no parque todas as noites *(pág. 181)*.
Nelson Jazz Festival *(início de jan)*. Festival de uma semana com talentos locais e internacionais (parte do verão no Festival de Nelson).

JANEIRO

Mainland New Zealand Kite Tour *(fim de jan)*. Promovido em várias regiões, este festival atrai os principais empinadores de pipa do mundo.
New Zealand Gliding Grand Prix *(fim de jan)*, Omarama. Os principais planadores do mundo voam lado a lado.

FEVEREIRO

Waitangi Day *(6 fev)*, Waitangi National Trust. Comemora a assinatura do Tratado de Waitangi *(págs. 104 -5)*.
Harvest Hawkes Bay *(1ª semana)*. As vinícolas abrem as portas para três dias de comida e vinhos.

Regata de aniversário, em Auckland

World Buskers Festival *(início fev)*, Christchurch. Uma semana de diversão nas ruas, com artistas de primeira classe.
Auckland Anniversary Regatta *(início de fev)*. Até 600 iates participam de uma das maiores regatas de um só dia, em Waitemata Harbour *(pág. 73)*.
Aotearoa Traditional Maori Performing Arts Festival *(início de fev, anos pares)*, Waikato. Festival de arte e cultura maoris com os melhores grupos do país.
Wine Marlborough *(2º sáb.)*, Blenheim. Vinhos e comidas em tendas dispostas em um vinhedo *(pág. 208)*.
Art Deco Weekend *(3ª semana)*, Napier. Celebração do estilo Art Déco, com jantar e baile da era do *jazz*, filmes, visitas residenciais, carros especiais e vôos em aeroplanos.
Garden City Festival of Flowers *(3ª semana)*, Christchurch. Prestigiado festival que celebra a beleza das flores.

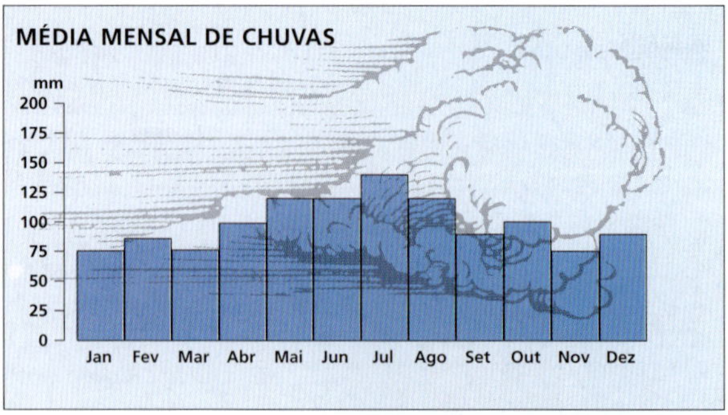

Chuvas
As chuvas não são igualmente distribuídas pelo território da Nova Zelândia. A costa ocidental das ilhas Norte e Sul é mais úmida que a costa oriental. Na maioria das áreas, chove mais no inverno e na primavera do que no verão e no outono. Estes dados são de Wellington.

OUTONO

No outono o tempo é mais firme, com dias amenos e ainda quentes o bastante para as atividades ao ar livre. É a estação das colheitas, um bom momento para degustar vinhos e participar de festivais gatronômicos. As caminhadas, a pesca e a caça são também populares.

Balões no Waikato Festival, em Hamilton

MARÇO

New Zealand International Arts Festival *(fev a meados de mar, anos pares)*, Wellington. Apresenta alguns dos melhores talentos do mundo *(págs. 156-7)*.
International Dragon Boat Championships *(Ano-Novo Chinês)*, Wellington. Os barcos correm em Lambton Harbour.
Golden Shears *(1ª semana)*, Masterton. Os principais tosqueadores do mundo encontram-se aqui *(pág. 173)*.
Pasifika Festival *(2ª semana)*, Auckland. Eventos culturais e exposições *(pág. 93)*.
Wildfoods Festival *(meados de mar)*, Hokitika. Ensopado de gambá e larva de *huhu* são algumas das iguarias.
Round the Bays Run *(fim de mar)*, Auckland. Uma das maiores corridas de diversão, com 60 mil participantes.
Ngaruawahia Regatta *(fim de mar)*, Ngaruawahia. Canoas maoris competem no rio Waikato, na cidade da rainha maori. *(pág. 116)*.

Visitantes em barraca de comida no Wildfoods Festival, em Hokitika

ABRIL

Rally of New Zealand *(início de abr)*, Grande Auckland. Etapa do campeonato mundial, em que os pilotos correm em estradas secundárias do interior.
Bluff Oyster & Seafood Festival *(meados de abr.)*. Vários frutos-do-mar, vinhos finos e diversão.
Royal Easter Show *(2ª semana)*, Auckland. Competições entre animais de criação, premiação de obras de arte e de artesanato, premiação de vinhos e a maior exposição de cavalos do país.
Balloons Over Waikato Festival *(meados de abr)*, Hamilton. Mais de 30 balões flutuam sobre a cidade e arredores *(pág. 118)*.
Lake Taupo International Trout Fishing Contest *(3ª semana)*. Pescadores competem em um dos melhores locais do mundo para a pesca de truta *(pág. 141)*.
Warbirds Over Wanaka *(Páscoa, anos pares)*. Aeroplanos clássicos e antigos aviões de guerra tomam conta dos céus neste evento internacional. *(pág. 270)*.

MAIO

Rotorua Marathon *(1ª semana)*. Maratona que atrai mais de 5 mil corredores.
Rotorua Tagged Trout Competition *(maio)*. Nesta competição de pesca há uma truta de NZ$50 mil à espera de ser fisgada.

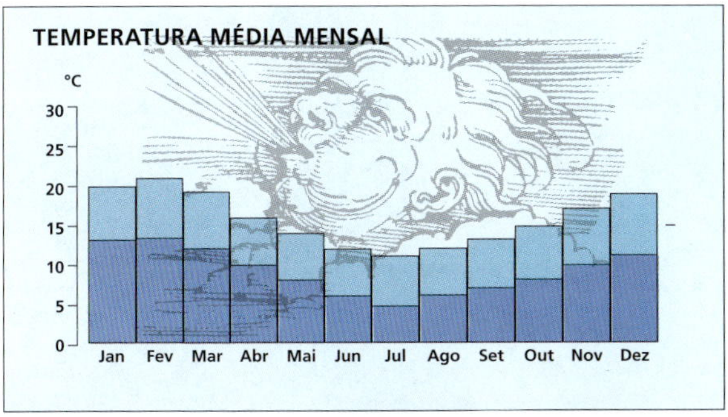

Temperatura
O gráfico mostra a média máxima e mínima na cidade de Wellington. A Ilha Norte tem invernos amenos e verões úmidos. A Ilha Sul experimenta as mais quentes temperaturas de verão, mas no inverno o termômetro pode despencar abaixo do ponto de congelamento.

INVERNO

Período mais espetacular do ano para o turismo, o inverno também traz tarifas reduzidas para viagens aéreas, hotéis e passeios. Na deslumbrante costa ocidental, as chuvas estão em baixa e o aparecimento das baleias em Kaikoura é virtualmente garantido.

JUNHO

National Agricultural Fieldays *(meados de jun)*, Mystery Creek, Hamilton. Um dos maiores eventos agrícolas do mundo, exibe os melhores produtos do país, com ênfase na tecnologia inovadora *(pág. 118)*.

JULHO

Queenstown Winter Festival *(3ª semana)*. Um dos pontos altos do calendário de Queenstown, este festival de inverno tem esqui noturno e fogos de artifício.

Espectadores no Rally of New Zealand, Auckland

World Heli-Challenge *(fim de jul)*, Wanaka. Praticantes de *snowboard* e esquiadores participam de três dias de eventos de *heliskiing*.
Christchurch Arts Festival *(última semana, anos ímpares)*. Festival de inverno com música, teatro, dança, filmes e artes visuais.

AGOSTO

Bay of Islands Jazz and Blues Festival *(meados de ago)*, Northland. Um dos mais populares eventos do calendário jazzístico. Participam mais de 50 bandas da Nova Zelândia e do exterior.
Crater to Lake Challenge *(fim de ago)*, Taupo. Evento com esqui, ciclismo, remo, esqui aquático e corrida, desde as encostas do monte Ruapehu até Taupo.

FERIADOS

Ano-Novo (1º jan)
Waitangi Day (6 fev)
Sexta santa (varia)
Domingo de Páscoa (varia)
Anzac Day (25 abr)
Aniversário da rainha (2ª seg de jun)
Dia do Trabalho (varia out)
Natal (25 dez)
Boxing Day (26 dez)

Cavalos *clydesdale* e carroça no National Agricultural Fieldays, Mystery Creek, Hamilton

A HISTÓRIA DA NOVA ZELÂNDIA

Última grande massa de terra colonizada, a Nova Zelândia é uma nação de imigrantes. Os maoris estabeleceram-se no país há menos de mil anos, e os primeiros europeus chegaram há apenas 350 anos. Juntos, esses dois povos forjaram, a partir de experiências comuns, uma identidade única que reflete o meio ambiente do Pacífico.

A data em que os primeiros maoris chegaram à Nova Zelândia está encoberta por mistério. Segundo as lendas, o primeiro explorador a chegar ao país foi o polinésio Kupe, ao redor do ano 950 da nossa era. A seguir ele retornou à sua terra ancestral, Hawaiki. Quatro séculos depois, uma frota de canoas zarpou para a Nova Zelândia, guiada pelas orientações de Kupe.

Brasão de armas da Nova Zelândia

Fundamentando suas descobertas na datação dos resquícios maoris por radiação de carbono, os arqueólogos acreditam que o primeiro povoamento surgiu em 1300 d.C. Alguns cientistas, entretanto, acham que os maoris chegaram há mais de 2 mil anos, mas esses pioneiros não teriam sobrevivido por muito tempo. Os ratos que levaram consigo, porém, dizimaram populações nativas de pássaros, lagartos e sapos.

Sabe-se que os maoris carregaram consigo plantas e animais. O rato polinésio *kiore,* vegetariano, era considerado uma iguaria quando engordado com amoras. Também é tido como sobrevivente da jornada o cachorro *kuri. Yam, kumara e taro* estão entre as plantas trazidas pelos maoris. A *kumara* adaptou-se melhor ao clima mais frio e mostrou-se importante para o desenvolvimento da cultura maori, por ter permitido povoamentos permanentes.

ABEL TASMAN

Desde os gregos se falava da *Terra Australis,* o "grande continente do sul". Tal massa de terra seria necessária, como se discutia à época, para compensar o peso dos continentes do norte e para equilibrar a Terra sobre seu eixo. O matemático Pitágoras especulou sobre a existência da referida massa de terra, mas foi somente 2 mil anos mais tarde que os exploradores holandeses do século 17 finalmente avistaram a Austrália.

Em 1642, a Companhia das Índias Orientais, ansiosa por explorar as perspectivas de comércio para além das Antilhas, enviou Abel Tasman rumo ao sul de Java e da Indonésia.

CRONOLOGIA

Esqueleto de moa

1400–1500 A caça maori leva à extinção do moa

1500 Os maoris criam cidades fortificadas *(pa)* para se defender

Canoa dupla

1300 | **1400** | **1500** | **1600**

1300 Primeiros polinésios chegam das ilhas Cook e Sociedade

1400 Grandes incêndios na costa leste da Ilha Sul destroem muito os trechos de floresta

1531 Desenhado um mapa com a *Terra Australis*

1642 Abel Tasman avista a Nova Zelândia

◁ **Detalhe de *A Assinatura do Tratado de Waitangi*, de Marcus King (1939)**

Explorações e Viagens Maoris

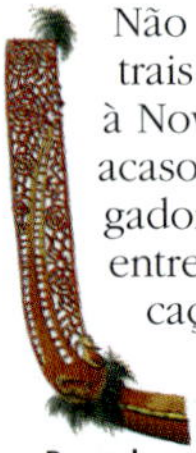

Popa de canoa

Não se sabe ainda se os polinésios, ancestrais dos maoris, fizeram viagens planejadas à Nova Zelândia ou se chegaram lá por puro acaso. No entanto, os polinésios eram navegadores hábeis e percorriam longas distâncias entre as ilhas do Pacífico em grandes embarcações. Expulsos de uma ilha pela fome ou por uma guerra entre as tribos, alguns grupos teriam se dirigido deliberadamente a uma ilha distante, em especial se tivessem recebido instruções de alguém como Kupe, que já estivera lá *(pág. 45)*. Com barcos carregados de plantas e pequenos animais, teriam seguido pistas de navegação como as aves migratórias e as formações de nuvens.

A âncora de Kupe
Foto de 1912 mostra um maori ao lado do que poderia ser a âncora de Kupe.

Proa de canoa
A proa da waka *(canoa maori) era bem entalhada e tinha um sistema de impulsão que melhorava seu desempenho.*

Rede de pesca
Os peixes, importantes na dieta maori, eram pescados com diversas redes. A gravura ao lado (1840), de Joel Pollack, mostra uma rede pequena.

COLONIZAÇÃO POLINÉSIA

Achados arqueológicos indicam que os polinésios migraram do sudeste da Ásia para as ilhas orientais do Pacífico, colonizando as terras do Havaí até a ilha de Páscoa. Cerca de mil anos atrás, expedições oriundas das ilhas centrais da Polinésia alcançaram a Nova Zelândia, cujo litoral colonizaram.

Kuri
Os maoris levaram o kuri *(cachorro) em suas migrações. Ele foi extinto logo após a colonização européia.*

PERÍODOS DA COLONIZAÇÃO

Linha	Período
vermelha	30.000 anos atrás
verde	3.000 anos atrás
roxa	de 1.500 a 2.000 anos atrás
azul-escura	1.000 anos atrás
azul-clara	500 anos atrás

Canoa simples
A canoa simples era usada na navegação costeira. O deque era feito de varetas longas. Bancos presos nas duas pontas serviam de assento.

Canoas duplas
As maiores delas, retratadas aqui por William Hodges, artista que viajou com Cook em 1773, tinham capacidade para transportar até 200 passageiros.

Taro
Poucas plantas oriundas da Polinésia sobreviveram à viagem até a Nova Zelândia. A taro *vingou, mas tornou-se um alimento de luxo.*

Kiore
O rato kiore *veio da Polinésia. Era fonte de alimento dos antigos maoris, mas exterminou os pássaros da Nova Zelândia.*

Regata de canoas
Hoje os maoris celebram seu passado de explorações na regata Ngaruawahia, realizada todos os anos no rio Waikato (pág. 116).

A lenda de Maui
Desenho (1907) de Wilhelm Dittmer ilustra a lenda de Maui, que criou a Nova Zelândia pescando a Ilha Norte no oceano.

Heemskerck e *Zeehaen,* embarcações de Abel Tasman

Após passar pela Tasmânia (então Terra de Van Diemen), Tasman chegou ao largo da atual Hokitika, em 13 de dezembro de 1642, notando "uma grande e elevada massa de terra". Ele havia avistado os Southern Alps (Alpes do Sul). Tasman desejava desembarcar, mas as ondas o convenceram a seguir para o norte, onde achou um ancoradouro relativamente calmo na atual Golden Bay. Entretanto, maoris hostis abriram uma brecha em uma chalupa e mataram a pauladas quatro marinheiros holandeses. O local foi depois batizado de Baía dos Assassinos. Tasman zarpou para o norte e deixou as águas da Nova Zelândia em 6 de janeiro de 1643, sem maiores investigações.

Abel Tasman

CAPITÃO JAMES COOK

Por mais de cem anos a Nova Zelândia permaneceu inexplorada. Nenhuma razão comercial estimulava visitas. Então, em 1769, o capitão inglês James Cook partiu em uma expedição científica ao sul do Pacífico, para observar o trânsito do Sol pelo planeta Vênus. Após ter observado o fenômeno no Taiti, Cook navegou em direção ao sul e, em 9 de outubro de 1769, avistou a costa oriental da Nova Zelândia.

O navio de Cook, o *Endeavour*, tinha botânicos e artistas a bordo. Além de documentar novas descobertas científicas, a missão de Cook era avaliar o potencial do país como colônia. Cook mapeou com habilidade o litoral, e os cientistas a bordo fizeram centenas de descobertas. Nessa primeira de três visitas ele reivindicou o território para a Inglaterra. Coincidentemente, uma expedição francesa liderada pelo explorador Jean de Surville navegou a poucos quilômetros de Cook no fim de 1769, mas um desconhecia a presença do outro.

Seguindo Cook, alguns poucos europeus passavam pela Nova Zelândia sem ocupá-la verdadeiramente, para caçar baleias e focas ou explorar madeira. À procura de lucros de curto prazo, poucos se tornaram imigrantes permanentes. Tão logo desapareciam os recursos que procuravam, o mesmo acontecia com eles. No início dos anos 1800, tornou-se antieconômico enviar grupos de navegadores à Nova Zelândia, pois a maior parte das presas fáceis já havia sido capturada. O número de baleias no litoral do país também caía rapidamente.

O TRATADO DE WAITANGI

O impacto desses visitantes no modo de vida tradicional dos maoris foi enorme. Os maoris foram expostos a uma enorme variedade de doenças, e seus instintos guerreiros eram incitados pela compra de armas. Durante a década de 1820, ao menos

CRONOLOGIA

1791 Primeiro baleeiro entra em Doubtless Bay, Northland

1814 Samuel Marsden funda a primeira missão anglicana em Bay of Islands

1821 Tribos maoris iniciam guerra de mosquetes

1831 Estações baleeiras são criadas no estreito de Cook

1833 James Busby é nomeado residente britânico

1750 | 1800 | 1820 | 1830 | 1840

1769 Capitão Cook faz a primeira de três visitas à Nova Zelândia

1815 Nasce 1º bebê *pakeha* na Nova Zelândia

1835 Declaração de Independência é assinada por 34 chefes do norte

1840 Soberania britânica. O Tratado de Watangi é assinado por 50 chefes

HMS *Endeavour*

Chefe maori

Treaty House (Casa do Tratado), Waitangi

20 mil maoris foram mortos em guerras intertribais, fato que alterou a fisionomia política dessas terras, já que as tribos invadiam territórios vizinhos às vezes permanentemente.

Outro grande fator de mudança foi o cristianismo. O missionário anglicano Samuel Marsden fundou a primeira missão da Nova Zelândia em Bay of Islands em 1814, e, apesar de ser lento o processo de conversão dos maoris ao cristianismo, essa fé tinha posição segura por volta de 1840.

Àquela altura os maoris totalizavam cerca de 115 mil e os colonizadores europeus (*pakeha*) 2 mil. Alguns maoris beneficiavam-se do comércio com os europeus e do trato de suas lavouras, mas havia preocupação com a aquisição de terras pelos europeus e as guerras intertribais. Líderes nativos pediram à rainha Vitória que lhes garantisse lei e ordem. Em 1840, preocupada que os franceses ou os americanos pudessem reclamar para si a Nova Zelândia, a Grã-Bretanha preparou o Tratado de Waitangi. A tradução maori deu aos chefes diferentes entendimentos sobre o significado do tratado, fato que teve suas consequências.

TRATADO DE WAITANGI

O Tratado de Waitangi é um documento fundamental para a Nova Zelândia, um pacto entre o governo britânico e os maoris, que se tornou a peça central das relações raciais no país. Ao tempo de sua assinatura, a maioria dos 50 chefes maoris, se não todos os que colocaram seu nome no tratado, não teria compreendido as implicações de seu ato. Como contrapartida de outorgarem à rainha Vitória o direito de comprar terras, os maoris tiveram garantidos todos os direitos e privilégios de súditos britânicos. Uma cláusula também lhes deu "posse exclusiva e inviolável de suas terras, florestas e outras propriedades". Surgiram, porém, mal-entendidos, pois havia duas versões (maori e inglês), com significados diferentes. As controvérsias sobre o tratado continuam até o presente.

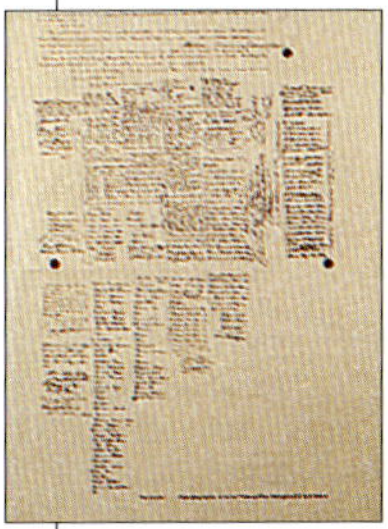

Assinaturas no tratado

AS GUERRAS NEOZELANDESAS

Ao contrário da Austrália, cuja primeira leva de imigrantes era de condenados, a Nova Zelândia foi colonizada por operários e pela classe média. A Companhia da Nova Zelândia foi constituída em 1837 para levar para lá um segmento da sociedade inglesa.Surgiram povoamentos em Wellington, Wanganui, Nelson, New Plymouth, Christchurch e Dunedin.

Depois do Tratado de Waitangi, as relações maori-*pakeha* permaneceram harmoniosas por alguns anos. Se havia conflitos, eram geralmente relacionados a disputas de terra, e confrontos isolados aconteceram até 1860, ano em que as Guerras da Nova Zelândia começaram. O ponto crítico estava em Waitara, Taranaki.

1844 Hone Heke ataca a bandeira britânica e inicia a "Guerra do Norte"

1848 Escoceses fundam o assentamento de Dunedin

1850 Imigrantes ingleses fundam o assentamento de Canterbury

1854 Primeira sessão da Assembléia Geral (Parlamento)

Pepita de ouro

1860 Começa a disputa pela terra entre maoris e europeus

1861 Primeira corrida do ouro, após descoberta em Tuapeka, centro de Otago

Te Kooti

1865 A capital passa a ser Wellington

1867 Parlamento cria quatro assentos para os maoris

1845 | 1850 | 1855 | 1860 | 1865

Passsageiros de Cressy Landing em Port Lyttelton, de William Fox (1851)

A causa foi a venda de terras para o governo por parte de um chefe menor da tribo *te ati awa,* que não tinha autorização para vendê-las. Quando a tribo se recusou a aceitar o negócio, o governo promoveu uma retaliação, tomando as terras à força.

Em resposta, a maior parte das tribos da Ilha Norte apoiou a tribo *te ati awa,* intensificando a rebelião. No ápice das hostilidades, as forças britânicas aumentaram para além de 20 mil homens, contra cerca de 5 mil guerreiros maoris. Do lado britânico, estiveram números significativos de maoris oportunistas ou que tinham contas a acertar com alguma tribo inimiga.

Mesmo divididos, os maoris chegaram perto de persuadir muitos colonizadores a deixar o país. Em 1868, dois chefes, Titikowarau e Te Kooti, venceram uma série de batalhas expressivas, mas disputas internas tiraram-lhes o apoio da maior parte da população maori. Por volta de 1869, as guerras cessaram, pois a oposição dos nativos diminuiu. Houve uma escalada nas vendas de terra, muitas delas feitas sob coação. As guerras resultaram no confisco pelo governo de 12 mil km² de terras de primeira. Algumas foram doadas a tribos maoris "amigas", outras foram entregues a colonizadores *pakeha.* Esse legado voltou a assombrar o país mais de um século depois, quando os maoris perseguiram seus direitos através do Tribunal de Waitangi.

Te Henheu's Old Pa of Waitahanui at Lake Taupo, de George F. Angas (1847)

EXPANSÃO ECONÔMICA

A descoberta de ouro em Otago, em 1861, e as descobertas subsequentes em Costa Oeste, a costa oeste, deram início à industrialização da Ilha Sul. Até então a Ilha Norte era mais rica e mais populosa, posições que veio a retomar apenas em 1896.

O fim do século 19 foi um período de grande expansão econômica, graças aos empréstimos governamentais. A malha ferroviária foi implantada, linhas telegráficas foram instaladas e imigrantes receberam assistência. Nos anos 1870, a população dobrou. Bons preços de exportação de lã sustentaram o frenesi da atividade econômica. Avanços tecnológicos também desempenharam sua parte. O primeiro carregamento de carne congelada para a Grã-Bretanha partiu de Otago em 1882. Essa tecno-

CRONOLOGIA

1869 A desunião maori põe fim às Guerras da Nova Zelândia

1882 Primeiro navio refrigerado sai de Otago para o Reino Unido

1893 Primeiro país do mundo a dar direito de voto às mulheres

1907 A Nova Zelândia se torna um domínio

1870 | 1880 | 1890 | 1900 | 1910

1879 Homens maiores de 21 ganham direito ao voto

1887 É fundado o Tongariro National Park, o primeiro do país

Arma maori

Transporte antigo

logia foi também vital mais tarde para o transporte marítimo de manteiga.

A Nova Zelândia logo conquistou reputação pelas inovações sociais. Em 1893, garantiu-se o voto a todas as mulheres e, em 1898, surgiu a pensão por idade mediante demonstração de necessidade. Ambas as medidas foram pioneiras no mundo.

AS GUERRAS MUNDIAIS

Quando a Nova Zelândia alcançou a marca de 1 milhão de habitantes, em 1907, a condição do país como colônia da Grã-Bretanha mudou para a de domínio. Em 1917, o título de governador (o representante da rainha) passou a ser o de governador-geral.

Cartaz da Primeira Guerra

O Partido Liberal, com sua política fiscal progressiva, pensões por idade, voto para mulheres e desintegração de grandes conglomerados imobiliários, foi aclamado interna e externamente por fazer da Nova Zelândia "o nascedouro do século 20". O partido permaneceu no poder até 1912, época em que já tinha perdido a sintonia com o público. Os partidos por ele gerados, Trabalhista e Nacional, continuam, entretanto, a dominar o cenário político do país.

A Primeira Guerra foi decisiva para a jovem nação. Em 1915, neozelandeses e australianos formaram os Corpos Armados da Austrália e da Nova Zelândia (Anzac). Sob as ordens britânicas, eles atacaram os turcos que defendiam a península de Galípoli e que estavam bem armados e mais bem localizados. Milhares de membros da Anzac foram mortos em oito meses de ação. Para um pequeno país, a Nova Zelândia sofreu enormemente durante a guerra. Do total de 110 mil homens, 16.697 morreram e 41.262 foram feridos. Atualmente, a guerra e, particularmente, Galípoli são considerados o cadinho em que o caráter nacional foi forjado.

O período entreguerras foi tanto de boa como de má sorte para a Nova Zelândia. Apesar de a década de 1920 ter sido inicialmente positiva, os

Força expedicionária neozelandesa em Hutt Road, perto de Petone, Wellington, 1914

1914 O país entra na Segunda Guerra ao lado dos Aliados

1915 As tropas do país sofrem pesadas baixas na campanha de Galípoli, contra a Turquia

1918 Fim da Primeira Guerra

1920 Primeira celebração do Dia de Anzac

Elizabeth McCombs

1933 Elizabeth McCombs, 1ª mulher no Parlamento

1935 Primeiro governo trabalhista

1936 O piloto neozelandês Jean Batten voa da Inglaterra à Austrália e bate recorde de tempo

1936 Introduzida semana de 40 horas

Operárias

1915 | **1920** | **1930** | **1935** | **1938**

Acampamento para operários desempregados em Akatarawa, Hutt Valley, anos 1930

infortúnios da economia mundial engolfaram o país, que, por volta de 1932, chegou ao fundo da depressão. O primeiro governo trabalhista, eleito em 1935, dedicou-se a pôr fim à depressão. Graças ao serviço público de saúde e à ampla política previdenciária, a Nova Zelândia passou a ser louvada como laboratório social do mundo.

Em 1939, a Nova Zelândia viu-se enredada em uma nova guerra européia. O primeiro-ministro Michael Joseph Savage não teve dúvida sobre quem seguir: "Aonde for a Grã-Bretanha, nós iremos; onde ela estiver, nós estaremos". Os soldados da Nova Zelândia serviram em Creta, no Oriente Médio e na Itália, embora a ameaça mais séria ao país viesse do Japão. Ao final da guerra, as tropas foram deslocadas para o Pacífico e a ligação com os EUA foi fortalecida. Soldados americanos passaram algum tempo na Nova Zelândia durante a guerra e casara com neozelandesas, levando-as consigo ao fim da guerra. Em 1951, os laços militares entre EUA, Austrália e Nova Zelândia foram formalizados com a assinatura do pacto militar Anzus.

O AFASTAMENTO DA GRÃ-BRETANHA

Após a guerra, a economia neozelandesa ainda permanecia vinculada à Grã-Bretanha. Como "fazenda britânica no Pacífico sul", o país desfrutava de fácil acesso aos mercados do Reino Unido. Até 1960, 55% de suas exportações chegavam lá. Os tempos de bonança, contudo, tiveram fim quando o "velho país" aderiu à União Européia (UE), em 1973, e suas prioridades deslocaram-se para o continente europeu.

Vinte anos depois da adesão à UE, a Grã-Bretanha passou a absorver apenas 6% das exportações neozelandesas. Novos mercados foram abertos, e a Ásia tornou-se importante. Hong Kong, China, Japão, Taiwan e Coréia do Sul são agora os principais parceiros comerciais da Nova Zelândia. Espelhando-se em nações do Ocidente, a Nova Zelândia passou por grandes mudanças sociais durante a década de 1960. A decisão de apoiar os

Confecção de roupas em Wellington, anos 1940

CRONOLOGIA

1939 A Nova Zelândia luta ao lado dos Aliados na Segunda Guerra

Sir Edmund Hillary

1953 Sir Edmund Hillary escala o Everest com o xerpa Tenzing

1965 Força de combate enviada ao Vietnã

1973 Fragata vai à Polinésia francesa protestar contra testes nucleares

1961 Pena capital é abolida

1940 | **1950** | **1955** | **1960** | **1970**

1947 O Parlamento adota a estátua de Westminster

1948 Protesto contra a exclusão dos maoris na excursão da seleção de rúgbi à África do Sul

Entalhadura de Waitangi Marae

1975 É criado o Tribunal de Waitangi para investigar a reclamação de terras pelos maoris e determinar as compensações necessárias

EUA na Guerra do Vietnã recebeu vigorosa oposição e, em 1972, o serviço militar obrigatório foi abolido. Um ano mais tarde, o governo enviou uma fragata à Polinésia francesa para protestar contra a realização de testes de armas nucleares.

Em meados da década de 1970, com a escalada do preço do petróleo, os neozelandeses voltaram à política conservadora do Partido Nacional, sob o comando do combativo Robert Muldoon. Em 1984, cansados das políticas econômicas intervencionistas, os eleitores votaram no trabalhista David Lange, socialmente de esquerda mas economicamente de direita.

Nos seis anos seguintes, o país experimentou um vendaval de mudanças, que introduziu a taxa de câmbio flutuante, desregulou a atividade industrial, eliminou tarifas, liquidou ativos públicos e tornou ociosos milhares de funcionários públicos. Ao mesmo tempo, as relações internacionais estavam conturbadas: em 1985, os EUA foram informados de que navios de guerra equipados com armas nucleares ou movidos a energia nuclear não mais seriam bem-vindos aos portos da Nova Zelândia. Os americanos suspenderam o Anzus e,

Representantes da tribo *ngai tahu* e o governo assinam o Deed of Settlement in 1997

O *Rainbow Warrior*, afundado no porto de Auckland em 1985

no mesmo ano, sabotadores franceses afundaram o navio do Greenpeace *Rainbow Warrior*, em Auckland.

O Partido Nacional, que assumiu o poder em 1990, liderado por Jim Bolger (sucedido em 1997 por Jenny Shipley), continuou com reformas econômicas, embora a passos mais lentos. Muitos neozelandeses, entretanto, desiludidos diante de uma sucessão de adminstrações irresponsáveis, votaram a favor de um sistema eleitoral de representação proporcional, baseado no modelo alemão. O sistema foi testado pela primeira vez em 1997, o que resultou em um Parlamento muito mais representativo, e, em 1999, no surgimento da primeira mulher do país diretamente eleita como primeira-ministra, Helen Clark, do Partido Trabalhista.

A atual sociedade neozelandesa mudou significativamente, de um período em que a maior parte da população era *pakeha* ao ponto em que Auckland transformou-se na maior cidade polinésia do mundo e um crescente número de asiáticos acabaram se tornando cidadãos neozelandeses. Com sua diversidade cultural crescente, a Nova Zelândia vem construindo uma identidade confiante e independente.

1981 Inaugurado o primeiro jardim-de-infância maori
1981 País dividido pela viagem da seleção de rúgbi à África do Sul

1987 A Nova Zelândia vence a primeira Copa Mundial de Rúgbi
1987 O maori se torna língua oficial

1995 O país vence a America's Cup

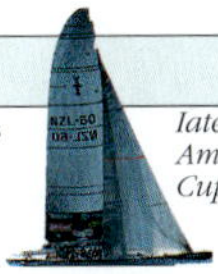

Iate na America's Cup

2004 *O Senhor dos Anéis*, ganha 11 Oscar

1980 | **1985** | **1990** | **1995** | **2000** | **2005**

1984 Lange assume o governo

1985 *Rainbow Warrior* é afundado

1990 Dame Catherine Tizard é a 1ª governadora-geral

1990 Partido Nacional no governo

Jenny Shipley

1997 1º Parlamento proporcional
1997 Jenny Shipley, 1ª primeira-ministra

2000 Nova vitória na America's Cup

1997 O governo compensa a tribo *ngai tahu* pelo confisco de terras

NOVA ZELÂNDIA ÁREA POR ÁREA

Nova Zelândia em Destaque

Situada na extremidade sudoeste do oceano Pacífico, a Nova Zelândia é um dos países mais isolados e menos populosos do mundo. É também uma terra de contrastes: entre o norte subtropical e o sul mais frio; o oeste úmido e o leste mais seco; entre os vulcões do centro da Ilha Norte e as montanhas da Ilha Sul. Forças geológicas poderosas criaram a paisagem dominada por montanhas, colinas, lagos e rios. Estes, por sua vez, permitiram à Nova Zelândia tornar-se um paraíso para os amantes da natureza e para os entusiastas dos esportes ao ar livre. A criação de ovelhas e gado ainda ocupa grandes áreas do país, mas cada vez mais a tendência é a diversificação. O norte, mais populoso, é o centro da cultura maori e polinésia.

Um dos diversos vinhedos de Marlborough *(págs. 206-7)*

Christ Church Cathedral, no coração de Christchurch *(pág. 222)*

Pancake Rocks e respiradouros de Punakaiki, no Paparoa National Park *(pág. 236)*

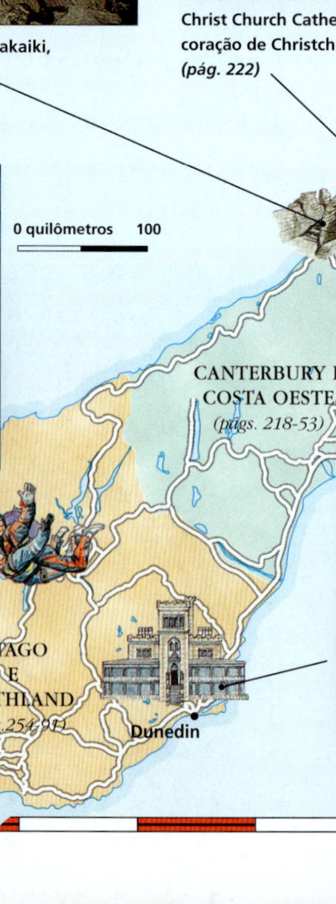

Vista do Lake Wakatipu a partir de Remarkables *(pág. 276)*

Larnach Castle, mansão de pedra secular *(pág. 266)*

Paredes entalhadas em casa de culto maori, no local da assinatura do Tratado de Waitangi *(págs. 104-5)*

Barcos ancorados em Westhaven Marina, Auckland *(pág. 72)*

Erupção do gêiser Lady Knox, em Waiotapu Thermal Wonderland *(pág. 140)*

Casa de culto maori no museu Te Papa Tongarewa *(págs. 166-7)*

ILHA NORTE

Introdução à Ilha Norte

Abençoada com uma paisagem diversificada, a Ilha Norte também tem um clima variado, que vai da "ausência de inverno" no norte às montanhas nevadas do planalto central e aos ventos tempestuosos do sul. Da ponta de Northland até Taranaki, no oeste, e Hawke's Bay, no leste, o mar confere uma personalidade distinta à costa oriental. Embora mais conhecida pelas maravilhas geotérmicas de Rotorua e pelo platô vulcânico, a Ilha Norte também é uma terra fértil: tem pastos verdejantes, pomares produtivos e terrenos ondulantes para a criação de ovelhas. A maior cidade, Auckland, e a capital, Wellington, localizam-se na Iha Norte.

Bay of Islands marlin

NORTHLAND (*págs. 92–109*)

Bay of Islands (págs. 102-3) *é uma das mais belas e históricas áreas da Nova Zelândia. Mar quente, dias ensolarados o ano todo, praias arenosas e enseadas tranquilas tornam o lugar um paraíso para a pesca e o mergulho submarinos, para nadar e para velejar.*

Mount Taranaki/Egmont (págs. 182-3), *um vulcão adormecido e nevado, é o centro da região agrícola de Taranaki e a principal atração do Egmont National Park.*

Alpinista em Mount Taranaki/Egmont

O edifício do Parlamento *em Wellington* (pág. 158) *é interessante por seus diversos estilos arquitetônicos. O domo circular, ou "Beehive" ("colméia"), contrasta com o quadrado de mármore ao lado, que abriga a Câmara.*

"Beehive"

A Sky Tower (pág. 75) *é o marco predominante em Auckland. De lá os visitantes têm uma esplêndida vista de 360 graus do centro da cidade, dos extensos subúrbios, do porto e das ilhas do golfo de Hauraki.*

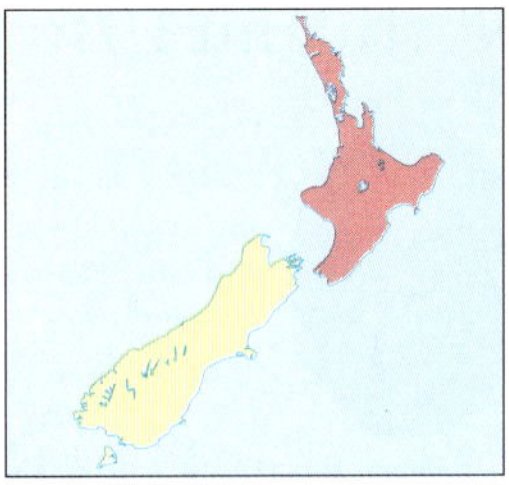

LOCALIZE-SE

Bath House, *em Rotorua* (pág. 134), *um elegante edifício em estilo Tudor situado em Government Gardens, é normalmente a construção mais fotografada da cidade. Originalmente construída como terma, em 1908, hoje abriga o excelente Rotorua Museum of Art and History.*

Os edifícios Art-Déco de Napier (págs. 146-7), *assim como o Rothmans, foram construídos após o devastador terremoto de 1931.*

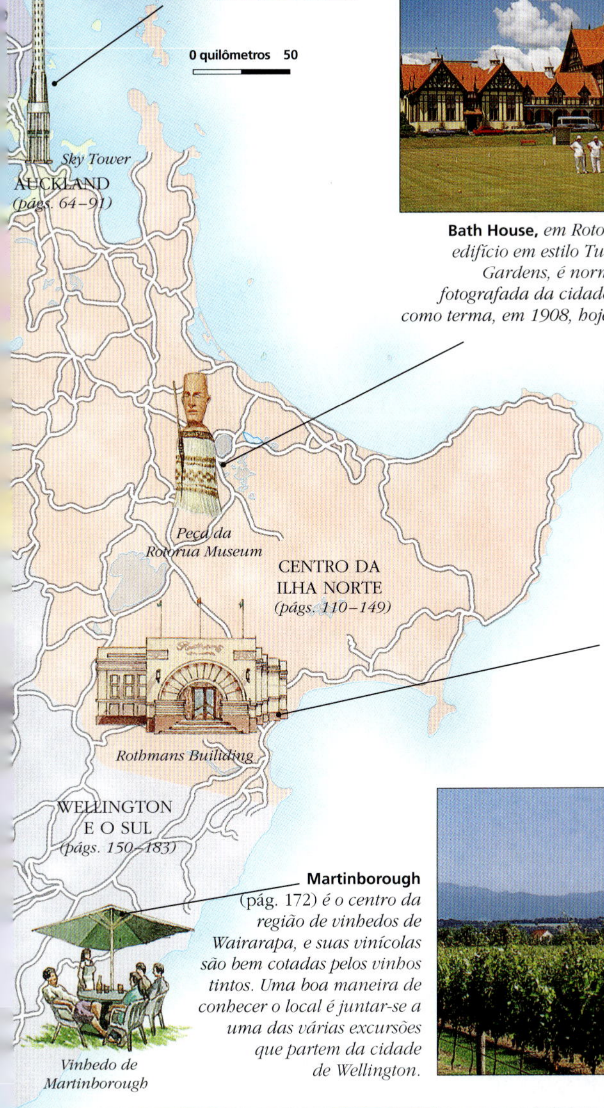

Martinborough (pág. 172) *é o centro da região de vinhedos de Wairarapa, e suas vinícolas são bem cotadas pelos vinhos tintos. Uma boa maneira de conhecer o local é juntar-se a uma das várias excursões que partem da cidade de Wellington.*

Northland Histórica

Samuel Marsden

Acredita-se que os primeiros viajantes polinésios teriam desembarcado na costa setentrional da Ilha Norte entre 700 e mil anos atrás. Northland também costuma ser chamada de "berço da nação". Foi em Rangihoua, que Samuel Marsden estabeleceu no país a primeira missão anglicana, em 1814; foi em Waitangi que europeus e maoris assinaram um tratado, em 1840 *(págs. 48-9)*; e foi em Russell que se estabeleceu a primeira capital da Nova Zelândia, também em 1840, antes de ela ser transferida para o sul. Foi ali também que se plantaram as primeiras sementes da revolta maori.

Kemp House
Esta casa em Kerikeri, concluída em 1822, é o edifício mais antigo da Nova Zelândia. Está ligada à família Kemp, que viveu nela por 142 anos (pág. 106).

Waipoa Bay, Moturoa Island
O capitão Cook (em 1769) e o explorador francês Marion du Fresne (em 1772) estiveram aqui. Du Fresne enterrou na areia uma garrafa com um documento em que reivindicava as terras para a França.

As dâmaras são o símbolo de Northland, mas hoje restam poucas. O auge da extração de madeira se deu de 1870 a 1910.

DESMATAMENTO EM HOKIANGA
Esta obra de Charles Heaphy, *Vista de Kahu-Kahu, Rio Hokianga* (1839), mostra a extração de madeira no local. As imensas dâmaras eram ideais para a construção de barcos e de residências nos povoados que nasciam.

Hokianga Harbour era um dos principais pontos de colonização maori. Kupe *(pág. 45)* partiu dali em direção a Hawaiki.

Russell, Bay of Islands
No início dos anos 1800, esta cidade era chamada de "inferno do Pacífico", graças à ausência de leis (pág. 102).

Hongi Hika
Depois de conhecer o rei Jorge IV numa viagem à Inglaterra, em 1820, o chefe maori Hongi Hika voltou para casa determinado a tornar-se rei da Nova Zelândia. Nos anos 1820, liderou os ngapuhi *em muitas vitórias contra outras tribos.*

Resina de dâmara
Usada em tintas e vernizes, a resina de dâmara foi um importante produto de exportação de Northland até a Segunda Guerra.

Pohutukawa
A pohutukawa *tem papel importante na mitologia maori. Os maoris acreditam que o espírito dos mortos desce pelas raízes de uma* pohutukawa *em Cape Reinga até sua terra natal, Hawaiki.*

Troncos de dâmara são rebocados até o barco.

Chefes guerreiros
Hone Heke com a esposa, Harriet, e outro chefe, Kawiti. Descontente com o Tratado de Waitangi, foi um dos primeiros líderes maoris a se rebelar contra os britânicos.

Pa em Ruapekapeka
Este pa (fortificação) é um dos mais complexos já construídos. Em 1846, tropas britânicas o invadiram numa manhã de domingo, pegando os maoris de surpresa. Eles não esperavam que os britânicos lutassem num dia reservado ao descanso e às orações.

O Coração Vulcânico

Esquiador no Mount Ruapehu

De White Island, no nordeste da Ilha Norte, ao Mount Ruapehu, no centro, estende-se a região vulcânica de Taupo, que abrange também as termas de Rotorua. Ali, onde o "anel de fogo do Pacífico" começa, a colisão das placas Continental do Pacífico e Indo-Australiana criou as condições para o surgimento de uma das mais ativas áreas de vulcanismo do mundo *(pág. 22)*. Embaixo de Taupo, grandes pedaços da crosta são empurrados na direção do manto terrestre, onde se transformam em magma. De tempos em tempos o magma atinge a superfície, resultando em erupções como a de 186 d.C., quando pedras-pomes foram lançadas a 50km de distância.

Mount Ruapehu
A montanha mais alta da Ilha Norte tem picos nevados e oito glaciares. Em 1995-6, erupções esvaziaram a cratera do lago e a montanha foi interditada aos alpinistas.

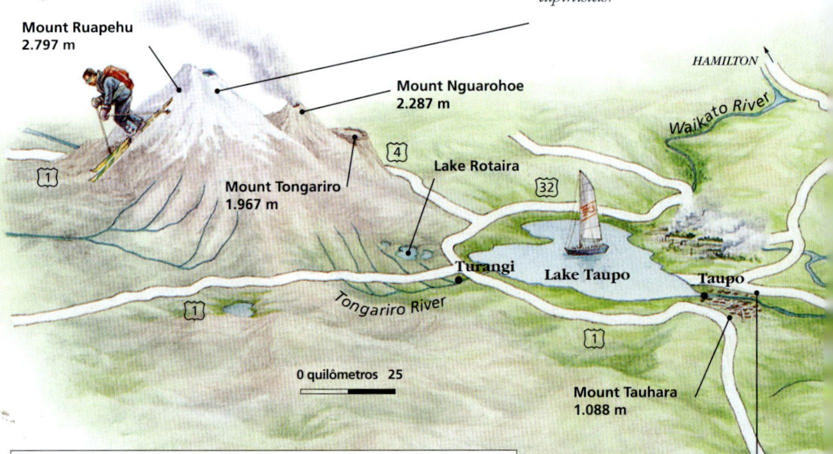

OS VULCÕES DA NOVA ZELÂNDIA

Há três tipos principais de vulcão na Nova Zelândia: os campos vulcânicos, como Auckland, onde cada erupção produz um vulcão pequeno em lugares diferentes; os cones vulcânicos, nos quais uma sucessão de erupções ocorre perto de uma abertura e forma um cone grande, que é o vulcão em si; e as caldeiras vulcânicas, nas quais as erupções são em geral tão fortes que a superfície é engolida pelo buraco que se forma. A zona de Taupo tem três cones vulcânicos ativos (Ruapehu, Ngauruhoe e White Island) e as duas mais ativas caldeiras do mundo (Taupo e Tarawera). O Mount Ngauruhoe é a abertura do Mount Tongariro, que fica ao lado.

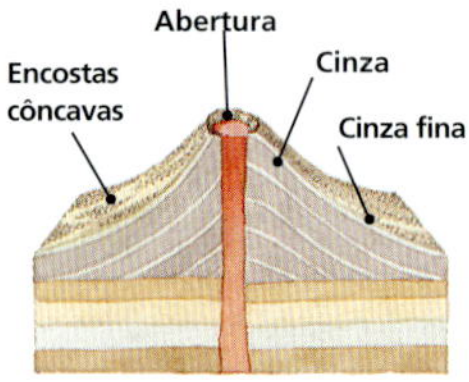

Vulcão cônico

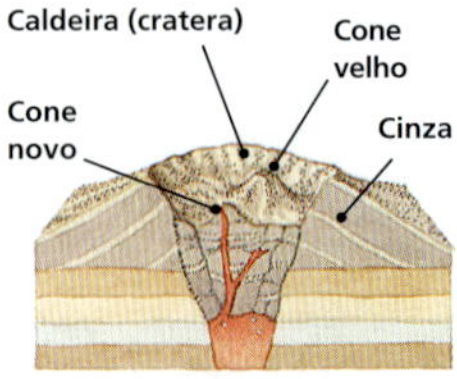

Caldeira vulcânica

Estação geotérmica Wairakei
Quase 60 orifícios drenam um vasto sistema subterrâneo de águas, naturalmente aquecidas pelas rochas quentes, e produzem grandes quantidades de vapor comercializável.

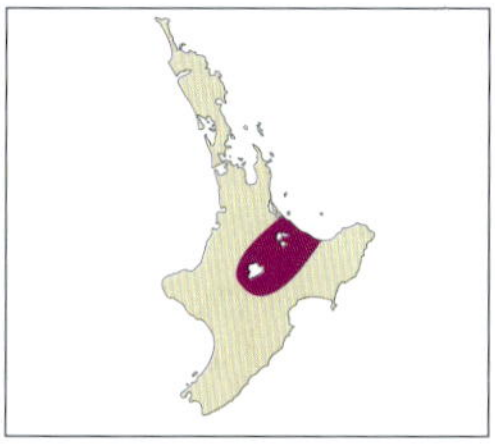

LOCALIZE-SE

Pohutu Geyser *Um dos 12 gêiseres da Nova Zelândia, o Pohutu alcança mais de 30m de altura* (págs. 138-9).

White Island
Devido à sua intensa atividade termal, é um excelente vulcão para se visitar. (pág. 130).

ZONA VULCÂNICA DE TAUPO

A região entre White Island e Ruapehu é de longe a mais ativa das cinco áreas vulcânicas da Ilha Norte. Além de vulcões, o visitante encontrará ali gêiseres, piscinas de água mineral, piscinas de lama, terraços de sílica, lagos, rios e cachoeiras. Trata-se de um dos mais fascinantes destinos turísticos da Nova Zelândia.

Waiotapu
A borbulhante e sibilante Champagne Pool, com sua linda borda ocre petrificada, é uma das diversas atrações coloridas de Waiotapu (pág. 140).

Mount Tarawera
Numa erupção vulcânica em 1886, formou-se uma fenda de 6km de extensão e 250m de profundidade, que engoliu os Pink and White Terraces (pág. 137).

AUCKLAND

Um terço dos neozelandeses vive na região metropolitana de Auckland, que, com 1,1 milhão de habitantes, continua a expandir-se mais rapidamente do que qualquer outra parte do país. A população cresceu 20% desde 1991, quase o dobro da taxa nacional. Auckland é um lugar para apreciar a vida urbana, mas praias tranquilas e trilhas arborizadas estão a uma hora de carro do centro comercial.

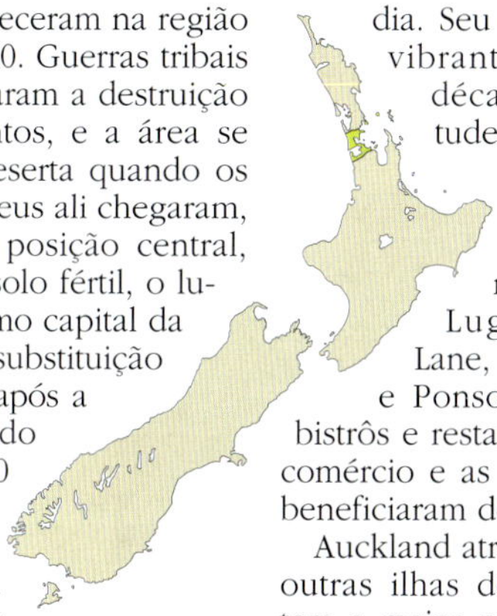

Os maoris se estabeleceram na região de Auckland em 1350. Guerras tribais e epidemias provocaram a destruição de seus assentamentos, e a área se encontrava quase deserta quando os colonizadores europeus ali chegaram, em 1840. Graças à posição central, ao bom porto e ao solo fértil, o lugar foi escolhido como capital da Nova Zelândia em substituição a Russell, ao norte, após a assinatura do Tratado de Waitangi, em 1840 *(págs. 48-9)*. Porém, em 1865 a capital foi transferida para a cidade de Wellington, ao sul.

Embora Auckland inicialmente não tenha sido um assentamento próspero, a corrida do ouro na região e a crescente produção agrícola no fim do século 19 ajudaram a transformá-la naquilo que é hoje: a maior cidade e a que mais cresce na Nova Zelândia. Seu centro tornou-se mais vibrante desde meados da década de 1990, em virtude da tendência dos habitantes de trocar as tradicionais casas de subúrbio por apartamentos na área central. Lugares como Vulcan Lane, Viaduct Basin, Parnell e Ponsonby ganharam cafés, bistrôs e restaurantes sofisticados. O comércio e as artes performáticas se beneficiaram dessa migração.

Auckland atrai também vizinhos de outras ilhas do Pacífico sul e hoje tem a maior população polinésia do mundo. Tamanha diversidade cultural confere à cidade uma atmosfera bastante cosmopolita, fato que está refletido na variedade de lojas e restaurantes típicos de cada etnia e pode ser observado nos mercados locais, como aqueles de Otara e Avondale.

Surfe em Piha, na costa oeste de Auckland

◁ **A Sky Tower vista de Waitemata Harbour, Auckland**

Como Explorar Auckland

Embora Auckland se espalhe por uma área de mais de 1.000km², muitas de suas atrações estão aglomeradas na zona portuária e em torno dos antigos parques. Para apreciar vistas panorâmicas do centro, do porto e das ilhas, o turista pode visitar vários vulcões extintos, como o One Tree Hill *(pág. 84)*, e os pontos de observação e os restaurantes da Sky Tower, o marco turístico mais característico da cidade *(pág. 75)*. Queen Street, há muito conhecida como "o trecho de ouro", é uma região de compras e diversão, complementada por Ponsonby, Parnell e Newmarket, nas margens da cidade. A água é uma parte importante da magia de Auckland, e um passeio a Rangitoto ou a outra das ilhas do golfo de Hauraki *(págs. 88-9)* é obrigatório.

Iates ancorados na Westhaven Marina, Auckland *(pág. 72)*

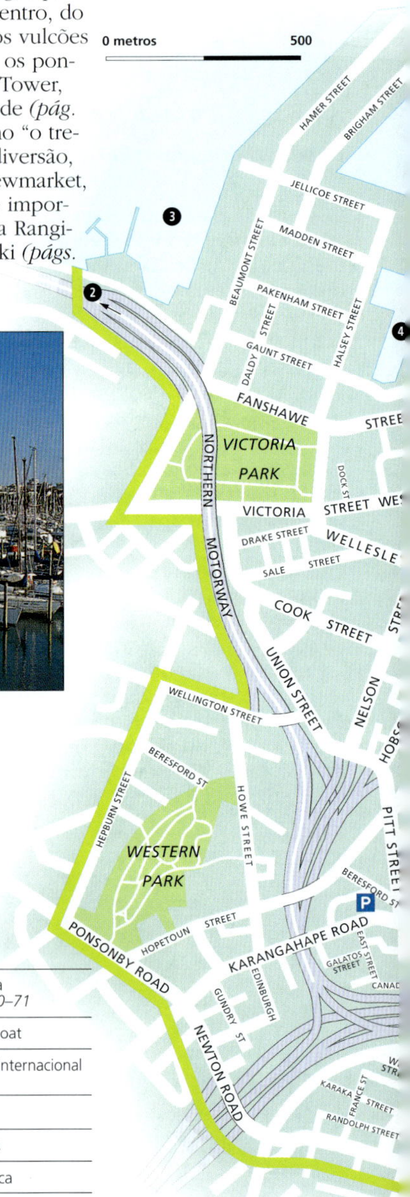

PRINCIPAIS ATRAÇÕES

- Aotea Square e Aotea Centre em THE EDGE® 10
- Auckland Art Gallery 15
- Auckland Domain e Winter Gardens 16
- Auckland Harbour Bridge 2
- Auckland Town Hall 11
- Auckland War Memorial Museum 17
- Britomart Transport Centre 7
- Ferry Building 6
- New Zealand National Maritime Museum 5
- Old Arts Building and Clock Tower 14
- Old Customhouse 8
- Old Government House 13
- Sky Tower 12
- SKYCITY Auckland 9
- Viaduct Basin 4
- Waitemata Harbour 1
- Westhaven Marina 3

LEGENDA

- Rua a Rua: A zona portuária *págs. 70–71*
- Terminal de ferryboat
- Para o Aeroporto Internacional de Auckland
- Estação de trem
- Estação de ônibus
- Informação turística
- Estacionamento
- Parque
- Hospital

VEJA TAMBÉM

- ***Onde Ficar*** págs. 298-300
- ***Onde Comer*** págs. 326-8

COMO CIRCULAR

O centro da cidade de Auckland é compacto, e a maior parte das atrações pode ser visitada a pé. Como alternativa, os turistas podem tomar o Explorer Bus, que parte do Ferry Building (no terminal de ferryboat) a cada 30 minutos, a partir das 9h (de hora em hora no inverno), e pára em 15 atrações turísticas. O passeio inclui informações gravadas em várias línguas. Boas rodovias e estradas interligam os subúrbios norte, sul e oeste, que também são servidos por ônibus. As ilhas do golfo de Hauraki podem ser alcançadas de ferryboat.

Patinadores em Tamaki Drive *(pág. 82)*

Rua a Rua: Zona Portuária

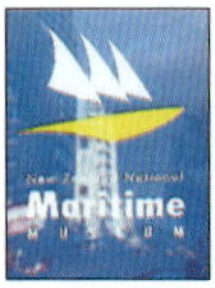

Placa do Museu Marítimo

Lojas excelentes, edifícios históricos, grandes bares e restaurantes, vista soberba – a zona portuária de Auckland tem atrações para todos. Alguns anos atrás ela não despertava o interesse de moradores e visitantes, e o centro da cidade, tradicionalmente reservado aos escritórios comerciais, ficava quase deserto à noite. Isso mudou, e o centro de Auckland é hoje animadíssimo. Apartamentos novos –alguns à beira-mar, outros plantados em meio a extensos jardins– e numerosos bares e restaurantes da moda transformaram a zona portuária em um badalado centro de entretenimento.

Old Customhouse
Este edifício de 1889 hoje abriga uma loja de produtos isentos de impostos (págs. 73, 90).

Britomart Transport Centre
O centro de transporte público da cidade fica no antigo prédio dos Correios.

★ Ferry Building
No edifício do serviço de ferryboat os turistas podem comprar bilhetes, contratar passeios pelo porto ou almoçar (pág. 73).

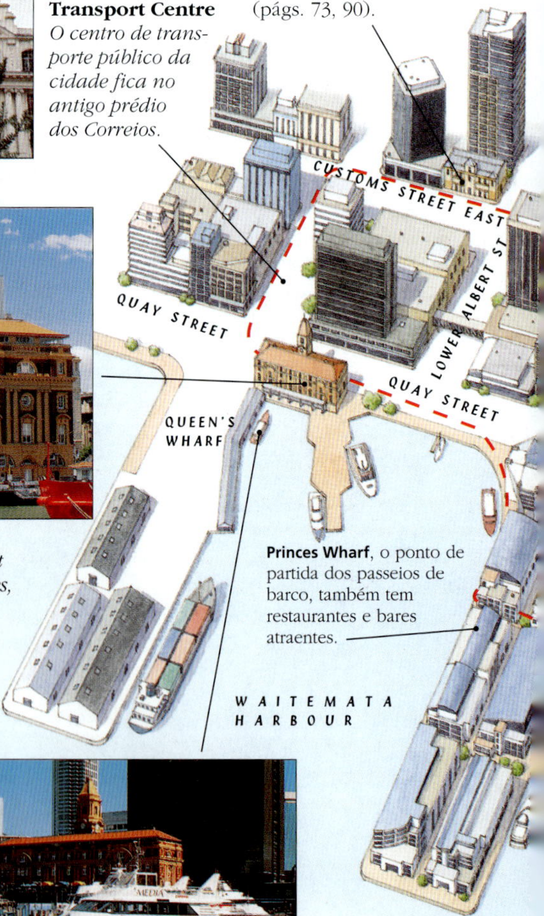

Princes Wharf, o ponto de partida dos passeios de barco, também tem restaurantes e bares atraentes.

LEGENDA

– – – Percurso sugerido

Serviços de barco
Diversas operadoras de passeios de barco a Devonport e às ilhas do golfo de Hauraki estão instaladas no Ferry Building.

AMERICA'S CUP

Viaduct Basin serviu de base aos barcos que participaram das edições 1999-2000 e 2002-2003 da America's Cup. A Nova Zelândia defendeu com sucesso o troféu que tirara da equipe Young America (EUA), liderada por Dennis Connor, em 1995. Na edição 2002-2003, enfrentaram o Team New Zealand nove desafiantes de diversos países, entre os quais França, Itália, Suécia, Suíça, Inglaterra, EUA e Brasil. A história desta copa de vela oceânica remonta aos anos 1870, e a intensa emoção que sempre a cercou permanece até os dias atuais.

O neozelandês *Black Magic* derrota o concorrente italiano na final da America's Cup do ano 2000

Banhos quentes
Construído em 1914 e reformado em 1997, o edifício dos banhos dispõe de instalações modernas.

Viaduct Basin
Esta antiga área industrial foi transformada em centro de entretenimento na edição 1999-2000 da America's Cup (pág. 72).

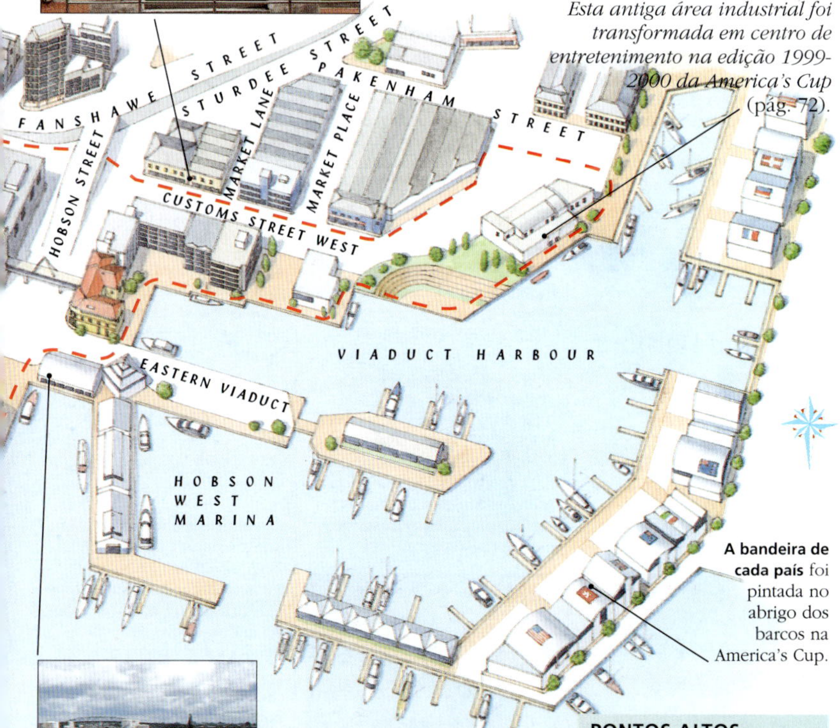

A bandeira de cada país foi pintada no abrigo dos barcos na America's Cup.

★ New Zealand National Maritime Museum
Entre as peças fascinantes do museu estão navios históricos que transportam os turistas pelo porto (pág. 73).

PONTOS ALTOS

★ Ferry Building

★ New Zealand National Maritime Museum

Vista da selva de mastros da Westhaven Marina a partir da Auckland Harbour Bridge

Waitemata Harbour ❶

Este efervescente porto, com o cone vulcânico da Rangitoto Island ao fundo, é uma das paisagens mais apreciadas de Auckland. Não apenas o porto contribui para a beleza da cidade, como também forma uma barreira natural entre o centro comercial e o populoso North Shore. Balsas e barcos de cruzeiro, bem como navios comerciais, cruzam o porto de Auckland diariamente.

Auckland Harbour Bridge ❷

State Highway 1.

No fim do século 19, balsas começaram a transportar passageiros para o norte pelas águas da cidade de Auckland.

Em 1959, a Auckland Harbour Bridge foi construída e, dez anos depois, a ponte de aço de 43m de altura foi alargada: as quatro pistas se transformaram em oito.

Na hora de pico, o tráfego é lento ao longo de seus 1.020m. Barreiras de concreto, que separam as faixas de rolamento, são mudadas duas vezes ao dia por uma máquina de modo a acomodar o fluxo matutino de entrada na cidade e o retorno no fim da tarde. Um sistema eletrônico de sinalização nas duas pontas da ponte indica claramente quais faixas estão acessíveis.

Apesar dos congestionamentos, a Harbour Bridge oferece uma das melhores vistas da cidade. Além de ligar duas grandes áreas de Auckland, a State Highway 1 é também a principal artéria para quem se dirige ao norte. Aqueles que rumam para o sul notarão uma floresta de mastros à sua esquerda.

Café em Viaduct Basin

Westhaven Marina ❸

Westhaven Drive.

A Westhaven Marina espelha a paixão dos habitantes de Auckland pelo iatismo.

Em operação há mais de 70 anos, ela é uma das maiores marinas do hemisfério sul, capaz de acomodar 1.950 barcos. Entre as instalações estão o Pier Z, rampas de lançamento para embarcações a reboque e um guindaste móvel com mastro.

Os prédios de importantes clubes náuticos encontram-se no lado norte da marina.

Viaduct Basin ❹

Esq da Halsey St com Viaduct Harbour.

Em grande parte um legado da America's Cup de 1999-2000, os sofisticados apartamentos, lojas e restaurantes de Viaduct Basin elevam-se acima do ancoradouro. O local se beneficiou da renovação da orla de Auckland, a exemplo do que aconteceu em Sydney, Londres e São Francisco.

Um dos melhores lugares para apreciar a vibração da área é o Kermadec, restaurante especializado em peixes.

O Loaded Hog é outro concorrido ponto de encontro de locais e turistas.

New Zealand National Maritime Museum ❺

Esq das ruas Quay e Hobson. ***Tel*** *(09) 373 0800 or 0800 7258 9726.* *diariam.* *25 dez.* www.nzmaritime.org

Os barcos tiveram um papel central na história da Nova Zelândia, desde aqueles dos primeiros navegadores polinésios que se dirigiram ao país *(págs. 46-7)* até os baleeiros que fizeram de Russell *(pág. 102)* o centro da pesca da baleia na década de 1840, passando pelos navios dos milhares de imigrantes que chegaram nos séculos 19 e 20. O passado marítimo do país é destacado no museu. Na língua maori, ele se chama Te Huiteananui-a-Tangaroa, "a lendária casa de Tangaroa", rainha do mar.

Mesmo quem se interessa pouco por barcos apreciará as inovadoras salas de exposição. Um delas, por exemplo, simula o interior de um navio, com direito a um piso que balança e range. Diversas embarcações históricas, atracadas do lado de fora do museu, levam os visitantes em viagens pelo porto.

Exposição sobre a pesca de baleia no National Maritime Museum

Ferry Building ❻

Quay St. *diariam.*

Este edifício barroco de estilo eduardiano é o ponto central dos ferryboats diariamente usados pelos trabalhadores. Daqui parte o ferry que chega a Devonport em dez minutos, além dos que vão a Waiheke Island *(pág. 88)*. Projetado por Alex Wiseman, o edifício é feito de arenito e tijolos. Além do terminal de transporte, o prédio abriga o Harbourside Restaurant *(pág. 327)*, famoso pelos frutos do mar e pela deslumbrante vista do porto.

O Ferry Building, entrada do porto

Britomart Transport Centre ❼

Queen St.

O Britomart Transport Centre reúne em um único complexo os serviços de trem, ônibus e ferryboat de Auckland. O centro é o primeiro estágio de uma planejada reforma que eventualmente incluirá lojas, cafés, apartamentos, escritórios e novos espaços públicos.

Old Customhouse ❽

Esq das ruas Albert e Customs. ***Tel*** *0800 388 937.* *diariam.* www.aworldofshopping.co.nz

A Old Customhouse substituiu um edifício incendiado na década de 1880. O prédio foi projetado por Thomas Mahoney em 1889, em estilo renascentista francês, e teria sido inspirado na loja Selfridge's, de Londres. Ele apresenta um intricado trabalho em gesso e madeira.

Ali ficavam o Departamento Alfandegário, a Inspetoria Contábil, a Inspetoria de Ovelhas e o Tribunal de Terras Nativas. Atualmente é a sede da maior *free shop* da cidade *(pág. 90)*.

CIDADE DAS VELAS

Auckland é considerada a cidade com o maior número de barcos de lazer *per capita* do mundo. Graças ao clima temperado, essas embarcações são muito utilizadas. O iatismo tem sido um passatempo popular na cidade desde a década de 1870, quando as primeiras regatas a vela foram realizadas no Waitemata Harbour. Os portos seguros e as belas ilhas circundantes também atraem velejadores estrangeiros. As companhias de aluguel cobram conforme o tamanho da embarcação, a estação do ano e a eventual necessidade de contratação de um capitão. O auge da temporada náutica é a Auckland Anniversary Regatta *(pág. 41)*, regata de aniversário da cidade.

Corrida de barcos no Waitemata Harbour

Cassino no complexo SKYCITY Auckland

SKYCITY Auckland ❾

Esq das ruas Victoria e Federal. **Tel** *0800 759 2489.* *diariam.* www.skycity.co.nz

Os jogadores sortudos podem ganhar carros de luxo no SKYCITY Auckland, o maior cassino da Nova Zelândia. Aberto 24 horas por dia, sete dias por semana, o complexo proporciona muitas opções de lazer e entretenimento. Mais de 1.600 máquinas oferecem o que há de mais moderno em matéria de jogo, pagando os prêmios em dinheiro ou carros. O complexo tem quatro cassinos e mais de cem mesas com jogos tradicionais como *stud poker* caribenho, dados, vinte-e-um e roleta. Entre as diversões chinesas encontram-se o *tai sai,* que é disputado com três dados num domo de vidro translúcido, e o *pai gow,* jogado com 32 peças de dominó.

No entanto, no SKYCITY a diversão não se limita ao jogo. O complexo é mais conhecido pela Sky Tower, a estrutura mais alta do país *(pág. 75)*. Ele tem também dois hotéis, o quatro-estrelas SKYCITY Hotel, com 306 apartamentos e 38 suítes, e o cinco-estrelas Grand Hotel, recém-inaugurado. Há também diversos bares, cafés e restaurantes, além de salas de reunião e um teatro com 700 poltronas que recebe espetáculos internacionais.

Aotea Square e Aotea Centre em THE EDGE® ❿

Queen St. **Tel** *(09) 307 5060.* www.the-edge.co.nz

No fim dos anos 1980, várias lojas de suvenir do país começaram a estocar um cartão-postal totalmente preto, exceto por uma inscrição pequena que dizia: "A vida noturna na Nova Zelândia". As coisas mudaram. Construído em 1990, o Aotea Centre foi projetado pelo arquiteto Ewen Wainscott. Ali a vida noturna é vibrante. Na noite de abertura apresentou-se Kiri Te Kanawa, cantora de ópera neozelandesa conhecida em todo o mundo. O Aotea é um local onde se pode dançar e assistir a espetáculos de ópera, música clássica e teatro. Ele também recebe festivais, como o Aotearoa Hip Hop Summit.

Escultura na Aotea Square

A Aotea Square, em frente ao centro, é uma praça popular entre os skatistas. O *waharoa*, um portão de madeira, foi criado pelo artista maori Selwyn Muru. De um lado da praça fica o Force Entertainment Centre, que conta com um cinema de 460 lugares *(pág. 93)*, centro de jogos, cafés e lojas. O Auckland Town Hall localiza-se do outro lado da praça.

O conjunto dos edifícios da Aotea Square –o Town Hall (prefeitura), o Aotea Centre e o Force Entertainment Centre– é chamado de THE EDGE®.

Auckland Town Hall ⓫

Queen St. **Tel** *(09) 307 5648.* *diariam.* *feriados.*

O eduardiano Town Hall, construído em 1911, é o principal edifício histórico de Auckland. Ele já foi bastante usado como centro administrativo, político e cultural. Durante a obra de restauração que lhe devolveu as feições originais, sua estrutura foi reforçada.

A Câmara de Concertos (Concert Chamber), a Câmara do Conselho (Council Chamber) e o *foyer* principal foram meticulosamente restaurados: as janelas, por exemplo, receberam vidros da época, que haviam desaparecido ao longo dos anos. O Great Hall, uma excelente sala de concertos, é uma réplica do Neues Gewandhaus de Leipzig, Alemanha, que foi destruído pelo bombardeio dos Aliados na Segunda Guerra Mundial.

Town Hall

Sky Tower ⓬

Inaugurada em agosto de 1997, a Sky Tower tem 328m de altura. Além de torre de radiodifusão e de telecomunicações, é uma atração turística fabulosa, que suplantou a AMP Tower, em Sydney, como edifício mais alto do hemisfério sul. Parte da SKYCITY Auckland, a torre é visitada por quase 1 milhão de pessoas por ano. Seus quatro patamares de observação oferecem 82km de vista, enquanto a Vertigo Climb e o Sky Jump proporcionam grandes emoções e muita adrenalina.

PREPARE-SE

Esq das ruas Victoria e Federal. ***Tel*** *0800 759 2489.* *8h30 até tarde, diariam.* **www**.skycity.co.nz

Níveis de observação
Os turistas podem apreciar uma linda vista de Auckland e seus arredores nos patamares de observação externos e internos da torre.

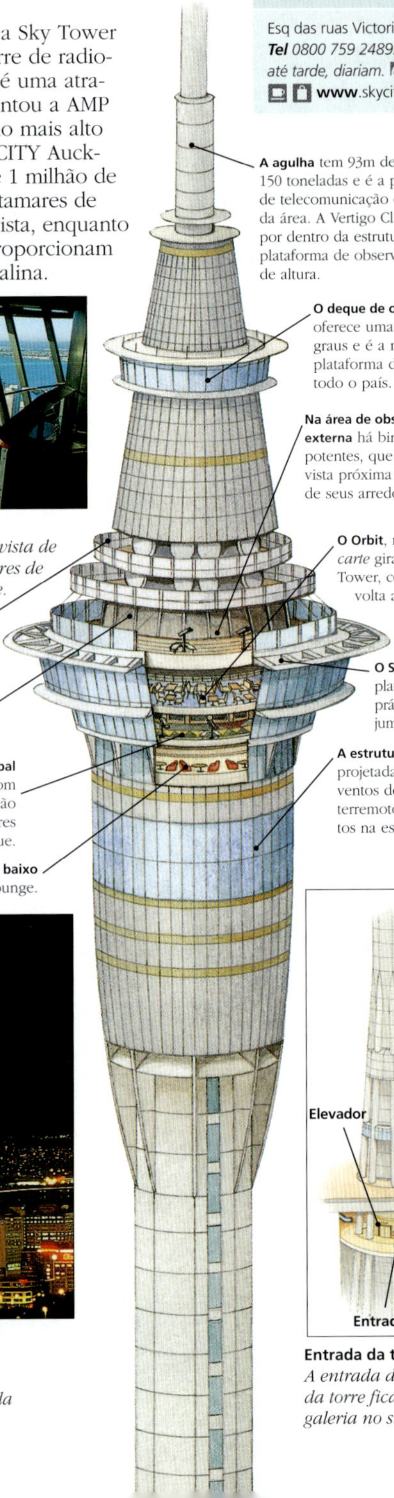

A Sky Tower à noite
É um cartão-postal ainda mais visível à noite. No Natal ela é iluminada com diversas cores e acaba ficando parecida com um disco voador.

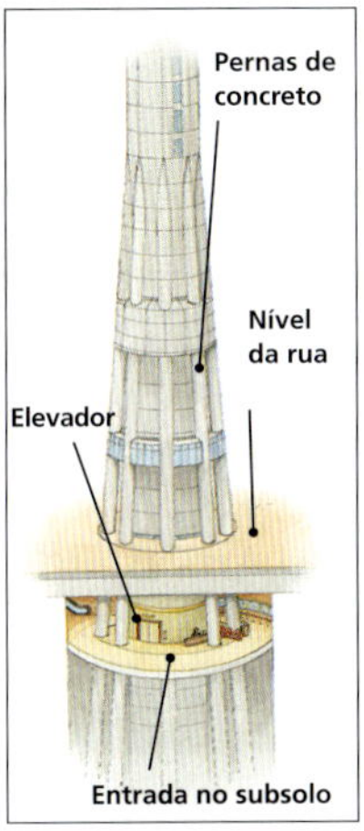

Entrada da torre
A entrada do elevador da torre fica em uma galeria no subsolo.

Old Government House, a primeira mansão de madeira da Nova Zelândia

Old Government House ⓭

Esq do Waterloo Quadrant com Princes St. *Fechada ao público.*

A clássica Old Government House foi sede do governo até 1865, quando a capital foi transferida para Wellington. Foi também a residência do governador-geral da Nova Zelândia até 1969. A realeza costumava se hospedar ali, e a rainha Elizabeth II, em 1953, transmitiu o discurso de Natal do andar superior. Atualmente faz parte da Universidade de Auckland e abriga a sala da equipe administrativa, o conjunto de recepção do conselho universitário e os apartamentos para professores visitantes.

Situada ao lado do centro comercial, a casa foi projetada por William Mason e concluída em 1856. De longe parece de pedra, mas é de madeira, como suas antecessoras britânicas pré-fabricadas. Uma grande árvore e um pinheiro, na extremidade sul do gramado, supostamente foram plantados por sir George Grey durante seu segundo mandato como governador, entre 1861 e 1867.

Old Arts Building e Clock Tower ⓮

Princes St. *Fechados ao público.*

Também parte dos edifícios da universidade, o Old Arts Building e a Clock Tower fazem frente para o Albert Park, ponto de encontro de estudantes no verão. Projetados pelo arquiteto R. A. Lippincott, formado em Chicago, foram concluídos em 1926. A torre do relógio, que coroa o edifício, foi inspirada na Tom Tower de Christ Church, em Oxford, Inglaterra, e passou a ser o símbolo da universidade. O interior octogonal do prédio é abobadado, com pilastras e galerias com piso de mosaico. Uma importante reconstrução, levada a cabo entre 1985 e 1988, recebeu prêmio do Instituto dos Arquitetos.

A partir do Old Arts Building, estende-se o Barracks Wall. Ele tem 85m e vai até os fundos do Old Choral Hall. Construído em 1847, é o único muro remanescente da área fechada que encerrava o Albert Park, na qual as tropas britânicas ficaram estacionadas até 1870. O basalto usado na construção do muro foi extraído de Mount Eden, atualmente conhecido como Eden Garden.

Old Arts Building e Clock Tower, na Universidade de Auckland

Auckland Art Gallery ⓯

Esq das ruas Wellesley e Kitchener. **Tel** *(09) 307 7700.* *diariam.* *25 dez, Sexta-feira Santa.* *algumas exposições.* **www**.aucklandartgallery.govt.nz

Os turistas interessados em arte devem incluir em seu itinerário a Auckland Art Gallery (Toi o Tamaki). Projetar o edifício de 1887 em estilo renascentista francês deve ter sido um desafio para o escritório de arquitetura de Grainger e D'Ebro, já que ele ocupa um outeiro. No início o prédio abrigava repartições e a biblioteca pública, mas no momento exibe a evolução da arte da Nova Zelândia. A coleção de cerca de 12.500 peças inclui tanto obras internacionais como nacionais. A galeria também organiza regularmente mostras temporárias. O acervo conta com obras de muitos dos mais importantes artistas nacionais, como Frances Hodgkins, Colin McCahon e Ralph Hotere. A Mackelvie Collection, que leva o nome do empreendedor que viveu em Auckland entre 1865 e 1871, é formada principal-mente por pinturas de artistas estrangeiros, assim como a Grey Collection.

Entrada da New Gallery, Auckland Art Gallery

A New Gallery, quase vizinha à Auckland Art Gallery, era uma central telefônica.

Reformada pelo arquiteto David Mitchell, acrescentou 30% mais espaço ao local. Seu foco é a arte contemporânea. Encravada entre as duas está a Gow Langsford Gallery, uma galeria comercial.

Para hotéis e restaurantes nesta região, veja págs. 298-300 e págs. 326-8

Auckland Domain e Winter Gardens ⓰

Auckland Domain ◯ *diariam.*
Winter Gardens ◯ *diariam.* ▣ *(War Memorial Museum).*

O centro de Auckland foi construído ao redor de vulcões extintos, na maioria transformada em parque. O parque mais antigo é o Auckland Domain, situado ao lado do centro e da região de Parnell. Anéis de tufos vulcânicos criados há milhares de anos ainda podem ser vistos em seus contornos.

A gleba para este parque de 1,35km² foi reservada em 1840, nos primeiros anos de colonização européia. Em 1940, um memorial maori foi instalado em torno de uma árvore *totara,* no outeiro de Pukekaroa. Esse enclave homenageia o líder Potatu Te Whero Whero, que há cem anos, nesse mesmo local, celebrara a paz com as tribos vizinhas.

Nas proximidades, há um campo de esportes, onde os anéis de tufos vulcânicos formam um anfiteatro natural. O local é utilizado no verão para concertos gratuitos que atraem multidões.

A Sky City Starlight Symphony se apresenta no Auckland Domain

O Auckland Domain é também popular entre os que apreciam caminhadas. Muitas das árvores do parque vieram de um viveiro criado em 1841 para produzir e distribuir plantas e árvores européias. Os jardins, formais, têm diversas esculturas. As mais conhecidas são as três de bronze no lago artificial. A figura masculina central representa Auckland e as duas mulheres, a sabedoria e a fertilidade da terra.

Estátua do Winter Gardens

Os Winter Gardens, um legado da Exposição de Auckland de 1913, consiste em duas estufas ligadas por um pátio com um grande espelho de água com lírios e lótus. Cobertas por domos, elas abrigam uma extensa variedade de plantas. Uma pedreira de origem vulcânica, localizada atrás dos Winter Gardens, foi transformada em viveiro de samambaias. As samambaias são uma constante na paisagem da Nova Zelândia e há mais de cem variedades neste viveiro. O jardim é um lugar concorrido para fotos de casamento.

A mais conhecida estrutura no Domain é o Auckland War Memorial Museum *(págs. 78–9).* Feito de concreto reforçado e revestido de pedra Portland, ele tem detalhes de bronze.

A fachada contém placas que listam as batalhas da Primeira Guerra, e na parte de trás do edifício há listas das batalhas da Segunda Guerra, acrescidas por R. F. e M. K. Draffin em 1960.

Uma das duas estufas dos Winter Gardens

Auckland War Memorial Museum ⓱

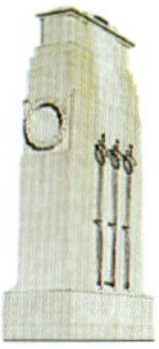

Cenotáfio do museu

O museu foi construído em 1929 para celebrar o fim da Primeira Guerra Mundial, na qual 16.697 neozelandeses morreram. Sua fachada neoclássica evoca os templos gregos que os soldados viam do convés dos navios em serviço no Mediterrâneo. O desenho do cenotáfio, que fica na frente do museu, foi baseado no túmulo do soldado desconhecido, em Londres, filmado em um cinejornal nos anos 1920. Além de apresentar aos visitantes a história, o povo e a paisagem da Nova Zelândia, o museu conta também com uma coleção de artefatos maoris e polinésios, além de receber os espetáculos culturais maoris..

Vista aérea do museu, localizado no Auckland Domain

Saguão
No saguão há altas colunas reminiscentes do Pártenon, na Grécia. A luz é filtrada pelo vitral do teto.

A seção Origins ("Origens") mostra esqueletos de animais extintos, como dinossauros e o *moa*, muitos descobertos em cavernas do país.

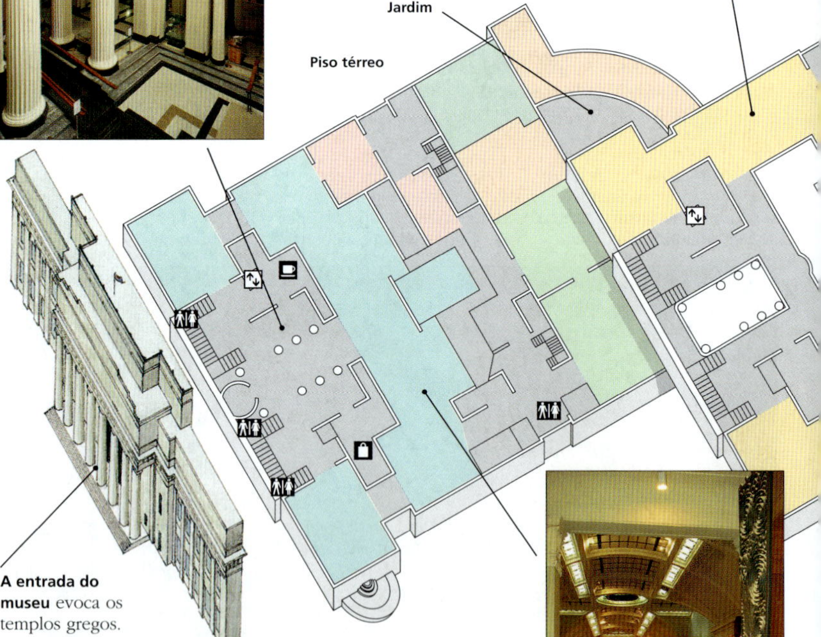

A entrada do museu evoca os templos gregos.

★ Tesouros maoris
Esta galeria exibe uma coleção soberba de artefatos maoris, como a waka *(canoa), ao fundo, e uma casa de culto tradicional.*

PONTOS ALTOS

- ★ Tesouros maoris
- ★ Santuário da Primeira Guerra Mundial

Para hotéis e restaurantes nesta região, veja págs. 298-300 e págs. 326-8

Centros de descoberta
Os dois centros de descoberta, "Weird and Wonderful" e "Treasures and Tales", são áreas interativas em que as crianças conhecem de tudo –de esqueletos de baleia a computadores.

PREPARE-SE

The Domain. ***Tel*** *(09) 306 7067 ou (09) 309 0443.* Explorer bus. 10h-17h diariam. 25 dez, 25 abr (apenas de manhã). doações (não há nos memoriais de guerra); show maori. **www**.aucklandmuseum.com

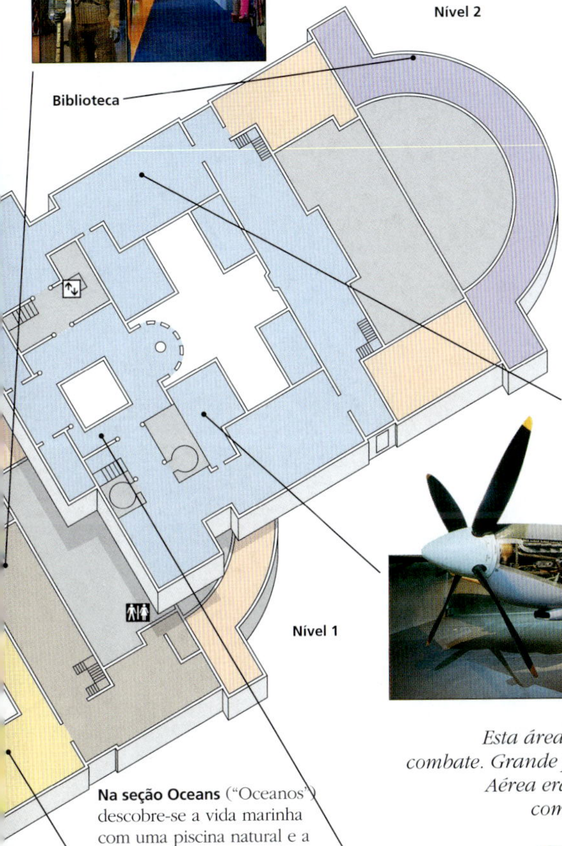

GUIA DO MUSEU

O acervo do museu está distribuído por três andares. O térreo é dedicado ao povo neozelandês: maoris, europeus e polinésios. O primeiro andar traz informações sobre a terra, e o último piso se concentra na participção neozelandesa nas duas guerras mundiais, experiência que forjou a identidade do país. A biblioteca abre nos dias úteis, das 13h às 17h. Um novo átrio será erguido para abrigar mais salas de exposição, recursos educativos e lojas.

A seção Scars on the Heart ("Cicatrizes no Coração") tem peças das duas grandes guerras, como a recriação de uma trincheira.

Galeria Spitfire
Esta área contém os primeiros aviões de combate. Grande parte dos pilotos da Real Força Aérea era de neozelandeses, inclusive o comandante supremo, Keith Park.

Na seção Oceans ("Oceanos") descobre-se a vida marinha com uma piscina natural e a réplica de uma praia e da reserva Poor Knights Islands.

LEGENDA DA PLANTA

- Administração
- Cidade
- Centros de descoberta
- Biblioteca
- Maori e ilhas do Pacífico
- História natural
- Outras mostras
- Salas para mostras especiais
- Exposição de guerra

★ Santuário da Primeira Guerra
O vitral no teto do saguão de entrada traz o brasão de todos os domínios e colônias britânicos durante a Primeira Guerra. No balcão estão as insígnias dos regimentos e das unidades em que os neozelandeses serviram.

Centro comercial e subúrbios de Auckland ▷

Fora do Centro

Fora do centro de Auckland, os turistas têm à sua disposição vários lugares para visitar e coisas para fazer. Portos, praias e ilhas são atrações de primeira, não apenas pela beleza da paisagem, mas também para a prática de esportes náuticos. A cidade é bem conhecida por seus parques e jardins, que oferecem refúgios tranquilos. Alguns também dão aos visitantes a chance de caminhar entre arbustos e vegetação selvagem. Famílias com crianças pequenas apreciarão o Kelly Tarlton's Underwater World e Antarctic Encounter, o Rainbow's End Theme Park e os Auckland Zoological Gardens. Do outro lado do porto, Devonport, com seus muitos restaurantes e lojas de arte e artesanato, é um bom passeio de um dia.

PRINCIPAIS ATRAÇÕES

Auckland Regional Botanic Gardens ❽
Auckland Zoological Gardens ❺
Devonport ⓮
Hauraki Gulf Islands ⓰
Henderson ⓬
Highwic ❼
Kelly Tarlton's Underwater World e Antarctic Encounter ❸
Kumeu ⓭
Museum of Transport and Technology ❹
One Tree Hill ❻
Orewa ⓯
Piha ⓫
Rainbow's End Theme Park ❾
Savage Memorial Park ❷
Tamaki Drive ❶
Titirangi ❿

LEGENDA

Centro
Cidade de Auckland
Parque, floresta ou reserva
Rodovia
Rodovia estadual
Outras estradas
Aeroporto Internacional de Auckland

Vista da cidade de Auckland a partir de Tamaki Drive

Tamaki Drive ❶

Tamaki Drive, no leste da cidade, mostra o melhor de Auckland. Esta via atravessa Hobson Bay e margeia a água ao longo de Okahu Bay, Mission Bay e Saint Heliers Bay. As paisagens do outro lado do Waitemata Harbour, em direção à Rangitoto Island e Devonport, são estonteantes.

Muitas das casas mais luxuosas situam-se ao longo da Tamaki Drive ou a seu redor, e muitos ônibus de turismo fazem pequenos desvios para passar pela vizinha Paritai Drive, onde se encontram os mais caros imóveis de Auckland. Praias pequenas são uma grande atração ao longo do caminho. Essas praias servem de base para famílias a passeio, para nadadores e para os que apreciam banhos de sol.

Mission Bay tomou seu nome de Mission House, quando a área foi urbanizada, na década de 1920. Erguida em 1859, a casa era parte da Escola Missionária Melanésia do Bispo Selwyn. Quando a escola foi transferida para Norfolk Island, em 1867, a casa passou a ser usada para

Ciclistas aproveitam o sol na Tamaki Drive

Para hotéis e restaurantes nesta região, veja págs. 298-300 e págs. 326-8

A Rangitoto Island domina o horizonte no porto de Auckland

diferentes finalidades. Atualmente é um sofisticado restaurante. A Tamaki Drive termina no Saint Heliers Shopping Centre. Vale a pena seguir pela Cliff Road, em direção à Ladies Bay. Do alto do penhasco tem-se uma vista soberba do Hauraki Gulf. Logo abaixo, mas longe o bastante para que os observadores não sejam indiscretos, está uma das poucas praias de nudismo da Nova Zelândia. Nas outras praias da Tamaki Drive, a nudez é proibida.

Prática de windsurfe

Savage Memorial Park ❷

Localizado perto da Tamaki Drive, o Savage Memorial Park recebeu o nome em homenagem ao primeiro-ministro neozelandês Michael Joseph Savage (1871-1940), do Partido Trabalhista. Os jardins, que têm um arranjo formal, também contêm fortificações de concreto que datam da Segunda Guerra.

Esta área era uma fortificação maori *(pa)*, e seu litoral era famoso pelo vasto suprimento de mexilhões. Chamada originalmente de Tokapurewha, "pedras de mexilhões" na língua maori, a área foi rebatizada de Bastion Point.

É mais conhecida pelo protesto maori realizado em 1979, após o governo ter classificado uma de suas aldeias como zona residencial, com vistas à urbanização de Bastion Point. O lugar ficou ocupado por 506 dias, e o litígio durou dez anos. Em 1990, a terra foi finalmente devolvida à tribo *ngati whatua*. Com 900m^2, Orakei Marae é a casa de culto da tribo. Casas menores podem ser encontradas ao redor do Kaipara Harbour e em Helensville, na costa norte.

Passeio pelo túnel de plexiglas no Kelly Tarlton's Underwater World

Kelly Tarlton's Underwater World e Antarctic Encounter ❸

23 Tamaki Drive. ***Tel*** *(09) 528 0603 ou 0800 805 050. Downtown Centre, 74, 75, 76. diariam. flash proibido. Antarctic Encounter.*

As mais conhecidas atrações turísticas da Tamaki Drive são o Kelly Tarlton's Underwater World e o Antarctic Encounter. Os visitantes andam em passarelas rolantes no interior de túneis de plexiglas, dentro de um tanque com peixes por todos os lados. O túnel percorre dois aquários marinhos, um dedicado aos peixes de recifes e o outro aos tubarões e às arraias. No Antarctic Encounter há uma réplica do abrigo do explorador Robert F. Scott (1868-1912) em Cape Evans, em 1910, inclusive com gelo e ventos. O ponto alto é uma viagem através da típica paisagem subantártica, na qual se passa por uma colônia de pinguins e por baixo do gelo de um aquário.

Museum of Transport and Technology ❹

805 Great North Rd, Western Springs. 🚌 *Customs St, 45.* ***Tel*** *(09) 846 0199.* ◯ *diariam.* ● *25 dez.* 🎫 ♿ 🖵 **www**.motat.org.nz

O Museum of Transport and Technology (MOTAT) tem um acervo de cerca de 300 mil peças, 20% das quais podem ser vistas em diversos prédios e galerias em dois diferentes locais, a alguns passos dos Auckland Zoological Gardens. Há de equipamentos odontológicos a roupas íntimas, passando por casas do século 19.

A parte mais importante é o acervo de 30 aviões antigos, entre os quais, a réplica de uma aeronave caseira feita pelo neozelandês Richard Pearse, tido por muitos como predecessor dos irmãos Wright *(pág. 248)*. Também é de interesse o hidroavião *Aranui*, um luxuoso aparelho que voou pelo Pacífico sul de 1949 a 1960. A cada 20 minutos, aproximadamente, um bonde elétrico faz a ligação entre a entrada do MOTAT e os portões do zoológico.

Aeronave antiga no Museum of Transport and Technology

Auckland Zoological Gardens ❺

Motions Rd, Western Springs. 🚌 *Customs St, 45.* ***Tel*** *(09) 360 3800.* ◯ *diariam.* ● *25 dez.* 🎫 ♿ 🍴 🖵 🛍 **www**.aucklandzoo.co.nz

Elefante de ferro corrugado no zôo

O isolamento geográfico da Nova Zelândia fez com que sua fauna evoluísse de maneira diferente. A ausência de predadores, por exemplo, resultou em muitos pássaros jamais ameaçados por inimigos naturais. Não há mamíferos nativos, salvo morcegos. E o melhor lugar para conhecer a variada e singular vida selvagem do país é o zôo de Auckland. O zoológico abriga pássaros como o *kaka* e o *kakariki*, além do quivi (símbolo nacional).

A população do zôo, que não se limita a animais nativos, é exibida em cenários que reproduzem os hábitats naturais. Os primatas podem ser vistos a pequena distância em uma floresta tropical. Zebras e girafas vagam por uma savana africana, com cabanas zulus e hábitats conexos. Os babuínos e os hipopótamos aparecem em um pântano.

One Tree Hill ❻

Manukau Rd.

One Tree Hill, um vulcão inativo que foi o local do maior povoado maori da região na pré-história, recebeu esse nome em razão da árvore solitária plantada em seu cume

One Tree Hill, local de uma antiga fortificação maori

no ano de 1640. Desde então, uma sucessão de árvores foi atacada por manifestantes desejosos de atrair atenção para sua causa. A última, um pinheiro, foi removida pela prefeitura em 2000 por ser instável. Sua mais famosa antecessora foi uma *totara*, derrubada em 1852 por um grupo de trabalhadores revoltados por não ter recebido seu pagamento.

A montanha fica no Cornwall Park, que, batizado em homenagem ao duque e à duquesa da Cornualha, foi doado à cidade por Sir John Campbell durante uma viagem, em 1901.

Acacia Cottage, o mais antigo prédio de madeira de Auckland, foi construído em 1841 por sir John Campbell. Em 1920, ele foi transferido da Shortland Street para o Cornwall Park, antiga fazenda

Acacia Cottage, no Cornwall Park

de sir John. Na base do parque, perto da entrada, fica o Stardome Observatory, que tem telescópios para a observação de estrelas. Espetáculos astronômicos são exibidos no Stardome Planetarium.

Acacia Cottage
Cornwall Park. ***Tel*** *(09) 630 8485.* *diariam.* *feriados.* *302, 304, 305.*

Stardome Observatory
One Tree Hill Domain. ***Tel*** *(09) 624 1246.* *diariam.* *feriados.* *Stardome e telescópios.*

Highwic ❼

40 Gillies Ave, Epsom. *Link bus.* ***Tel*** *(09) 524 5729.* *qua-dom.* *Sexta-feira Santa, 25 dez.*

Construída em 1862, Highwic era a residência de Alfred Buckland, dono de gado e de um posto de serviços. A casa foi erguida em estágios, e a

Diversão nas águas do Rainbow's End Theme Park

parte da frente tem mais detalhes que as restantes. A decoração elaborada e as janelas em forma de diamante são um exemplo do *revival* da arquitetura gótica em madeira. Os extensos jardins também merecem uma visita.

Auckland Regional Botanic Gardens ❽

Hill Rd, Manukau City. ***Tel*** *(09) 267 1457.* *diariam.*
www.arc.govt.nz

Espalhado por mais de 640 km², este jardim contém mais de 10 mil espécies de plantas nativas da Nova Zelândia, bem como uma grande coleção de plantas ornamentais. Ele nasceu para ajudar as pessoas a selecionar espécies para seu próprio jardim. Visitas guiadas são oferecidas regularmente. Há um centro de visitantes premiado.

Rainbow's End Theme Park ❾

Esq das ruas Great South e Wiri Statio, Manukau City. *Central Auckland, 47.* ***Tel*** *(09) 262 2030.* *diariam.* *25 dez.*
www.rainbowsend.co.nz

A atração mais popular deste parque de diversões é uma montanha-russa de mais de 30m de altura que descreve grandes arcos e faz manobras radicais. Entre as outras diversões estão o Motion Master Virtual Theatre, que apresenta dinossauros, um passeio por uma floresta encantada, um campo de minigolfe, cartes tamanho família, brinquedos aquáticos e o Goldrush, local em que os visitantes são transportados em carrinhos de minério por um assustador percurso através de uma mina de ouro abandonada.

SIR JOHN LOGAN CAMPBELL

Sir John Logan Campbell (1817-1912) foi um dos primeiros empreendedores da Nova Zelândia. Em 21 de dezembro de 1840, montou uma barraca no fim da Shortland Street que serviu como a primeira loja de Auckland. Quando morreu, aos 95 anos, era o mais importante homem de negócios da cidade. Comerciante e fazendeiro, envolveu-se também com transporte marítimo, produção de cerveja, exploração de madeira, exportação de resina de dâmara, linho e manganês, publicação de jornais e panificação. Membro do Parlamento, foi um dos fundadores do Mechanics Institute e do Northern Club. Hoje "o pai de Auckland" é mais lembrado por ter doado à cidade sua fazenda, o Cornwall Park *(pág. 85)*.

Mastro totêmico na entrada do Arataki Visitors Centre

Titirangi ⑩

Mapa rodoviário E2. *3.400.*

Situado a oeste de Auckland, o povoado de Titirangi oferece vistas soberbas da cordilheira Waitakere Ranges e dos 390km² do Manukau Harbour, ao sul. O vilarejo, lar de muitos artistas e escritores, tem a reputação de ser de vanguarda. A rua principal é ladeada por cafés e restaurantes. O marco mais significativo é Lopdell House, prédio em estilo espanhol que, inaugurado em 1930, abriga uma galeria de arte, um teatro e um restaurante. A praça fronteiriça à biblioteca transforma-se em feira de arte e artesanato no último domingo de cada mês, das 9h às 12h.

Titirangi é entrada para o Auckland Centennial Memorial Park. Formado por ação vulcânica há cerca de 1,7 milhão de anos, o parque tem cerca de 250km de trilhas para caminhadas adequadas a qualquer nível de preparo físico. Este parque atrai 2 milhões de visitantes por ano.

O **Arataki Visitors Centre**, 5km depois de Titirangi, tem exposições bem organizadas sobre a história da exploração local de madeira e sobre as atrações do lugar, assim como mapas detalhados dos passeios, livros, gravações de áudio e cartazes. Grandes terraços de madeira ao redor do prédio oferecem uma boa visão do porto. Do outro lado da estrada, em frente ao centro, começa a Arataki Nature Trail, um passeio que dispensa guias.

Arataki Visitors Centre
Vistas panorâmicas. ***Tel*** *(09) 817 0089.* *diariam.* *25 dez.*

Piha ⑪

Mapa rodoviário E2. *2.500.*

Apreciadas pelos habitantes locais mas pouco conhecidas pelos turistas, as praias da costa ocidental de Auckland são facilmente acessíveis a quem se encontra na cidade e valem uma visita. Como são banhadas pelo mar da Tasmânia, é preciso cuidado com as correntes, que são traiçoeiras.

Piha é a praia mais popular em virtude das ondas fortes. É também a mais bem frequentada. Ali, muitas *baches*, casas de veraneio tradicionais, deram lugar a mansões projetadas por arquitetos. O Piha Surf Life Saving Club faz as vezes de centro comunitário durante o verão.

Mergulhão de Muriwai

Arredores

A extensão de costa mais desolada, porém provavelmente a mais bela, está em **Whatipu**, ao sul de Piha, na entrada do Manukau Harbour. Uma barreira de areia, visível da praia, bloqueia parcialmente o porto. Foi aqui que o navio HMS *Orpheus* afundou em 7 de fevereiro de 1863. Dos 259 tripulantes da corveta de 1.727 toneladas, somente 70 sobreviveram ao desastre.

Logo ao sul de Piha, **Karekare** tem pontos idílicos para piquenique e um poço para nadar na base de uma cachoeira. Sua praia alcançou certa fama depois de servir de locação nas filmagens do premiado longa-metragem *O Piano*.

Ao norte de Piha fica a **Bethells Beach**, habitada por maoris há vários séculos. Encontram-se ali cerca de 75 sítios arqueológicos registrados. Ihumoana Island, junto à praia, é a ilha mais bem preservada da região.

Embora não seja tão espetacular quanto Cape Kidnappers *(pág. 149)*, há um cabo na **Muriwai Beach**, depois de Bethells, que abriga cerca de 2 mil aves marinhas. Barreiras e plataformas de observação permitem aos visitantes admirar as aves sem perturbá-las. A melhor época do ano para vê-las é entre julho e dezembro.

Vista de Piha a partir do estacionamento no alto da estrada

Para hotéis e restaurantes nesta região, veja págs. 298-300 e págs. 326-8

Henderson ⑫

Mapa rodoviário E2. 4.600.

Os vinhedos de Henderson, a uma hora de automóvel da cidade de Auckland, são um popular destino de fim de semana para os moradores e também para turistas. Muitas vinícolas servem comida e oferecem degustação grátis de vinhos.

A vinícola Babich Wines tem uma área para piquenique com vista para seus vinhedos. Famosa por seus premiados *vintage*, como o Babich Patriarch, também produz vinhos baratos.

Mesas ao ar livre na vinícola Babich Wines, em Henderson

A segunda maior vinícola da Nova Zelândia, a Corbans Wine, fundada por imigrantes libaneses em 1902, é outro destino concorrido, assim como a Montana Wines, que produz mais de 150 tipos – metade da produção nacional.

Seu Deutz Marlborough Cuveé ganhou o prêmio Sparkling Wine de 1998, outorgado pelo International Wine Challenge de Londres. Mais informações sobre os vinhedos de Henderson podem ser obtidas no centro de informação turística de Auckland.

Kumeu ⑬

Mapa rodoviário E2. 1.800.

Outra popular atração de fim de semana entre os habitantes de Auckland é almoçar no restaurante de alguma vinícola e, na volta para casa, comprar frutas e verduras frescas nas bancas à margem da estrada. Em Kumeu, distrito produtor de vinhos e frutas onde um grande percentual das pessoas envolvidas com vinícolas e com fruticultura é originário da antiga Iugoslávia, os turistas são mimados. A Kumeu River Wines deve ser incluída em qualquer roteiro. Especializa-da em uvas regionais, seu *chardonnay* esteve por cinco vezes entre os cem melhores vinhos da lista da revista americana *Wine Spectator*.

Frutas, legumes e verduras locais à venda em Kumeu

Com 4 mil toneladas de uvas amassadas em 1998, a House of Nobilo é a quarta maior vinícola do país. Ela também vende vinhos da Selaks Wines, vinícola que comprou em 1998. A Soljans Estate Winery oferece uma agradável área de piquenique e passeios para os visitantes.

A produção da Matua Valley Wines é de boa qualidade e pode ser apreciada na companhia de petiscos.

O local é agradável e dispõe de instalações para piquenique e churrasco, assim como uma área para as crianças brincar.

A PRODUÇÃO CINEMATOGRÁFICA NA NOVA ZELÂNDIA

A paisagem marítima da Nova Zelândia não passou despercebida à indústria cinematográfica. As cenas de praia em *O Piano*, de Jane Campion, ganhador da Palma de Ouro de 1994, em Cannes, e do Oscar de melhor roteiro original e melhor atriz coadjuvante, foram filmadas em Karekare. Bethells Beach é apresentada em *Xena, a Princesa Guerreira* e *Hércules: The Legendary Journeys*. Várias séries de televisão, filmes e comerciais também foram filmados no litoral da Nova Zelândia. O interesse gerou uma indústria doméstica florescente. Mais de 120 filmes foram produzidos no país desde 1940. *A Alma dos Guerreiros*, de Lee Tamahori, foi lançado em 1994 em todo o mundo. A trilogia *O Senhor dos Anéis*, de Peter Jackson, ofuscou todos os filmes neozelandeses anteriores em termos de escala e orçamento.

Filmagem em uma praia da Nova Zelândia

Edifícios vitorianos bem conservados na orla de Devonport

Devonport ⓮

Mapa rodoviário E2. *18.000.*

Para os moradores de Auckland, o sul e o oeste da cidade (exceto Titirangi) são pouco privilegiados, ao passo que o leste e o norte são considerados afluentes. Embora simplificada, essa visão não é totalmente imprecisa. O subúrbio ao norte da Harbour Bridge é relativamente rico e abençoado com praias que funcionam como plataformas de lançamento de veleiros e dingas.

Devonport fica a dez minutos de ferryboat de Auckland *(pág. 71)*. É o único subúrbio da costa norte com um sabor de história. Muitas de suas mansões situam-se à beira-mar, por isso com um passeio pela King Edward Parade podem-se apreciar a arquitetura vitoriana e uma vista do centro comercial da cidade, do outro lado do Waitemata Harbour. Do Victoria Wharf, onde os *ferries* atracam, são necessários cinco minutos a pé para se chegar aos cafés, restaurantes e livrarias da Victoria Road. Mount Victoria e North Head, ambos vulcões extintos, são acessíveis de carro e oferecem belas vistas.

Devonport tem uma longa história militar. Sua ligação com a Real Marinha da Nova Zelândia remonta a 1841. Atualmente há cerca de 2.200 oficiais estacionados ali. A herança naval de Devonport pode ser apreciada no **Navy Museum**, que dispõe de um acervo de fotografias, uniformes, armas e outros itens.

Mais ao norte, **Takapuna** tem sua própria praia concorrida. Restaurantes, cafés e lojas enfileiram-se na Hurstmere Road.

Navy Museum
Spring St. ***Tel*** *(09) 445 5186.* *diariam.* *Sexta-feira Santa, 25 e 26 dez.* *doações.* *a pedidos.*

Orewa ⓯

Mapa rodoviário E2. *(inclusive Hibiscus Coast) 28.000.* *214A Hibiscus Coast Highway, (09) 426 0076 (diariam.).*

Casas de praia e hotéis ladeiam a rua principal desta pequena cidade litorânea, situada a 40 minutos de Auckland. A principal atração de Orewa é a praia, uma faixa de areia de 3km. Suas águas são boas para nadar, surfar e velejar. Os ventos também atraem os praticantes de windsurfe.

Arredores

Ao norte de Orewa, uma pequena estrada que sai da State Highway 1 leva a **Puhoi**, o primeiro povoado boêmio da Nova Zelândia. Um pequeno santuário ao lado da estrada relembra os colonizadores. O bar local também faz as vezes de museu dos pioneiros da área. A Igreja de São Pedro e São Paulo, construída em 1881, tem uma pintura boêmia.

Situada cerca de 48km ao norte de Auckland, Waiwera é mais conhecida pelas termas **Waiwera Hot Pools**. O complexo tem nove piscinas cobertas e ao ar livre, tobogãs, tratamentos de beleza e áreas para piquenique. Das fontes naturais, jorra até 1 milhão de litros de água todos os dias.

Waiwera Hot Pools
State Hwy 1. ***Tel*** *0800 924 937.* *diariam.*
www.waiwera.co.nz

Hauraki Gulf Islands ⓰

Mapa rodoviário E2. *Department of Conservation, Ferry Building, Quay St, Auckland, (09) 379 6476.* **www**.doc.govt.nz

As ilhas deste golfo (65 no total) estão entre as mais lindas do mundo. Algumas são famosas pela prática esportiva. Outras são santuários de pássaros e possuem trechos de mata virgem, e por isso são áreas protegidas. Três ilhas – Wai-heke, Great Barrier e Kawau– são subúrbios marítimos povoados e com infra-estrutura completa.

A **Waiheke Island** conquistou a reputação de

Praia de Orewa, popular entre nadadores e praticantes de windsurfe

Para hotéis e restaurantes nesta região, veja págs. 298-300 e págs. 326-8

Mansion House, a casa histórica de Sir George Grey, em Kawau Island, Hauraki Gulf

"alternativa" por causa de seus artesãos e de suas fazendas orgânicas. Além das praias de areia branca, os vinhedos e os olivais também atraem os turistas.

Na **Great Barrier Island**, a mais distante do Hauraki Gulf, a eletricidade é fornecida por moinhos de vento e geradores a diesel, e a maior parte dos refrigeradores usa querosene. A água potável vem da chuva e é coletada nos telhados. A ilha é dominada pelo Mount Hobson, com 620m, e pelo Ruahine, com 410m. Os turistas podem avistar um *kaka,* o papagaio da Nova Zelândia, ou um marreco-marrom enquanto perambulam pelo local.

Os barcos para a **Kawau Island** partem de Sandspit, em Warkworth. A ilha é mais conhecida pela mansão construída em 1846 para o antigo governador sir George Grey, que importou uma variedade de animais, como *kookaburras* e pavões. Vários, possivelmente extintos na Austrália, sobrevivem aqui, como o canguru *Macropus parma.*

Rangitoto é bem visível no golfo. O vulcão, hoje extinto, entrou em erupção cerca de 600-700 anos atrás, formando uma ilha. Hoje as colinas de lava de 260m de altitude estão cobertas por árvores e arbustos, entre os quais musgos, manguezais, samambaias, orquídeas, *pohutukawas, manukas* e *rewas*. Há boas caminhadas, inclusive uma até o cume. Uma alternativa é subir em um trem puxado por trator.

Um quivi choca um ovo

A Rakino Island é procurada nos fins de semana. Uma porção de casas se debruça sobre as rochas. As praias são boas para banho e para a vela.

A Little Barrier Island, um santuário natural, tem 30 espécies nativas de aves e 19 espécies introduzidas. Entre elas estão o quivi-castanho, o *kaka* e a araponga. A flora inclui 370 espécies nativas (90 de samambaias). Só é possível desembarcar em Little Barrier com autorização.

Anunciada em 1975, a reserva marinha de Goat Island também é chamada de Leigh Marine Reserve. No canal entre Goat Island e o continente é possível ver moréias e diversas outras espécies de peixe. O pitu, iguaria preferida nos restaurantes finos, costuma ser encontrado na reserva.

O canal tem apenas entre 2 e 5m de profundidade, e é possível mergulhar nele a partir da praia. Debaixo da água, a visibilidade varia de 2 a 15m. A melhor época para mergulho é entre janeiro e junho.

Waiheke Island
8.000. Artesanato, Korora Rd, Oneroa, (09) 372 1234. **www**.waiheke.com

Great Barrier Island
1.000. *Claris Airport, (09) 429 0033.*

Kawau Island
200.

Turistas observam aves na Leigh Marine Reserve

COMPRAS EM AUCKLAND

O comércio de Auckland atende a todo tipo de necessidade. Porém, como a cidade é bastante espalhada, dá um pouco de trabalho fazer pesquisa. No centro as lojas têm um estilo mais europeu; nas outras áreas, um clima mais asiático. Os turistas em busca de artigos locais devem considerar a compra de produtos de lã, como suéteres tricotados a mão, ou brinquedos feitos com pêlo de gambá. A moda neozelandesa é criativa e jovial, e seus principais estilistas –Zambesi, Karen Walker, Anne Mardell e Trelise Cooper– têm lojas em todas as áreas comerciais importantes. Vale a pena comprar bijuterias, cerâmicas e artigos de vidro, pois eles têm ótima qualidade. Os comerciantes de pitu providenciam embalagens adequadas para os turistas estrangeiros.

Pingente de nefrita

HORÁRIOS

O horário comercial vai das 9h às 18h, e muitas lojas abrem aos sábados e aos domingos. Em sua maioria, os supermercados ficam abertos até as 21h pelo menos. Há lojas de conveniência em todos os subúrbios, onde se encontra de tudo. O mesmo acontece nos postos de gasolina.

FREE SHOPS

O governo neozelandês cobra 12,5 % de imposto sobre bens e serviços (GST) em todos os itens comercializados. Para evitar esse imposto, os turistas podem fazer compras nas *free shops* do aeroporto, ao chegar ou partir, ou na imensa **DFS Galleria**, localizada no centro da cidade. O resultado será uma economia de cerca de 30%. Todas as mercadorias compradas na loja devem ser retiradas no aeroporto. Além dos tradicionais cigarros e bebidas alcoólicas, as compras mais comuns são artigos de pele de ovelha, bijuterias com a concha do *paua*, pérolas ovais negras e objetos de madeira lindamente trabalhados.

ÁREAS COMERCIAIS

A Queen Street é o principal centro financeiro, mas, graças à restauração do Charles Bohringer's Civic Theatre (1929), do Force Entertainment Centre e de complexos comerciais como o **Atrium on Elliott**, o **BNZ Tower Shopping Centre** e o **Downtown Shopping Centre**, a área foi revitalizada e se transformou em centro de compras e entretenimento. Livrarias como a **Whitcoulls and Dymocks**, lojas de CDs e discos como a **Marbecks Record Shop**, butiques de roupas de lã e de alta-costura, além de numerosas lojinhas de suvenir, também estão localizadas no centro da

Interior de uma loja Rodd and Gunn na cidade

Maior *free shop* do país, a DFS Galleria está instalada em Old Customhouse

cidade. Roupas e suvenires com temática náutica, muito procurados após a America's Cup do ano 2000, podem ser encontrados na loja do **National Maritime Museum**.

Newmarket é a principal zona de compras de Auckland. Ao longo da Broadway estão varejistas como **Country Road, Rodd and Gunn** e **Living and Giving**. Parnell e Ponsonby são lojas especializadas em artigos de luxo: iguarias culinárias, roupas e objetos de arte, entre outros.

Frutas frescas á venda nos mercados de Auckland

MERCADOS

Quem deseja produtos mais típicos e mais baratos deve visitar o **Victoria Park Market**, instalado no prédio de uma antiga incineradora de lixo, construído em 1905. Hoje o local abriga lojas e bancas, que vendem de suvenires a comida. O complexo conta também com três restaurantes e uma praça de alimentação. O **Otara Market** abre aos sábados, das 6h às 12h, e oferece inhame, banana, *hangi* (um prato maori cozido sobre pedras quentes) e roupas ao estilo dos ilhéus do Pacífico.

AGENDA

SHOPPING CENTERS

Atrium on Elliott
21-25 Elliott St.
Tel *(09) 375 4960.*
www.atriumonelliott.co.nz

BNZ Tower Shopping Centre
125 Queen St.
Tel *(09) 309 6949.*

DFS Galleria
Old Customhouse, Esq das ruas Albert e Customs.
Tel *0800 388 937.*

Downtown Shopping Centre
11/19 Custom St West.
Tel *(09) 978 5265.*

Dress-Smart Factory Outlet
151 Arthur St, Onehunga.
Tel *(09) 622 2400.*

Queen's Arcade
30-40 Queen St.
Tel *(09) 358 1777.*

MERCADOS

Otara Market
Newbury St & Te Puke o Tara Community Hall.
Tel *(09) 274 0830.*

Victoria Park Market
210 Victoria St West.
Tel *(09) 309 6911.*
www.victoria-park-market.co.nz

COMIDA E VINHO

Accent on Wine
347 Parnell Rd, Parnell. ***Tel*** *(09) 358 2552.*

Smith and Caughey's
261 Queen St.
Tel *(09) 377 4770.*

Lovrich Wines and Spirits
346 Dominion Rd, Mt Eden. ***Tel*** *(09) 630 7853.*

Pandoro Italian Bakery
427 Parnell Rd, Parmell.
Tel *(09) 358 1962.*

ROUPAS

Country Road
164 Queen St.
Tel *(09) 309 6862.*
157 Broadway, Newmarket.
Tel *(09) 524 9685.*

Karen Walker
15 O'Connell St.
Tel *(09) 309 6299.*
6 Balm St, Newmarket.
Tel *(09) 522 4286.*

Living and Giving
277 Broadway, Newmarket.
Tel *(09) 522 1270.*

National Maritime Museum Shop
Viaduct Basin.
Tel *(09) 373 0800.*

Rodd and Gunn
75 Queen St.
Tel *(09) 309 6571.*
277 Broadway, Newmarket.
Tel *(09) 522 0607.*

Workshop
Esq das ruas Vulcan Lane e High.
Tel *(09) 303 3735.*
18 Morrow St, Newmarket.
Tel *(09) 524 6844.*

LIVROS E MÚSICA

Borders
291-297 Queen St.
Tel *(09) 309 3377.*

Dymocks
246 Queen St.
Tel *(09) 379 9919.*

Magazzino
123 Ponsonby Rd, Ponsonby.
Tel *(09) 376 6933.*
www.magazzino.co.nz

Marbecks Record Shop
15 Queen's Arcade.
Tel *(09) 379 0444.*
www.marbecks.co.nz

Real Groovy Records
438 Queen St.
Tel *(09) 302 3940.*

Whitcoulls
210 Queen St.
Tel *(09) 356 5400.*

Women's Bookshop
105 Ponsonby Rd.
Tel *(09) 376 4399.*
www.womensbookshop.co.nz

SUVENIRES E OUTROS

Breen's Sheepskin Specialists
Tower Centre, 6 Customs St.
Tel *(09) 373 2788.*

Höglund Art Glass Gallery
285 Parnell Rd, Parnell.
Tel *(09) 300 6238.*
www.hoglund.co.nz

OK Gift Shop
Downtown Shopping Centre, esq das ruas Albert e Customs.
Tel *(09) 303 1951.*

DIVERSÃO EM AUCKLAND

O roteiro cultural de Auckland reflete a diversidade étnica da cidade e contempla desde uma ópera de Puccini até espetáculos de dança maori. Muita coisa acontece no centro comercial. O Aotea Centre, o Auckland Town Hall e vários cinemas ficam na Queen Street. O Civic Theatre Centre merece uma visita nem que seja apenas por sua arquitetura. Nos arredores, Fort Street e Karangahape Road, mais conhecida como K-Road, oferecem diversão alternativa na forma de clubes de *striptease* e casas de massagem. K-Road também é famosa pela atmosfera pouco convencional e por suas casas noturnas. O SKYCITY Casino tem mais de cem mesas de jogo e mil caça-níqueis. Nos subúrbios a diversão está nos cinemas, nos parques e nas casas noturnas.

Músico na Queen Street

Interior do Civic Theatre Centre após a restauração

INFORMAÇÕES

Para saber o que está acontecendo na cidade, verifique primeiro a seção de diversão do *New Zealand Herald*. Ela lista os cinemas e informa sobre shows de música e espetáculos de balé e teatro. Os centros de informação turística espalhados pela cidade dispõem de publicações com o roteiro cultural de Auckland. A maior central de reserva de ingressos do país, a **Ticketek**, lista os eventos em seu website. As reservas só podem ser feitas on-line ou por telefone.

TEATRO

As duas principais casas, o **Aotea Centre** e o **Auckland Town Hall**, fazem parte do complexo conhecido como THE EDGE® *(pág. 74)* e recebem os maiores musicais e as maiores montagens teatrais. O Great Hall, situado no Auckland Town Hall *(pág. 74)* é famoso pela boa acústica. Diversos espetáculos apresentados nesses dois locais são internacionais.

DANÇA

A Nova Zelândia tem uma pequena comunidade de dança. Os principais coreógrafos contemporâneos são Mary Jane O'Reilly, Michael Parmenter e Douglas Wright.

Atualmente, a Footnote Dance Company é o único corpo de dança contemporânea estável do país. Baseada em Wellington, a trupe se apresenta em Auckland regularmente, assim como a Royal New Zealand Ballet, também da capital, mas com repertório clássico. Já a Black Grace Dance Company é de Auckland. O calendário da dança é enriquecido com a apresentação frequente de companhias estrangeiras.

Fogos de artifício durante um concerto no Auckland Domain

Annabel Reid, do Royal New Zealand Ballet, em *Raymonda*

MÚSICA

Em matéria de música clássica, a New Zealand Symphony Orchestra (NZSO) e a Auckland Philharmonia Orchestra (APO) têm boa reputação. A APO tem 33 integrantes, que são seus donos. A maior parte dos concertos é realizada no Aotea Centre e no Auckland Town Hall. Ambas as orquestras se apresentam também nos concertos "Symphony under the Stars" e "Opera in the Park", realizados no Auckland Domain *(pág. 77)*. Esses eventos atraem mais de 100 mil pessoas.

Muitos bares de Auckland têm música ao vivo na maioria das noites, como o Powerstation, o Judder Bar e o Dogs Bollix.

Espetáculo típico, apresentado pelo Manaia Cultural Performance Group

ESPETÁCULOS TÍPICOS

No Auckland War Memorial Museum *(págs. 78-9)*, os turistas podem apreciar cerimônias e danças maoris autênticas. Durante os shows, que são realizados duas ou três vezes ao dia, os cantores e os bailarinos do Manaia Cultural Performance Group apresentam a *haka*, a feroz dança de guerra dos homens, o *poi*, uma dança das mulheres *(págs. 30-1)*, e várias outras canções e coreografias tradicionais. Cada show tem cerca de 45 minutos.

Os turistas também podem apreciar a cultura polinésia no Pasifika Festival, realizado anualmente em Western Springs, nos arredores de Auckland, em março *(pág. 42)*. O festival mostra a arte de várias comunidades do Pacífico.

CASAS NOTURNAS

Embora os teatros de todo o país recebam espetáculos solo de comediantes nacionais e estrangeiros, o **Classic Comedy & Bar** reivindica o título de único local em toda a Nova Zelândia dedicado a esse tipo de comédia.

A maior concentração de casas noturnas da cidade está em Karangahape Road. Entre os locais populares entre os jovens estão o **Sinners Nightclub**, que chega a receber mil pessoas nas noites mais animadas, o **Calibre**, casa exclusiva que atrai um público bem vestido e DJs estrangeiros nas noites de sexta, e o **Kiss Club & Bar**, um clube popular que toca basicamente house. Entre as casas gay estão o **Mea Culpa**, na Ponsonby Road, e o **Flesh Nightclub & Lounge Bar**, na O'Connell Street, que apresentam shows de drag queens.

CINEMA

Auckland conta com vários cinemas multiplex. Os maiores, como o **Village SKYCITY Cinemas**, exibem campeões de bilheteria, em geral antes de estrearem na Europa. Por outro lado, o **Rialto Cinema**, localizado em Newmarket, costuma exibir produções para um público mais exigente.

O ponto alto do calendário cinematográfico é o Festival de Cinema da Nova Zelândia, realizado em julho. Durante vários dias os cinéfilos de Auckland assistem a vários filmes nacionais e estrangeiros.

Fachada do Village SKYCITY Cinemas

AGENDA

RESERVA DE INGRESSOS

Ticketek
Tel *(09) 307 5000.*
www.ticketek.com.

TEATROS

Aotea Centre
Queen St.
Tel *(09) 309 2677.*

Auckland Town Hall
Queen St.
Tel *(09) 307 5648.*

Civic Theatre Centre
Esq das ruas Queen e Wellesley.
(Fechado para reforma).

CASAS NOTURNAS

Calibre
179 Karangahape Rd.
Tel *(09) 303 1673.*

Classic Comedy & Bar
321 Queen St.
Tel *(09) 373 4321.*

Flesh Nightclub & Lounge Bar
15-17 O'Connell St.
Tel *(09) 336 1616.*

Kiss Club & Bar
309 Karangahape Rd.
Tel *(09) 303 2726.*

Mea Culpa
3/175 Ponsonby Rd.
Tel *(09) 376 4460.*

Sinners Nightclub
373 Karangahape Rd.
Tel *(09) 303 9985.*

S P Q R
150 Ponsonby Rd.
Tel *(09) 360 1710.*

Spy Bar
204 Quay St, Viaduct Basin.
Tel *(09) 377 7811.*

CINEMAS

Rialto Cinema
169 Broadway, Newmarket.
Tel *(09) 529 2218.*

SKYCITY Theatre
Esq das ruas Wellesley e Hobson.
Tel *0800 759 2489.*

Village SKYCITY Cinemas
Tel *(09) 972 2800.*

NORTHLAND

As fortes raízes maoris, os primeiros povoamentos europeus, o clima subtropical e a paisagem encantadora fazem de Northland o berço da nação e uma de suas principais áreas de entretenimento. Foi em Northland que os colonizadores europeus se estabeleceram. Trata-se de uma região em que muito sangue foi derramado, mas onde hoje predomina a diversão

A longa história da ocupação maori de Northland é evidente nas fortificações *(pa)* das colinas e nas áreas de pesca do litoral. A cultura maori *(págs. 30-1)* é muito preservada nessa região, onde ainda vivem muitas tribos.

Logo após os europeus, surgiram em Northland os nefastos baleeiros, que deram à cidade de Russell o título de "inferno do Pacífico" *(pág. 102)*, e os missionários que levaram o cristianismo ao país. Os bordéis e as tabernas desapareceram, mas edifícios como o Pompallier House são lembretes das primeiras influências cristãs.

A Waitangi House, onde o Tratado de Waitangi foi assinado *(págs. 48-9, 104-5)*, tem grande importância histórica. Cape Reinga *(pág. 108)* é um local estratégico, não apenas por estar situado no ponto em que o oceano Pacífico e o mar da Tasmânia se fundem, mas também por seu significado na mitologia maori: é ali que o espírito dos mortos parte do país para Hawaiki.

Quem visita Northland se impressiona com sua beleza natural: pastagens ondulantes, praias de areia branca, dunas e grandes formações rochosas. Num mundo em que a natureza sofre com o grande afluxo de turistas, Northland se destaca. Em suas florestas de dâmaras gigantes de até 2 mil anos de idade ainda é possível andar por horas sem encontrar ninguém. A região também oferece diversas atividades, como pesca, mergulho, passeio de caiaque, tobogãs e cavalgadas.

Mergulho perto dos destroços do navio *Rainbow Warrior* (pág. 53), ao largo da Matauri Bay

◁ **As flores silvestres e as colinas suaves da paisagem de Northland**

Como Explorar Northland

O charme de Northland reside no ambiente simples e preservado. A região foi abençoada com dois litorais contrastantes, que oferecem uma variedade infinita de atividades ao ar livre. Local do primeiro contato permanente entre maoris e europeus, Northland tem também uma história rica. Os turistas podem escolher entre três bases a partir das quais explorar a região: Paihia, que tem atrações próprias e fica perto da histórica Russell, de Waitangi, de Kerikeri e da linda Bay of Islands; Kaitaia, que atrai visitantes de um dia à Aupori Peninsula, a Mangonui e a Ahipara; e Opononi e Omapere, que possuem praias belíssimas e estão situadas próximo a Rawene, um povoado histórico no Hokianga Harbour.

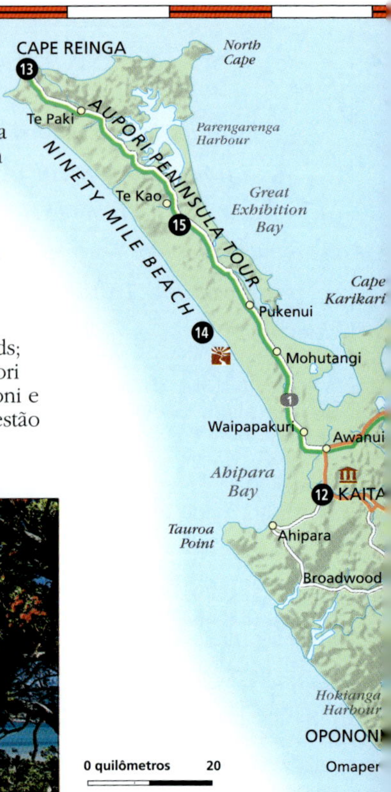

Árvores *pohutukawa* e enseada em Whangarei

PRINCIPAIS ATIVIDADES AO AR LIVRE

Os locais aqui descritos foram escolhidos em virtude das atividades de recreação. As condições dependem do tempo e da época do ano, portanto tenha cuidado e, em caso de dúvida, procure ajuda.

	CRUZEIRO	PESCA ESPORTIVA	CAIAQUE	VELA	MERGULHO LIVRE	MERGULHO COM SNORKEL	NATAÇÃO	CAMINHADA PESADA
Cape Reinga								■
Kai-Iwi Lakes			●	■			■	
Kaitaia								■
Ninety Mile Beach							●	■
Omapere	●		●	■		■	●	
Opononi	●		●	■		■	●	
Paihia	●	■	●	■	●	■	●	
Russell	●	■	●	■	●	■	●	■
Tutukaka	●	■	●	■	●	■	●	
Waipoua Forest								■
Whangarei	●	■	●	■	●	■	●	■

VEJA TAMBÉM

• ***Onde Ficar*** págs. 301-2

• ***Onde Comer*** págs. 328-30

Pintura de uma figura ancestral na casa de culto de Waitangi

Ônibus de turismo na Ninety Mile Beach

PRINCIPAIS ATRAÇÕES

Cape Reinga 13
Dargaville 20
Doubtless Bay 11
Kaikohe 16
Kaitaia 12
Kerikeri 8
Matapouri 4
Ninety Mile Beach 14
Opononi 18
Paihia 6
Poor Knights Islands 3
Rawene 17
Russell 5
Tutukaka 2
Waimate North 9
Waipoua Forest Park 19
Waitangi Treaty Grounds *págs. 104-5* 7
Whangarei 1
Whangaroa 10

Passeio

Aupori Peninsula 15

COMO CIRCULAR

Viajar de carro é a melhor maneira de conhecer Northland. A Aupori Peninsula é uma exceção, já que os 21km finais não passam de uma trilha. Os ônibus de turismo retornam pela Ninety Mile Beach, um caminho difícil para os carros. A maior parte dos turistas a caminho do norte prefere seguir pela costa leste e voltar pela costa oeste.

Town Basin, na orla de Whangarei

Whangarei ❶

Mapa rodoviário E1. *47.000.* *Tarewa Park, 92 Otaika Rd, (09) 438 1079.* **www**.whangareinz.org.nz

Whangarei fica a duas horas de carro de Auckland. A cidade está encravada entre colinas verdejantes e um porto profundo. A mescla de solo fértil e clima temperado reflete-se nos jardins luxuriantes da cidade e nos campos e pomares adjacentes.

O histórico bairro de Town Basin, no coração da cidade, foi repaginado. Graças aos cafés, aos restaurantes, às galerias de arte e às lojas de produtos típicos, o local é um ponto de encontro concorrido de moradores e turistas. Também é um destino muito popular entre os velejadores que navegam pelo mundo, que atracam ali para evitar os ciclones, muito comuns no sul do Pacífico durante o verão. Town Basin e as marinas estão sempre cheias de embarcações.

Um relógio de sol gigantesco indica que se chegou ao **Clapham Clock Museum**, museu que abriga mais de 1.600 relógios doados por A. Clapham, que produziu sozinho várias peças. A mais antiga é um relógio inglês de 1720. O acervo inclui também carrilhões e relógios de Biedermeier e da Floresta Negra, além de um *staartklok* (literalmente, "relógio com rabo", devido ao formato do mecanismo de corda) de Friesland, nos Países Baixos. Para evitar o som ensurdecedor de milhares de relógios tocando ao mesmo tempo, eles marcam horários diferentes.

Peça do Clapham Clock Museum

A oeste de Whangarei fica o **Northland Craft Trust**, onde se pode comprar obras de arte e artesanato. Situado numa pedreira arborizada, o Trust abriga diversos artistas, que moram em casas de adobe. Mais para a frente estão o **Whangarei Museum,** a **Clarke Homestead e** o **Kiwi House**. O museu tem um bom acervo de arte maori, ao passo que a casa, de 1885, permanece como era quando foi construída. Na Kiwi House o visitante tem a chance de ver o quivi, uma das aves mais ameaçadas do país.

A fotogênica queda de Whangarei Falls

Quem procura atividades mais desafiadoras encontrará oportunidades de fazer caminhadas pesadas.

A Parahaki Scenic Reserve, na parte leste da cidade, tem boas trilhas. O memorial de guerra, no alto da Parahaki Mountain, pode ser alcançado via Memorial Drive ou por duas trilhas que saem de Mair Park e Dundas Road. Dali se tem um vista panorâmica da cidade e do porto. Há fossos maoris e marcas das antigas escavações em busca de resina em todos os passeios.

Uma trilha leva a uma velha fortificação maori *(pa)* nas redondezas. Whangarei Falls, a cachoeira mais fotogência da Nova Zelândia, fica a oeste da Parahaki Scenic Reserve, no subúrbio de Tikipunga, 5km ao norte do centro da cidade. A água despenca de uma altura de 26m sobre os penhascos de basalto. Há piscinas naturais e áreas para piquenique, além de duas plataformas de observação, que oferecem uma vista esplêndida da cachoeira.

Clapham Clock Museum
Town Basin, Quayside. ***Tel*** *(09) 438 3993.* *diariam.* *25 dez.*

Northland Craft Trust
Selwyn Ave. ***Tel*** *(09) 438 1215.* *diariam.*

Whangarei Museum, Clarke Homestead e Kiwi House Heritage Park, Maunu. ***Tel*** *(09) 438 9630.* *diariam.*

Tutukaka ❷

Mapa rodoviário E1. *520.* *Dive! Tutukaka, Marina Rd, (09) 434 3867.*

Acessível por uma estrada costeira com muias curvas, perto de Whangarei, Tutukaka é uma conhecida base para o mergulho nas Poor Knights Islands e para pesca esportiva e em águas profundas. Várias agências de mergulho operam

Para hotéis e restaurantes nesta região, veja págs. 301-2 e págs. 328-30

Barcos ancorados na marina, no porto protegido de Tutukaka

ali, e o porto natural, abrigado, vive cheio de embarcações.

Um dos mais populares pontos de mergulho ao largo da costa entre Tutukaka e Matapouri é um recife artificial formado pelos destroços de dois navios, o *Tui* e o *Waikato*. Várias agências oferecem guias para o passeio. Para obter mais informações sobre os mergulhos disponíveis na área, visite www.diving.co.nz.

Poor Knights Islands ❸

Mapa rodoviário E1. *Tarewa Park, 92 Otaika Rd, Whangarei, (09) 438 1079.* **www**.whangareinz.org.nz

Estas ilhas ficam a cerca de 24km da costa de Tutukaka. Antes muito procurada pelos pescadores, a área entre as duas ilhas se tornou reserva marinha em 1981. Embora seja proibido desembarcar em terra sem autorização do Departamento de Preservação, as águas são franqueadas aos mergulhadores. Jacques Cousteau considerava a reserva um dos cinco melhores locais do mundo para mergulho por causa da transparência excepcional da água e da variedade de vida marinha. Graças a uma corrente subtropical, o oceano ali é mais quente que o normal, o que garante uma profusão de espécies tropicais e temperadas. A erosão das rochas vulcânicas criou uma paisagem submarina de túneis, cavernas e arcos, onde é possível ver peixes e esponjas. O mergulho livre é possível o ano todo, e os barcos partem diariamente da marina de Tutukaka.

Répteis como gecos e tuataras podem ser encontrados nas duas ilhas, consideradas o único local do mundo onde a Pardela de Buller, espécie de ave marinha, faz seus ninhos.

Matapouri ❹

Mapa rodoviário E1.

Localizada um pouco ao norte de Tutukakwa, pelo anel rodoviário, Matapouri tem uma das praias mais bonitas de Northland. Protegidas por promontórios e salpicadas de ilhotas, as águas calmas e a areia branca de Matapouri são ótimas para nadar e para mergulhar com máscara.

Uma trilha liga a praia à Whale Bay, 2km ao norte. Dos mirantes espalhados pelo caminho pode-se desfrutar uma vista magnífica da costa e do oceano.

Mergulho na reserva marinha das Poor Knights Islands

Vista aérea de Bay of Islands ▷

Cemitério da Christ Church, Russell

Russell 5

Mapa rodoviário E1. *1.000.* *The Wharf, (09) 403 8020.*

Na virada do século 19, Russell, então conhecida como Kororareka, era uma estação baleeira. Terra sem lei, ficou conhecida como "inferno do Pacífico". Foi batizada de Russell em 1844, em homenagem ao secretário colonial britânico da época. Hoje é uma cidade pacífica, onde imperam o turismo, a pesca e o cultivo de ostras.

Anteriormente conhecido como Captain Cook Memorial Museum, o **Russell Museum** tem uma maquete operante da embarcação *Endeavour*, que pertenceu ao capitão Cook, e *memorabilia* do escritor americano Zane Grey, que, no fim dos anos 1920, ajudou a tornar Bay of Islands um centro de pesca esportiva. O museu tem também uma coleção de relíquias dos primeiros colonizadores.

Christ Church, construída em 1836, é a igreja mais antiga do país. Um de seus doadores foi Charles Darwin, autor de *A Origem das Espécies*, que visitou o país em 1835.

A imponente **Pompallier Mission** foi construída na orla, entre 1841 e 1842, para abrigar a prensa tipográfica da missão marista. Mais tarde o edifício ficou abandonado. Em 1968 ele passou às mãos do órgão encarregado do patrimônio histórico do país, e em 1993 foi restaurado. Mais antigo prédio industrial ainda em operação, hoje ele abriga uma gráfica, que ainda utiliza a prensa original, e uma oficina de encadernação de livros.

Flagstaff Hill é uma lembrança do passado turbulento de Russell. Foi ali que Hone Heke (1810-50) destruiu a bandeira de sinalização britânica, em 1844 *(pág. 63)*.

Anúncio de restaurante

Russell Museum
2 York St. ***Tel*** *(09) 403 7701.*
diariam. *25 dez.*

Christ Church
Church Rd. ***Tel*** *(09) 403 7707.*
11h dom.

Pompallier Mission
The Strand. ***Tel*** *(09) 403 9015.*
diariam. *Sexta-feira Santa, 25 dez.* *só os jardins.*

Paihia 6

Mapa rodoviário E1. *1.850.* *Marsden Rd, (09) 402 7345.*

Pahia nasceu em 1823 como posto missionário. Hoje, ao lado de Russell e Tutukaka, funciona como base dos praticantes de pesca esportiva em águas profundas.

Ao norte, na estrada para Kerikeri, está situado o **Lily Pond Farm Park**. O parque permite aos visitantes interagir com grande variedade de animais de fazenda, como ovelhas, porcos e cabras. Há também espécies mais exóticas, como enguias, alpacas e casuares. Trata-se de um bom lugar para famílias com crianças.

As **Haruru Falls** estão localizadas a 3km de Paihia, às margens do Waitangi River *(págs. 104-5)*. Chega-se à cachoeira através de uma trilha que serpenteia por entre as árvores nativas. No caminho há uma passarela de tábuas sobre um mangue onde é possível apreciar garças e corvos marinhos. Também se pode chegar à cachoeira de caiaque, pelo rio. Para alugá-lo, entre em contato com a empresa **Coastal Kayakers**.

Lily Pond Farm Park
RDI Puketona Rd. ***Tel*** *(09) 402 6099.*
sex-ter. *25 dez.*

Haruru Falls
Waitangi Treaty Grounds.
Tel *(09) 402 7437.* *9h-17h diaram* *25 dez.*

Coastal Kayakers Te Karuwha Pde, Waitangi. ***Tel*** *(09) 402 8105.*
www.coastalkayakers.co.nz

Atividades de Lazer em Bay of Islands

O clima favorável, o litoral irregular banhado pelas águas do oceano Pacífico e cerca de 150 ilhas se juntam para fazer de Bay of Islands um dos mais concorridos locais de entretenimento da Nova Zelândia. A região é um destino turístico muito procurado desde os anos 1930, quando foi construída uma estrada de ligação entre Northland, Auckland e o sul. Bay of Islands devia sua reputação à pesca em águas profundas, mas hoje os turistas podem experimentar outros esportes náuticos, como nadar, andar de caiaque, velejar, mergulhar e praticar o esqui aquático. As agências de turismo seduzem os visitantes, acrescentando novas atrações, como vôos panorâmicos e cavalgadas.

Logo do clube de pesca

A família Rowe, integrante do Clube do Peixe-Espada de Bay of Islands, mostra sua presa

PESCA ESPORTIVA

A pesca esportiva em águas profundas é realizada o ano todo em Bay of Islands. O peixe mais prolífico é o marlim-listrado, que chega a pesar 120kg. Muitas outras espécies, que podem ser pescadas com equipamento leve ou pesado, são abundantes nas águas da baía. Os pacotes de pesca em geral incluem acomodação, alimentação, equipamento e iscas. A pesca oceânica não exige licença.

Os pescadores *vêm marcando e soltando os peixes que pegam, como este marlim-listrado*

Nadar com os golfinhos *nas águas quentes da baía é uma atividade popular. Agências de turismo especializadas cuidam para que as pessoas não assustem os animais.*

Passeios de caiaque *guiados podem ser realizados em águas protegidas ou em mar aberto.*

O parapente, *um dos vários esportes aéreos introduzidos em Bay of Islands, é uma maneira excelente de apreciar a beleza da baía.*

Entre os passeios de barco *está a Paihia's Cream Trip. O barco costumava recolher leite nas fazendas, mas hoje entrega a correspondência e transporta turistas.*

Waitangi Treaty Grounds ❼

Figura tatuada na casa de culto

Esta área tornou-se o centro da história da Nova Zelândia em 6 de fevereiro de 1840, com a assinatura do Tratado de Waitangi *(págs. 18, 48-9)* em frente à casa de James Busby (1800-71), o residente britânico no país. A Residency, rebatizada de Treaty House, tornou-se um memorial em 1932. Todos os anos, no dia 6 de fevereiro, maoris e líderes do governo se encontram ali para celebrar o Dia de Waitangi

Vista aérea do Waitangi Treaty Grounds
A área é circundada por um belo litoral, um estuário, mangues, florestas e bosques nativos.

Centro de turistas
A cada meia hora um vídeo descreve os fatos ligados à assinatura do Tratado de Waitangi. Há também exposições sobre os principais envolvidos e cópias dos documentos. Uma loja vende suvenires, artesanato maori e livros.

Em um passeio pela costa os visitantes podem ver rochas ígneas incomuns, que se tornaram hexagonais ao emergir à superfície.

★ Canoa de guerra maori
Esculpida em troncos de dâmara, esta canoa de 35m transporta até 120 guerreiros. Seu nome, Ngatokimatawhaorua, é o mesmo da canoa em que Kupe descobriu a Nova Zelândia (pág. 45). *Ela vai à água todos os anos, no Dia de Waitangi.*

PONTOS ALTOS

- ★ Casa de culto maori
- ★ Canoa de guerra maori
- ★ Treaty House

PREPARE-SE

Mapa rodoviário E1.
de Kerikeri. *1 Tau Henare Drive, Waitangi, (09) 402 7437.* *9h-17h diariam.*
25 dez.
www.waitangi.net.nz

Passarela sobre o mangue
Uma passarela conduz os visitantes pelo mangue até Haruru Falls, cachoeira no Waitangi.

★ Treaty House
Pré-fabricada na Austrália, a Treaty House (pág. 49)*, foi o lar do primeiro residente britânico na Nova Zelândia e palco de importantes acontecimentos políticos até 1840.*

★ Casa de culto maori
Inaugurada em 6 de fevereiro de 1940 para celebrar o centenário do tratado, a casa de culto (Te Whare Runanga) tem paredes lindamente entalhadas.

Os jardins
Uma cerimônia de celebração da assinatura do Tratado de Waitangi é realizada todos os anos nos jardins em frente à Treaty House.

Stone Store, St James Church e Kerikeri Mission House

Kerikeri 8

Mapa rodoviário E1. *4.200.*

A bonita cidade de Kerikeri tem clima subtropical, pomares de quiuís e frutas cítricas, edifícios históricos e um circuito de artesanato.

Kerikeri Mission Station, um dos primeiros povoamentos da Nova Zelândia, fica em Kerikeri Basin. Segunda missão européia no país, foi instalada em 1819, sob a proteção do chefe maori Hongi Hika *(pág. 63)*; a primeira missão fora criada na entrada de Bay of Islands cinco anos antes. A missão inclui a Kerikeri Mission House. Construída em 1821, a casa pertenceu à família Kemp e foi doada como patrimônio histórico em 1974. Depois de reformada, voltou a parecer o que era nos anos 1840. A missão também abrange a mais antiga construção de pedra da Nova Zelândia, a Stone Store, construída em 1835 como parte da casa principal. Projetada como depósito, aos poucos se tornou uma loja, e desde os anos 1960 vende suvenires, como pregos forjados a mão e outros produtos ligados à sua história. Na encosta atrás da casa fica a **St James Church**, igreja construída em 1878 com madeiras nativas.

No alto fica a fortificação maori Kororipo Pa. Base estratégica de Hongi Hika, ela é mais conhecida como local das cerimônias de guerra nos anos 1820. Do outro lado do rio está **Rewa's Village**, uma vila de pescadores maori reconstruída com matérias-primas nativas, as mesmas utilizadas antes da chegada dos missionários. Ali podemos conhecer construções tradicionais, entre as quais um *marae* (local de reunião) e um *pataka* (depósito construído em sistema de mutirão). Há duas canoas antigas na vila e um imenso jardim típico.

Kerikeri Mission Station
The Basin. ***Tel*** *(09) 407 9236.*
diariam. *25 dez.* *marcar hora.*

St James Church
The Basin. *diariam.*

Rewa's Village
1 Landing Rd. ***Tel*** *(09) 407 6454.*
diariam. *Sexta-feira Santa, 25 dez.* *marcar hora.*

Waimate North 9

Mapa rodoviário E1. *700.*

Próximo a Kerikeri está Waimate North, uma comunidade missionária dos anos 1830. Fica ali a primeira grande fazenda em estilo inglês da Nova Zelândia, hoje mais conhecida como **Te Waimate Mission**, a única sobrevivente das três casas construídas em 1832 e ocupada primeiramente pela família Clarke. Ela é decorada com móveis da época.

Te Waimate Mission
Te Ahu Ahu Rd. ***Tel*** *(09) 405 9734.*
jan-abr: diariam.; mai-out: sáb-dom; nov-dez: sáb-qua. *25 dez.*

Whangaroa 10

Mapa rodoviário E1. *530.*

Povoado pequeno, com um belo porto, Whangaroa pode ser apreciada em toda a sua beleza do alto de St Paul, uma formação rochosa que domina a cidade. As colinas circundantes já foram repletas de dâmaras, há muito transformadas em pranchas e mastros de navio. No fim do século 19 imigrantes iugoslavos exploraram sua resina na Matauri Bay *(pág. 110)*.

Hoje o porto de Whangaroa é famoso pela pesca esportiva, pelos cruzeiros e pelos pontos de mergulho.

Doubtless Bay 11

Mapa rodoviário D1.

Tido como o primeiro lugar alcançado pelo explorador Kupe *(págs. 45-6)*, a Doubtless Bay foi uma importante base de baleeiros nos primórdios da colonização européia. A baía tem praias de areia dourada, como Cable Bay e Cooper's Beach, procuradas por nadadores e merg-lhadores. Mangonui, vila de pescadores situada no estuário, tem muitas construções históricas.

Te Waimate Mission, uma das mais velhas construções de madeira do país

Artesanato

Cerâmica de Northland

O artesanato é bem desenvolvido em Northland e muito característico no que diz respeito às cores e aos motivos. Ironicamente, o artista local mais conhecido, o arquiteto e pintor Hundertwasser, não é neozelandês mas austríaco. Até a morte, em março de 2000, ele viveu a maior parte do tempo na Nova Zelândia. Em Kawakawa, ao sul de Paihia e Russell, os turistas podem ver um banheiro com teto de grama projetado por Hundertwasser. Já Chris Booth é famoso pelas grandes esculturas, obras de transporte difícil. Há muitas lojas na região, porém, que comercializam pinturas, gravuras, entalhes em osso e tradicionais artigos de nefrita. Em Kerikeri, o circuito de artesanato conduz os turistas por uma variedade de lojas que vendem uma série de peças exclusivas de excelente qualidade.

UTILITÁRIOS DE DÂMARA
Os artesãos locais transformam a madeira de dâmara em artigos que variam de tigelas a um aparelho de jantar completo. A madeira vem dos restos de imensas árvores que caíram nos pântanos de 30 a 50 mil anos atrás.

Parte de uma escultura de pedra *do artista Chris Booth, de Northland, situada na entrada do Albert Park, em Auckland.*

As esteiras, as cestas e os chapéus *feitos de linho são muito procurados. Trançar o linho é uma atividade tradicional entre os maoris.*

Madeira, osso e nefrita *são entalhados por artesãos como Hohepa Renata, que usam desenhos próprios ou motivos maoris tradicionais.*

Máscara de madeira

As cerâmicas *são produzidas com técnicas variadas, como o método japonês de esmaltação.*

Kaitaia ⓬

Mapa D1. 5.300. *Jaycee Park, South Rd, (09) 408 0879.*

Maior cidade do extremo norte, Kaitaia é uma boa base para passeios de um dia pela região. Ela abriga o **Far North Regional Museum**, museu que exibe o primeiro artefato europeu deixado na Nova Zelândia –uma âncora de ferro batido de 1.500kg que o explorador francês J. M. de Surville perdeu em Doubtless Bay em 1769.

Far North Regional Museum
6 South Rd. ***Tel*** *(09) 408 1403.* *diariam.* *a pedidos.* **www**.farnorthmuseum.co.nz

Cape Reinga ⓭

Mapa D1.

A palavra *reinga* significa "outro mundo" e se refere à crença maori de que é dali que o espírito dos mortos parte para Hawaiki. Os maoris acreditam que as raízes de uma velha árvore *pohutukawa* situada na ponta do cabo é o ponto de partida dos espíritos. De Cape Reinga é possível avistar o local em que o mar da Tasmânia e o oceano Pacífico se fundem. Este cabo, porém, não marca o fim do país; o ponto mais setentrional da Nova Zelândia é North Cape.

Ninety Mile Beach ⓮

Mapa D1.

Ao contrário do que o nome sugere, a Ninety Mile Beach não tem 90 milhas, mas apenas 60 (96km). Maior praia do país, ela é quase deserta, com dunas que podem chegar a 143m de altura. A cobertura vegetal original foi destruída pelas inundações ocorridas durante as sucessivas eras glaciais. Para estabilizar as dunas, plantaram-se pinheiros. Pescar e desenterrar mariscos são atividades populares no local.

Passeio de Carro por Aupori ⓯

Letreiro de posto de gasolina

Chamada de "Rabo de Peixe" pelos maoris, a Aupori Peninsula é uma faixa de terra estreita com não mais de 12km de largura, situada entre a Ninety Mile Beach, na costa ocidental, e as praias e baías da costa leste. As praias e as águas preservadas, além das altas temperaturas o ano todo, tornam a região atraente para os turistas. Na península se pode nadar, caminhar, escorregar nas dunas e pescar.

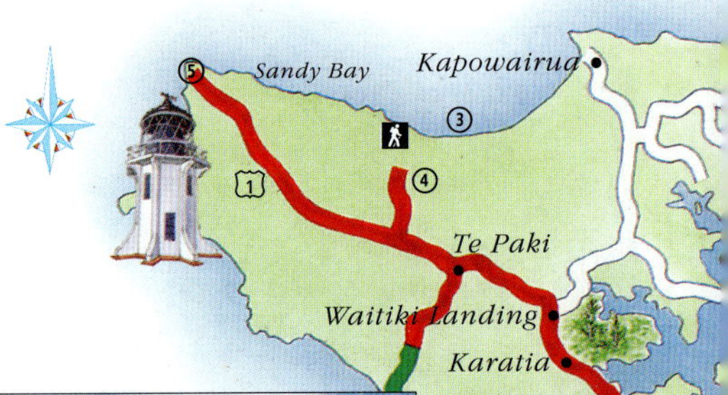

Ninety Mile Beach ⑥
A areia dura desta praia faz dela um bom lugar para excursões de ônibus, passeios de bicicleta e maratonas.

Cape Reinga Lighthouse ⑤
Visível a 48km de distância (26 milhas náuticas), o farol solitário e caiado de branco de Cape Reinga é o mais setentrional da Nova Zelândia.

LEGENDA

- Percurso do passeio
- Percurso com paisagem
- Outras estradas
- Trilha para caminhada

Wagener Park ①
Um portal entalhado conduz os turistas ao Wagener Park. Subritzky Homestead, casa construída em 1860, fica nas proximidades e pode ser visitada.

CAÇA AOS MARISCOS

Pegar *kai moana* (frutos-do-mar) não é uma tradição apenas dos maoris. Outros povos da Nova Zelândia pescam em barcos ou na praia, ou desenterram mariscos para complementar a dieta. Na Ninety Mile Beach, é fácil encontrar gente à procura do *tuatua*, um marisco que ocorre em grande quantidade na área. Cada pessoa pode pegar 150 por dia, mas eles devem ter pelo menos 12,5cm. Mais difícil de achar, o *paua* (abalone) também ocorre na praia. O limite diário por pessoa é de dez unidades.

Caça aos mariscos em Ninety Mile Beach

Rarawa Beach ②
Graças à areia branca e brilhante, Rarawa Beach é uma das praias mais bonitas da costa leste.

Spirits Bay ③
Área sagrada para os maoris, este é o ponto de partida da trilha para caminhada de 28km até Cape Reinga.

Te Paki Reserve ④
Escorregar nas imensas dunas de areia é uma das principais atrações, mas há também uma caminhada de 40 minutos até a praia.

DICAS

Extensão: *210km.*
Paradas: *há locais onde parar e comer entre Kaitaia e Waitaki Landing. Os 21km finais até o farol são feitos em estrada não pavimentada. Para voltar, em vez de usar a State Highway 1, os veículos 4x4 podem acessar a Ninety Mile Beach por Te Paki, 16km ao sul do farol de Cape Reinga, e sair perto da Waipapakauri Beach. Viaje duas horas antes ou depois da maré alta. Aconselha-se que os turistas peguem um ônibus de excursão, pois as locadoras de veículos não permitem aos motoristas fazer esse percurso.*

Boatshed Café and Gallery, em Rawene

Kaikohe ⓰

Mapa rodoviário E1. *4,100.*

Centro de serviços dos fazendeiros da região, Kaikohe é mais conhecida pelas fontes de águas termais **Ngawha Hot Springs** (Waiaraki Pools). Enquanto as fontes foram transformadas na principal atração turística de locais como Rotorua *(págs. 136-7)*, em Kaikohe elas são mais utilizadas pelos próprios moradores. Os forasteiros são bem-vindos e, se não se importatem com a falta de luxo, poderão apreciar águas com temperaturas entre 32°C e 42°C.

Pioneer Village, um museu a céu aberto, apresenta um acervo de casas e artefatos relacionados à história européia da área. Um passeio guiado conduz os visitantes a atrações como Old Courthouse, o palácio de justiça (1862); Maioha Cottage (1875); Utakura Settlers Hall (1891); e Alexander's Sawmill (1913).

Há também veículos de época, uma estação do corpo de bombeiros e uma ferrovia. Do monumento ao chefe Hone Heke (sobrinho-neto do velho líder), instalado na encosta de uma colina, tem-se uma bela vista das duas costas.

Ngawha Hot Springs
Saída da State Highway 12. ***Tel*** *401 0116. diariam. feriados.*

Pioneer Village
Recreation Rd. ***Tel*** *(09) 401 0816. diariam. Sexta-feira Santa, 25 dez.*

Rawene ⓱

Mapa rodoviário D1. *520.* *Boatshed Café and Gallery, The Esplanade, (09) 405 7728.*

Aqui viveu James Reddy Clendon (1800-72), primeiro cônsul americano na Nova Zelândia. Mais tarde ele se tornou magistrado residente em Hokianga. **Clendon House**, hoje pertencente ao órgão que administra o patrimônio histórico do país, deve ter sido construída após 1866.

O ferryboat que cruza o Hokianga Harbour interliga uma rota alternativa para Kaitaia, via Broadwood e Herekino.

Clendon House
The Esplanade. ***Tel*** *(09) 405 7874. sáb-seg. mai-out e 25 dez.* **www**.historic.org.nz

Opononi ⓲

Mapa rodoviário D1. *600.* *Hokianga Information Centre, State Hwy 12, (09) 405 8869.*

Na cabeça de muitos neozelandeses, a pequena cidade praiana de Opononi estará para sempre ligada a seu visitante mais ilustre, Opo. O golfinho se tornou uma celebridade nacional depois de passar o verão de 1955 brincando com as crianças e com bolas de plástico. Infelizmente ele foi morto por pescadores desconhecidos. Uma escultura do artista Russell Clark marca o túmulo de Opo, em frente ao bar de Opononi. O centro de informação turística tem um vídeo do animal.

Do outro lado da rua, em frente à estátua do golfinho, está o ancoradouro de onde saem os barcos que levam os turistas até as dunas gigantes na outra extremidade do Hokianga Harbour.

Escultura do golfinho Opo, em Opononi

A ANTIGA INDÚSTRIA DO DÂMAR

Com a rápida destruição das florestas de dâmara levada a cabo pelos imigrantes no século 19, uma nova indústria surgiu. A resina exsudada pelas árvores, o dâmar, tornou-se uma matéria-prima valiosa na produção de vernizes. Para localizar os depósitos de dâmar, longas hastes eram enfiadas na terra ao lado das árvores mortas, tarefa executada principalmente por imigrantes iugoslavos. Em 1885, 2 mil pessoas trabalhavam nesse negócio. Várias dessas pessoas mais tarde passaram a cultivar legumes ou vinhas perto de Auckland

Hoje, o dâmar é um suvenir bastante popular. Ele é entalhado e polido, formando pingentes e outros artigos. Às vezes, um inseto ou um pedaço de folha fica aprisionado em seu interior.

Dâmar polido

Para hotéis e restaurantes nesta região, veja págs. 301-2 e págs. 328-30

Tane Mahuta, maior dâmara da Nova Zelândia

Waipoua Forest Park ⓳

Mapa rodoviário D1. *Waipoua Forest, (09) 439 3011.* *diariam.*

O Waipoua Forest Park merece uma visita por causa de suas dâmaras magníficas. Ficar ao lado de uma árvore que já entrou em seu terceiro milênio é uma experiência memorável, pois sua grandeza raramente é captada pelas fotografias. Os maoris da região batizaram a maior dâmara viva do país de Tane Mahuta, "deus da floresta". Situada a cinco minutos a pé da estrada que cruza o parque, ela tem 51m de altura, 14m de circunferência e 244,5m^3 de volume. Especialistas do Departamento de Preservação estimam que Tane Mahuta tenha em torno de 1.500 anos. Quatro outras árvores do parque têm pelo menos mil anos de idade. O parque também possui cerca de 300 espécies de árvores e samambaias.

Dargaville ⓴

Mapa rodoviário E1. *4.900.* *67-69 Normanby St, (09) 439 8360.* **www**.kauricoast.co.nz

Dargaville é a capital nacional da *kumara*, uma batata-doce que pode ser comprada em bancas espalhadas por diversas estradas.

O **Dargaville Museum** não interessa apenas aos marinheiros. Além de canoas maoris, modelos de navios e outros artigos náuticos, ele tem um acervo de fotos antigas do Clube Social Iugoslavo, *memorabilia* da Sociedade Escocesa de Northern Wairoa e o crânio de um porco mexicano.

Dargaville Museum
Harding Park. ***Tel*** *(09) 439 7555.*
diariam. *25 dez.*

Arredores

Situado 45km ao sul de Dargaville, em Matakohe, o **Kauri Museum**, "museu da dâmara", é muito elucidativo, especialmente depois que o turista visitou o Waipoua Forest Park. O museu mostra o papel dessa árvore gigante nos primórdios da história neozelandesa. Uma serraria com manequins para representar as famílias de colonos mostra como os troncos eram cortados

No prédio principal do museu há também móveis, entalhes e painéis de dâmara, além de uma grande coleção de peças de dâmar (resina) polido. Do lado de fora há uma agência de correio de 1909, uma casa do início do século 20 totalmente mobiliada e uma igreja de 1867.

O **Kai-Iwi Lakes**, 34km ao norte de Dargaville, não contam com a agitação das praias da costa ocidental, mas são bem freqüentados por famílias de moradores e por turistas. A atração compreende as águas azuis dos lagos Waikere, Taharoa e Kai-Iwi, onde se pode nadar e pescar.

Kauri Museum
Church Rd, Matakohe. ***Tel*** *(09) 431 7417.* *diariam.* *25 dez.* *marcar hora.*
www.kauri-museum.com

Barco exposto no Dargaville Museum

CENTRO DA ILHA NORTE

Estendendo-se de Auckland a Taranaki, Manawatu e Wairarapa, esta região tem belas e variadas atrações naturais e feitas pelo homem: picos nevados, atividade geotermal, rios e lagos cheios de trutas, cadeias montanhosas, praias, campos férteis, pomares e vinhedos, além de grandes trechos de florestas. Também é um importante centro da cultura maori.

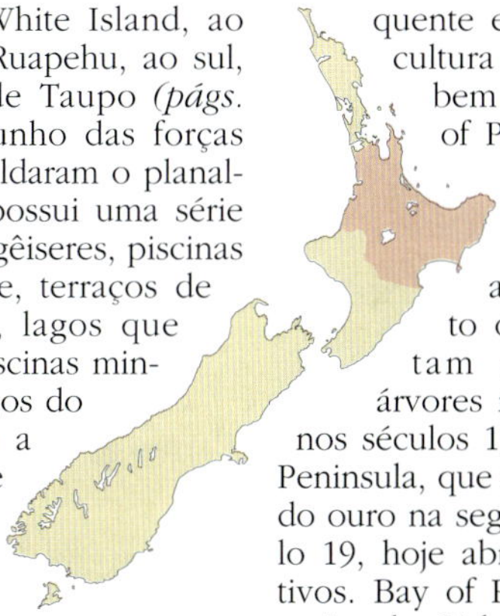

Estendendo-se da White Island, ao norte, até o Mount Ruapehu, ao sul, a Zona Vulcânica de Taupo *(págs. 64-5)* é um testemunho das forças subterrâneas que moldaram o planalto central. Rotorua possui uma série de atrações termais: gêiseres, piscinas de lama borbulhante, terraços de sílica multicolorida, lagos que exalam vapores e piscinas minerais quentes. Os lagos do platô são bons para a pesca, ao passo que os rios que deles fluem são utilizados no rafting e nos passeios de lancha. No inverno é possível esquiar nas encostas do Mount Ruapehu, no Tongariro National Park.

Cadeias montanhosas íngremes e cobertas de vegetação se estendem por 300km a partir do planalto vulcânico até East Cape, separando a área temperada, a oeste, da região quente e seca a leste. A agricultura e a silvicultura estão bem estabelecidas em Bay of Plenty, King Country e Waikato. Criadores de gado leiteiro e horticultores disputam a melhor terra, enquanto ovelhas e cervos pastam nas colinas cujas árvores nativas foram abatidas nos séculos 19 e 20. A Coromandel Peninsula, que foi assolada pela febre do ouro na segunda metade do século 19, hoje abriga artistas e alternativos. Bay of Plenty, East Cape e as praias de Gisborne são ótimas para nadar, pescar e surfar.

Toda a região é rica em tradições maoris, e Rotorua é o principal centro de atividades ligadas à sua cultura. O Movimento pelo Rei Maori *(pág. 117)* surgiu aqui, em 1858, pouco antes de maoris e governo se envolverem em conflitos pela terra.

Dança maori típica em Rotorua

◁ **Pomar de quiuís, Te Puke**

Como Explorar o Centro da Ilha Norte

O centro da Ilha Norte tem grande variedade de paisagens e atividades. Hamilton, a maior cidade da região, localiza-se em terras luxuriantes próximas às praias de Raglan, boas para o surfe, e das cavernas Waitomo Caves. Ao norte de Hamilton, a acidentada Coromandel Peninsula se desmancha nas praias de Bay of Plenty, East Cape e da costa leste, procuradas para a pesca e os esportes náuticos. A Hawke's Bay é famosa pela arquitetura Art Déco, pelos pomares e pelos vinhedos. As atrações geotérmicas se estendem da White Island ao vulcão Ruapehu, melhor ponto para o esqui. No sul da região fica o Tongariro National Park.

Vinhedo na Hawke's Bay

PRINCIPAIS ATIVIDADES AO AR LIVRE

Os locais aqui descritos foram escolhidos em virtude das atividades de recreação. As condições dependem do tempo e da época do ano, portanto tenha cuidado e, em caso de dúvida, procure ajuda.

	PESCA ESPORTIVA	GOLFE	MERGULHO	ESQUI	SURFE	NATAÇÃO	CAMINHADA PESADA	PESCA DE TRUTA
Coromnadel		■	●		●	■	●	
Gisborne	●	■	●		●	■		■
Mayor Island	●		●			■	●	
Mount Maunganui/Tauranga	●	■			●	■	●	
Opotiki		■			●	■	●	■
Raglan		■	●		●	■	●	
Rotorua		■				■	●	■
Taupo		■				■		■
Te Urewera National Park						■	●	■
Tongariro National Park		■		■		■	●	■
Turangi		■				■	●	■
Whitianga	●	■	●		●	■	●	

PRINCIPAIS ATRAÇÕES

Casa de culto maori em Te Kaha, Bay of Plenty

COMO CIRCULAR

Viajar de carro é a melhor maneira de conhecer o centro da Ilha Norte. A State Highway 1 atravessa a região, e a panorâmica Pacific Coast Highway abraça Coromandel Peninsula, Bay of Plenty e East Cape. Em geral as estradas estão em boas condições, mas, no inverno, os trechos próximos ao Tongariro National Park podem ser interditados por causa da neve. O trem que vai de Auckland a Wellington pára em Hamilton e outras cidades. Há serviços de ônibus e de turismo em toda a região.

VEJA TAMBÉM

Onde Ficar págs. 302-7

Onde Comer págs. 330-4

Ngaruawahia ❶

Mapa rodoviário E2. *6.500.* *160 Great South Rd, Huntly, (07) 828 6406.* *Ngaruawahia Regatta (sáb mais próx. dia de São Patrício, 17 mar).* **www**.waikatodistrict.co.nz

Situada na confluência dos rios Waikato e Waipa, Ngaruawahia é um dos mais antigos e históricos assentamentos em Waikato e o mais importante centro da cultura maori. Na margem nordeste do rio, na saída da River Road, fica um dos locais mais sagrados para o povo maori –Turangawaewae Marae, "o escabelo", ou lar da tribo *tainui*. Turongo House, localizada dentro da *marae*, é a residência oficial da monarca maori, Te Arikinui Dame Te Atairangikaahu. Embora Turangawaewae Marae seja considerada sagrada demais para o turismo e os visitantes sejam gentilmente informados de qual local em Rotorua eles podem se aventurar pela cultura maori, a *marae* é aberta ao público durante a Ngaruawahia Regatta, quando acontece uma corrida de canoas *waka*, um concurso de dança e outras atividades *(pág. 42)*.

O Mount Taupiri, 6km ao norte de Ngaruawahia, oferece uma linda vista de Waikato Basin àqueles que se dispõem a subir sua trilha sinuosa. No entanto, é preciso ter o cuidado de não pisar no grande cemitério sagrado situado na encosta do morro que dá para a State Highway 1.

Na Hakarimata Reserve, nas encostas da cordilheira Hakarimata Range, ao norte de Ngaruawahia, dâmaras e outras árvores crescem ao lado de três trilhas bem marcadas, excelentes para caminhadas pesadas.

Bridal Veil Falls, cachoeira a sudeste de Raglan

Arredores

Waingaro Hot Springs, 30km a oeste de Ngaruawahia, possui quatro piscinas de água mineral a céu aberto, cujas temperaturas variam de 37°C a 41°C, além de *spas* privativos. O mais extenso escorregador aquático da Nova Zelândia e barcos infláveis garantem a diversão. O local oferece aos turistas uma série de opções de acomodação.

Waingaro Hot Springs
Waingaro Rd. ***Tel*** *(07) 825 4761.* *diariam.*

Raglan ❷

Mapa rodoviário E2. *3.100.* *4 Wallis St, (07) 825 0556.* *Raglan Surf Classic (nov).*

Único balneário na costa ocidental de Waikato, Raglan é uma cidade pequena e agradável com árvores acolhedoras na rua principal. No verão o local fica repleto de turistas, que são atraídos pelo porto tranquilo, onde podem praticar esportes náuticos, e pelas boas praias, onde podem nadar e surfar. Te Kopua Beach e Te Aro Aro Bay, perto de Raglan, atraem os nadadores, enquanto Whale Bay, a dez minutos de carro na direção sul, é famosa entre os surfistas.

O percurso de 25km pela estreita rodovia litorânea Whaanga Road, que leva ao sul, proporciona vistas

Turangawaewae Marae, Ngaruawahia, lar da monarca maori

Para hotéis e restaurantes nesta região, veja págs. 302-7 e págs. 330-4

espetaculares da costa e das vagas do mar da Tasmânia.

Cerca de 21km a sudeste de Raglan, na estrada para Kawhia, uma caminhada fácil, de dez minutos, no meio da mata, leva às Bridal Veil Falls (cachoeira Véu de Noiva).

A queda de 55m termina em uma piscina profunda.

Uma trilha íngreme conduz à base da cachoeira, um ponto de observação ainda mais impressionante.

Whale Bay, Raglan, mundialmente famosa pelas ondas

Pirongia Forest Park ❸

Mapa rodoviário E3.
73 Rostrevor St, Hamilton, (07) 838 3363.

Este parque compreende quatro áreas florestais distintas ao sul e a sudeste de Raglan e contém uma extensa rede de trilhas, que vão de percursos fáceis nos picos mais baixos

Mount Pirongia, um vulcão extinto

até caminhadas pesadas morro acima. Com 959m, o Mount Pirongia, um antigo vulcão a sudeste de Raglan, é o marco mais evidente do parque; seu contorno impressionante e a floresta verde-escura contrastam de forma intensa com as terras aráveis ao redor. Perto de Raglan, o Mount Karioi se ergue a 756m. Há trilhas para os dois picos.

Nos meses de verão é aconselhável levar água potável nas caminhadas, pois é difícil encontrar fontes nas trilhas, nas quais, aliás, é possível avistar uma série de pássaros. Os regatos do parque abrigam uma imensa quantidade de espécies de invertebrados e diversas espécies de peixe.

A cabana no Mount Pirongia –Pahautea– tem capacidade para seis ou oito pessoas. A licença pode ser comprada no Departamento de Preservação em Hamilton. Há áreas para piquenique no final das estradas Corcoran e Grey e um camping ao lado do regato, onde há muitas trutas.

MOVIMENTO PELO REI MAORI

Monarca Te Atairangikaahu

Este movimento surgiu nos anos 1850, quando os maoris perceberam que as hostilidades entre as tribos serviam ao propósito dos *pakeha* (brancos) de se apropriar de suas terras. Em 1858, várias tribos escolheram um rei supremo na esperança de que a dignidade e o respeito *(mana)* dele emanados promoveriam a convivência pacífica com o governo e resolveriam os conflitos pela terra. Porém, o governo interpretou o movimento como rebelião. O endurecimento das posições levou às guerras dos anos 1860 *(págs. 49-50)*. Em 1966, Te Atairangikaahu foi proclamada rainha, tornando-se a sexta monarca maori. Hoje seu papel é essencialmente cultural e espiritual, mas vem se tornando mais importante à medida que o lugar dos maoris na sociedade neozelandesa é reavaliado.

Kawhia ❹

Mapa rodoviário E3. 550. *Kawhia Museum e Information Centre, Omimiti St, (07) 871 0161.*

Situado na costa, 55km ao sul de Raglan e acessível por estradinhas sinuosas com paisagem belíssima, o pequeno povoado de Kawhia compreende um aglomerado de chalés no lado norte do Kawhia Harbour, a 5km do mar da Tasmânia. O porto é afastado, esplêndido e grande: são 57km de litoral recortado.

Há muito tempo os maoris prezavam o porto e os vales férteis que levavam a ele, e lutaram para manter o direito sobre a área. Uma canoa maori da tribo *tainui,* que navegava pelo litoral oito séculos atrás, está enterrada na encosta atrás da casa de culto Makatu. Pedras colocadas a um intervalo de 23m acima da proa e da popa marcam sua localização. Um dia a canoa foi atracada a uma árvore *pohutukawa,* Tangi te Korowhiti, no final da rua Karewa. A árvore acabou se tornando um arvoredo e ainda é reverenciada pela tribo *tainui* como sendo o início de sua associação com Aotearoa.

O imenso porto de Kawhia, na costa ocidental

Hamilton 5

Mapa rodoviário E2. *118.000.* *10km S.* *Esq das ruas Bryce e Anglese, (07) 839 3580.* *Balões sobre Waikato (meados abr); National Agricultural Fieldays (jun).* **www**.waikatonz.co.nz

Quinta maior área metropolitana e maior cidade do interior da Nova Zelândia, Hamilton se espalha por um trecho labiríntico do poderoso Waikato River, que, com 425km, é o rio mais extenso do país. A cidade se originou de um povoamento militar do século 19 e acabou se transformando num agitado centro de serviços da região de Waikato, uma imensa planície. Parques e jardins entrecortados por trilhas e caminhos ladeiam o rio, cujas margens são interligadas por pontes. O **MV *Waipa Delta,*** um barco movido por rodas, cruza o Waikato três vezes ao dia, oferecendo aos turistas um agradável passeio.

Cinco níveis acima do rio ergue-se o **Waikato Museum of Art and History,** com seu acervo de arte neozelandesa e peças que contam a história de Waikato e da população *tainui*. Uma impressionante canoa de guerra, Te Winika, está permanentemente exposta.

Hamilton Gardens, localizado no sul da cidade, é a atração turística mais visitada de Hamilton. Instalado em um trecho belíssimo do Waikato River, o jardim possui um pavilhão chinês, um japonês e um inglês, além de atrações específicas de cada estação.

Em abril a cidade é invadida por balonistas de todo o mundo, e em junho acontece a Agrocultural Fieldays, a maior feira agrícola da Australásia *(pág. 43)*.

MV *Waipa Delta*
Memorial Park Jetty, Memorial Drive. ***Tel*** *0800 472 3353.* *qui-dom.* **www**.waipadelta.co.nz

Waikato Museum of Art and History
1 Grantham St. ***Tel*** *(07) 838 6606.* *diariam.* *25 & 26 dez.* **www**.waikatomuseum.org.nz

Hamilton Gardens
Cobham Drive. ***Tel*** *(07) 856 3200.* *diariam.*

Cambridge 6

Mapa rodoviário E3. *13.500.* *15km L.* *Esq das ruas Queen e Victoria, (07) 823 3456.*

A 15 minutos de carro de Hamilton, Cambridge fica em uma área fértil, berço da indústria de cavalos puros-sangues da Nova Zelândia. Conhecida como "cidade das árvores" por causa das alamedas de carvalhos e olmos, a cidade tem bonitos jardins. As terras em torno do Lake Koutu, com suas árvores exóticas e arbustos nativos, é procurada para piquenique e caminhada.

Artigo de vidro da Cambridge Country Store

Cambridge também é famosa pelas lojas de artesanato moderno; a maior delas, a premiada **Cambridge Country Store**, localiza-se em uma igreja construída em 1898. As numerosas galerias e os antiquários são outra atração da cidade.

Artigos à venda na Cambridge Country Store

Os turistas também podem apreciar vários estilos arquitetônicos visitando a igreja de St. Andrew e os edifícios públicos no entorno de Victoria Street.

Cambridge Country Store
92 Victoria St. ***Tel*** *(07) 827 8715.* *diariam.* *25 dez.* **www**.cambridgecountrystore.co.nz

O MV *Waipa Delta* atravessa o Waikato River

Otorohanga 7

Mapa rodoviário E3. *2.600.* *21 Maniapoto St, (07) 873 8951.*

A pequena Otorohanga fica 50km ao sul de Hamilton. Sua principal atração é a **Otorohanga Kiwi House**. Três espécies de quivis *(kiwi)* são criadas no parque zoológico e 300 aves de 29 espécies podem ser vistas em um imenso aviário. Além de quivis, há pombos, *tuis, silvereyes* e periquitos. Gecos, *wetas* e o primitivo réptil tuatara também são exibidos no parque.

Otorohanga é considerada também o portão de entrada das Waitomo Caves *(págs. 120-1)*.

Otorohanga Kiwi House
20 Alex Telfer Drive. ***Tel*** *(07) 873 7391.* *diariam.* *25 dez.* *Nocturnal House.* **www**.kiwihouse.org.nz

Para hotéis e restaurantes nesta região, veja págs. 302-7 e págs. 330-4

Terra de Reprodutores

Vaca Holstein-Friesan

Uma das imagens mais fascinantes da viagem entre Hamilton e Cambridge é a das cercas de madeira por trás das quais jovens cavalos puros-sangues saltam, crescendo fortes com o melhor pasto e a melhor dieta suplementar que poderiam ter. Mais distantes da estrada ficam os estábulos onde os cavalos são recolhidos e treinados. Outra visão comum são as vacas que pastam nos campos verdejantes. Na Nova Zelândia, a criação de cavalos de corrida e de gado leiteiro está concentrada na região de Waikato, onde o clima ameno e úmido proporciona pastos luxuriantes para as vacas e as planícies são ideais para o treinamento e os exercícios dos cavalos.

Puros-sangues de 1 ano e potros em Waikato

PUROS-SANGUES

Waikato é internacionalmente famosa pelos cavalos de corrida, cuja exportação rende aos cofres do país mais de NZ$120 milhões por ano. Mais de 60 reprodutores estão à disposição nas 18 fazendas de reprodução de Waikato; o mais procurado de todos é capaz de inseminar entre 100 e 150 éguas.

O New Zealand Horse Magic, *6km ao sul de Cambridge, exibe diversas raças de cavalos e apresenta um show de um hora com muitas informações. Outras fazendas da área oferecem passeios guiados.*

Os puros-sangues *de Waikato venceram 18 vezes a Melbourne Cup, na Austrália, o ponto alto da temporada de corridas na Australásia.*

As principais raças de gado leiteiro *–Holstein-Friesian, Jersey e Ayrshire– podem ser encontradas em Waikato, embora a Holstein-Friesian predomine. Em média, cada vaca produz 3.420 litros de leite por ano.*

Os puros-sangues *neozelandeses são apresentados ao mundo todo mês de fevereiro, em um leilão realizado em Karaka, ao sul de Auckland.*

Waitomo Caves ❽

Logo da Glowworm Cave

A área conhecida como Waitomo consiste em uma rede de 45km de cavernas e grutas calcárias interligadas ao Waitomo River. Uma câmara da Glowworm Cave foi explorada pela primeira vez em 1887, mas a maioria das cavernas ainda é território dos espeleologistas. Além de visitar as cavernas Glowworm e Aranui, famosas pelas grutas cheias de vaga-lumes e pelas formações calcárias, os turistas podem desfrutar atividades como descer por um poço preso a cordas, esporte de aventura exclusivo da Nova Zelândia. Os 2,5km de cavernas acessíveis ao público têm boa iluminação, corrimãos e guias.

Caminho de Waitomo
Um caminho de 5km em meio à vegetação nativa conduz os visitantes por diversas formações calcárias.

Rafting em cavernas
No black-water rafting *usam-se trajes de mergulho, lanternas e câmaras de ar. Aqui o passeio é feito sob milhões de vaga-lumes, em um rio subterrâneo da Ruakuri Cave.*

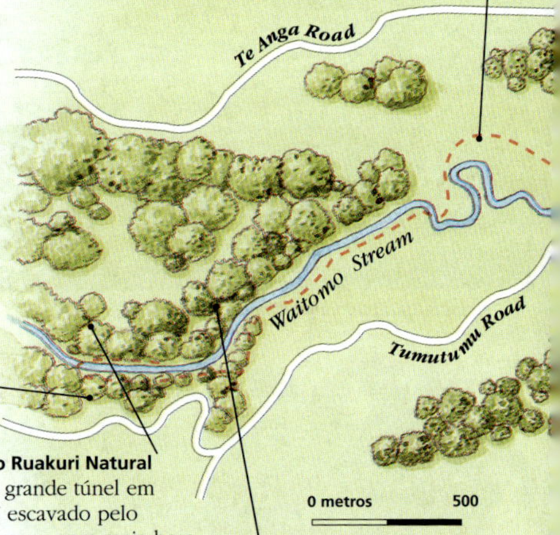

LEGENDA

═	Estrada
≈	Rio
- -	Trilha para caminhada

Chega-se ao Ruakuri Natural Tunnel, um grande túnel em forma de U escavado pelo Waitomo Stream, com meia hora de caminhada até o Ruakuri Gorge. Há serviço de guias.

★Aranui Cave
As câmaras altas, as formações magníficas e as sombras castanhas, rosa e brancas das imensas estalactites não têm concorrentes entre as cavernas da região.

FORMAÇÃO DAS WAITOMO CAVES

As cavernas são formadas pela erosão de camadas de calcário pela água subterrânea. O sistema de cavernas da região de Waitomo desenvolveu-se em calcário fraturado, de até 100m de espessura, ao longo de grandes falhas geológicas *(pág. 20)*, onde a infiltração de água é particularmente alta. Ao se infiltrar nas rachaduras, a água da superfície criou um sistema de drenagem cujos tamanho e complexidade gradualmente aumentaram. Dentro das cavernas, o líquido que pingava misturado ao calcário formou estalactites no teto, estalagmites no chão e outras formações fascinantes.

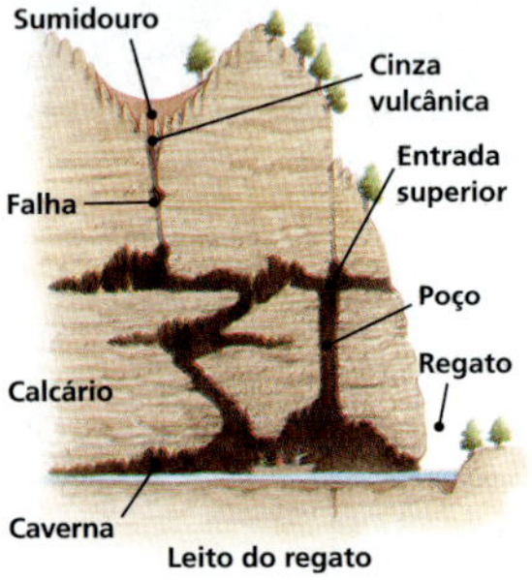

Para hotéis e restaurantes nesta região, veja págs. 302-7 e págs. 330-4

Woodlyn Park
Durante a apresentação sobre a vida dos pioneiros, os turistas podem tosquiar uma ovelha.

A casa de culto Tokikarpu, na saída da Te Anga Road, serve à população maori local.

O Waitomo Caves Hotel foi construído em 1908 entre as árvores de uma colina da aldeia de Waitomo. Tem diversos tipos de acomodação *(pág. 304)*.

O Museum of Caves, que inclui o centro de informação turística i-SITE de Waitomo, tem bom acervo sobre cavernas e história natural e uma apresentação multimídia sobre os vaga-lumes.

★ Glowworm Cave
A caminhada pelos três níveis da caverna –Banquet Chamber, Pipe Organ e Cathedral– é completada com um tranquilo passeio de barco por uma gruta espetacular.

PREPARE-SE

Mapa rodoviário E3. 21 *Waitomo Caves Rd, (07) 878 7640. Todas as atrações:* *diariam.* **Waitomo Museum of Caves** ***Tel*** *(07) 878 7640.* **Waitomo Glowworm Cave** ***Tel*** *(07) 878 8227.* *menos Aranui Cave.* **Woodlyn Park** ***Tel*** *(07) 878 6666.* *Pioneer Show.* **Black Water Rafting** ***Tel*** *0800 228 464.* *Lost World* ***Tel*** *0800 924 866.*

Mundo perdido
A Lost World Adventure inclui descer um poço calcário de 100m preso a cordas e uma expedição pelo sistema de túneis da Mangapu Cave.

PONTOS ALTOS

★ Aranui Cave

★ Glowworm Cave

Karaka Bird Hide, em Firth of Thames

Thames ⑨

Mapa rodoviário E2. *10.000.* *2km S.* *206 Pollen St, (07) 868 7284.* **www**.thames-info.co.nz

Situada na extremidade sudeste da baía Firth of Thames, nas colinas que, cem anos atrás, trepidavam ao som das máquinas que trituravam o minério de quartzo para extrair ouro, Thames é a principal cidade da região de Coromandel.

É o portão de entrada da Coromandel Peninsula e ponto de apoio ideal para explorar a natureza no Coromandel Forest Park. Vários edifícios do lugar devem seu esplendor à riqueza gerada pela mineração.

O **Thames Historical Museum** possui relíquias do passado da cidade, como as fundições que surgiram para sustentar a exploração de minérios, enquanto o **Thames School of Mines and Mineralogical Museum** exibe 5 mil amostras minerais e equipamentos utilizados para processar o quartzo, de onde se extraía o ouro.

Os administradores das minas estudaram nos bancos da escola entre 1885 e 1954.

Em uma colina na saída da Waiotahi Creek Road, ergue-se um grande memorial da Primeira Guerra, de onde se pode apreciar uma vista panorâmica da cidade, de Firth of Thames e do Hauraki Gulf, ao fundo.

No pequeno santuário Karaka Bird Hide, construído no mangue, na saída da cidade, diversas aves migratórias podem ser avistadas, em especial entre a maré alta e a baixa.

Thames Historical Museum
Esq das ruas Pollen & Cochrane. ***Tel*** *(07) 868 8509.* *13h-16h diariam.*

Thames School of Mines and Mineralogical Museum
101 Cochrane St. ***Tel*** *(07) 868 6227.* *diariam.* *Sexta-feira Santa, 25 dez.*

Arredores

Na margem sul de Firth of Thames, os 85km² de planícies de lama oferecem um excelente hábitat para aves migratórias, como gaivotas, corvos-marinhos, pirupirus e bicos-revoltos, e oportunidade de observá-las. O **Miranda Shorebird Centre**, fundado pelo Miranda Naturalists' Trust, organiza passeios para ver as aves e acomodação. Miranda Hot Springs, um complexo de piscinas de águas termais, fica ao lado.

Caminhada no Kauaeranga Valley, Coromandel Forest Park

Miranda Shorebird Centre
285 East Coast Rd, Pokeno. ***Tel*** *(09) 232 2781.* *diariam.* *25 dez.* *doações.* **www**.miranda-shorebird.org.nz

Coromandel Forest Park ⑩

Mapa rodoviário E2. *Kauaeranga Valley, Thames, (07) 867 9080.*

Este parque se estende por 100km ao longo da península interior, mas a parte mais acessível é o Kauaeranga Valley, com sua ótima malha de trilhas (de todos os níveis de dificuldade) e suas áreas para piquenique.

Entre os anos 1870 e 1920, o vale foi uma importante fonte de madeira de dâmara. Ainda são visíveis os restos das represas, as pontes e as barreiras de estacas usadas para transportar os troncos pelo Kauaeranga River.

Os pescadores fisgam trutas nos regatos do vale, onde o olho bem-treinado também acha pedras preciosas. De uma crista rochosa chamada Pinnacles se pode ver os dois litorais. O centro de informação turística de Kauaeranga, 13km a nordeste de Thames, dá detalhes sobre os passeios na Kauri Trail e indica acomodações no parque.

Para hotéis e restaurantes nesta região, veja págs. 302-7 e págs. 330-4

A Febre do Ouro em Coromandel

A primeira descoberta significativa de ouro na Coromandel Peninsula aconteceu em outubro de 1852, perto da cidade de Coromandel. Trezentos garimpeiros correram para a área. Em 1867 novas descobertas perto de Thames atraíram 5 mil homens para as colinas adjacentes. Logo Thames inchou e passou a abrigar 18 mil moradores. Aos sábados a cidade ficava apinhada de mineiros, os três teatros raramente fechavam e mais de cem hotéis vendiam bebidas alcoólicas. Nos anos 1870, porém, as minas de Thames entraram em declínio e os interesses se voltaram para o sudeste de Karangahake Mountain e Waihi. Em 1912, Martha Mine, em Waihi, tornara-se uma das maiores do mundo *(pág. 126)*. Um dia todas as minas fecharam, mas em 1988 novos veios descobertos em velhos campos promoveram a retomada das escavações em Waihi.

Pepita de ouro

Modelo de um mineiro na Thames Gold Mine and Stamper Battery

RELÍQUIAS DA MINERAÇÃO

Minas velhas, poços e máquinas abandonadas se espalham por Thames. A escola e o museu de mineração, assim como os passeios às minas, são lembranças adicionais do passado da cidade. O ouro de Coromandel era extraído com muito trabalho, por meio de picaretas e pás.

Coromandel *também é rica em pedras semipreciosas. Ainda é possível tropeçar em ágatas nas praias ao norte de Thames.*

Nesta sala de aula *da Thames School of Mines, os mineiros obtinham instruções de como trabalhar nos campos de quartzo.*

Procurar ouro *nas velhas minas é um passatempo popular, mas, antes de entrar nelas, é preciso ter certeza de que sua estrutura ainda é segura.*

O Imperial Hotel, *um dos ótimos hotéis coloniais de Thames construído no apogeu da prosperidade gerada pela corrida do ouro.*

Coromandel ⓫

Mapa rodoviário E2. *1.500.*
3km S.
355 Kapanga Rd, (07) 866 8598.
www.coromandeltown.co.nz

A pacata cidade de Coromandel é um centro de pesca e artesanato situada uma hora de carro ao norte de Thames. Ela ganhou esse nome graças à visita do HMS *Coromandel*, em 1820, que atracou ali para levar mastros de madeira de dâmara para a Marinha britânica. A mineração teve papel importante na formação da cidade *(pág. 123)*, e os exemplares de arquitetura vitoriana e colonial são um legado dessa época. A atmosfera respousante e a beleza da área fazem dela um paraíso para artistas e artesãos e um ótimo lugar para caminhar, nadar, pescar, velejar ou apenas descansar.

Uma das atrações mais populares de Coromandel é a **Driving Creek Railway and Potteries**, construída pelo famoso ceramista neozelandês Barry Brickell para carregar argila e madeira para seu forno e também para servir um projeto de reflorestamento de dâmara. A estreita ferrovia alpina transporta os turistas em vagões especialmente projetados, em um passeio de ida e volta de uma hora pela floresta nativa, por pontes e túneis, até chegar a um mirante.

A **Coromandel Gold Stamper Battery** é um museu de processamento de ouro de cem anos, que contém uma roda-d'água ainda em

Bicicleta movida a água, em Waiau Waterworks

operação, ficam no final da Buffalo Road, ao norte da cidade. A **Coromandel School of Mines and Historical Museum** tem peças do início da mineração e da derrubada das florestas, espécimes geológicos e uma velha cadeia.

Driving Creek Railway and Potteries
Driving Creek Rd. **Tel** *(07) 866 8703.*
diariam. *25 abr, 25 dez.*
www.drivingcreekrailway.co.nz

Coromandel Gold Stamper Battery
Buffalo Rd. **Tel** *(07) 866 7933.*
verão: diariam.; inverno: qui-seg.
25 dez.

Coromandel School of Mines and Historical Museum
841 Rings Rd. **Tel** *(07) 866 8987.*
verão: diariam.; inverno: sáb-dom. *25 dez.*

Arredores

Waiau Waterworks, a 9km da cidade de Coromandel, exibe a engenhosidade do artista Chris Ogilvie na criação de obras de arte e objetos movidos a água, invenções que encantam crianças e adultos. Uma das atrações mais criativas de Coromandel, o empreendimento fica numa imensa área ajardinada.

A leste de Waiau Waterworks existe um desvio para Castle Rock, o centro de um antigo vulcão de 525m de altura. Uma estrada na floresta leva os turistas ao início de uma trilha de 45 minutos. Os últimos metros são uma subida extenuante, mas a vista compensa o esforço. Mais adiante surge Waiau Kauri Grove. Ali, após uma caminhada de dez minutos por uma trilha à esquerda na estrada, vêem-se dâmaras protegidas há mais de cem anos.

Waiau Waterworks
309 Rd. **Tel** *(07) 866 7191.*
diariam.
www.waiauwaterworks.co.nz

O litoral ente a cidade de Coromandel e Port Jackson

A extraordinária Driving Creek Railway

Port Jackson ⓬

Mapa rodoviário E2. *10.*
355 Kapanga Rd, Coromandel, (07) 866 8598.

Na extremidade da península, 56km ao norte da cidade de Coromandel, a praia de Port Jackson surge de surpresa. A estrada, que deixa de ser pavimentada a partir do povoado de Colville, último posto de abastecimento, termina em Fletcher's Bay, 6km adiante, uma bela enseada repleta de árvores *pohutukawa* e peixes.

A Coromandel Walkway, uma trilha de 7km de extensão, leva de Fletcher's Bay a Stony Bay; trata-se de um percurso de três horas. Port Jackson, Fletcher's Bay e Stony Bay têm área de *camping* com banheiros, chuveiro frio e churrasqueiras.

Barcos no protegido porto de Whitianga

Whitianga 13

Mapa rodoviário E2. *3.500.*
3km SO.
66 Albert St, (07) 866 5555.
www.whitianga.co.nz

Whitianga fica no recanto mais afastado da Mercury Bay, assim batizada pelo capitão Cook *(pág. 48)* quando ele observava um trânsito do planeta Mercúrio na visita que fez ao local em 1769. Em Whitianga os barcos são lançados ao mar em segurança, algo importante na temporada de pesca esportiva, que vai de novembro a abril. Grandes concursos de pesca são realizados em fevereiro e março. O pequeno clube de vela da Mercury Bay, na ponta oeste da Buffalo Beach, ficou conhecido em todo o mundo quando apoiou a fracassada tentativa de Michael Fay de derrotar o San Diego Yacht Club pela America's Cup.

O **Mercury Bay Museum** ocupa uma antiga fábrica de laticínios do outro lado do cais, em The Esplanade. Ele conta a história do chefe polinésio Kupe *(pág. 46)*, cujos descendentes moram na cidade há mais de mil anos. Uma breve viagem de ferryboat leva os turistas a Ferry Landing, o local original de Whitianga, onde há trilhas, mirantes e lojas de artesanato. Whitianga Rock, acima de Ferry Landing, era uma fortificação da tribo *ngati hei*.

Logo do clube de vela

Buffalo Beach recebeu esse nome depois do naufrágio do navio *Buffalo*, em 1840, que acabara de deixar condenados na Austrália e retornaria à Grã-Bretanha com mastros de dâmara. Um canhão do navio foi remontado no RSA Memorial Park, na Albert Street.

Na extremidade nordeste do promontório, a 1,5km de Ferry Landing, fica o mirante Shakespeare; ali foi erguido também um memorial ao capitão Cook, do qual se podem ver Lonely Bay e Cooks Beach. A ação das ondas do mar na Flaxmill Bay, na ponta sudoeste da Front Bay, criou nas rochas uma concha acústica natural.

A **Te Whanganui-A-Hei Marine Reserve**, na enseada Cathedral Cove, tem 9km² e se estende de Cooks Bluff à Hahei Beach. Ela foi criada em 1992 para devolver ao ambiente marinho a riqueza anterior. A pesca é proibida, assim como a coleta de mariscos, mas os visitantes podem nadar, mergulhar e velejar na reserva.

Mercury Bay Museum
12 The Esplanade. ***Tel*** *(07) 866 0730.* *10h-16h diariam. (verão); 11h-15h ter-qui, dom (inverno).* *Feriados.*

Hahei 14

Mapa rodoviário E2. *200.*
General Store, Hahei Beach Rd.

Hahei é o ponto de partida de uma caminhada de duas horas até Cathedral Cove, onde há uma caverna impressionante com o formato de uma catedral, acessível na maré baixa. É preciso bom preparo físico para chegar lá, mas a vista panorâmica compensa o esforço. A praia de Hahei é protegida pelas ilhas ao largo e colorida de rosa pelas conchas quebradas. O lugar é muito procurado por mergulhadores.

Na areia da Hot Water Beach, 6km ao sul de Hahei, os turistas podem cavar a própria piscina termal. Há pás para alugar.

Turistas afundam nas fontes termais da areia da Hot Water Beach, em Hahei

Whangamata ⓯

Mapa rodoviário E2. *4.100.* *616 Port Rd, (07) 865 8340.* **www**.whangamatainfo.co.nz

A cidade de Whangamata, que significa "porto da obsidiana", foi assim batizada por causa dessa rocha vulcânica vítrea, que foi trazida pelo oceano da Mayor Island, a 30km do continente.

Devido ao tamanho de suas ondas, a cidade é conhecida como "capital neozelandesa do surfe".

O local também é muito procurado por nadadores que gostam de ondas grandes e por pescadores. Entre as outras praias da redondeza excelentes para o surfe estão Onemana e Opoutere, ao norte da cidade, e Whiritoa, no litoral sul.

As colinas e os vales ao redor de Whangamata, a pouca distância da cidade,

Whangamata Beach, uma das melhores praias para o surfe

oferecem muitas atividades ao ar livre. Na Tairua Forest ficam o Wentworth Valley, a Taungatara Recreation Reserve e o Parakiwai Valley.

Todos eles são entre-cortados por trilhas, regatos pedregosos e arbustos nativos. Há uma caminhada que leva a uma mina de ouro e ao que restou de máquinas de processa-mento de minério, constru-ções e até um forno de pão.

O centro de informação turística de Whangamata dá mais detalhes, bem como a Carter Holt Harvey, empresa florestal que pode impedir o acesso ao local durante a execução de algum projeto. Wharekawa Wildlife Refuge, 15km ao norte de Whanga-mata, é uma área de preser-vação baseada no banco de areia de Opoutere.

Martha Mine, Waihi

Waihi ⓰

Mapa rodoviário E2. *4.500.* *Seddon St, (07) 863 6715.* **www**.waihi.org.nz

A história de Waihi está ligada ao ouro desde que Robert Lee e John McCrombie descobriram um filão de quartzo aurífero, em 1878. A **Martha Mine**, aberta ali em 1882 e explorada sem interrupção até 1952, foi a mais importante e bem-sucedida do distrito *(págs. 122-3)*. Em 1988 ela foi reaberta, com concessões para funcionar até 2007. Toda semana são extraídas da mina quantidades subs-tanciais de ouro. A Waihi Gold Mining Company realiza passeios no local, mas é preciso fazer reserva.

A **Goldfields Railway** opera antigos trens a diesel e a vapor nos 7km de trilhos entre Waihi e Waikino, porta de entrada dos campos de ouro de Karangahake. A Karangahake Gorge Historic Walkway, uma ferrovia auxiliar de 5km que atravessa a ravina em meio a equipamentos de mineração abandonados, está sinalizada na estrada. Waihi Beach, 11km a leste da cidade, é uma das praias mais concor-ridas desse trecho do litoral.

Martha Mine
Seddon St. ***Tel*** *(07) 863 9880.*
seg-sex. *doações.*
fazer reserva.
www.marthamine.co.nz

Goldfields Railway
Wrigley St. ***Tel*** *(07) 863 8251.*
diariam. *25 dez.*

Katikati ⓱

Mapa rodoviário map E2. *4.000.* *34 Main Rd, (07) 549 1658.* **www**.katikati.co.nz

O colonizador irlandês George Vesey Stewart comprou Katikati e as terras adjacentes nos anos 1870 e vendeu-as a 406 famílias "refinadas e educadas" do Ulster. Pouco familiarizados com o trabalho duro de desenvolver a terra, no início esses imigrantes ficaram ressentidos com Stewart, mas o local provou ser ideal para a horti-cultura e os laticínios. Hoje Katikati desfruta da reputação de ser uma galeria de arte a céu aberto. Mais de 30 murais e outras obras de arte decoram seus edifícios, suas ruas e seus parques, todos produzidos por artistas locais.

Escultura de rua em Katikati

Sapphire Springs, situada numa reserva a 6km da cidade, tem diversas fontes de água termal.

Sapphire Springs
Hot Springs Rd. ***Tel*** *(07) 549 0768.*
diariam.

Mural em uma construção de Katikati

Para hotéis e restaurantes nesta região, veja págs. 302-7 e págs. 330-4

Estilo de Vida dos Artistas de Coromandel

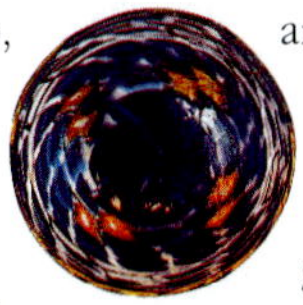

Travessa de vidro

O mar em constante mutação, os lindos vales e as florestas do interior da Coromandel Peninsula não são apenas uma alternativa tranquila à vida na cidade, mas inspiração constante para um grande número de artistas e artesãos. Aqui os pintores aram a terra, os ceramistas pintam e criam bicho-da-seda e os tecelãos criam as próprias ovelhas. Desde que chegaram, no início dos anos 1960, muitos desses "alternativos" se voltaram para o artesanato para sustentar seu estilo de vida natural, afiando seu talento para produzir um grande número de artigos atraentes para vender em lojas de toda a Nova Zelândia. O folheto da Coromandel Craft Trail, distribuído pelos centros de informação turística, indica os ateliês onde os turistas podem comprar por menos.

Osso e nefrita *são muito comuns nos pingentes com motivos maoris.*

As lojas *de Thames e da cidade de Coromandel, como a Weta Art, vendem uma ampla variedade de artesanato de todos os pontos da Nova Zelândia.*

Barry Brickell, na Driving Creek Potteries

A cerâmica *é produzida em tornos ou a mão, como estas peças esculpidas e pintadas manualmente.*

O ARTESANATO DE COROMANDEL

Embora o foco da primeira onda artística, no início dos anos 1960, tenha sido a argila, o artesanato logo se diversificou, passando a contar com entalhes (em madeira, osso e nefrita), móveis, cestaria, tricô, bijuterias, vidros, facas artesanais e objetos de decoração de jardins.

Colville Store, *uma das lojas mais incomuns da península, situada 26km ao norte da cidade, pertence aos 80 integrantes de uma cooperativa.*

Os alternativos *em geral preferem criar os filhos em comunidades nas quais plantam produtos orgânicos, pintam, fazem esculturas e outras peças de artesanato.*

Tauranga ⓲

Mapa rodoviário E2. *inclusive Mount Maunganui, 100.000.* *3 km a leste da cidade.* *95 Willow St, (07) 578 8103.*
www.bayofplentynz.com

Maior cidade da porção ocidental de Bay of Plenty, importante porto e centro comercial, Tauranga ocupa uma seção do Tauranga Harbour, uma planície que teria sido inundada no final da última era glacial. Do lado do mar, a cidade é protegida pela Matakana Island, e, a oeste, pelas montanhas da Kaimai Range.

Tauranga tem crescido rapidamente. O clima ameno e a localização atraem os neozelandeses aposentados e todos os que apreciam atividades ao ar livre o ano inteiro. As principais atrações são a vela recreativa e de competição, o surfe e a pesca em águas profundas, passeios de jet ski, esqui aquático, windsurfe, parapente e mergulho. O Strand, no centro da cidade, é a principal área comercial e de restaurantes.

Originalmente uma cidade missionária e voltada ao comércio do linho, Tauranga foi palco de batalhas ferozes nas guerras dos anos 1860 *(págs. 49–50)*. Várias tropas envolvidas na batalha de Gate Pa, 5 km ao sul da cidade, estavam estacionadas em Monmouth Redoubt, um acampamento militar erguido pelas tropas britânicas em 1864 para impedir o abastecimento do Movimento pelo Rei Maori, de Waikato *(pág. 117)*. O local preserva trincheiras e artilharia pesada.

A Elms Mission House, construída em etapas entre 1838 e 1847 pelo reverendo Alfred Brown, é uma das casas mais antigas da Nova Zelândia. Em seu terreno há jardins e vários edifícios, como uma biblioteca de 1839.

Entre as outras atrações de Tauranga estão 50 km de praias e 27 km de passeios públicos na orla, um estuário e reservas no interior.

Elms Mission House
Cnr Mission & Chapel sts. ***Tel*** *(07) 577 9772.* *jardins: diariam.; casa & biblioteca: 14–16h qua, sáb, dom & feriados (passeios com hora marcada).* *casa & biblioteca.*
www.theelms.org.nz

Arredores

McLaren Falls Park, na saída da State Highway 29, na estrada para Hamilton, oferece caminhadas por bosques nativos entremeados de árvores introduzidas. Pode-se nadar no rio e no Lake McLaren. Quando as comportas do canal são abertas, em dias marcados ao longo do ano, há muita atividade nas corredeiras do Wairoa River. Há três albergues para mochileiros dentro do parque.

McLaren Falls Park
McLaren Falls Rd. ***Tel*** *Tauranga District Council, (07) 577 7000.* *diariam.*

Vista de praia em Mount Maunganui a partir do "Monte"

Concurso de pesca esportiva, em Tauranga

Mount Maunganui ⓳

Mapa rodoviário E2. *inclusive Tauranga, 100.000.* *3 km ao sul da cidade.* *Salisbury Ave, (07) 575 5099.*

Mount Maunganui, cidade construída numa península estreita na entrada do Tauranga Harbour, é o principal porto de escoamento da madeira produzida no centro da Ilha Norte. O monte homônimo, com seus 232 m de altitude, ergue-se ao fundo. O passeio de ida e volta ao cume demora 90 minutos. De lá dá para ver construções maoris da época em que "O Monte" era uma fortificação, além de todo o litoral.

No pé da montanha ficam as piscinas **Mount Maunganui Hot Salt Water Pools**, que são aquecidas por uma fonte termal.

A esplêndida Ocean Beach se estende a leste, a partir do "Monte", até Papamoa e além, constituindo-se em local de entretenimento para surfistas e nadadores. Em alto-mar, na Moturiki Island, ao largo da Marine Parade, um respiradouro lança água para o alto.

Mount Maunganui Hot Salt Water Pools
Adams Ave. ***Tel*** *(07) 575 0868.* *daily.*

Mayor Island 20

Mapa rodoviário F2. *a 35 km do Tauranga Harbour.* *de Tauranga ou Whangamata.* ***Tel*** *(07) 577 0531.*

Mayor Island (Tuhua) é bastante montanhosa, repleta de arbustos e dispõe de poucos locais de desembarque. A ilha é quase circular e tem 4 km de diâmetro. O pico mais alto, Opauhau, tem 354 m de altura. Dois lagos, um verde e outro negro, ocupam a cratera no topo deste que é um vulcão inativo.

A característica mais marcante de Mayor Island é a presença da obsidiana, um vidro natural e preto formado pelo rápido resfriamento de lava rica em sílica. Antes da chegada dos europeus, os maoris já prezavam a obsidiana, e por causa dela lutaram pela posse dessas terras.

Uma trilha de 18 km para caminhadas circunda a ilha, e outros caminhos levam ao interior. Toda a vida marinha é protegida por uma reserva no litoral norte. O local tem área de *camping* e cabanas, mas os visitantes devem levar comida e água. Na vizinhança da ilha pratica-se a pesca esportiva, e há várias empresas que promovem passeios e mergulhos o local.

Passeio em carros-quiuís pelo Kiwi360

Te Puke 21

Mapa rodoviário F3. *6.800.* *130 Jellicoe St, (07) 573 6772.* **www**.tepuke.co.nz

Te Puke foi outra cidade colonizada por irlandeses nos anos 1880 graças a George Vesey Stewart *(pág. 126)*. No início, a criação de ovelhas e vacas na área foi dificultada pela "doença do mato", uma deficiência de cobalto que assombrou a agricultura do centro da Ilha Norte até ser identificada, nos anos 1930, e corrigida com

Entrada do Kiwi360

Com clima ideal para a criação de gado ovino e gado leiteiro, a horticultura só ganhou impulso na região nos anos 1960.

Os primeiros horticultores fizeram experiências com o que então se conhecia como groselha-chinesa e criaram uma demanda internacional para sua nova fruta: o quiuí. Desde então Te Puke é celebrada como a "capital mundial do quiuí". Tudo o que diz respeito a esse comércio, do cultivo até o processamento, está exposto no parque **Kiwi360**, situado 6 km a sudeste de Te Puke.

Longridge Park, 8 km ao sul de Te Puke, é uma imensa fazenda projetada para exibir a diversidade da agricultura da Nova Zelândia. Ali há ovelhas e porcos, além de bosques de abacateiros pinheiros e quiuís. As crianças podem se aproximar dos animais e alimentar enguias de 60 anos de idade. Os visitantes também podem explorar a beleza avassaladora do Kaituna River durante um passeio de barco de 30 minutos.

O QUIUÍ

Antes que o quiuí *(Actinidia chinensis)*, ou *kiwi*, passasse a ser vendido em todo o mundo, era conhecido na Nova Zelândia como groselha-chinesa, pois foi na China que ele surgiu. Em Te Puke a primeira planta foi cultivada em 1918, mas foi só em meados dos anos 1930 que o produtor Jim McLoughlin plantou o primeiro pomar e vendeu a fruta na feira local. Com o aumento da produção, novos mercados foram abertos. No final dos anos 1960, a indústria foi impulsionada pela combinação de bom *marketing* com a descoberta de que, refrigerado, o quiuí se mantém em boas condições por até seis meses. No final dos anos 1970, vários produtores ficaram ricos quase da noite para o dia. Desde 1998, a variedade Zespri Gold, de carne amarelada, divide as prateleiras com a tradicional variedade verde-esmeralda.

Quiuís de Te Puke

Kiwi360
26 Young Rd. ***Tel*** *(07) 573 6340.*
diariam. *25 dez.*
obrigatório.
www.kiwifruitcountry.co.nz

Longridge Park
The Junction, Paengaroa, Te Puke. ***Tel*** *0800 867 386.* *diariam.* *25 dez.* *passeios.* *obrigatório.*

Pesca na foz do Whakatane River

Whakatane ㉒

Mapa rodoviário F3. 17.000. *Esq das ruas Quay e Kakahoroa Dr, (07) 308 6058.* **www**.whakatane.com

Situada no coração da costa leste de Bay of Plenty, Whakatane é um dos locais mais ensolarados da Nova Zelândia. A cidade dispõe de mais de 2.500 horas de sol por ano, o que faz dela um local ideal para atividades marítimas, entre as quais estão pescar e ver e nadar com golfinhos. A Whales and Dolphin Watch NZ leva os turistas em um passeio por Bay of Plenty para observar os animais.

O **Whakatane District Museum and Gallery** mostra como era a vida dos maoris e dos colonizadores europeus. Ele exibe a história ilustrada do distrito, além de artefatos maoris.

Há várias trilhas excelentes no local. Uma delas, Nga Tapuwae O Toi Walkway, proporciona uma linda vista do oceano e das árvores *pohutukawa*. O acesso ao percurso, que demora sete horas, é feito pela Seaview Road. O primeiro marco é Kapu te Rangi ("crista do céu"), que tem algumas das trincheiras mais antigas do país.

Whakatane District Museum and Gallery
11 Boon St. ***Tel*** *(07) 307 9805.*
ter-sex. doações.
www.whakatanemuseum.org.nz

Arredores

Whale Island, 10km ao norte da entrada do porto, é um refúgio de vida selvagem. Entre o Natal e o Ano-Novo, a guarda costeira de Whakatane organiza excursões até lá. As reservas podem ser feitas no centro de informação turística da cidade.

A leste de Whakatane, a idílica **Ohope Beach** se estende por 12km, de Otarawairere até a entrada do Ohiwa Harbour. O porto é uma importante fonte de peixes.

White Island ㉓

Mapa rodoviário F2. *50km de Whakatane.*

Vulcão mais ativo da Nova Zelândia, White Island fica na extremidade norte da linha de falha vulcânica Taupo–Rotorua *(págs. 64-5)*. Ela pode ser alcançada de barco ou helicóptero, ou simplesmente ser avistada do alto.

O terreno da ilha é semelhante ao da Lua ou de Marte, e muitos turistas a consideram uma das melhores atrações do país. A exploração de enxofre na ilha foi até 1914, quando uma erupção noturna matou todos os mineiros.

Uma colônia de aves estabelecida na ilha não sofre os efeitos da precipitação de cinzas vulcânicas. O local é excelente para mergulho.

Equipamento para a mineração do enxofre, em White Island

Ohope Beach, a melhor para o surfe em Whakatane

Opotiki ㉔

Mapa rodoviário F3. 4.150. *Esq das ruas St John e Elliott, (07) 315 3031.* **www**.bayofplenty.co.nz

Situada na confluência dos rios Waioeka e Otara, Opotiki é a porta de entrada de East Cape e a última cidade importante até Gisborne. Em 1865, em Opotiki, o reverendo Carl Sylvius Völkner foi enforcado e decapitado pelos maoris, que achavam que ele informara ao governador George Grey *(pág. 76)* seus movimentos e suas fortificações. A igreja anglicana Hiona St Stephen, onde o incidente aconteceu, fica na extremidade norte da área comercial da Church Street. Nessa rua fica o **Opotiki Heritage and Agricultural Society Museum**, que tem muitos artefatos dos antigos colonizadores.

A reserva Hukutaia Domain, aonde se pode chegar a partir da ponta oeste da Waioeka Bridge, na Woodlands Road, abriga mais de 2 mil espécies nativas de árvores, inclusive uma *puriri* oca *(Vitex lucens)* de 2 mil anos, na qual os ossos de maoris eminentes foram um dia sepultados.

Opotiki Heritage and Agricultural Society Museum
123 Church St. ***Tel*** *(07) 315 5193.*
diariam. Sexta-feira Santa, 25 dez.

Migração e Colonização Maori

Muriwai's Cave

Segundo a lenda, três canoas migratórias oriundas de Hawaiki atracaram na parte leste de Bay of Plenty, no século 14 *(pág. 45)*: a Mataatua em Whakatane; a Arawa e a Tainui em Whangaparaoa Bay, a leste de East Cape. Muriwai's Cave, em Whakatane, é testemunha da chegada de Muriwai a Mataatua: acredita-se que ela tivesse poderes sobrenaturais e vivesse como ermitã dentro da caverna. O clima ameno e a comida abundante estimularam os maoris a se estabelecer no litoral. Eles ainda representam uma grande parcela da população de Bay of Plenty, e suas casas de culto, importantes espiritualmente e como centros de decisão, estão espalhadas pelo interior.

ARTE E CULTURA MAORI

As casas de culto e outras obras de arte maoris vistas em todo o litoral refletem a história desse povo, sua crença nos deuses e nos espíritos dos ancestrais e sua estrutura social hierárquica. A cultura maori é fortemente influenciada pela madeira. A madeira era trabalhada por razões econômicas, sociais e religiosas, e embelezada com símbolos e motivos *(págs. 30-1)*.

As casas de culto, *como Tukaki, em Te Kaha, em geral simbolizam um ancestral masculino da tribo. A cabeça dele é representada pela máscara abaixo da estátua, enquanto as tábuas da empena representam seus braços.*

Elementos da arte maori *foram incorporados às igrejas cristãs, como os intricados painéis trançados e as paredes de madeira entalhada da St Mary's Church, em Tititiki.*

A ***haka***, *uma dança vigorosa executada pelos guerreiros para fortalecer a decisão de ir à luta, é ensinada nas escolas em toda a costa.*

Este portal entalhado *guarda a entrada do Omaio Marae costeiro.*

Esta peça impressionante, *localizada na rua principal de Opotiki, testemunha o renascimento das tradições e da arte maoris nos anos 1980 e 1990.*

Passeio por East Cape ㉕

Flor da *pohutukawa*

Contornando os montes da península de East Cape, este trecho da Pacific Coast Highway oferece uma paisagem excepcional. Do nordeste de Opotiki a East Cape, a estrada corre pelo litoral rochoso e repleto de árvores *pohutukawa*. A segunda parte do percurso se dá em direção a Gisborne, ao sul, pelo interior. Estradas secundárias dão acesso ao litoral. A maioria das praias é boa para nadar, pescar e mergulhar. Também é possível andar de lancha, cavalgar e caminhar. *Maraes* e igrejas maoris são comuns neste percurso.

Te Araroa Pohutukawa ③
Em Te Araroa cresce a Te Waha-o-Rerekohu ("a boca de Rerekohu"), tida como a maior *pohutukawa* do país. Ela tem 22 troncos.

Raukokore Church ②
Construída em 1894, esta pequena igreja anglicana, com seu telhado característico, é uma sentinela solitária entre a estrada e o mar.

Motu River ① O Motu River, cercado por colinas íngremes e florestas, é um ótimo local para o rafting e os passeios de lancha. Sua foz é muito boa para a pesca.

Tolaga Bay ⑧
Local do mais extenso ancoradouro da Nova Zelândia, Tolaga Bay é ótima para nadar e pescar. Uma trilha de 5 km leva a Cooks Cove e a um fascinante arco de pedra.

Tokomaru Bay ⑦
Esta bela baía, ladeada por penhascos, é popular entre nadadores e surfistas. Antigas construções abrigam pescadores de pitu e artesãos.

Para hotéis e restaurantes nesta região, veja págs. 302-7 e págs. 330-4

DICAS

Extensão do percurso: *334km*
Paradas: *o mirante de Maraenui Hill, a 36km de Opotiki, oferece uma vista espetacular. As cidades no percurso são pequenas, mas a maioria tem comida e acomodações. Para subir o Mount Hikurangi é preciso obter uma autorização no Ngati Porou Outdoor Pursuits, Gisborne (06) 876 9960. Passeios de lancha no Motu River podem ser reservados no centro de informação turística de Opotiki* (pág. 130).

East Cape Lighthouse ④
Uma estrada de cascalho ao longo de um belo trecho do litoral leva ao farol mais oriental da Nova Zelândia. A vista do farol compensa subir seus 700 degraus.

Tikitiki's St Mary's Church ⑤
Construída em 1924 para celebrar os soldados maoris mortos em serviço na Primeira Guerra, St Mary's Church, em Tikitiki, é uma das mais adornadas do país *(pág. 131)*.

Mount Hikurangi ⑥
É o primeiro local do interior do país a ver o sol todos os dias. O Mount Hikurangi é sagrado para os maoris, e é preciso autorização para escalá-lo.

LEGENDA

- Percurso do passeio
- Outras estradas
- Rio
- Vista panorâmica

Casa do leme do *Star of Canada*, Gisborne Museum and Arts Centre

Te Urewera National Park ㉖

Mapa rodoviário F3.
Aniwaniwa Visitor Centre, State Highway 38, Wairoa, (06) 837 3803. **www**.doc.govt.nz

Este é o quarto maior parque nacional da Nova zelândia e o maior trecho de floresta nativa intocada da Ilha Norte. Durante séculos essa vegetação densa protegeu o industrioso e alegre povo *tuhoe*. No centro do Te Urewera fica o Lake Waikaremoana ("lago das águas ondulantes"), que tem 243m de profundidade e foi formado 2.200 anos atrás por uma avalanche. São necessários de três a quatro dias para dar uma volta na trilha de 46km que contorna o lago. Reservas no Aniwaniwa Visitor Centre. Há também lindas trilhas menores no parque saindo da estrada principal.

Gisborne ㉗

Mapa rodoviário F3.
35.000. *4 km NO.*
209 Grey St, (06) 868 6139.
Festival de vinho e comida (última semana out). **www**.gisbornenz.com

Gisborne é famosa pelos verões quentes, pela agricultura, pelas praias de Midway, Wainui e Makorori e por sua história. Em Kaiti Hill, uma reserva e um monumento foram batizados em homenagem ao capitão James Cook, que atracou pela primeira vez no país em Kaiti Beach, Gisborne *(pág. 48)*, em 9 de outubro de 1769.

O **Gisborne Museum and Arts Centre** tem artefatos europeus e maoris e um grande acervo fotográfico. Às margens do Taruheru River, mas dentro do complexo do museu, fica uma casa do leme resgatada do *Star of Canada*, que afundou em 1912. As estátuas do capitão Cook e do jovem Nick, na foz do Turanganui River, celebram o taifeiro Nicholas Young, primeiro tripulante do *Endeavour* a avistar a Nova Zelândia.

Tairawhiti Museum
Kelvin Park, Stout St. ***Tel*** *(06) 867 3832.* *diariam.* *Sexta-feira Santa, 25 dez.* *exceto* Star of Canada. **www**.tairawhitimuseum.org.nz

Arredores

O Eastwoodhill Arboretum, 35km a oeste de Gisborne, contém uma coleção de árvores e arbustos mundialmente famosa.

Localizada em meio à vegetação e a grande quantidade de pássaros, **Morere Hot Springs**, 60km ao sul de Gisborne, tem piscinas de águas frias e quentes, além de trilhas para caminhada.

Eastwoodhill Arboretum
2392 Wharekopae Rd. ***Tel*** *8639003.* *diariam.* *Sexta-feira Santa, 25 dez.* *marcar hora.*

Morere Hot Springs
State Highway 2. ***Tel*** *(06) 837 8856.* *diariam.*

Árvores altas no Eastwoodhill Arboretum, Gisborne

Rotorua ㉘

Situada na margem sul de um lago com o mesmo nome, Rotorua é o destino turístico mais popular da Ilha Norte. Apesar do cheiro de ovo podre oriundo do sulfeto de hidrogênio que emana dos incontáveis buracos e fissuras no solo, o passeio até lá vale pela atividade termal, pelas piscinas de água mineral, pelos lagos, pelos rios e pelas fontes de água cristalina. Rotorua é também um importante centro de todas as manifestações artísticas e culturais do maoris e proporciona muita diversão aos visitantes.

Government Gardens e Rotorua Museum of Art and History

Government Gardens

Queens Drive.

Este jardim formal fica em frente do Rotorua Museum of Art and History, que está instalado em um edifício em estilo Tudor. Ele compreende campos de croqué e de boliche bem aparados e canteiros de flores salpicados de piscinas de águas termais. O Arawa Soldiers' Memorial, de 1927, ao norte do museu, simboliza a história do contato entre os *pakeha* e as tribos locais. Em sua base fica a canoa Arawa, que remonta às origens do povo *te arawa* de Rotorua.

Rotorua Museum of Art and History

Government Gardens, Queens Drive. **Tel** *(07) 349 4350.* *diariam.* *25 dez.* *térreo.*

www.rotoruamuseum.co.nz

O museu de Rotorua dispõe de muitos artefatos maoris. Ele está instalado num edifício magnífico, que, em 1908, foi inaugurado como Great Spa do Pacífico Sul. Entre as peças expostas estão as empenas da casa de culto Houmaitawhiti, entalhadas em 1860; uma paliçada do povoado maori de Ohinemutu e uma figura feminina de pedra-pomes, Pani, uma deusa *kumara* em trabalho de parto (a maioria dos deuses maoris da fertilidade é de homens).

A história do edifício em si é exibida na seção "Taking the Cure", uma parte da construção restaurada de acordo com as características originais. História, mitologia e geologia se mesclam num filme de 15 minutos sobre a atividade termal de Rotorua e a história maori. O filme também mostra a reconstituição de uma erupção vulcânica.

The Blue Baths

Queens Drive. **Tel** *(07) 350 2119.* *diariam.* *25 dez.*

Estas piscinas aquecidas dos anos 1930 começaram a oferecer banhos mistos, na época uma novidade. Instaladas em edifício no estilo missão espanhol, já foram o símbolo do desejo do país de se tornar o principal local de banhos do Império Britânico. Um museu documenta a história ligada à construção e à utilização dos banhos.

Polynesian Spa

Hinemoa St. **Tel** *(07) 348 1328.* *diariam.*

www.polynesianspa.co.nz

Pessoas de todo o mundo visitam as águas minerais do Polynesian Spa, cuja temperatura varia de 33°C a 43°C. Águas com rádio, ácidas, brotam das fontes subterrâneas, ao passo que as águas alcalinas são bombeadas para lá de outra localidade. Os adultos têm acesso a uma piscina mineral que dá para uma imensa piscina aquecida de água doce, com uma parte mais rasa para as crianças. Nas piscinas privativas pode-se regular a temperatura da água. Os hóspedes contam ainda com massagem com jatos de água.

BALNEÁRIO

"O aleijado joga fora as muletas e os portadores de gota recobram a saúde", dizia um relatório do governo em 1903, referindo-se às águas minerais de Rotorua. Duas águas minerais foram utilizadas em sucessivos *spas* nos séculos 19 e 20, sendo Bath House, inaugurado em 1908, o maior. Essas águas eram consideradas "estimulantes e tônicas". Hoje o QE Health, situado às margens do Lake Rotorua, usa águas minerais quentes para aliviar a dor, relaxar os músculos e estimular o movimento das articulações.

Piscina de água mineral no Polynesian Spa

Igreja anglicana St Faith's

St Faith's Anglican Church

Ohinemutu. *diariam.* *9h dom; 10h qua.*

Construída em 1910 em estilo Tudor, a igreja St Faith's foi a segunda a surgir em Ohinemutu, uma aldeia maori às margens do lago em cujo entorno a cidade de Rotorua cresceu. Um vitral na capela situada no fim da igreja retrata Cristo vestido com um *korowai* (o manto do chefe), aparentemente andando nas águas do lago. O interior da igreja é ricamente adornado com entalhes, painéis de madeira e volutas maoris. Ao lado da igreja há vários túmulos de interesse, como o de Seymour Mills Spencer (1810-98), que pregou na área durante 50 anos, e o do capitão Gilbert Mair (1843-1923), da Coluna Móvel de Arawa, um grupo de guerrilha maori que lutou contra o Exército Britânico nas guerras do século 19.

Entalhe em Tamatekapua

Tamatekapua

Ohinemutu.

A magnífica casa de culto Tamatekapua, construída em 1873, é o principal ponto de encontro da tribo *arawa*. Situada em frente à igreja St Faith's, recebeu o nome de uma antiga casa da Mokoia Island e do capitão da canoa Arawa durante a imigração. A figura na base do pilar central é Ngatoroirangi, o navegador da canoa, que, segundo a lenda, levou a atividade termal para a região.

Kuirau Park

Kuirau Rd.

No Kuirau Park há várias piscinas de lama fumegante e pequenos gêiseres, piscinas termais gratuitas, áreas para piquenique, jardins bem cuidados, parquinho para crianças, lago aquecido e outras atrações.

Os visitantes também dispõem de um jardim de flores perfumadas.

PREPARE-SE

Mapa rodoviário E3.
68.000. *State Highway 30, 10km NO.*
1167 Fenton St, (07) 348 5179. *8h-18h diariam.*
25 dez. *Bienal de Arte de Rotorua (jan/fev, anos ímpares); Caminhada Internacional de Dois Dias da Nova Zelândia (mar); Maratona de Rotorua (mai);*
www.rotoruanz.com

CENTRO DA CIDADE DE ROTORUA

The Blue Baths ③
Government Gardens ①
Kuirau Park ⑦
Polynesian Spa ④
Rotorua Museum of Art and History ②
St Faith's Anglican Church ⑤
Tamatekapua ⑥

Legenda dos símbolos no final do guia

Grande Rotorua

Figura maori da aldeia Tamaki

Algumas das melhores atrações de Rotorua ficam fora do centro da cidade, em torno do Lake Rotorua e de outros 15 magníficos lagos margeados por bosques que formam o distrito Rotorua Lakes. Além dos lagos, há ali diversas atrações geotermais, nascentes, regatos cristalinos repletos de trutas e florestas nativas intocadas. Os rios e os lagos são famosos pelas trutas e formam um lindo cenário para passeios de barco, camping e caminhadas. Quem gosta de aventura pode fazer passeios em veículos 4x4 ou cavalgar em florestas remotas. Os turistas também podem apreciar a cultura maori.

Vista do Lake Rotorua e da Mokoia Island a partir do Mount Ngongotaha

Lake Rotorua

Este lago quase circular é o maior em torno de Rotorua e muito procurado para a pesca, para a prática do windsurfe e para passeios de caiaque. Os turistas podem andar de barco, de lancha ou de jet ski. Mokoia Island, no centro do lago, é famosa pela história de amor de Hinemoa, que desafiou a família e nadou até a ilha, à noite, para ficar com o jovem chefe Tutanekai, que tocava uma flauta para guiá-la. A ilha tem muitas aves nativas e oferece 4km de trilhas para caminhada, além de uma piscina termal.

Skyline Skyrides

Fairy Springs Rd. ***Tel*** *(07) 347 0027.*
diariam.
www.skylineskyrides.co.nz

O Mount Ngongotaha eleva-se 778m acima da cidade e do lago. O mirante Skyline, a 487m de altitude, é acessível por gôndola; dali é possível desfrutar vistas esplêndidas da cidade, dos lagos e do campo. Um jeito emocionante de descer a montanha é pelo *luge* (um trenó pequeno, com rodas). Há uma pista panorâmica de 2km que agrada à maioria e duas pistas menores e mais íngremes. Um sistema de teleférico leva os turistas de volta ao início.

Rainbow Springs

Fairy Springs Rd. ***Tel*** *(07) 347 9301.*
diariam.
www.rainbownz.co.nz

Quem visita o parque pode alimentar algumas de milhares de trutas nos regatos de água cristalina e nas piscinas margeadas por samambaias e ver tuataras, quivis e outras aves em um grande aviário. Rainbow Springs também conta com o Kiwi Encounter, uma atração que combina história natural com preservação de espécies selvagens. Os funcionários incubam e criam filhotes de quivis que nascem dos ovos trazidos da selva. Quando atingem o peso máximo, eles são devolvidos à natureza. Na Rainbow Farm, os turistas aprendem sobre a agricultura do país e participam de atividades como dar mamadeira a um cordeiro e tirar leite de uma vaca.

Turistas olham as trutas no parque Rainbow Springs

Agrodome Agricultural Theme Park

Western Rd, Ngongotaha. ***Tel*** *(07) 357 1050.* *diariam.*
www.agrodome.co.nz

Fundado em 1972, este negócio familiar oferece várias atividades agrárias e de aventura. Há três apresentações diárias de ovinos, nas quais os reprodutores campeões sobem ao palco, as ovelhas são tosquiadas e cães pastores demonstram suas habilidades. Os turistas podem passear pela fazenda, alimentar e manusear os animais. A loja de suvenires é especializada em roupas de lã e tapetes de pele

Apresentação de ovelhas no Agrodome Agricultural Theme Park

de ovelha. Entre as atividades de aventura estão o *bungee-jump*, passeios de lancha e o *zorbing* (rolar morro abaixo dentro de uma bola de plástico.

Hell's Gate

State Highway 33. **Tel** *(07) 345 3151.* *diariam.*
www.hellsgaterotorua.co.nz
Situado a 16km de Rotorua, em Tikitere, Hell's Gate é famoso pela violência de sua atividade vulcânica. Quando a névoa espectral se abre, surge um vale termal selvagem e espetacular que inclui Kakahi Falls, a maior cachoeira quente do hemisfério sul, e o maior sorvedouro fervente do país, Sulphur Bath, outro caldeirão com poderes de curar cortes, picadas e doenças de pele. A área é bem sinalizada, tem boas trilhas e barreiras. O Wai Ora Spa oferece a massagem maori tradicional.

Whakarewarewa Forest Park

Na saída da State Highway 5.
Esta floresta de 40 km^2 adjacente à região termal de Whakarewarewa *(págs. 138-9)* contém majestosos

Cavalgada no Whakarewarewa Forest Park

bosques de sequóias, abetos e outras árvores. Os passeios podem levar de meia hora até o dia todo. Há também trilhas para bicicletas e cavalos, uma trilha para observar a natureza e área para piquenique.

Tamaki Maori Village

State Highway 5. **Tel** *(07) 346 2823.* *diariam.* *25 dez.*
Nesta réplica de uma aldeia maori anterior à colonização européia, os turistas são apresentados aos costumes e às

"Guerreiro" maori recebe os turistas na Tamaki Maori Village

tradições desse povo. Experimentar um *hangi*, seleção de alimentos cozidos em pedras quentes, num autêntico forno de barro, faz parte da aventura. É possível arrumar acomodação para a noite, durante a qual os turistas ouvem os mitos e as lendas maoris. Há oficinas de entalhe, teatro, culinária e fabricação de armas.

Blue and Green Lakes

Tarawera Rd.
Os deslumbrantes Blue and Green Lakes (Tikitapu e Rotokakahi) ficam a 11km de Rotorua. O istmo estreito que separa os dois lagos é um bom posto de observação para comparar sua cor. O Rotokakahi Lake é sagrado para os maoris e inacessível, mas o Tikitapu Lake é cenário de muitas atividades no verão neozelandês.

Buried Village

Tarawera Rd. **Tel** *(07) 362 8287.* *diariam.* *25 dez.*
www.buriedvillage.co.nz
Os restos da aldeia Te Wairoa, que foi devastada pela erupção do Mount Tarawera em 1886, ficam a 15 minutos de carro de Rotorua e a 2,5km do Lake Tarawera. Um passeio pelas pastagens leva a vários sítios de escavação, e um museu interativo explica a erupção. Para chegar à cachoeira Te Wairoa, é preciso fazer uma caminhada pelo mato.

A ERUPÇÃO DO TARAWERA

Na manhã de 10 de junho de 1886, meses de estrondos subterrâneos culminaram com a erupção do Mount Tarawera, que deixou uma cratera profunda no local *(págs. 64-5)*. A explosão durou três horas, abriu uma cratera de 17km e matou 153 pessoas. Rochas incandescentes e pedaços solificados de lava foram arremessados a 14km de distância, e as aldeias Te Ariki, Te Wairoa e Moura foram soterradas por 20m de lama. O barulho da explosão foi ouvido em Christchurch e Auckland. Os famosos Pink and White Terraces, de sílica maciça, conhecidos como a oitava maravilha do mundo, foram totalmente encobertos. O centro de informação turística de Rotorua *(pág. 135)* informa sobre passeios guiados até a cratera em veículos 4x4 e sobre vôos panorâmicos.

Pintura de Charles Blomfield mostra os Pink Terraces por volta de 1890

Área Termal de Whakarewarewa

Entalhe maori

A região geotermal ao sul de Rotorua, usualmente chamada de Whaka, compreende duas áreas distintas –Te Puia, antes conhecida como Instituto de Artes e Ofícios Maoris da Nova Zelândia, e Whakarewarewa Thermal Village. Entre as atrações de Te Puia estão os entalhes e a cestaria maoris, espetáculos tradicionais, exemplos de edifícios e fortificações maoris e os gêiseres Pohutu e Prince of Wales Feathers. Na aldeia termal, os turistas podem ver a casa de culto, as piscinas dos banhos e um cemitério. Nos dois locais, guias desvendam aos visitantes os mistérios da vida maori.

★ Casa de culto Te Aronui-a-Rua
Os turistas são recepcionados com um "desafio" maori na casa de culto de Te Puia.

★ Carving School
Técnicas de entalhe ancestrais são ensinadas aos jovens na escola de entalhe.

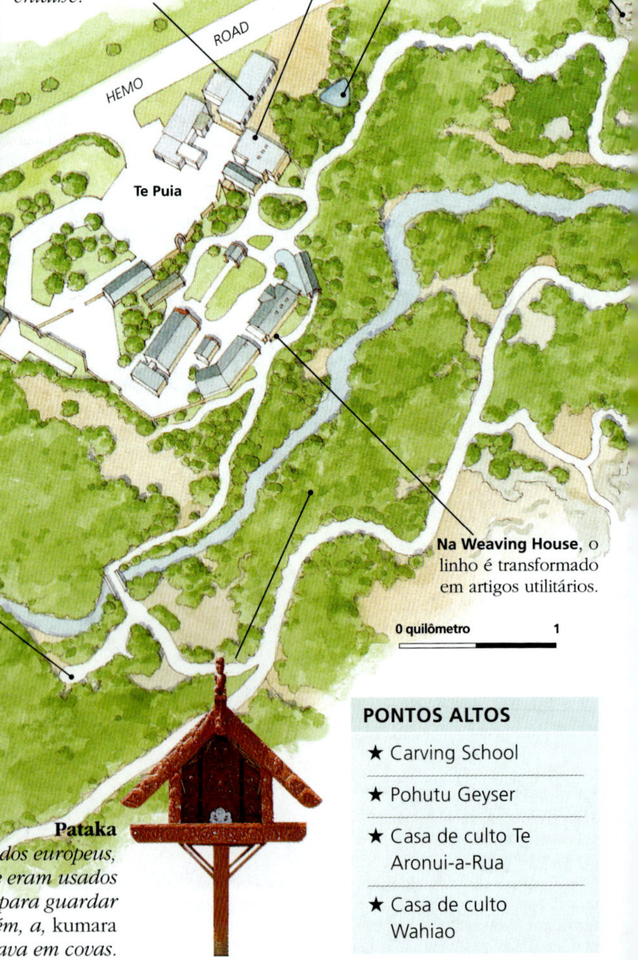

Na Weaving House, o linho é transformado em artigos utilitários.

Pataka
Antes da chegada dos europeus, depósitos como este eram usados pelos maoris para guardar comida. Porém, a, kumara *(batata-doce), ficava em covas.*

PONTOS ALTOS

- ★ Carving School
- ★ Pohutu Geyser
- ★ Casa de culto Te Aronui-a-Rua
- ★ Casa de culto Wahiao

Para hotéis e restaurantes nesta região, veja págs. 302-7 e págs. 330-4

★ Pohutu Geyser
Pohutu ("Grande Borrifo") é o maior gêiser e funciona de dez a 25 vezes por dia, com jatos de até 30m de altura, dependendo da força e da direção do vento.

PREPARE-SE

Te Puia Hemo Rd. ***Tel*** *(07) 348 9047.* *8h-18h diariam (17h inverno).* *Show cultural, 12h15 diariam. e 18h30 no verão.* **www**.nzmaori.co.nz
Whakarewarewa Thermal Village 34 Tryon St. ***Tel*** *0800 924 428.* *8h30-17h diariam.* *25 Dec.* **www**.whakarewarewa.com *Show cultural, 11h15 e 14h.*

No Puarenga Stream, as crianças pulam da ponte atrás das moedas jogadas pelos turistas.

Prince of Wales Feathers Geyser

★ Casa de culto Wahiao
Turistas, inclusive crianças, juntam-se a uma apresentação em frente à casa de culto.

Whakarewarewa Thermal Village

O Geyser Flat, um terraço de sílica de 1km², possui mais de 500 pontos termais, inclusive sete gêiseres.

Cemitério acima do solo
Em Whakarewarewa, os mortos são enterrados em câmaras acima do solo para que não toquem a terra fumegante.

Brainpot, uma bacia simétrica de sílica, teria sido usada para cozinhar a cabeça dos inimigos mortos.

ATIVIDADE VULCÂNICA

Em Whakarewarewa, a atividade vulcânica é uma lembrança de como a Terra ainda está mudando e como os gases e o calor abaixo da superfície podem irromper de forma espetacular e muitas vezes perigosa. Aqui, o vapor superquente escapa de uma câmara de água fervente através de orifícios estreitos e forma jatos altos. Piscinas de lama fervem e sobem, enquanto gases e água quente tentam escapar pela superfície. Por fim, vapor e gases são lançados em piscinas quentes ao lado de depósitos de sílica.

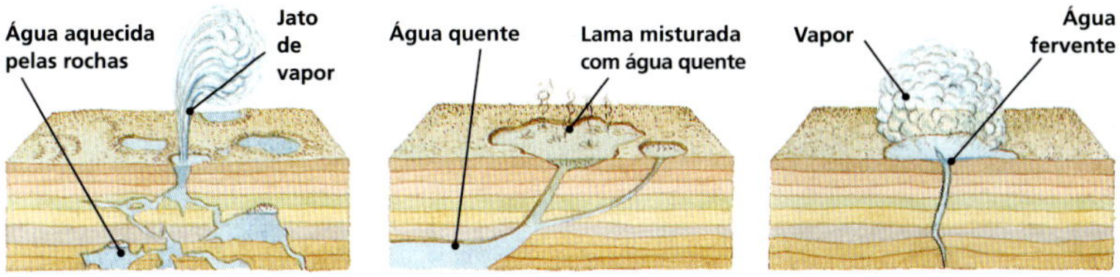

Gêiser · Piscina de lama · Fumarola

Waimangu Volcanic Valley ㉙

Mapa rodoviário E3. ***Tel*** *(07) 366 6137.* *diariam.* *ponto de ônibus e passeio de barco (assistido).* **www**.waimangu.com

Criado em 20 de junho de 1886, após a erupção do Mount Tarawera *(pág. 137)*, o vale vulcânico de Waimangu é o único sistema hidrotermal do mundo formado após a pré-história. Ali se pode realizar uma caminhada de 90 minutos por uma sucessão de atrações geotermais na extremidade sul da cratera de 17km formada pela erupção.

Os 38 mil km^2 do Frying Pan Lake, tido como o maior manancial de água quente do mundo, lançam vapor sobre toda a área e têm ao fundo as Cathedral Rocks. O lago foi formado após uma erupção em 1917, quando um hotel foi soterrado.

A água azul-clara e o delicado terraço de argila e sílica da Inferno Crater são imperdíveis, apesar de exigirem um pequeno desvio do percurso principal. A água chega a 80°C e sobe e desce 8m a cada ciclo de 38 dias.

No fim do percurso fica o Lake Rotomahana, que cobriu o que restou dos Pink and White Terraces *(pág. 137)*. Do outro lado da água ergue-se o Mount Tarawera. Uma excursão de barco mostra as margens repletas de crateras, fumarolas e gêiseres. Plantas incomuns sobrevivem no entorno do lago. É preciso reservar duas ou três horas para a caminhada pelo vale vulcânico e para o passeio de barco.

Inferno Crater, no Waimangu Volcanic Valley

Champagne Pool, na Waiotapu Thermal Wonderland

Waiotapu Thermal Wonderland ㉚

Mapa rodoviário E3. ***Tel*** *(07) 366 6333.* *diariam.* *área princ.* **www**.geyserland.co.nz

Esta é a mais colorida e diversificada área geotermal do país. Fica ali o confiável Lady Knox Geyser, assim batizado em 1904 em homenagem à filha do governador-geral, lorde Ranfurly. O gêiser lança jatos de água e vapor a 21m de altura todos os dias, às 10h15.

Outras boas atrações são a Artist's Palette, um conjunto de piscinas de água quente e fria, piscinas de lama fumegante e fumarolas de cores variadas, e a Champagne Pool, com sua borda petrificada. Os Primrose Terraces também são uma formação delicada. A caminhada pela área geotermal, feita em passeios de tábua e trilhas bem sinalizadas, demora de 30 a 75 minutos.

Orakei Korako Geyserland ㉛

Mapa rodoviário E3. ***Tel*** *(07) 378 3131.* *diariam.* *(inclui passeio de barco).* **www**. orakeikorako.co.nz

Orakei Korako, o "vale escondido", fica na extremidade sul do Lake Ohakuri e é alimentado pelo Waikato River. Para chegar às atrações termais do vale é preciso atravessar o lago de barco até o Emerald Terrace, o maior terraço do gênero em todo o país. Além dele fica uma trilha para caminhada de 60 minutos que compreende um gêiser, mais terraços de sílica, fontes aquecidas, uma caverna e piscinas de lama. Uma cabana na margem do lago oferece acomodação.

Passeio de barco nas corredeiras do Waikato River

Wairakei Park ㉜

Mapa rodoviário E3.

A área conhecida como Wairakei Park fica 10km ao norte de Taupo. As Huka Falls são sua principal atração: o Waikato River é canalizado para uma queda de 11m antes de atingir um piscina de espuma lá embaixo. Pelo rio, a partir de Taupo, o acesso à cachoeira é feito de lancha ou por meio de um barco movido a rodas fabricado em 1908. Uma trilha de 7km pelo lado direito do rio leva às

Aratiatia Rapids, corredeira à qual também é possível chegar pela estrada. As comportas da represa acima da corredeira são abertas várias vezes ao dia para a passagem de caiaques e lanchas.

Nas **Craters of the Moon**, localizadas no fim da Karapiti Road, 2 km ao sul de Wairakei, crateras fumegantes e poços de lama fervente podem ser vistos por entre a vegetação.

O único viveiro de camarões da Nova Zelândia, situado na saída da Huka Falls Road, usa água geotermal na criação dos camarões gigantes que serve no Prawn Farm Restaurant *(pág. 332)*. Os passeios à fazenda acontecem de hora em hora.

Taupo 33

Mapa rodoviário E3. *21.300.* *8km S* *Gascoigne St Travel Centre.* ***Tel*** *(07) 376 0027.* *30 Tongariro St, (07) 376 0027.* *Lake Taupo International Fishing Tournament (fim abr).* **www**.laketauponz.com

A cidade de Taupo fica na extremidade nordeste do Lake Taupo, o maior lago da Nova Zelândia, formado por uma explosão vulcânica em 186 d.C. *(págs. 64-5)*. Praias de pedras brancas e enseadas rochosas circundam os 619km² do lago. Nos dias claros, os distantes vulcões Tongariro e Ngauruhoe e o pico nevado do Mount Ruapehu proporcionam um espetacular pano de fundo para o lago.

Taupo é o centro de serviços das fazendas e da importante indústria turística que operam na região. A cidade atrai turistas o ano todo, que a procuram por causa da ótima pesca nos rios e lagos, dos esportes aquáticos e das atrações geotermais. Há muitas opções de acomodação na cidade, grande parte com vista para o lago, bons restaurantes e boas lojas. Muitos hotéis oferecem piscinas aquecidas.

Os turistas têm à sua disposição uma variedade de atividades ao ar livre, como bungy jumping, passeios de barco e de jangada, cavalgadas, skydiving e golfe.

O bungy jumping, situado acima do Waikato River, na saída da Spa Road, é muito popular. Detalhes sobre as agências que oferecem esta e outras atividades ao ar livre podem ser obtidos especificamente no centro de informação de Taupo.

Turangi 34

Mapa rodoviário E3. *5.500.* *Ngawaka Place, (07) 386 8999.*

Localizada na extremidade sudeste do Lake Taupo, às margens do Tongariro River, Turangi era um pequeno refúgio de pescadores. Em 1964 foi urbanizada para receber os funcionários da Tongariro Hydro-Electricity Scheme, mas ainda é um balneário de pesca excelente e um popular ponto de apoio para mochileiros e outros adeptos de esportes radicais.

Ao sul de Turangi está o **Tongariro National Trout Centre**, incubadora e centro de pesquisa. Ovas de truta são ali fertilizadas com o objetivo de gerar espécimes para pesquisa e para a liberação em outras áreas. Um passeio de 15 minutos leva os turistas à incubadora e a uma câmara subterrânea de onde as trutas são observadas em seu ambiente natural.

Homem apara pinheiros num bosque perto de Turangi

Tongariro Trout Centre
State Highway 1. ***Tel*** *(07) 386 8607.* *10h-15h diariam.* *1º jan, 25 dez.*

PARAÍSO DA TRUTA

O internacionalmente famoso Lake Taupo e seus lagos adjacentes –Kuratau, Hinemaia, Rotoaira e Otamangaka– são alimentados por numerosos rios e regatos cheios de trutas. É comum ver pescadores lado a lado na foz do Waitahanui River, formando uma espécie de "paliçada". A pesca com linha de dentro dos barcos ou das margens dá bons resultados entre novembro e março, quando as trutas se alimentam dos esperlanos que desovam perto da terra. No fim do verão, as trutas se juntam ao anoitecer no ponto em que os rios deságuam no lago. A pesca nos rios é melhor entre os meses de maio e outubro. No Taupo Fishing District é necessário obter uma licença de pesca nas lojas de equipamento esportivo ou nos centros de informação turística.

Pesca na foz do Waitahanui River

Tongariro National Park ㉟

Busto de Tukino Te Heuheu IV

Os 7.600km² do magnífico Tongariro National Park se estendem na extremidade sul do Lake Taupo. Em 1887 os três vulcões ativos que formam seu núcleo, Ruapehu, Ngauruhoe e Tongariro *(págs. 64-5)*, foram doados ao governo por Tukino Te Heuheu IV, um chefe da tribo *ngati tuwharetoa*. Tongariro dispõe de várias estradas de acesso. É um parque de diversões de inverno para esquiadores e praticantes de snowboard e uma área de caminhada e alpinismo que pode ser frequentada o ano todo. O parque foi o primeiro do mundo a obter o título de patrimônio da humanidade, tanto pela beleza natural (1990) quanto por seu valor histórico (1993).

★ Whakapapa Skifield
Melhor estação de esqui da Nova Zelândia, Whakapapa tem um teleférico sofisticado e mais de 30 pistas de esqui e snowboard para todos os níveis

Bayview Chateau Tongariro
Este hotel de luxo, construído em 1929 no sopé do Mount Ruapehu, oferece vistas espetaculares da montanha e do vale (pág. 306).

★ Mount Ruapehu
No verão os turistas podem subir até a cratera do Mount Ruapehu, o pico mais alto da Ilha Norte, a partir do teleférico de Whakapapa.

Round the Mountain
Trata-se de uma caminhada de quatro a cinco dias pelo Ruapehu. Para quem busca solidão e vistas magníficas da montanha.

O mountain biking é proibido no parque, mas permitido na Rangataua Forest, uma área de preservação.

Turoa Ski Resort é uma estação de esqui famosa pelas pistas longas e pelas quedas verticais.

0 quilômetros 5

LEGENDA

- Rodovia estadual
- Estrada secundária
- Rio
- Pista para veículos 4x4
- Percurso para caminhada
- Fronteira do parque
- Área restrita
- Informação turística
- Área de camping
- Área de piquenique
- Esqui

PONTOS ALTOS

- ★ Emerald Lakes
- ★ Mount Ruapehu
- ★ Whakapapa Skifield

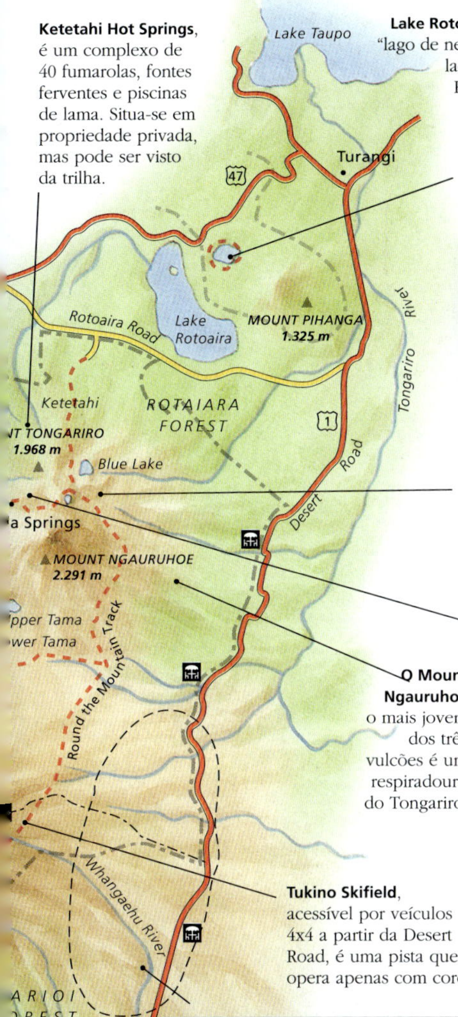

Ketetahi Hot Springs, é um complexo de 40 fumarolas, fontes ferventes e piscinas de lama. Situa-se em propriedade privada, mas pode ser visto da trilha.

Lake Rotopounamu, o "lago de nefrita", fica ao lado do Mount Pihanga, a 20 minutos a pé da State Highway 47.

PREPARE-SE

Mapa rodoviário E3. *Parque nacional.* *National Park Store, Carroll St.* **Ohakune** *54 Clyde St, (06) 385 8427.* *diariam., horários variáveis.* **Whakapapa** *atrás do Grand Chateau Hotel, (07) 892 3729.* *8h-17h diariam.* **www**.doc.govt.nz

★ Emerald Lakes

O cume irregular do Mount Tongariro, o mais baixo dos três vulcões, compreende um labirinto de crateras, entre as quais a que abriga estes lagos verde-esmeralda.

O Mount Ngauruhoe o mais jovem dos três vulcões é um respiradouro do Tongariro.

Tongariro Crossing

Esta trilha vai de Mangatepopo a Ketetahi e cobre 17km de terreno vulcânico variado. A travessia, que demora um dia, é considerada a melhor do gênero na Nova Zelândia.

Tukino Skifield, acessível por veículos 4x4 a partir da Desert Road, é uma pista que opera apenas com cordas.

Rangipo Desert

No lado oriental dos vulcões, temperaturas extremas deram origem a uma paisagem desolada: campos de cascalho e vegetação escassa. A área é utilizada principalmente em treinamentos militares.

PERIGOS VULCÂNICOS

Os vulcões do Tongariro National Park são únicos por causa da frequência das erupções, de sua natureza altamente explosiva e da densidade dos respiradouros ativos. Ali os vulcões podem entrar em erupção a qualquer hora, sem aviso. Quem pretende caminhar ou esquiar no parque deve verificar o nível de alerta e as zonas proibidas no centro de informação turística mais próximo. Recomenda-se também a leitura de todos os informes de segurança sobre a área antes de ir para o local.

Em Whakapapa, no Mount Ruapehu, esquiadores observam os outros vulcões ▷

Rua a Rua: Napier ㊱

Painel no Teatro Municipal

Localizada às margens do oceano Pacífico, esta elegante cidade é um memorial ao terremoto e ao incêndio de 1931, que destruíram a maior parte de seus edifícios e mataram muitas pessoas. O terremoto revolveu o pântano e o leito do porto, gerando novas terras aráveis e espaço para o desenvolvimento urbano. Durante a reconstrução, instituiu-se um código de engenharia antiterremotos e os arquitetos adotarem o estilo Art Déco, então em voga. Hoje a arquitetura da cidade é internacionalmente aclamada.

Napier Mall
Bancos decorados com motivos Art Déco enfeitam a Emerson Street, uma rua para pedestres.

★ Déco Centre
Construído em 1922 para ser a estação central dos bombeiros e restaurado no estilo Art Déco após o terremoto, este edifício hoje abriga o Art Déco Trust e a Art Déco Shop.

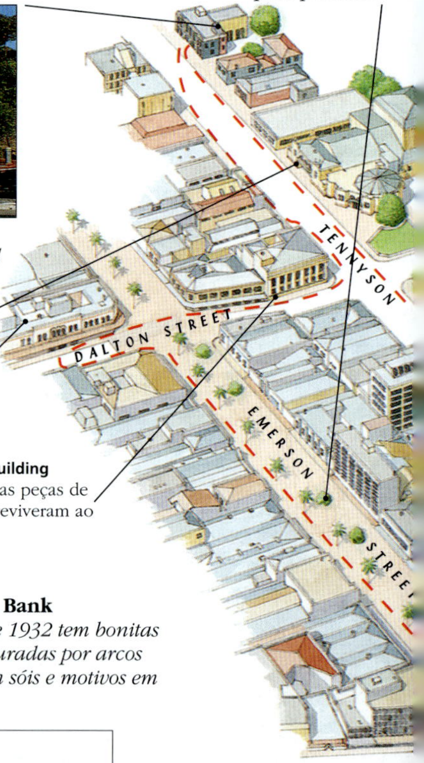

O Teatro Municipal (Municipal Theatre), construído em 1938, é famoso pelas colunas e lintéis em estilo egípcio e pelos painéis que ladeiam o palco do auditório.

Public Trust Building
As colunas e as peças de carvalho sobreviveram ao terremoto.

Countrywide Bank
Este edifício de 1932 tem bonitas janelas emolduradas por arcos decorados com sóis e motivos em ziguezague.

0 metros 50

ART DÉCO TRUST

O Art Déco Trust é o responsável por proteger e promover os edifícios Art Déco de Napier, registrando-os e mantendo contato com outras organizações do gênero. Ele também organiza caminhadas Art Déco e publica informações sobre eventos ligado a esse estilo. Um dos destaques é o Fim de Semana Art Déco, uma alegre celebração realizada em meados de fevereiro.

Casal vestido para o Fim de Semana Art Déco

LEGENDA

— — — Percurso sugerido

PONTOS ALTOS

★ A & B Building

★ Déco Centre

O Napier Antique Centre, construído em 1932, é um dos quatro edifícios de Napier decorados com linhas maoris.

Daily Telegraph Building
Construído em 1932, este edifício tem muitos detalhes Art Déco –sóis, ziguezagues, zigurates e flores.

PREPARE-SE

Mapa rodoviário F4. 55.650. 5km NO. Munro St. 100 Marine Pde, (06) 834 1911. 8h30-17h seg-sex; 9h-17h sáb-dom. 25 dez. ***Art Déco walks*** *Art Déco Trust, Déco Centre, 163 Tennyson St, (06) 835 0022.* **www.**hawkesbaynz.com

Criterion Hotel
Vitrais como este da escada do hotel eram uma forma de decoração muito usada nos anos 1930.

Masonic Hotel
Concluído em 1932, o hotel possui uma galeria incomum, construída sobre a rua.

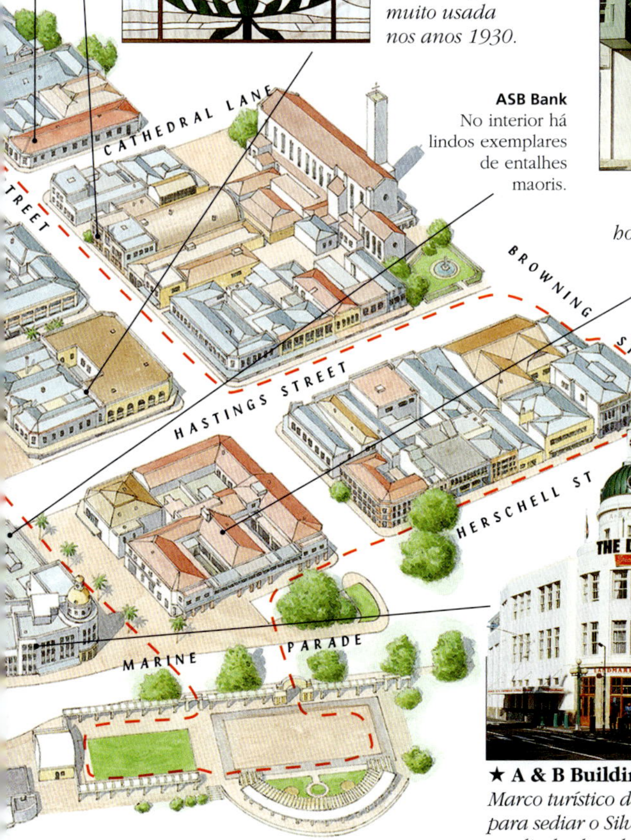

ASB Bank
No interior há lindos exemplares de entalhes maoris.

★ A & B Building
Marco turístico de Napier, surgiu em 1936 para sediar o Silver Slipper Nightclub. Tem um lindo elevador restaurado.

Como Explorar Napier

Estátua de Pania

A Marine Parade, avenida arborizada com pinheiros, fica na orla, a alguns passos dos edifícios Art Déco do centro. O relógio floral, a Tom Parker Fountain, a estátua de Pania (donzela do folclore local), Soundshell, Colonnade e Sunken Gardens, todos situados na Marine Parade, contribuem de forma considerável para o charme da cidade. Ao norte, Bluff Hill, notável pelas ruas tortuosas e íngremes e pelas casas de madeira adoráveis, é a única área de morro da cidade. Além dele, o agitado porto de Ahuriri é o local do primeiro povoado europeu na região.

The National Aquarium of New Zealand

Marine Parade. **Tel** *(06) 834 1404.* *diariam.*

O aquário reabriu recentemente, num edifício em forma de arraia. O acesso ao oceanário é feito por um túnel subterrâneo. Ele contém tubarões, arraias, cavalos-marinhos e peixes nativos da costa leste. Todos os dias, às 10h e às 14h, os visitantes podem ver os mergulhadores alimentando os peixes.

Ocean Spa

42 Marine Parade. **Tel** *(06) 835 8553.* *diariam.* *25 dez.*

Este belo complexo oferece aos turistas uma vista exuberante do oceano e é um ótimo lugar para descansar e recarregar as baterias. Há piscinas com temperaturas diversas, inclusive para crianças, tratamentos de beleza, sauna, sala de vapor, academia de ginástica e serviço de massagem.

Golfinhos fazem um show acrobático na Marineland

Marineland

290 Marine Parade. **Tel** *(06) 834 4027.* *diariam.* *25 dez.*

Duas vezes por dia (às 10h30 e às 14h) a Marineland apresenta o famoso show de golfinhos, lontras, leões-marinhos e pinguins. Os visitantes podem providenciar a oportunidade de nadar com os golfinhos (o local fornece trajes de mergulho) ou alimentá-los. Numa espécie de enfermaria, os turistas podem ainda ajudar a cuidar dos pinguins feridos e de outras aves encontradas na natureza pela população.

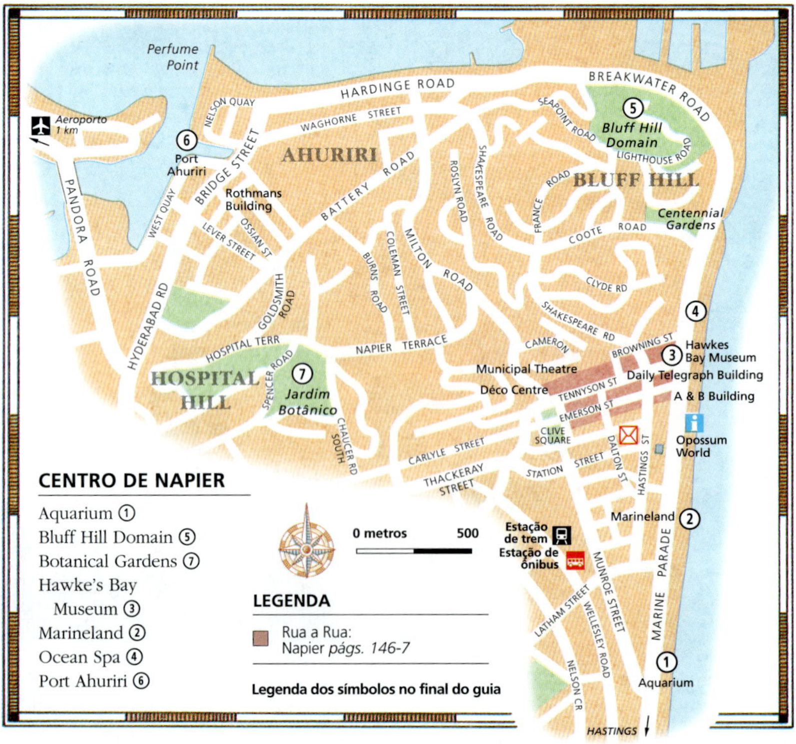

Para hotéis e restaurantes nesta região, veja págs. 302-7 e págs. 330-4

Hawke's Bay Museum
65 Marine Parade/9 Herschell St.
Tel (06) 835 7781. diariam.
25 dez.
Instalado num edifício Art Déco, o museu tem um grande acervo de artefatos, obras de arte, objetos decorativos e tecidos maoris, além de itens do cotidiano dos colonizadores da Hawke's Bay's. Através de vídeos e folhetos, os visitantes também se informam sobre a devastação causada pelo terremoto de 1931.

Bluff Hill Domain
Lighthouse Rd.
Antes do terremoto de 1931, Napier compreendia uma massa oblonga de colinas (Scinde Island) quase totalmente cercada de água. Num passeio ao mirante de Bluff Hill Domain, situado a 102m de altitude, os turistas podem recriar esse cenário se visualizarem a maior parte da região ao sul da montanha coberta de água. Onde antes havia canhões agora há postos de observação das cordilherias Kaweka e Ruahine, a oeste, da Mahia Peninsula, a nordeste, de Cape Kidnappers, a sudeste, além de uma vista espetacular do porto.

Port Ahuriri
No Port Ahuriri, situado a 4km do centro de Napier, os turistas podem ver meninos pescando e os pesqueiros sendo descarregados, ou então aproveitar os diversos bares e restaurantes da área, que estão entre os melhores de Napier. Um passeio de tábuas leva à entrada do porto em Perfume Point, onde antiguidades e peças de artesanato são vendidas. O Rothmans Building, um dos mais belos edifícios Art Déco de Napier, fica perto da Ossian Street.

Botanical Gardens
Spencer Rd.
Situado num morro no meio da cidade, o jardim botânico é um oásis encantador. Além do aviário espaçoso, há gramados bem conservados e enfeitados com canteiros de flores, bosques e um regato com pontes ornamentais.

Napier, ao fundo, vista do Te Mata Peak, ao sul

Hastings 37

Mapa rodoviário F4. *28.400.* *25km ao norte da cidade.* *Caroline Rd.* *Russell St North, (06) 873 5526.* *Harvest Hawke's Bay (primeiro fim de semana de fev); Hastings Blossom Festival (set).*

Localizada na planície de Heretaunga, 20 km ao sul de Napier, Hastings é o coração de uma grande indústria de cultivo e processamento de frutas e de vinhos *(págs. 150-1)*. Reconstruída após o terremoto de 1931, é a única cidade da Nova Zelândia cujas ruas seguem o padrão americano de quarteirões. Há ali edifícios no estilo missões espanhol, como o do teatro Municipal.

Maçãs da Hawke's Bay

Entre Hastings e o litoral oriental ergue-se o Te Mata Peak, com 399m de altitude. Segundo uma lenda maori, o Te Mata é o corpo do chefe Te Mata O Rongokako, que engasgou e morreu ao abrir caminho pelo morro a dentadas, a pedido da linda filha de outro chefe. De Hastings seria possível enxergar claramente a "dentada" que o matou, assim como seu corpo, que forma o contorno da montanha.

Cape Kidnappers 38

Mapa rodoviário F4.

Os maoris acreditam que a baía, em forma de crescente, e o promontório recortado de Cape Kidnappers, 30km ao sul de Napier, representam o anzol mágico usado por Maui para puxar a Ilha Norte do mar, como se ela fosse um peixe. Em outubro de 1769, o capitão Cook ancorou ao largo do promontório *(pág. 48)* e batizou-o de Kidnappers (sequestradores) depois que alguns maoris tentaram levar seu tradutor taitiano.

No cabo, até 15 mil jovens mergulhões da espécie australasiana flutuam nas ondas a metros dos observadores. A melhor hora para vê-los é do início de novembro até o fim de fevereiro. O acesso é proibido no período de nidificação, entre julho e outubro. Na maré baixa, pode-se caminhar 8km até a colônia – verifique os horários da maré no centro de informação turística local. Há também passeios guiados de ônibus ou trailer.

Mergulhões da reserva de Cape Kidnappers

Passeio pelas Vinícolas ㊴

Barril de corrida

A grande insolação da Hawke's Bay, seus microclimas variados e os diversos tipos de solo permitiram às 40 vinícolas ali instaladas desenvolver todas as variedades clássicas de uva ao ponto da excelência. Região tradicionalmente dedicada à fruticultura, suas uvas são cultivadas em inúmeros vinhedos e pomares, e os vinhos são produzidos com técnicas antigas e modernas. O sucesso da Hawke's Bay se reflete nos prêmios internacionais e num dos mais importantes eventos da vinicultura, o Harvest Hawke's Bay, celebrado no primeiro fim de semana de fevereiro.

Mission Estate Winery ①
Fundada em 1851 por um grupo de missionários católicos franceses, as primeiras colheitas serviam ao ritual da Eucaristia. Hoje essa vinícola histórica, situada numa colina acima dos vinhedos, comercializa o vinho, oferece passeios guiados, restaurante e loja de artesanato.

Vinícola Clearview Estate ⑨
Fundada em 1989 por Tim Turvey e Helma van den Berg, esta vinícola produz pequenas quantidades de vinhos caseiros, que são vendidos pelo correio ou em seu restaurante à beira-mar *(pág. 331)*.

Vinícola Te Mata Estate ⑧
Mais antiga vinícola em funcionamento no país (em 1892 as vinhas eram plantadas nas encostas do monte Te Mata) e uma das mais prestigiadas e bem-sucedidas, a Te Mata produz principalmente vinhos tintos, que podem ser comprados ali mesmo.

Vidal of Hawke's Bay ⑦
Anthony Vidal, um imigrante espanhol, fundou sua vinícola em um estábulo, em 1905. O local acabou envolvido pela cidade, mas Vidal continua a produzir bons vinhos. A vinícola tem também um restaurante.

Sileni Estates ⑥
Localizada numa área de solo com alto conteúdo de cobre, esta imponente vinícola possui loja para *gourmets*, escola de enologia e um restaurante-café.

LEGENDA

- Percurso do passeio
- Outras estradas
- Rio

Vinícola Park Estate ②
Antes um pomar tradicional, a vinícola Park Estate fornece ao mercado três bebidas diferentes: vinhos de uva; vinhos de frutas como *feijoa*, amora, quiuí e maçã, e sucos de frutas naturais. No local é possível passear pelos vinhedos, degustar os vinhos e almoçar. Uma loja vende frutas frescas e produtos caseiros.

FRUTEIRA DA NOVA ZELÂNDIA

Os verões quentes e ensolarados e as geadas revigorantes da Hawke's Bay têm sido explorados por gerações de horticultores, que conquistaram para o lugar o título não oficial de "fruteira da Nova Zelândia". A cultura de maças é a principal, mas as peras, os quiuís, os pêssegos e outras frutas de caroço são também importantes. A exportação de maçãs vem declinando devido ao aumento da produção mundial e à queda dos preços. No Pernel Fruitworld, um pomar nos arredores de Hastings, são cultivadas 85 variedades de frutas. Há passeios guiados a cada hora e um museu conta a história da fruticultura no país.

Passeio guiado pelo Pernel Fruitworld

Vinícola C. J. Pask ③
Esta vinícola em estilo mediterrâneo, situada num leito de rio pedregoso e assoreado, produz uvas com aroma muito maduro e variedades premium. É uma das melhores vinícolas da região.

Vinícola Te Awa ④
Chamada de "Rio de Deus" devido ao enorme aquífero sob a planície da Hawke's Bay, usado para irrigar a plantação, a vinícola Te Awa produz ótimos tintos, que podem ser saboreados no restaurante.

Vinícola Ngatarawa ⑤
O grande lago retangular repleto de liliáceas e os prédios de um antigo estábulo tornam a vinícola Ngatarawa tão atraente quanto seus vinhos. O local tem também uma agradável área de piquenique.

DICAS

Visite apenas três ou quatro vinícolas por dia para ter tempo de discutir os vinhos. Muitas casas oferecem passeios guiados e degustação, além de vender seus produtos. Algumas têm restaurante, mas é aconselhável fazer reserva. O centro de informação turística de Napier fornece detalhes de todas as vinícolas listadas (pág. 147).

Quem planeja visitar um número maior de vinícolas e aproveitar ao máximo as oportunidades de degustação deve procurar uma excursão.

WELLINGTON E O SUL

Os colonizadores europeus que chegaram em meados dos anos 1800 e se encaminharam para o norte de Wellington, atual capital da Nova Zelândia, viram-se em meio a uma densa mata virgem. A história recente dessa região, que abrange Wellington e o Sul, está relacionada ao desmatamento maciço ocorrido no fim do século 19.

Árvores gigantescas e muito antigas cobriam as ricas terras compradas dos maoris. Entre 1870 e 1910, essa área concentrou o maior programa de desmatamento do país pelos colonos que chegaram de várias partes do mundo em busca de terras cultiváveis. As serrarias, ligadas à nova rede ferroviária, espalharam-se pelo distrito. As pequenas cidades ao longo da ferrovia viviam uma fase de prosperidade com a chegada dos lenhadores. Em 1907, porém, o auge da exploração da madeira na metade inferior da Ilha Norte já havia passado, dando lugar às colinas e ao estilo de vida rural que passou a caracterizar o lugar.

Embora Taranaki, Wanganui e Manawatu sejam regiões produtivas e intensamente cultivadas, a diversidade da época é a regra, e não a exceção, ao sul da ilha. A exploração das reservas de gás natural no litoral de Taranaki, por exemplo, é só mais um elemento na rica economia da região.

Os turistas procuram a parte sul da Ilha Norte pelo clima ameno, o litoral preservado, as belas praias, os rios e parques nacionais, as estações de esqui e a rica herança dos maoris.

Situada na ponta da Ilha Norte, Wellington é a sede do governo e o maior centro financeiro e cultural do país. As muitas cidades que avançam para o norte atendem aos fazendeiros locais e são simpáticos e agradáveis pontos de parada para viajantes.

A Beehive (Colméia) e os prédios do Parlamento de Wellington, a capital da Nova Zelândia

◁ **Mount Taranaki, também conhecido como Mount Egmont, no centro do Egmont National Park**

Como Explorar Wellington e o Sul

Wairarapa, Kapiti Coast, Horowhenua, Manawatu, Wanganui e Taranaki ficam próximas de Wellington. O contraste entre a capital administrativa e cultural e suas vizinhas ao norte é impressionante. Em menos de uma hora de distância, o coração rural do país se revela nessas pequenas e tranquilas cidades. Os rebanhos de gado bovino e caprino continuam sendo o forte da região, mas também há criações de avestruzes e vinícolas, além de novas formas de uso do solo. Os parques nacionais de Egmont e Whanganui atraem os aventureiros.

Fazenda de caprinos perto de Martinborough

PRINCIPAIS ATRAÇÕES

Cape Egmont 21
Egmont National Park págs. 182-3 18
Featherston 9
Hawera 23
Kapiti Island Nature Reserve 6
Levin 8
Martinborough 10
Masterton 11
Mount Bruce National Wildlife Centre 12
New Plymouth págs. 180-1 17
Oakura 19
Opunake 22
Otaki 7
Paekakariki 3
Palmerston North 13
Paraparaumu 4
Stratford 24
Sugar Loaf Islands Marine Park 20
Waikanae 5
Wanganui págs. 178-9 14
Wellington págs. 156 -69 1
Whanganui National Park 16
Whanganui River 15

Passeio

Marine Drive 2

ATIVIDADES AO AR LIVRE

Os lugares indicados aqui foram selecionados pelas atividades recreativas que oferecem. As condições variam, dependendo do tempo e da época do ano, portanto tome cuidado e, em caso de dúvida, informe-se no local.

	GOLFE	BARCO A MOTOR	CAIAQUE	VELEIRO	SURFE	NATAÇÃO	CAMINHADA	WINDSURFE
Egmont National Park						●	●	
Manawatu Gorge			●				●	
Masterton	●		●			●	●	
New Plymouth	●	●	●	●	●	●	●	●
Oakura					●	●		●
Opunake					●	●		●
Palmerston North	●					●		
Paraparaumu	●	●	●	●	●	●	●	●
Sugarloaf Islands						●		
Waikanae	●	●	●			●	●	
Wanganui	●	●	●			●		
Wellington	●	●	●	●	●		●	●
Whanganui National Park			●			●	●	
Whanganui River		●	●	●		●	●	

LEGENDA

- Rodovia
- Estrada principal
- Estrada secundária
- Ferrovia principal
- Ferrovia secundária
- Fronteira regional
- △ Cume

COMO CIRCULAR

A área é servida por trens, ônibus e aviões e por uma extensa e bem conservada malha rodoviária. O clima ameno do país garante que as estradas da região sejam transitáveis durante todo o ano. O moderno aeroporto de Wellington recebe vôos domésticos e internacionais, enquanto um número cada vez maior de navios de cruzeiro internacionais chega ao porto da cidade. Várias vezes ao dia, os ferryboats que transportam passageiros, carros, caminhões e vagões atravessam o Cook Strait de Wellington à Ilha Sul, e vice-versa. Há também um ferryboat expresso.

VEJA TAMBÉM

- ***Onde Ficar*** págs. 307-10
- ***Onde Comer*** págs. 334-6

A Chaffers Marine do Lambton Harbour, em Wellington

Wellington: a Capital Cultural

Cartaz de uma comédia

Conhecida principalmente por sediar o Parlamento neozelandês e por sua população de servidores públicos, Wellington transformou-se, nas décadas de 1980 e 1990, em um vibrante centro de atividades culturais. Situada em uma das baías mais belas do mundo, esta cidade agradável, sofisticada e cultural abriga inúmeros tesouros artísticos. Aqui estão o Museum of New Zealand Te Papa Tongarewa *(págs. 166-7)*, o Royal New Zealand Ballet, a New Zealand Symphony Orchestra, a National Business Review New Zealand Opera, a Chamber Music New Zealand e a New Zealand School of Dance. Além de ser um importante centro de artes de nível internacional, preserva sua identidade típica do Pacífico.

O teatro profissional *é muito apreciado na cidade. As peças são apresentados em locais como Downtown, Circa e Bats.*

As inúmeras galerias públicas e particulares *de Wellington gozam de grande prestígio pelas obras locais e internacionais que abrigam. A Peter McLeavey Gallery cumpre o importante papel de lançar no mercado o melhor da arte neozelandesa.*

O quiuí e a samambaia são *símbolos da Nova Zelândia. Eles compõem a logomarca do New Zealand International Arts Festival.*

"WELLYWOOD"

A Nova Zelândia começou a produzir filmes em escala internacional nas décadas de 1960 e 1970. Hoje, o país tem uma indústria cinematográfica milionária. Com a maior parte dos estúdios concentrados em Wellington, e atraindo astros e estrelas de fama internacional, a cidade passou a ser conhecida como "Wellywood".

Wellington é terra natal do diretor Peter Jackson, responsável por produções internacionais como *Feebles, os Terríveis, Fome Animal* e *Os Espíritos*. A maior parte dessas filmagens, bem como as da trilogia de J. R. R. Tolkien *O Senhor dos Anéis*, dirigidas por Jackson, foi feita aqui.

O Festival internacional de Cinema de Wellington, em julho, atrai multidões.

Filmagem em uma das muitas locações ao redor da cidade

A New Zealand Sympnony Orchestra, *tem sua sede em Wellington e se apresenta por todo o país. A orquestra acompanhou a diva neozelandesa Kiri Te Kanawa na entrada do novo milênio em Gisborne.*

Instrumentos de percursão, com objetos variados, em uma vigorosa exibição de talento rítmico.

A estrutura do "cubo" é o palco em que os músicos tocam seus instrumentos.

INTERNATIONAL ARTS FESTIVAL

O Festival Internacional de Artes da Nova Zelândia, que acontece em Wellington de dois em dois anos no início do outono, é o maior espetáculo de artes cênicas do país. O grupo neozelandês de percussão Strike é um dos destaques do festival.

LIVROS E ESCRITORES

A importância dada à educação formal pelos imigrantes escoceses fixados em Dunedin no fim do século 19 deu origem a uma educação "livre, secular e obrigatória". Hoje, os valores básicos aplicados ao aprendizado através dos livros pelos colonos, muitos deles analfabetos, resultou em um índice de alfabetização nacional da ordem de 99%. Os programas de leitura e os livros infantis feitos na Nova Zelândia são exportados para todo o mundo.

Em Wellington, os festivais literários nacionais, os programas para escritores e leitores e as palestras de autores locais e visitantes conseguem patrocínio e atraem grandes platéias. Entre os autores reconhecidos internacionalmente estão o poeta Fleur Adcock e os romancistas Maurice Gee, Elizabeth Knox e Vincent O'Sullivan *(pág. 33)*.

A autora Linda Burgess em seu estande de livros

O Royal New Zealand Ballet, *sediado na capital, faz turnês nacionais e internacionais. Aqui, Stephen Wellington e Nadine Tyson exibem um pas de deux de* Raymonda.

O Westpac Stadium *é o maior palco de apresentações culturais e esportivas da Nova Zelândia. Partidas de rúgbi, críquete e futebol, além de concertos, são vistas neste estádio com capacidade para 40 mil pessoas.*

Wellington ❶

Estátua de Plimmers Lane

O centro financeiro de Wellington situa-se entre a parte plana da cidade e a baía cercada por montanhas. Em parte construído em terreno expandido pelos projetos de recuperação em meados do século 19, aqui se concentram a vida política e a infra-estrutura do governo nacional. Embaixadas estrangeiras, a Court of Appeal, os National Archives, a National Library, o Museum of New Zealand Te Papa Tongarewa, empresas nacionais e internacionais, todos estão sediados neste importante centro financeiro. Aqui estão também as lojas mais elegantes, os cafés, os restaurantes e as galerias de arte, reunidos em uma atmosfera estimulante e descontraída.

Mesas ao ar livre no Astoria, em Lambton Quay

Lambton Quay

A principal rua de comércio de Wellington, Lambton Quay concentra a atividade política e comercial da Nova Zelândia em 1.100m de arcadas, praças e passarelas elevadas. Uma parte de Lambton Quay e o trecho à beira-mar estão em terrenos recuperados. As placas ao longo das calçadas indicam a configuração da costa antes da metade do século 19. Uma escadaria íngreme sobe a montanha pelo lado oeste, e a leste as ruas laterais e planas dão acesso ao porto expandido *(págs. 162-5)*.

Cathedral Church of St Paul

34 Mulgrave St. ***Tel*** *(04) 473 6722.* *diariam.* *para turistas Sexta-Feira Santa, 25 dez.* *aceita doações.* **www**.oldsaintpauls.co.nz

Conhecida como Old St Paul's, a Catedral de São Paulo é um importante exemplo de catedral gótica inglesa adaptada às condições e aos materiais coloniais. Consagrada em 1866, é toda construída com madeira nativa, inclusive os pregos.

Wellington Cathedral of St Paul

Esq Molesworth e Hill *Sts.* ***Tel*** *(04) 472 0286.* *diariam.* *atrás da igreja.*

Após um longo período de construção que durou décadas, com muitas alterações e reversões por fora e por dentro, a catedral de Wellington foi finalmente concluída em 1998. Erguida no perímetro do Parlamento, na frente das Law Courts e da National Library, esta catedral em estilo românico possui janelas com águas-fortes e vitrais, memoriais de eventos históricos e um órgão com 4 mil tubos. A Lady Chapel, antiga igreja paroquial de Kapiti Coast localizada ao norte de Wellington, foi incorporada a esta catedral em 1998.

Vitral de uma janela da catedral

Arte na Gallery of the Parliament Buildings

Parlament Buildings

Molesworth St. ***Tel*** *(04) 471 9503.* *diariam.* *1º e 2 jan, 6 fev, Sexta-Feira Santa, 25 e 26 dez.* **www**.parliament.govt.nz

O Parlamento da Nova Zelândia é composto de três prédios principais: os Parliament Buildings, em estilo neoclássico eduardiano, de 1918; a Parliamentary Library, de 1899; e a Beehive, ou Colméia, de 1977. As visitas guiadas gratuitas percorrem os três. Os prédios estão próximos um do outro e no mesmo lugar ocupado pelo Parlamento nacional desde 1865, a 400m de uma falha geológia causada por um terremoto. Árvores históricas foram preservadas e também um jardim de rosas.

LEGENDA

Rua a Rua: Harbourfront *págs. 162-3*

Legenda de símbolos no final do guia

Old Government Buildings

CENTRO DE WELLINGTON

Cathedral Church of St Paul ①
Katherine Mansfield Birthplace ⑨
Lambton Quay ⑤
Old Government Buildings ④
Parliament Buildings ③
Victoria University ⑧
Wellington Botanic Garden ⑦
Wellington Cable Car ⑥
Wellington Cathedral of St Paul ②

PREPARE-SE

Mapa D5. *494.000.* *8km S do centro.* *Bunny St (entre Featherston St e Waterloo Quay).* *Plataforma 9, Wellington Railway Station, Waterloo Quayside.* *Aotea Quay Terminal.* *Esq Wakefield e Victoria Sts., (04) 802 4860.* *New Zealand International Arts Festival (mar).* **www**.wellingtonnz.com

Old Government Buildings

15 Lambton Quay. ***Tel*** *(04) 472 7356.* *diariam.* *1º e 2 jan, dom Páscoa, 25 abr, 25 e 26 dez.*

Na frente dos prédios do Parlamento estão os Old Government Buildings. Os maiores prédios de madeira do hemisfério sul, talvez os maiores do mundo, eles foram construídos na década de 1870 com uma fachada que imitava pedra. Ocupados no início do século 20 por gabinetes parlamentares da Nova Zelândia e por vários órgãos governamentais até 1990, os prédios hoje restaurados abrigam os alunos da Faculdade de Direito da Victoria University. O gabinete original no térreo e os objetos históricos expostos no primeiro andar estão abertos à visitação pública.

Objetos à venda na casa em que nasceu Katherine Mansfield

Katherine Mansfield Birthplace

25 Tinakori Rd. ***Tel*** *(04) 473 7268.* *ter-sáb.* *Sexta-feira Santa, 25 dez.* *a combinar.*

Katherine Mansfield, a maior escritora do país, nasceu nesta *villa* em 1888 e aqui passou toda a sua infância *(pág. 33)*. A casa abriga fotografias e fragmentos de obras de Mansfield, mobiliário e objetos da época.

Como Explorar Wellington

Ninféias no Jardim Botânico

Área vibrante, contornada ao norte por um cinturão verde, o centro de Wellington abraça as primeiras mansões vitorianas, apartamentos para estudantes, cabanas de trabalhadores, a residência do primeiro-ministro, um cemitério histórico e a principal via de acesso à cidade. No fim do século 19, quando o número de colonos aumentou e os terrenos perto da praia ficaram escassos, as regiões mais íngremes passaram a ser ocupadas. Um passeio pela parte alta do subúrbio de Thorndon deixa claro como a cidade se espalhou a partir da região portuária.

Bonde subindo para o Jardim Botânico

Wellington Cable Car

Cable Car Lane, 280 Lambton Quay. **Tel** *(04) 475 3578.* *diariam.* *25 dez.* *tarifas.*
www.cablecarmuseum.co.nz

Inaugurados em 1902 para interligar a cidade aos subúrbios montanhosos, os bondes passaram a ser eletrificados em 1933. As paradas incluem a Victoria University, com acesso para o Botanic Garden e o Carter Observatory no alto. No terminal Kelburn tem-se uma bonita vista da capital neozelandesa.

Wellington Botanic Garden

Tinakori Rd. **Tel** *(04) 499 1400.* *diariam.*
www.wbg.co.nz

Inaugurado em 1868, o jardim é uma mistura de mata nativa, coníferas e outras árvores. Um amplo programa de plantio produz 30 mil tulipas na primavera e no início do verão. O Lady Norwood Rose Garden inclui 106 canteiros formais, que apresentam as novas tulipas e também as favoritas dos visitantes. A Begonia House tem plantas tropicais e temperadas, um lago de nenúfares, uma exposição de orquídeas e uma coleção de plantas carnívoras e epífitas. O acesso ao centro de informações do jardim, o Treehouse Visitor Centre, é por elevador. Os mais resistentes podem subir por um caminho íngreme.

O **Carter Observatory** é o observatório nacional da Nova Zelândia. Ele fica no Jardim Botânico, perto do terminal do bonde. Suas atrações são as exposições astronômicas, os audiovisuais, o planetário e um telescópio refrator histórico.

Carter Observatory

40 Salamanca Rd, Kelburn.
Tel *(04) 472 8167.* *diariam.*

O Hunter Building coberto de hera, na Victoria University

Victoria University

Kelburn Parade. **Tel** *(04) 472 1000.*

Com 19 mil alunos distribuídos por mais de 50 departamentos e faculdades, a Victoria University é a quarta maior universidade da Nova Zelândia. Inaugurada em 1899, seu campus principal está em Kelburn desde 1904, voltado para o centro de Wellington. As faculdades de Direito e Comércio, bem como a Escola de Arquitetura e Design, estão em outros campi espalhados pela capital do país.

Lady Norwood Rose Garden, no Wellington Botanic Garden

Para hotéis e restaurantes nesta região, veja págs. 307-10 e págs. 334-6

Villas nas Montanhas dos Subúrbios

Embora com frequência pareçam estar precariamente penduradas nas encostas, e aonde só se chega de bonde ou por longas e íngremes escadarias, as *villas* são típicas de antigos subúrbios de Wellington, como Oriental Bay, Mount Victoria, Thorndon e Kelburn. Essas antigas cabanas coloniais, com fachada simples e varanda na frente, evoluíram entre o fim do século 19 e o início do 20, para os sobrados que existem hoje, com suas *bay windows* que se projetam da fachada. As *villas* eram construídas tradicionalmente com a madeira extraída das matas de *kauri,* tinham cobertura de ferro corrugado e eram decoradas com móveis e objetos comprados em catálogos. Também são típicos os vitrais, as grandes janelas de guilhotina, os terraços e as varandas com balaustradas.

Janela pintada

Casas de madeira em uma encosta da Oriental Bay

SUBÚRBIOS SOBRE A MARINA

A escassez de terrenos planos obrigaram os colonizadores a construir nas encostas ao redor da baía. As *villas* originais, bem como as adaptadas para residência, podem ser vistas em um passeio a pé ou de carro pelos subúrbios.

Frente plana, telhado de duas águas e varanda longa

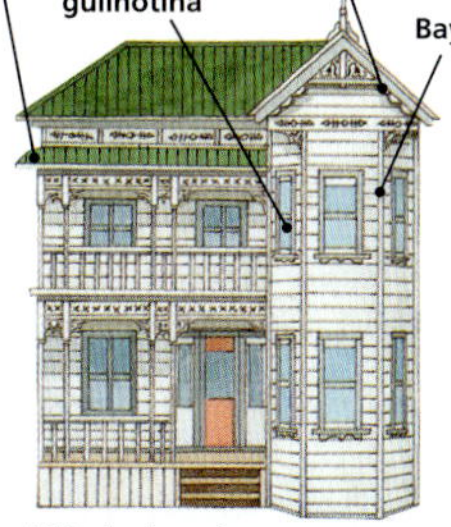

Villa de duas águas e *bay window* facetada

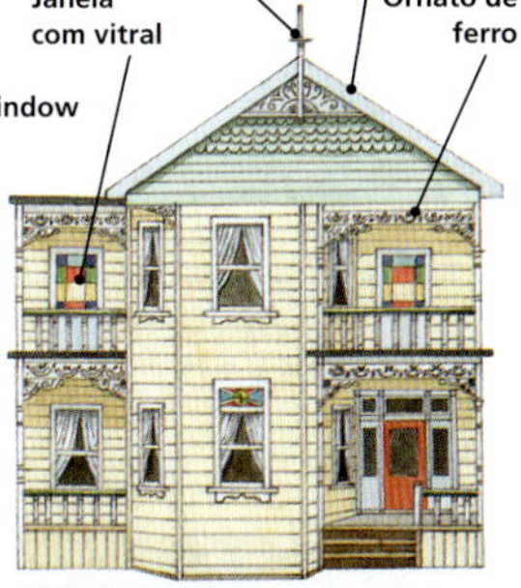

Villa de duas águas com ornamentos de ferro batido

As *villas* do fim do século 19 *para famílias de classe média tinham uma sala de estar* (parlour), *três ou quatro quartos ao redor de um vestíbulo central, um banheiro e cozinha nos fundos. O toalete (conhecido como* long drop*) e a lavanderia* (wash house) *ficavam em construções geralmente rudimentares nos jardins atrás da casa.*

Sala de uma *villa* de 1888 em Thorndon, onde nasceu Katherine Mansfield *(pág. 159)*

Rua a Rua: Harbourfront

Globo prateado de samambaia

A área entre Lambton Harbour e Clyde Quay Wharf voltada para a baía de Wellington ocupa um terreno recuperado. Está no mesmo que lugar que já centralizou a indústria marítima de Wellington e pode ser percorrida a pé em uma hora. Réplicas de veleiros e navios mercantes que antes imperavam na região podem ser vistas no Museum of Wellington, City and Sea. Na primavera e no verão, os *dragon boats* disputam uma corrida na frente do Museum of New Zealand Te Papa Tongarewa. A Civic Square, com seus espaços abertos e o prédio público de Town Hall, é ponto de encontro de moradores e visitantes.

Courtenay Place
Aqui se concentram os bares, as casas noturnas, os restaurantes e os teatros da cidade (pág. 165).

Circa Theatre
As peças teatrais são encenadas neste prédio reformado (pág. 156).

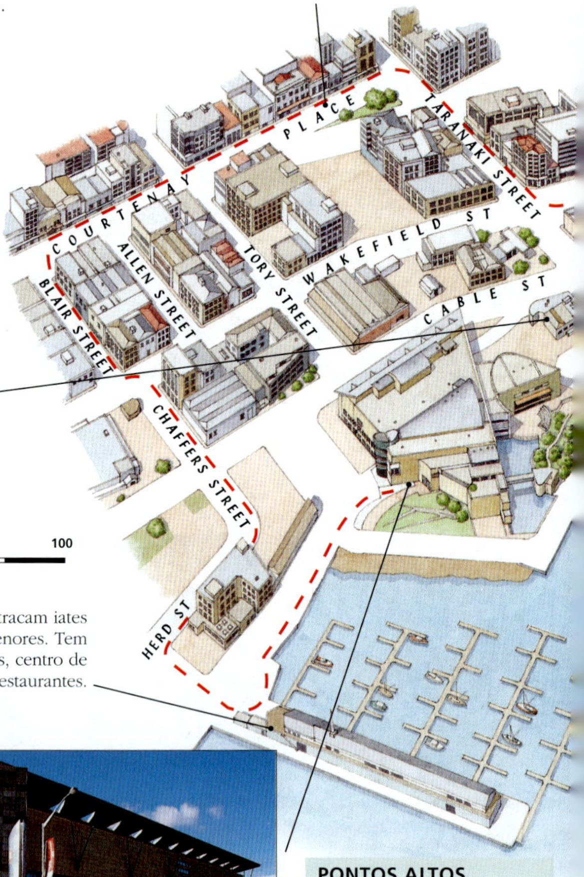

No **Overseas Terminal** atracam iates e embarcações menores. Tem salas de conferências, centro de exposições e restaurantes.

★ Museum of New Zealand Te Papa Tongarewa
Além de proporcionar experiências interativas sobre a história nacional e ambiental da Nova Zelândia, o museu abriga verdadeiros tesouros artísticos (págs. 166-7).

PONTOS ALTOS

★ Museum of New Zealand Te Papa Tongarewa

★ Museum of Wellington, City and Sea

City-to-Sea Bridge
Interligando a Civic Square e o Frank Kitts Park, a ponte é decorada com grandes entalhes na madeira.

★ **Museum of Wellington, City and Sea**
Ocupando um prédio de 1892, o museu exibe a história social e marítima de Wellington (pág. 165).

A **Civic Square** está cercada pelo Michael Fowler Centre, por Town Hall e pela City Gallery *(pág.164)*.

O **Frank Kitts Park** tem parque infantil com farol e escorregador. A ponte suspensa liga o parque ao centro financeiro da cidade.

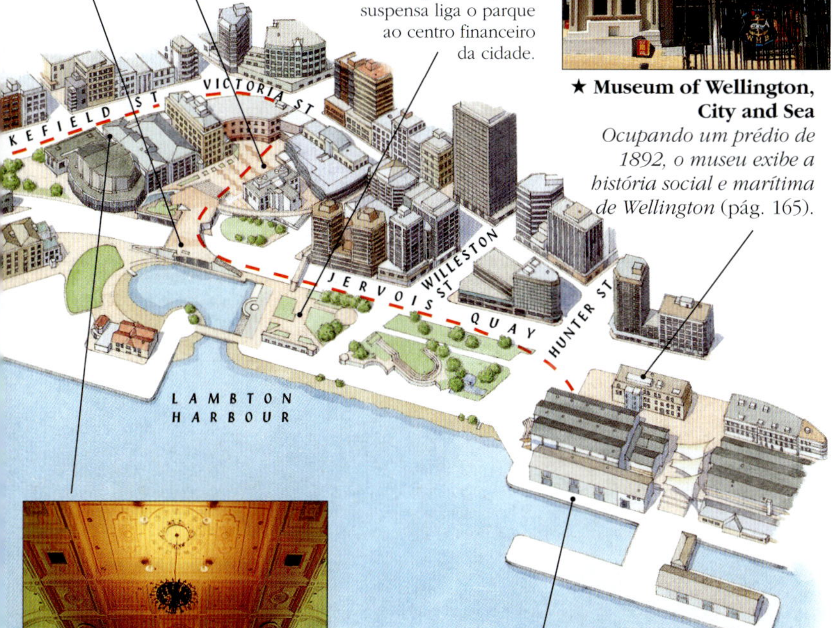

LEGENDA

Percurso sugerido

Town Hall
Há muitas décadas Town Hall é uma das muitas salas de concerto de padrão internacional da cidade (pág. 165).

Queens Wharf
O complexo de lojas, cafés, restaurantes e bares em Queens Wharf concentra quem trabalha nas imediações.

Harbourfront

Palmeira *nikau* de metal

Harbourfront é dominada pela ponte City-to-Sea, um acesso direto só para pedestres sobre uma das principais estradas que chegam a Wellington. Tendo de um lado as docas e do outro prédios de escritório, a ponte interliga o complexo da Civic Square com o Frank Kitts Park, à beira-mar, a lagoa e, mais adiante, o Museu Te Papa Tongarewa da Nova Zelândia *(págs. 166-7)*. A ponte é em si mesma um espaço público de arte onde estão expostos os trabalhos de escultores neozelandeses.

Mostra contemporânea na City Gallery

Civic Square

Wakefield St. ***Tel*** *(04) 802 4860.*
diariam.
www.wellingtonnz.com

No foco do cenário cultural da cidade, este extenso pátio ocupa desde o início dos anos 1990 uma rua de muito movimento. Seu espaço aberto rosa e bege abriga muitas esculturas e instituições ao redor. Entre estas últimas estão a Public Library, o Visitor Information Centre, os prédios do City Council, a City Gallery e importantes salas de concerto, como Town Hall e Michael Fowler Centre.

A praça retomou o seu antigo papel de importante espaço público. Ela faz a interligação entre o distrito financeiro no centro de Wellington e o lado cultural e social da cidade, representado pelo Museum of New Zealand Te Papa Tongarewa, a Opera House, os teatros, cinemas e lojas, além dos bares e restaurantes da principal área de lazer noturno da cidade, a Courtenay Place. A praça se tornou um popular ponto encontro no centro para os moradores de Wellington. Já os visitantes que freqüentam a praça costumam se ver em meio a artistas de teatro de rua e em concertos ao ar livre, exposições e reuniões de todo tipo.

City Gallery

Civic Square. ***Tel*** *(04) 801 3021.*
diariam. *25 dez.*
exposições internacionais.

Ocupando um bonito prédio Art Déco com portas de madeira *kauri* originais, acabamentos de mármore, janelas e corrimãos de aço, e que por muito tempo abrigou a Biblioteca Pública, hoje não é só a principal galeria da cidade como também a mais polêmica.

Basicamente um espaço de exposições itinerantes, sem acervo permanente, a galeria criou uma personalidade própria ao se especializar em trazer a Wellington o que há de melhor na arte e no design contemporâneos nacional e internacional. Suas exposições abrangem uma grande variedade de temas e mídias, como pintura, escultura, cinema e vídeo, design gráfico e industrial e arquitetura.

Anexa ao piso térreo está a Michael Hirschfeld Gallery, cujo nome se deve ao líder do Partido Trabalhista da Nova Zelândia. Esta galeria exibe trabalhos dos principais artistas emergentes de Wellington.

A escultura de samambaias de Neil Dawson, na Civic Square

Para hotéis e restaurantes nesta região, veja págs. 307-10 e págs. 334-6

Michael Fowler Centre

Wakefield St. ***Tel*** *(04) 801 4231.*
diariam. *para concertos.*
marcar hora.

Projetado por sir Miles Warren, de Christchurch, e com o nome de um respeitado arquiteto e ex-prefeito da cidade, o complexo semicircular é conhecido no mundo todo pela capacidade de distribuir o som uniformemente em uma sala de concertos com mais de 2.250 lugares. Concertos de rock, convenções e até eventos políticos têm lugar nesta que é considerada uma das principais salas de espetáculos da cidade.
Os eventos do popular e bienal New Zealand International Arts Festival *(págs. 42, 156-7)*, que atraem milhares de pessoas a Wellington, são apresentados aqui.

O saguão de azulejos vitorianos de Town Hall

Town Hall

Wakefield St. ***Tel*** *(04) 801 4231.*
diariam. *para concertos.*
marcar hora.

A reforma de Town Hall, um sóbrio prédio de tijolos eduardiano de 1904 com pórtico romano, devolveu ao teatro a sua antiga glória. O trabalho de restauro incluiu fortalecimento sísmico do prédio, recuperação dos ladrilhos vitorianos do piso, limpeza das balaustradas de ferro batido, reposição de luminárias e móveis segundo os originais e reforma do teto de zinco prensado sobre o auditório. A escadaria central é uma das grandes atrações. O auditório retangular com 2 mil lugares é considerado um dos melhores do mundo para a música clássica.

Courtenay Place, onde a vida noturna acontece

Courtenay Place

Vizinha da região onde se concentram sofisticadas casas noturnas, teatros, cafés e restaurantes da moda, Courtenay Place e as ruas que dela irradiam concentram a vida noturna da cidade.

Oferecendo os mais variados tipos de cozinhas e preços, desde os balcões de pratos prontos a restaurantes estrelados, Courtenay Place é o melhor lugar para conhecer turistas e moradores, comer e dançar a noite toda. A música ao vivo que se sai dos cafés e dos bares da Courteney Place mistura-se ao animado movimento das ruas, onde a multidão se confunde com artistas de rua, num clima tranquilo e descontraído.

Museum of Wellington, City and Sea

Queens Wharf. ***Tel*** *(04) 472 8904.*
diariam. *25 dez.*
www.museumofwellington.co.nz

Ocupando um antigo prédio da alfândega, de 1892, o Museu Cidade e Mar de Wellington conta histórias de mar e terra da região. Ele utiliza réplicas de navios, instrumentos navais, relíquias de naufrágios, pinturas marinhas, mapas antigos e diários de bordo, além de holografias e vídeos, para contar as histórias de Wellington, seu porto e seu litoral.

Uma das peças mais interessantes é o ferryboat interilhas *Wahine*, que afundou no subúrbio de Seatoun, em abril de 1968, durante uma tempestade. Uma seqüência de fotos documenta o naufrágio. A Plimmer's Ark Gallery exibe uma parte dos destroços recuperados do navio *Inconstant*, construído em 1848.

O museu se concentra também nos primeiros povoamentos maoris e europeus, e uma nova galeria sobre o século 20 explora as mudanças da cidade nos últimos cem anos. Há também uma sala com computadores e atividades especiais para crianças.

Fachada do Museum of Wellington, City and Sea

Museum of New Zealand Te Papa Tongarewa

Logo do museu

Com um espaço equivalente a três campos de futebol, o Te Papa Tongarewa ("nosso lugar") é um dos maiores museus nacionais do mundo. Com o compromisso de contar a história das culturas da Nova Zelândia, abrigar a National Art Collection e um amplo espaço de galerias para mostras itinerantes, este museu à beira-mar foi inaugurado em 1998. As coleções do Te Papa incluem um número significativo de obras de arte e tesouros dos maoris, além de uma interessante casa de culto do século 21.

Das montanhas ao mar
A grande variedade de animais e plantas da Nova Zelândia, como quiuís e kauris, *compõe as mostras sobre o mundo natural.*

Corrida para o futuro
No Time Warp, o visitante faz uma visita interativa a uma residência supermoderna no ano 2055.

"Forças Fantásticas"
Experimente as forças que criaram as paisagens do país.

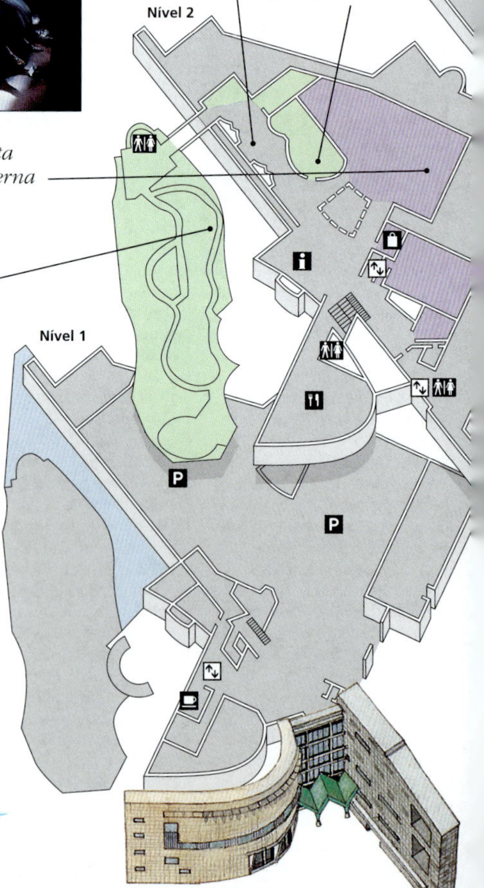

Bush City
O visitante caminha sobre matas nativas, pântanos, uma paisagem vulcânica, uma cachoeira e uma lagoa em pleno centro da cidade. Pode ainda explorar uma gruta e escavar fósseis de dinossauros.

PONTOS ALTOS

★ Mana Whenua

★ Te Marae

PREPARE-SE

Cable St. ***Tel*** *(04) 381 7000.* *diariam.* *algumas áreas.* www.tepapa.govt.nz

★ Mana Whenua
Casos pessoais e obras de arte tradicionais e contemporâneas contam a história dos maoris.

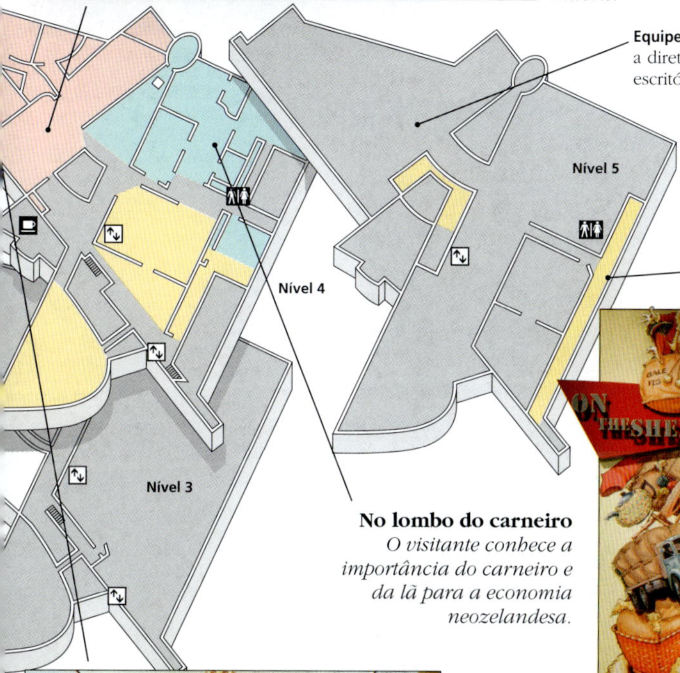

Equipe Te Papa, a diretoria do museu tem escritórios em cada andar.

"The Boulevard" é a galeria com iluminação natural e exposições temporárias

No lombo do carneiro
O visitante conhece a importância do carneiro e da lã para a economia neozelandesa.

★ Te Marae
A casa de reniões é o centro de um marae *Maori. Chamada Te Hono ki Hawaiki ("o elo com o Hawaiki"), a* marae *do Te Papa evoca a terra ancestral dos maoris.*

LEGENDA DO PISO TÉRREO

- Arte
- História
- Maoris
- Natureza
- Mar
- Time Warp

GUIA DA GALERIA

A primeira mostra interativa high-tech começa no Nível 2, que também dá acesso a Bush City. O Nível 3 abriga mostras itinerantes, enquanto as exposições culturais dos maoris e das ilhas do Pacífico e européias concentram-se no Nível 4. O Nível 5 tem mais espaços de exposições, além de biblioteca, sala de leitura e instalações para pesquisa. As obras da National Art Collection estão por todo o museu.

Passeio de Carro pela Marina ❷

Percorrer a costa partindo de Oriental Bay, passar a sudeste do centro da cidade por dentro da baía e chegar a Owhiro Bay, no Cook Strait, é um dos melhores trajetos a fazer de carro pelo litoral da Nova Zelândia. É, ao mesmo tempo, pitoresco nos dias claros e assombroso quando os fortes ventos sul, típicos de Wellington, chicoteiam as ondas no quebra-mar. O roteiro percorre baías protegidas de areias brancas, atravessa os subúrbios onde as *villas* de madeira *(pág. 161)* parecem debruçadas sobre a estrada e contorna as matas íngremes e selvagens que revestem as montanhas até o mar.

Owhiro Bay ⑩
O viajante entra à direita nesta baía para retornar à cidade pela Happy Valley Road ou segue mais 4km até Red Rocks Coastal Walk, onde reside um cardume de 80-150 focas machos o ano todo.

Island Bay ⑨
Os descendentes os italianos que aqui se fixaram no início do século 20 costumam pescar em Cook Strait e mais além.

Lyall Bay ⑧
Ao lado do aeroporto de Wellington, esta baía é frequentada por surfistas e banhistas. Nos dias claros dá para ver os picos nevados da Ilha Sul.

0 quilômetro 1

LEGENDA

- Percurso de excursão
- Outra estrada
- Vista panorâmica

Oriental Bay ①
Área de cafés e restaurantes da moda e a preferida dos *joggers* e nadadores. Voltadas para o mar, as imponentes *villas* vitorianas dividem as encostas com modernos prédios de apartamento.

DICAS

Distância do passeio: *30km.*
Paradas: *As vistas espetaculares estão em todo o roteiro. Os muitos estacionamentos permitem deixar o carro para caminhar. Há diversos lugares para comer, como o famoso Chocolate Fish Café em Scorching Bay, onde os garçons servem os clientes à beira-mar.*

Mahanga Bay ③
Uma das menores e mais protegidas baías deste roteiro, Mahanga Bay é cercada de pinheiros.

Evans Bay ②
Baía protegida e muito visitada por iatistas. Tem também marina.

Scorching Bay ④
Frequentada por banhistas, a baía dá vista para as ilhas Somes e Ward e para o Cook Strait. O subúrbio de Eastbourne fica em frente.

Karaka Bay ⑤
Karakas são as laranjeiras nativas encontradas por toda a baía, que tem ancoradouro e casas de veraneio do início do século 20 construídas por milionários que vinham de fora.

Worser Bay ⑥
Seus subúrbios abrigam a próspera indústria cinematográfica de Wellington *(pág. 156)*.

Breaker Bay ⑦
Os pinguins azuis atravessam a estrada e botam seus ovos sob as casas próximas.

Bondes antigos no Tram Museum em Paekakariki

Paekakariki ❸

Mapa rodoviário E4. *1.700.* *Coastlands, Paraparaumu, (04) 298 8195.* **www**.kapiti.org.nz

Situada na Kapiti Coast, 40 minutos ao norte de Wellington pela State Highway 1, Paekakariki é a primeira das quatro cidades equidistantes entre si em 40km de um litoral sinuoso e ensolarado. A maior atração de Paekakariki é o Queen Elizabeth Park, que abrange toda essa área repleta de dunas, regatos, pântanos de turfa e trilhas pelas matas. Um bonde parte de MacKays Crossing, ao norte de Paekakariki, e percorre os 6,4km² do parque.

No **Tramway Museum**, situado dentro do parque, o visitante conhecerá os antepassados dos bondes e ônibus elétricos que ainda circulam pelas ruas de Wellington e também bondes antigos sendo restaurados.

Tramway Museum
Queen Elizabeth Park.
Tel *(04) 292 8361.* *sáb-dom* *25 dez.*

Paraparaumu ❹

Mapa rodoviário E4. *12.000.* *Coastlands, (04) 298 8195.*

A maior cidade da Kapiti Coast é Paraparaumu, onde há um complexo de lojas à beira-mar, cafés e restaurantes. Tem também uma praia movimentada, com parque e playgrounds. Da cidade partem os barcos que vão para a Kapiti Island.

Brincadeira em Lindale

A principal atração local é o **Southward Car Museum**, que abriga a maior coleção de veículos antigos do hemisfério sul. A coleção de bicicletas inclui uma *bone shaker* de 1863. A limusine de Marlene Dietrich é apenas mais um dos 250 veículos clássicos e curiosos de 1895. Lanchas de corrida, veículos de fabricação caseira, motocicletas, antigas curiosidades motorizadas e motores a tração também estão expostos aqui. Um dos destaques é um Cadillac Gangster Special, de 1950, que pertenceu a um capanga de Al Capone e Lucky Luciano. Tem piso antibombas, portas blindadas, vidros à prova de balas e um pára-brisa com dobradiças para atirar de dentro para fora.

O **Lindale Tourist and Agricultural Centre**, instalado em uma fazenda da Nova Zelândia, é excelente programa para os pequenos. Além de assistir a uma demonstração de tosquia de ovelhas, eles terão oportunidade de ordenhar uma vaca, amamentar carneirinhos e cabritos, brincar com galinhas e veadinhos e conhecer espécies exóticas como a lhama e o emu. Tem ainda passeios pela fazenda e um *driving range* (área de prática) de golfe para os mais ativos.

No local há uma fábrica de laticínios em plena atividade, que produz os premiados gourmet Kapiti Cheese e Kapiti Ice Cream, além de galerias, lojas e lugares para comer.

Southward Car Museum
Otaihanga Rd, Paraparaumu. ***Tel*** *(04) 297 1221.* *diariam.* *Sexta-feira Santa, 25 abr, 25 dez* **www**.southward.org.nz

Lindale Tourist and Agricultural Centre
State Hwy 1, Paraparaumu. ***Tel*** *(04) 297 0916.* *diariam.* **www**.kapiti.org.nz

Carros antigos no Southward Car Museum

Para hotéis e restaurantes nesta região, veja págs. 307-10 e págs. 334-6

Waikanae 5

Mapa rodoviário E4. *8.600.*
Mahara Place, (04) 904 5768.

Aninhado entre as montanhas de Tararua e a Kapiti Coast, Waikanae é principalmente um local de repouso, famoso pelas lojas de artesanato e pelos belos jardins. O Burnard Gardens, considerado o mais inglês dos jardins formais da Nova Zelândia, fica aqui e pode ser visitado.

O **Kapiti Coast Museum**, que ocupa um antigo posto de correio em Waikanae, abriga uma grande coleção de equipamentos telefônicos e sem fio.

Kapiti Coast Museum
9 Elizabeth St. ***Tel*** *(04) 905 6885.*
sáb-dom e feriados.
marcar hora.

Vista da Kapiti Island

Kapiti Island Nature Reserve 6

Mapa rodoviário E4.
Paraparaumu. *Department of Conservation, Stout St, Wellington, (04) 472 7356.*

A Kapiti Island, a uns 6km da ilha maior, domina a Kapiti Coast. Com apenas 10km de extensão, é área de proteção ambiental desde 1897.
O acesso à ilha é bastante restrito, mas é possível obter permissão para visitá-la em barco fretado no Department of Conservation em Wellington. O visitante é recebido por um guarda residente.
Em qualquer época do ano é permitido percorrer a ilha, mergulhar e pescar em suas águas. Ali habitam aves raras e outras que não são vistas da ilha maior, como a gralha-cinzenta e o *takahe*. Menos raros, mas igualmente atrevidos, são os *wekas*, que surrupiam tudo aquilo que os turistas mais distraídos deixam para trás.

Otaki 7

Mapa rodoviário E4. *7.600.*
239 State Hwy 1, (06) 364 7620.

Antes da chegada dos colonos europeus em 1840, Otaki era totalmente habitada pelos maoris. Tinha a mais bela igreja maori da Nova Zelândia, a Rangiatea Church. Construída em 1851, foi destruída por um incêndio em 1995. Sua réplica começou a ser construída em 1998 e foi inaugurada em 2003.

Arredores
Ao sul de Otaki está o **Hyde Park Museum and Craft Village**, que abriga artefatos maoris da época pré-européia e peças coloniais e atuais da Nova Zelândia. Inclui ainda o Royal Room, com a mostra comemorativa da visita da rainha Elizabeth e do príncipe Phillip em 1953, ferramentas de fazenda e uma loja com mais de 3 mil itens vendidos a preços de 1937. O quilômetro 19 da Gorge Road leva a Otaki Forks e ao Tararua Forest Park. Há muitas trilhas pelo caminho.

Entrada do Hyde Park Museum, em Otaki

Hyde Park Museum and Craft Village Te Horo, State Hwy 1. ***Tel*** *(04) 298 4515.*
diariam. *doação.*

Levin 8

Mapa rodoviário E4. *15.400.*

Levin fica em uma planície fértil que é uma das maiores regiões produtoras de legumes do país. Sua rua principal, cujas lojas suprem as necessidades de seu interior agrícola, é típica das pequenas cidades tradicionais da Nova Zelândia. As bancas montadas pelos próprios fazendeiros na periferia da cidade oferecem produtos frescos diretamente dos campos e pomares.

TE RAUPARAHA

A Kapiti Island já foi a base de Te Rauparaha (1768-1849), o chefe da tribo ngati toa e importante general maori de sua época. Após passar anos guerreando nas regiões de Waikato e Taranaki, ele se instalou na Kapiti Island nos anos 1820, de onde dominou o sudoeste da Ilha Norte e o norte da Ilha Sul até a década de 1840. Credita-se a ele a autoria do famoso *haka* (grito de guerra) usado pelos All Blacks nos campeonatos internacionais de rugby.

Aquarela (1840) de Isaac Coates

Kamate. Kamate.	É morte. É morte.
Ka Ora. Ka Ora.	É vida. É vida.
Tenei te tangata puhuruhuru	Ele é o cabeludo.
Nana nei i tiki mai	Que faz o sol brilhar.
I whakawhiti te ra.	Lado a lado.
Upane. Upane.	Todos ligados.
Whiti te ra.	Soldados. Avante.
	Para a luz do sol.

Fardos de feno prontos para ser armazenados em fazenda próxima de Martinborough

Featherston 9

Mapa rodoviário E4. 2.600. *Old Courthouse, Main St, (06) 308 8051.* **www**.wairarapanz.com

Situada ao pé da cordilheira de Rimutaka, Featherston é a entrada sul para a região de Wairarapa, para os que chegam à divisa vindos de Wellington. Conhecida pelas lojas de antiguidades e prédios coloniais, tem vários museus, como o **Fell Engine Museum**, onde está a única máquina Fell que existe. Correndo sobre três trilhos, essas fantásticas locomotivas conseguiam subir e percorrer a cordilheira de Rimutaka nos primeiros anos do distrito.

Fell Engine Museum
Esq Fitzherbert e Lyon Sts. ***Tel*** *(06) 308 9379.* *diariam.*

Arredores
À direita da estrada que sai de Wellington, antes de chegar a Featherston há uma placa indicando o caminho para o mirante –é a melhor vista das montanhas do Haurangi (Aorangi) Forest Park e da Palliser Bay sobre o **Lake Wairarapa**. No lago estão os terrenos alagados conhecidos internacionalmente que são os terceiros maiores da Nova Zelândia. Tanto aves nativas quanto migratórias se reúnem no lago.

A sudeste do lago está **Palliser Cape**, onde o visitante encontrará, próxima a uma estrada, a maior colônia do país de focas-peludas, uma das nove espécies de foca-peluda que existem no mundo. Elas podem ser vistas o ano todo e se reproduzem entre novembro a janeiro.

Outra vista espetacular são os **Putangirua Pinnacles**, formados nos últimos 120 mil anos pela erosão dos depósitos de cascalho causada por fortes chuvas. Alguns dos seus picos têm mil anos de idade.

Martinborough 10

Mapa rodoviário E5. *1.500.* *Kitchener St, (06) 306 9043.* *Toast Martinborough (nov), Martinborough Country Fair (fev-mar).* **www**.wairarapanz.com

Fundada em 1881 pelo imigrante irlandês John Martin, a prosperidade de Martinborough deveu-se aos fazendeiros locais. Do fim dos anos 1970 em diante, passou a ser conhecida por seus vinhos e vinhedos *(págs. 36-7)*. Hoje, é um sofisticado destino de fim de semana dos apreciadores de vinho, dos que frequentam seus cafés, bares e restaurantes e procuram sua florescente comunidade artística.

As 20 butiques de vinho da região estão a uma curta distância a pé da pitoresca praça central de Martinborough.

Arredores
A primeira fazenda eólica comercial da Nova Zelândia, **Hau Nui Wind Farm** está 21km a sudeste de Martinborough. Controladas pela companhia de eletricidade Wairarapa, as turbinas parecem surreais a 540m de altitude. Embora estejam em terreno particular, podem ser vistas de longe.

Visitantes apreciando o vinho da vinícola de Martinborough

Para hotéis e restaurantes nesta região, veja págs. 307-10 e págs. 334-6

Masterton ⓫

Mapa rodoviário E4. *22.800.* *316 Queen St, (06) 370 0900.* *Golden Shears (mar).* **www**.wairarapanz.com

A uma hora e meia de carro, seja de Wellington seja de Palmerston North, Masterton é a maior cidade de Wairarapa e onde acontece o evento anual Golden Shears (Velos de Ouro). O Henley Lake Park, em Masterton, inaugurado em 1988, tem um lago artificial e quatro ilhotas. É muito frequentado por famílias e pescadores das trutas que são regularmente soltas em suas águas. O Queen Elizabeth Park, próximo ao centro da cidade pela rodovia que segue para o norte, tem árvores que foram plantadas em 1877 pelos colonizadores, lago com barcos, aviário, aquário e parque com cervos. Atrás do parque há um cemitério de pioneiros.

Sobrevôos em aviões antigos, como o Tiger Moth, T6 Harvard e Proctor 5, são oferecidos no **Hood Aerodrome**, uma escola de aviação e pára-quedismo. Tem também um museu da Aeronáutica.

Hood Aerodrome
South Rd. ***Tel*** *(06) 377 3804.*
marcar hora. *doações.*

Arredores
Entre Featherston e Masterton está o pitoresco povoado de **Greytown**. De 1854, é o mais antigo de Wairarapa, com a rua vitoriana em madeira mais completa da Nova Zelândia. Em Greytown está o **Cobblestone Museum**. Ocupando o mesmo lugar de um antigo estábulo de diligências construído em 1856 para o serviço postal de Wellington, o museu abriga prédios coloniais, veículos, equipamento agrícola e uma selaria. Tem prédios reutilizados e restaurados que abrigam a *memorabilia* dos primeiros colonos.

Implementos agrícolas no Museu Cobblestone

Chega-se ao **Tararua Forest Park**, nas montanhas de Tararua, por Holdsworth, no km 15 da State Highway 2, via Norfolk Road, ao sul de Masterton. O parque tem trilhas com vários níveis de dificuldade. Os gramados à beira do Atiwhakatu Stream são ideais para piquenique e churrasco.

Cobblestone Museum
169 Main St. ***Tel*** *(06) 304 9687.*
diariam.

Mount Bruce National Wildlife Centre ⓬

Mapa rodoviário E4. ***Tel*** *(06) 375 8004* *diariam.* *25 dez.* **www**.mtbruce.doc.govt.nz

Administrado pelo Department of Conservation, o parque está 30km ao norte de Masterton. O visitante pode se aproximar das espécies de aves ameaçadas e nativas da Nova Zelândia para conhecê-las melhor. Espécies como o *stitchbird*, o *kokako* e o *takahe*, ficam em espaçosos aviários. As caminhadas para ver antigas espécies de plantas passam pelos últimos remanescentes da floresta conhecida como "Forty Mile Bush", que abriga as aves nativas *rimu*, *rata*, *kamahi*, o quivi-noturno e o tuatara.

***Kokako* do Mount Bruce**

As enguias se juntam na lama sob a ponte do rio que atravessa o parque.

COMPETIÇÃO GOLDEN SHEARS (VELOS DE OURO)

A maior competição de tosquia de ovelhas, a Golden Shears acontece anualmente em Masterton na primeira semana de março, de terça a sábado. Introduzida pelo Clube dos Jovens Fazendeiros do Distrito de Wairarapa, originalmente a competição fazia parte do Festival Agrícola e Pastoril local. A partir da primeira competição em 1961, Golden Shears tornou-se uma instituição nacional, atraindo centenas de concorrentes de todo o mundo e milhares de espectadores. A competição teve seu ponto alto nos anos 1960 e 1970, quando os ingressos para assistir ao evento eram vendidos com um ano de antecedência. Hoje, várias competições de tosquia acontecem por todo o país, mas Golden Shears continua sendo o maior espetáculo na Nova Zelândia. A tosquia de carneiros também se profissionalizou: os prêmios em dinheiro aumentaram ao longo dos anos, o patrocínio corporativo foi ampliado e os tosquiadores adotaram programas de treinamento e condicionamento físico jamais imaginados nos primórdios do evento.

Tosquiador de ovelha em competição

Palmerston North ⓭

Brasão do Rugby Institute

Em meados os anos 1960, a agropecuária impulsionou o desenvolvimento de Palmerston North, a maior cidade de Manawatu. Situada no centro de uma fértil região litorânea à beira do mar da Tasmânia até as cadeias de Tararua e Ruahine, a cidade é a principal ligação para o sul da Ilha Norte, de onde partem três importantes rodovias. A Massey University e várias faculdades e centros de pesquisa fazem de Palmerston North uma agradável cidade universitária.

Pôster de 1926 no Rugby Museum

The Square

(06) 350 1922.

Criada em 1866, esta área verde no centro da cidade é um verdadeiro oásis em plena área comercial. Originalmente dividida ao meio pela ferrovia que atravessava o país, hoje seus gramados impecáveis, os canteiros floridos, as árvores e arbustos, os lagos e fontes ornamentais, o memorial de guerra e o relógio com carrilhão atraem visitantes o ano todo.

As lojas e os prédios da área refletem a diversidade da arquitetura local.

Te Manawa Art Gallery

398 Main St. ***Tel*** *(06) 358 8188.* *diariam.* *25 dez.* **www**.temanawa.co.nz

Surgida em 1959 como Palmerston North Art Gallery, em 1977 a galeria foi rebatizada e transferida para um espaçoso prédio perto de The Square. Os visitantes são recebidos pela famosa escultura *Pacific Monarch*, do artista local Paul Dibble, a maior peça de bronze fundida na Nova Zelândia.

O ponto alto da galeria é a coleção de arte contemporânea, em especial da década de 1970, além de um acervo permanente de pinturas, esculturas, gravuras, desenhos, fotografias e cerâmicas de artistas neozelandeses.

Há frequentes exposições de artes nacionais e internacionais. Cerca de 30 mostras acontecem durante todo o ano, em média cinco por vez.

New Zealand Rugby Museum

87 Cuba St. ***Tel*** *(06) 358 6947.* *diariam.* *25 dez.* *marcar hora.* **www**.rugbymuseum.co.nz

Uma catraca instalada nos portões do famoso Athletic Park de Wellington introduz o visitante ao New Zealand Rugby Museum, a poucas quadras de The Square. Fundado em 1968, abriga exibições e *memorabilia* relativas à história do rugby no país, do primeiro jogo disputado em Nelson, em 1870, até hoje. Há também peças de outros países em que o rugby é jogado. A parafernália em exibição inclui bonés, camisas, troféus, distintivos, bolas autografadas, gravatas, pôsteres e fotos.

Escultura de Paul Dibble na frente da Te Manawa Art Gallery

Partidas internacionais famosas podem ser vistas em vídeo. Há também um escudo quebrado pertencente a um manifestante, lembrança da terrível turnê pela Nova Zelândia, em 1981, do time Springbok, da África do Sul. A turnê dividiu o país e provocou manifestações e protestos sangrentos contra o sistema racista de apartheid na África do Sul.

Massey University

Tennant Drive. ***Tel*** *(06) 356 9099.* **www**.massey.ac.nz

Uma mistura eclética de hospedarias antigas e prédios modernos compõe a Massey University e se espalha pelo deslumbrante interior rural. Ela fica 5km ao sul da cidade, No Massey History Walk, que faz parte da City Heritage Trail, o visitante pode apreciar este e outros locais e prédios antigos da cidade. O primeiro instituto de rúgbi dentro de uma universidade e a única escola de aviação universitária do país estão aqui.

Arredores

Ao norte da cidade, o Manawatu River atravessa o imponente **Manawatu Gorge**. O rio desafia a lógica geográfica subindo as montanhas a leste do Tararua Range e voltando para desaguar no mar da Tasmânia, a oeste. O desfiladeiro é frequentado por praticantes de esportes aquáticos, com seus jet-boats e caiaques.

Existem belos jardins ao redor da cidade. Um deles é Cross Hill Gardens, a 45 minutos de carro ao norte, que abriga a maior coleção de rododendros da Nova Zelândia.

Para hotéis e restaurantes nesta região, veja págs. 307-10 e págs. 334-6

Te Manawa

Sereia reclinada

Te Manawa é museu, galeria e centro de ciências, mas também é o único complexo regional na Nova Zelândia que abriga mostras interativas sobre ciências e a herança social, cultural e artística da região. A Tangata Whenua Gallery, cuja coleção é apresentada no piso térreo e no primeiro andar, é o centro de todo o complexo e lembra a longa ocupação da região pelos maoris. O centro oferece exposições temporárias sobre ciências, algumas bastante divertidas e interativas e que agradam às crianças. A vizinha Te Manawa Art Gallery *(pág. 174)* já faz parte do complexo Te Manawa.

Entalhe em marfim
Parte de uma peça, o entalhe representa um animal mitológico chinês.

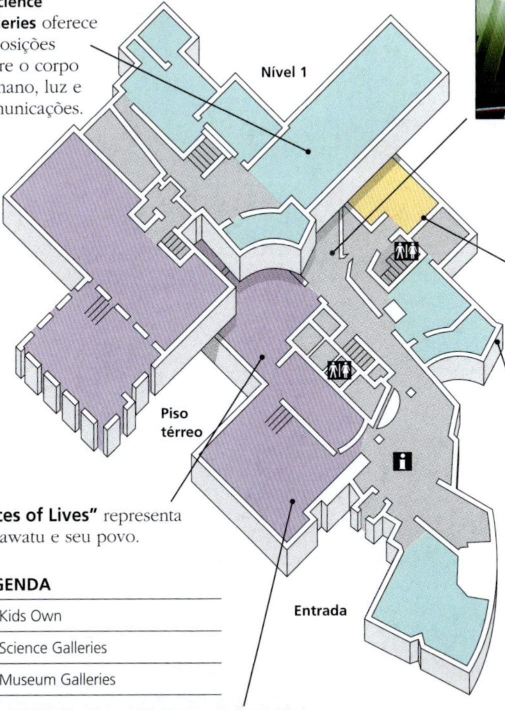

A Science Galleries oferece exposições sobre o corpo humano, luz e comunicações.

"Slices of Lives" representa Manawatu e seu povo.

O ***Kids Own*** tem túnel de aventuras, parede de sombras congeladas e sala com luz ultravioleta.

LEGENDA

- Kids Own
- Science Galleries
- Museum Galleries

PREPARE-SE

Te Manawa, 396 Main St.
Tel *(06) 355 5000.* *diariam.*
25 dez. *Science Galleries*
www.temanawa.co.nz

★ Balão de Ar Quente
O visitante aciona um fole que infla o balão com ar quente para fazê-lo subir.

AgResearch Conservatory
Exemplos do reino vegetal, incluindo espécies nativas e exóticas da Nova Zelândia.

★ Tangata Whenua Gallery
Totens esculpidos no século 19 integram os tesouros maoris expostos na galeria.

PONTOS ALTOS

★ Balão de Ar Quente

★ Tangata Whenua Gallery

Wanganui ⓮

Cestas de flores nos postes

A região de Wanganui (que mantém a ortografia maori) foi colonizada pelos maoris no ano de 1100. Por volta de 1840, a New Zealand Company já não tinha mais terras para oferecer aos colonos no distrito de Wellington e tentou comprar dos maoris as terras de Wanganui. A cidade tornou-se o centro de distribuição das áreas que se estendem até Waitotara, a oeste, Marton, a leste, e Taumarunui, ao norte. A menos de uma hora de carro de Palmerston North e a duas horas e meia de Wellington, o próspero centro artístico de Wanganui convive com uma variada indústria de exportação.

Victoria Avenue

Os prédios, os cinemas, os lampiões a gás, o equipamento urbano em ferro batido e as palmeiras fazem da Victoria Avenue, no centro comercial de Wanganui, uma festa para os visitantes. De dezembro a março, mil cestas floridas enfeitam postes de iluminação e varandas para celebrar o Festival das Flores.

Durie Hill

Via Anzac Parade.
Tel (06) 345 8525. *diariam.*

Situada em um dos lados da ponte da cidade, no final da Victoria Avenue, Durie Hill possui um elevador que sobe a 66m de altura por dentro da montanha. Inaugurado em 1919, é apenas mais um dos muitos elevadores desse tipo. O acesso a ele é feito por um túnel, e em apenas um minuto chega-se ao topo.

Do alto da escada em espiral com 34m da Durie Hill Memorial Tower, no topo do elevador, vê-se toda a cidade, o Mount Taranaki/Egmont a noroeste *(págs. 182-3)*, o Mount Ruapehu a leste *(págs. 142-3)*, além de uma deslumbrante vista do mar da Tas-mânia. O memorial da Primeira Guerra Mundial, de 1925, é feito de conchas fossilizadas extraídas das pedreiras na cabeceira do rio.

Wanganui e a ponte da cidade vistas de Durie Hill

Whanganui Regional Museum

Queens Park. *Tel (06) 349 1110.*
diariam. *Sexta-feira Santa, 25 dez.*

Entre os tesouros do Museu Regional de Whanganui há retratos de personagens maoris pintados por Gottfried Lindauer (1839-1926), que conseguiu livrar-se do exército austro-húngaro migrando para a Nova Zelândia, e a Te Mata-o-Hoturoa, uma *waka* (canoa de guerra maori) cavada em um único tronco da árvore *totara*. Fundado em 1895, o museu preserva materiais que registram a geologia e a história natural e social da cidade e da região.

PREPARE-SE

Mapa rodoviário E4. *44.000. 8km SE da cidade. 165 Ridgway St. 101 Guyton St, (06) 349 0508. Wanganui in Bloom (dez-mar).* **www**.wanganuinz.com

Sarjeant Gallery

Queens Park. ***Tel*** *(06) 349 0506. diariam. Sexta-feira Santa, 25 dez.* **www**.sarjeant.org.nz

A galeria exibe uma respeitada coleção de óleos, aquarelas e gravuras neozelandeses dos séculos 19 e 20. Abriga ainda uma coleção de fotos de Kay Denton e pôsteres e histórias em quadrinhos da época da Primeira Guerra Mundial.

Moutoa Gardens

Market Place.

Situados no lugar em que Wanganui nasceu, os monumentos dos Moutoa Gardens estão espalhados entre árvores e canteiros.

Obra nos Moutoa Gardens

Nos últimos anos, os Moutoa Gardens têm sido palco de manifestações políticas e costumam ser usados por grupos maoris para protestar contra questões ligadas à terra.

Cooks Gardens

Maria Place.

Importante recanto ao ar livre, os Cooks Gardens possuem um velódromo e um bonito campanário antigo. Foi aqui que, em 1962, o neozelandês Peter Snell correu 1 milha (cerca de 1,6km) em menos de 4 minutos, batendo o recorde de Roger Bannister, da Grã-Bretanha.

Whanganui Riverboat Centre

Taupo Quay. ***Tel*** *(06) 347 1863. diariam. no interior.*

Neste centro está o barco a vapor movido a rodas *Waimarie*, hoje recuperado e restaurado. Construído em Londres em 1899, ele navegou o Whanganui River por 50 anos. No museu há fotos e objetos do barco.

O *Waimarie* no Whanganui River

Whanganui River ⓯

Mapa rodoviário E3-E4. *Wanganui Department of Conservation, esq Ingestre e St Hill Sts., Wanganui, (06) 345 2402.* **www**.whanganuiriver.co.nz

O Whanganui é o maior rio navegável e o terceiro mais extenso da Nova Zelândia. Seus 290km nascem no Mount Tongariro, no centro da Ilha Norte, e traçam um caminho sinuoso pelo Whanganui National Park na direção de Wanganui e do mar da Tasmânia.

Até os anos 1920 havia um serviço regular de transporte de passageiros, correio e encomentas para o interior, além de um próspero mercado turístico entre Mount Ruapehu e Wanganui. Hoje, o rio, com seus profundos desfiladeiros, altas escarpas e 239 cachoeiras catalogadas, é procurado para a prática de canoagem. Os principais pontos de entrada e saída do rio em canoa, raft ou jet-boat são Taumarunui, Pipiriki e Wanganui. Percorrer, de canoa, os 145km entre Taumarunui e Pipiriki leva cinco dias. De outubro a abril, é possível alugar cabanas na área de camping, no Department of Conservation e em outros locais.

Dá para seguir o rio de carro, de Wanganui a Pipiriki. Boas estradas secundárias levam a sítios históricos, antigos povoados maoris, além das deslumbrantes cachoeiras e mirantes.

Whanganui National Park ⓰

Mapa rodoviário E3. *Department of Conservation, esq Ingestre e St Hill Sts., Wanganui, (06) 345 2402.* **www**. whanganuinationalpark.com

Inaugurados em 1987, os três principais setores do parque estão no interior da bacia do Whanganui River. As matas de podocarpos ao longo do rio são o coração do parque. Há ainda samambaias e plantas ribeirinhas, além de diversas espécies de aves. O rio é repleto de peixes.

O visitante encontra atividades que incluem canoagem, caiaque, rafting, jet-boating e caminhadas. Há também pescaria e caçada de veados e cabras. Uma opção mais tranquila é fazer um passeio de barco nas partes mais baixas do rio.

O rio Whanganui corta o Whanganui National Park

New Plymouth ⓱

Fonte em Pukekura Park

O principal centro da região do Taranaki, New Plymouth tem o único porto de águas profundas da costa oeste da Nova Zelândia, encravado entre praias de fortes ondas ao longo de North Taranaki Bight. O pico do Mount Taranaki/Egmont domina o horizonte da cidade. A produção rural, com forte ênfase na indústria de laticínios, aliada à engenharia pesada, à indústria marítima e à sivicultura é o esteio da economia local. Na região também estão as principais indústrias petroquímicas, de óleo e de gás do país. New Plymouth é famosa por seus belos parques, jardins e reservas, e é base ideal para explorar o Egmont National Park *(págs. 182-3)*.

Janelas com vitrais na St Mary's Church

St Mary's Church

37 Vivian St. ***Tel*** *(06) 758 3111.*
diariam. *quase diárias.*
Consagrada em 1848, é a igreja anglicana mais antiga do país. É um excelente exemplo de arquitetura do século 19, cujos vitrais se destacam pela beleza. As lápides de crianças, colonos, soldados e religiosos nas imediações da igreja lembram de maneira comovente as dificuldades vividas pelos pioneiros. Vários chefes maoris também estão enterrados aqui.

Puke Ariki

1 Ariki St. ***Tel*** *(06) 759 6060.*
diariam.
www.pukeariki.com
Erguido sobre o que originalmente era o mais importante sítio maori em Taranaki, Puke Ariki reúne biblioteca, museu e centro turístico.

O centro é um espaço de exibição do acervo do museu, que inclui 6 mil *taonga* (tesouros) maoris, nacionalmente importantes.

Puke Ariki dá vista para um calçadão de 7km ao longo da costa.

JARDINS E PARQUES DE TARANAKI

Os parques, as áreas preservadas e os jardins de Taranaki são visitas obrigatórias aos que chegam de fora. Os dias muito longos, as chuvas frequentes, a temperatura agradável, o solo vulcânico e o abrigo de ventos constantes são condições ideais para o cultivo de flores. Rododendros, azaléias e camélias adaptam-se com perfeição às condições locais, como se vê na grande variedade de espécies que se dão bem na região, além das rosas, magnólias, íris e muitas outras plantas nativas. Entre o fim de outubro e a primeira semana de novembro, cerca de cem jardins residenciais abrem suas portas ao público durante o Taranaki Rhododendron Festival. O visitante pode tomar chá e comprar plantas em alguns desses jardins. Consulte o site www.gardens.org.nz para mais informações.

Rododendros floridos

Richmond Cottage

Ariki St. ***Tel*** *(06) 758 9583.*
11h-15h sáb-dom e feriados.
Construído com pedras, em 1853, em vez da madeira habitual, o chalé foi a residência de algumas famílias pioneiras importantes de Taranaki.

Muitos dos artefatos e móveis expostos em seu interior restaurado pertenciam às famílias de colonos.

Nos anos 1880, o chalé oferecia acomodação para pessoas que passavam férias à beira-mar.

Pukeariki Landing

Ariki St. *diariam.*
Um oásis verde no centro da cidade, o Pukeariki Landing existe desde 1990, quando os trilhos de trem foram removidos da faixa litorânea.

O parque ocupa o lugar em que aportavam os barcos trazendo pessoas e suprimentos dos navios.

Govett-Brewster Art Gallery

Queen St. ***Tel*** *(06) 758 5149.*
diariam. *Sexta-feira Santa, 25 e 26 dez.* *exposições específicas.*
www.govettbrewster.com
Inaugurado em 1970 como museu de arte contemporânea –um conceito novo para a Nova Zelândia e a região Ásia-Pacífico da época–, o Govett-Brewster Art Gallery foi doa-do pela benfeitora local Monica Brewster.

Ela deixou estipulado em testamento que a galeria deveria contar com um diretor de prestígio nacional que adquirisse obras de arte com "a mínima influência dos políticos locais".

Hoje, é o único museu da Nova Zelândia que possui acervo permanente. Seus pontos altos são a coleção de arte abstrata das décadas de 1970 e 1980, com trabalhos de Patrick Hanly, Michael Illingworth e Colin McCahon, e esculturas contemporâneas.

O espaço Len Lye Archive abriga esculturas cinéticas, pinturas e filmes do artista, pintor e realizador de filmes neozelandês, de renome internacional (1901-80).

A galeria promove ainda palestras sobre arte.

Samambaias no Pukekura Park

Pukekura Park

Liardet St. ◯ *diariam.* ♿

Inaugurado em 1876 e a dez minutos do centro da cidade, o tema deste parque é a água. Suas calçadas atravessam uma densa mata nativa de árvores exóticas e passam por samambaias ao redor de lagos e regatos. A estufa de samambaias, a fonte, a cachoeira, o moinho d'água, o playground e os barcos de aluguel são outras atrações. Da Casa de Chá do outro lado do lago avista-se o espetacular Mount Taranaki/Egmont.

No Festival das Luzes, do Natal ao início de fevereiro, o Pukekura Park transforma-se à noite em um espetáculo de luzes coloridas iluminando todos os seus passeios e plantas.

PREPARE-SE

Mapa rodoviário D3. *70.000.* *12km NE da cidade.* *Queen St.* *1 Ariki St (foyer de Puke Ariki), (06) 759 6060.* *Taranali Rhododendron Festival (out-nov), Festival of Lights (dez-fev).* **www**.newplymouthnz.comz

Brooklands Park

Brooklands Park Drive. ◯ *diariam.* ♿

Situado ao lado do Pukekura Park, Brooklands é um parque em estilo inglês com amplos gramados e jardins formais. Antiga propriedade familiar, foi doado à cidade em 1934. Seus destaques são uma árvore puriri com 2 mil anos de idade, 300 variedades de rododendros e um zoológico para crianças. O Bowl of Brooklands, a concha acústica ao ar livre ao lado do bosque e à beira do lago, exibe concertos e espetáculos.

O parque tem um hospital colonial, o Gables, de 1847. O bonito prédio de pedra que abrigava apenas 55 pacientes é hoje uma galeria de arte e abriga também o museu da medicina.

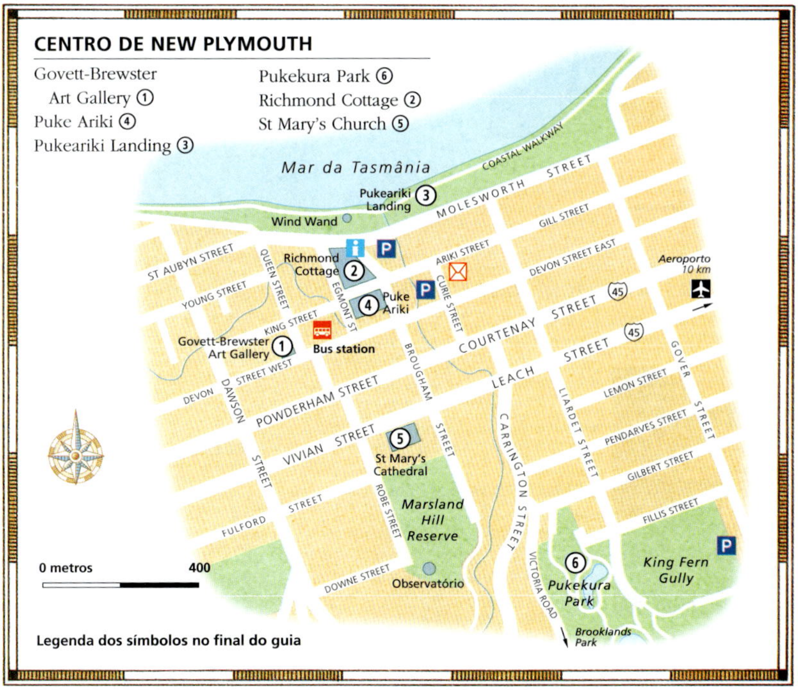

Egmont National Park ⓲

Trilheiro na montanha

O Egmont National Park é um dos parques de mais fácil acesso na Nova Zelândia. Ocupa o solitário vulcão extinto Mount Taranaki/ Egmont, com 2.518m. A montanha quase simétrica tem gelo e neves eternas. Embora o tempo no parque costume mudar de uma hora para a outra, uma rede com 150km de trilhas oferece ótimas escaladas, descidas de esqui e caminhadas aos mais bem preparados. As trilhas do parque são para pessoas relativamente experientes, não tente fazê-las se for marinheiro de primeira viagem.

Cabanas
As cabanas do parque são interligadas por trilhas e alugadas nos centros de informação ou no Department of Conservation.

Árvores nativas
O clima úmido, combinado com épocas mais secas e quentes, é responsável pela exuberante vegetação. As árvores nativas ficam nas montanhas mais baixas.

Puniho Track Esta trilha circular requer um dia de caminhada (de seis a oito horas). Ela também leva ao Around-the-Mountain Circuit, em Holly Hut e ao norte de Kahui Hut.

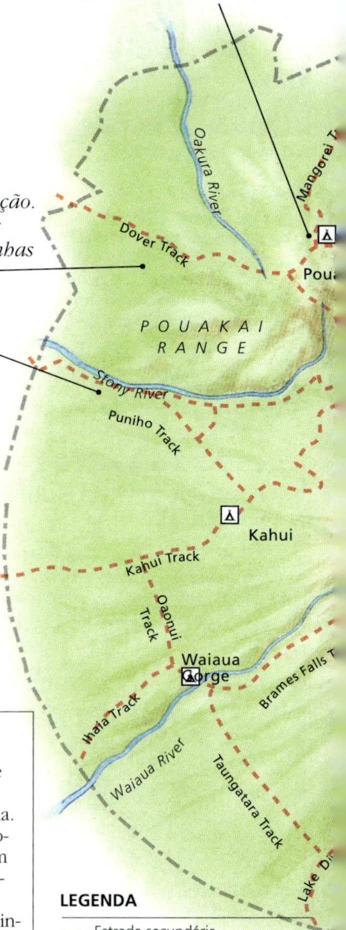

LEGENDA

- Estrada secundária
- Rio
- Limite do parque
- Trilha para caminhada
- Informações turísticas
- Cabana
- Área para piquenique

AS TRILHAS DO EGMONT NATIONAL PARK

O parque possui uma extensa rede de trilhas para o cume ou ao redor da montanha. As trilhas menores partem das três estradas que sobem a montanha. Elas vão de fácil (trilhas de meia hora) a difícil (caminhadas que podem demorar horas). O popular Around-the-Mountain Circuit é a trilha mais longa, pois só é completada após cinco dias de caminhada. Pode ser iniciada em qualquer ponto e percorrida por partes em momentos diferentes. Além de uma grande variedade de insetos e pássaros, o parque abriga altas árvores *rimu* e *kamahi* nas regiões mais baixas, densos arbustos subalpinos e um herbário alpino com espécies exclusivas.

Trilheiro em um dos caminhos do parque

Para hotéis e restaurantes nesta região, veja págs. 307-10 e págs. 334-6

PREPARE-SE

Mapa rodoviário D3. 🚉 *Strat-ford Depot, Miranda St.* ℹ *North Egmont Visitor Centre, (06) 756 0990; Dawson Falls Visitor Centre, (027) 443 0248; Strat-ford Area Office, Department of Conservation, Stratford, (06) 765 5144.* **www**.doc.govt.nz

Mount Taranaki/Egmont
Acredita-se que o Taranaki/Egmont tenha se formado em uma erupção vulcânica há mais de 70 mil anos. Considerado sagrado pelos maoris, entrou em erupção pela última vez em 1775.

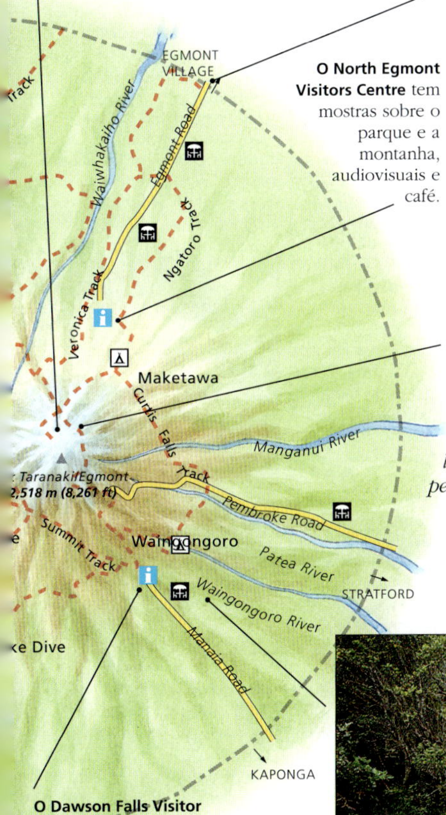

O North Egmont Visitors Centre tem mostras sobre o parque e a montanha, audiovisuais e café.

Egmont Road
As placas em Egmont Village indicam o norte do parque na Egmont Road. No caminho, de 16km, há locais para piquenique.

Escalada de inverno
Várias trilhas pelo gelo e pela neve levam ao topo pelo lado norte. No inverno é preciso usar equipamento apropriado.

O Dawson Falls Visitor Centre tem mostras sobre a flora e a fauna do parque e um modelo das características vulcânicas locais.

Dawson Falls
Com uma queda de 18m sobre um antigo rio de lava, a cachoeira está a 20 minutos a pé do Dawson Falls Visitor Centre.

Vista de uma das Sugar Loaf Islands

Oakura ⑲

Mapa rodoviário D3. *1.000.*

No bonito litoral de Taranaki, 15km a oeste de New Plymouth, Oakura é outra típica cidade rural da Nova Zelândia. Ela tem todas as características desses vilarejos –uma rua central de comércio, estação de trem, área de recreação, igrejas, *pubs* e um memorial de guerra.

O restaurante montado em um vagão de trem na rua principal é novidade. A Crafty Fox é a loja que vende trabalhos de artistas e artesãos que vivem na região.

A praia de Oakura é famosa pelo belo pôr-de-sol (em maori, Oakura quer dizer "lugar do vermelho flamejante").

Ela também é bastante procurada por banhistas, surfistas e praticantes de windsurfe, devido às ótimas condições de vento que oferece.

Sugar Loaf Islands Marine Park ⑳

Mapa rodoviário D3. *de Lee Breakwater, New Plymouth.*

Decretadas áreas de preservação marinha em 1991, as Sugar Loaf Islands estão a 700m de profundidade e a 1,6km de distância de Port Taranaki em New Plymouth.

As rochas e os recifes que formam as ilhas são os restos vulcânicos mais antigos de Taranaki. Eles consistem de camadas de andesito formadas pela erosão de 5 a 300m de profundidade, ao longo de 1,75 milhão de anos.

Este parque marinho é um arquipélago composto de 11 ilhas, ou grupos de ilhas. As duas maiores são Motumahanga e Moturoa.

Localizadas no extremo norte do parque, são conhecidas como "ilhas externas". As quatro ilhotas de pedra próximas de Paritutu são as "ilhas internas".

As ilhas abrigam uma grande variedade de animais e plantas. São 80 tipos de peixes catalogados, pelo menos 19 espécies de aves, plantas nativas e exóticas, raras ou ameaçadas de extinção, além de 33 espécies de esponjas. Focas-peludas, golfinhos-flíper e golfinhos-de-hector podem ser vistos o ano todo no parque, enquanto orcas, baleias-piloto e baleias-jubarte aparecem só de vez em quando.

A melhor maneira de explorar as ilhas é em barco fretado, mas é possível chegar a Round Rock, uma "ilha interna", a pé pela praia se a maré estiver baixa. Pela praia chega-se também a Snapper Rock, outra "ilha interna", mas só na primavera, quando a maré é muito baixa.

Nas águas relativamente profundas, a abundância de peixes e um cenário submarino espetacular atraem mergulhadores do mundo todo. A visibilidade chega a 20m no verão e no outono. A pesca recreativa tem restrições. O bacalhau azul, o *kingfish* (peixe grande comum na região) e o vermelho são as espécies mais pescadas. No verão e no início do outono há campeonatos de pesca em alto-mar de atum, marlim e tubarão-mako.

Cape Egmont ㉑

Mapa rodoviário D3.

Situado no extremo oeste de Taranaki, em Cape Egmont venta muito e o mar é agitado. Seu marco solitário é o farol de Cape Egmont, transferido da Mana Island, perto de Wellington, em 1881. Alimentado por geradores a diesel até 1951, hoje ele opera com eletricidade.

Distante 30km do cabo, um campo de extração maui produz o gás que é processado em Oaonui, 9km a nordeste da cidade de Opunake.

O centro de visitantes da unidade de processamento dá detalhes da história da exploração de óleo na região de Taranaki.

Há réplicas em escala menor de petroleiros e equipamentos. De binóculos enxerga-se a plataforma Maui A, que está a 35km da costa, em alto-mar.

Escada para o farol de Cape Egmont

Opunake ㉒

Mapa rodoviário D3. *1.600.*
Tasman St, (06) 761 8663.
Opunake Beach Carnival (jan).

O centro de um rico distrito produtor de laticínios, Opunake é a maior cidade a oeste do Mount Taranaki/ Egmont. Sua praia situada na pequena e protegida Middleton Bay é considerada a melhor de Taranaki. Ela se enche de banhistas atraídos por suas águas tranquilas e pelas altas ondas no verão. O Opunake Walkway é um calçadão que percorre toda a

Opunake Beach, uma pitoresca praia para banho na costa de Taranaki

costa e a beira-mar, passando também pelo Opunake Lake, excelente para a prática de canoagem, iatismo e outros esportes aquáticos. Também são interessantes os dois cemitérios antigos do lugar.

O roteiro de 7km de extensão pode ser retomado em vários pontos em toda o seu trajeto.

Hawera ㉓

Mapa rodoviário D3. *9.000.* *55 High St, (06) 278 8599.*

Situada na área rural de Taranaki, Hawera oferece muitas atrações aos visitantes. Os **Hollard Gardens**, com seus 38.000m², foram plantados no final da década de 1920 pelo fazendeiro Bernard Hollard e doados ao Queen Elizabeth II National Trust em 1982. Estão mais floridos entre setembro e novembro.

No centro de visitantes interativo em **Dairyland** é possível simular uma viagem no caminhão-tanque que recolhe o leite nas fazendas e comparar a produção de laticínios do século 19 com os métodos atuais. O centro conta a história da indústria e seus avanços tecnológicos. Também homenageia aqueles que há tantos anos estão envolvidos na maior indústria exportadora do país.

Deliciosos derivados de leite são vendidos no único café giratório da região, onde o visitante também desfruta uma belíssima vista do Mount Taranaki/Egmont. Do outro lado da estrada estão os Kiwi Dairies. Fechada ao público, essa é a maior indústria de processamento de leite e derivados do mundo.

Hawera pode ser apreciada do alto do reservatório de água da cidade, construído após os incêndios que atingiram a cidade na década de 1880, um dos quais destruiu grande parte da rua principal. Em 1914, um mês após a torre ser inaugurada, um terremoto inclinou-a 75cm para o sul. Hoje, a inclinação é de 8cm.

Estátua de vaca em Dairyland

O **Tawhiti Museum** é um museu particular – considerado o melhor do país– que exibe aspectos da vida diária dos primeiros habitantes de South Taranaki. Ocupando uma antiga fábrica de queijos, as mostras começam nas lutas pela terra e vão até o início da indústria de laticínios.

As figuras em tamanho natural que compõem os cenários foram criadas nas oficinas do museu, modeladas a partir de rostos de voluntários locais.

Um pequeno trem leva as pessoas em vagões reformados que transportavam a madeira de Taranaki.

Hollard Gardens
Manaia Road, N de Kaponga. ***Tel*** *(06) 764 6544.* *diariam.* *doações*

Dairyland
Esq State Hwy 3 e Whareroa Rd.
Tel *(06) 278 4537.* *diariam.*

Tawhiti Museum
401 Ohangai Rd.
Tel *(06) 278 6837.* *varia* *marcar hora.*

Stratford ㉔

Mapa rodoviário D3. *5.700.* *Miranda St, (06) 765 6708.*

Situada a leste do Mount Taranaki/Egmont, 40km ao sul de New Plymouth, Stratford não só leva o nome da cidade natal de Shakespeare, Stratford-upon-Avon, como suas ruas têm nomes de personagens shakesperianos.

A **Taranaki Pioneer Village** compreende prédios restaurados e reformados, como a escola, a prisão, a estação de trem e mais uns 50 prédios ligados à história local e da região.

Taranaki Pioneer Village
Stratford South. ***Tel*** *(06) 765 5399.*
diariam. *25 dez.*
só algumas exposições.

Personagens em tamanho natural no Tawhiti Museum, em Hawera

17
MOUNT COOK AIRLINE

ILHA SUL

Introdução à Ilha Sul

Uma paisagem diversificada aguarda o visitante na Ilha Sul. Nela predominam as neves eternas dos Southern Alps, que dividem a ilha ao meio e são responsáveis pela variedade de esportes de aventura em montanhas, geleiras, lagos, rios e fiordes. Praias douradas, rios navegáveis e vinhedos estendem-se pelo norte ensolarado. Ao longo da estreita West Coast, o mar da Tasmânia banha um litoral pouco explorado. A leste estão as Canterbury Plains e as terras férteis de Otago e Southland. O "jardim" inglês da Nova Zelândia, Christchurch, e Picton, nos pitorescos fiordes, ou Marlborough Sounds, são as portas de entrada da Ilha Sul.

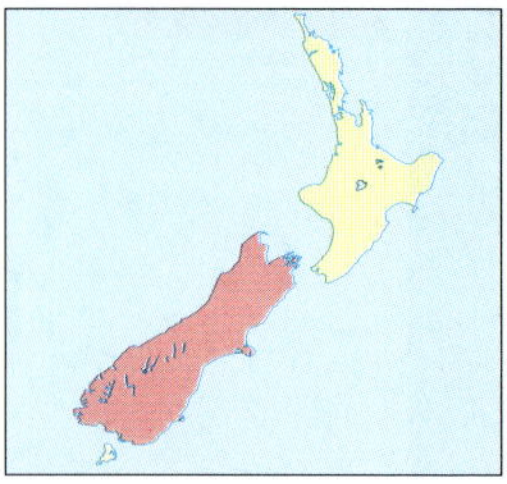

LOCALIZE-SE

No Mount Cook National Park (págs. 252-3), *os picos mais altos da Nova Zelândia erguem-se sobre os Southern Alps e o parque subalpino. O parque é muito procurado por esquiadores, montanhistas e fotógrafos.*

O Lake Te Anau (pág. 281), *na frente das geleiras do Fiordland National Park, é o maior lago da Nova Zelândia. É muito frequentado por pescadores de truta e salmão.*

O Octagon (pág. 260), *o belo jardim octogonal de Dunedin, tem prédios imponentes ao redor da estátua do poeta Robert Burns.*

◁ **Aterrissagem na neve, em Mount Cook**

No Nelson Lakes National Park (pág. 212), *ao norte dos Southern Alps, estão os lagos glaciares de Rotoiti e Rotoroa.*

A costa de Kaikourast (págs. 208-9) *é o único lugar da Nova Zelândia onde se vêem cachalotes durante o ano todo. As agências de ecoturismo fazem passeios para ver essas baleias e outros peixes.*

Os prédios do Provincial Council *em Christchurch* (pág. 226), *considerados excelentes exemplos da arquitetura gótica secular na Nova Zelândia, são os mais antigos da cidade.*

Os Moeraki Boulders (pág. 267) *são pedras redondas de vários tamanhos que se espalham pela praia, na frente dos rochedos.*

Esplendor da Ilha Sul

O que mais chama a atenção de quem chega à Ilha Sul é a paisagem variada: as enseadas verdes dos Marlborough Sounds, as praias douradas de Nelson, as planícies de Canterbury, as neves eternas das cadeias alpinas, as florestas tropicais de West Coast, as terras áridas e as colinas férteis de Otago e Southland, e os fiordes a sudoeste. O clima também é bem variado. Apenas três horas de carro separam a úmida costa oeste da árida costa leste.

Mitre Peak, *no Fiordland National Park, é o penhasco à beira-mar mais alto do mundo.*

No Abel Tasman National Park *as areias brancas contrastam com o verde das florestas* (págs. 214-5). *Caminhar por este litoral é uma prática comum na Nova Zelândia.*

Os carneiros procuram feno para se alimentar nos meses de inverno.

SOUTHERN ALPS
Tomando quase toda a extensão da Ilha Sul, os imponentes Southern Alps e seus ambientes alpinos se formaram pela elevação da Placa Continental do Pacífico *(pág. 22).*

A região da West Coast *ocupa uma estreita faixa de terra entre o mar da Tasmânia e os Southern Alps, e é o lugar em que mais chove na Nova Zelândia. Lá estão os melhores exemplos de matas virgens, como as de Milford Track, como se vê acima* (pág. 283).

Na Banks Peninsula, *as crateras de antigos vulcões, criadas por rios de lava, formam as atuais baías de Lyttelton e Akaroa.*

Os Marlborough Sounds, *ao norte da Ilha Sul, foram criados pelo alagamento de um extenso sistema fluvial* (págs. 202-3).

As Sutherland Falls, *em Fiordland, consideradas as mais altas do mundo, caem por 580m em três cascatas.*

Montanhas e glaciares combinam-se para criar um cenário espetacular e oferecem inúmeras atividades ao ar livre.

Os Southern Alps, esculpidos pelo vento, pela chuva e pelo gelo, impressionam do ar ou da terra.

Os lagos a leste dos Alps, como o Lake Ohau, se formaram nas fissuras abertas pelas geleiras.

O Lake Tekapo *e outros lagos a leste são de um azul leitoso, causado pelo pó fino do gelo raspando nas pedras.*

RIOS ENTRELAÇADOS

Tecida por sinuosos cursos d'água que descem as montanhas para o mar, a malha fluvial a leste da Ilha Sul é um raro ecossistema. Por milhares de anos, grandes rios como Rakaia, Waimakariri, Rangitata e Waitaki arrastaram pedras e detritos dos Southern Alps; esses fragmentos depositados formaram as férteis planícies de Canterbury. Nas partes planas do rio vive o *wrybill*, a única ave do mundo com o bico curvado para o lado. A ave pernalta mais rara do mundo, o pernilongo-de-costas-negras, procria na Mackenzie Basin *(pág. 251).*

O leito sinuoso do Waimakariri River, que banha as Canterbury Plains

Colônias Selvagens

Placa indicando animais

Por ser menos populosa, a Ilha Sul oferece menos riscos à vida selvagem local que a Ilha Norte, como se pode observar nas inúmeras colônias de animais espalhadas pela ilha que podem ser visitadas por turistas. A Nova Zelândia orgulha-se de ser a "a capital mundial das aves", com inúmeras espécies que passam pelo seu litoral ou procriam ao longo dele. A falta de predadores deixou as aves menos medrosas e, portanto, mais presentes que nos outros países. Quanto aos mamíferos marinhos, as agências de turismo garantem quase 100% de chance de encontrá-los em seus hábitats.

A garça-branca *procria entre setembro e outubro nos pântanos costeiros perto de Okarito, e também é vista em estuários.*

O albatroz-real *tem a maior envergadura de asa –mais de 3m– das aves marinhas. A única colônia de procriação em terra está em Taiaroa Head, na Otago Peninsula* (pág. 266). *Acima, uma ave de quatro meses sendo pesada.*

O pernilongo-de-costas-negras, ave pernalta em extinção, é visto nos rios da Mackenzie Basin e em pontos de observação *(pág. 251).*

O pinguim-azul, o menor de todos, consegue sobreviver se alimentando de peixes em regiões populosas como as praias de Oamaru *(pág. 269).*

O golfinho-flíper nada a 40km/h e se alimenta de espécies que se escondem no fundo do mar. Um cardume instalou-se durante um ano em Doubtful Sound *(pág. 284).*

O pinguim-de-crista-de-fiordland, rara espécie nativa, tem uma faixa amarela sobre o olho. Ele vem à praia em junho e procria nas florestas tropicais de Fiordland.

O quivi, *uma ave noturna, pode ser vista no fim da tarde nas matas da Stewart Island* (págs. 288-9).

O pinguim-de-olho-amarelo, *o mais raro que existe, concentra-se na Otago Peninsula* (pág. 267). *À noite, é visto patrulhando a praia.*

As focas-peludas *se concentram nas pedras da costa. Na colônia reprodutiva de Cape Foulwind* (pág. 234) *os filhotes são vistos na primavera e no verão.*

Aves pernaltas, *como o pernilongo-de-costas negras* (acima), *se reúnem para pescar na areia deixada pela maré.*

Os cachalotes, *baleias dentadas que frequentam a costa de Kaikoura* (pág. 209), *mergulham a uma profundidade de 1.000m atrás de lulas gigantes.*

Golfinho-de-hector, *espécie pequena e exclusiva da Nova Zelândia, passa muito tempo perto da praia em pares ou em pequenos grupos.*

LEGENDA

- Pernilongo-de-costas-negras
- Pinguim-azul
- Golfinho-flíper
- Pinguim-de-crista-de-fiordland
- Foca-peluda
- Golfinho-de-hector
- Quivi
- Albatroz-real
- Cachalote
- Ave pernalta
- Garça-branca
- Pinguim-de-olho-amarelo

OBSERVAÇÃO DE ANIMAIS

Não se deve causar distúrbio, especialmente se os animais estiverem em período de reprodução. Para observá-los, é preciso ser muito paciente. As mães focas podem atacar se alguém se aproximar delas e dos filhotes, os pinguins-de-olho-amarelo não virão à praia alimentar seus filhotes se perturbados, e os golfinhos nem sempre gostam de ter pessoas nadando por perto. É melhor estar com um guia experiente que conheça bem o hábito dos animais, saiba onde encontrá-los e possa dar informações interessantes.

Paraíso do Esporte de Aventura

Snowboard

Queenstown é o principal destino dos esportes de aventura na Nova Zelândia, com muitas opções, na cidade e arredores, movidas a adrenalina. Com montanhas, lagos, rios e um clima geralmente seco, os destemidos neozelandeses não param de inventar novos esportes para atrair visitantes. Regras rígidas e instrutores bem treinados reduzem os riscos de descer corredeiras em alta velocidade, saltar de pontes, esquiar em áreas remotas ou saltar de pára-quedas, e explicam os altos índices de segurança no país.

Jet-boats *são botes motorizados neozelandeses que descem a uma velocidade estonteante os rios de desfiladeiros da região.*

QUEENSTOWN E ARREDORES

ESPORTES DE AVENTURA EM QUEENSTOWN

Os locais para a prática de esporte de aventura estão a 70km de Queenstown. As agências oferecem transporte, equipamento e instrutores.

	BUNGEE JUMP	HANG-GLIDE	JET-BOAT	MOUNTAIN BIKE	ESQUI	PARAPENTE EM TANDEM	PÁRA-QUEDAS EM TANDEM	RAFT EM CORREDEIRAS
Cardrona Alpine Resort				■	●			
Coronet Peak		■		■	●		●	
Kawarau Bridge			●					
Kawarau River			●					■
Queenstown *(pág. 276)*	●					■	●	
Remarkables		■		■	●	■	●	
Shotover River			●					■
Skippers Canyon	●		●					
Treble Cone					●	■		
Waiorau Snow Farm					●			
Wanaka *(pág. 271)*				■		■	●	■

Descida de esqui *nas pistas comerciais perto de Queenstown, consideradas as melho-res do país.*

LEGENDA

- Rodovia estadual
- Estrada secundária
- Rio

O mountain bike *permite a ciclistas, solitários ou integrantes de um passeio guiado, explorar caminhos off-road que tradicionalmente são feitos a pé.*

O rafting *pelos estreitos desfiladeiros e pelas violentas corredeiras dos rios Kawarau e Shotover é uma experiência emocionante.*

Queenstown, vista do Lake Wakatipu e das Remarkables do mirante de Skyline Gondola em Bob's Peak.

A área de preparação: o comprimento da corda é ajustado ao saltador.

O saltador mergulha do alto da plataforma e é puxado para cima no fim do salto.

BUNGEE JUMP

Esporte celebrizado pelo neozelandês A. J. Hackett, que saltou da Torre Eiffel em 1986 preso por uma tira de borracha amarrada nos tornozelos. Hoje, os aventureiros saltam com bungee jump de uma ponte de 104m de altura sobre uma estreita garganta de rio ou lançam-se da "Saliência" do Bob's Peak sobre Queenstown.

O esqui cross-country *é especialidade da Waiorau Snow Farm em Pisa Range, perto de Wanaka, que também hospeda corridas* cross-country *e competições de salto em esqui.*

Parapente em tandem *(ou paraglide) –salto da alto da montanha com um guia, preso a um pára-quedas retangular– é mais seguro que a radical atividade em dupla, o pára-quedismo em tandem –saltar do avião com o instrutor preso às costas e descer de pára-quedas até o chão.*

MARLBOROUGH E NELSON

O clima quente da região de Marlborough e Nelson atrai muitos turistas. A paisagem é muito variada, de um litoral selvagem com belas praias, vales inundados e colinas áridas a montanhas cobertas de florestas no interior. Além da horticultura, a região é a maior produtora de vinho do país. Abriga também sítios históricos e parques nacionais.

As evidências arqueológicas datam da ocupação do leste pelos maoris no século 13. Os navegadores polinésios Kupe *(pág. 45)* e Rakaihautu também estiveram aqui. Em 1642, o navegador holandês Abel Tasman entrou na Golden Bay *(pág. 48)*. Um confronto confuso, porém fatal, com os maoris matou quatro membros da tripulação e deixou Tasman temeroso de retornar à região. Em 1770, James Cook chegou a Queen Charlotte Sound, e sua experiência teve mais êxito.

Após a assinatura do Tratado de Waitangi em 1840 *(págs. 48-9)*, a New Zealand Company fundou a colônia de Nelson em 1842 *(págs. 210-1)*. Em 1858, Nelson já era a segunda maior cidade do país, um ano antes de Marlborough conquistar o status de província independente. A região se divide em duas grandes áreas: Marlborough, a leste, e Nelson, a oeste. Marlborough tem mais constrastes, como os sinuosos fiordes dos Marlborough Sounds, ao norte, os rebanhos e famosos vinhedos, ao sul, além da espetacular região de Kaikoura, aonde o capitão Cook chegou em 1770 *(pág. 48)*.

Ao norte de Nelson está Golden Bay, protegida do mar por Farewell Spit e isolada pelos parques nacionais de Abel Tasman e Kahurangi. As cidades de Nelson e Motueka ficam em Tasman Bay. O rico interior, habitado por artistas, taberneiros e horticultores, estende-se ao sul até os Southern Alps e o parque nacional de Nelson Lakes, o terceiro maior do país.

Mercado de Nelson no fim de semana

◁ **Praia de areias brancas de Totaranui, no Abel Tasman National Park**

Como Explorar Marlborough e Nelson

A região norte da Ilha Sul atrai visitantes pelo clima ensolarado, o litoral belíssimo, a boa comida, os vinhos, as reservas marinhas e seus três parques nacionais: Nelson Lakes, Abel Tasman e Kahurangi. Explorar a vida marinha em Kaikoura *(pág. 209)*, as rotas do vinho *(págs. 206-7)* e a Suter Art Gallery de Nelson *(pág. 210)* é obrigatório. A cidade concentra artistas e artesãos, e é de onde saem os barcos para quem quer fazer turismo de aventura. Trilhas para percorrer a pé ou de bicicleta cruzam os parques nacionais e outras áreas como os Marlborough Sounds, os fiordes típicos da região *(págs. 202-3)*.

O famoso balneário de Kaiteriteri Beach perto de Motueka

PRINCIPAIS ATRAÇÕES

Abel Tasman National Park págs. 214-5 ⓮
Blenheim ❻
Collingwood ⓲
Farewell Spit ⓳
Havelock ❹
Kahurangi National Park ⓭
Kaikoura ❼
Marlborough Sounds págs. 202-3 ❷
Motueka ⓬
Nelson págs. 210-1 ❽
Nelson Lakes National Park ⓫
Picton ❶
Queen Charlotte Drive ❸
Richmond ❾
St Arnaud ❿
Takaka ⓰
Takaka Hill ⓯
Waikoropupu Springs Scenic Reserve ⓱

Passeio

Wairau Valley Vineyards ❺

LEGENDA

- Estrada principal
- Estrada secundária
- Percurso com paisagem
- Ferrovia principal
- Ferrovia secundária
- Fronteira regional
- △ Cume

VEJA TAMBÉM

- ***Onde Ficar*** págs. 310-2
- ***Onde Comer*** págs. 336-8

Legenda dos símbolos no final do guia

COMO CIRCULAR

Com exceção das rodovias ao redor de Marlborough e Nelson, as estradas da região são estreitas e, como as que entram nos Marlborough Sounds e na Molesworth Station *(pág. 208)*, não são pavimentadas. O trem percorre as paisagens da costa leste, de Picton a Kaikoura, e chega até Nelson. Linhas aéreas domésticas servem Nelson e Blenheim, companhias particulares fazem vôos de Wellington a Golden Bay e alguns destinos nos Sounds. Ônibus e barcos saem de Nelson, Motueka, Marahau e Kaiteriteri e levam aos três parques nacionais.

Vinhedos em Blenheim, no Wairau Valley, a maior região produtora de vinho da Nova Zelândia

ATIVIDADES AO AR LIVRE

Os lugares indicados aqui foram escolhidos pelas atividades recreativas que oferecem. As condições variam, dependendo do tempo e da época do ano, portanto tome cuidado e, se tiver dúvida, informe-se no local.

	OBSERVAÇÃO DE AVES	PASSEIO DE BARCO	OBSERVAÇÃO DE PEIXES	MOUNTAIN BIKE	CAIAQUE NO MAR	NATAÇÃO	CAMINHADA
Abel Tasman National Park	●		●	■	●	■	●
Blenheim	●			■			●
Collingwood	●			■			●
Farewell Spit		●		●			●
Havelock		■			●		●
Kahurangi National Park	●						●
Kaikoura	●	■	●	■	●	■	●
Marlborough Sounds	●	■	●	■	●	■	●
Motueka	●					■	●
Nelson		■		■		■	●
Nelson Lakes National Park	●	■				■	●
Picton		■		■	●	■	●
Queen Charlotte Drive						■	●
St Arnaud	●	■		■	●	■	●

Picton ❶

Mapa rodoviário D4. *4.000.*
Koromiko, 9km S da cidade.
marinha de Picton, (03) 5203113.
www.destinationmarlborough.com

Situada na região mais alta de Queen Charlotte Sound, Picton é destino dos ferryboats que cruzam o Cook Strait em direção à Ilha Sul. O movimento do porto e da ferrovia domina a bonita cidade aninhada entre o mar e as montanhas. Os ferryboats e os táxis aquáticos misturam-se ao barcos de passeio nesta região famosa por suas belas enseadas.

As ruas largas de Picton e seus prédios históricos à beira-mar lembram os passado europeu da cidade. Antes conhecida como Waitohi, Picton era o porto do distrito de Wairau, e em 1859 tornou-se a capital da recém-criada província de Marlborough.

Em 1866, a capital passou a ser Blenheim. Seu serviço de ferryboats interilhas foi o pioneiro, criado em 1899, e o primeiro ferryboat de vagões e carros começou a operar em 1962.

Picton é a base para explorar a história de Marlborough. O **Picton Museum** conta histórias da época da pesca da baleia, iniciada nos anos 1820, e da visita do capitão James Cook ao canal externo, em 1770.

Atracados a cada lado da faixa costeira, o saveiro *Echo* e o navio *Edwin Fox* são dois exemplos da fascinante história naval neozelandesa. Construído em 1905, o *Echo* era um saveiro de carga que transportava 14 mil toneladas ao ano entre Blenheim e Wellington. O *Edwin Fox,* o único navio de condenados que ainda resta em todo o mundo, transportava condenados à Australia e migrantes à Nova Zelândia. Feito de teca da Índia, em 1853, o navio é preservado em doca seca ao lado de um museu dedicado exclusivamente a esse fim. Mais além de Picton Waterfront está o famoso **Seahorse World Aquarium**, que exibe espécies que podem ser vistas nos Marlborough Sounds.

As trilhas a pé ou de bicicleta em Picton começam perto do *Echo* ou em Shelly Beach, no recôncavo de Picton, onde há um mirante de onde se avista toda a cidade.

Saindo do *Echo*, após uma curta subida pela encosta da montanha chega-se a Victoria Domain, a reserva florestal cujo nome homenageia a rainha Vitória.

O passeio a pé por Bob's Bay oferece uma espetacular vista panorâmica de Queen Charlotte Sound e vai até The Snout, o promontório entre as baías de Picton e Waikawa.

Os maoris chamam o Snout de Te Ihumoeoneihu ("focinho da minhoca de areia").

As trilhas do Tirohanga e de Essons Valley permitem explorar as matas localizadas nos arredores da cidade de Picton.

Mostra de pesca à baleia no Picton Museum

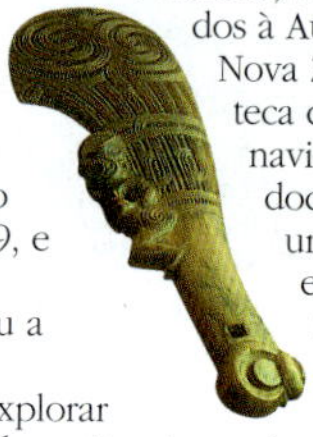

Porrete maori, Picton Museum

O *Edwin Fox*, antigo navio de condenados

Seahorse World Aquarium
Picton Waterfront. ***Tel*** *(03) 573 6030.*
diariam. *25 dez.*

Picton Museum
London Quay. ***Tel*** *(03) 573 8283.*
diariam. *25 dez.*

Echo
Shelly Beach. ***Tel*** *(03) 573 7498.*
diariam. (verão); marcar hora (inverno). *25 dez.*

Edwin Fox
Dunbar Wharf. ***Tel*** *(03) 573 6868.*
diariam. *Sexta-feira Santa, 25 dez.*

Arredores

Em 20 minutos de carro, chega-se a Karaka Point, a nordeste de Picton. É uma estreita península antes ocupada por um *pa*. Na curta caminhada até o mar, as placas explicam os aterros pelo caminho.

Marlborough Sounds ❷

Págs. 202-3.

Queen Charlotte Drive ❸

Mapa rodoviário D4.

A estrada mais conhecida dos Marlborough Sounds é a Queen Charlotte Drive, que interliga Picton a Havelock, com belas paisagens pelo caminho. Parando, leva-se meio dia para completar o trajeto de 35km em uma estrada estreita e sinuosa, mas pavimentada. Saindo de Picton, na Queen Charlotte Drive há mirantes sobre a cidade, e em Governors Bay, a 8km de Picton, a vista é esplêndida para qualquer lugar que se olhe.

Há muitas praias e áreas para piquenique e banho ao longo do caminho, que atravessa pitorescos vilarejos nas baías de Ngakuta e Momorangi. Em Ngakuta Bay, o **Sirpa Alalääkkölä Art Studio** exibe coloridas telas inspiradas nos Marlborough Sounds.

Continuando a oeste, um desvio a 12km de Governors Bay levará à histórica Anakiwa, onde começa o Queen Charlotte Track *(págs. 202-3)*. Lá existe um abrigo, área para piquenique e uma trilha fácil pela floresta de faias até Davies Bay.

Seguindo o trajeto, a Queen Charlotte Drive passa por Linkwater, onde segue paralela ao curso do Mahakipawa Arm, o trecho mais profundo de Pelorus Sound. Das trilhas e dos mirantes de Cullen Point tem-se outra perspectiva dos cursos d'água abaixo.

Depois, a estrada tem seu curso final, em uma descida direta até chegar à cidade de Havelock.

Sirpa Alalääkkölä Art Studio
Phillips Rd, Ngakuta Bay. ***Tel** (03) 573 7775.* *marcar hora.*

Havelock ❹

Mapa rodoviário D4. *500.* *Main Rd, (03) 574 2114.* **www**.rutherfordtravel.co.nz

A capital mundial do mexilhão-do-lábio-verde, a pequena Havelock recebe um número cada vez maior de visitantes atraídos por sua história e pela bem-sucedida criação de mexilhões.

Havelock foi fundada na década de 1850, no caminho entre Nelson e Blenheim, per-to dos trechos navegáveis mais profundos de Pelorus Sound. As serrarias e as jazidas de ouro foram as suas primeiras fontes de renda, mas hoje a pesca e a aquicultura (o cultivo de mariscos) são as mais importantes atividades econômicas do local. A rua principal ainda mantém algo da época dos pioneiros. Os destaques de um passeio à beira-mar são a imponente mansão dos anos 1880 do madeireiro William Brownlee, a St Peter's Church, toda em pedras, e a antiga escola primária (hoje hospedaria) dirigida por lorde Ernest Rutherford *(págs. 21, 212)* nos anos 1870. A cidade conta com vários cafés e muitas lojas interessantes que oferecem antiguidades, jóias, entalhes, artesanato e arte maori.

O restaurante de Havelock anuncia os mexilhões-do-lábio-verde

Escultura em jade-neozelandês

Os passeios e as atividades em Havelock começam pelo panorâmico percurso do correio (onde a correspondência é entregue por barco). Talvez seja a maneira mais fácil e conhecida de se chegar aos rios externos. O **Havelock Museum** guarda relíquias dos pioneiros e da época de Rutherford. Em março, há o disputado Festival do Mexilhão.

Havelock Museum
Main St. ***Tel** (03) 574 2176.* *diariam.* *doações.*

Arredores

Canvastown, 9km a oeste de Havelock, fundada em 1864 após a corrida do ouro, era um grande acampamento que abrigava milhares de mineiros. Os campos alagados e a superlotação expulsaram esses profissionais para as jazidas de ouro da Costa Oeste que acabavam de ser abertas.

Mais 11km a oeste pela State Highway 6, a estrada cruza o Pelorus River na **Pelorus Bridge Scenic Reserve**. Apesar da destruição deixada pelos mineiros, a reserva é o que restou da floresta ribeirinha que revestia grande parte das planícies de Marlborough.

Uma série de trilhas percorre a floresta e o rio, que tem uma ponte suspensa, piscinas naturais e cachoeiras. Também tem loja, café, cabanas e estacionamento com instalações elétricas, que oferece cruzeiros pelo rio e passeios pelas redondezas. Alguns passeios a pé também podem ser feitos por cadeirantes.

Pelorus Bridge Scenic Reserve, área de banho e piquenique muito freqüentada

Marlborough Sounds ❷

Cogumelo na trilha

A região dos Marlborough Sounds é um agrupamento de baías, enseadas e cavernas ocultas, com inúmeras trilhas, vida selvagem, sítios históricos e vistas insuperáveis. Picton e Havelock são as principais cidades da região *(págs. 200-1)*. Os serviços oferecidos por ambas incluem o melhor acesso a baías protegidas e acomodações à beira-mar. Os Sounds podem ser explorados de caiaque, bicicleta ou a pé.

Ciclistas explorando as estradas dos Sounds

D'Urville Island
O acesso a esta ilha, outrora fonte da argilita usada pelos maoris para fazer ferramentas, só é possível por táxi aquático. Hoje, a agropecuária é a principal ocupação, e pesca, mergulho, caiaque e mountain biking são os mais procurados.

French Pass
Este pitoresco vilarejo pesqueiro e agropecuário leva o nome do traiçoeiro estreito entre a Ilha Sul e D'Urville Island.

Tennyson Inlet fica em meio à mata nativa. Há muita beleza natural neste recanto tranquilo, com áreas de camping e piquenique em suas praias.

COMO OS SOUNDS SE FORMARAM

Os Sounds lembram uma série de picos erguendo-se da superfície da água, mas são vales inundados pelo oceano. As alterações do nível do mar (causadas pelas mudanças climáticas) somadas aos movimento das falhas geológicas e ao afundamento e inclinação do terreno a nordeste causaram a invasão das águas do mar. A última elevação importante nos níveis do mar, no fim da Era do Gelo há 12 mil anos, formou a atual costa recortada.

Vales inundados em Elaine Bay, Tennyson Inlet

PONTOS ALTOS

- ★ Motuara Island
- ★ Outer Queen Charlotte Sound
- ★ Queen Charlotte Track

★ Queen Charlotte Track
Esta bonita caminhada de 67km ou trilha de mountain bike começa em Ship Cove e termina em Anakiwa. A trilha bem definida é para experientes. Use sapatos adequados.

PREPARE-SE

Mapa rodoviário D4. de Picton a Anakiwa. de Picton e Havelock. **Picton** Foreshore, (03) 520 3113; **Havelock** Main Rd, (03) 574 2114. diariam. Sexta-feira Santa, 25 dez. **www**.doc.govt.nz

★ Motuara Island
O santuário de Motuara Island Scenic and Historic Reserve abriga uma infinidade de aves e pode ser percorrido a pé.

Titirangi Bay, uma das poucas baías com praia de areia, é reserva recreativa e parque-fazenda.

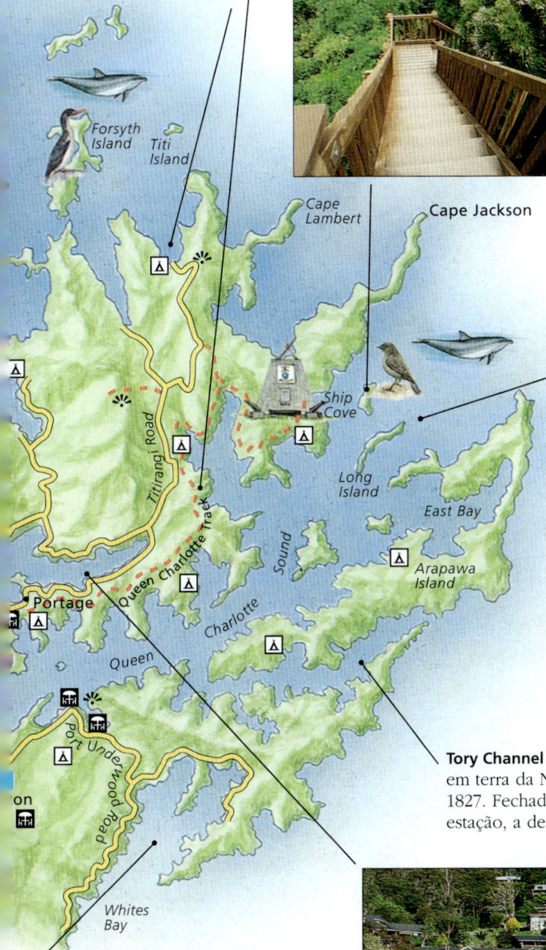

★ Outer Queen Charlotte Sound
O canal externo combina mar aberto e vida selvagem. Deve ser visitado de táxi aquático, de caiaque ou em passeio organizado.

LEGENDA

- Rodovia estadual
- Estrada secundária
- Trilha para caminhada
- Informações turísticas
- Estacionamento
- Área de camping
- Área de piquenique
- Táxi aquático
- Vista panorâmica

Tory Channel foi a primeira estação baleeira em terra da Nova Zelândia, inaugurada em 1827. Fechada em 1964, as ruínas da última estação, a de Perano, ainda estão lá.

Port Underwood foi uma estação baleeira estratégica nos anos 1830. Hoje, sua maior atração é White's Bay, a praia para banhos e a antiga estação de bondes.

Kenepuru Sound
Há vários tipos de acomodação neste tranquilo balneário, onde as pessoas vão para caminhar, pescar e acampar.

Prática de caiaque em Abel Tasman National Park ***(págs. 214-5)*** ▷

Passeio pelo Wairau Valley ❺

Uvas Chardonnay

O Wairau Valley é a maior região vinícola da Nova Zelândia, conhecida pelo seu delicioso Sauvignon Blanc. No início da década de 1970, a Montana Wines começou a cultivar uvas *(pág. 208)*. Hoje, já são cerca de 50 vinícolas. Os vinhos do Wairau Valley são celebrados no festival anual de Wine Marlborough, que acontece em fevereiro. O Montana Brancott Visitor Centre, ao sul de Blenheim, exibe todas as fases da produção do vinho.

Vinícolas da região de Blenheim na frente do Richmond Range

Cloudy Bay ⑨
Uma das vinícolas exportadoras de Marlborough de maior sucesso, apresenta excelentes Sauvignon Blanc, Chardonnay e Pinot Noir. Degustações e vendas todos os dias.

Allan Scott Wines and Estates ⑧
Uma das primeiras a plantar uvas em Marlborough, esta vinícola produz os vinhos típicos da região: Chardonnay, Sauvignon Blanc e Riesling.

Stoneleigh Vineyards ⑦
Erguida em um leito seco de rio, a vinícola leva o nome das pedras encontradas na região. O sol refletido nessas pedras acelera o processo de amadurecimento das uvas. A casa produz vinhos Chardonnay, Riesling, Sauvignon Blanc e Pinot Noir.

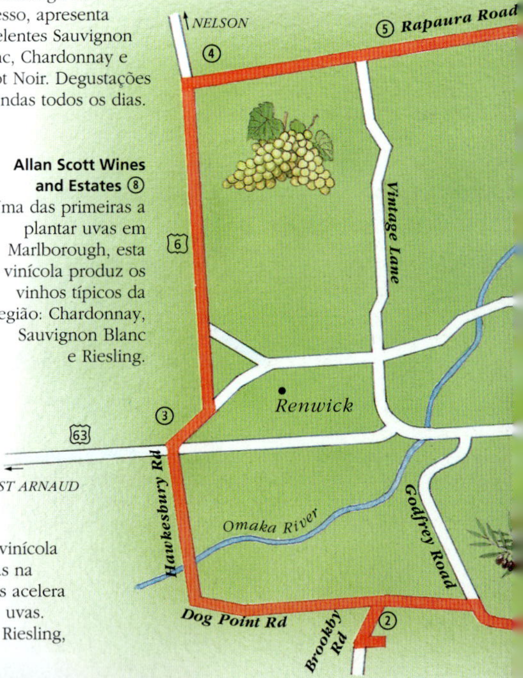

Hunters Wines ⑥
Estas são as vinícolas mais premiadas. Produzem vinhos tintos, brancos e espumantes. Suas especialidades são Sauvignon Blanc, Pinot Noir, Cabernet/Merlot, Brut e Chardonnay espumantes.

LEGENDA

- Percurso de excursão
- Outras estradas
- Rio

Ponder Estate (1)
Produtores dos premiados Sauvignon Blanc e Chardonnay, os proprietários de Ponder Estate foram os primeiros a plantar azeitonas na Nova Zelândia. Vinhos brancos e azeite de oliva são vendidos na Shed Gallery. Os trabalhos de Mike Ponder também estão expostos.

Highfield Estate (2)
O visitante tem uma excelente visão geral da do alto da torre em estilo toscano em Highfield Estate. Oferece passeios pela vinícola e degustações.

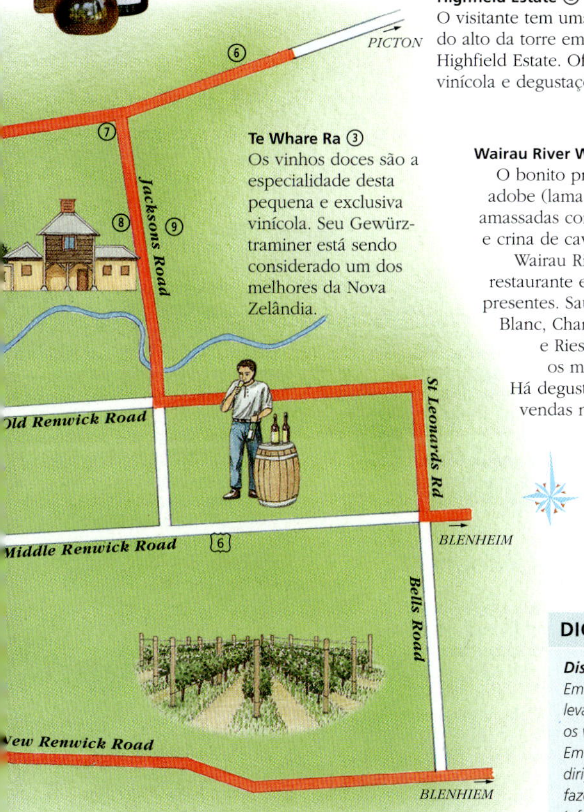

Te Whare Ra (3)
Os vinhos doces são a especialidade desta pequena e exclusiva vinícola. Seu Gewürztraminer está sendo considerado um dos melhores da Nova Zelândia.

Wairau River Wines (4)
O bonito prédio de adobe (lama e argila amassadas com palha e crina de cavalo) no Wairau River tem restaurante e loja de presentes. Sauvignon Blanc, Chardonnay e Riesling são os melhores. Há degustações e vendas no local.

Cellier Le Brun (5)
Vinícola especializada em espumantes. Oferece loja própria, passeios pelas vinhas e visitas aos porões. Seus espumantes seguem o *méthode traditionnelle*.

DICAS

Distância do passeio: *34km. Embora seja uma área pequena, leva mais de um dia para provar os vinhos com tranquilidade. Em razão das duras leis contra dirigir alcoolizado, aconselha-se fazer visitas guiadas. Informe-se no Blenheim Visitor Centre (pág. 208).*

Ponto de partida: *O passeio começa e termina em Blenheim: é um círculo com um pequeno desvio. As estradas geralmente estão em boas condições.*

Paradas: *Além dos restaurantes das vinícolas, em Renwick e Blenheim há muitas outras opções, além de diversas bancas de frutas no verão. Dezembro é o mês dos morangos e das cerejas.*

A Torre do Relógio na Seymour Square, em Blenheim

Blenheim 6

Mapa rodoviário D5. *20.500.* *6km O da cidade.* *2 High St, (03) 577 8080.* *Wine Marlborough (2° sáb de fev); Classic Fighters Air Show (Páscoa); Hunters Garden Marlborough (2° fim de semana de nov).*

A maior cidade da região de Marlborough, a importância de Blenheim no Wairau Valley cresceu junto com o desenvolvimento da indústria do vinho *(págs. 206-7).*

O festival anual de gastronomia e vinhos é a principal atração. Muitos artistas e artesãos vivem e trabalham em Blenheim e arredores.

No centro está a Seymour Square, com fonte, jardins e a Torre do Relógio.

A **Millennium Art Gallery** tem obras de artistas e escultores locais. O **Marlborough Historical Society's Museum and Archive** está ao lado do preservado Brayshaw Park, no extremo sul da cidade.

O parque da cidade tem uma estrada de ferro em miniatura, lago para barcos e uma vila colonial reconstruída, que dão uma idéia da Blenheim colonial.

Próximo a este local, fica também o **Wither Hills Farm Park**, com trilhas para caminhada e para ciclismo dentro de uma fazenda. As trilhas deste parque são bem sinalizadas, mas exigem preparo médio.

Millennium Art Gallery
Esq Seymour e Alfred Sts. ***Tel*** *(03) 579 2001.* *diariam.* *1° jan, 25 dez.* *aceita doações.*

Marlborough Historical Society's Museum and Archive
Arthur Baker Place. ***Tel*** *(03) 578 1712.* *diariam (arquivo só terça).* *25 dez.*

Wither Hills Farm Park
Redwood St. ***Tel*** *Blenheim i-SITE Visitor Centre, (03) 577 8080.* *diariam.*

Arredores

Ao sul de Blenheim está o **Montana Brancott Visitor Centre**. Passeios de uma hora incluem a fabricação do vinho, degustações, audiovisuais, visitas aos dois saguões de barricas e à "roda de aromas" interativa.

Mais ao sul, no vale Awatere, a **Molesworth Station**, a maior fazenda na Nova Zelândia, só pode ser visitada quando a estrada está aberta no verão. O percurso de 59km pelo interior passa por casas de adobe históricas, vales e montanhas.

Montana Brancott Visitor Centre
State Hwy 1. ***Tel*** *(03) 577 5775.* *diariam.* *Sexta-feira Santa, 25 abr, 25 dez.*

Molesworth Station
Department of Conservation, (03) 572 9100. *dez-fev.*

Kaikoura 7

Mapa rodoviário D5. *3.700.* *Westend, (03) 319 5641.* *Kaikoura Seafest (1° sáb out); Kaikoura Races (seg após o Labour Day).*

Kaikoura significa "comida de lagostim" e revela a importância do mar para a região. O capitão Cook navegou pela Kaikoura Peninsula em 1770, chamando-a de "Lookers On" (os encarados), por causa dos desconfiados maoris.

Os primeiros colonos europeus a chegar foram os baleeiros, em 1842. A atual febre de turismo local também se deve às baleias e outros animais marinhos. No centro de turismo há extensas exposições e um audiovisual. Os dentes de baleia esculpidos estão expostos na histórica **Fyffe House**, uma cabana colonial da época da pesca à baleia. Próximo dali, à beira-mar, está o Garden of Memories, onde a calçada é intercalada com pares de costelas de baleia.

Dente de baleia

No alto, a Scarborough Street tem um mirante, um fragmento de *pa* e a Gold Gallery, onde as esculturas expostas são folheadas a ouro.

No extremo sul, há visitas guiadas para a **Kaikoura Wine Company** e a **Maori Leap Cave**, uma gruta de calcário repleta de estalagmites. O hotel Fyffe Country Lodge, com seus belos jardins, fica 6km ao sul de Kaikoura.

As estradas para o interior levam ao Mount Fyffe, cujas trilhas oferecem uma esplêndida vista das florestas e das montanhas da região.

Fyffe House
62 Avoca St. ***Tel*** *(03) 319 5835.* *diariam. (verão); qui-seg (inverno).* *Sexta-feira Santa, 25 dez.* *Adultos.*

Kaikoura Wine Company
State Hwy 1. ***Tel*** *(03) 319 7966.* *diariam.* *Sexta-feira Santa, 25 dez.*

Maori Leap Cave
State Hwy 1. ***Tel*** *(03) 319 5023.* *diariam.* *25 dez.* *obrigatório.*

Um piquenique na costa de Kaikoura

Vida Marinha em Kaikoura

Suvenir de vitral

No fim dos anos 1980, o sucesso da observação marinha em Kaikoura provocou um *boom* turístico que transformou a cidade em um dos principais destinos turísticos da Nova Zelândia. A grande atração são as baleias cachalote, vistas na superfície entre um mergulho e outro, além de orcas e várias espécies de golfinho. Graças aos serviços oferecidos pelas empresas de ecoturismo de Kaikoura, os hábitos das baleias e focas e as cambalhotas acrobáticas dos golfinhos podem ser vistos da praia ou do ar. A abundância de vida marinha em Kaikoura explica-se pela presença de águas muito profundas e pela mistura de correntes frias e quentes nesta região do país, que traz os nutrientes à superfície. As aves marinhas encontradas em Kaikoura são os albatrozes real e migrador, a procelária cinzenta e o fulmar-da-antártida.

Os turistas têm visão privilegiada do barco Whale Watch®

À ESPERA DAS BALEIAS

As baleias vistas em Kaikoura são as dentadas (cachalotes), pertencentes a um grupo de mamíferos que também inclui os golfinhos. Diferentemente das baleias de barbatana, que se alimentam de plâncton, as primeiras caçam peixes e lulas gigantes a grandes profundidades.

Os agentes de turismo *levam os visitantes até onde estão os peixes.*

Nadar com os golfinhos cinzentos, *animais curiosos e brincalhões, é inesquecível.*

As focas-peludas da Nova Zelândia *podem ser observadas na colônia de Ohau Point, 23km ao norte de Kaikoura.*

Peixes frescos *são a especialidade dos restaurantes de Kaikoura. A fartura de vieiras, peixes, lagostas e camarões é festejada anualmente em outubro na Kaikoura Seafest.*

Os albatrozes *são algumas das aves marinhas vistas de muito perto nas praias de Kaikoura e arredores.*

Nelson ❽

Estátua de Abel Tasman

Nelson foi a segunda colônia fundada pela New Zealand Company. Os primeiros colonos chegaram em fevereiro de 1842, e em 1844 a empresa fechou. Alguns persistiram, e em 1853 Nelson tornou-se capital da província de mesmo nome. Um decreto real de 1858 tornou-a a segunda cidade da Nova Zelândia. Hoje, Nelson é um vibrante centro de artes, artesanato e festivais e tem um clima excelente. No centro da cidade estão as galerias, as lojas de artesanato e as atrações históricas. Há um memorial ao navegador holandês Abel Tasman em Tahunanui, a praia para banho mais próxima do centro.

Nelson vista de Auckland Point

Anzac Park

Esq Rutherford e Halifax Sts.

O bonito Anzac Park tem canteiros de flores, altas palmeiras e um sepulcro que é o maior memorial de guerra de Nelson. Um vagão de passageiros puxado por cavalo, o "city bus", percorre o parque desde 1901, sobre a primeira estrada de ferro da Nova Zelândia. Em Auckland Point ficava o Matangi Awhio Pa. Os maoris que aí viviam vendiam seus produtos aos europeus. Hoje, o sítio está sendo reflorestado e a trilha que leva até o topo oferece uma bonita vista da cidade.

Centro da Nova Zelândia

Esq Milton e Hardy Sts.

Uma caminhada curta começa no Botanical Reserve –onde a primeira partida de rugby foi disputada em 1870– e sobe o Botanical Hill até o marco e mirante conhecido como "o centro da Nova Zelândia".

Do alto tem-se uma bonita vista da cidade, da baía, do Maitai Valley e do Maitai River, que corta a cidade e desemboca na baía.

A trilha à beira-rio passa por jardins e pela Riverside Pool, a piscina aquecida com uma fachada histórica, e acaba no centro de turismo.

Suter Art Gallery

208 Bridge St. ***Tel*** *(03) 548 4699.*

diariam. *25 dez.* 

www.thesuter.org.nz

A Suter Art Gallery é a mais antiga da Nova Zelândia (1899) e abriga um importante acervo nacional com obras de sir Tosswill Woollaston (pioneiro da arte moderna local), Frances Hodgkins, Colin McCahon *(pág. 32)* e a pintora contemporânea Jane Evans.

A galeria tem também o acervo de Andrew Suter, bispo da cidade entre 1866 e 1891. Ele doou ao povo de Nelson uma coleção de pinturas coloniais primitivas que inclui trabalhos do aquarelista John Gully. A galeria exibe mostras temporárias, além de apresentações ao vivo, filmes e recitais.

Esse rico material faz da Suter Art Gallery um dos melhores lugares para explorar as artes visuais neozelandesas e da região de Nelson.

Queens Gardens e Albion Square

Este bairro histórico se concentra ao redor dos Queens Gardens. Algumas árvores são de 1850, mas os jardins foram plantados em 1887.

A Albion Square, que contorna os jardins, já centralizou a vida política de Nelson, quando os prédios do governo dominavam a praça.

Algumas relíquias e prédios históricos estao preservados, como o paiol de munições, a incubadora de trutas e o quartel dos bombeiros. Há um poste de correio de 1864 ainda em uso e uma corrente de teste do fiscal.

Church Hill

Trafalgar Square.

Church Hill é dominada pela Anglican Christ Church Cathedral, a terceira igreja construída no local que já foi posto fiscal, *pa*, forte e centro de imigração.

Church Hill interliga-se à Trafalgar Street por uma imponente escadaria de granito, os Cathedral Steps, presenteada à cidade pelo filantropo Thomas Cawthron.

Os painéis contam a história de Church Hill e de suas árvores notáveis; ruínas do antigo forte podem ser vistas ao lado da catedral.

Christ Church Cathedral em Church Hill

Mercado de flores no fim de semana, em Nelson

Nelson Market

Montgomery Square. ***Tel*** *(03) 546-6454.* *8h-13h sáb, 9h-13h dom.* *1º jan, 25 dez.*

Nos fins de semana a Montgomery Square se transforma em um mercado colorido.

Barracas com flores, brinquedos, artesanato, produtos e alimentos orgânicos são montadas ao amanhecer.

Transeuntes e artistas de rua fazem um animado espetáculo no mercado que já faz parte da vida de Nelson e das pessoas que visitam a cidade.

Trafalgar Street South

A rua principal de Nelson, a Trafalgar, estende-se ao sul da catedral até Trafalgar Street South.

Ela leva ao Fairfield Park e ao pequeno cemitério onde estão enterrados os primeiros colonos. As inscrições nas lápides dão uma idéia das dificuldades enfrentadas por eles em diversas épocas.

Perto do parque há duas casas do período colonial, Melrose e Fairfield. Melrose House (cerca de 1878) é um palácio em estilo italiano.

O destaque da Fairfield House (1873) é a torre, réplica da que era usada pelo primeiro proprietário, Arthur Atkinson, para estudos astrológicos. O jardim tem espécies plantadas pelo Dalai Lama em sua visita à Nova Zelândia, em 1996. Em Fairfield House, uma trilha íngreme leva a um mirante no Grampian Range.

PREPARE-SE

Mapa rodoviário D4.
43.500. *15km SO da cidade.* *27 Bridge St.* *77 Trafalgar St, (03) 548 2304.*
School of Music Winter Festival (jul); Nelson Arts Festival (out); Sealord Summer Festival (dez-jan). **www**.nelsonnz.com

South Street

A oeste de Church Hill está o bairro histórico de South Street, que inclui um grupo de cabanas de trabalhadores construídas entre 1863 e 1867.

Dessas cabanas, apenas 16 estão intactas, as outras foram transformadas em pousadas ou lojas de artesanato.

Antigas cabanas de trabalhadores no bairro histórico de South Street

CENTRO DE NELSON

Richmond ❾

Mapa rodoviário D4.
11.000. Nelson, 8km O.
Gladstone Rd, (03) 543 9521.
Chelsea Flower and Garden Show (mar).

Esta cidade abastece as produtivas fazendas ao sul e a oeste. Destacam-se os Washbourne Gardens, uma prisão de 1862 e os restaurantes Redwood Stables, feitos com os tijolos dos primeiros estábulos de corrida da Nova Zelândia. Em Richmond, é possível conhecer a arte em vidro de **Höglund Art Glass**, onde Ola e Marie Höglund criam suas famosas peças.

Arredores

Brightwater fica 6km a sudeste de Richmond e abriga o memorial do respeitado cientista neozelandês lorde Ernest Rutherford *(pág. 21)*, nascido aqui em 1871. Lá também fica a cerâmica **McGlashen Pot-tery**. Em Wakefield, também a sudeste, está a igreja de St John (1846).

Höglund Art Glass
Lansdowne Rd. ***Tel*** *(03) 544 6500.*
diariam. *Sexta-feira Santa, 25 dez.*

McGlashen Pottery
128 Ellis St, Brightwater. ***Tel*** *(03) 542 3585.* *diariam.* *Sexta-feira Santa, 25 abr, 25 dez.*

St John, em Wakefield, é a igreja mais antiga da Ilha Sul

St Arnaud ❿

Mapa rodoviário D5. *200.*
View Rd, (03) 521 1806.
Antique e Classic Boat Show (mar); Rainbow Mountain Bike Race (mar).

A uns 90 minutos de carro de Blenheim ou Nelson está o vilarejo de St Arnaud, nas praias do Lake Rotoiti, o paraíso do esqui aquático e dos barcos e pesqueiro de trutas. O vizinho Lake Rotoroa também é um pesqueiro de trutas, mas muito mais tranquilo e protegido.

St Arnaud é a porta de entrada para o Nelson Lakes National Park e a cidade mais próxima da **Rainbow Ski Area**, a região preferida dos praticantes de esqui e snowboard, principiantes e intermediários.No verão, a pista se estende até Hanmer Springs *(pág. 233)*.

Rainbow Ski Area
Wairau Valley. ***Tel*** *(03) 521 1861.*
jun-out diariam.

O Lake Rotoiti no Nelson Lakes National Park

Nelson Lakes National Park ⓫

Mapa rodoviário C5.
View Rd, (03) 521 1806.

Os lagos Rotoiti e Rotoroa, formados por glaciares, dominam o parque de 960km², ao norte dos Southern Alps.

O táxi aquático é a melhor maneira de se chegar a esta região de profundos desfiladeiros, florestas, vales e bacias. Seus lagos e rios são ideais para caiaque, vela, canoa, natação e pesca de trutas. No inverno é estação de esqui.

As trilhas para caminhar, como os 80km do famoso Travers-Sabine Circuit, passam por dois grandes vales, um desfiladeiro alpino, os alagados de Speargrass e dois lagos.

A caminhada de dois dias pelo Robert Ridge, para voltar ao Lake Angelus, é bela e agradável, mas cuidado com as grandes altitudes.

Motueka ⓬

Mapa rodoviário D4. *6.600.*
20 Wallace St, (03) 528 6543.

Motueka tem horticultura variada e é a maior produtora de frutas do país. Quiuí, maçã, cereja, lúpulo, pêra e uva são algumas frutas cultivadas nesta região. A cidade é base para passeios aos parques nacionais de Abel Tasman e Kahurangi.

Arredores

Kaiteriteri, 14km ao norte de Motueka, é famosa pelas belas praias douradas.

Ao sul de Motueka estão as cidades litorâneas de Tasman e Mapua.

No interior está a cidade de Upper Moutere, fundada em 1840 por colonos alemães.

Todas elas têm seus artistas, lojas, vinícolas, restaurantes e ótimas acomodações.

Kahurangi National Park ⓭

Mapa rodoviário C4. *20 Wallace St, Motueka, (03) 528 6543.*

Há uma grande variedade de animais e plantas nativos em 4.510km² de parque.

O destaque deste parque é a caminhada de quatro a seis dias pela Heaphy Track. Caiaque, caça, cavernas, trilhas, rafting e pesca são atividades muito praticadas no local.

Há plantas alpinas perto do Cobb Reservoir. A entrada é por Motueka, mas também pode ser por Tapawera, Murchison, Karamea *(pág. 234)* ou pela Golden Bay *(pág. 216)*.

Os Artistas de Nelson

O clima agradável e o ambiente despojado atraíram muito artistas para Nelson, tornando a cidade uma das mais vibrantes e criativas da Nova Zelândia. Sua história de realizações artísticas é longa. Hoje, Nelson oferece inúmeras oportunidades de explorar sua arte nas muitas galerias e nos estúdios dos sopradores de vidro, pintores, joalheiros, artistas têxteis, entalhadores e ceramistas. A Suter Art Gallery *(pág. 210)* é famosa por suas obras históricas e contemporâneas. A região de Nelson é reconhecida por seus eventos musicais e teatrais, como o Nelson Jazz Festival e o Nelson School of Music Winter Festival. O Tasman Regional Museum tem uma coleção de fotografias sobre o período colonial da cidade e da Nova Zelândia.

Vaso de vidro soprado

Ron McGlashen trabalha em seu ateliê em Brightwater

CERÂMICA

Uma grande variedade de excelentes argilas e materiais para vitrificação atrai os ceramistas para Nelson. Inúmeros ateliês exibem os trabalhos desses talentos. Muitos artesãos de fama nacional também moram e trabalham em Nelson.

Azulejos feitos a mão decoram uma loja em Mapua

Os objetos de vidro *de Nelson combinam design moderno e métodos tradicionais de vidro soprado* (pág. 212). *O resultado são criações coloridas, feitas manualmente.*

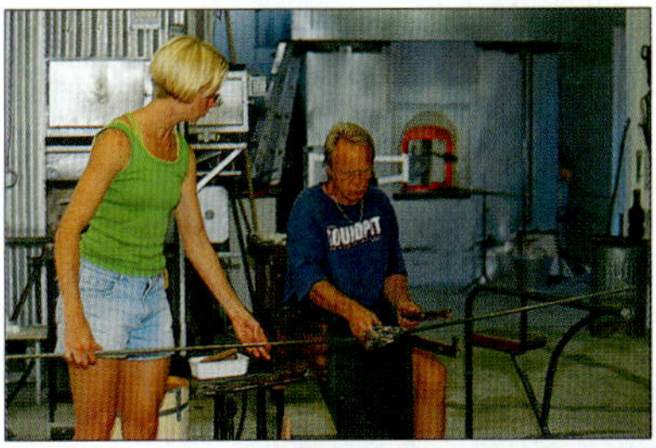

Há muitas galerias de arte e artesanato na região

Os pintores *de Nelson há muito se inspiram na paisagem local. Uma coleção importante está na Suter Art Gallery* (pág. 210).

A arte tridimensional, *que pode ser vista de vários ângulos, é comum em Nelson. Algumas peças são práticas, outras curiosas. Os escultores recebem para expor suas peças em áreas públicas.*

Abel Tasman National Park ⓮

Ostreiro no parque

O Abel Tasman é o menor parque nacional da Nova Zelândia, com 225km² de área, tem clima agradável, belas praias e estuários cercados por matas naturais. Lá está a famosa Coast Track, que pode ser percorrida a pé em um só sentido, mas a volta deve ser feita de táxi aquático ou lancha. Inúmeras áreas de camping e cabanas distribuem-se ao longo das trilhas que atravessam o parque. Devido à grande procura no verão, é necessário reservar barracas e cabanas com antecedência. O Abel Tasman também é destino também para praticantes de caiaque no mar. Passar o dia em um estuário que enche lentamente ou observar focas, pinguins, golfinhos e aves em um caiaque é simplesmente inesquecível.

Vista aérea do Abel Tasman National Park

★ Wainui Falls
As belas cachoeiras de Nelson estão a 45 minutos a pé do pequeno estacionamento na estrada de Totaranui.

★ Harwood's Hole
Uma caminhada de 45 minutos do estacionamento de Canaan (pág. 216) *leva à beira do precipício de 176m do Harwood's Hole. As bordas desse abismo são instáveis e perigosas.*

A Inland Track, a trilha pelo interior mais acidentada que a da costa, leva três dias entre Tinline Bay e Wainui Bay. Leve água potável.

PONTOS ALTOS

- ★ Harwood's Hole
- ★ Totaranui
- ★ Wainui Falls

PREPARE-SE

Mapa rodoviário D4.
diariam. para Marahau e Totaranui de Nelson e Motueka.
táxis aquáticos e lanchas partem de Kaiteriteri e Marahau.
79 Trafalgar St, Nelson, (03) 546 8210. **www**.doc.govt.nz

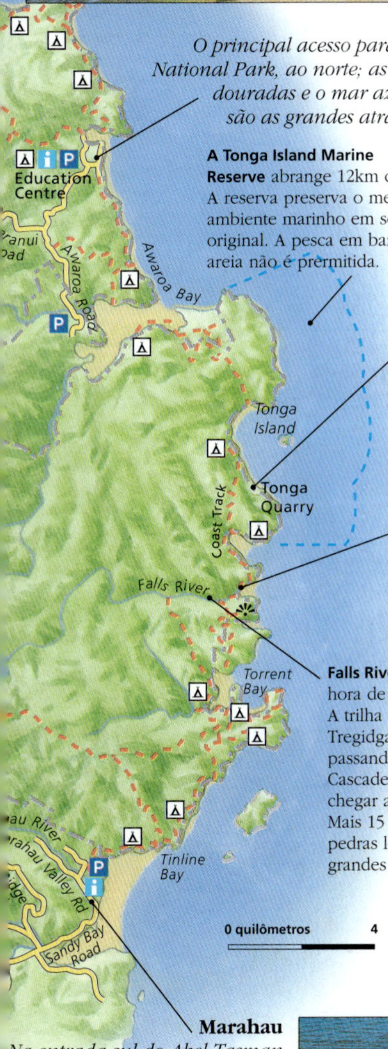

★ Totaranui
O principal acesso para o Abel Tasman National Park, ao norte; as praias de areias douradas e o mar azul de Totaranui são as grandes atrações (pág. 216).

A Tonga Island Marine Reserve abrange 12km de litoral. A reserva preserva o meio ambiente marinho em seu estado original. A pesca em barcos ou na areia não é prermitida.

Pedras de granito
O granito presente em todo o parque foi extraído da pedreira de Tonga.

Trilha costeira
Os 51km de trilhas entre Marahau e Wainui passam por quatro estuários quando a maré está baixa.

Falls River está a uma hora de Torrent Bay. A trilha segue o Tregidga Stream, passando por Cascade Falls para chegar ao Falls River. Mais 15 minutos pelas pedras levam às grandes cachoeiras.

LEGENDA

- Rodovia estadual
- Estrada secundária
- Rio
- Trilha para caminhada
- Limite do parque
- Limite da Marine Reserve
- Informações turísticas
- Estacionamento
- Área de camping
- Vista panorâmica

Marahau
Na entrada sul do Abel Tasman tional Park, Marahau é base de áxis aquáticos que percorrem a osta. As atividades em Marahau são caiaque marinho, caminhadas e nado com focas.

A vista de Takaka Hill na direção de Motueka e Nelson

Takaka Hill ⓯

Mapa rodoviário D4.

Takaka Hill é conhecida como "a montanha de mármore" pelos grandes depósitos de mármore que contrastam com as montanhas de granito do Abel Tasman National Park. Há muitas grutas e sumidouros para explorar na região, como as **Ngarua Caves**, próximas do pico de Takaka Hill, onde há um mirante com vista para a D'Urville Island, ao norte, e Nelson, a leste.

Uma visita guiada às únicas grutas abertas à visitação passa por ossos de moa *(pág. 25)*. Abaixo das grutas vê-se a praia de Marahau *(pág. 215)*, de onde foi extraído o mármore dos prédios do Parlamento de Wellington.

A oeste das Ngarua Caves, pela Canaan Road chega-se ao estacionamento de Canaan, ponto de partida de caminhadas que inclui a Rameka Track, a melhor trilha de mountain bike de Nelson.

Por uma subida leve chega-se ao Harwood's Hole *(pág. 214)*, um precipício com 176m de profundidade. Uma trilha íngreme leva ao Harwood Lookout, o mirante das Tablelands, no Kahurangi National Park *(pág. 213)*.

A leste das Ngarua Caves há outro mirante, o Hawkes Lookout. Perto há uma plataforma sobre um precipício de 500m, em Riwaka Resurgence.

Ngarua Caves
Tel *(03) 528 8093. diariam. (verão); férias escolares (inverno)*

Takaka ⓰

Mapa rodoviário D4. *1.230. 6km N da cidade. Willow St, (03) 525 9136.* **www**.nelsonnz.com

Takaka é o principal centro comercial e financeiro da região da Golden Bay e acesso para o Abel Tasman National Park *(págs. 214-5)*.

Seus habitantes são um misto de "alternativos" e agricultores.

A produção de laticínios é o forte na região. O **Golden Bay Museum** é excelente, famoso pelas exposições sobre Abel Tasman e as histórias das minas de Golden Bay.

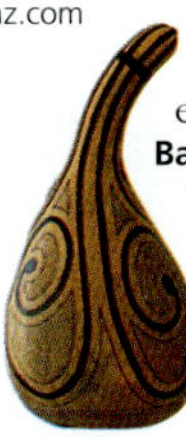

Cabaça pintada

Na região há muitas galerias de arte com trabalhos de artistas que moram perto de Takaka, como cabaças pintadas, cerâmica e esculturas em madeira ou pedra.

No **Bencarri Farm Park** há enguias domesticadas e animais de fazenda, além de espécies raras como iaques, lhamas e alpacas. Passeios à beira-rio e piqueniques no vale são outras atrações.

Golden Bay Museum
Commercial St. ***Tel*** *(03) 525 6268. diariam. out-Páscoa (varia no inverno). dom (inverno), feriados*

Bencarri Farm Park
McCallum's Rd. ***Tel*** *(03) 525 8261. diariam. (verão) 25 dez. restrito.*

Arredores

Adiante da praia de Pohara, a 10km de Takaka, há um memorial ao navegador Abel Tasman, com mirante e exposição. Depois a estrada segue para **Wainui Bay**, de onde partem várias trilhas pela costa e uma para Wainui Falls *(pág. 214)*. Depois de Wainui Bay a estrada sobe para o Abel Tasman National Park, até começar a descer para o mar e as areias brancas de Totaranui. Aí há um centro com área de camping e loja nos meses de verão.

Lhamas do Bencarri Farm Park

Waikoropupu Springs Scenic Reserve ⓱

Mapa rodoviário D4.

Ao norte de Takaka, na State Highway 60 há um desvio para a Waikoropupu Springs Scenic Reserve. Aqui, a água límpida brota de grutas subterrâneas que estão conectadas às mesmas características encontradas em Takaka Hill e em Riwaka Resurgence *(pág. 216)*.

No passado, os maoris realizavam cerimônias religiosas em Waikoropupu. Vêem-se

Mergulhadores nas águas límpidas e geladas da Waikoropupu Springs

melhor as fontes através de um grande periscópio instalado sobre uma plataforma, à qual se chega depois de uma fácil caminhada pela floresta.

Além das fontes (no fim da estrada), a trilha de Pupu Walkway segue o canal de escoamento de água de uma antiga jazida de ouro.

Uma obra de engenharia, esse canal até hoje gera energia elétrica. A caminhada por essa área tem 3km de extensão.

Collingwood ⓲

Mapa rodoviário D4. *500.*

Um vilarejo tranquilo à beira do Aorere River, Collingwood era porta de entrada para a corrida do ouro de 1850 e considerada a capital da Nova Zelândia. Apesar dos vários incêndios devastadores, o prédio do fórum, o correio, o cemitério original e a Anglican St Cuthbert's Church ainda lembram os efêmeros momentos de glória da cidade.

Collingwood é base para passeios ao Farewell Spit e dos ônibus que servem a Heaphy Track em Kahurangi National Park *(pág. 212)*.

Arredores

A uma distância de 20km de Collingwood está a bonita Kaituna Track, com vista para o rio, as florestas e para as Te Anaroa Caves, as grutas de granito com 350m, repletas de vaga-lumes e fósseis de conchas, e Aorere, a maior e primeira jazida de ouro da Nova Zelândia, de onde se extraía quartzo, prata e ouro.

É possível percorrer as escavações por uma trilha com vista para o vale.

Farewell Spit ⓳

Mapa rodoviário D4. *Farewell Spit Information Centre (03) 524 8454. diariam.*

No extremo norte da Ilha Sul. um areal estende-se 35km a leste, até o mar. Farewell Spit é reserva natural com acesso restrito e foi designada Área Alagada de Importância Internacional. Na primavera, milhares de aves pernaltas vindas do hemisfério norte juntam-se às espécies locais, para retornar no outono e procriar. Cisnes-negros, gansos canadenses, mergulhões australasianos,

Antiga exploração de ouro em Aorere, perto de Collingwood

andorinhas-do-mar, ostreiros, corvos marinhos e maçaricos são algumas espécies que podem ser vistas no verão. Como a região é área de proteção ambiental, a única maneira de visitar o areal é em passeio guiado com agente licenciado e baseado em Collingwood.

Arredores

Imediatamente a oeste do areal está **Puponga Farm Park**, com trilhas para caminhadas e mirantes. O visitante pode participar das atividades típicas de fazenda.

Uma curta caminhada do centro de atendimento e café ao Farewell Spit passa por Fossil Point, uma praia deserta. Mais a oeste há uma leve subida até o farol de Pillar Point e o Old Man Range; no fim da estrada, uma trilha atravessa as dunas de Wharariki Beach, com piscinas, pássaros, focas e as Archway Islands ao longe.

Ônibus para Farewell Spit

Puponga Farm Park
Collingwood-Puponga Main Rd.
Tel *(03) 525 8026.* *diariam.*

Turistas escalam as dunas de areia em Farewell Spit

CANTERBURY E COSTA OESTE

Canterbury e a Costa Oeste começam no mar da Tasmânia, a oeste, e se estendem a leste até o oceano Pacífico, com nítidas e surpreendentes diferenças quanto à geologia, à flora e ao clima. Juntas, as duas regiões formam quatro parques nacionais e a montanha mais alta da Nova Zelândia. Christchurch, a maior cidade da Ilha Sul, é base ideal para explorar várias sub-regiões.

Quando os colonos europeus se instalaram aqui em 1850, Canterbury e a Costa Oeste eram dominadas pela tribo ngai tahu. Por volta de 1860, o governo adquiriu grande parte das terras indígenas em uma série de transações dúbias que deixou os nativos empobrecidos e impossibilitados de participar em pé de igualdade da nova economia colonial. Só em 1997 os ngai tahus foram indenizados pelo governo da Nova Zelândia.

Enquanto a atividade pastoril era a base do desenvolvimento de Canterbury nos anos de 1850, a descoberta do ouro em 1860 atraiu os europeus para a Costa Oeste. Hoje, "a Costa", cuja mística rústica se deve ao passado minerador, tem paisagens impressionantes de montanhas e geleiras, florestas exuberantes, rios caudalosos e lagos sombrios, sem falar no isolamento do resto da Nova Zelândia. O clima úmido da Costa Oeste se deve às correntes de ar vindas do oeste que trazem chuvas fortes e frequentes e empurram o ar carregado de umidade para os Southern Alps. Canterbury é bem mais seca, com ventos quentes e tempestades que assolam os alpes, a leste, e as Canterbury Plains.

As planícies desenhadas por pastos e plantações são cercadas de vegetação baixa e montanhas verdes. Ao norte e ao sul, fundem-se às terras cultivadas, entrecortadas por rios. O interior é uma extensa bacia seca, de uma beleza austera, sobre a qual se erguem os mais altos picos da Nova Zelândia.

Alpinistas no cume do Mount Cook

◁ **Os narcisos de Hagley Park, em Christchurch, um recanto muito procurado na primavera**

Como Explorar Canterbury e a Costa Oeste

Nas paisagens típicas de Canterbury e da Costa Oeste prevalecem a cadeia de montanhas Southern Alps, que é cortada por duas estradas e uma linha férrea. Para conhecer o que a região tem de melhor e apreciar toda a beleza da sua geologia, flora e fauna, é preciso calçar sapatos resistentes e caminhar muito. Para os exploradores mais destemidos e independentes, as oportunidades são infinitas. E para os que preferem ser guiados por uma natureza selvagem há um turismo de aventura organizado para os principais locais.

Bonde urbano em Christchurch

PRINCIPAIS ATRAÇÕES

Akaroa ❺
Aoraki/Mount Cook National Park págs. 252-3 ㉘
Arthur's Pass ⓱
Arthur's Pass National Park págs. 242-3 ⓲
Ashburton ㉑
Banks Peninsula ❹
Christchurch *págs. 222-9* ❶
Geraldine ㉒
Greymouth ⓭
Hanmer Springs ❼
Hokitika ⓮
Karamea ❿
Lake Ohau ㉗
Lake Pukaki ㉕
Lake Tekapo ㉔
Lewis Pass ❽
Lyttelton ❸
Mount Hutt ⓳
Paparoa National Park ⓬
Port Hills ❷
Rakaia ⓴
Reefton ❾
Timaru págs. 248-9 ㉓
Twizel ㉖
Westland National Park págs. 238-9 ⓯
Westport ⓫

Passeios
Arthur's Pass ⓰
Waipara Vineyards ❻

VEJA TAMBÉM

• ***Onde Ficar*** págs. 312-6
• ***Onde Comer*** págs. 338-40

ATIVIDADES AO AR LIVRE

Os lugares indicados aqui foram selecionados pelas atividades recreativas que oferecem. As condições variam, dependendo do tempo e da época do ano, portanto tome cuidado e, se tiver dúvida, informe-se no local.

	PESCA	GOLFE	MOUNTAIN BIKE	MONTANHISMO	ESQUI/HELI-ESQUI	CAMINHADAS LONGAS	CAMINHADAS CURTAS	RAFT EM CORREDEIRA
Arthur's Pass National Park				■	●	■	●	
Banks Peninsula	●	■	●			■	●	
Franz Josef Glacier				■	●	■	●	
Hanmer Springs	●	■	●		●	■	●	■
Hokitika	●	■				■	●	
Karamea	●	■	●			■	●	■
Lake Ohau	●	■			●		●	
Lake Tekapo	●			■	●	■	●	
Lewis Pass			●	■	●	■	●	
Mount Cook		■			●		●	
Mount Hutt	●			■	●	■	●	
Paparoa National Park	●					■	●	
Port Hills			●				●	
Rakaia	●	■					●	■
Reefton	●		●			■		■
Westport	●	■						

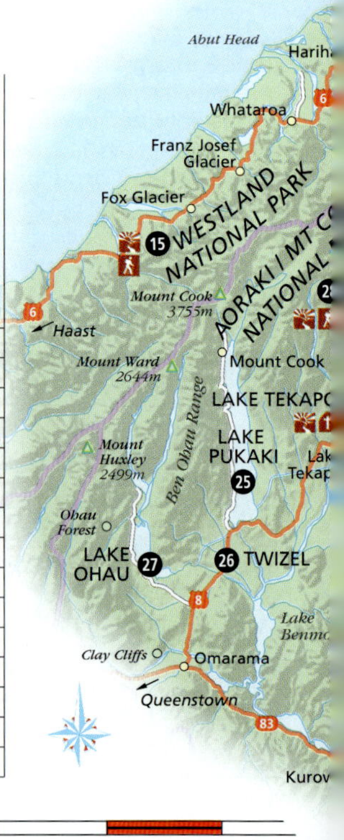

COMO CIRCULAR

Há muitas linhas de ônibus na região, mas a maneira mais conveniente de circular é de carro. Embora as estradas sejam boas, é preciso tomar cuidado nas vias alpinas nos meses de inverno.
O acesso para determinados lugares é feito por estradas de cascalho. É possível visitar várias regiões em viagens de um dia partindo de Christchurch, como Banks Peninsula, Hanmer Springs, Arthur's Pass e as estações de esqui do Médio Canterbury. A viagem de quatro horas e meia entre Christchurch e Greymouth pela ferrovia TranzAlpine é excelente para admirar a paisagem local.

O Lake Tekapo é ideal para a prática de esportes aquáticos

Christchurch ❶

Um mago de Christchurch

Christchurch, a maior cidade da Ilha Sul, é capital da província de Canterbury e porta de acesso às suas belezas naturais. Fundada como a capital da Colônia de Canterbury em 1850, seus prédios e monumentos evocam o passado colonial de uma cidade que hoje se orgulha de seus muitos parques e jardins. A fama de cidade conservadora se deve às suas origens coloniais ligadas à Igreja Anglicana, fiel à sociedade inglesa do século 19. Embora tenha sido essencialmente agrícola durante muito tempo, hoje Christchurch é uma cidade moderna, com restaurantes e cafés sofisticados, além de seu crescente e importante cenário artístico.

Cathedral Square

Situada no coração da cidade, a Cathedral Square é dominada pela Anglican Christ Church Cathedral. Há outros prédios históricos compondo a praça: o Old Chief Post Office, em estilo renascentista (de 1879), o antigo Government Building (1911), o ornamentado eduardiano Regent Theatre (1905) e o gótico Press Building (1909) *(pág. 29)*, a sede de um jornal diário.

Na frente da catedral há uma estátua de 1867 do fundador de Canterbury, John Robert Godley. Nos degraus da igreja concentra-se todo tipo de excêntricos, como o mago residente em Christchurch que faz previsões e "feitiços" aos transeuntes. A praça é fechada para os automóveis.

Christ Church Cathedral

Cathedral Square. *(03) 366 0046. diariam. só a torre. diariam exceto sáb.*

Iniciada em 1864 e concluída em 1904, a Christ Church Cathedral objetivava congregar a nova colônia anglicana de Canterbury, e até hoje é o marco mais importante da cidade. Ela foi projetada em estilo neogótico pelo arquiteto inglês George Gilbert Scott.

O respeitado arquiteto local Benjamin Mountfort supervisionou as obras e influenciou muito o projeto. Usando pedras de Canterbury e madeira nativa, a obra tem detalhes notáveis, como as pedras e madeiras entalhadas que contornam o altar-mor e o púlpito. Há outros trabalhos

Cúpula de madeira da Christ Church Cathedral

artísticos representativos da história colonial de Canterbury, o vínculo da cidade com a exploração da Antártida e as campanhas militares em guerras mundiais.

Do alto de sua torre de 134 degraus avistam-se toda a cidade, Port Hills, Canterbury Plains e os Southern Alps ao longe.

GODLEY E A COLÔNIA DE CANTERBURY

John Robert Godley (1814-61) é considerado o fundador de Canterbury, mas só passou três anos na nova província. Ele e Edward Gibbon Wakefield, fundador da New Zealand Company *(pág.49)* criaram a Canterbury Association, em 1848, que mais tarde incorporou 1.210km² à província que ficaria sob o domínio da Igreja Anglicana, na Nova Zelândia. Uma fatia da Inglaterra se transferiu para as praias de Canterbury. Os jornais ingleses destacavam a "respeitabilidade" dos "Peregrinos de Canterbury", que embarcaram nos navios *Randolph, Charlotte Jane, Cressy* e *Sir George Seymour* em setembro de 1850. Após três anos de sua fundação, Canterbury tinha governo próprio como uma das seis províncias da Nova Zelândia. Godley voltou para a Inglaterra em 1852.

Estátua de Godley na Cathedral Square

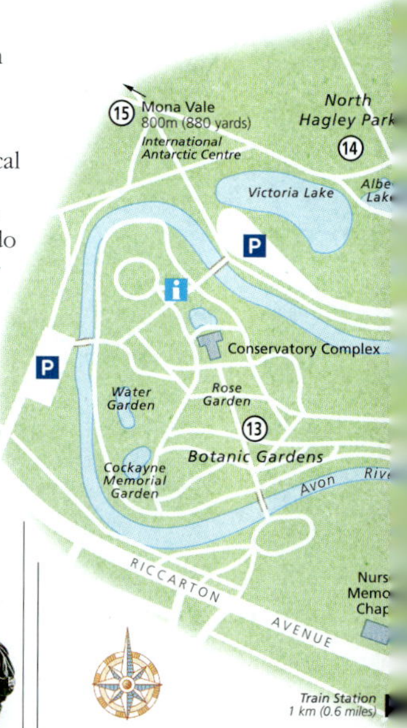

0 metros 500

LEGENDA

Rua a Rua: Christchurch *págs. 224-5*

Percurso de bonde no centro

Legenda dos símbolos no final do guia

PREPARE-SE

Mapa rodoviário C6.
316.000. *10km NO.*
Troup Dr. *123 Worcester St.* *Cathedral Square.*
Old Chief Post Office Building, Cathedral Square, (03) 379 9629.
Showtime Canterbury (nov); Summertimes Festivals (dez-mar)
www.christchurchnz.net

Bateiras no Avon River, em Christchurch

Southern Encounter Aquarium e Kiwi House

33 Cathedral Square. ***Tel*** *(03) 377 9196.* *diariam.* *25 dez.*

Este pequeno aquário que está no antigo prédio do Regent Theatre reúne a fauna marinha da Ilha Sul. Os peixes são regularmente devolvidos ao mar e substituídos por outros. Também está presente o raro quivi da Ilha Norte.

Avon River

Cashel St e Oxford Terrace.

Este rio, cujas águas tranquilas banham a cidade, é um patrimônio natural de Christchurch e uma de suas atrações.

Os barrancos gramados, os salgueiros-chorões e velhos carvalhos, os patos e as pontes que interligam as principais ruas da cidade ficam cheios no verão. Um passeio pelas margens do Avon River, saindo de Victoria Square até a Bridge of Remembrance, passa por Law Courts, o Floral Clock, os prédios do Provincial Council e pela estátua de 1917 do explorador da Antártida Robert Scott, esculpida pela viúva, Kathleen.

Outro passeio pelo rio é feito de barco. Há vários pontos de embarque, como em Town Hall e na Thomas Edmonds Band Rotunda *(pág. 224)*.

Victoria Square

Victoria Square é uma bonita área verde ao norte da Cathedral Square.

Suas atrações são o Floral Clock, as estátuas da rainha Vitória (1901) e James Cook (1932) e as famosas fontes de Bowker e Ferrier.

Town Hall, construído em 1972 às margens do Avon, na Kilmore Street, tem vidros, mármores e um tranquilo curso d'água.

Uma quadra adiante na Victoria Street está o Christchurch Casino, que tem na fachada uma roleta estilizada.

CENTRO DE CHRISTCHURCH

Antigua Boat Sheds ⑧
Arts Centre ⑨
Avon River ⑤
Botanic Gardens págs. 228-9 ⑬
Bridge of Remembrance ⑦
Canterbury Museum ⑩
Cathedral Square ①
Christ Church Cathedral ②
Christ's College ⑫
Christchurch Art Gallery ⑪
Hagley Park ⑭
Mona Vale ⑮
Provincial Council Buildings ⑥
Southern Encounter Aquarium e Kiwi House ③
Victoria Square ④

Victoria Square

Rua a Rua: Christchurch

Rosácea, Christchurch Cathedral

As ruas em volta da Cathedral Square obedecem a um padrão de grade contornado por largas avenidas. Esse padrão só é quebrado pelo Avon, que banha a cidade e os parques adjacentes. Os prédios neogóticos e eduardianos, os parques e o paisagismo nas margens do rio justificam a famosa descrição de Christchurch como a mais inglesa das cidades fora da Inglaterra. É fácil percorrê-la a pé ou de bicicleta. Os ônibus amarelos oferecem transporte grátis no centro, e uma linha de bonde passa pelas atrações históricas e culturais.

New Regent Street
Deliciosa área só para pedestres em estilo missão espanhola, de 1932. É servida por uma linha regular de bonde.

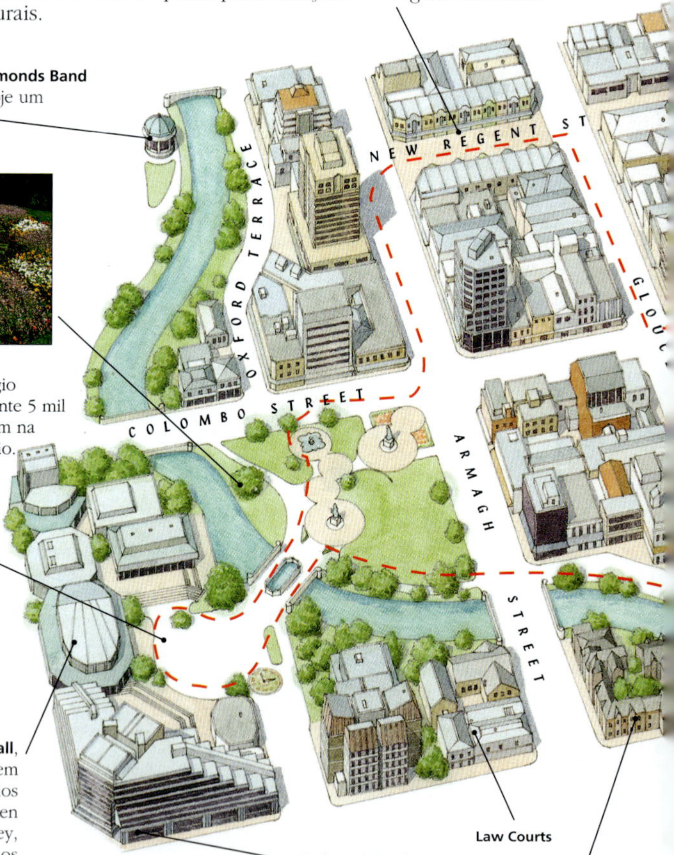

A Thomas Edmonds Band Rotunda é hoje um restaurante.

Floral Clock
Desde 1955, o relógio recebe semestralmente 5 mil mudas que florescem na primavera e no verão.

Victoria Square, com o Avon, as árvores, os gramados e canteiros, é um oásis no centro da cidade.

Town Hall, construído em 1972 pelos arquitetos Warren e Mahoney, abriga os principais espetáculos de artes cênicas.

Parkroyal Hotel

Law Courts

★ Provincial Council Buildings
Construídos entre 1858 e 1865, os prédios possuem belíssimos vitrais, um teto delicadamente decorado e um mosaico de azulejos.

PONTOS ALTOS

- ★ Christ Church Cathedral
- ★ Provincial Council Buildings

Para hotéis e restaurantes nesta região, veja págs. 312-6 e págs. 338-40

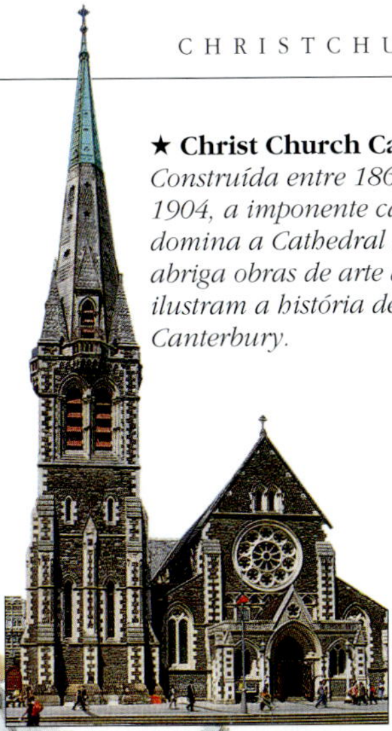

★ Christ Church Cathedral
Construída entre 1864 e 1904, a imponente catedral domina a Cathedral Square e abriga obras de arte que ilustram a história de Canterbury.

Old Government Building

Press Building ***(pág. 29)***

Christchurch Tram
A frota de bondes restaurada faz um percurso de 3km por locais importantes do centro (págs. 222-3).

City Mall, área só para pedestres que abrange partes das ruas High e Cashel. É um complexo de grandes lojas, galerias e butiques da moda.

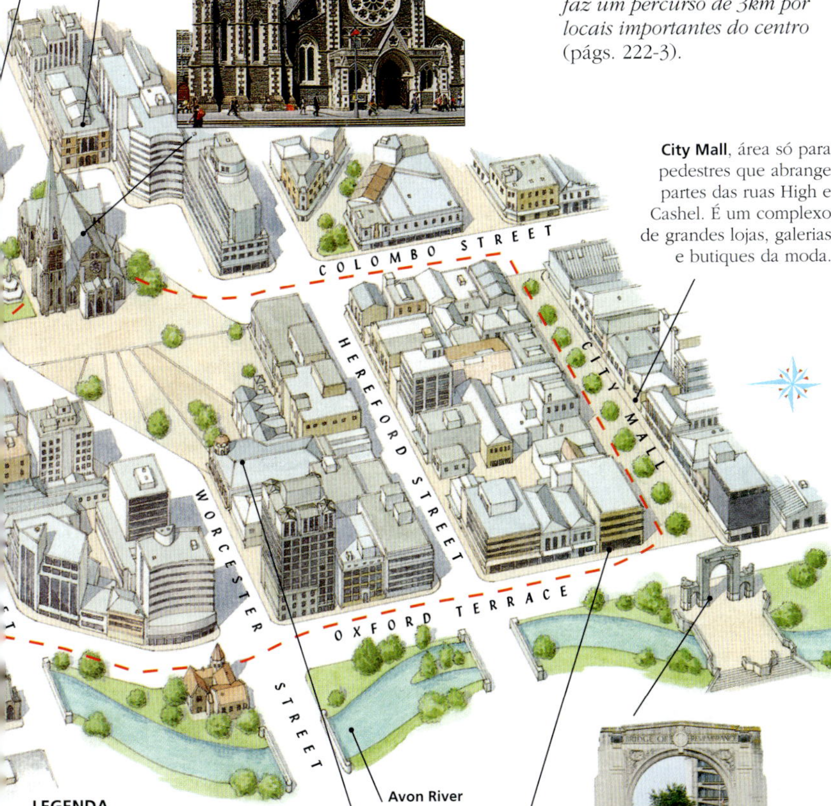

Avon River

Southern Encounter Aquarium ***(pág. 223)***

LEGENDA

- - - Percurso sugerido

0 metros 100

Bridge of Remembrance
O arco de pedra homenageia os soldados de Canterbury que serviram nas duas guerras mundiais e outros conflitos.

Oxford Terrace
É a região dos bares e cafés de Christchurch.

A Assembléia Legislativa é um dos prédios do Provincial Council

Provincial Council Buildings

Esq Armagh e Durham Sts.
Tel *(03) 366 1100.*
seg-sáb. *feriados.*
restrito.

Projetados pelo arquiteto Benjamin Mountfort, os prédios do Provincial Council são excelentes exemplos da arquitetura neogótica secular da Nova Zelândia e os únicos prédios públicos que sobreviveram ao período entre 1853-76, quando o país foi governado por conselhos provinciais eleitos.

Os prédios do Provincial Council foram construídos em três etapas. Entre 1858 e 1861, eles eram exclusivamente de madeira.

Na terceira etapa, a câmara do conselho, o ponto alto deste admirável conjunto, é toda de pedras e foi concluída em 1865.

Bridge of Remembrance

Esq da Cashel St com Oxford Terrace.

A ponte na frente do City Mall, um shopping no centro da cidade, foi construída em homenagem aos soldados neozelandeses que serviram em vários palcos de guerra. O grande arco de pedra sobre a ponte, de 1923, passou por uma reforma completa no início da década de 1990.

Canterbury Museum

Rolleston Ave. **Tel** *(03) 366 5000.*
diariam. *25 dez.* *aceita doações.*

Construído entre 1869 e 1876, o Canterbury Museum é a melhor adaptação de Mountford do estilo gótico com fins seculares. O museu tem uma coleção de relíquias da Antártida e uma das mais bem montadas exposições de aves do hemisfério sul. Outras salas exibem obras de arte, mobiliário e moda orientais ao longo de séculos, uma rua reconstruída de Christchurch no século 19 e uma seção cultural dos maoris que inclui exibições do extinto moa e dos primeiros caçadores da ave na Polinésia.

Esqueleto de moa

Christ's College

Rolleston Ave. **Tel** *(03) 366 8705.*
diariam. *feriados.* *marcar hora.* *restrito.*

No Christ's College, uma lembrança da herança inglesa em Christchurch nos dias de hoje, os filhos da elite de Canterbury usam blazers impecáveis e são educados nos moldes de uma escola pública inglesa. Os prédios neogóticos são de 1863.

É possível visitar os principais prédios e assistir à atividade escolar em uma visita organizada.

Arts Centre

Esq Rolleston Ave e Worcester Boulevard. **Tel** *(03) 366 0989.*
diariam. *Sexta-feira Santa, 5 abr, 25 dez.* *térreo.* *10h-16h.*
sáb-dom. *World Buskers Festival (meados jan).*
www.artscentre.org.nz

No interior da University of Canterbury, o Arts Centre concentra a arte e o artesanato de Christchurch *(pág. 229)*. O complexo abriga 40 galerias, estúdios e lojas, tem espaço para teatro e balé e locais para comer. Um mercado ao ar livre acontece nos fins de semana, o ano todo. A construção dos prédios em estilo neogótico começou em 1877. Eles foram desenhados por vários arquitetos, Mountford, inclusive, responsável pela Clock Tower, o Great Hall e o bloco Classics.

Construídos ao longo de 46 anos, os prédios são interligados por pátios quadrados e claustros que unem todo o complexo que forma o Arts Centre.

Mercado de fim de semana no Arts Centre, em Christchurch

Para hotéis e restaurantes nesta região, veja págs. 312-6 e págs. 338-40

Christchurch Art Gallery (Te Puna o Waiwhetu)

Esq Montreal St e Worcester Boulevard. **Tel** *(03) 941 7300.* *diariam.* *25 dez.*
www.christchurchartgallery.org.nz

Perto da Cathedral Square, é a principal galeria de arte da cidade. Ela abriga uma coleção de 5 mil obras neozelandesas e internacionais que são complementadas por exibições itinerantes.

O amplo acervo permanente da Christchurch Art Gallery inclui pintores holandeses, franceses, italianos e ingleses, desenhos, gravuras, esculturas e cerâmicas.

A coleção da Nova Zelândia, principalmente de artistas de Canterbury, é uma das mais abrangentes da região.

Inclui trabalhos do paisagista local William Sutton *(pág. 32)* e de outros importantes pintores como Doris Lusk, Colin McCahon, Rita Angus, Charles Goldie, Frances Hodgkins, Dick Frizzell e Seraphine Pick.

Antigua Boat Sheds

Esq Cambridge Terrace e Rolleston Ave. **Tel** *(03) 366 5885.*
diariam. *25 dez.*
www.boatsheds.co.nz

As garagens de barcos Antigua, às margens do Avon, alugam barcos para passear pelo rio desde 1882.

Canoas e pedalinhos percorrem a cidade ou sobem o rio até os Botanic Gardens.

O Antigua é o único abrigo de barcos de aluguel que conseguiu sobreviver, dos cinco ou seis que existiam no local.

Mona Vale

63 Fendalton Rd. **Tel** *(03) 348 9660.*
diariam.

Mona Vale é uma casa histórica de Christchurch, construída entre 1899 e 1900. Ela se ergue em meio a amplos gramados, árvores adultas e jardins paisagísticos, a noroeste do Hagley Park.

O Avon banha a propriedade. O visitante é convidado a caminhar pelos jardins, alimentar os patos e fazer um passeio de barco.

A imponente residência quase foi demolida na década de 1960, mas uma campanha pública arrecadou fundos e comprou a propriedade para a cidade.

Os jardins são abertos ao público, e a casa oferece almoço e chá à tarde.

Mona Vale, às margens do Avon River

Hagley Park

Tel *(03) 941 6840.* *diariam.*

Hagley Park, uma extensa área verde no centro de Christchurch, é o pulmão da cidade. Dentro de seus limites há um campo de golfe, quadras esportivas, passeios à sombra de árvores imensas, pistas para bicicletas, lagos artificiais e os Botanic Gardens *(págs. 228-9)*.

Quando os primeiros colonos chegaram para erguer a nova cidade, eles reservaram 2km² para criar um parque público, e em 1856 um decreto declarou a área "reservada para sempre", para recreação e diversão.

Na década de 1870, a flora nativa foi substituída por plantas, gramas e árvores trazidas da Europa.

International Antarctic Centre

Orchard Rd. **Tel** *(03) 353 7798.*
diariam.
www.iceberg.co.nz

A cerca de 20 minutos do centro e a oeste do aeroporto, o Centro Internacional da Antártida concentra os programas neozelandeses, norte-americanos e italianos para a região. Além de ver as exposições sobre a exploração e a geologia locais, o visitante pode dirigir um veículo de neve.

Christchurch Gondola

10 Bridle Path Rd. **Tel** *(03) 384 0700.* *diariam.*
www.gondola.co.nz

A sudeste da cidade, a Christchurch Gondola leva passageiros do terminal em Heathcote Valley até o vulcão extinto no alto de Port Hills. A vista de 360 graus inclui a cidade, a Banks Peninsula, as Canterbury Plains e os Southern Alps ao longe.

Um barqueiro oferece passeios em Hagley Park

Botanic Gardens

Escultura em bebedouro

Fundados em 1863, esses jardins botânicos contribuem para a reputação de Christchurch de cidade-jardim. As estufas, os canteiros de rosas e bulbos, os gramados ingleses e o bosque são abraçados pelo Avon.

A presença de água corrente em todos os setores do parque contribui para a tranquilidade do ambiente. A leste dos jardins estão concentradas as atividades artísticas e criativas de Christchurch. Lá estão o museu, uma galeria de artes cívicas, uma companhia de balé, um teatro e o Arts Centre.

★Conservatory Complex
Dos seis pavilhões que compõem as estufas, o mais notável é Cuningham House, de 1923, com suas plantas tropicais.

★ Water Garden
O jardim de herbáceas perenes e árvores e arbustos exóticos é um ambiente fresco e relaxante.

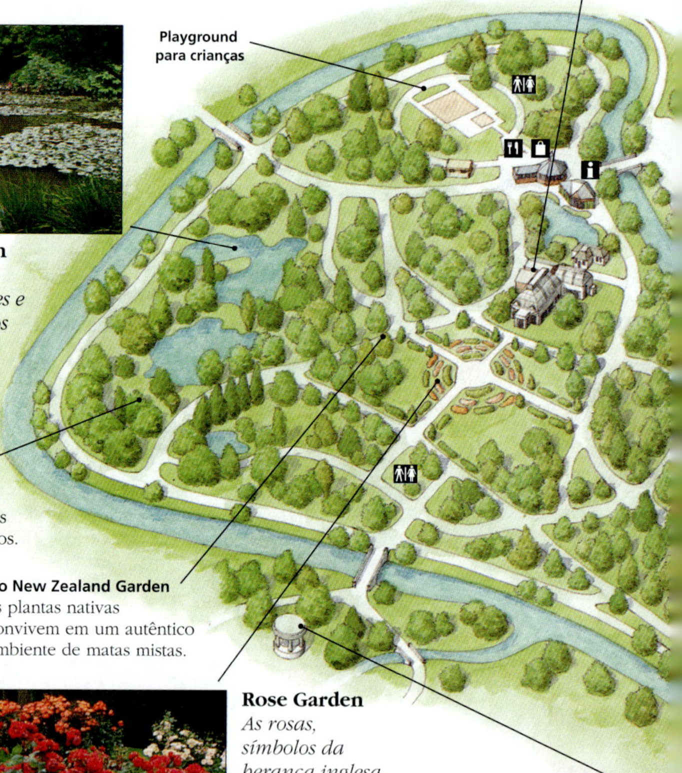

Playground para crianças

O Cockayne Memorial Garden tem espécies nativas de árvores e arbustos.

No New Zealand Garden as plantas nativas convivem em um autêntico ambiente de matas mistas.

Rose Garden
As rosas, símbolos da herança inglesa da cidade, estão em jardim formal em frente ao Conservatory Complex.

Daffodil Woodland e Bandsmen's Memorial Rotunda
Os 16 mil bulbos amarelos plantados em 1933 ao redor da rotunda florescem na primavera.

PONTOS ALTOS

- ★ Conservatory Complex
- ★ Water Garden

Para hotéis e restaurantes nesta região, veja págs. 312-6 e págs. 338-40

Canterbury Museum
Fundado em 1868 pelo geólogo Julius von Haast, o museu abriga coleções sobre os primórdios da exploração da Antártida e a sociedade dos maoris (pág. 226).

PREPARE-SE

Rolleston Ave (entrada principal). *Worcester Boulevard.* *(03) 941 7590.* *7h-anoitecer diariam.* *25 dez.* *só no verão.* *Summertimes Festival (dez-mar).* **www**.ccc.gout.nz

Os lagos Victoria e Albert, ambos artificiais, atraem patos e pássaros como corvos marinhos e cisnes, e são palco de regatas.

Peacock Fountain
Esta fonte ornamental de ferro fundido está entre canteiros de flores, na entrada leste dos jardins.

Christ's College
(pág. 227)

Rolleston Avenue

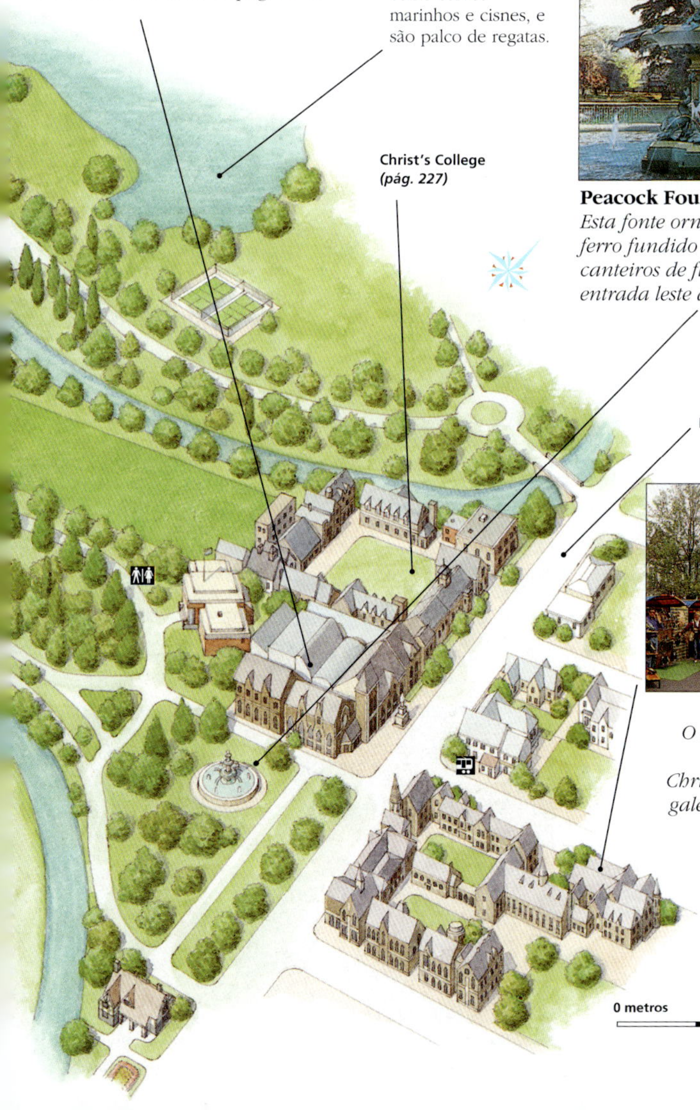

Arts Centre
O eixo cultural e artístico de Christchurch, com galerias, cinemas, teatros, cafés e bares (pág. 226).

0 metros 100

Sign of the Takahe, em Dyers Pass Road, sobre Christchurch

Port Hills ❷

Mapa rodoviário C6.

As montanhas de Port Hills que separam Christchurch do Lyttelton Harbour formaram-se na erupção do extinto vulcão Lyttelton. As encostas cobertas por altas touceiras e rochas vulcânicas ladeiam a cidade ao sul. Muito próximas da cidade, as montanhas são frequentadas por apreciadores de caminhadas, corridas, escaladas em pedras e mountain biking.

Chega-se facilmente de carro a Port Hills graças ao trabalho do conservacionista e político Harry Ell, do início do seculo 20, que se empenhou na construção de uma estrada ao redor do vulcão. O primeiro trecho da Summit Road é de 1938.

O projeto de Ell previa locais para descanso nas montanhas, como o Sign of the Takahe, concluído em 1949. Erguendo-se nos subúrbios montanhosos de Cashmere, a imponente construção gótica foi o projeto predileto de Ell.

Outro legado dele é o Sign of the Kiwi, um local de descanso muito frequentado por quem transita pela Summit Road.

As inúmeras trilhas de Port Hills têm vistas magníficas do Lyttelton Harbour, das Canterbury Plains e dos Southern Alps.

Também é possível chegar ao topo de Port Hills com a Christchurch Gondola *(pág. 227)*.

Lyttelton ❸

Mapa rodoviário C6. *4.000.* *20 Oxford St, (03) 328 9093.*

Os Peregrinos de Canterbury que aportaram em Lyttelton foram trazidos pela Canterbury Association, em 1850, para povoar a nova província, que tinha o nome de Lord Lyttelton, o presidente da associação. Em 1867, escavou-se um túnel ferroviário nas rochas vulcânicas de Port Hills para interligar o porto de Lyttelton a Christchurch, e mais tarde, em 1964, um túnel rodoviário.

Timeball Station, Lyttelton

O porto é um dos mais importantes da Nova Zelândia.

O **Lyttelton Museum** tem mostras sobre a história marítima local e relíquias do seu passado colonial, além de um pequeno setor sobre a exploração da Antártida.

A **Lyttelton Timeball Station** contruída em 1875, ergue-se como sentinela sobre a cidade. Diariamente às 13h a grande esfera preta no alto de sua torre é baixada para sinalizar a Hora Média de Greenwich (GMT) aos navios aportados. Essa função foi substituída por rádios em 1934, mas a esfera continua sendo usada.

A linha de ferryboat que atravessa a baía para as ilhas Quail e Ripapa e o pequeno distrito de Diamond Harbour sai das docas de Lyttelton.

Lyttelton Museum
Gladstone Quay. ***Tel*** *(03) 328 8972.* *ter-qua, sáb-dom: só à tarde.* *25 dez.* *aceita doações.* *piso térreo.*

Lyttelton Timeball Station
Reserve Terrace. ***Tel*** *(03) 328 7311.* *out-abr: diariam; mai-set: qua-dom.* *25 dez.*

Banks Peninsula ❹

Mapa rodoviário C6.

Formada pela erupção dos vulcões Lyttelton e Akaroa, a Banks Peninsula era uma ilha 25 mil anos atrás. Há vestígios desse dramático passado geológico por toda parte, entre eles afloramentos rochosos, promontórios acidentados, vales profundos e altos penhascos. A Summit Road oferece vistas incríveis desse cenário impressionante.

A península foi povoada pelos maoris durante mil anos, e até a década de 1820 foi um lugar próspero e seguro para a tribo ngai tahu. Isso mudou em consequência de uma sanguinária luta intertribal, conflito que contribuiu indiretamente para que o governo da Grã-Bretanha

Maori and Colonial Museum e local para descanso em Okains Bay

Laverick's Bay, na Banks Peninsula

nomeasse um governador e assinasse o Tratado de Waitangi *(págs. 48-9)*.

A península tem muitos atrativos, bonitas baías e vilarejos pitorescos, entre eles Pigeon Bay, Okains Bay, Laverick's Bay e Le Bons Bay. Tem também trilhas para caminhadas, como a Pigeon Bay Walkway, um percurso de cinco horas, ou a Banks Peninsula Track, um percurso de dois a quatro dias através de fazendas e das remotas baías a leste. Essas áreas mais distantes também podem ser visitadas com o **Eastern Bays Scenic Mail Run**, um serviço que transporta até oito passageiros em um percurso de quatro horas.

Em Okains Bay está o **Maori and Colonial Museum**, que abriga uma grande coleção de artefatos maoris, entre eles uma *waka* (canoa) de 1867 que participa das celebrações do Waitangi Day em fevereiro *(pág. 41)*.

Não deixe de visitar também a loja da **Barry's Bay Cheese Factory**, que preserva a longa tradição peninsular de fabricar queijos. A French Farm Winery and Restaurant *(pág. 338)* é tão popular quanto o vinho, a comida e a pitoresca zona rural.

Maori and Colonial Museum
1146 Okains Bay Rd. ***Tel*** *(03) 304 8611.* *diariam.* *25 dez.*

Barry's Bay Cheese Factory
State Hwy 75. ***Tel*** *(03) 304 5809.* *diariam.* *25 dez.*

Eastern Bays Scenic Mail Run
19 Rue Renard. ***Tel*** *(03) 304 7873.* *seg-sáb.* *feriados.*

Akaroa 5

Mapa rodoviário C6. *580.* *80 Rue Lavaud, (03) 304 8600.* www.akaroa.com

Esta pequena cidade aninhada na cabeceira da baía de Akaroa é a mais antiga de Canterbury e foi fundada por um grupo de colonos franceses em 1840.

Ela tem prédios com influência francesa, ruas estreitas e uma bonita localização na frente da baía. Entre os muitos vestígios dessa herança está a **Langlois-Eteveneaux House**, que parece ter sido pré-fabricada na França e montada no local em 1841.

Ela pertence ao **Akaroa Museum**, que inclui o fórum de 1880. O acervo do museu abrange a história natural e a arquitetura regional.

Um passeio bem sinalizado pela percorre 43 locais históricos da cidade, incluindo-se o **Farol** de 1880.

A praia local é boa para banho. Os barcos cruzam a baía para mostrar aos turistas os golfinhos-de-hector e colônias de pinguins e focas no meio do caminho. Várias trilhas levam às cavidades vulcânicas e aos picos, todas com vistas panorâmicas. A ativa comunidade de artistas e artesão de Akaroa abastece lojas e galerias com uma grande variedade de objetos.

Langlois-Eteveneaux House and Akaroa Museum
71 Rue Lavaud. ***Tel*** *(03) 304 1013.* *diariam.* *25 dez.*

Lighthouse
Tel *(03) 304 7325.* *fins de semana, feriados e hora marcada.* *piso térreo.*

JEAN FRANÇOIS LANGLOIS

A Langlois-Eteveneaux House

O responsável pela herança francesa de Akaroa foi o baleeiro Jean François Langlois. Em agosto de 1838, ele teve a idéia de fundar uma colônia francesa e comprou quase toda a península dos nativos ngai tahu que ali viviam. No ano seguinte, ao retornar à França em busca de apoio para seu plano, criou a Nanto-Bordelaise Company para ajudá-lo a viabilizar suas ambições colonialistas.

Charles Lavaud foi nomeado capitão da Marinha francesa para dar proteção aos 57 colonos que desembarcaram em Akaroa, em agosto de 1840. As ambições francesas, porém, foram frustradas pelos ingleses, que, nesse ínterim, haviam assinado o Tratado de Waitangi e, ao saberem da iminente chegada dos novos colonos, imediatamente nomearam dois magistrados para Akaroa. Apesar da evidente soberania inglesa, os colonos franceses permaneceram, e em 1842 Langlois voltou à França. A Nanto-Bordelaise Company foi comprada pela New Zealand Company em 1849, abrindo caminho para a imigração inglesa em larga escala na colônia.

Passeio em Waipara Vineyard ❻

Uvas Cabernet

O distrito de Waipara planta uvas há pouco tempo: o primeiro vinhedo é de 1980. Entretanto, logo se destacou como uma promessa e muitos de seus vinhedos ganharam prêmios pelo vinho produzido. Canterbury tem mais de 30 vinhedos, mas Waipara, 65km ao norte de Christchurch, é a região mais produtiva. Os passeios para degustação são organizados no centro de informação turística em Christchurch *(pág. 223)*, sendo um deles em carroção puxado por cavalos Clydesdale.

Pegasus Bay ①
Esta vinícola amassou suas primeiras uvas em 1991 e já é muito premiada. As degustações são ao ar livre.

Mountford Vineyard ⑧
A Mountford produz Chardonnay e Pinot Noir de primeira linha. Tem um bonito solar diante do pequeno vinhedo.

Daniel Schuster Wines ⑨
Fundada em 1988, esta vinícola produz Chardonnay e Pinot Noir de alta qualidade. Degustação só com hora marcada.

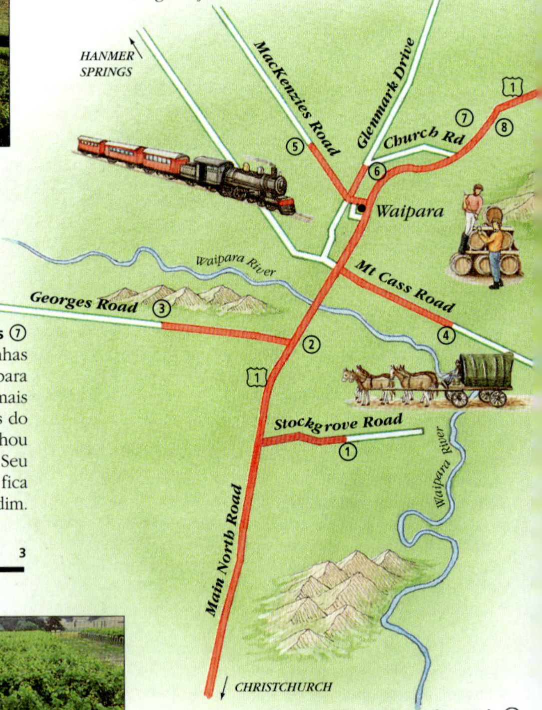

Waipara Springs ⑦
Com suas primeiras vinhas plantadas em 1982, Waipara Springs é uma das mais antigas vinícolas do distrito e já ganhou muitos prêmios. Seu centro de degustação fica em um agradável jardim.

0 quilômetros 3

Glenmark Wines ⑥
As parreiras de Glenmark foram plantadas em 1981, na primeira vinícola do distrito. Seus vinhos são premiados e podem ser provados em um ambiente rústico e agradável.

Mount Cass Vineyards ④
Ex-Chancellor Wines, hoje chama-se Alpine Pacific Wine Company e oferece degustação com hora marcada dos vinhos de Mount Cass e Hanmer Junction.

Torlesse Wines ⑤
Torlesse usa uvas de Waipara e de Marlborough para produzir uma variedade de vinhos, como Gewürztraminer, Cabernet Sauvignon, Sauvignon Blanc e Chardonnay.

DICAS

Distância do passeio: *170km ida e volta desde Christchurch. As vinícolas ficam principalmente nas estradas secundárias ou nas saídas da State Hwy 1, por isso fique atento ao trânsito quando for de uma para a outra.*
Paradas: *As vinícolas Pegasus Bay, Canterbury House, Glenmark e Waipara Springs têm restaurantes. Aconselha-se fazer reserva.*

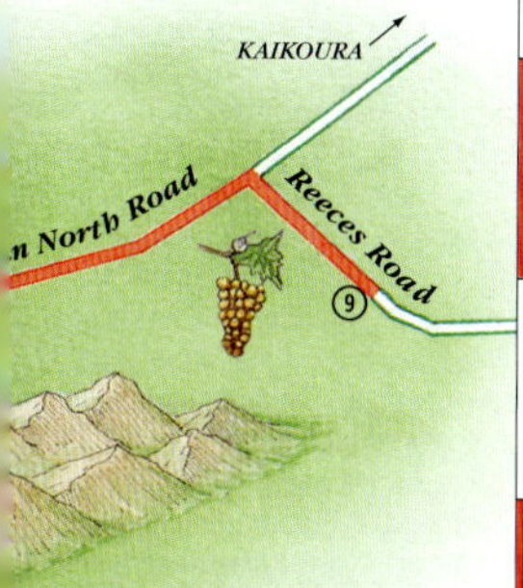

Canterbury House Winery ②
Recém-chegada à produção vinícola de Waipara, destaca-se pela grande casa de pedra à beira da State Highway 1.

Fiddlers Green ③
Produzindo seu primeiro *vintage* em 1998, é outra aquisição de Waipara. Mas seus vinhos Riesling e Sauvignon Blanc já ganharam prêmios.

LEGENDA

- Percurso de excursão
- Outras estradas
- Rio

Piscinas aquecidas em Hanmer Springs

Hanmer Springs ❼

Mapa rodoviário C5. *800.* *Amuri Ave, (03) 315 7128.* **www**.hurunui.com

Este vilarejo a 385m sobre o nível do mar é famoso pelas termas de **Hanmer Springs Thermal Reserve**. Suas fontes de água quente foram encontradas na região em 1859 e inauguradas oficialmente em 1883. O complexo tem 12 piscinas térmicas de água corrente com temperaturas variadas, piscinas privativas e escorregador aquático para as crianças.

As piscinas aquecidas estão em uma área verde com 168km², que oferece também mountain bike e caminhadas curtas como a de Conical Hill (uma hora, ida e volta) ou longas como a de Mount Isobel (cinco a seis horas, ida e volta). Na Waiau Ferry Bridge, a 5km da cidade, operadoras de turismo oferecem bungee jump, jet-boat e rafting pelo Waiau River.

Hanmer Springs Thermal Reserve
Amuri Ave. ***Tel*** *(03) 315 7511.*
diariam. *25 dez.*
www.hanmersprings.co.nz

Lewis Pass ❽

Mapa rodoviário C5.

A Lewis Pass National Reserve Lewis Pass marca a intersecção da State Highway 7 com Main Divide da Ilha Sul. Esta reserva natural de 183km² oferece inúmeras atividades ao ar livre não guiadas, como caminhadas, pesca e caça. No alto do desfiladeiro, o **Maruia Springs Thermal Resort** é um pequeno complexo de piscinas aquecidas em ambiente natural, voltadas para a mata e para as montanhas.

Maruia Springs Thermal Resort
State Hwy 7. ***Tel*** *(03) 523 8840.*
diariam. *25 dez.*

Reefton ❾

Mapa rodoviário C5. *1.000.* *67 Broadway, (03) 732 8391.*

Fundada em 1872, Reefton refere-se aos filões de quartzo aurífero que abundam na região. A herança mineradora da cidade está nos vestígios históricos deixados pelo rápido progresso da região nos anos 1870, especialmente no Victoria Forest Park e suas matas de faia. Uma rede de trilhas permite explorar o parque a pé ou de mountain bike. Há também a opção de fazer um passeio a pé por Reefton, que inclui muitos históricos, como a **School of Mines**, que de 1887 a 1970 fez parte de uma rede de escolas similares espalhadas por toda a Nova Zelândia. O **Black's Point Museum**, 2km adiante, exibe relíquias da época da mineração do ouro nesta região da Ilha Sul.

School of Mines
Shiel St. ***Tel*** *(03) 732 8391.*
marcar hora.

Black's Point Museum
State Hwy 7. ***Tel*** *(03) 732 8035.*
qua-dom. *25 dez.*

Karamea ⑩

Mapa rodoviário C4. 700.
Market Cross, (03) 782 6652
Whitebaiters Ball (out).
www.karameainfo.co.nz

Colonizada por europeus em 1874, Karamea é uma comunidade rural isolada que se estende até o extremo norte na State Highway 67, em West Coast. Aninhada em uma bacia dominada por fazendas de gado e contornada pelo Kahurangi National Park, é conhecida por ser a saída da Heaphy Track, que emerge das florestas 15km ao norte.

Outras trilhas mais curtas também começam aí, como a trilha de Nikau Loop, com 40 minutos, e a de Scotts Beach, com 90 minutos.

Cerca de 26km a nordeste de Karamea está a **Oparara Basin** com impressionantes formações calcárias e 15km de cavernas no meio de uma densa floresta. A estrada de cascalho que dá acesso à bacia é estreita e sinuosa, mas facilmente administrável com com tração em duas rodas.

A visita às frágeis grutas de Honeycomb Caves, exploradas pela primeira vez em 1980, só pode ser feita com guia. Elas abrigam os restos de umas 50 espécies, incluindo-se o extinto moa e a águia da Nova Zelândia.

As áreas que podem ser exploradas sem guia são o Oparara Arch, com 43m de altura e 219m de extensão, aonde se chega em uma caminhada de 20 minutos por uma boa trilha através da mata, o Box Canyon e as grutas de Crazy Paving. Não deixe de levar uma boa lanterna.

Vacas, "árvores repolho" e praia perto de Karamea

Nikau Loop, no final da Heaphy Track

Para os mais aventureiros, as agências de turismo oferecem raft em corredeiras de graus quatro e cinco no Karamea River.

Karamea é base para três a cinco dias de caminhada na popular trilha Wangapeka Track.

A Fenian Track é outra trilha dos mineradores, com sua volta de quatro horas, que passa pela antiga colônia de mineiros de Adams Flat.

Oparara Basin
State Hwy 67. ***Tel*** *(03) 782 6652.*
Honeycomb Caves. *obrigatório nas Honeycomb Caves.*

Westport ⑪

Mapa rodoviário C5. *5.000.*
5km N da cidade.
1 Brougham St, (03) 789 6658.
www.westport.org.nz

Embora as origens de Westport remontem à corrida do ouro dos anos 1860, o carvão tem permeado grande parte de sua história.

Até 1954, o carvão extraído das montanhas ao redor era escoado pelo outrora movimentado porto na cabeceira do Buller River, mas hoje a maior parte é transportada por trem para Lyttelton, na costa leste *(pág. 230)*.

O **Coal Town Museum** de Westport tem exposições que reconstituem aspectos da herança carvoeira na região. A cidade é base para inúmeras atividades aquáticas no Buller, como o jet-boat e o jet-ski.

Entre as mais procuradas está o rafting subterrâneo na região do Nile River Canyon. Essa atividade só pode ser feita com guia e implica flutuar em tubos através de grutas e cavernas, até sair a céu aberto para descer as corredeiras do Waitakere River e do Nile River Canyon.

A Metro Cave, com suas impressionantes formações de estalactites e estalagmites, pode ser explorada a pé.

Focas em Tauranga Bay, perto de Westport

As praias North e Carter em Westport são ótimas para banho e surfe, assim como a bela praia de Tauranga Bay. Em Cape Foulwind Walkway, no final de Tauranga Bay, há uma colônia de reprodução de focas-peludas *(pág. 193)*. O caminho pode ser percorrido em três horas, ida e volta, e passa por rochas graníticas, encostas escorregadias, áreas alagadas e lindas praias.

Coal Town Museum
Queen St South. ***Tel*** *(03) 789 8204.*
diariam. *25 dez.*

A Herança do Carvão

O carvão foi encontrado na Costa Oeste pelo explorador Thomas Brunner, em 1848. As minas mais antigas estavam nos platôs de Denniston e Stockton, a nordeste de Westport, onde a exploração em larga escala começou em 1878. A extração do carvão em terrenos acidentados e montanhosos era dificílima e exigia verdadeiras proezas da engenharia. Uma delas era a famosa descida de Denniston Incline, que consistia de um sistema de cabos movidos à força da gravidade. Por esses cabos desciam os vagões carregados de carvão 520m pela encosta da montanha. Os vagões vazios eram puxados para cima com o peso dos vagões que desciam carregados. A descida foi desativada em 1967, mas em 87 anos de operação retirou 13 milhões de toneladas de carvão do Denniston Plateau. A indústria carvoeira ainda é importante para a economia da Costa Oeste, com mais de 2 milhões de toneladas exportadas por ano.

Miner's Hall, perto de Runanga, Greymouth

Vagão de carvão sobre trilhos para o transporte do carvão retirado da mina

A entrada, bem reforçada para evitar desmoronamento

Mineiros na entrada da mina de Rewanui

AS CIDADES MINEIRAS

As muitas colônias de mineradores que surgiram no século 19, para manter a indústria do carvão, hoje não são mais que cidades fantasmas. A Buller Coalfields Heritage Trail é uma ferrovia de 120km que passa por muitas relíquias da época da mineração, como as outrora prósperas cidades de Denniston, Stockton e Millerton. Informações sobre essa estrada no i-SITE Visitor Centre, em Westport.

Vagão de carvão , *como este que está no Coal Town Museum, era usado para descer o carvão extraído das montanhas.*

Este cabo suspenso *é usado para descer o carvão da mina de Stockton até a cidade de Ngakawau, na costa, onde ele segue de trem até o porto de Lyttelton, a leste.*

Entre as muitas *relíquias que restaram em Denniston, a referência do carvão no planalto, estão os muros de contenção de pedras onde o carvão era peneirado antes de ser mandado para baixo, além de restos de maquinaria.*

Paparoa National Park ⓬

Mapa rodoviário C5. *State Hwy 6, Punakaiki, (03) 731 1895.*

Este parque com 300km² tem paisagens belas e variadas, sendo as mais famosas as Pancake Rocks e os *blowholes*, as cavidades nas pedras próximas do vilarejo de Punakaiki.

As Pancake Rocks são formadas por camadas de calcário entremeadas por outras mais estreitas de xisto limoso que há milhares de anos são desgastadas pelas chuvas, ventos e água do mar.

O dióxido de carbono trazido pelas chuvas penetra nas fendas do calcário, corroendo-as e formando cavidades nas pedras.

Na maré alta, as ondas entram e explodem com muita pressão no interior dessas cavernas subterrâneas, transformando-as em *blowholes*.

É fácil chegar às Pancake Rocks e aos *blowholes* pela estrada principal, seguido de uma curta caminhada em Dolomite Point. Dá para chegar em cadeira de rodas, com acompanhante.

Outras trilhas curtas e longas, como a Truman Track, envolvem uma travessia de 15 minutos pela mata subtropical às cavernas da costa, a um *blowhole* e a uma cachoeira, ou duas horas até a estrutura de calcário conhecida como "salão suspenso".

Outra caminhada de dois a três dias pelo centro do Paparoa National Park segue uma trilha de carga aberta em 1867 pelos mineiros para evitar os perigos de uma viagem pelo isolado e acidentado litoral.

Greymouth ⓭

Mapa rodoviário C5. 13.500. *Esq Herbert e Mackay Sts., (03) 768 5101.*
www.west-coast.co.nz

A maior cidade da Costa Oeste, Greymouth está onde antes era o Mawhera Pa.

Apesar de o governo colonial ter comprado a maior parte da Costa Oeste em 1860 por £300, a área ocupada pela atual Greymouth continua sendo reserva dos maoris.

Greymouth foi fundada em 1865. Nessa mesma época, foi encontrada uma grande quantidade de ouro na mesma região em que 17 anos antes haviam encontrado carvão.

Passada a febre do ouro, o carvão garantiu a sobrevivência do distrito. Entretanto, a embocadura do Grey River, antigo porto da cidade, também trouxe infortúnio.

Em várias ocasiões, Greymouth foi inundada pelo rio. Só em 1988, isso ocorreu duas vezes. Nessa época ergueu-se um dique para conter as enchentes, chamado de "a grande muralha de Greymouth".

O **History House Museum** de Greymouth tem uma coleção de fotos históricas sobre o passado da cidade.

A **Left Bank Art Gallery** abriga uma coleção de esculturas em jade neozelandês, atuais e tradicionais, realiza uma grande mostra bienal e exibe artistas locais.

Como outras cidades da costa, Greymouth também oferece várias opções de turismo de aventura, como flutuar em tubos inflados nas cavernas de Taniwha e obser-var golfinhos. O rio é ótimo para pescaria.

Left Bank Art Gallery

History House Museum
Gresson St. ***Tel*** *(03) 768 4028.*
diariam. (verão); seg-sex (inverno). *25 dez.*

Left Bank Art Gallery
1 Tainui St. ***Tel*** *(03) 768 0038.*
diariam. (verão); ter-sáb (inverno). *25 dez, 1º jan.*
marcar hora.

O Dolomite Point nas Pancake Rocks, em Punakaiki

Para hotéis e restaurantes nesta região, veja págs. 312-6 e págs. 338-40

Rua de Shantytown, uma réplica de cidade mineira

Arredores
Uma das principais atrações de Greymouth é **Shantytown**, 11km ao sul. Esta elaborada réplica de cidade mineradora inclui um trem a vapor de 1913 que percorre matas nativas até as instalações de uma serraria e jazida de ouro, onde o visitante pode peneirar ouro com a garantia de encontrar uma pepita.

O Lake Brunner, um lugar tranquilo rodeado por montanhas a 42km de Greymouth, oferece pesca, passeios de barco e esportes aquáticos. A região é servida pela pequena cidade de Moana, localizada no extremo norte do Lake Brunner.

Há um ônibus diário entre Moana e Greymouth, e a panorâmica viagem do trem TranzAlpine, partindo diariamente de Christchurch, é um dos percursos mais belos do mundo.

Shantytown
Rutherglen Rd. ***Tel*** *(03) 762 6634.* *diariam.* *25 dez.*

Hokitika ⑭

Mapa rodoviário C5. *3.600.* *2km N da cidade.* *Carnegie Building, Hamilton St, (03) 755 6166.* *Wildfoods Festival (mar).* **www**.hokitika.net.nz e **www**.wildfoods.co.nz

Com grandes avenidas, prédios históricos e excelentes artistas, Hokitika é considerada a cidade mais interessante da Costa Oeste.

Pouco mais que um aglomerado de barracas em 1864, em 1866 já era um próspero centro de comércio de ouro. Seu porto fluvial recebia os navios dos mineiros que chegavam das jazidas australianas, mas era uma enseada traiçoeira, onde a cada dez semanas, entre 1865 e 1866, um navio afundava. Um desses naufrágios está incluído na trilha Hokitika Heritage Trail, que inclui 22 prédios históricos e vistas. Outros prédios importantes são a Carnegie Library, de 1908, atual centro de informação turística, e o **West Coast Historical Museum**, cujo tema é a mineração do ouro, além exibir um audiovisual sobre a história da cidade e uma coleção de livros raros sobre a Costa Oeste.

Jacquie Grant's Eco World é um pequeno aquário de espécies nativas, como o arenque adulto que trouxe fama aos rios da Costa Oeste.

O notável vale de Glow-worm Dell, na fronteira norte da cidade, deve ser visitado depois que escurece. Nas noites chuvosas as luzes dessas larvas carnívoras estão em seu melhor momento.

Torre do relógio em Hokitika

West Coast Historical Museum
Carnegie Centre, esq das ruas Tancred e Hamilton. ***Tel*** *(03) 755 6898.* *diariam.* *25 dez.*

Jacquie Grant's Eco World
64 Tancred St. ***Tel*** *(03) 7555 251.* *diariam.* *25 dez, 1º jan.*

Arredores
Hokitica tem belas paisagens e vale uma visita. O **Lake Mahinapua**, 10km ao sul, e o **Lake Kaniere**, 20km a leste da cidade, são redutos de tranquilidade, muito procurados para passeios de barco, pescaria, natação e caminhadas.

A Lake Kaniere Walkway tem 13km e leva quatro horas.

Em **Ross**, 28km ao sul de Hokitika, há um pequeno museu dedicado à rica história da mineração do ouro.

O visitante passará por antigas minas. A maior pepita da Nova Zelândia foi encontrada aqui, em 1909, e esta área do país –que se acredita ainda ter muito ouro– está sendo novamente prospectada.

GREENSTONE

O jade neozelandês *(pounamu)* ou *greenstone*, é uma pedra verde-esmeralda, dura e opaca. Formada nas falhas alpinas sob calor e pressão intensos, os filões acabam rolando das montanhas erodidas para dentro dos rios da Costa Oeste. A pedra tem valor espiritual para os maoris. Muito antes da colonização européia, os nativos saíam para procurar a pedra preciosa, que era trocada por comida e objetos. Por ser o material mais rígido que os maoris conheciam, era usado para fazer ferramentas, armas e adornos. Em 1997, as reservas de *greenstone* da Costa Oeste foram devolvidas a seus antigos proprietários, a tribo ngai tahu da Ilha Sul, como parte do grande acordo de colonização, o Tratado de Waitangi *(pág. 53)*.

Artesão da Mountain Jade Greenstone Factory

Westland/Tai Poutini National Park ⑮

Sinal de perigo, Fox Glacier

Partindo do ponto mais alto dos Southern Alps, a leste, onde faz fronteira com o Aoraki/Mount Cook National Park, e estendendo-se até o mar da Tasmânia, a oeste, o parque com 1.175km² tem picos montanhosos que atingem 3.500m de altitude, geleiras, florestas, lagoas e lagos. Apesar das invasões causadas pela corrida do ouro na Costa Oeste, nos anos 1860, e da expansão das fazendas de gado nas planícies banhadas por rios, a maior parte da área continua preservada.

Passeio de esqui
A melhor maneira de conhecer as geleiras do parque é de ski-plane *e* ski-helicopter, *que oferecem vistas belíssimas.*

Gillespies Beach, histórica colônia mineradora, a 20km da Fox Glacier, tem caminhadas por trilhas abertas por mineiros e uma colônia de focas-peludas.

★ Lake Matheson
Nas manhãs claras e silenciosas, os montes Cook e Tasman refletem-se no lago cercado de um verde exuberante.

LEGENDA

- Rodovia estadual
- Estrada secundária
- Rio
- Trilha para caminhada
- Limite do parque
- Informações turísticas
- Área para piquenique

Copland Valley Track, A trilha começa na State Highway 6 e é conhecida dos trilheiros. Montanhistas experientes a percorrem sobre o Copland Pass e terminam em Mount Cook.

PONTOS ALTOS

- ★ Fox Glacier
- ★ Franz Josef Glacier
- ★ Lake Matheson

Florestas baixas
O alto índice de chuvas no parque (5.000mm anuais em Franz Josef) mantém a exuberância das samambaias, dos pinheiros e outras espécies locais.

Para hotéis e restaurantes nesta região, veja págs. 312-6 e págs. 338-40

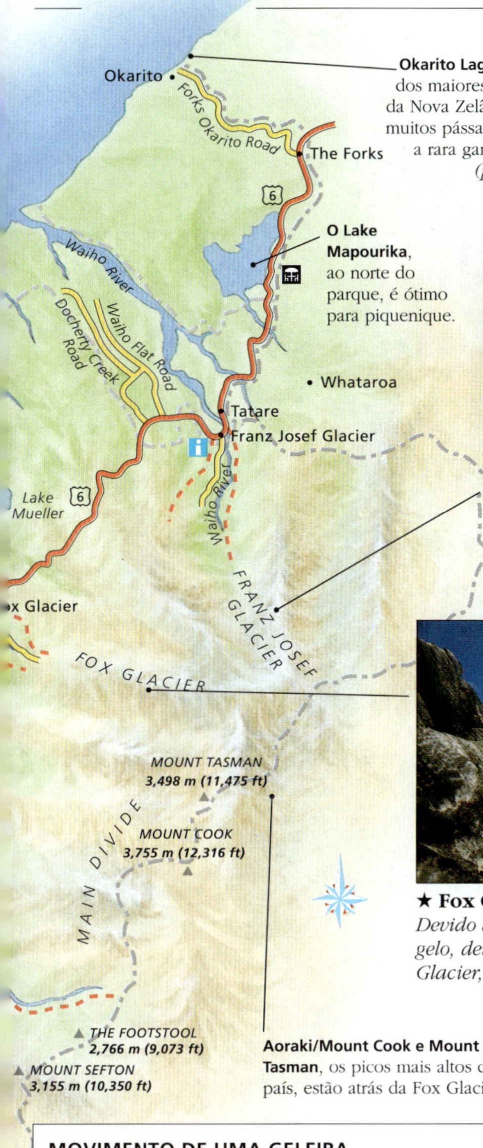

Okarito Lagoon, uma dos maiores alagados da Nova Zelândia, tem muitos pássaros, como a rara garça-branca *(pág. 193)*.

O Lake Mapourika, ao norte do parque, é ótimo para piquenique.

PREPARE-SE

Mapa rodoviário B6. *vila de* **Franz Josef Glacier**, *(03) 752 0796; vila de* **Fox Glacier**, *(03) 751 0807.* *seg-sex.* *25 dez.* *obrig. nas geleiras.*

★ Franz Josef Glacier

Uma hora de caminhada pelo Waiho River, partindo da vila de Franz Josef Glacier, leva à face terminal.

★ Fox Glacier

Devido ao risco de escorregar nas pedras e no gelo, deve-se caminhar com guia na Fox Glacier, a maior geleira do parque.

Aoraki/Mount Cook e Mount Tasman, os picos mais altos do país, estão atrás da Fox Glacier.

MOVIMENTO DE UMA GELEIRA

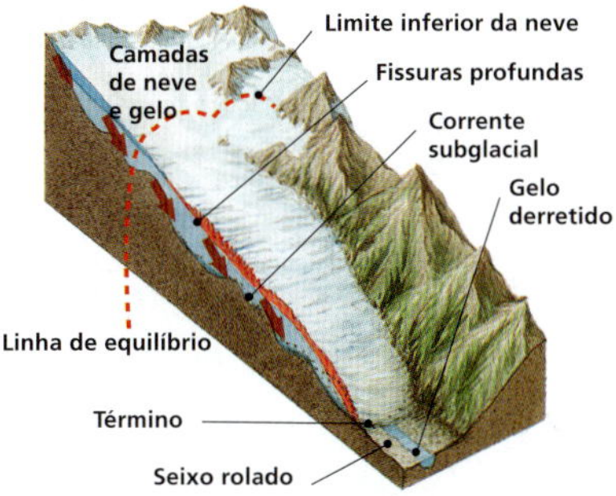

Geleira ou glaciar é um grande bloco de gelo que se forma em terra e desliza 1,5m por dia. As geleiras alimentadas pela neve acumulada nas altas bacias se condensam e formam um gelo azulado. Esse gelo desce com seu próprio peso e se acumula em fendas profundas misturado com *moraine* (fragmentos de rocha) que escorre pelas encostas para formar os vales em forma de U. A geleira termina onde o gelo se derrete. As geleiras Franz Josef e Fox, ambas com 13km de extensão, são raras por descer de regiões de neves eternas para florestas tropicais próximas do litoral.

Balões sobrevoam Canterbury Plains ▷

Passeio de Carro por Arthur's Pass ⓰

A estrada de Arthur's Pass é a mais alta e espetacular dos Southern Alps. De Springfield, ela sobe vertiginosamente para Porters Pass, a 945m de altitude, passando por amplas bacias cobertas com touceiras, cercadas de montanhas e rochedos impressionantes. Ao entrar pelo lado leste do Arthur's Pass National Park, a estrada é abraçada por florestas de faia, sobe até o cume do Arthur's Pass, a 924m, e desce pelo lado oeste dos Southern Alps.

Porters Pass e Lake Lyndon ①
Esta área tem a fauna típica de regiões secas. O Lake Lyndon é um bom lugar para observar pássaros no verão e pista de skate natural nos meses de inverno.

Porter Heights ②
É a estação de esqui mais próxima de Christchurch das seis que existem na State Highway 73. As pistas pertencem a clubes locais.

Jacksons Pub ⑩
É só o que resta de uma antiga estação de trem e posto de diligências.

Otira Viaduct ⑨
Concluída em 1999, aqui a State Highway 73 acompanha o acidentado Otira River.

Florestas de faia ⑧
As florestas a leste do parque são dominadas por faia, por isso são diferentes das densas e variadas florestas a oeste.

LEGENDA

- Percurso da excursão
- Outras estradas
- Rio
- Vista panorâmica

Castle Hill ③
As impressionantes formações de calcário de Castle Hill são procuradas por escaladores de pedras. A área tem importância histórica para os maoris como local de coleta de alimento e caminho para a Costa Oeste.

DICAS

Distância do percurso de Springfield a Kumara Junction: *160km.*
Esta rota alpina costuma ficar fechada quando neva; o motorista deve checar antes as condições.
Paradas: *Há muitos mirantes e acostamentos por todo o caminho. Arthur's Pass é o único lugar com oferta de serviços entre Kumara e Springfield, embora haja hotéis em Jacksons e Bealey.*

Cave Stream ④
A caverna de calcário com 360m leva umas duas horas para ser percorrida, com sapatos resistentes, roupas quentes e boa lanterna.

Craigieburn Forest Park ⑤
As colinas cobertas de faia do parque são ótimas para caminhadas, piqueniques e mountain bike.

Lake Pearson ⑥
Lake Pearson e o vizinho Lake Grasmere são repletos de trutas. O Lake Pearson também é famoso por refletir as montanhas em suas águas.

Bealey Spur ⑦
Um grupo de casas de veraneio distingue Bealey Spur, na orla do Arthur's Pass National Park.

0 quilômetros 20

A estrada para Arthur's Pass

Arthur's Pass ⑰

Mapa rodoviário C5. *50.* *State Hwy 73, Arthur's Pass, (03) 318 9211.*

A cidade de Arthur's Pass está anhinhada em um vale 5km a leste do ponto mais alto do desfiladeiro de mesmo nome.

Originalmente era o acampamento dos responsáveis pela ampliação da estrada entre Christchurch e a Costa Oeste, em 1865-6.

Em 1908, os habitantes das vilas de Arthur's Pass e Otira, a oeste da Main Divide, começaram a construir o túnel ferroviário de Otira, com 8km de extensão. Em 1912, Arthur's Pass já tinha 300 habitantes, quase todos trabalhando no túnel, que levou dez anos para ficar pronto e mais cinco para o primeiro trem atravessá-lo.

Restaram na vila as cabanas dos operários, usadas hoje como casas particulares de veraneio.

Desde a década de 1920 que a cidade é base para quem vem de Christchurch e Greymouth, sejam caminhantes, trilheiros ou montanhistas, bem como esquiadores em busca das esplêndidas paisagens e a discreta estação de esqui de Temple Basin.

É também centro administrativo do Arthur's Pass National Park *(págs. 244-5)*.

Uma cabana de operário na cidade de Arthur's Pass

Arthur's Pass National Park ⑱

Flor alpina

Espalhados pelos Southern Alps, a 153km de Christchurch e a 98km de Greymouth, os 1.170km² do Arthur's Pass National Park , o sexto em extensão do país, exibe grandes contrastes geológicos e climáticos. No lado oeste, onde chove muito, o parque tem densas florestas tropicais cortadas por rios caudalosos e muitas pedras. No lado leste, muito mais seco, predominam as florestas de faia nas montanhas e touceiras de capim nas planícies de rio. Dezesseis picos ultrapassam 2.000m de altura. O parque tem ótimas instalações ao ar livre para montanhistas e trilheiros, já que oferece caminhadas longas e curtas para pessoas de todas as idades, mas que tenham certo preparo físico.

★ Dobson Nature Walk
Esta caminhada de 30 minutos nas partes altas de Arthur's Pass exibe plantas de regiões alpina e subalpina que florescem de novembro a fevereiro.

Bealey Valley
Esta trilha que sai da State Highway 73 e atravessa as florestas de faia de montanha, chega ao bonito Bealey Valley. A caminhada completa de ida e volta leva de três a quatro horas.

★ Devil's Punchbowl Waterfall
A cachoeira com 131m de queda pode ser vista da estrada, mas é possível chegar à sua base em uma caminhada de uma hora que sai da cidade Arthur's Pass.

Keas
Pássaros atrevidos e curiosos que são vistos na cidade de Arthur's Pass bicando as borrachas de vedação das janelas e pára-brisas dos carros.

PONTOS ALTOS

★ Devil's Punchbowl Waterfall

★ Dobson Nature Walk

Temple Basin
Trilheiros admiram a vista das montanhas e vales de Temple Basin. No inverno, só se chega à pista de esqui a pé.

PREPARE-SE

Mapa rodoviário C5. *Arthur's Pass village, (03) 318 9211.* *diariam.* *25 dez.* *só na cidade.*
www.doc.govt.nz

FLORA E FAUNA DO ARTHUR'S PASS NATIONAL PARK

Além das florestas de faia a leste e as matas tropicais mistas a oeste, o parque possui ampla variedade de espécies de plantas alpinas e subalpinas, como capim, *snow grass*, margaridas alpinas e ervas, junças e *ourisia*. O parque é também o paraíso das aves, com espécies mais frequentes como o *paradise shelduck*, o *bellbird*, a pomba-de-leque, o *kea* e o *rifleman*, e mais raras como a corruíra-alpina, o pato-azul e o quivi.

Patos-azuis

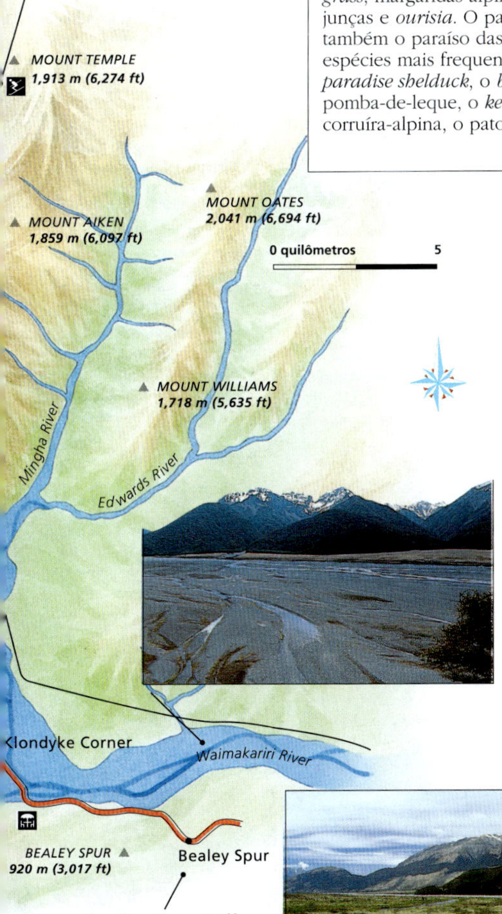

LEGENDA

- Rodovia estadual
- Estrada secundária
- Rio
- Trilha para caminhada
- Percurso do TranzAlpine Express
- Túnel
- Informações turísticas
- Área de camping
- Área de piquenique
- Pista de esqui
- Vista panorâmica

Waimakariri River
Este rio poderoso arrasta pedras e sedimentos dos Southern Alps em seu curso sinuoso (pág. 191).

Bealey Spur Village
Os vales cobertos de capim dão lugar a altas e acidentadas montanhas perto de Bealey Spur.

DICAS

Os vales, os desfiladeiros e as encostas de seixos e touceiras de capim do parque oferecem vários tipos de caminhada, das mais fáceis e curtas a perigosas escaladas. Com um clima instável e trilhas rudimentares, os grupos de trilheiros e montanhistas devem antes comunicar suas intenções ao centro de turismo na cidade de Arthur's Pass.

Pista de esqui em Mount Hutt, com o Lake Coleridge ao fundo

Mount Hutt ⓳

Mapa rodoviário C6.
Main St, Methven, (03) 302 8955. New Zealand Walking Festival (abr).

Mount Hutt, ao pé das montanhas dos Southern Alps, é a maior estação de esqui de Canterbury. Esse lugar oferece a temporada de esqui mais longa da Oceania (de junho a meados de outubro). A pista é servida por nove teleféricos e cabos de aço, além de aparelhos para fazer neve artificial. Do alto da montanha com 2.075m, tem-se uma bonita vista das Canterbury Plains.

Arredores

No inverno, **Methven** é o centro esqui de Mount Hutt; no verão é uma típica cidade rural da Nova Zelândia.

A Área Preservada do Mount Hutt, com seus 42km² a oeste, tem trilhas curtas por mata de faia de montanha.

O Rakaia Gorge, 16km ao norte de Methven, é frequentado por praticantes de jet boating. Uma trilha de 5km cruza os limites desta esplêndida área preservada.

Rakaia ⓴

Mapa rodoviário C6. *800.*
Rakaia Salmon Fishing Competition (final de fev).

Na margem sul do Rakaia River, a pequena colônia rural de Rakaia se autodenomina a "capital do salmão da Nova Zelândia". Um grande peixe de fibra de vidro no meio da cidade lembra a excelente pesca de salmão e truta em vários pontos do rio ao longo desta região.

Ponte sobre o Rakaia Gorge, muito procurado para jet boat

Ashburton ㉑

Mapa rodoviário C6. *16.000.*
The Green, East St, (03) 308 1050. Wheels Week (mai).

Ashburton, à beira do rio de mesmo nome, é a principal cidade do médio Canterbury.

A cidade leva o nome de lorde Ashburton, membro da Canterbury Association e um dos criadores da província nos anos 1850.

Embora fosse uma região árida e coberta de capim, a irrigação permitiu que a agricultura se desenvolvesse.

Nos arredores da cidade existem construções de tijolos históricas e árvores adultas, incluindo-se algumas no Ashburton Domain.

A **Ashford Craft Village** produz e vende artesanato de alta qualidade e o museu tem rodas de fiar.

Ashford Craft Village
415 West St. ***Tel*** *(03) 308 9087.*
diariam. sexta-feira Santa, 25 e 26 dez. na fábrica. obrigatório na fábrica.

Geraldine ㉒

Mapa rodoviário C6. *2.000.*
Esq Cox e Talbot Sts., (03) 693 1006. Geraldine Arts and Plants Festival (nov).
www.southisland.org.nz

Bonita cidade rural, parada obrigatória de quem vai a Mackenzie Country, ao sul.

Antes chamada Talbot Forest, depois Fitzgerald e por fim, em 1866, Geraldine, a princípio era um pasto de caprinos e base de serrarias. O nome Talbot Forest refere-se hoje à floresta baixa de podocarpos que fica atrás de Geraldine.

A cidade tem prédios históricos, como a agência dos correios de 1908, que pode ser vista em uma trilha.

A sua produção de sucos e condimentos pode ser provada no **Barker's Berry Barn**.

O **Vintage Car and Machinery Museum** tem carros de 1907 a 1953, tratores de 1874 e máquinas agrícolas antigas.

Barker's Berry Barn
76 Talbot St. ***Tel*** *(03) 693 9727.*
diariam. 25 dez.

Vintage Car and Machinery Museum
178 Talbot St. ***Tel*** *(03) 693 8756.*
diariam. (verão); sáb-dom (inverno). 1º jan, 25 e 26 dez. marcar hora.

Arredores

A cidade é base para a exploração de florestas e rios do médio Canterbury, como a Peel Forest, 22km ao norte de Geraldine, a Área Preservada de Mount Somers, 47km ao norte, e os desfiladeiros de Orari, Waihi e Te Moana, 15km ao norte, excelentes para banho, rafting e piquenique.

A agência dos correios em Geraldine, de 1908

Pecuária de Montanha

O merino

Quando, em 1850, os "Peregrinos de Canterbury" chegaram à nova colônia, logo viram que era um bom lugar para criar animais. Os *runholders* –fazendeiros que se fixaram nas planícies, nas chapadas e no interior de Canterbury– imediatamente se tornaram um poder econômico e político. Embora a reforma agrária no fim do século 19 tenha dividido as grandes propriedades, a típica ocupação da terra que prevalecia na Nova Zelândia foi mantida nas regiões montanhosas, principalmente em Canterbury. Boas estradas e modernos meios de comunicação diminuíram o isolamento e a vida dura nas fazendas, mas a região ainda conserva um estilo de vida definido pelo clima, pela topografia e pelos ciclos anuais de plantio.

O CICLO ANUAL

Os animais se alimentam do capim que cresce nas encostas no verão, e são levados para as áreas mais baixas antes do inverno. Essa tarefa dura vários dias e é feita a cavalo ou a pé com o auxílio de cães pastores bem treinados. Quando terminam a tosquia, a parição e o desmame dos filhotes, os animais voltam para as montanhas no verão.

Reunindo o rebanho

A compra e venda de animais *é atividade levada a sério nos leilões, que atrai criadores interessados em aumentar a produção de lã e carne.*

A tosquia *é feita manualmente por especialistas, em geral com lâminas de tosquiar que deixam uma camada de lã protetora sobre a pele do animal. A raça criada nas montanhas tem a melhor lã e o merino mais resistente.*

Forragens *como feno e a silagem são cultivadas nas fazendas para complementar a alimentação dos rebanhos no inverno.*

A lã do merino *criado nas montanhas da Ilha Sul é usada para confeccionar tecidos e roupas de luxo.*

Carneiro assado *servido com legumes, batata assada e feijão é um prato tradiicional.*

Timaru ㉓

Tela de Goldie em Aigantighe

A meio caminho entre as cidades de Christchurch, ao norte, e Dunedin, ao sul, Timaru fica nas colinas que limitam as Canterbury Plains e é a maior cidade ao sul de Canterbury. O nome vem de Te Maru, que significa "um lugar protegido", por ser um porto seguro das canoas maoris que viajavam pela costa. A partir de 1838 passou a ser porto baleeiro. O centro da cidade ocupa os 500m² que pertenciam a George e Robert Rhodes, mas a colônia só se estabeleceu em 1859. Hoje, Timaru é uma vibrante e atraente capital de província, com muitos prédios importantes ornamentando seu centro comercial.

Galeria e jardins de Aigantighe

Caroline Bay

exceto na praça.

Desde 1877, quando foi construído o porto artificial de Timaru, a areia de Caroline Bay que se acumulou ao redor formou uma praia segura que atraiu os banhistas. O porto está ao sul da praia.

Mais adiante há um extenso gramado com playground, aviário, quadras de tênis e um minicampo de golfe. Mais tarde foram construídos a passarela de madeira à beira-mar, quadras de voleibol e outras instalações recreativas.

A praça, com escadarias e patamares, liga o porto ao centro da cidade no alto das colinas. Ao norte estão os Benvenue Cliffs e o Farol de Timaru, de 1877.

Sacred Heart Basilica

7 Craigie Ave. ***Tel*** *(03) 684 4263.*
diariam. *diariam.*

Sem dúvida o mais impressionante dos muitos prédios notáveis de Timaru, a Sacred Heart Basilica foi construída pelo arquiteto Francis W. Petre entre 1910 e 1911. Suas torres gêmeas e o domo erguem-se sobre a cidade ao sul e guardam um interior majestoso de tetos decorados com estencil, pilares brancos e janelas com vitrais.

Petre também assinou as catedrais católicas de Christchurch e Dunedin.

Aigantighe

49 Wa-iti Rd. ***Tel*** *(03) 688 4424.*
ter-dom. *1° e 2 jan, 25 e 26 dez.* *marcar hora.*

Esta charmosa galeria, cujo nome se pronuncia "egg and tie" (em escocês gaélico significa "em casa"), ocupa um prédio de 1908 doado por Alexander e Helen Grant, fazendeiros escoceses de Mackenzie Country.

A galeria de arte foi inaugurada em 1956 para abrigar uma fascinante coleção em grande parte doada pela família Grant.

O acervo inclui obras de pintores neozelandeses e britânicos, além de porcelanas inglesas e continentais.

A parte externa da galeria é um delicioso jardim, com uma exposição permanente de esculturas de pedra.

St Mary's Anglican Church

Church St. ***Tel*** *(03) 688 8377.*
ter-sex. *Sexta-feira Santa, 25 dez.* *Qua, sex, dom.*

Os alicerces da St Mary's Anglican Church foram deitados em 1880 e a nave consagrada em 1886. Em seu interior, a igreja exibe tetos com vigas, janelas com vitrais, entalhes em madeira e colunas robustas.

Muitas peças e placas trazem nomes de influentes famílias de colonos de South Canterbury. Não deixe de subir a escada que leva ao topo da torre para a admirar a excelente vista aérea da cidade.

RICHARD PEARSE

Inventor, aviador e fazendeiro, Richard Pearse (1877-1953) está no centro dos debates sobre quem inventou o avião a motor. Pearse nasceu perto de Temuka, ao norte de Timaru, e, embora tenha sido desacreditado em vida, teve sua criatividade e genialidade reconhecidas após a morte. Na oficina montada em sua fazenda ele construiu um monoplano de bambu, alumínio, fios e tela. Dizem que o primeiro vôo da aeronave alcançou algo entre 46m e 91m, terminando sobre uma cerca viva. Não há nenhum registro sobre esse vôo, mas há provas testemunhais de que ocorreu em 31 de março de 1903 –nove meses antes do vôo realizado em 13 de dezembro de 1903 por Orville e Wilbur Wright, oficialmente considerado o primeiro do mundo, embora haja a polêmica envolvendo Santos Dumont.

Réplica do avião de Pearse

Para hotéis e restaurantes nesta região, veja págs. 312-6 e págs. 338-40

Rosas do Timaru Botanic Gardens

Timaru Botanic Gardens

Queen St. ***Tel*** *(03) 684 8199.* *diariam.*

Decretado parque público em 1864, seus jardins têm várias atrações importantes, como a estátua de 1913 do poeta escocês Robert Burns, uma "árvore repolho" *(cabbage tree)* que pode ter sido plantada na época dos europeus e um coreto de 1911. Os jardins exibem muitas espécies rosas, além de uma coleção plantas raras e outras ameaçadas de extinção. Na estufa há espécies de deserto, tropicais e subtropicais.

South Canterbury Museum

Perth St. ***Tel*** *(03) 684 2212.* *ter-dom.* *1º jan, 25 e 26 dez.*

Este museu octogonal, inaugurado em 1966, é o principal da região. Suas coleções cobrem a história natural da região, a história local dos maoris, os primórdios da indústria baleeira e da colonização européia.

O desenvolvimento da cidade é mostrado numa série de fotos. Um destaque é a réplica do avião construído pelo fazendeiro Richard Pearse, que pode ter feito um vôo bem-sucedido já em 1903, antes dos irmãos Wright nos EUA. O avião está pendurado no teto do museu mais ou menos à mesma altura alcançada pelo vôo de Pearse.

Arredores

Temuka, a 18km ao norte de Timaru, é centro de serviços de um rico interior agropecuário e berço das famosas cerâmicas Temuka Homeware, que produz uma variedade de utilitários de alta qualidade.

A fábrica não está aberta ao público, mas mantém uma loja no trevo da State Highway 1, em Temuka.

A State Highway 8 que vai para Tekapo passa por Pleasant Point, onde o **Pleasant Point Railway and Historical Museum** mantém um trecho de 2km da antiga linha férrea Timaru-Fairlie, que funcionou de 1875 a 1968.

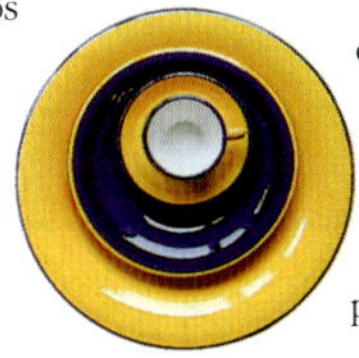

Cerâmica de Temuka

Nas importantes datas nacionais e nas férias escolares duas locomotivas a vapor percorrem os trilhos que atravessam as plantações.

No percurso, temos as cidades de Cave, Fairlie e Kimbell, e entram na Estação de Esqui do Mount Dobson, até chegar a Burkes Pass, na entrada de Mackenzie Country.

PREPARE-SE

Mapa rodoviário C6.
27.500. *12km N cidade.*
2 George St, (03) 688 6163. *Caroline Bay Carnival (dez-jan).*
www.southisland.org.nz

Pleasant Point Railway and Historical Museum

Main Rd. ***Tel*** *(03) 614 8325.* *variável.*

Lupins à beira do Lake Tekapo

Lake Tekapo 24

Mapa rodoviário B6. 300. *Kiwi Treasures, State Hwy 8, (03) 680 6686.*

Este lago tem beleza e luminosidade excepcionais. O notável tom azul de suas águas é causado pela "leito de pedras" –partículas finíssimas de pedra que descem dos glaciares na cabeceira do lago e ficam em suspensão na água.

O Lake Tekapo é muito procurado para pesca, passeios de barco, caiaque, natação e vôos de asa-delta.

Na frente do lago está a Church of the Good Shepherd. Essa igreja de pedra e carvalho começou a ser construída em 1935 pelo duque de Gloucester. A janela da frente emoldura perfeitamente o lago. Ao lado da igreja há uma estátua de bronze de um cão pastor, erigida em 1968 como tributo à importância desses animais para o desenvolvimento da região.

Por causa da pureza do ar que envolve o Tekapo, a universidade mantém um observatório no alto do Mount John, a oeste.

Há um caminho muito percorrido para o alto da montanha (três horas, ida e volta). Cowan's Hill Track (duas horas) também tem uma bonita vista do lago e das montanhas.

O Lake Tekapo é base para os esquiadores do Mount Dobson, a cerca de 30km.

Do pequeno aeroporto local partem vôos panorâmicos sobre o Mount Cook.

O Lake Alexandrina, distante 10km de Tekapo, é bastante procurado para a pesca de trutas e também para banho.

Church of the Good Shepherd

Pioneer Drive. ***Tel** (03) 680 6871.* *diariam.* *25 dez, casamentos.* *variável.* *aceita doações.*

Lake Pukaki 25

Mapa rodoviário B6.

Assim como o Lake Tekapo, o Lake Pukaki também está inserido em um cenário magnífico. A State Highway 8 abraça o lado sul do lago e uma grande e frequentada área para piquenique e lazer oferece uma bonita vista do Mount Cook e dos Southern Alps. O lago é alimentado pelo Tasman River, que é formado pela geleira Tasman. Sua ampliação se deve à usina hidrelétrica de Upper Waitaki, interligando-o aos lagos Tekapo e Ohau por canais. Em um dia claro, é possível ver o Mount Cook refletido em suas águas.

A **Mount Cook Salmon Farm**, no canal Pukaki-Tekapo, vende salmão e oferece passeios.

O **Glentanner Park Centre**, uns 20km ao sul da cidade de Mount Cook, à beira do Lake Pukaki, é de onde saem os vôos panorâmicos sobre o Mount Cook e picos vizinhos.

O parque oferece outras atividades ao ar livre, como trilha a cavalo, mountain bike, passeios de barco, caça e pesca. Ele fica na Glentanner Station, uma fazenda com 182 km^2.

Glentanner Park Centre, com os Southern Alps ao fundo

Passeios curtos pela fazenda permitem ao visitante assistir a tosquia de ovelhas e a demonstrações de cães pastores.

Mount Cook Salmon Farm
Canal Rd. ***Tel*** *(021) 370 038.*
diariam.

Glentanner Park Centre
State Hwy 80. ***Tel*** *(03) 435 1855.*
diariam. *para certas atividades.* **www**.glentanner.co.nz

Twizel 26

Mapa rodoviário B6. *1.400.*
Twizel Events Centre, Market Place, (03) 435 3124.
www.twizel.com

Twizel nasceu em 1969 para abrigar os operários que trabalhavam na construção da hidroelétrica do Upper Waitaki. Terminada a obra, seus moradores exigiram que a cidade fosse mantida e passaram a explorar os lagos vizinhos com pescaria e navegação, e também o Mount Cook, distante 61km. O lago artificial de Ruataniwha, ao sul de Twizel, é centro de esportes aquáticos. Tem uma raia de remo de padrão internacional e anualmente abriga campeonatos nacionais de remo.

Pernalta

Uma estrada secundária que sai do Lake Ruataniwha leva à represa da hidrelétrica do Lake Benmore, 75km², outro movimentado destino dos barcos.

Uma das atrações de Twizel é o **Kaki Visitor Hide**. O *kaki*, ou pernalta-negra, um pássaro raro que caminha sobre a água, tem sido alvo de intensos esforços de preservação desde 1981 *(pág. 192)*.

Os visitantes podem fazer passeios para ver os pássaros em cativeiro, em viagens especialmente planejadas.

Kaki Visitor Hide
Twizel Events Centre, Market Place.
Tel *(03) 435 3124.* *diariam. (exceto 25 dez).*

Paredão de argila em Omarama

Arredores
Ao sul de Twizel, está a pequena cidade de **Omarama**, que atrai planadores por suas fortes correntes ascendentes de ar quente.

Os paredões **Clay Cliffs** estão 10km a oeste e são separados por profundas e estreitas ravinas. Supõe-se que fossem frequentados pelos maoris que se deslocavam por Mackenzie Country para caçar.

Os paredões são propriedade particular, mas abertos ao público.

Clay Cliffs
Henburn Rd. ***Tel*** *(03) 438 9780.*
diariam.

Lake Ohau 27

Mapa rodoviário B6.

Este lago fica 30km a oeste de Twizel e é bastante procurado para banho, pesca, esqui aquático e passeios de barco. As seis matas nativas ao redor –Ohau, Temple, Dobson, Huxley, Hopkins e Ahuriri– oferecem ótimas caminhadas longas e curtas.

Há muitas cabanas na floresta que são usadas por trilheiros experientes.

A estação de esqui de Ohau, a oeste do lago, é explorada comercialmente e tem uma infra-estrutura básica, como barra T e elevador.

PROGRAMA DE DESENVOLVIMENTO DE UPPER WAITAKI

As centrais hidrelétricas de Upper Waitaki e Mackenzie Country fornecem um terço da eletricidade da Nova Zelândia. A idéia de aproveitar os recursos hídricos da região surgiu pela primeira vez em 1904, e hoje um amplo programa inclui as centrais de Tekapo A e B, as de Ohau A, B e C, e as de Benmore, Aviemore e Waitaki.

Uma importante característica desse programa são os 58km de canais feitos pelo homem que represam as águas dos lagos Tekapo, Pukaki e Ohau, ao longo dos quais há um bonito percurso de carro. Os lagos formados pelas hidrelétricas tornaram-se pólos de esportes aquáticos.

O Lake Benmore visto das montanhas

Aoraki/Mount Cook National Park ㉘

Lírio montanhês

O Aoraki/Mount Cook National Park tem o nome do Aoraki/Mount Cook, o mais alto da Nova Zelândia, com 3.764m. É a montanha sagrada da tribo ngai tnahu, da Ilha Sul. Segundo a lenda maori, essa e outras montanhas vizinhas se formaram quando um menino chamado Aoraki e seus três irmãos desceram do céu em uma canoa para visitar Papatuanuku (a Mãe Terra). A canoa virou e os irmãos, ao subir no barco emborcado, se transformaram em pedra. A área de 700km² passou a ser parque nacional em 1953, com 19 picos superiores a 3.000m. As geleiras ocupam 40% da área do parque.

Vôo panorâmico
Os vôos panorâmicos partem do Glentanner Park Centre e da pista de pouso do Mount Cook. Há várias rotas sobre o parque, muitas com aterrissagem em geleiras.

★ Aoraki/Mount Cook
Importante destino de montanhistas, o pico foi escalado pela primeira vez em 1894 por Tom Fyfe, George Graham e Jack Clarke.

Copland Pass é um roteiro de montanhistmo assustador pelos Southern Alps. Do desfiladeiro, a trilha desce o Copland River através do Westland/Tai Poutini National Park *(págs. 238-9)*, até sair na State Highway 6.

The Hermitage
Construído em 1895, mas reformado e expandido nos anos seguintes, o Hermitage é o único hotel do Aoraki/Mount Cook National Park (pág. 315).

★ Tasman Glacier
É a maior geleira da Nova Zelândia, com 29km de extensão e 1,6km de largura. A melhor maneira de conhecê-la é percorrê-la de heli-esqui.

PONTOS ALTOS

★ Aoraki/Mount Cook

★ Tasman Glacier

PREPARE-SE

Mapa rodoviário A6. ✈ *5km S da cidade.* *Bowen Drive, Mount Cook village, (03) 435 1186.* *diariam.* *25 dez.* *somente nas trilhas.* **www**.doc.govt.nz

Tasman Saddle Hut
É uma das 19 cabanas e abrigos do parque para uso de montanhistas e caminhantes.

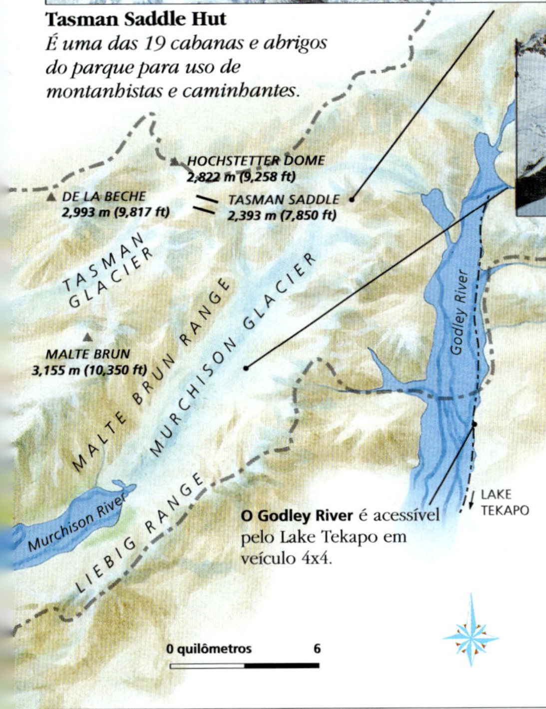

Murchison Glacier
As geleiras Murchison, Mueller, Hooker, Tasman e Godley dominam o parque.

O Godley River é acessível pelo Lake Tekapo em veículo 4x4.

CAMINHADAS A PARTIR DA VILA DE MOUNT COOK

Há várias trilhas próximas à vila de Mount Cook, todas boas e bem sinalizadas. São indicadas para montanhistas pouco experientes.

Kea Point e Governors Bush são caminhadas curtas com interesse voltado para a vegetação e os pássaros. As trilhas mais longas que partem da vila são as de Sealy Tarns, Hooker Valley, Red Tarns e Wakefield. Todas estão em boas condições, mas com terreno difícil em alguns pontos; use sapatos resistentes ou botas e um cajado para caminhar.

É aconselhável usar roupas quentes nos lugares em que venta muito, mesmo no verão.

Manuais com descrições e horários das caminhadas são distribuídos no centro de turismo na vila.

OTAGO E SOUTHLAND

Com picos nevados, florestas exuberantes, regiões áridas, profundos lagos glaciais, praias espetaculares e um litoral irregular, a região de Otago e Southland tem belezas naturais incomparáveis. Situada em uma área selvagem e intocada e de povoamentos históricos, Queenstown é o centro mundial dos esportes de aventura e importante destino turístico da Nova Zelândia.

Antes da chegada dos europeus, os maoris viviam no litoral onde havia fartura de peixes, mas caçavam e recolhiam jade neozelandês *(pounamu)* no interior. Os europeus também acharam que o litoral seria mais fácil de ocupar. Os membros da Igreja Livre da Escócia foram os primeiros a povoar a região de maneira organizada, tendo Dunedin como o centro da nova terra ocupada.

A esperança de viver no paraíso terminou no início dos anos 1860 com a descoberta do ouro.

O mineiros se embrenharam por terrenos inóspitos que hoje são conhecidos como Central Otago, em busca de fortuna. O ouro trouxe prosperidade à região, e durante um tempo Dunedin se transformou na capital comercial do país. O legado da mineração do ouro pode ser visto não só nas humildes cabanas de pedra construídas em locais remotos e inóspitos, mas também nos belíssimos prédios que adornam as ruas de Dunedin. O legado natural da região também reside em numerosas áreas, como o Mount Aspiring e os parques nacionais de Fiordland, que se mantêm quase intocados. Estes são complementados por outras belas atrações naturais, como a Stewart Island e a região das Catlins na região sudeste, criando um belo contraste com as terras já cultivadas. São tantas as ofertas que cada canto da região contém suas próprias atrações, tornando a exploração desta área do país um verdadeiro presente.

O Octagon no coração de Dunedin

◁ **Reflexos nos Mirror Lakes, Fiordland National Park**

Como Explorar Otago e Southland

A geografia, o clima e a paisagem da região de Otago e Southland mudam muito em um área relativamente pequena. A oeste, o relevo da costa se eleva bruscamente, através de densas florestas, a picos superiores a 3.000m de altitude, em uma área de apenas 40km –por isso os parques nacionais de Fiordland e Mount Aspiring são tão espetaculares. A leste desses altos picos, as cadeias e vales de Otago central criam um contraste radical. O interior é árido e acidentado. Lagos belíssimos aninhados entre picos nevados e montanhas com pouca vegetação criam um centro de aventuras que tornaram cidades como Queenstown tão populares. Dos lagos, um terreno desce a leste, ao sul e no interior, onde as chuvas produziram as terras férteis que alimentam Dunedin e Invercargill.

Rafting em corredeira no Shotover River, em Queenstown

PRINCIPAIS ATRAÇÕES

Arrowtown ⓬
Bluff ⓳
Cromwell ⓭
Dunedin págs. 58-9 ❶
Fiordland National Park págs. 280-1 ⓯
Glenorchy ⓫
Gore ⓲
Haast ❾
Invercargill págs. 286-7 ⓱
Kingston ⓮
Lake Hawea ❻
Lindis Pass ❺
Moeraki Boulders Scenic Reserve ❸
Mount Aspiring National Park págs. 272-3 ❽
Oamaru págs. 268-9 ❹
Otago Peninsula ❷
Queenstown págs. 276-7 ❿
Stewart Island ⓴
Wanaka ❼

Passeios

Catlins ㉑
Doubtful Sound ⓰

ATIVIDADES AO AR LIVRE

Os lugares indicados aqui foram selecionados por suas atividades recreativas. As condições dependem do tempo e da época do ano, portanto tenha cuidado e se informe antes de ir.

	VISTA AÉREA	BUNGEE JUMP	JET-BOAT	PARAGLIDE	ESQUI	CAMINHADAS	RAFT EM CORREDEIRA	OBSERVAÇÃO DE ANIMAIS
Catlins						■		■
Dunedin	●					■		■
Fiordland National Park	●					■		■
Haast						■		■
Invercargill	●					■		■
Milford Sound	●					■		■
Mount Aspiring National Park	●					■		■
Oamaru						■		■
Otago Peninsula						■		■
Queenstown	●	■	●	■	●	■	■	
Stewart Island	●					■		■
Te Anau	●		●			■		■
Wanaka	●	■	●	■	●	■	■	

As águas azuis do Lake Hawea, um dos maiores lagos do sul

VEJA TAMBÉM

- ***Onde Ficar*** págs. 316-9
- ***Onde Comer*** págs. 340-1

COMO CIRCULAR

Viajar por terra é a melhor maneira de circular pela região. Há muitas linhas de ônibus nas principais estradas e, se estiver de carro, as rodovias estaduais são boas e têm pouco movimento fora dos períodos de férias. Algumas estradas, como a State Hwy 94 para Milford, exigem cuidados nas regiões montanhosas. Os aeroportos domésticos estão em Dunedin, Invercargill e Queenstown; Dunedin também recebe vôos da Austrália. Trens diários percorrem a costa interligando as principais cidades.

Centro de Dunedin

Pingüin de bronze

É uma delícia explorar Dunedin, onde há tanto para se ver em uma área relativamente pequena. Seus prédios possuem a arquitetura mais variada e interessante do país. Muitos dos que ainda restam do seu apogeu na época da corrida do ouro dos anos 1860, quando a cidade se tornou um importante pólo comercial, estão a uma pequena distância do centro. Outros estão ao norte da cidade *(págs. 264-5)* , mais próximos dos seus belos jardins e parques. O centro plano, que ainda hoje é um eixo comercial, está cercado por montanhas, das quais se tem uma esplêndida vista da cidade e do porto abaixo.

Octagon

Quando o local da colônia de "New Edinburgh" foi demarcado em 1846 pelos topógrafos de Edimburgo, o Octagon já foi planejado como o ponto central.

Mais de 150 anos depois, o Octagon ainda cumpre esse papel. Ele não só assistiu a desfiles e festivais, manifestações de protestos, festas e visitas reais, como viu suas tropas e heróis esportivos serem recebidos e ovacionados.

Este oásis no coração da cidade é cercado por prédios belíssimos. Uma estátua de bronze do poeta escocês Robert Burns, erigida em 1887, destaca-se na frente da St Paul's Cathedral.

O reverendo Thomas Burns, sobrinho do poeta, foi o líder espiritual dos primeiros escoceses que chegaram a Dunedin em 1848.

Municipal Chambers

48 The Octagon. ***Tel*** *(03) 477 4000.*
seg-sex. *feriados.*
no interior. *áreas públicas.*
Concluídas em 1880, as Municipal Chambers, excelentes exemplos de utilização das pedras de Oamaru *(págs. 268-9)*, já passaram por restauros e reformas tanto dentro quanto fora. Elas abrigam as Council Chambers, onde se reúnem os conselheiros da cidade, e possuem várias salas de reuniões e recepções. Abrigam também o Dunedin Visitor Centre. O Dunedin Convention Centre e o Town Hall, com 2.800 lugares, ficam localizados atrás.

St Paul's Cathedral

The Octagon. ***Tel*** *(03) 477 2336.*
diariam. *diariam exceto sáb.*
Verão.
Consagrada em 1919, a Anglican St Paul's ergue-se sobre o Octagon em um local elevado e tem acesso por uma longa escadaria.

Essa localização de destaque em uma colônia com predominância presbiteriana se deve à generosidade do comerciante e baleeiro Johnny Jones. A catedral, que substituiu uma igreja menor de 1863, tem bonitos detalhes arquitetônicos e uma cúpula de pedra.

Dunedin Public Art Gallery

30 The Octagon. ***Tel*** *(03) 474 3240.*
diariam. *Sexta-feira Santa, 25 dez.* *só exibições especiais.*
Galeria moderna cujo design se harmoniza com os prédios históricos do Octagon, com uma das melhores coleções de arte européia do país.

Tem seções de arte antiga e contemporânea da Nova Zelândia, incluindo trabalhos do renomado artista Frances Hodgkins *(pág.32)*.

Entrada do foyer da Dunedin Public Art Gallery

St Paul's Cathedral

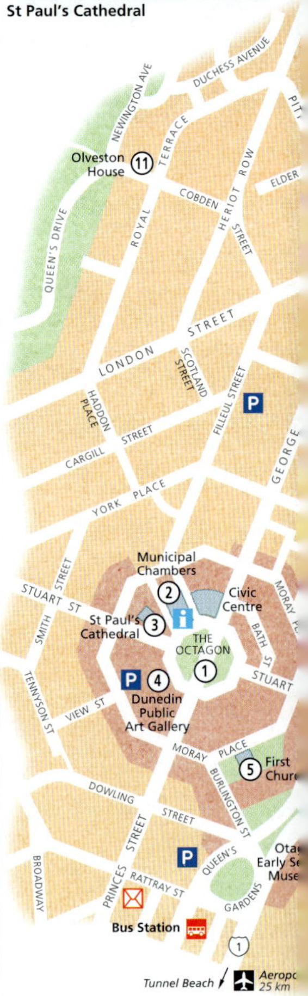

0 metros 300

LEGENDA

Rua a Rua: Dunedin *págs. 260-1*

Legenda dos símbolos no final do gu

First Church

415 Moray Place. **Tel** *(03) 477 7118.*
diariam. *Só dom.*

Representante da Igreja Presbiteriana em Otago, a First Church, consagrada em 1873, é considerada a maior contribuição do arquiteto Robert Lawson à arquitetura de Dunedin. Os destaques são as rosáceas, o teto de madeira e a torre com 56m.

A First Church passou por uma grande reforma para restaurar seu exterior. A colina de Bell Hill, sobre a qual se ergue a First Church, teve de ser rebaixada em cerca de 12m para acomodar a construção.

As Law Courts, no centro de Dunedin

Law Courts

41 Stuart St. Fechada ao público.

Projeto do arquiteto do governo John Campbell, concluído em 1902, o prédio combina arenito cinzento de Port Chalmers com pedra de Oamaru, muito mais leve.

Dobrando a esquina está o prédio de tijolos vermelhos da Dunedin Prison, também assinado por Campbell, que imita em menor escala o prédio da New Scotland Yard, em Londres.

Concluído em 1895, este prédio das Law Courts já abrigou a Delegacia de Polícia de Dunedin, até ser construído o novo prédio em meados da década de 1990.

Otago Early Settlers Museum

31 Queens Gardens.
Tel *(03) 477 5052.* *diariam.*
Sexta-feira Santa, 25 dez.

Como o nome sugere, o museu permite conhecer como viviam os primeiros colonos na província.

As mostras são muitas e variadas, desde antigas fotografias e objetos domésticos a ferramentas e veículos, incluindo-se duas grandes locomotivas, uma delas de 1870. O museu está instalado em dois prédios contíguos, sendo um deles uma antiga galeria de arte construída no início do século passado e o outro uma estação de ônibus em estilo Art Déco.

ROBERT LAWSON

Muitos prédios de Dunedin no melhor estilo escocês vitoriano e eduardiano são atribuídos ao arquiteto Robert Lawson (1833-1902). Nascido na Escócia, Lawson estudou arquitetura em sua terra natal antes de migrar para Melbourne, onde foi ganhar a vida como mineiro e jornalista por não ter conseguido trabalhar como arquiteto. Ele retomou a profissão em 1861, e no ano seguinte venceu um concurso de projetos para a First Church, em Dunedin. Lawson mudou-se para lá e assim deu início a uma relação muito bem-sucedida com a cidade. Sua lista de créditos inclui as Municipal Chambers, a Otago Boys High School (um bonito prédio de arenito cinzento concluído em 1884) e a Knox Church, em George, consagrada em 1876. Mas é o seu primeiro trabalho em Dunedin, a First Church, que muitos consideram a sua obra-prima.

First Church

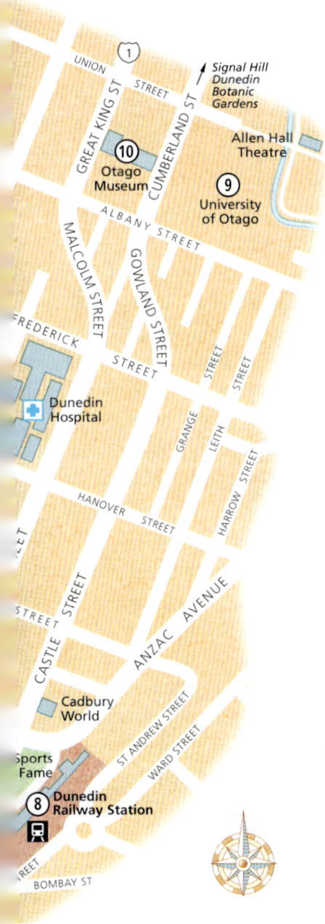

CENTRO DE DUNEDIN

Dunedin Public Art Gallery ④
Dunedin Railway Station ⑧
First Church ⑤
Law Courts ⑦
Municipal Chambers ②
Olveston House ⑪
Otago Early Settlers Museum ⑥
Otago Museum ⑩
St Paul's Cathedral ③
The Octagon ①
University of Otago ⑨

Rua a Rua: Dunedin ❶

Statue of Robert Burns

Dunedin tem fortes vínculos históricos com a cidade escocesa de Edimburgo. Dunedin não é só Edimburgo em gaélico, como as ruas têm nomes escoceses e muitas tradições escocesas foram preservadas desde que os primeiros colonos presbiterianos chegaram em 1848. O Octagon, assim chamado por ter oito lados, é o centro da cidade. Ao redor dele, e nas quadras próximas, há vários prédios públicos em estilos vitoriano e eduardiano, talvez os mais bonitos da cidade. Também há muitos cafés e restaurantes nessa área, todos muito agradáveis.

St Paul's Cathedral
A St Paul's tem a única cúpula de pedra da Nova Zelândia (pág. 258).

Stuart Street Terrace Houses
Construídas por volta de 1900 como moradias na cidade para quem vinha do campo, estas casas hoje abrigam restaurantes, butiques e escritórios.

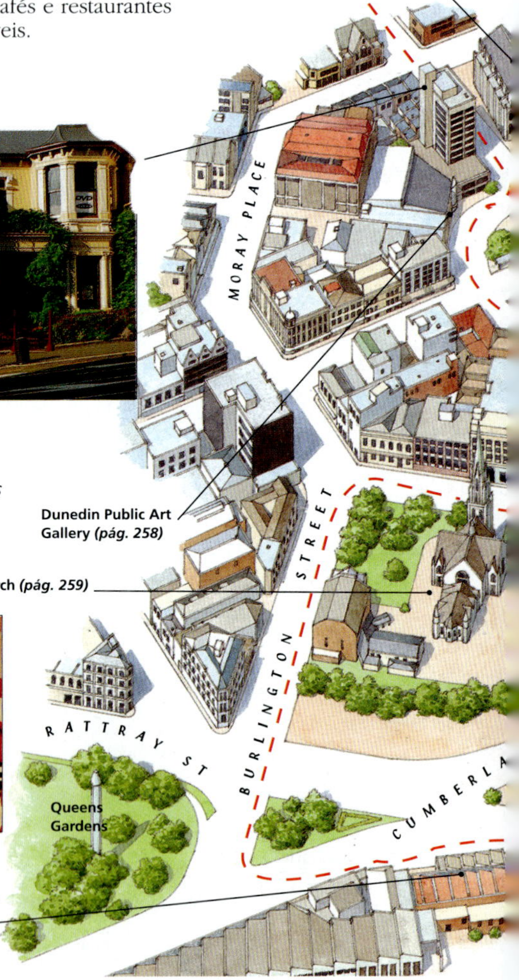

Dunedin Public Art Gallery ***(pág. 258)***

First Church ***(pág. 259)***

Otago Early Settlers Museum
Este museu exibe com destaque antigos meios de transporte, como as primeiras máquinas a vapor do país (pág. 259).

PONTOS ALTOS

★ Dunedin Railway Station

★ Octagon

0 metros 300

LEGENDA

– – – Percurso sugerido

Municipal Chambers
Construído em 1880, quando Dunedin se beneficiava da fortuna trazida pelo ouro, o prédio é encimado por uma torre com 47m de altura (pág. 258).

PREPARE-SE

Mapa rodoviário B7. *120.000. 25 km S do centro da cidade. Só vôos internacionais entre Austrália e Nova Zelândia. Anzac Ave. Intercity, St Andrew St. 48 The Octagon, (03) 474 3300. Dunedin Summer Festival (3ª semana fev), Rhododendron Festival (3ª semana out).*
www.cityofdunedin.com

★ Octagon
É ponto de encontro de pequenos grupos que almoçam à sombra das árvores e de multidões em festivais e exposições.

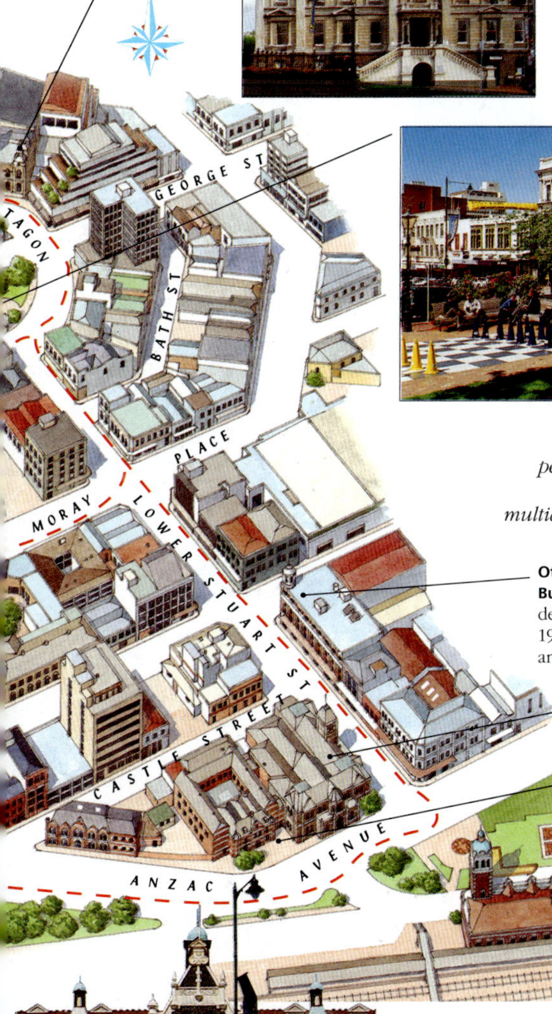

Otago Daily Times Building, interessante exemplo de arquitetura Art Déco de 1930, é prédio do jornal mais antigo do país.

Law Courts ***(pág. 259)***

Prisão ***(pág. 259)***

★ Dunedin Railway Station
Este belo edifício de pedra tem uma torre quadrada com 37m de altura, com relógios em três de seus lados, e uma passagem coberta para veículos (págs. 262-3).

Dunedin Railway Station

Friso com querubim e folhagem

A estação ferroviária de Dunedin é um dos prédios históricos mais belos da Nova Zelândia e um dos melhores exemplos de arquitetura ferroviária do hemisfério sul. Embora não seja tão grande para os padrões internacionais, suas proporções perfeitas lhe dão um ar de grandeza. Inaugurado em 1906, o prédio em estilo renascentista flamengo, assinado pelo arquiteto da New Zealand Railways George Troup, tem detalhes externos que o apelidaram de "George Pão-de-Mel".

★ Fachada de Pedra Decorada
Os detalhes em calcário bege de Oamaru (págs. 268-9) *contrastam com as paredes de arenito de Central Otago e as colunas de granito de Aberdeen.*

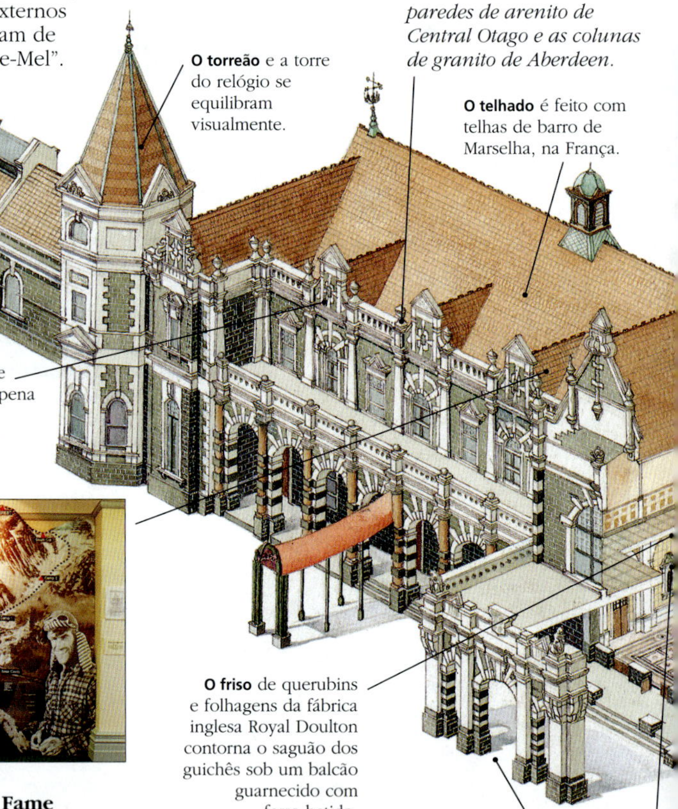

O torreão e a torre do relógio se equilibram visualmente.

O telhado é feito com telhas de barro de Marselha, na França.

As janelas que se projetam da empena do telhado são típicas do estilo flamengo.

O friso de querubins e folhagens da fábrica inglesa Royal Doulton contorna o saguão dos guichês sob um balcão guarnecido com ferro batido.

Entrada principal

New Zealand Sports Hall of Fame
Exibições criativas contam os feitos e as vitórias de neozelandezes famosos.

Bilheterias
Os guichês são ornamentados com azulejos brancos e uma crista com o logo da empresa New Zealand Railways.

PONTOS ALTOS

- ★ Fachada de pedra trabalhada e esculpida
- ★ Piso de mosaico
- ★ Janelas com vitrais

★ Janelas com Vitrais
Os dois imponentes vitrais no mezanino representam duas locomotivas a vapor se aproximando com as luzes acesas, uma voltada para a outra, no saguão das bilheterias.

PREPARE-SE

Anzac Ave. ***Tel*** *(03) 477 7775.*
8h-18h seg-sex, 9h-18h sáb, dom e feriadoss.
25 dez.

Escada
Com balaustradas em ferro batido e degraus de ladrilhos formando mosaicos, a escada interliga o saguão de bilheterias às galerias.

Os leões esculpidos em arenito guardam a cúpula nos ângulos da torre do relógio.

A torre do relógio tem 37m de altura.

A plataforma ainda é usada para embarque e desembarque, e é onde param os trens da Taieri Gorge Railway *(pág. 264)*.

★ Piso de Mosaico
Mais de 725 mil ladrilhos de porcelana Royal Doulton formam desenhos de locomotivas a vapor e o logo da empresa New Zealand Railways.

Norte de Dunedin e Arredores

O centro de Dunedin é cercado por montanhas ao norte e oeste, e por água –a baía de Otago e o oceano Pacífico– a leste e ao sul. Ao norte da cidade há muitas áreas verdes, principalmente os Botanic Gardens no sopé de Signal Hill, e vários prédios históricos. A estrada que contorna a bonita paisagem da baía leva aos mirantes, com vistas panorâmicas da cidade, da baía e da península.

Torre da University of Otago

Signal Hill

Signal Hill Rd via Opoho Rd.
diariam.

A estrada que sobe para o Signal Hill, ao norte, passa pelo monumento construído em 1940 para comemorar os 100 anos de soberania britânica na Nova Zelândia. Desse ponto dá para ver o centro da cidade, a baía e parte da península de Otago.

Dunedin Botanic Gardens

Opoho Rd. **Tel** *(03) 471 9275.*
diariam *Rhododendron Festival (final de out).*

O extenso jardim botânico de Dunedin é de 1868, o primeiro da Nova Zelândia. A topografia variada e seus microclimas permitem que muitos tipos de planta de desenvolvam. A parte de baixo, mais plana, abriga os jardins mais formais, com gramados intercalados por árvores e arbustos nativos e canteiros de flores, e o Winter Garden eduardiano, inaugurado em 1908. Nas partes mais altas, os jardins têm cerca de 3 mil variedades do mundialmente famoso *rhododendron dell*. Na primavera, eles são uma festa para os olhos, quando ocorre o festival.

Otago Museum

419 Great King St. **Tel** *(03) 474 7474.* *diariam.* *25 dez.* *aceita doações.* *14h sáb-dom.*
www.otagomuseum.govt.nz

As obras deste grande e clássico Otago Museum, de 1877, apresentam ao visitante a história humana e natural da região. Há salas dedicadas aos maoris, habitantes anteriores aos europeus na região, à cultura do Pacífico, à vida marinha, à arqueologia e ao mundo antigo. O museu tem uma das maiores coleções marinhas da Nova Zelândia e um autêntico "Animal Attic" vitoriano. As crianças se interessam muito pelo centro interativo de ciências Discovery World.

Tunnel Beach Walkway

Blackhead Rd. *diariam.*
Ago-out.

Localizado 7km ao sul da cidade de Dunedin, o Tunnel Beach deve seu nome ao túnel escavado em 1870 nos rochedos de arenito por Edward Cargill para que sua família pudesse descer até a praia. O percurso curto, porém íngreme, dá vista para os rochedos de arenito lindamente esculpidos pelo vento e pelo mar.

University of Otago

Leith St. **Tel** *(03) 479 1100.* *seg-sex.* *feriados.* *campus e áreas públicas.* **www**.otago.ac.nz

Fundada em 1869, a University of Otago –a mais antiga da Nova Zelândia– tem um papel central na vida da cidade. A torre do relógio de arenito cinzento data de 1878 *(pág. 28)*, enquanto os outros prédios ao norte foram construídos em 1879 para hospedar os primeiros quatro professores da escola. Passear pelo campus desta universidade é um prazer.

The Organ Pipes

Mount Cargill Rd.

As colunas multifacetadas de basalto, conhecidas como "os tubos do órgão", remetem ao passado vulcânico de Dunedin. Estas colunas ficam uma hora de distância pela Mount Cargill Road, ao norte. A vista panorâmica é belíssima e imperdível.

Taieri Gorge Railway

Anzac Avenue. **Tel** *(03) 477 4449.*
partidas diárias; partidas adicionais no verão. *25 dez.*
www.taieri.co.nz

Partindo da Dunedin Railway Station, o trem leva quatro horas para fazer o percurso de 60km a oeste da cidade. Desde 1879, a linha atravessa as áreas verdes no litoral de Dunedin, depois sobe por uma garganta de rio passando por paredões para as áridas pastagens e afloramentos rochosos de Strath Taieri. Finalmente, a ferrovia atravessa dez túneis e pontes e viadutos de até 47m sobre o Taieri River.

Rododendros floridos nos Dunedin Botanic Gardens

Olveston House

David Theomin

Olveston, a mansão em estilo jacobino com 35 quartos, foi concluída em 1906 por David e Marie Theomin e seus filhos, Edward e Dorothy. A casa, e tudo o que havia dentro, doada por Dorothy à cidade, permanece como a família deixou. A grande sala de estar, a sala de jantar, a biblioteca, a sala de bilhar e o grande hall de Olveston abrigam móveis finíssimos e tesouros reunidos pelos Theomins em suas viagens pelo mundo.

DICAS

42 Royal Terrace. ***Tel*** *(03) 477 33 20.* *diariam.* *25 dez.* *piso térreo.* *obrigatório; de hora em hora das 9h30-16h* **www**.olveston.co.nz

★ Sala de Jantar
Destacam-se aqui os lambris de carvalho, os vitrais semicirculares e o papel de parede em alto-relevo.

Fachada de pedra
A fachada de tijolos tem a cor dos seixos de Moeraki com destaques em pedras de Oamaru (págs. 268-9).

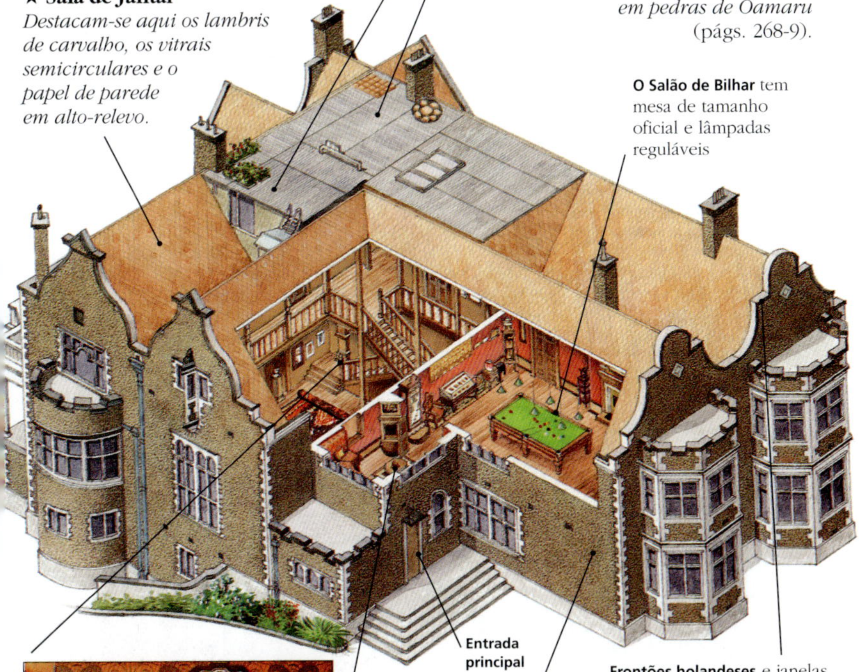

A cozinha tem um guarda-louças e mesa de *kauri*, e louças azuis e brancas de Delft.

Biblioteca

O Salão de Bilhar tem mesa de tamanho oficial e lâmpadas reguláveis

Entrada principal

Sala de jogos

Frontões holandeses e janelas salientes somam-se à interessante arquitetura de Olveston.

A Drawing Room, usada para lazer e música, tem o único teto decorado da casa.

★Grande Salão
O salão para recepções tem carpintaria de carvalho, paredes de juta impressa com folhas de acanto e porcelanas.

PONTOS ALTOS

★ Sala de Jantar

★ Grande Salão

Península de Otago ❷

Pinguim-de-olho-amarelo

A península de Otago, com seus 24km, esconde inúmeras atrações, como uma vida selvagem rara e incomum, prédios históricos, arvoredos e jardins, um litoral e uma baía espetaculares. O circuito completo de 64km pela Highcliff Road "alta", que passa por cima da península, no trajeto externo, e volta pela Portobello Road "baixa" ao longo da costa, pode levar de 90 minutos a um dia inteiro. A Highcliff Road tem as melhores vistas do mar.

Larnach Castle

145 Camp Rd. ***Tel** (03) 476 1616.*
diariam. 25 dez.
interior. piso térreo
www.larnachcastle.co.nz

Este castelo fica a 14km do centro de Dunedin pela estrada "alta". O Lanarch Castel é o único castelo da Nova Zelândia. Construído entre 1871 e 1885 pelo empresário e político William J. M. Larnach para a sua mulher, Eliza, a imponente mansão de pedra, situada em 2km² de bosques e jardins, tem linhas baroniais escocesas. Possui destaques interessantes, como os tetos entalhados e decorados e uma escada feita por artesãos ingleses e italianos contratados especialmente para trabalhar na mansão.

Tem ainda salão de baile, incluído como um presente de aniversário à filha de Larnach. O visitante pode subir na torre por uma estreita escada de pedra para admirar a vista. Há muitos lugares para se hospedar perto do castelo *(pág. 318)*.

De Larnach Castle, a estrada para Portobello faz um desvio para Lovers Leap e o Chasm (abismo), onde há um *blowhole* e uma ponte de pedras natural, uns 220m abaixo.

Nessa mesma estrada para Portobello há três fornos de cal circulares dos anos 1860 usados para produzir a argamassa usada nas construções de tijolos.

Royal Albatross Centre

Taiaroa Head. ***Tel** (03) 478 0499.*
diariam. 25 dez.
só o centro para turistas.
menos ter de manhã; passeios obrigatórios; precisa reservar.
www.albatrosses.org.nz

O avançado promontório de Taiaroa na entrada do porto de Otago possui a única colônia de albatrozes-reais em terra do mundo. Há um centro inaugurado em 1989 com exposições sobre esses pássaros.

No período de incubação, os guias levam os visitantes para observar os pássaros chocando. Desse mesmo ponto vê-se também a colônia de corvos marinhos da Stewart Island.

Albatrozes-reais branco-e-pretos em Taiaroa Head

Outra atração de Taiaroa Head é o canhão Armstrong, uma arma de defesa da marinha com 15cm de diâmetro instalada em 1886. A arma salta do chão, atira e volta para seu o esconderijo. É a única do tipo no mundo que ainda funciona em sua posição original.

Larnach Castle visto dos jardins

Para hotéis e restaurantes nesta região, veja págs. 316-9 e págs. 340-1

A mansão nos Glenfalloch Woodland Gardens

Glenfalloch Woodland Gardens

430 Portobello Rd. **Tel** *(03) 478 0499.* *diariam.* *aceita doações.* *jardins inferiores.* *só no verão.*

Na "estrada baixa", a 10km de Dunedin, os Glenfalloch Woodland Gardens –*glenfalloch*, em gaélico, significa "vale escondido"– atraem visitantes desde 1870.

Uma elegante mansão rural de 1871, os salões de chá (abertos no verão) e a olaria que vende as peças de cerâmica no local estão protegidos por árvores altas, arbustos e um regato.

Os jardins se inflamam com os rododendros e as azaléias na primavera, e no verão os brincos-de-princesa explodem em cores.

Quem visita Glenfalloch pode percorrer várias trilhas curtas por entre as árvores e jardins.

New Zealand Marine Studies Centre

Hatchery Rd. **Tel** *(03) 479 5826.* *diariam.* *25 dez.* **www**.otago.ac.nz/marinestudies

Portobello é um povoado tranquilo com um porto, algumas lojas e uma taverna. Sua maior atração é o aquário do Marine Studies Centre, que pertence ao centro de pesquisas marinhas da University of Otago. Situado na ponta de uma pequena península perto de Portobello, o aquário exibe a vida marinha da região e um tanque onde as crianças podem tocar em estrelas-do-mar, caranguejos e anêmonas.

Otakou

Próximo a Harrington Point Rd. *diariam.* *interior.*

Otakou está no lugar de um antigo povoado maori, e foi essa a palavra anglicizada para Otago que deu nome à província em que se localiza.

A igreja e a casa de culto foram construídas em comemoração ao centenário, em 1940 da assinatura do Tratado de Waitangi *(págs. 48-9).*

O que parecem ser entalhes são, na verdade, moldes de concreto.

Igreja e casa de culto maori em Otakau

Penguin Place

Harrington Point Rd. **Tel** *(03) 478 0286.* *diariam.* *obrigatório, reservas.*

A estrada para Taiaroa Head passa por Penguin Place, um esforço premiado para salvar o pinguim-de-olho-amarelo, a espécie mais rara do mundo.

Esses pinguins só são encontrados na península de Otago e outras áreas isoladas da costa leste de Southland e Otago.

Um engenhoso sistema de trincheiras camufladas em Penguin Place permite observar os pinguins-de-olho-amarelo a uma pequena distância sem perturbá-los.

As aves são mais ativas ao anoitecer.

Moeraki Boulders Scenic Reserve ❸

Mapa rodoviário B7.

As Pedras de Moeraki, 78km ao norte de Dunedin pela State Highway 1, há muito são motivo de lendas e curiosidade.

Perfeitamente redondas, com mais de 4m de circunferência, essas pedras cinzas se espalham por uma faixa de areia de 50m. Formadas no leito do mar 60 milhões de anos atrás, são sais que foram se acumulando ao redor de um núcleo rígido.

Segundo a lenda maori, as pedras eram os cestos de comida, ou Te Kaihinaki, da canoa *Araiteuru*, uma das canoas ancestrais que trouxeram os maoris do Hawaiki para a Nova Zelândia.

A canoa afundou em uma viagem de coleta de jade. Diz a lenda que o *kumara* que estava a bordo se transformou em pedras rígidas, os cestos de comida se tornaram pedras moles e a canoa, naufragada, um recife de coral.

É comum ver golfinhos-de-hector saltando nas ondas perto das pedras.

A área oferece também um café e um restaurante.

A vila de Moeraki, antiga estação baleeira de 1836, pode ser vista da Moeraki Boulders Reserve, do outro lado da baía.

Pedras redondas na praia de Moeraki

Rua a Rua: Oamaru ❹

Janela de armazém

A principal cidade ao norte de Otago e centro de prestação de serviços de um rico interior agrícola, Oamaru é uma cidade bonita com ruas largas, jardins bem cuidados, galerias, praias, colônias de pinguins raros e o mais bem preservado conjunto de prédios históricos comerciais e públicos da Nova Zelândia. Eles foram inpirados nos prédios de 1880 feitos com pedra Oamaru, um calcário creme fácil de cortar, entalhar e moldar. E são fascinantes exemplos de um período de prosperidade em que os depósitos e armazéns de grãos eram tão grandiosos quanto os prédios públicos e comerciais.

★ Forrester Gallery
As colunas coríntias ornamentadas se destacam neste prédio de 1882, que já foi sede do Bank of New South Wales.

Courthouse
Construído em 1883 e usado até hoje, o fórum tem pórtico neoclássico e colunas coríntias.

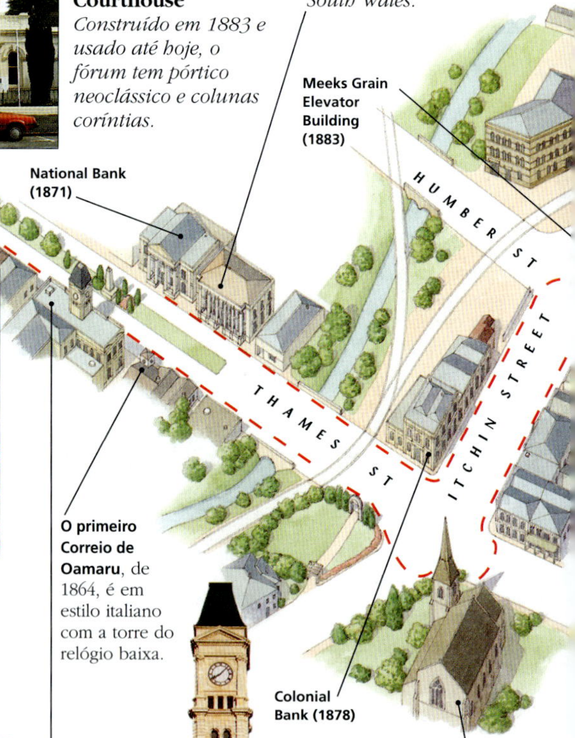

O primeiro Correio de Oamaru, de 1864, é em estilo italiano com a torre do relógio baixa.

★ North Otago Museum
O museu, de 1882, tem exposições sobre a exploração de pedreiras e uso da pedra Oamaru.

Waitaki District Council
O segundo prédio dos correios de Oamaru (1883), a torre do relógio com 28m foi acrescentada em 1903.

St Luke's Anglican Church (1865-1913) tem madeira esculpida em seu interior.

PONTOS ALTOS

- ★ Forrester Gallery
- ★ New Zealand Loan e Mercantile Warehouse
- ★ North Otago Museum

Para hotéis e restaurantes nesta região, veja págs. 316-9 e págs. 340-1

Criterion Hotel
Construído em 1877, este hotel adotou a "lei seca" em 1906. Hoje restaurado, recebe clientes em seu pub com ambiente vitoriano.

PREPARE-SE

Mapa rodoviário B7. *12.500.* *Humber St.* *Esq das ruas Eden e Thames.* *1 Thames St, (03) 434 1656.* *Victorian Heritage Celebrations (nov).*
North Otago Museum ***Tel*** *(03) 434 1652.* *diariam.* *Sexta-feira Santa, 25 abr, 25 dez, 1º jan.*
Forrester Gallery ***Tel*** *(03) 434 1653.* *diariam.* *25 dez.*

Harbour Street
No centro da área portuária, esta rua abriga armazéns do século 19, prédios comerciais e lojas de sementes.

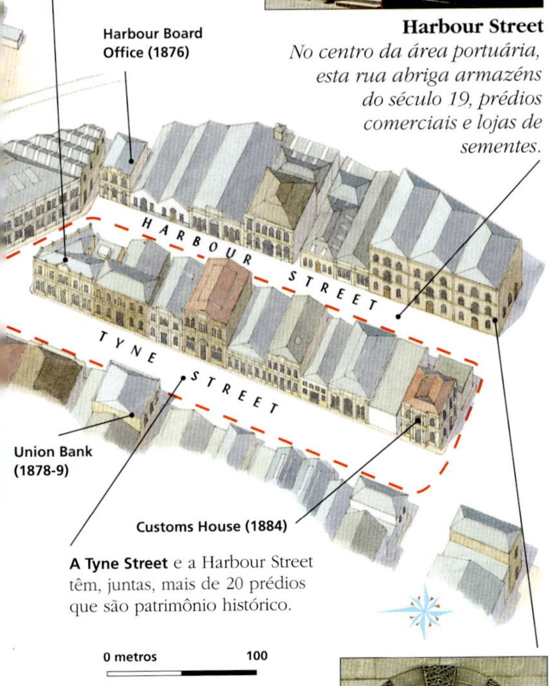

A Tyne Street e a Harbour Street têm, juntas, mais de 20 prédios que são patrimônio histórico.

LEGENDA

– – – Percurso sugerido

★ New Zealand Loan e Mercantile Warehouse
Este armazém vitoriano com três andares, de 1882 , era o o maior atacadista de implementos agrícolas e armazenava até 100 mil sacas de grãos.

Vista de Oamaru e da baía Lookout Reserve

Como Explorar Oamaru

Além do bairro histórico com siuas lojas sofisticadas, Oamaru tem paisagens e belezas naturais. A South Hill Walkway, com 1km de extensão, atravessa a baía para a Lookout Reserve. Mais adiante está Bushy Beach, onde se vêem os pinguins-de-olho-amarelo de uma área de observação discreta. Há visitas guiadas entre os meses de novembro e fevereiro.

Oamaru Blue Penguin Colony

Waterfront Rd. ***Tel*** *(03) 433 1195.* *diariam.* *proibido flash*

Em Friendly Bay, antiga pedreira na baía de Oamaru, os pinguins vão para o mar de manhã e voltam à tarde, pela área de observação.

Oamaru Public Gardens

Chelmer St. *diariam. (até anoitecer.*

De 1876, estes jardins têm os tradicionais canteiros de rosas, lagos e bosques de azaléias e rododendros. O coreto, a casa de veraneio, o aviário, a área dos pavões e a fonte são outras atrações.

Totara Estate

State Hwy 1. *(03) 434 7169.* *10h-18h diariam. (verão); 10h-16h qua-dom (inverno).*

Situado uns 8km ao sul de Oamaru, aqui foi processado o primeiro carregamento de carne de carneiro congelada enviado para a Inglaterra em 1882, dando início à indústria mais importante do país. Os prédios de calcário abrigam exibições sobre a história da indústria da carne.

Casa de tosquia em Morven Hills Station, Lindis Pass

Lindis Pass 5

Mapa rodoviário B6.

A principal ligação por terra entre Otago e a Waitaki Basin, o Lindis Pass sobe pelas gargantas rochosas até alcançar as montanhas cobertas de capim de uma reserva do Department of Conservation, perto do ponto mais alto. Os antigos maoris, tal como os atuais veranistas, usavam essa rota no verão para chegar aos lagos Wanaka e Hawea.

Em 1858, John McLean, o primeiro europeu a colonizar a área, demarcou os 2.000km² da Morven Hills Station.

Ainda há muitas demarcações originais de McLean uns 15km ao sul do pico.

Entre elas estão a residência de McLean e uma grande casa de tosquia de pedra, de 1880, com capacidade para tosquiar 1.500 ovelhas.

Lake Hawea 6

Mapa rodoviário B6. *1.100.*
Hawea Picnic Day e Races (dez).

Encravado entre montanhas e colinas, este lago é um dos mais belos lagos do sul. Com profundidade de 410m em alguns pontos, está separado do Wanaka por um istmo de 35km, conhecido como "o pescoço".

O Hawea é muito procurado por pessoas em férias.

Em suas margens é possível encontrar muitos acampamentos gratuitos.

Ele é procurado também pela excelente pesca de truta e salmão *landlocked* além das várias atividades com barcos, possíveis em sua superfície.

A pequena cidade de Hawea, situada no lado sul do lago, é a principal base para as atividades ao ar livre.

Wanaka 7

Mapa rodoviário B6. *3.000.*
Ardmore St, (03) 443 1233.
Wanakafest (set).
www.lakewanaka.co.nz

Localizada no extremo sul do lago, Wanaka é uma das cidades que mais lotam nos feriados. Suas praias e baías sombreadas por salgueiros-chorões são procuradas no verão para passeios de barco, pescaria e esqui aquático, enquanto os esquiadores e os praticantes de snowboard lotam as estações de esqui no inverno.

Os picos nevados formam um bonito cenário com o lago, atrações naturais que trazem trilheiros e montanhistas às muitas impressionantes trilhas do Mount Aspiring National Park *(págs. 272-3).*

Além das belezas naturais, há muito mais ao redor da cidade

Uma das principais atrações é o **New Zealand Fighter Pilots Museum**, dentro do aeroporto de Wanaka, que abriga alguns bombardeiros da Segunda Guerra, como o Spitfire, o Hurricane, o P51 Mustang, o Vought Corsair, um Nakajima "Oscar" japonês (o único que resta no mundo) e os igualmente raros Polikarpovs russos

As mostras ilustram o papel dos pilotos de caça da Nova Zelândia em vários palcos de guerra. O visitante pode ver também as aeronaves sendo reformadas no hangar de manutenção

O "Warbirds Over Wanaka", o show aéreo dos aviões militares, acontece na segunda de Páscoa em anos pares

São aviões neozelandeses e de outros países que exibem acrobacias e simulam batalhas. O céu claro de Wanaka com seu belíssimo fundo alpino fazem parte da beleza do espetáculo.

Ao lado do aeroporto de Wanaka está o **Wanaka Transport Museum**

Esta coleção particular com mais de 13 mil peças tem *memorabilia*, brinquedos,

Stuart Landsborough's Puzzling World

réplicas, veículos e aeronaves militares. O destaque é o avião russo Antonov AN-2, o maior biplano monomotor do mundo.

Outra atração é o **Stuart Landsborough's Puzzling World**, onde está o "The Great Maze", com 1,5km de corredores de madeira tridimensionais, por cima e por baixo de pontes

Tem ainda o Hologram Hall, as Tumbling Towers/ Tilted House e o Puzzle Centre, onde se pode tomar um café enquanto se tenta solucionar enigmas.

Como em muitas outras partes de Otago Central, o clima de Wanaka tem se mostrado ideal para o cultivo de uvas.

A **Rippon Vineyard**, fundada em 1974 a apenas 4km do centro, é um dos primeiros

Pescaria à beira do Lake Hawea

Rippon Vineyard à beira do Lake Wanaka

plantadores e produtores de vinho da região. Sua produção é baseada em uma grande variedade de uvas.

New Zealand Fighter Pilots Museum
Aeroporto de Wanaka. ***Tel*** *(03) 443 7010.* *diariam.* *25 dez.* www.nzfpm.co.uk

Wanaka Transport and Toy Museum
State Hwy 6. ***Tel*** *(03) 443 8765.* *diariam.* *25 dez.*

Stuart Landsborough's Puzzling World
State Hwy 6. ***Tel*** *(03) 443 7489.* *diariam.* www.puzzlingworld.com

Rippon Vineyard
Mt Aspiring Rd. ***Tel*** *(03) 443 8084.* *diariam.* *mai-jun, 25 dez.* *degustação.* *Music Festival (bienal, anos pares em fev).*

Arredores

O vilarejo de **Cadrona**, 25km ao sul de Wanaka, consiste apenas de alguns chalés e um hotel de 1863 *(pág. 319).*

O Cardrona Valley, onde está o vilarejo, era uma trilha de mineiros nos anos 1860, e hoje é mais conhecido pelo Cardrona Alpine Resort, nas encostas a sudeste do Mount Cardrona, e pelo percurso de esqui *cross-country*, na Waiorau Snow Farm *(págs. 194-5, 351).*

A **Treble Cone Ski Area**, 20km a sudoeste de Wanaka, perto da Mount Aspiring Road, é uma estação de esqui com encostas desertas para esquiadores de todos os níveis *(págs. 194-5, 351).*

Lá é possível praticar heli-esqui (esqui com helicóptero) com guia sobre os montes Harris, Richardson e Buchanan.

Esquiadores e snowboarders sobrevoam pendurados em helicóptero as pistas de esqui remotas da região.

ATRAÇÕES AO AR LIVRE EM WANAKA

Wanaka é um centro de recreação ao ar livre no verão ou no inverno. A pescaria é a mais popular às margens do lago, em rios e em barcos de pesca. As aventuras aquáticas incluem caiaque, jet-boat descida de corredeiras em pequenas pranchas ou botes a remo e escalada em cânion. Há ótimas caminhadas saindo da cidade ou nas proximidades, algumas longas como as do Mount Aspiring National Park *(págs. 272-3)*, para os mais experientes e bem equipados. Passeios a cavalo, mountain bike ou em quadriciclos motorizados são outras formas de se explorar o interior de Wanaka. Não muito distante há duas estações de esqui exploradas comercialmente, Treble Cone e Cardrona, bem como o percurso de esqui *cross-country* em Waiorau Snow Farm e heli-esqui sobre as montanhas ao redor. Do Aeroporto de Wanaka saem passeios aéreos e, para os mais corajosos, são oferecidos vôos acrobáticos em aviões Tiger Moth ou Mustang da Segunda Guerra Mundial.

Esquiadores sbem para a Treble Cone Ski Area, a sudoeste de Wanaka

Mount Aspiring National Park ❽

Flor alpina

O terceiro maior parque nacional da Nova Zelândia, depois de Fiordland e Kahurangi, o Mount Aspiring National Park é Patrimônio Mundial e faz parte da Área de Preservação Mundial Wahipounamu/Sowthwest New Zeland, que se estende do Mount Cook, ao sul, até a ponta de Fiordland. Em uma área de 3.500km², a paisagem tem montanhas cobertas de neve, geleiras, faces de rocha acidentadas, vales verdes e pitorescas planícies banhadas por rios. O parque, que fica próximo das cidades turísticas de Queenstown e Wanaka, é um destino procurado para caminhadas e escaladas.

Como explorar o parque
As oportunidades de explorar o parque a pé vão dos curtos trajetos que saem da estrada aos circuitos pelo interior para trilheiros experientes.

★ Mount Aspiring/Tititea
Pela forma piramidal, o Mount Aspiring costuma ser chamado de "Matterhorn" da Nova Zelândia.

A Olvine Wilderness Area, que fica no centro do parque, mantém preservado o seu estado selvagem e não tem trilhas nem cabanas.

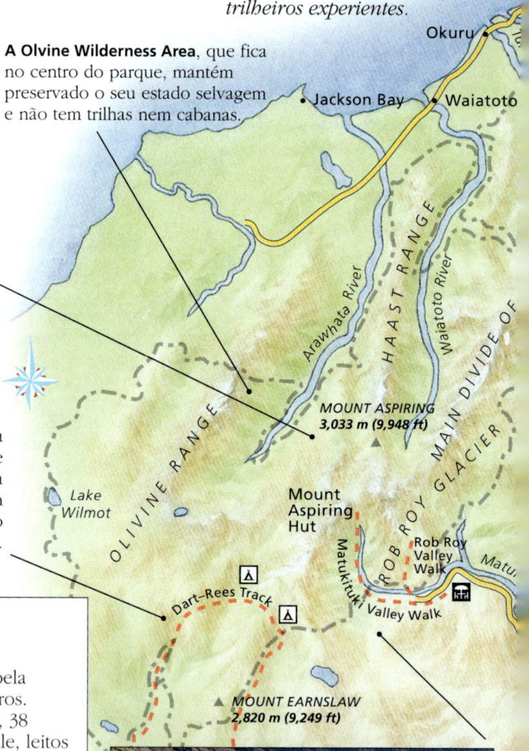

A Dart–Rees Treck é uma trilha circular, para quatro a cinco dias de caminhada, que começa na cabeceira do Lake Wakatipu, tem belas paisagens da montanha e do vale, mas exige bom preparo físico.

OS PÁSSAROS DO MOUNT ASPIRING NATIONAL PARK

Corruíra

O parque é famoso pela abundância de pássaros. Cerca de 51 espécies, 38 nativas, habitam o vale, leitos de rios, florestas, o cerrado subalpino e as regiões alpinas. Os símbolos do parque são o *kea*, a corruíra e o pato-azul. O *kea*, cujo pio pode ser ouvido em todo o vale, é um pássaro curioso, muito interessado no equipamento e na comida dos trilheiros. A pequena corruíra vive nas partes mais altas. Já os patos-azuis podem ser vistos aos pares se alimentando da vegetação e dos insetos que habitam os riachos que descem as encostas, especialmente nos vales elevados.

Matukituki Valley
A trilha que sobe pelo braço oeste do rio, no fim da estrada, leva os trilheiros à cabeceira do vale e a escaladas perigosas na região do Mount Aspiring.

★ Gates of Haast
Na ponte de Gates of Haast, o Haast River corre por entre as pedras através de um alto desfiladeiro.

PONTOS ALTOS

★ Gates of Haast

★ Mount Aspiring

★ Thunder Creek Falls

PREPARE-SE

Mapa rodoviário A6.
Wanaka *Ardmore St.*
Department of Conservation, Ardmore St, (03) 443 7660.
Diariam. (verão); seg-sáb (inverno). *25 dez.*
Makarora *State Hwy 6, (03) 443 8365.* *Diariam. (verão); seg-sex (inverno).* *1° jan, 25 dez.* **www**.doc.govt.nz

Mount Brewster
Com acesso pela State Highway 6, o Mount Brewster é uma escalada e camping famosos.

★ Thunder Creek Falls
Uma trilha curta que começa na State Highway 6 leva a uma cachoeira de 30m que cai sobre as pedras.

LEGENDA

- Rodovia estadual
- Estrada secundária
- Rio
- Trilha para caminhada
- Limite do parque
- Informações turísticas
- Área de camping
- Área de piquenique
- Vista panorâmica

Haast ❾

Mapa rodoviário B6. *300.*
Esq da State Hwy 6 com a Jackson Bay Rd, (03) 750 0809.

Uma pequena comunidade litorânea, onde o Haast River e o mar se encontram, Haast é pouco mais que ponto de parada para descanso e abastecimento dos que vão da Costa Oeste para os lagos do sul, embora tenha ondas para surfe e boa pesca fluvial.

O centro de turistas fornece informações sobre as trilhas e as caminhadas na região, bem como mapas, suvenires e publicações especializadas.

Eles também aconselham sobre as trilhas e as condições do tempo em uma região em que chove muito.

Abasteça o carro antes de subir o desfiladeiro para Wanaka.

Arredores

A estrada ao sul da vila de pescadores de **Jackson Bay** oferece várias caminhadas e vistas panorâmicas, como Hapuka Estuary Walk, Cascade Viewpoint e a trilha de Smoothwater Bay, na própria Jackson Bay. A Wharekai Te Kau Walk leva ao Okahu Wildlife Refuge. Há muita coisa interessante ao norte de Haast, como a Dune Lake Walk, que em Ship Creek atravessa uma densa mata costeira atrofiada pelo vento, e o mirante de Knights Point.

Depois do **Lake Moeraki** a Monro Beach Walk atravessa a mata para chegar a uma praia remota onde (jul-dez) os pinguins de Fiordland costumam aparecer.

A estrada leva ao **Lake Paringa**, repleto de trutas, onde uma trilha passa por árvores nativas como *rimu*, *kahikatea* e faias prateadas.

Jackson Bay, cercado por pântanos, vegetação e montanhas

Milford Sound, no Fiordland National Park ▷

Queenstown ⑩

Placa de bungee jump

Situada no lado norte do Lake Wakatipu, com a cordilheira das Remarkables ao fundo, Queenstown tem uma das localizações mais privilegiadas do mundo. Depois dos anos 1970 tornou-se um importante balneário internacional e centro mundial dos esportes de aventura, como o bungee jump *(págs. 194-5)*. Assim como outras cidades da região, Queenstown também surgiu nos anos 1860, na época da corrida do ouro. Embora o seu crescimento se deva às demandas do turismo, a atmosfera de cidade pequena e seus vínculos com a era do ouro ainda são mantidos.

O TSS *Earnslaw* no Lake Wakatipu

Lake Wakatipu

Embora ninguém questione a origem glaciar deste lago, a lenda maori diz que ele se formou das queimaduras infligidas no corpo de um demônio adormecido pelo amante de uma jovem maori que ele havia raptado. Como o coração não foi destruído e ainda bate, o nível muda cerca de 7cm a cada cinco minutos.

O Lake Wakatipu, o segundo maior lago glaciar ao sul, atrás apenas do Te Anau, tem 380m de profundidade em alguns pontos.

As altas montanhas das Remarkables erguem-se à beira do lago, deixando o centro de Queenstown em um dos raros trechos planos da região.

Casas e hotéis ocupam as encostas deste lago espetacular.

Na época da corrida do ouro, o lago era a principal via de locomoção, mas hoje concentra apenas atividades recreativas.

A GRANDE AVENTURA DA NOVA ZELÂNDIA

Queenstown oferece muitas aventuras, de experiências ao ar livre a pacotes de aventura completos *(págs. 194-5, 350-5)*. As atividades de verão estão concentradas no lago e nos muitos rios das proximidades, especialmente o Dart, o Shotover e o Kawarau, onde viagens de jet-boat e rafting em corredeiras são excitantes experiências pelos muitos cânions estreitos e rochosos. No inverno, duas cadeias de montanha a 30km de Queenstown –Remarkables e Coronet Peak– são excelentes para esquiar. A reputação da cidade como a capital da aventura na Nova Zelândia, porém, se deve principalmente às atividades aéreas: bungy jumping da ponte Kawarau com 43m ao altíssimo Nevis, com 134m; asa-delta do alto das montanhas; vôo duplo de parapente do Bob's Peak; e vôo duplo de pára-quedas.

Rafting em corredeira no Shotover River

Queenstown Gardens

Park St. *diariam.*

Localizado em uma península glaciar *moraine*, os Queenstown Gardens ficam perto do centro, onde as cercas vivas escondem seus amplos gramados e roseirais.

Os jardins, um verdadeiro oásis nesta cidade turística, ficam especialmente belos no outono.

Outras atrações são a pista de patinação no gelo, as quadras esportivas, o playground e um caminho dá a volta em todo o parque.

TSS *Earnslaw*

Steamer Wharf. **Tel** *(03) 442 7500.* *diariam.* *plataforma central.*

O TSS (Twin Screw Steamer) *Earnslaw* é uma relíquia preciosa da época da mineração, quando os barcos a vapor movidos a roda percorriam o Lake Wakatipu, a principal via de locomoção.

Construído em 1912, o barco de 51m, também chamado "a dama do lago", preserva os dois motores originais alimentados por carvão.

Por dentro, o barco é todo decorado em madeira e latão.

Muitos passeios partem de Queenstown em percursos de 90 minutos a quatro horas, nos meses de verão.

Também há passeios noturnos e diurnos pelo lago até **Walter Peak High Country Farm**, onde é possível comer no Colonel's Homestead Restaurant, sair a cavalo ou assistir a várias práticas da vida rural, como a tosquia de ovelhas e os cães pastores em ação.

Underwater World

Maintown Pier. ***Tel*** *(03) 442 8538.*
diariam. **www**.kjet.co.nz

Situado sob o Maintown Pier, o Underwater World (mundo submarino) é uma oportunidade única de conhecer o lago sob a superfície.

De um salão situado 5m abaixo da superfície, o visitan-te pode ver as trutas-marrons, ou arco-íris, nadando tranqui-lamente ao lado de enormes enguias típicas do país, que costumam ser espiadas por marrecos-mergulhadores.

The Mall

A melhor maneira de conhecer Queenstown é caminhar, saindo em The Mall, um ponto de encontro de turistas e rua de pedestres, com restaurantes, cafés e lojas de suvenir. Esta via dá direto em Maintown Pier, de onde saem os barcos que atravessam o lago.

Em The Mall ainda há muitos prédios coloniais, como a Eichardt's Tavern, na frente do lago, que é de 1871 e vale a pena ser visitada.

Skyline Gondola

Brecon St. ***Tel*** *(03) 441 0101.*
diariam.
www.skyline.co.nz

A gôndola que sobe para o Bob's Peak é símbolo de Queenstown. Ela sobe 450m em uma altura de 730m, com vista panorâmica das Remarkables, do Lake Wakatipu e de Queenstown. O visitante pode fazer uma refeição no restaurante ou no café, caminhar pela região, ver os parapentes saltando do pico mais alto ou descer a montanha pelo *luge* –um pequeno tobogã suspenso.

Skyline Gondola

PREPARE-SE

Mapa rodoviário A6.
7.500 *6km L da cidade.*
Steamer Wharf.
Esq das ruas Camp e Shotover, (03) 442 4100; 0800 668 888. *Winter Festival (jun-jul).*
www.queenstown-nz.co.nz

Kiwi and Birdlife Park

Brecon St. ***Tel*** *(03) 442 8059.*
diariam. *25 dez.* *Kiwi House.* *uma casa.*
www.kiwibird.co.nz

O parque Kiwi and Birdlife, em Queenstown, no terminal da gôndola, abriga quiuís e outros pássaros ameaçados de extinção. Ou eles fazem parte de programas de reprodução, onde são criados para ser soltos na natureza, ou estão sendo reabilitados depois de um ferimento.

A maior atração é a Kiwi House, onde os pássaros que não voam podem ser vistos. Outras espécies desse ambiente natural são os papagaios alpinos, ou *keas*, os periquitos e o pernilongo-de-costas-negra, uma rara ave pernalta *(pág. 251)*.

Glenorchy ⓫

Mapa rodoviário A6. 360. *Esq das ruas Mull e Oban, (03) 442 9937.*

Glenorchy é uma tranquila cidade na cabeceira do Lake Wakatipu, a 44km (ou pouco mais de meia hora de carro) de Queenstown.

Está à sombra dos picos nevados do Mount Chaos e do Mount Head, os altos paredões que se erguem nos vales dos rios Rees e Dart.

A cidade recebe trilheiros que atravessarão os vales do Mount Aspiring National Park *(págs. 272-3)*, uma das Great Walks (Grandes Caminhadas) da Nova Zelândia.

Os mais experientes preferem a trilha circular de 77km que une os dois vales pelos 1.447m de Rees Saddle. Embora leve de quatro a cinco dias e exija equipamento apropriado, o retorno pelos vales é tranquilo e agradável.

Glenorchy também oferece passeios aéreos, além de esplêndidas trilhas que podem ser feitas a cavalo.

O Lake Hayes, perto de Arrowtown

Arrowtown ⓬

Mapa rodoviário B6. 2.000. *Buckingham St (no museu), (03) 442 1824. Autumn Festival (abr).*

Aninhada entre altas montanhas, a 21km de Queenstown, Arrowtown é uma cidade pitoresca e preservada.

Em 1862, um pequeno grupo de mineradores, entre eles William Fox e John O'Callaghan, encontraram ouro no Fox River e em poucas semanas recolheram 113kg do precioso metal. Arrowtown chegou a ter 7 mil habitantes e hoje é uma das poucas cidades do país que, apesar de apresentar um rápido crescimento, não se tornaram fantasmas nem tiveram um progresso exagerado.

A rua principal tem, de um lado, lojas e prédios coloniais, e do outro cabanas de mineradores de 1860 e 1870.

Os chineses tiveram sua importância na história de Arrowtown após 1865, quando foram convidados a substituir os mineiros europeus que trocavam a cidade pelo ouro da Costa Oeste. Eles legaram a Arrowtown o **Chinese Settlement**, com suas construções preservadas e restauradas, que incluem pequenos chalés e cabanas e uma loja.

Cabana de pedra na colônia chinesa

O **Lakes District Museum** conta a história de Arrowtown e de Queenstown, com ênfase nos mineradores e suas invenções. Inclui uma mostra sobre a primeira usina hidrelétrica da Nova Zelândia, de 1886, onde hoje fica também a cidade-fantasma de Bullendale. Há mostras sobre a geologia, a agricultura, as serrarias e a vida doméstica na época da corrida do ouro. No museu está o centro de atendimento ao turista.

Chinese Settlement
Buckingham St. ***Tel*** *(03) 442 1824.*
diariam. acompanhado.

Lakes District Museum
Buckingham St. ***Tel*** *(03) 442 1824.*
diariam. 25 dez.

Arredores

Lake Hayes, que está no auge no outono, fica perto de Arrowtown. A estrada entre Arrowtown e Queenstown passa pela entrada do Coronet Peak, que está 7km à frente e tem vista para a estação de esqui. **Macetown** é um destino procurado pelas pessoas que têm veículos com tração 4x4. O retorno de 26 km para Arrowtown passa por uma garganta aurífera. As relíquias da cidade abandonada incluem ruínas de antigas construções de pedra e uma máquina de esmagar ouro.

Gibbston Valley Wines é uma das muitas vinícolas da região *(págs. 36-7)*. As uvas européias se deram bem nos dias quentes e nas noites frias da região. A vinícola tem adegas subterrâneas resfriadas que abrem para visita e degustação.

Gibbston Valley Wines
State Hwy 6. ***Tel*** *(03) 442 6910.*
diariam. Sexta-feira Santa, 25 dez. gruta.

A rua principal de Arrowtown

Cromwell ⓭

Mapa rodoviário B7. *3.300.*
47 The Mall, (03) 445 0212.

Cromwell sobreviveu à era do ouro e tornou-se uma cidade prestadora de serviços em uma das principais áreas produtoras de frutas do país. Nos anos 1980, a construção de uma represa geradora de energia no rio criou o Lake Dunstan, inundando grande parte da histórica e pitoresca rua central de Cromwell, e seus prédios mais notáveis foram transferidos pedra por pedra para um novo local. Cromwell hoje sobrevive da agropecuária, da horticultura, da viticultura e do turismo.

Arredores

As relíquias da época da mineração na região incluem **Bendigo**, uma cidade-fantasma a 4km da State Highway 8, entre Cromwell e o Lindis Pass. Em 1866, era apenas um deserto, quando um rico filão de quartzo aurífero foi encontrado e explorado por mais de 50 anos.

A trilha que circula Bendigo vai até **Logantown** e **Welshtown**, duas colônias abandonadas nos anos 1860. Não se afaste da trilha porque há muitos poços abandonados e não sinalizados nessa área.

O **Goldfields Mining Centre** no Kawarau Gorge, a 5km de Cromwell, oferece palestras sobre técnicas de mineração.

Goldfields Mining Centre
Kawarau Gorge, State Hwy 6.
Tel *(03) 445 1038.* *diariam.*
25 dez.

A CORRIDA DO OURO

A corrida do ouro em Otago começou quando foi encontrado ouro em Gabriel's Gully em 1861, perto da atual Lawrence, 92km a oeste de Dunedin. Montou-se um grande acampamento e a prospecção avançou para o interior. Foi encontrado ouro primeiro em Dunstan, nas proximidades de Cromwell e Alexandra, em 1862, em seguida na região de Wakatipu. Milhares de pessoas enfrentaram verões tórridos e secos, invernos terríveis e muita fome pela fortuna rápida no recém-encontrado eldorado neozelandês. Foram feitas novas descobertas em outros locais da província, até que, no fim da década de 1860, o foco passou a ser Costa Oeste. Esgotadas as principais minas, outros métodos mais sofisticados, como lavagem, dragagem e mineração em filão de quartzo aurífero, passaram a ser necessários. A mineração continuou no século 20 e, mais recentemente, métodos modernos têm permitido a mineração em larga escala na região.

Mineiros de Arrowtown trabalhando em 1860

Kingston ⓮

Mapa rodoviário A7.
65. *Kingston a Queenstown Yacht Race (jan).*

A colônia de Kingston era o fim da linha e o terminal do trem a vapor para quem ia para o Lake Wakatipu vindo do sul. Hoje, sua fama se deve ao **Kingston Flyer**, a antiga locomotiva restaurada com vários vagões e funcionários uniformizados que leva passageiros em um passeio de de uma hora e meia pelas atrações da colônia.

Kingston Flyer
Kingston Railway Station. ***Tel*** *(03) 0248 8848.* *out-abr: diariam.*

Arredores

Ao sul de Kingston, na State Highway 6, está **Lumsden**, conhecida pelos rios repletos de trutas que banham as terras ao redor da cidade.

Pouco antes de Lumsden, a State Highway 94 bifurca-se a oeste em direção a Te Anau, Manapouri e o Fiordland National Park, e a leste para a área rural de Gore.

A locomotiva a vapor Kingston Flyer em pleno "vôo" a partir de Kingston

Fiordland National Park ⓲

Pinguim de Fiordland

Este parque nacional tem 21.000m² de área, constituindo-se, assim, no maior parque da Nova Zelândia, cujas geologia, paisagem, fauna e flora são Área de Preservação Mundial de Wahipounamu/ Southwest New Zealand. A região é dominada por florestas e muitos recursos hídricos. Seus 14 fiordes e cinco lagos –formados por glaciares na era do gelo– são ladeados por montanhas com densas florestas temperadas, o que as torna impenetráveis, exceto ao longo de seus 500km de trilhas. O Fiordland National Park é famoso pelos animais, especialmente mamíferos marinhos e pássaros nativos, como o pinguim-com-crista de Fiordland.

★ Doubtful Sound
Este fiorde se estende por 40km desde a base da montanha principal e se divide nas águas do mar da Tasmânia (págs. 284-5).

COMO SE FORMAVAM OS FIORDES

Apesar do nome, os estreitos de Milford, Doubtful e outros são, na verdade, fiordes. Os estreitos são vales de rios inundados, enquanto os fiordes são vales escavados pela imensa força e pela pressão dos glaciares durante as sucessivas eras glaciais, e depois são inundados pelo mar à medida que o gelo se derrete e o nível da água sobe.

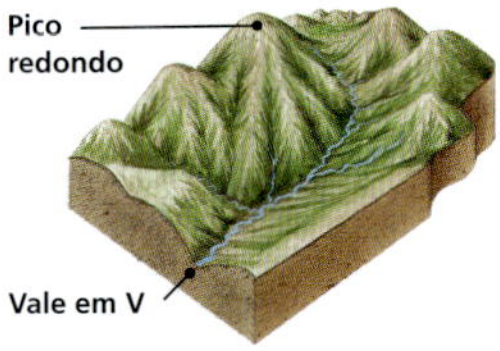

10 milhões de anos atrás, *a intensa pressão na crosta terrestre causou a elevação da área, formando picos e vales em forma de V.*

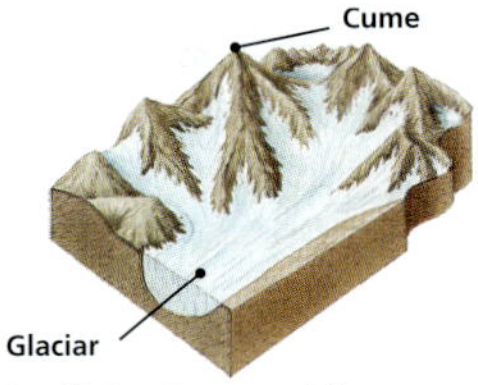

2 milhões de anos atrás, *as montanhas eram cobertas de gelo. Cumes e picos se elevaram e os vales ganharam formas de U.*

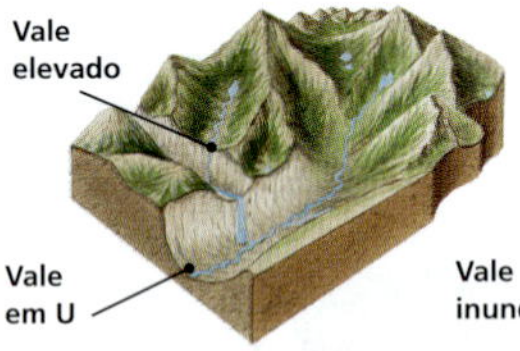

De 20 mil a 12 mil anos atrás, *o gelo derretido com o recuo da era do gelo transformava os afluentes em vales suspensos sobre o vale principal.*

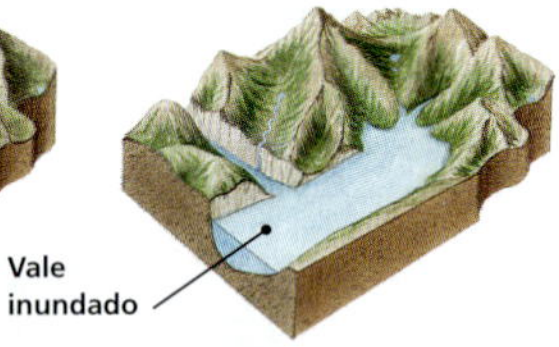

6 mil anos atrás, *no fim da última era do gelo, o mar chegou aos níveis atuais, inundando vales e deixando os picos expostos.*

PONTOS ALTOS

- ★ Cleddau Valley
- ★ Doubtful Sound
- ★ Mitre Peak

Dusky Sound
Chega-se a este fiorde com o barco que parte do Lake Manapouri via Doubtful Sound, ou em uma caminhada de dez dias pela Dusky Track

Para hotéis e restaurantes nesta região, veja págs. 316-9 e págs. 340-1

PREPARE-SE

Mapa rodoviário A6. *Te Anau/Manapouri.* *Lakefront Drive, Te Anau, (03) 249 8900.* *diariam.* **www**.doc.govt.nz

As mais belas paisagens da Nova Zelândia aguardam o visitante na Milford Track e em outras três Great Walks no interior do parque *(págs. 282-3).*

As Bowen Falls despencam 160m em um vale alto em forma de U.

★ Mitre Peak

O pico cujo nome se deve à semelhança com a mitra de um bispo é o mais famoso de Milford Sound (págs. 282-3).

Os Mirror Lakes e o reflexo das montanhas em suas águas podem ser vistos do acostamento da State Highway 94 *(pág. 254).*

★ Cleddau Valley

O espetacular Cleddau Valley é o caminho natural para Milford Sound, saindo do Homer Tunnel, com 1.200m de extensão.

Lake Te Anau

Este lago, cercado por mata nativa e altas montanhas, é o primeiro que se vê em Fiordland.

O Green Lake, ao norte do Lake Monowai, leva esse nome por suas águas cor de esmeralda.

O Lake Monowai, um centro de atividades recreativas, é cercado por muita vegetação. Chega-se ao Lake Hauroko, o mais profundo da Nova Zelândia, pela estrada de terra que sai de Clifden.

LEGENDA

- Rodovia estadual
- Estrada secundária
- Rio
- Trilha para caminhada
- Limite do parque
- Percurso de barco
- Aeroporto doméstico
- Informações turísticas
- Área de camping

Como Explorar o Fiordland National Park

Igreja perto de Te Anau

Montanhas de até 2.750m, paredões de rocha erguendo-se 1.200m de profundos fiordes, cachoeiras com 160m de queda, a paisagem de Fiordland National Park atrai pessoas de todo o mundo. Os caçadores de focas, os primeiros a explorar os recursos naturais da área, dizimaram, entre 1792 e 1820, centenas de milhares de focas-peludas. Desde então, o impacto humano é mínimo. Até 1953, quando a State Highway 94 (a Milford Road) foi concluída, o único acesso a Milford Sound era por barco ou pela Milford Track. Hoje, os turistas chegam de ônibus, e suas famosas trilhas podem ser percorridas por quem tiver melhores condições. Outros o visitam de barco.

Rebanho conduzido na estrada para Milford Sound

Te Anau

Mapa rodoviário A7. *1.800.*
Miro St. *Lakefront Drive, (03) 249 8900.*

Te Anau, a sudeste do lago de mesmo nome, é o centro comercial de Fiordland (principalmente turismo e criação de veados) e base para a exploração do Fiordland National Park. O maior lago da Ilha Sul, com 61km de extensão e 417m de profundidade, formado pelo gelo, é muito procurado para passeios de barco e pescaria.

Te Anau Caves

Real Journeys Visitor Centre, Lakefront Drive, Te Anau. ***Tel*** *(03) 249 7416.* *diariam.*

Nessas cavernas, aonde se chega de barco ao lago, uma combinação bem planejada de túneis e pontes permite explorar as mágicas grutas de calcário. Elas abrigam milhares de pequenos vaga-lumes da Nova Zelândia que usam sua luz –resultado de uma reação química– para atrair os insetos e comê-los.

Há roteiros diários de ida e volta pelas cavernas em vários horários. Costumam levar duas duas horas e meia.

Te Anau Caves

Milford Road

O trecho de 121km da Milford Road entre Te Anau e Milford Sound é considerado Patrimônio Mundial pela beleza e pela variedade de sua paisagem.

Sinalização de ovelhas na Milford Road

A estrada corta florestas exuberantes à beira do lago, montanhas acidentadas, cascatas de rios alpinos e caminhadas pitorescas. É possível chegar a Milford Sound por essa estrada, em uma viagem que dura três horas, mas há muitas coisa a se ver pelo caminho que tornarão inesquecível o seu passeio de carro.

De Te Anau Downs, a 30km de Te Anau, sai o barco para a Milford Track.

A partir daí há uma caminhada de 45 minutos pela floresta para o Lake Mistletoe.

Os Mirror Lakes estão mais adiante, a cinco minutos da estrada, do outro lado de uma passarela de tábuas. Nos dias claros, a bela paisagem se reflete em suas águas *(pág. 254)*. Não muito distante há um trecho da estrada que é conhecido como "a avenida da montanha que desaparece", porque a montanha em frente parece encolher.

No Lake Gunn, uns 46km de Te Anau Downs, o circuito de 45 minutos nas matas de faia é acessível a todos, inclusive deficientes físicos. A Divide, mais adiante, marca o começo da Routeburn Track, que vai para o Lake Wakatipu. As três horas de caminhada de volta ao Key Summit têm vistas espetaculares. O Hollyford Valley também é lindo.

O Homer Tunnel, com seus 1.200m, fica 19km a leste do Milford Sound. Foi construído entre 1935 e 1954. Na saída do túnel a estrada começa a descer pela encosta do Milford, com vista para o Cleddau Valley. Para conhecer o Chasm, a poucos quilômetros do túnel, é preciso andar durante 20 minutos a partir do ponto em que o Cleddau River cai 22m sobre incríveis formações rochosas.

Milford Sound

Mapa rodoviário A6. *170.*

Milford Sound, o fiorde com 16km de extensão, é o mais famoso do parque.

Seu maior destaque é o Mitre Peak, a montanha piramidal que se ergue a 1.692m do profundo fiorde.

São oferecidos vôos panorâmicos, mas a grandiosidade

de Milford Sound é mais apreciada de barco.

Os passeios percorrem formações geológicas raras, como Lion Mountain, Elephant e Copper Point e as cataratas: Bowen Falls caem de uma altura de 160m e Stirling Falls, de 146m.

Focas-peludas, golfinhos e às vezes o pinguim-de-crista de Fiordland são vistos pelo caminho.

O Observatório Submarino em Milford Sound permite ver de perto o raro coral negro, corais vermelhos, anêmonas, estrelas-do-mar e peixes típicos dos fiordes.

As chuvas abundantes garantem de 3m a 4m de água doce sobre a água salgada.

Focas-peludas na entrada de Milford Sound

Além de viagens diárias em Milford Sound, os cruzeiros de um dia ou com pernoite vão até o mar da Tasmânia, parando em outros fiordes como Dusky Sound.

Eles costumam combinar pescaria e mergulho.

AS QUATRO GRANDES CAMINHADAS

Caminhantes na Milford Track

O Fiordland National Park talvez tenha as melhores trilhas da Nova Zelândia. As quatro principais –Milford, Hollyford, Routeburn e Kepler (*págs. 280-1*)– podem ser percorridas isoladamente ou com grupos guiados, entre o fim de outubro e abril.

É preciso reserva antecipada para as trilhas de Milford e Routeburn (*págs. 350-1*), e nas demais é preciso pagar antecipado pela barraca ou pelo ingresso para o camping.

A **Milford Track** tem 55km e leva quatro dias para ser completada. Sobe o Clinton Valley até o Mackinnon Pass, passando por Sutherland Falls antes de descer para o Milford Sound. São necessários de quatro a cinco dias para completar os 60km da **Hollyford Track**. A trilha segue o Hollyford River até a Costa Oeste pelas florestas baixas e picos nevados. A **Routeburn Track** tem 39km que exigem três dias pelas florestas até chegar a uma espetacular região subalpina, onde atravessa a Harris Saddle e desce o Routeburn Valley para o Lake Wakatipu. A **Kepler Track**, um circuito de 67km, leva de três a quatro dias para contornar o Lake Te Anau, subir o Mount Luxmore com vistas panorâmicas e descer para o Lake Manapouri.

Típica flor alpina

Vista aérea de Milford Sound

Passeio por Doubtful Sound ⑯

O Doubtful Sound foi batizado pelo capitão James Cook em 1770, quando, ao deparar com a estreita entrada do fiorde, ficou em dúvida se o seu navio conseguiria entrar e sair em segurança. Com 40km, é o segundo maior de fiorde do Fiordland National Park em extensão e o primeiro em profundidade, com 421m. Essa paisagem remota e selvagem de picos, fiordes e florestas abriga uma grande variedade de pássaros e vida marinha, como os pinguins-de-crista, as focas-peludas e os golfinhos. O acesso ao local é, por si só, uma aventura, pois implica duas viagens de barco e uma de trem por cima de um desfiladeiro, com uma visita opcional ao saguão subterrâneo da imensa Usina Elétrica de Manapouri.

Lake Manapouri ①
A viagem a Doubtful Sound começa na marina de Pearl Harbour no Waiau River, que deságua no Lake Manapouri. O lago, que é cercado por florestas, ocupa 142km² e tem 34 ilhas.

Focas-peludas da Nova Zelândia ⑩ Colônias das focas mais comuns do país são vistas nas ilhas que salpicam a entrada de Doubtful Sound.

Golfinhos-flíper ⑨
Um cardume de golfinhos-flíper pode ser visto saltando nas águas de Malaspina Reach. Eles têm até 4,5m.

Commander Peak ⑧
À esquerda da cabeceira do Hall Arm, o Commander Peak é um dos deslumbrantes picos cobertos de vegetação que se vêem em um cruzeiro pelos vales inundados por glaciares de Doubtful Sound *(pág. 280)*.

Deep Cove ⑦
As águas tranquilas de Deep Cove escondem o túnel de 10km que vem da Usina Elétrica de Manapouri.

USINA ELÉTRICA DE MANAPOURI

A Usina Elétrica de Manapouri é uma obra-prima da engenharia que usa as montanhas entre o Lake Manapouri e Doubtful Sound como se fossem uma represa natural. A água é canalizada por dutos verticais para dentro de sete geradores instalados em um imenso salão subterrâneo. Depois ela atravessa um túnel de 10km até sair em Deep Cove. A eletricidade é utilizada pela indústria Comalco Aluminium Smelter, em Bluff, 171km ao sul.

Sala de máquinas subterrânea

DICAS

A viagem dura oito horas e só pode ser feita com agente de turismo autorizado. O inverno é a melhor época, pela boa visibilidade e pouca chuva, mas a primavera e o verão são mais disputados. Os visitantes podem pedir lanche ou aperiti-vos no ato da reserva, mas é melhor levar algo mais para co-mer. Repelente de insetos, roupa quente e casaco impermeável são essenciais. ***Viagens de barco:*** *Real Journeys, 0800 65 65 01, (03) 249 7416.* **www**.realjourneys.co.nz

Manapouri Power Station ②
Os monitores conduzem o visitante por um túnel em espiral de 2km até a sala de máquinas cavada em granito a 213m sob as montanhas de West Arm.

Moss Gardens ④
As muitas espécies de musgos na face das rochas mostram como eles se agarram em qualquer superfície em um ambiente tão úmido.

Wilmot Pass Road ③
A Wilmot Pass Road foi concluída em maio de 1965 para a construção do canal de descarga da Usina de Manapouri em Deep Cove. Sua extensão é de 22km.

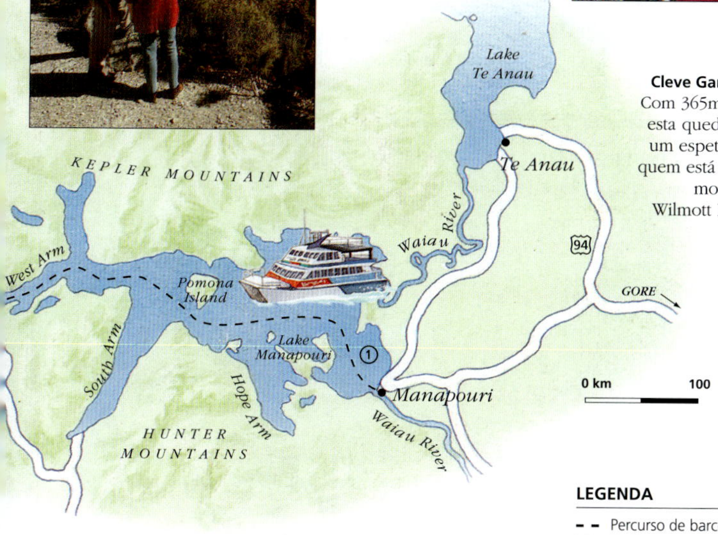

Cleve Garth Falls ⑤
Com 365m de altura, esta queda-d'água é um espetáculo para quem está no alto da montanha, na Wilmott Pass Road.

Wilmot Pass Summit ⑥
Chega-se ao pico a 670m por uma estrada cheia de curvas que corta uma fria floresta temperada e depois desce a encosta para a Deep Cove.

LEGENDA

- - - Percurso de barco
- Estrada secundária
- Outras estradas
- Rio

Invercargill ⑰

Water Tower

A cidade mais ao sul da Nova Zelândia e eixo comercial de Southland, Invercargill possui um planejamento urbano com avenidas, muitos parques e reservas. Fundada nos anos 1850 e 1860 por imigrantes escoceses, os vínculos culturais da cidade com a Escócia estão nas ruas e nos prédios históricos cujos nomes são de rios escoceses. Esta região oferece também diversas praias e trilhas, sobretudo a oeste de Invercargill.

Queen's Park

Gala St *Tel (03) 214 6243.*

A reserva mais conhecida no centro da cidade é o Queen's Park, com 0,8km² de jardins formais, inclusive de rosas, e o extenso Steans Memorial Winter Garden.

O parque conta também com um pequeno jardim zoológico com veados e pequenos cangurus, um aviário e campo de golfe com 18 buracos.

Southland Museum and Art Gallery

108 Gala St. *Tel (03) 219 9069.*

diariam. *25 dez.*

marcar hora.

Afora suas três galerias de arte, o Southland Museum and Art Gallery, abrigado em um prédio piramidal que fica próximo à entrada do Queen's Park, contém mostras sobre a história humana e natural da região. Oferece um tuatário, local onde ficam os tuataras (répteis primitivos), considerados os "fósseis vivos" da Nova Zelândia *(pág. 24)*.

Tuatara no Southland Museum and Art Gallery

A "Roaring Forties Experience", no Subantarctic Islands Interpretive Centre, apresenta de maneira didática as cinco reservas do país em ilhas remotas, situadas a centenas de quilômetros ao sul da cidade.

PREPARE-SE

Mapa rodoviário A7.
54.000. *2km O da cidade.*
Leven St. *108 Gala St, (03) 214 6243.* *diariam.*
25 dez. *Invercargill Summer Festival (fev); Garden Festival (fev).* **www**.southlandnz.com

Water Tower

Leet St.

Um marco da cidade, a torre do relógio, construída com tijolos vermelhos tem 42m de altura e foi concluída em 1889 pelo Public Works Department.

A Water Tower é um ótimo exemplo do design industrial neo-românico da época.

Ruas Dee e Tay

A prosperidade de Invercargill resultou na construção de belos prédios comerciais e igrejas. No extremo norte da Dee Street está o Dee Street Hospital, o hospital público mais antigo da Nova Zelândia, e o gracioso Porter's Lodge, construído por volta de 1866 e considerado o primeiro prédio de Invercargill.

Não muito distante está a St Paul's Presbyterian Church, cuja torre quadrada abriga um conjunto de sinos feitos na Itália de canhões capturados. Mais abaixo, o Alexander

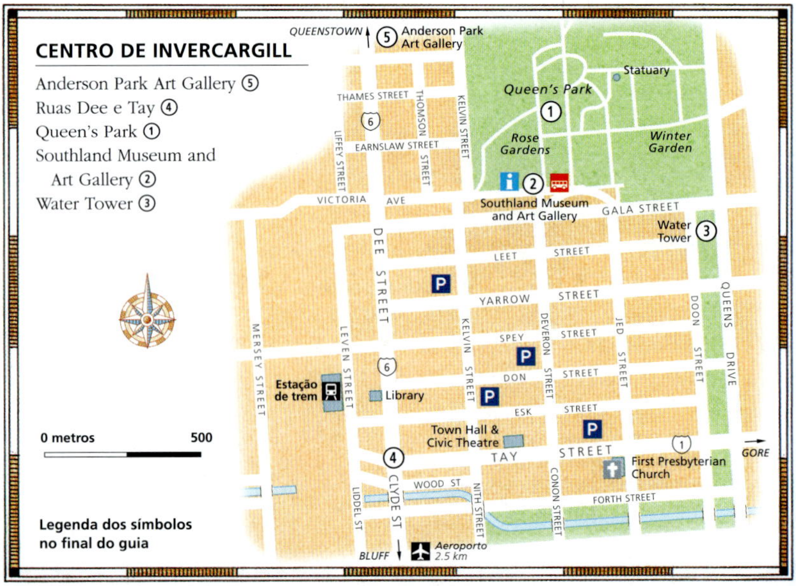

Anderson Park Art Gallery e jardins

Building, de 1901, se destaca pelo estilo eclético.

Já o Grand Hotel, em frente, tem bonitos balcões de ferro.

Na esquina da Dee Street com Tay Street (a rua principal da cidade) ergue-se o imponente Troopers' Memorial, ladeado por três bancos erguidos entre 1876 e 1926.

Na Tay Street fica o renascentista Civic Theatre, concluído em 1906, e a St John's Anglican Church, que se destaca pelos vitrais e pela abóbada do teto de madeira.

A First Presbyterian Church, em estilo lombardo, também situada Tay Street, tem uma rara torre quadrada com 32m de altura.

Anderson Park Art Gallery
91 McIvor Rd. ***Tel*** *(03) 215 7432.* *13h30-17h diariam.* *Sexta-feira Santa, 25 dez.* *aceita doações.* *interior.* *piso térreo.* *marcar hora.*
Esta galeria de arte fica em uma bonita casa georgiana, 5km ao norte do centro.

A casa é de 1925 e conta com 0,2km² de matas e jardins, além de abrigar uma coleção de arte neozelandesa.

First Presbyterian Church na Tay Street

Gore 18

Mapa rodoviário B7. *8.500.* *Main St.* *Esq das ruas Hokonui Drive e Norfolk, (03) 203 9288.* *New Zealand Gold Guitar Awards (mai-jun).* **www**.gorenz.co.nz

Situada a 66km ao norte de Invercargill, Gore tem muito do que se orgulhar: as trutas-marrons do Mataura River e seus afluentes (homenageadas com uma grande estátua no meio da cidade), os rebanhos (a cidade é cercada por terras férteis e presta serviços aos agricultores), o uísque clandestino e a reputação de ser a capital da música country na Nova Zelândia (os fãs desse tipo de música se reúnem em maio para o New Zealand Gold Guitar Awards).

Garotos com linguado

O Gore i-SITE Visitor Centre incorpora o **Gore Historical Museum** e o **Hokonui Moonshine Museum**.

Este último cobre o pitoresco período em que o uísque era fabricado ilegalmente nas Hokonui Hills, que ficam atrás da cidade.

Na State Highway 94, 15km a oeste de Gore, fica a **Old Mandeville Airfield,** onde a Croydon Aircraft Company restaurou aviões antigos e oferece vôos aéreos aos turistas.

Gore Historical Museum e Hokonui Moonshine Museum
Esq das ruas Hokonui Drive e Norfolk. ***Tel*** *(03) 2039288.* *diariam.* *1º jan, Sexta-feira Santa, 25 dez.*

Old Mandeville Airfield
Tel *(03) 208 9755.* *diariam.* *25 dez.* *marcar hora.*

Bluff 19

Mapa rodoviário A7. *2.000.* *Gore St.* *Stewart Island Wharf.* *Bluff Oyster e Seafood Festival (abr: últ fim de semana).* **www**.bluff.co.nz

No extremo sul da Nova Zelândia está Bluff, o porto de exportação e embarque dos ferryboats para a Stewart Island. É também base das frotas pesqueiras que percorrem as costas sul e oeste em busca de peixes e lagostins, além das famosas "ostras de Bluff". Essas ostras são colhidas durante uma temporada limitada no outono.

Bluff tem longa história de ocupação que remonta ao século 13. A cidade, com 265m de altitude, leva o nome do Bluff Hill, que se ergue sobre o estreito de Foveaux, voltado para a Stewart Island, a 32km de distância. Sob a montanha está Stirling Point –no fim da State Highway 1–, onde há um poste sinalizador internacional bastante fotografado pelos turistas.

Trilhas como a Foveaux Walkway e a Glory Track atravessam matas nativas. Uma escalada de 45 minutos oferece vistas panorâmicas do estreito de Foveaux e do interior.

O **Bluff Maritime Museum** tem mostras sobre a história da pesca da baleia, a agricultura e a colheita de ostras, e também sobre o desenvolvimento do porto e do ferryboat da ilha.

Bluff Maritime Museum
243 Foreshore Rd. ***Tel*** *(03) 212 7534.* *diariam.* *25 dez.* *marcar hora.*

Poste sinalizador internacional em Stirling Point, Bluff

Stewart Island (20)

Foca-peluda com filhote

Segundo a lenda maori, foi na Stewart Island, a terceira maior ilha do país, que Maui ancorou sua canoa (a Ilha Sul) para tirar da água o grande peixe (a Ilha Norte). O estreito de Foveaux separa a Stewart Island da Ilha Sul. Essa distância é de 32km. Grande parte do territória da ilha se tornou, em 2002, mais um belo parque da Nova Zelândia, o Rakiura National Park. Enseadas e praias intocadas, encostas verdejantes, o litoral acidentado e a grande variedade de pássaros nativos fazem da ilha com 1.746km² um paraíso natural. Colonizada em 1880 por caçadores de focas, baleeiros e mineiros europeus, hoje sua população vive da pesca e do turismo.

Paterson Inlet vista da Observation Rock

Oban

Oban é a única cidade da ilha. Conta com dezenas de praias pitorescas, protegidas pela Halfmoon Bay.

É fácil explorar a cidade a pé, mas o passeio de uma hora e meia de ônibus por 28km de estrada passa pelos principais pontos turísticos de Oban e arredores.

Há muitas trilhas curtas que partem de Oban e atravessam a bonita vegetação para chegar a locais históricos e maravilhosas paisagens, a mirantes com vistas incríveis, como a Observation Rock, de onde se vê Paterson Inlet com a Ulva Island ao longe.

Em noites de lua cheia dá para entender por que os maoris chamavam a Stewart Island de "a terra do céu cintilante". Há muitas praias bonitas e próximas ao norte e a leste da cidade.

Na Stewart Island há muitas ofertas de acomodação, de albergues a casas de praia, hotéis, bed and breakfast, além do famoso e centenário South Sea Hotel.

O Rakiura Museum na Ayr Street, aberto todos os dias, oferece uma visão fascinante do passado da ilha, sua história ligada ao mar e às relíquias da época da pesca de baleias, das focas, das minas de estanho e das serrarias.

Em Oban também há barcos fretados, nos quais os interessados em pesca, na visita a pontos turísticos ou observação de animais podem usufruir belas paisagens marítimas da região.

Nos dias de sol, os barcos com fundo de vidro permitem ver polvos e lagostas e observar uma variedade de peixes e camarões. Os mais aventureiros podem mergulhar, alugar caiaque ou praticar diversas atividades aquáticas.

South Sea Hotel, nas praias de Halfmoon Bay

Paterson Inlet

Além das montanhas em Halfmoon Bay há também a enseada de Paterson Inlet, com 16km de extensão, que avança profundamente para o interior.

Em Oban, barcos fretados e táxis aquáticos levam turistas para mergulhar e pescar.

Nesses passeios é grande a chance de ver pássaros e outros animais marinhos, como os pinguins-de-olho-amarelo e o pequeno pinguim-azul, além de focas e golfinhos. Há também as ruínas de uma antiga serraria e uma estação baleeira.

Ulva Island

Localizada no centro de Paterson Inlet, esta ilha fica a dez minutos de táxi aquático do cais de Golden Bay.

Como a ilha não tem predadores, é um santuário onde os visitantes podem observar de perto os pássaros nativos. Há trilhas de 15 minutos a três horas.

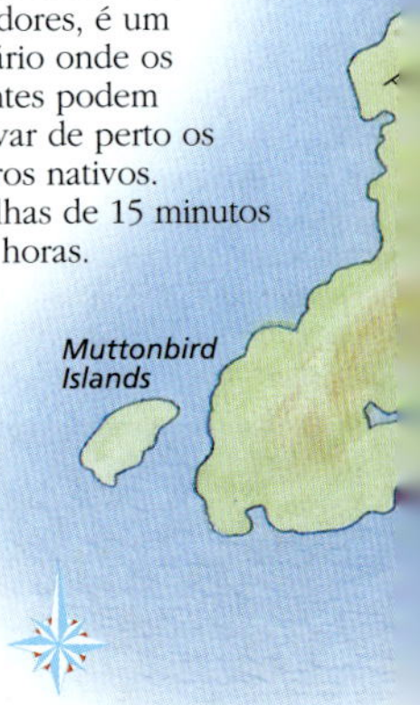

STEWART ISLAND

- Big Glory Bay (4)
- Codfish Island (7)
- Muttonbird Islands (6)
- Oban (1)
- Ocean Beach (5)
- Paterson Inlet (2)
- Ulva Island (3)

Ocean Beach

Kiwi spotting (a observação noturna de quiuís em seu hábitat) só acontece na Stewart Island. Agências de turismo licenciadas levam pequenos grupos de barco a Neck, em Little Glory Bay, depois seguem a pé pelas florestas de Ocean Beach, onde o quiuí-marrom pode ser visto ao anoitecer.

Big Glory Bay

A criação de salmão e mexilhões são importantes em Paterson Inlet. Um barco leva visitantes a uma fazenda de salmões em Big Glory Bay, passa por colônias de focas e de corvos marinhos e pára na Ulva Island.

Muttonbird Islands

Os *muttonbirds*, ou pardelas-cinzentas, reproduzem-se nas ilhas próximas da Stewart Island depois de viajar pelo mundo. Muitos são usados na culinária local. Os pássaros jovens são pegos no mês de abril pelos descendentes dos maoris de Rakiura. De dia, o farol de Ackers Point oferece uma vista panorâmica das ilhas, e à noite, na época de reprodução (outubro a abril), dá para ouvi-los voltando. Algumas agências de turismo levam visitantes à ilha para ver esses pássaros do barco.

PREPARE-SE

Mapa rodoviário A7.
400. de Invercargill (20 min). de Stewart Island Wharf, Bluff (1h).
17 Main Rd, Oban, (03) 219 0009. diariam. 25 dez.
www.stewartisland.co.nz

LEGENDA

- Rio
- Percurso de ferryboat
- Trilha para caminhada
- Pista de pouso
- Ferryboat
- Informações turísticas

Muttonbird **(pardela-cinzenta) saindo da toca**

Codfish Island

Cerca de 3km distante da costa noroeste da Stewart Island, a ilha era uma colônia de caçadores de focas. Já não existem mais animais exógenos e hoje a ilha é um santuário protegido com 60 espécies de pássaros, como o raro e ameaçado *kakapo*, um grande papagaio noturno que não voa.

COMO PERCORRER A ILHA A PÉ

A Stewart Island tem trilhas bem mantidas que levam o visitante pelas belas florestas da Nova Zelândia. Saindo de Oban, a caminhada de três horas de ida e volta pela costa até o Farol de Ackers Point passa por uma cabana muito antiga, a Ackers Cottage, de 1835. A Ryan's Creek Track é um circuito ao redor de Paterson Inlet que leva de três a quatro horas. Para os mais resistentes há a Rakiura Track, um popular circuito de três dias, e os North-West e Southern Circuits, que levam de dez a 14 dias. Nestes trechos mais longos, os ingressos para as cabanas e os campings da Great Walks devem ser comprados no centro de turismo de Oban. Para informações mais precisas a respeito das trilhas e de seus níveis de dificuldade ligue para (03) 219 0002.

Trilheiros na Rakiura Track, ao norte de Oban

Passeio por Catlins ㉑

Placa de galeria em Papatowai

Curiosidades e belezas naturais fazem deste lugar a sudeste da Ilha Sul, entre as cidades de Invercargill e Balclutha, um verdadeiro tesouro. Árvores fossilizadas, cachoeiras, praias paradisíacas, altos rochedos e grutas secretas compõem um conjunto de atrações exclusivas dessa região, conhecida como Catlins, nome de um de seus primeiros proprietários nos anos 1840. O variado litoral de penhascos e praias com ondas e areias douradas é o ambiente natural de uma grande quantidade de animais, como os raros golfinhos-de-hector, pinguins, focas e leões-marinhos. A região tem ainda florestas de *rimu*, *matai*, *totara*, *faia* e *miro*, que chegam quase até o mar, repletas de aves canoras nativas.

Curio Bay ②
A floresta fossilizada do período Jurássico (60 milhões de anos), pode ser vista na maré baixa.

Waipapa Point ①
Lugar pitoresco, mas palco de um dos piores naufrágios da Nova Zelândia, quando o SS *Tararua* bateu em um recife em 1881, com 131 pessoas a bordo.

Nugget Point ⑨
O farol de 1869 ergue-se no alto de um promontório sobre vários picos ondulados. O lugar abriga focas, leões-marinhos, mergulhões, corvos, pinguins e pardelas.

DICAS

Distância do passeio: *172km saindo de Invercargill até encontrar outra vez a State Hwy 1 em Balclutha. Parte do trajeto (cerca de 60km) não é pavimentado, por isso tome cuidado. É aconselhável reservar ao menos um dia para fazer o trajeto completo, pois há muitas trilhas e caminhos alternativos para as inúmeras paisagens*

Paradas: *Neste percurso, a maior parte das acomodações é modesta. Há hotéis em Chaslands, Papatowai e Owaka, e áreas de camping, albergues e hospedagem em residências por toda a região. Há também muitos lugares para comprar comida e bebida ao longo do percurso.*

Jack's Blowhole ⑧
A água do mar passa por um túnel subterrâneo antes de jorrar deste profundo respiradouro com 60m, localizado no meio do rochedo.

Porpoise Bay ③
Pequenos golfinhos-de-hector costumam brincar nas ondas que quebram nesta praia longa e curva.

McLean Falls ④
Uma caminhada de meia hora pela floresta leva às McLean Falls, onde o Tautuku River oferece uma linda queda-d'água de 22m.

Cathedral Caves ⑤
Chega-se às cavernas em 40 minutos de caminhada pela mata e ao longo de uma praia, mas só na maré baixa. A boca da caverna maior tem 30m de altura.

Purakaunui Falls ②
Dez minutos de caminhada pela floresta de faias e podocarpos levam à plataforma que sai diante destas belas cascatas (de 20m, em média).

Lake Wilkie ⑥
Este pequeno lago de floresta está a uma pequena distância da estrada, mas a caminhada de 20 minutos ao redor é uma boa oportunidade de ver as altas árvores encontradas na região.

LEGENDA

- Percurso de excursão
- Outras estradas
- Rio
- Vista panorâmica

INDICAÇÕES AO TURISTA

ONDE FICAR

A Nova Zelândia tem acomodações que cabem em todos os orçamentos. Encabeçam a lista os hotéis cinco-estrelas e os hotéis em locais mais afastados com acomodações luxuosas. Hotéis de médio porte, motéis e *motor lodges*, apartamentos mobiliados, pensões rurais ou *country pubs*, hotéis-fazenda e bed and breakfast hospedam os que têm orçamentos mais modestos. Há também os albergues e as áreas de camping que oferecem preços mais baixos. Longe das cidades e dos grandes balneários as opções de acomodação são mais limitadas, embora haja motéis e campings em quase todos os lugares. A lista de hotéis *(págs. 298-319)*, para todos os bolsos, descreve os diferentes tipos de acomodação no país.

Porteiro de hotel, Auckland

Crowne Plaza Hotel, Christchurch *(pág. 313)*

CATEGORIAS E INSTALAÇÕES

O sistema de classificação de hospedagens na Nova Zelândia, o Qualmark, foi proposto em 1994 para criar um padrão de qualidade oficial ao turismo local. Os estabelecimentos que possuem o Qualmark foram avaliados segundo padrões de qualidade internacionais. As acomodações são classificadas por número de estrelas. Uma estrela significa que as dependências atendem aos padrões básicos de limpeza. Cinco estrelas indicam as melhores instalações.

Além dessas, foram criadas outras três categorias para atividades, transporte e serviços prestados ao turista.

O sistema Qualmark é opcional, e há quem prefira não adotá-lo.

Hotéis pertencentes a grandes redes em geral oferecem ar-condicionado, mas o clima do país nem sempre justifica seu uso. Há chuveiro quente e aquecedor em todo tipo de hospedagem. Lençóis e toalhas são fornecidos também em hotéis e motéis, mas nem sempre nos albergues e em áreas de camping. Nelas, podem ser alugados a preço razoável.

PREÇOS

Os preços variam conforme o tipo de acomodação, instalações e serviços. Se a diária em hotéis de luxo pode começar em NZ$650, em albergues não custa mais que NZ$30 por noite. A diária dos motéis varia de NZ$50 a NZ$100. Já os bed and breakfast (casas de família que alugam quartos e oferecem café-da-manhã) custam entre NZ$50 e NZ$100 por pessoa. Geralmente há um desconto na baixa estação; não deixe de perguntar quando fizer a reserva.

RESERVAS

Convém fazer reserva antecipada, especialmente nas férias de verão (de dezembro a fevereiro). No inverno (de junho a agosto), os hotéis e motéis em estações de esqui ficam lotados nas férias escolares (duas semanas no início de julho entre o fim de setembro e o início de outubro).

As reservas podem ser feitas no local por fax, telefone ou internet, nas agências de viagem ou em um dos cerca de cem centros de informação turística do país.

Em geral basta dar o número do cartão de crédito no ato da reserva. Não deixe de se informar sobre as políticas de cancelamento, pois alguns hotéis costumam cobrar uma

Fachada eduardiana do Scenic Circle Southern Cross em Dunedin *(pág. 317)*

◁ Pomar de macieiras na região de Hawke's Bay

Huka Lodge, às margens do Waikato River *(pág. 305)*

diária se a desistência não for avisada em tempo hábil.

Se precisar de serviços adicionais ou uma cama maior para as crianças, é necessário informar o estabelecimento no momento em que a reserva for feita. Esse serviço pode ser cobrado.

CRIANÇAS

É fácil viajar com crianças na Nova Zelândia: serviços de babá e berços podem ser providenciados.

Alguns hotéis e pousadas exclusivos não aceitam crianças.

A definição de "criança" varia de um hotel para outro. Alguns classificam até os 12 anos e outros até os 17 anos.

As crianças só pagam tarifas especiais se forem o terceiro ocupante do quarto e se não houver cama extra.

O site útil www.kidsnewzealand.com traz os eventos e os locais que aceitam crianças, além de dicas de alimentação e de hospedagem.

Selo da Qualmark

DEFICIENTES FÍSICOS

As leis neozelandesas determinam que os prédios novos e os antigos reformados tenham acesso "razoável e adequado" para deficientes físicos.

A maioria dos locais tem acesso para cadeirantes. Mas sempre pergunte antes.

HOTÉIS DE LUXO

Sempre próximos a um lago, um rio ou uma praia, esses hotéis oferecem um visual belíssimo, entornos elegantes e serviços de alta qualidade para um número limitado de hóspedes, o ano todo. Três hotéis neozelandeses de fama internacional são o Huka Lodge, localizado no Waikato River, perto de Taupo *(pág. 305)*, o Solitaire Lodge, que está em uma península arborizada do Lake Tarawera, perto de Rotorua *(pág. 305)*, e o Wharekauhau Country Estate na Palliser Bay, em Wairarapa *(pág. 308)*.

Eles oferecem pescaria, caça e outras atividades ao ar livre, com funcionários solícitos e que conhecem bem os arredores. A diária nos mais exclusivos pode chegar a NZ$1.900, incluídas as refeições e as bebidas.

REDES DE HOTÉIS

Várias redes internacionais de hotéis de luxo, como **Hyatt**, **Millennium**, **Novotel**, **Parkroyal** e **Sheraton**, estão presentes na Nova Zelândia.

Outras incluem o **Copthorne**, o **Scenic Circle** e o **Best Western**, com padrão confiável de acomodação nas maiores cidades e balneários do país. Todos oferecem uma série de serviços, além de quartos com televisão, telefone, frigobar e banheiro, além de serviço de quarto e restaurantes. Alguns também contam com instalações esportivas, salas de reunião e de conferência. Confira a lista nas páginas 298 a 319.

COUNTRY PUBS

Eles estão por todo interior da Nova Zelândia e variam das acomodações mais básicas e baratas aos hotéis-butique em prédios históricos adaptados.

Os preços dependem muito do local e das instalações, mas começam em NZ$45 a diária. São fornecidos lençóis e toalhas e os banheiros podem ser privativos ou não. Alguns também funcionam como albergues da juventude e oferecem refeições.

Típico *country pub* de madeira

Hotel de mochileiros Last Resort, em Karamea *(pág. 315)*

APARTAMENTOS EQUIPADOS

Acomodações desse tipo não são comuns na Nova Zelândia, mas podem ser encontradas nas grandes cidades e balneários como Queenstown. Com quartos bem espaçosos e cozinha equipada, esse apartamentos são os preferidos de executivos que buscam conforto e independência.
Os preços dependem do tempo de permanência.

Para quem pretende passar uma semana ou mais, uma boa opção são as casas de veraneio.

Elas variam quanto à qualidade, das mais luxuosas aos pequenos e rústicos chalés que na Nova Zelândia se chamam *bach* (pronuncia-se "bétche"). Confira a oferta dessas casas nas imobiliárias da região ou nos centros de informação.

MOTÉIS E MOTOR LODGES

Os motéis são o tipo de hospedagem mais comum na Nova Zelândia e são os preferidos das famílias e grupos. Toda cidade, por menor que seja, tem ao menos um.

Ao contrário do Brasil, os motéis neozelandeses funcionam como hotéis. Eles têm quartos espaçosos e cozinha completa. Geralmente oferecem um ou dois quartos, sala, cozinha e banheiro, além de televisão, rádio e telefone.

As unidades menores, onde os hóspedes dormem na sala, são chamadas de estúdio.

Os *motor lodges* oferecem serviços similares aos motéis e têm piscina, lavanderia, restaurante e serviço de quarto.

É possível gastar menos comprando um passe de hospedagem nos motéis de redes nacionais como **Best Western** ou **Golden Chain** *(pág. 297)*.

ALBERGUES

A Nova Zelândia tem mais de 250 albergues em pontos turísticos por todo o país. Todos eles estão bem sinalizados nas principais rodovias. Os albergues, ou *hostels*, são limpos, respeitáveis e baratos, ótimos para conhecer outros viajantes e trocar informação sobre locais em que as condições ambientais mudam muito. Os preços começam em NZ$15 por pessoa em quarto comunitário e NZ$30 em quarto individual.

Outra opção econômica é a **Youth Hostel Association** (YHA) *(pág. 297)*, uma rede com 56 albergues em locais estratégicos. Apesar do nome, esses albergues da juventude recebem pessoas de todas as idades.

Em geral os dormitórios são separados por sexo, mas há quartos para famílias, com camas de solteiro ou de casal para quem prefere privacidade. Eles fornecem roupas de cama e cobertor, além de cozinha comunitária e salas confortáveis, mas os banheiros são compartilhados.

Não é preciso ser sócio da Youth Hostel Association para se hospedar em um albergue da rede, mas quem não é sócio paga uma sobretaxa de NZ$3 a NZ$4 sobre a diária.

HOSPEDAGEM EM FAZENDAS E RESIDÊNCIAS

As fazendas oferecem ao turista a oportunidade de conhecer a rotina da vida no campo. Os hóspedes ficam ou na casa principal ou em espaços separados, e dividem as refeições com os hospedeiros. Os banheiros podem ser os da casa ou separados. É comum o hóspede participar do trabalho na fazenda.

Placa de acomodação em Marlborough

As residências estão em áreas rurais e urbanas e, como nas fazendas, o hóspede fica na casa ou em cômodos separados e faz as refeições com os hospedeiros. As diárias variam de NZ$100 a NZ$400 por casal.

Hotel-fazenda em Manawatu

Trailer da Maui Rentals em viagem pela Ilha Sul

ÁREAS DE CAMPING

As áreas de camping (também chamadas de *holiday parks* e *motor camps*) são a maneira mais barata de viajar. Algumas possuem apenas lugar para barracas e para o trailer, outras têm cabanas básicas com beliches, ou *flats* com cozinha e banheiro completos.

Muitas oferecem playground e salas de jogos, e estão à beira de praias, lagos ou rios, em pontos pitorescos.

Placa típica de *motor camp*

Todas as áreas de camping têm pias e lavanderias comunitárias e cozinhas bem equipadas.

Algumas têm lojas que vendem provisões e produtos básicos. É melhor reservar nos períodos de férias, do Natal ao fim de janeiro, mas não é necessário na baixa estação. A maioria desses acampamentos cobra uma diária de mais ou menos NZ$7 por pessoa para o camping e cerca de NZ$30 por uma cabana para casal.

TRAILERS

Um maneira bastante interessante comum de conhecer o país é dirigir um trailer com duas, quatro ou seis beliches e outras comodidades *(pág. 375)*. O valor do aluguel varia conforme a temporada.

Em geral, quem viaja de trailer pára em áreas de camping para passar a noite e alugam vagas com instalações elétricas. Nas áreas mais remotas, são estacionamentos próximos das estradas. Nos campings costuma haver lugar apropriado para o despejo dos dejetos.

AGENDA

HOTÉIS DE LUXO

Southern Crossings
Private Bag 93-236, Parnell, Auckland. ***Tel*** *(09) 309 5912.* @ nzdesign@southern-crossings.co.nz

New Zealand Lodge Association
41 Towey St, Oamaru.
Tel *(03) 434 7939.*
www.lodgesofnz.co.nz

REDES HOTELEIRAS

Best Western NZ
www.bestwestern.co.nz

Copthorne
www.mckhotels.co.nz

Hyatt
www.hyatt.com

Millennium
www.mckhotels.co.nz

Novotel
www.novotel.com

Parkroyal
www.parkroyal.com

Scenic Circle
www.scenic-circle.co.nz

Sheraton
www.sheraton.com

MOTÉIS

Best Western NZ
PO Box 74-346, Auckland 5.
Tel *0800 237 893.*
www.bestwestern. co.nz

Golden Chain NZ
PO Box 5341, Christchurch.
Tel *(03) 358 0821.*
www.goldenchain.co.nz

HOSPEDAGEM ECONÔMICA

Budget Backpacker Hostels New Zealand
208 Kilmore St, Christchurch.
Tel *(03) 379 3014.*
www.bbh.co.nz

VIP Backpacker Resorts New Zealand
PO Box 60177, Titirangi, Auckland.
Tel *(09) 816 8903.*
www.vip.co.nz

Youth Hostel Association of New Zealand
PO Box 436, Christchurch.
Tel *(03) 379 9970.*
www.stayyha.com

HOTÉIS-FAZENDA

New Zealand Farm Holidays
PO Box 74, Kumeu, Auckland.
Tel *(09) 412 9649.*
www.nzaccom.co.nz

COLÔNIA DE FÉRIAS

Top 10 Holiday Parks
294 Montreal St, Christchurch. ***Tel*** *0800 867 836.*
www.topparks.co.nz

BED AND BREAKFAST

New Zealand Federation of Bed & Breakfast Hotels
123 Grey St, Palmerston Nth. ***Tel*** *(06) 358 6928.*
www.nzbnbhotels.com

Como Escolher um Hotel

Os hotéis foram selecionados com base na qualidade das acomodações e do serviço, além da localização. A lista cobre todas as categorias de área e preço, com informações para ajudá-lo a escolher um hotel que atenda suas necessidades. Os albergues também foram incluídos devido ao seu excelente padrão. Os hotéis estão listados por região.

CATEGORIAS DE PREÇO
Para uma diária em apartamento duplo standard na alta temporada, com taxas incluídas. O café-da-manhã só está incluído quando indicado.

- Ⓢ menos de NZ$100
- ⓈⓈ NZ$100–NZ$150
- ⓈⓈⓈ NZ$150–NZ$200
- ⓈⓈⓈⓈ NZ$200–NZ$250
- ⓈⓈⓈⓈⓈ mais de NZ$250

AUCKLAND

CITY Auckland Central Backpackers (ACB) Ⓢ

Esq das ruas Queen e Darby **Tel** *(09) 358 4877 e 0800 223 363* **Quartos** *74* **Mapa** *E2*

Este simpático albergue moderno em um edifício novo no centro de Auckland ganhou prêmios por suas acomodações. Aberto 24 horas por dia, com um cybercafé e um bar no subsolo, bem como um centro de turismo para ajudar os hóspedes a planejarem o resto de suas viagens. **www.acb.co.nz**

CITY Auckland City Hotel Ⓢ

131 Beach Road **Tel** *(09) 303 2463* **Fax** *(09) 358 2489* **Quartos** *60* **Mapa** *E2*

Perto do mar, de Princes Wharf, Viaduct Basin e outras atrações na região de Parnell na cidade, este hotel econômico fica também a convenientes dez minutos a pé da principal estação ferroviária de Auckland. Quartos para famílias, com camas extras para crianças a preço reduzido. Restaurante, bar e karaoquê. **www.aucklandcityhotel.co.nz**

CITY Auckland International YHA Ⓢ

5 Turner Street **Tel** *(09) 302 8200* **Fax** *(09) 302 8205* **Quartos** *30* **Mapa** *E2*

Um excelente albergue cinco-estrelas com instalações modernas e fácil acesso à rodovia. As lojas e atrações do centro ficam a cinco minutos a pé na Queen Street, e o centro de entretenimento THE EDGE® e a universidade ficam próximos. Apartamentos duplos disponíveis, bem como dormitórios compartilhados. **www.yha.co.nz**

CITY Parnell Inn Ⓢ

320 Parnell Road, Parnell **Tel** *(09) 358 0642* **Fax** *(09) 367 1032* **Quartos** *16* **Mapa** *E2*

Um pequeno, tranquilo e aconchegante hotel no centro de Parnell, perto dos restaurantes, cafés, butiques e galerias de arte nesse sofisticado subúrbio e em Newmarket, ao lado. O Auckland Museum fica perto, e são apenas 20 minutos a pé até o mar, ou pode-se pegar o ônibus Link que passa ali. **www.parnellinn.co.nz**

CITY The Brown Kiwi Ⓢ

7 Prosford Street, Ponsonby **Tel** *(09) 378 0191* **Fax** *(09) 378 0191* **Quartos** *8* **Mapa** *E2*

Construído em 1900, este sobrado colonial reformado tem um agradável jardim e oferece singular acolhida, hospitalidade e personalidade. Uma breve caminhada leva aos cafés, restaurantes e boates, e o ônibus Link a todos os subúrbios da cidade e ao centro. Reserve com antecedência, em especial os apartamentos duplos. **www.brownkiwi.co.nz**

CITY Bavaria B&B Hotel ⓈⓈ

83 Valley Road, Mount Eden **Tel** *(09) 638 9641* **Fax** *(09) 638 9665* **Quartos** *11* **Mapa** *E2*

Pequeno e charmoso hotel em uma mansão *kauri* de cem anos, em um agradável subúrbio, a dez minutos de táxi do centro. Foi reformado e redecorado com mobília de madeira local. Camas extralongas. Bufê de café-da-manhã em estilo alemão. Perto do estádio de rugby em Eden Park, do Auckland Domain e do zôo. **www.bavariabandbhotel.co.nz**

CITY Baytree Cottage ⓈⓈ

42 Norfolk Street, Ponsonby **Tel** *(07) 866 8058* **Quartos** *3* **Mapa** *E2*

Charmoso chalé colonial centenário em Ponsonby, perto das butiques, cafés e restaurantes. Agradavelmente reformado com assoalhos de madeira. Acomoda até cinco pessoas. Uma solução ideal para famílias querendo passar alguns dias visitando as atrações de Auckland. Próximo aos museus e galerias de arte do centro. **www.baytree-cottage.com**

CITY City Towers Serviced Apartments ⓈⓈ

2 Maungawhau Road, Newmarket **Tel** *(09) 520 6186* **Fax** *(09) 524 6512* **Quartos** *33* **Mapa** *E2*

Apartamentos espaçosos no melhor bairro para compras com diárias acessíveis, considerando o espaço e a localização central. Confortável como um lar e uma boa opção para famílias ou quem planeja uma permanência longa em Auckland. **www.citytowers.co.nz**

CITY Copthorne Hotel Auckland Harbour City ⓈⓈ

196-200 Quay Street **Tel** *(09) 377 0349* **Fax** *(09) 307 8159* **Quartos** *187* **Mapa** *E2*

Ótima localização no Waitemata Harbour. Todos os quartos com vista panorâmica para o porto, cujas lojas, bares e restaurantes ficam a poucos passos, e são só dez minutos a pé até a Sky Tower, 20 minutos de ferryboat para a ilha Waiheke, e cinco minutos de táxi para os cafés de Ponsonby. Confortável decoração em estilo de hotel grande.

Legenda dos símbolos *no final do guia*

CITY Ellerslie International Motor Inn $$
2 Wilkinson Road, Ellerslie ***Tel*** *(09) 525 1909 e 0800 355 377* ***Quartos*** *36* ***Mapa*** *E2*

Conveniente localização para os viajantes vindos do aeroporto ou do sul, junto à rodovia (use a saída Ellerslie Penrose). Próximo ao hipódromo e ao Ericsson Stadium, e a dez minutos de carro do centro de Auckland. Conforto e limpeza acima da média, com piscina aquecida e amplo estacionamento. **www.eimi.co.nz**

CITY Mercure Hotel Windsor Auckland $$
58-60 Queen Street ***Tel*** *(09) 309 9979* ***Fax*** *(09) 309 9978* ***Quartos*** *66* ***Mapa*** *E2*

O Mercure Hotel Windsor fica no centro do bairro comercial de Auckland, perto do mar e próximo ao Britomart Transport Centre. Este prédio tombado de 1936 é agora um hotel-butique com 66 quartos, de propriedade de uma rede internacional. Tem também spa, sauna e serviço de valet para estacionar. **www.accorhotels.com**

CITY Rydges Auckland $$
Esq das ruas Federal e Kingston ***Tel*** *(09) 375 5900 e 0800 755 900* ***Fax*** *(09) 359 5901* ***Quartos*** *188* ***Mapa*** *E2*

Hotel internacional no centro do bairro comercial, perto de Viaduct Basin, restaurantes à beira-mar, Sky Tower e lojas do centro. Os andares superiores oferecem vista da Auckland Harbour Bridge e do Waitemata Harbour. Conta com apartamentos sofisticados e funcionais e restaurante premiado. **www.rydges.com**

CITY Amitee's on Ponsonby $$$$
237 Ponsonby Road ***Tel*** *(09) 378 6325* ***Fax*** *(09) 378 6329* ***Quartos*** *7* ***Mapa*** *E2*

Hotel-butique no centro de Ponsonby, conveniente para o centro e perto dos cafés, bares e restaurantes. Apartamentos temáticos (francês provincial e náutico são dois exemplos), com acesso internet (sem fio). Há também uma sala de estar com lareira aconchegante. **www.amitees.com**

CITY Crowne Plaza Auckland $$$$
128 Albert Street ***Tel*** *(09) 302 1111 e 0800 154 181* ***Fax*** *(09) 302 3111* ***Quartos*** *352* ***Mapa*** *E2*

Localização central com instalações excelentes para executivos e equipes esportivas, mas adequado também para turistas. Além do bom serviço, há quatro andares de lojas sob o hotel. Entre os confortos, oferece bar, restaurante, academia e salas de conferência e banquete. A equipe é multilíngue e muito atenciosa. **www.crowneplaza.com**

CITY Heritage Auckland $$$$
35 Hobson Street ***Tel*** *(09) 379 8553 e 0800 368 888* ***Fax*** *(09) 379 8554* ***Quartos*** *467* ***Mapa*** *E2*

Em um prédio que é um marco da cidade, o Heritage é o maior hotel de Auckland. Perto de Viaduct Basin e próximo da Queen Street e Sky Tower, as instalações incluem piscina aquecida na cobertura, piscina coberta com correnteza, spa, sauna, academia e quadra de tênis. **www.heritagehotels.co.nz**

CITY Hyatt Regency Auckland $$$$
Esq da Princes Street com Waterloo Quadrant ***Tel*** *(09) 366 1234* ***Fax*** *(09) 303 2932* ***Quartos*** *385* ***Mapa*** *E2*

Serviço excelente e renomado pela qualidade de sua comida inovadora. Há apartamentos com cozinha. Os hós pedes têm acesso ao spa no Hyatt –um centro de fitness com academia bem equipada, piscina aquecida de 25m, jacuzzi e sauna. Os tratamentos de beleza usam produtos locais. **www.auckland.regency.hyatt.com**

CITY Scenic Circle Airedale Hotel $$$$
380 Queen Street ***Tel*** *(09) 374 1741* ***Fax*** *(09) 374 1740* ***Quartos*** *97* ***Mapa*** *E2*

Construído em 1954, foi o primeiro edifício de escritórios de Auckland e é tombado pelo NZ HIstoric Places Trust, já que fica em uma importante construção histórica, inteiramente reformada. Detalhes Art Déco da década de 1950 podem ser vistos no hall. Fica no coração da cidade, próximo a Auckland Town Hall e THE EDGE®.

CITY SKYCITY Grand Hotel $$$$
90 Federal Street ***Tel*** *0800 759 248* ***Quartos*** *316* ***Mapa*** *E2*

Hotel de luxo novíssimo com 316 quartos, junto à Sky Tower. O hotel tem dois restaurantes, bar, varanda, piscina com correnteza, academia e spa, e o complexo SKYCITY oferece 11 restaurantes e bares, três cassinos e entretenimento ao vivo. Deixe as crianças com a babá do hotel e divirta-se. **www.skycity.co.nz**

CITY The Great Ponsonby B&B $$$$
30 Ponsonby Terrace, Ponsonby ***Tel*** *(09) 376 5989 e 0800 766 792* ***Fax*** *(09) 376 5527* ***Quartos*** *11* ***Mapa*** *E2*

Em uma mansão de 1898 restaurada, este hotel fica no sofisticado subúrbio de Ponsonby, a cinco minutos de táxi do centro. Decoração moderna colorida e discreta, os quartos são decorados individualmente com obras de arte do Pacífico e da Nova Zelândia. Pátio e jardim com palmeiras. **www.greatpons.co.nz**

CITY Aachen House $$$$$
39 Market Road, Remuera ***Tel*** *(09) 520 2329* ***Fax*** *(09) 524 2898* ***Quartos*** *9* ***Mapa*** *E2*

Vencedor do prêmio Leading Butique Hotel in Australasia no 2005 World Travel Awards. É luxuoso e fica em uma antiga mansão belamente restaurada, com uma excelente coleção de porcelana e movéis antigos vitorianos e do início do século 20. Perto das áreas de compras de Parnell e Newmarket e das atrações do centro. **www.aachenhouse.co.nz**

CITY Cotter House Luxury Retreat $$$$$
4 St Vincent Avenue, Remuera ***Tel*** *(09) 529 5156* ***Fax*** *(09) 529 5186* ***Quartos*** *4* ***Mapa*** *E2*

Em uma mansão de 1847 luxuosamente reformada, o Cotter fica em um dos bairros mais chiques, a dez minutos de táxi do centro. Os quartos são decorados com antiguidades e arte contemporânea. Entre os luxos modernos, aquecimento do piso nos banheiros de mármore, piscina aquecida e um pavilhão para pilates e ioga. **www.cotterhouse.com**

GREATER AUCKLAND The Stray Possum Lodge $

Cape Barrier Road, Tryphena, Great Barrier Island **Tel** *(09) 429 0109* **Fax** *(09) 429 0680* **Quartos** *9* **Mapa** *E2*

A poucos minutos do ferryboat, The Stray é para mochileiros e oferece chalés independentes para grupos maiores e quartos com beliches, camas de solteiro e casal em meio à mata nativa. Cozinha e sala de refeições comunitária, solário e ampla área para barracas ou para jogos. Restaurante e bar animado, frequentado por turistas e locais. **www.straypossum.co.nz**

GREATER AUCKLAND Crescent Valley Eco Lodge $$

50 Crescent Road East, Waiheke Island **Tel** *(09) 372 3227* **Fax** *(09) 372 3227* **Quartos** *4* **Mapa** *E2*

Uma ampla casa com jardim, cheia de personalidade e charme desprentesioso, a pouca distância a pé de Palm Beach. Cafés-da-manhã deliciosos são servidos no interior ou nas varandas ensolaradas. Outras refeições incluem piqueniques para levar à praia ou jantares com verduras orgânicas. Maravilhoso ambiente caseiro e descontraído.

GREATER AUCKLAND Greenmead Farm Cottage $$

115 Bethells Road **Tel** *(09) 810 9363* **Fax** *(09) 810 8363* **Quartos** *2* **Mapa** *E2*

Com dois quartos, uma excelente alternativa rural em Henderson (West Auckland). Uma boa base para explorar os estabelecimentos vinícolas da região, ou para excursões a Piha e as outras praias espetaculares da Costa Oeste (que aparecem no filme *O Piano*). A pouca distância de carro do centro de Auckland. **www.greenmead.co.nz**

GREATER AUCKLAND Quality Inn $$

477 Great South Road, Papatoetoe **Tel** *0800 700 477* **Fax** *(09) 277 8050* **Quartos** *70* **Mapa** *E2*

No centro de Manukau City em South Auckland, a dez minutos de carro dos terminais domésticos e internacionais do aeroporto. Oferece van de cortesia para o aeroporto e uma boa localização para os Botanic Gardens e os mercados polinésios dos sábados. Confortável, com quartos para famílias a preços acessíveis. **www.holidaycity.com/allenby-park-auckland**

GREATER AUCKLAND Esplanade Hotel $$$

1 Victoria Road, Devonport **Tel** *(09) 445 1291* **Fax** *(09) 445 1999* **Quartos** *17* **Mapa** *E2*

Vistoso e elegante hotel-butique de luxo à beira-mar em Devonport, a dez minutos de ferryboat do porto de Auckland. Construído em 1903 e restaurado com charme e personalidade. Vista para o porto e cidade de quartos de bom gosto. Salão do começo do século 20 para almoço, jantar e *brunch* nos fins de semana. **www.esplanadehotel.co.nz**

GREATER AUCKLAND FitzRoy House $$$

Port FitzRoy, Great Barrier Island **Tel** *(09) 429 0091* **Fax** *(09) 429 0492* **Quartos** *3* **Mapa** *E2*

Chalé de 1920 localizado em uma tranquila enseada, cercada de trilhas para caminhadas na mata nativa. Abriga cinco pessoas, com estadia mínima de duas noites. Os proprietários (um velejador e uma artista) oferecem pacotes, caminhadas com volta de veleiro ou caiaque. Se puder, traga mountain bike para explorar a região. **www.fitzroyhouse.co.nz**

GREATER AUCKLAND Villa Cambria Bed and Breakfast Inn $$$

71 Vauxhall Road, Devonport **Tel** *(09) 445 7899* **Fax** *(09) 446 0508* **Quartos** *5* **Mapa** *E2*

Tradicional bed and breakfast-butique, com ambiente agradável. A praia fica a pouca distância a pé. Pertos das butiques, livrarias e lojas de bricabraque de Devonport. Caminhe ao longo da praia, ou uma van de cortesia pode levá-lo ao terminal do ferryboat que liga este subúrbio ao centro de Auckland.

GREATER AUCKLAND Rangiwai Lodge $$$$$

29 Rangiwai Lodge **Tel** *(09) 817 8990* **Fax** *(09) 817 8990* **Quartos** *4* **Mapa** *E2*

Uma pousada luxuosa adequada para visitantes que queiram combinar visitas à cidade com caminhadas nas Waitakere Ranges e nas praias de areia preta da Costa Oeste em Karekare e Piha. Localizada na floresta tropical nativa na "franja do céu" (Titirangi). Boa base para conhecer as vinícolas de West Aukland. **www.accommodation-nz.com**

GREATER AUCKLAND The Boatshed $$$$$

Esq das ruas Tawa e Huia, Little Oneroa, Waiheke Island **Tel** *(09) 372 3242* **Fax** *(09) 372 3262* **Quartos** *5***Mapa** *E2*

Um hotel-butique à beira-mar com vista para a Oneroa Bay. Suítes temáticas parecendo um farol, casas de barcos e a ponte de um navio. As três suítes do Boatshed trazem lembranças nostálgicas de férias nas praias à moda antiga, sendo parte cabana de praia e parte abrigo de barcos, caiadas e com mobiliário simples e elegante. **www.boatshed.co.nz**

AIRPORT Kiwi International Airport Hotel $

150 McKenzie Road, Mangere **Tel** *(09) 256 0046* **Fax** *(09) 256 0047* **Quartos** *49* **Mapa** *E2*

Entre os vários hotéis de aeroporto oferecendo serviço similar, o Kiwi International tem preços mais acessíveis. Oferece traslados gratuitos para o aeroporto, um jardim, uma piscina com hidromassagem para relaxar e um restaurante e bar para se reabastecer. **www.kiwihotel.co.nz**

AIRPORT Hotel Grand Chancellor Auckland Airport $$

Esq das ruas Kirkbride e Ascot, Mangere **Tel** *(09) 275 7029* **Fax** *(09) 275 3322* **Quartos** *193* **Mapa** *E2*

Talvez o lugar mais perfeito para se refazer após um longo vôo, em meio a vários acres de jardins com uma piscina, academia e sauna para fazer o sangue voltar a circular após ficar sentado apertado em um avião por várias horas. Restaurante, bar e traslado de cortesia para o aeroporto. **www.granada.co.nz**

AIRPORT Jet Inn Airport Hotel $$

63 Westney Road, Mangere **Tel** *(09) 275 4100 e 0800 538 466* **Fax** *(09) 275 3291* **Quartos** *130* **Mapa** *E2*

A cinco minutos de carro do aeroporto de Auckland, o Jet Inn pode não ser encantador, mas é um lugar conveniente para dormir uma noite antes de conhecer a Nova Zelândia, ou pegar um vôo cedo na volta. Traslados de cortesia para os terminais do aeroporto. Pode-se também comer, ou mesmo fazer reuniões de trabalho. **www.jetinn.co.nz**

NORTHLAND

KAITAIA Historic Kaitaia Hotel $

15 Commerce Street **Tel** *(09) 408 0360* **Fax** *(09) 408 0360* **Quartos** *36* **Mapa** *D1*

Acomodação simples e econômica no centro de Kaitaia em um hotel construído em 1837. Há um bar e um restaurante, um cassino e uma boate com karaokê. Excursões para Cape Reinga e Ninety Mile Beach podem ser organizadas. É um lugar muito usado para eventos, de modo que poderá haver grandes grupos.

KAITAIA Main Street Lodge $

235 Commerce Street **Tel** *(09) 408 1275* **Fax** *(09) 408 1100* **Quartos** *18* **Mapa** *D1*

Ótimo para os mochileiros que querem explorar Ninety Mile Beach, Cape Reinga e os *kauris* da Waipoua Forest. Administrado por maoris, no Tuku Wairua Maori Cultural Centre, oferece quartos duplos e para famílias e dormitórios compartilhados. Há pranchas e oficina de entalhe em ossos. **www.tall-tale.co.nz**

KAITAIA Northerner Motor Inn $

Esq da North Road com a Kohuhu Street **Tel** *(09) 408 2800 e 0800 334422* **Fax** *(09) 408 0306* **Quartos** *75* **Mapa** *D1*

Motel em estilo pseudo-Tudor a poucos minutos de carro do centro, reformado em 2003. As instalações têm os nomes do rei Henry VIII e suas esposas. O restaurante é um dos melhores lugares para comer em Kaitaia. Oferece quitinetes e apartamentos para famílias, além de hidromassagem, academia e sauna. As excursões para Cape Reinga saem daqui.

KERIKERI Kerikeri Homestead Motel $$

17 Homestead Road **Tel** *(09) 407 7063* **Fax** *(09) 407 7656* **Quartos** *12* **Mapa** *E1*

Este motel quatro-estrelas é tranquilo, mas com localização central, próximo a Kerikeri Mission Station e à cidade velha, com vista para o belo campo de golfe. Tem 12 unidades em estilo colonial, piscina ao ar livre e hidromassagem aquecida, bem como um restaurante e bar ao lado. **www.kerikerihomesteadmotel.co.nz**

KERIKERI Palm Grove Cottages $$

410 Kerikeri Road **Tel** *(09) 407 8484* **Fax** *(09) 407 8484* **Quartos** *6* **Mapa** *E1*

Chalés independentes em um amplo jardim com lago. Cada chalé tem seu próprio nome (Robinia, Windrest, Mandalee), varanda e jardim, com vista para o lago. Ficam escondidos uns dos outros em cinco acres de jardins em um vale subtropical. A pouca distância de carro das atrações turísticas históricas. **www.palmgrove.co.nz**

MATAURI BAY Kauri Cliffs $$$$$

Kauri Cliffs **Tel** *(09) 407 0010* **Fax** *(09) 407 0061* **Quartos** *22* **Mapa** *E1*

Este resort de luxo fica em área nobre à beira-mar, nos rochedos, com vista panorâmica para o oceano. Como se essa paisagem de 60ha com praias exclusivas não bastasse, sobre os rochedos há um campo de golfe, e as 22 suítes compartilham uma piscina, spa e academia. **www.kauricliffs.com**

OPUA Mako Lodge and Fishing Charters $$$

18 Point Veronica Drive **Tel** *(09) 402 7957* **Quartos** *5* **Mapa** *E1*

Perto de Paihia, este hotel novo oferece a opção de passeios ou pescarias em um veleiro de 27 pés e coloca à disposição caiaques e botes para percorrer as enseadas a remo. Bela vista dos veleiros no canal, e há uma piscina com hidromassagem para relaxar. Fica bem próximo à Opua Marina e aos ferryboats na baía. **www.makolodge.co.nz**

OPUA Harbour House Villa $$$$$

7 English Bay Road **Tel** *(09) 402 8087* **Fax** *(09) 402 8688* **Quartos** *6* **Mapa** *E1*

A requintada mobília da varanda marcada pela exposição ao tempo dá o tom a essa charmosa mansão, em um jardim subtropical em meio à mata nativa, com vista de Opua. Uma trilha costeira leva à marina e Waitangi. Café-da-manhã japonês ou tradicional no apurado interior. **www.harbourhousevilla.co.nz**

PAIHIA Pickled Parrot Backpacker Lodge $

Greys Lane **Tel** *(09) 402 6222* **Fax** *(09) 402 6232* **Quartos** *12* **Mapa** *E1*

Um pequeno e íntimo albergue que conta com luxuriantes jardins com redes nas árvores. Famoso por seu café-da-manhã e refeições em uma varanda ensolarada, com fogueiras no jardim à noite. Quartos com camas de casal e solteiro, bem como dormitórios. Perto da praia e com equipamentos esportivos para alugar. **www.pickledparrot.co.nz**

PAIHIA Kingsgate Hotel Autolodge Paihia $$$

Marsden Road **Tel** *(09) 402 7416 e 0800 652 929* **Fax** *(09) 402 8348* **Quartos** *77* **Mapa** *E1*

Um hotel para executivos e turistas à beira-mar em Paihia, a 100m do píer. Além de oferecer piscina ao ar livre e coberta com hidromassagem, o hotel empresta bicicletas para passeios. Alguns dos apartamentos têm cozinha, mas há também bar e restaurante. **www.kingsgateautolodge.co.nz**

PAIHIA Nautilus Resort $$$

9 Puketona Road **Tel** *(09) 402 8604* **Fax** *(09) 402 6247* **Quartos** *11* **Mapa** *E1*

Em jardins subtropicais em meio à mata nativa nos arredores de Paihia, perto da praia e a pouca distância a pé do centro, esse resort é bem equipado para famílias, com playground para as crianças, quadra de tênis e piscina. Oferece estacionamento e unidades com dois quartos ou quitinetes, todas com TV. **www.nautilusresort.co.nz**

PAIHIA Copthorne Hotel and Resort $$$$$

Tau Henare Drive **Tel** *(09) 402 7411* **Fax** *(09) 402 8200* **Quartos** *148* **Mapa** *E1*

Este resort em um ponto privilegiado dentro da Waitangi National Trust Reserve é cercado de belas trilhas na mata e fica perto do campo de golfe e do píer. Os hóspedes podem relaxar na piscina, no spa ou no bar. Pode-se optar por quartos com jardim ou com vista para o mar. **www.copthornebayofislands.co.nz**

PUKENUI Pukenui Lodge Motel $

Esq das ruas Wharf e Main **Tel** *(09) 409 8837* **Fax** *(09) 409 8704* **Quartos** *9* **Mapa** *D1*

O hotel mais setentrional da Nova Zelândia, a 42km ao norte de Kaitaia, à beira-mar no Hohoura Harbour e próximo a cinco praias, oferece vista para o cais aonde chegam os barcos pesqueiros. Há um albergue da juventude ao lado. Oferece passeios a cavalo, barcos, golfe e excursões a Cape Reinga. **www.pukenuilodge.co.nz**

RUSSELL Flagstaff Lodge $$$$$

17 Wellington Street **Tel** *(09) 403 7117* **Fax** *(09) 403 7817* **Quartos** *4* **Mapa** *E1*

Hotel-butique que fica em uma mansão de 1912 magnificamente restaurada. Oferece acomodação em quatro apartamentos de estilo individual de frente para o mar, lindamente decorados. Pode-se nadar sob as estrelas ou fazer tratamentos no spa. **www.flagstafflodge.co.nz**

WAIPOUA FOREST Waipoua Lodge $$$$$

State Highway 12, RD6, Dargaville **Tel** *(09) 439 0422* **Fax** *(09) 523 8081* **Quartos** *4* **Mapa** *D1*

Hotel de luxo de 120 anos, construído com a madeira das florestas de *kauri* em volta, recentemente restaurado, com biblioteca ensolarada, aconchegante sala com sofás de couro e lareira, e quatro apartamentos com varandas com vista para a floresta. À noite, a rara oportunidade de ver o quiuí em seu hábitat. **www.waipoualodge.co.nz**

WHANGAREI Pacific Rendezvous Motel $$$

Motel Road, Tutukaka **Tel** *(09) 434 3847* **Fax** *(09) 434 3919* **Quartos** *30* **Mapa** *E1*

Este resort de diária acessível fica em 0,26ha de terra costeira em um ponto privilegiado com vista para duas praias isoladas. Quadras de tênis, piscina, spa, playground para crianças, lavagem de carros, barcos e vista espetacular para o Tutukaka Harbour e Poor Knights Island tornam a estadia excelente para famílias. **www.oceanresort.co.nz**

WHANGAREI Mulryans $$$$

Crane Road, Kauri **Tel** *(09) 435 0945* **Fax** *(09) 431 5146* **Quartos** *2* **Mapa** *E1*

Um retiro romântico de quatro estrelas e meia em uma charmosa mansão de *kauri* de 100 anos, com jardins frondosos onde os hóspedes podem relaxar sob as estrelas na piscina com hidromassagem ou dar um mergulho refrescante nos dias quentes. Os dois quartos têm varandas, e a roupa de cama é de alta qualidade. **www.mulryans.co.nz**

WHANGAREI Oceans Tutukaka $$$$

Marina Road, Tutukaka **Tel** *(09) 470 2000* **Fax** *(09) 470 2001* **Quartos** *40* **Mapa** *E1*

Este hotel novíssimo pode não ter a melhor das aparências, mas é a sede da escola de mergulho Dive! Tutukaka. Oferece luxo em um ambiente náutico em seus 28 quartos e 12 apartamentos, e um restaurante de frutos-do-mar que não usa produtos da área de proteção marítima. **www.oceanshotel.co.nz**

WHANGAROA Sunseeker Lodge $

Old Hospital Road **Tel** *(09) 405 0496* **Quartos** *5* **Mapa** *E1*

Conta com uma localização espetacular entre Kerikeri e Kaitaia, com vista para o Whangaroa Harbour. Oferece dois chalés, uma casa de veraneio com três quartos, acomodações para mochileiros e área de camping. Aluga caiaques e barcos a motor. Oferece também playground e churrasqueira. **www.sunseekerlodge.co.nz**

CENTRO DA ILHA NORTE

CAMBRIDGE Number 1 Motels on Victoria $

87-9 Victoria Street **Tel** *(07) 823 1467* **Fax** *(07) 823 1467* **Quartos** *28* **Mapa** *E3*

Motel novíssimo na melhor região da cidade, com pórtico pseudocolonial na rua principal abrigando antiquários, livrarias e galerias de arte. Podem-se desfrutar o bar e refeições em estilo *brasserie* no pátio coberto com vidro. Fica próximo ao centro e, nas redondezas, há um hipódromo e um clube de críquete.

CAMBRIDGE Riverside of Cambridge $

7 Williamson Street **Tel** *(07) 827 6069* **Fax** *(07) 827 3068* **Quartos** *34* **Mapa** *E3*

Localizado em um amplo terreno nas margens do Waikato, no lugar em que a navegação fluvial se interrompe devido ao estreitamento do rio e às muitas corredeiras. Bonitas vistas e passeios ao longo do rio. Clube de golfe e lanchas nas imediações. Administração familiar tornam o hotel acolhedor e simpático. **www.cambridgemotel.co.nz**

CAMBRIDGE Souter House $$

19 Victoria Street **Tel** *(07) 827 3610* **Fax** *(07) 827 4885* **Quartos** *7* **Mapa** *E3*

Ambiente sofisticado e acolhedor em localização charmosa com bela vista rural. São sete suítes em uma antiga casa colonial. É um dos melhores exemplos da arquitetura vitoriana na região (foi construída em 1875 pelo capitão William Souter). Culinária premiada no elegante restaurante. **www.souterhouse.co.nz**

Legenda de preços *pág. 298* **Legenda dos símbolos** *no final do guia*

COROMANDEL Admiral Arms Hotel $

146 Wharf Road **Tel** *(07) 866 8272* **Fax** *(07) 866 8272* **Quartos** *6* **Mapa** *E2*

Um hotel histórico, que obteve sua primeira licença para bebidas alcoólicas na corrida do ouro em 1872, recentemente reformado com acomodações a preços acessíveis no andar superior. No térreo um bar tradicional, com jardim para as famílias. Boas refeições simples no restaurante no primeiro andar com varanda para o porto. **www.admiralsarms.co.nz**

COROMANDEL Coromandel Colonial Cottages Motel $

1737 Rings Road **Tel** *(07) 866 8857* **Fax** *(07) 866 8857* **Quartos** *8* **Mapa** *E2*

Oito chalés em estilo colonial em torno da residência de 1876 do administrador da mina de ouro, em um parque de mata nativa nos arredores da cidade de Coromandel. Área para churrasco, playground para crianças, piscina grande, berços e cadeiras altas são alguns dos itens que o tornam ideal para famílias. **www.corocottagesmotel.co.nz**

COROMANDEL Jacaranda Lodge $$

3195 Tiki Road (SH25) **Tel** *(07) 866 8002* **Fax** *(07) 866 8002* **Quartos** *6* **Mapa** *E2*

Bed and breakfast em uma fazenda tranquila com hortas encantadoras e muita oportunidade de ver pássaros e árvores nativas. Há instalações *kosher* e uma cozinha para hóspedes. O proprietário fala hebreu. Vá antes do Natal, quando os jacarandás estão em flor. Café-da-manhã caseiro com produtos da fazenda. **www.jacarandalodge.co.nz**

COROMANDEL Anchor Lodge $$$

448 Wharf Road **Tel** *(07) 866 7992* **Fax** *(07) 866 7991* **Quartos** *16* **Mapa** *E2*

O Anchor é um motel novo próximo às lojas, cafés e restaurantes do centro. Unidades independentes de dois quartos e quitinetes em meio à mata nativa, todos com varanda própria, vista para o porto. Oferece também spa e piscina aquecida. Bar à beira da piscina e bufê de churrasco. **www.anchorlodgecoromandel.co.nz**

GISBORNE Chalet Surf Lodge $

62 Moana Road, Wainui Beach **Tel** *(06) 868 9612* **Fax** *(06) 868 7344* **Quartos** *5* **Mapa** *F3*

A alguns quilômetros ao norte de Gisborne com vista para a praia de Wainui, excelente para surfe, essa pousada oferece dormitórios para mochileiros, quartos e alojamentos independentes. O Chalet oferece equipamentos e aulas de surfe aos hóspedes interessados. **www.chaletsurf.co.nz**

GISBORNE Blue Pacific Beachfront Motel $$

90 Salisbury Road **Tel** *(06) 868 6099* **Fax** *(06) 867 0481* **Quartos** *13* **Mapa** *F3*

Bem em frente à praia de Waikanea, esta autêntica pousada tem spa e sauna e fica ao lado de uma piscina olímpica e de um playground para crianças, bem como de um campo de golfe. A localização excelente na praia e bem perto da cidade faz do Blue Pacific um lugar ideal para famílias. **www.seafront.co.nz**

GISBORNE Captain Cook Motor Lodge $$

31 Awapuni Road, Waikanae Beach **Tel** *(06) 867 7002* **Fax** *(06) 867 7073* **Quartos** *21* **Mapa** *F3*

Um novíssimo motel com 21 unidades próximo à praia Waikanea no centro de Gisborne, com salva-vidas e segurança para as crianças. A cinco minutos a pé do centro e dos cafés e bares do porto. Oferece quitinetes e unidades de um ou dois quartos, todas com pátios privativos nos fundos. **www.captaincook.co.nz**

GISBORNE Pacific Harbour Motor Inn $$

Esq das ruas Read's Quay e Pitt **Tel** *(06) 867 8847* **Fax** *(06) 867 4586* **Quartos** *27* **Mapa** *F3*

Moderno motel próximo ao pitoresco Gisborne Port, dos bares e restaurantes ao longo do cais e do centro. Com vista para o Turanganui e para a marina. Muito frequentado por funcionários do governo, executivos e também por turistas. A arquitetura emprega tijolos de vidro, lajotas de terracota, *tawa* e aço. **www.pacific-harbour.co.nz**

GISBORNE Portside Hotel $$

2 Reads Quay **Tel** *(06) 869 1000* **Fax** *(06) 869 1020* **Quartos** *64* **Mapa** *F3*

Novo e chique, conta com interiores elegantes com vista para a marina de Gisborne. Todos quartos têm banheiro e cozinha, acesso a internet banda larga, vista do porto ou da cidade e varanda. Há também uma convidativa piscina com correnteza ao ar livre. Pertíssimo das atrações do centro e da praia. **www.portsidegisborne.co.nz**

GISBORNE Wainui Beach Hideaway $$$

9B Cleary Road, Wainui Beach **Tel** *(06) 868 8114* **Fax** *(06) 868 8115* **Quartos** *3* **Mapa** *F3*

The Cottage e The Hideaway foram restaurados para locação. São dois chalés de tosquiadores, em um jardim privativo na praia de Wainui. Os hóspedes podem relaxar na piscina de hidromassagem aquecida. O café-da-manhã caseiro em estilo *gourmet* é um destaque. Perto da praia e do café-bar local. **www.wainuihideaway.co.nz**

HAHEI The Church Accommodation and Dining $$

87 Hahei Beach Road **Tel** *(07) 866 3533* **Fax** *(07) 866 3055* **Quartos** *11* **Mapa** *E2*

Refeições com personalidade na igreja e acomodação em 11 chalés espalhados no jardim cheio de meandros com flores nativas do país e plantas exóticas. Com mobília simples e charmosa, as portas de vidro se abrem para varandas ensolaradas. Alguns têm lareiras para o inverno. Fico próximo à praia e às lojas. **www.thechurchhahei.co.nz**

HAMILTON Flying Hedgehog Backpackers $

1157 Victoria Street **Tel** *(07) 839 2800* **Fax** *(07) 834 0098* **Quartos** *20* **Mapa** *E2*

Localização tranquila perto do centro. Quartos com beliches, camas de solteiro e de casal em 20 chalés, todos com banheiro e cozinha, em uma área ajardinada a pouca distância a pé das lojas, restaurantes e *pubs*, bem como dos campos de rugby e críquete internacionais. Churrasqueira e outras instalações típicas de camping.

HAMILTON Rydges Le Grand Hamilton $$
Esq das ruas Victoria e Collingwood **Tel** *(07) 839 1994* **Quartos** *38* **Mapa** *E2*

Construído em 1926, este prédio de escritórios foi convertido em 1994 em um hotel de estilo europeu. Localização central, fica perto dos Hamilton Gardens, Zoo e Waikato Museum of Art and History. Ambiente bastante acolhedor e simpático em um hotel sobretudo executivos. Diárias com desconto para turistas nos fins de semana. **www.rydges.com**

HAMILTON Novotel Tainui Hamilton $$$
7 Alma Street **Tel** *(07) 838 1366* **Fax** *(07) 838 1367* **Quartos** *177* **Mapa** *E2*

No coração da cidade, às margens do Waikato e vizinho ao centro de entretenimento e cassino SKYCITY. Restaurante premiado, bar no saguão, academia, sauna, spa e tratamentos de beleza. Acesso fácil às lojas, restaurantes e locais de entretenimento. Aproveite as relaxantes caminhadas ao longo do rio. **www.novotel.co.nz**

MAKETU BEACH Blue Tides Beachfront B&B and Seaview Unit $$$
7 Te Awhe Road, Maketu Beach **Tel** *(07) 533 2023* **Fax** *(07) 533 2023* **Quartos** *4* **Mapa** *F3*

A meio caminho entre Mount Maungani e Whakatane na Pacific Coast Highway, com vista para o estuário que é hábitat de pássaros marinhos e onde golfinhos se alimentam. Ótimas praias nas imediações. Esta ampla casa de praia em uma aldeia acolhedora –a quilômetros de distância da frenética Tauranga– ganhou prêmios. **www.bluetides.co.nz**

MIRANDA Umoya Lodge $$$$$
30 Rataroa Road **Tel** *(09) 232 7636* **Quartos** *2* **Mapa** *E2*

Uma pousada de luxo em 0,35ha de mata nativa no Mount Rataroa, com vista da península de Coromandel e do Pacífico. Umoya –o nome dado pelos proprietários sul-africanos– é a palavra em zulu para alma, espírito e respiração. Pisos de terracota e banheiros de designer, tapetes persas e móveis antigos. **www.umoyalodge.co.nz**

MOUNT MAUNGANUI Beach House Motel $$$
224 Papamoa Beach Road, Papamoa **Tel** *(07) 572 1424 e 0800 429 999* **Fax** *(07) 572 1423* **Quartos** *18* **Mapa** *E2*

Motel de elogiada arquitetura a alguns quilômetros do Mount Maunganui na costa, a meio caminho entre Bayfair e Palm Beach Plaza. As construções de metal corrugado com inspiração náutica são de 1999 e ganharam um prêmio pelo projeto inovador. O Beach House fica bem perto da praia. **www.beachhousemotel.co.nz**

MOUNT MAUNGANUI Pacific Palms Resort $$$$
21 Gravatt Road, Papamoa **Tel** *(07) 572 0035* **Fax** *(07) 572 1135* **Quartos** *18* **Mapa** *E2*

Resort em estilo familiar perto do Mount Maunganui, com cinco acres ajardinados, piscina aquecida com área para crianças brincarem, hidromassagem, quadras de tênis, campos de golfe. Apartamentos de dois e três quartos com varandas ou pátios. Perto da praia e do shopping center local. **www.pacificpalmsresort.co.nz**

NAPIER Napier Prison Backpackers $
55 Coote Road **Tel** *(06) 835 9933* **Quartos** *15* **Mapa** *F4*

Uma oportunidade de passar a noite em uma antiga prisão sem ter sido pego pela polícia. A mais antiga prisão da Nova Zelândia (de 1862), que também foi caserna do Exército e manicômio, deixou de receber prisioneiros em 1993 e em seguida foi reaberta como um albergue. Perto da cidade e do Ocean Spa. **www.napierprison.com**

NAPIER Motel de la Mer $$
321 Marine Parade **Tel** *(06) 835 7001* **Fax** *(06) 835 7002* **Quartos** *11* **Mapa** *F4*

Um dos motéis mais novos em Napier's Marine Parade, com 11 quartos com vista para o mar, alguns com varandas. A praia de seixos, o oceano e um deque levando às atrações de Napier ficam do outro lado da rua. As lojas e os cafés do centro também estão próximos. Para crianças há um playground e Marineland em frente. **www.moteldelamer.co.nz**

NAPIER Freemans on Clyde $$$
17 Clyde Road **Tel** *(06) 835 9124* **Fax** *(06) 835 9129* **Quartos** *3* **Mapa** *F4*

Entre os muitos B&B em construções coloniais em Napier Hill, este, em uma casa de fazenda construída em 1856, foi reformado cuidadosamente. Uma aconchegante sala em estilo vitoriano se abre para os jardins. O café-da-manhã é servido no Caffè Aroma, dos proprietários, no centro.

NAPIER Te Pania Hotel $$$
45 Marine Parade **Tel** *(09) 377 5767* **Fax** *(09) 377 5967* **Quartos** *109* **Mapa** *F4*

A fachada curva de seis andares do Te Pania (o nome de uma sereia das lendas maori) tem vista para o deque na praia de Napier junto às piscinas do Ocean Spa e fica perto do Hawkes Bay Museum, galerias, lojas e cafés. O estilo internacional do hotel de três anos ganhou vários prêmios de arquitetura. **www.scenic-circle.co.nz**

NAPIER Mangapapa Petit Hotel $$$$$
466 Napier Road (entre Napier e Havelock North) **Tel** *(06) 878 3234* **Fax** *(06) 878 1214* **Quartos** *12* **Mapa** *F4*

Um dos imóveis mais prestigiados em Hawke's Bay, esse hotel fica na antiga casa do magnata da comida enlatada Sir James Wattie. A graciosa residência colonial foi inteiramente reformada em um estilo de discreta elegância. Há spa e tratamentos de beleza. A comida, os vinhos e o serviço são excelentes. **www.mangapapa.co.nz**

NGARUAWAHIA Brooklands Country Estate $$$$$
Waingaro Road **Tel** *(07) 825 4756* **Fax** *(07) 825 4873* **Quartos** *10* **Mapa** *E2*

Fica em uma mansão do século 19 construída com madeira local para ser a sede de uma fazenda. Hoje, é um parque reflorestado. Conta com elegantes móveis campestres antigos, tapetes persas em assoalhos de *kauri* e aquarelas da Nova Zelândia. Refeições de quatro pratos na mesa comunitária de carvalho, ou à parte. **www.brooklands.net.nz**

Legenda de preços *pág. 298* **Legenda dos símbolos** *no final do guia*

OHOPE Surf's Reach Motels $$

52 West End ***Tel*** *(07) 312 4159* ***Fax*** *(07) 312 4995* ***Quartos*** *10* ***Mapa*** *F3*

Um motel de praia tradicional a poucos minutos de carro de Whakatane, no começo da praia de areia de 11km, ótima para nadar, em Ohope. Unidades bem equipadas em áreas ajardinadas, com cozinha completa e TV. Uma boa base para pescarias, observação de golfinhos, caminhadas e golfe. **www.surfsreachmotels.co.nz**

RAGLAN Solscape Accommodation Centre $

Wainui Road ***Tel*** *(07) 825 8268* ***Quartos*** *19* ***Mapa*** *E2*

Acomodação singular em antigos vagões de trem perto de uma das melhores praias de surfe da Nova Zelândia. Ministra aulas de surfe e aluga pranchas. Horta orgânica e massagem para relaxar. Mais conhecida por suas esquerdas de longa duração, Raglan também oferece condições de surfe ideais para iniciantes. **www.solscape.co.nz**

ROTORUA Rotorua Treks Backpackers $

1278 Haupapa Street ***Tel*** *(07) 349 4088,* ***Fax*** *(07) 349 4086* ***Quartos*** *51* ***Mapa*** *E3*

Novíssimo albergue projetado para mochileiros. Com ótima localização, o Treks garante uma experiência "assombrosa" em seus quartos modernos, limpos e seguros. Roupa de cama fornecida nos dormitórios (só para mulheres se solicitado), quartos de solteiro e de casal, alguns com banheiro. Cozinha boa e muitos banheiros. **www.treks.co.nz**

ROTORUA Lake Plaza Rotorua Hotel $$$

1000 Ererua Street ***Tel*** *(07) 348 1174* ***Fax*** *(07) 346 0238* ***Quartos*** *250* ***Mapa*** *E3*

O maior hotel de Rotorua fica em frente ao lago junto ao Polynesian Spa, Government Gardens e Rotorua Museum, e oferece vivências culturais maori nos jantares *hangi*, com espetáculos de dança e música com um grupo premiado. Piscina aquecida e spa gratuito. Muitos quartos têm vista para o lago. **www.lakeplazahotel.co.nz**

ROTORUA Regal Palms 5-star City Resort $$$

350 Fenton Street ***Tel*** *(07) 350 3232 e 0800 743 000* ***Fax*** *(07) 350 3233* ***Quartos*** *45* ***Mapa*** *E3*

Este vencedor do prêmio New Zealand Tourism fica no lado sul de Fenton Street, perto das atrações geotermais, lojas e restaurantes. Piscina aquecida, área de brincar para crianças, academia, quadra de tênis e campo de golfe de nove buracos. Há banheira de hidromassagem nos quartos. **www.regalpalmsml.co.nz**

ROTORUA Solitaire Lodge $$$$$

Lake Tarawera ***Tel*** *(07) 362 8208* ***Fax*** *(07) 362 8445* ***Quartos*** *9* ***Mapa*** *E3*

O melhor resort da Nova Zelândia no 2005 World Travel Awards. Localização espetacular em um ponto elevado com vista para o Tarawera. Ótimo serviço, atenção aos detalhes e culinária honesta. As nove suítes têm vista panorâmica para o lago e contam com cofres eletrônicos. A diária inclui jantar com quatro pratos e pescaria de trutas. **www.solitairelodge.co.nz**

TAUPO Tiki Lodge $

104 Tuwharetoa Street ***Tel*** *(07) 377 4545* ***Fax*** *(07) 377 4585* ***Quartos*** *14* ***Mapa*** *E3*

Novo e anunciado como um "albergue de classe", perto da cidade e do lago. Quartos com beliche e para famílias e casais, alguns com banheiros e roupa de cama fornecida. Há cozinha e sala de refeições, sala de TV e DVD, aluguel de bicicletas, hidromassagem, telefone público e cybercafé. **www.tikilodge.co.nz**

TAUPO Cypress Villas Motel $$

37 Rifle Range Road ***Tel*** *(07) 378 4322* ***Fax*** *(07) 378 4622* ***Quartos*** *6* ***Mapa*** *E3*

Moderno motel de primeira em localização central e tranquila a 200m do lago e a cinco minutos das lojas e restaurantes do centro. Projeto arquitetônico e decoração simples e arrojada. Ideal para famílias, conta com dois espaçosos chalés de dois quartos. **www.cypressvillas.co.nz**

TAUPO Wairakei Resort $$$

SH1(Thermal Explorer Highway), Wairakei ***Tel*** *(07) 374 8021* ***Fax*** *(07) 374 8485* ***Quartos*** *137* ***Mapa*** *E3*

Um resort de primeira, instalado em meio ao 1,7ha do Wairakei Thermal Park, 10km ao norte de Taupo. Variedade de opções em apartamentos e quartos com diferentes instalações, de cozinhas a acessos ao jardim. Tratamentos de spa, academia, piscina aquecida ao ar livre, quadras de tênis, restaurantes e bar. **www.wairakeiresort.co.nz**

TAUPO Huka Lodge $$$$$

Huka Falls Road ***Tel*** *(07) 378 5791* ***Fax*** *(07) 378 0427* ***Quartos*** *24* ***Mapa*** *E3*

A rainha dos retiros de luxo. Às margens do Waikato, perto das espetaculares Huka Falls. Ambiente requintado e confortável, com decoração cálida em suítes espaçosas espalhadas ao longo das margens do rio. Para chegar em alto estilo, há até um heliporto. O valor da diária inclui o jantar. **www.hukalodge.com**

TAURANGA Harbourside City Backpackers $

105 The Strand ***Tel*** *(07) 579 4066* ***Fax*** *(07) 579 4067* ***Quartos*** *24* ***Mapa*** *E2*

Com uma localização nobre, o Harbourside é bem central e em frente ao mar, entre cafés e bares. Simpático e descontraído é ideal para mochileiros. Tem seu próprio bar e um solário com vista para o porto. Dormitórios (um só para mulheres), quartos com camas separadas e de casal, alguns com banheiro. **www.backpacktauranga.co.nz**

TAURANGA Hotel on Devonport $$$

Devonport Towers, 72 Devonport Road ***Tel*** *(07) 578 2668* ***Fax*** *(07) 578 2669* ***Quartos*** *38* ***Mapa*** *E2*

Novo e elegante hotel para executivos no centro de Tauranga oferecendo surpreendente relação custo-benefício para suas instalações de primeira. Quartos confortáveis, em estilo internacional contemporâneo decorados em relaxantes tons neutros e com vidros anti-ruído, internet banda larga e ar-condicionado. **www.hotelondevonport.net.nz**

TE KUITI Tapanui Country House $$$
1714 Oparure Road, Te Kuiti (near Oto) **Tel** *(07) 877 8549* **Fax** *(07) 877 8541* **Quartos** *2* **Mapa** *E2*

Bela mansão situada nas montanhas em meio a espetaculares afloramentos calcários. Vista panorâmica. "Retiro campestre" em uma fazenda com porcos, bodes e burros. Cortinas nativas rimu em tons suaves, arte da Nova Zelândia, mobília artesanal e tapetes orientais. Perto das Waitomo Caves. Não hospedam crianças. **www.tapanui.co.nz**

THAMES Seaspray Motel $
613 Thames Coast Road, Waiomu Bay **Tel** *(07) 868 2863* **Fax** *(07) 868 2863* **Quartos** *6* **Mapa** *E2*

Fica em uma aldeia de veraneio a dez minutos de carro de Thames na estrada costeira, bem em frente a uma praia. Seis chalés para famílias com varandas para o mar, de onde se vê o pôr-do-sol antes de um churrasco à beira-mar. Uma base perfeita para pescarias e caminhadas na praia e na mata. **www.seaspraymotel.co.nz**

THAMES 33 Patui $$$$$
33 Patui Ave, Ngarimu Bay **Tel** *(07) 868 2272* **Quartos** *4* **Mapa** *E2*

Mansão em estilo francês da década de 1950 restaurada em alto padrão em um estilo moderno, mas naturalista (tons pastel com materais naturais) na Ngarimu Bay, 10km ao norte de Thames. Em jardim frondoso cercado por fauna e flora nativas, o 33 Patui está a cinco minutos da praia. **www.greatstays.co.nz**

TONGARIRO Bayview Chateau Tongariro $$$
SH48, Mount Ruapehu **Tel** *(07) 892 3809 e 0800 CHATEAU (242 832)* **Fax** *(07) 892 3704* **Quartos** *115* **Mapa** *E3*

Na base do Mount Ruapehu, o Chateau Tongariro (construído em 1929) é um dos hotéis históricos da Nova Zelândia. Tratamentos de spa, piscina aquecida coberta, golfe, tênis e pétanque. Há várias opções de suítes de luxo e quartos para famílias. Oferece cardápio refinado. **www.chateau.co.nz**

TONGARIRO Powderhorn Chateau $$$
Mangawhero Terrace, Ohakune **Tel** *(06) 385 8888* **Fax** *(06) 385 8925* **Quartos** *32* **Mapa** *E3*

Perto da área de esqui Turoa, com um acabamento em madeira natural para criar um ambiente aconchegante. Perfeito para explorar uma das mais magníficas regiões montanhosas da Nova Zelândia, a poucos minutos de vistas de tirar o fôlego, floresta nativa, paisagens vulcânicas, lagos e rios nas montanhas. **www.powderhorn.co.nz**

TONGARIRO Skotel Alpine Resort $$$
Ngauruhoe Place, Whakapapa Village **Tel** *(07) 892 3719* **Fax** *(07) 892 3777* **Quartos** *48* **Mapa** *E3*

O hotel mais alto da Nova Zelândia. Junto à aldeia de Whakapapa, é procurado para esqui no inverno e caminhadas no verão. Confortáveis apartamentos, pequenos chalés para famílias e quartos comunitários para mochileiros. Decoração de madeira em estilo alpino, acolhedor bar e restaurante e relaxante banheira de hidromassagem. **www.skotel.co.nz**

WAITOMO Waitomo Caves Hotel $$
RD7 Otorohanga **Tel** *(07) 878 8204* **Fax** *(07) 878 8205* **Quartos** *33* **Mapa** *E3*

Hotel histórico, construído em 1909 em um estilo vitoriano neozelandês inspirado em chalés alpinos e ampliado em estilo Art Déco na década de 1920. Amplas escadarias, grandes lareiras e uma variedade de acomodações, indo da suíte para lua-de-mel em uma torre a quartos com beliches para mochileiros. **www.waitomocaveshotel.co.nz**

WHAKATANE White Island Rendezvous $$
15 The Strand East **Tel** *(07) 308 9500 e 0800 242 299* **Fax** *(07) 308 0303* **Quartos** *25* **Mapa** *F3*

A sede do White Island Tours é uma boa base para conhecer o vulcão marinho ativo, já que fica bem perto das lojas, restaurantes e cafés. O seu Peejay´s Coffe House oferece generosos cafés-da-manhã, almoços e café e bolo o dia inteiro. As excursões partem do píer. **www.whiteisland.co.nz**

WHAKATANE Motuhora Rise B&B $$$$
2 Motuhora Rise **Tel** *(07) 307 0224* **Fax** *(07) 307 0541* **Quartos** *2* **Mapa** *F3*

Um bed and breakfast de luxo nas montanhas em Whakatane, a cinco minutos de carro do centro. Vista panorâmica para Rangitaiki Plains e White Island, ou, se a paisagem o entediar, há um sofisticado centro de entretenimento. Uma tábua de queijos aguarda os hóspedes ao chegarem. Lareira e piscina com hidromassagem. Não hospeda crianças.

WHANGAMATA Whangamata Backpackers $
227 Beverley Terrace **Tel** *(07) 865 8323* **Fax** *(07) 865 8323* **Quartos** *12* **Mapa** *E2*

Um pequeno e simpático albergue perto da praia e da cidade. Trilhas na floresta, mountain bike, nado seguro e surfe, passeios a cavalo, windsurfe e canoagem nas imediações. Cozinha, lavanderia e outras instalações para mochileiros. Perto dos cafés e lojas. Dormitórios compartilhados e quartos duplos, com roupa de cama.

WHANGAMATA Copsefield B&B $$$
1055 SH25 **Tel** *(07) 865 9555* **Fax** *(07) 865 9510* **Quartos** *4* **Mapa** *E2*

Em meio à mata nativa e perto do rio, é uma boa base para caminhadas e praias. Os hóspedes podem usar bicicletas ou canoas para percorrer os dez minutos até a praia Opouter ou nadar na foz do rio. O café-da-manhã consiste de pão e iogurte caseiros, além de frutas e ovos do local. **www.copsefield.co.nz**

WHITIANGA Turtle Cove Accommodation $
14 Bryce Street **Tel** *(07) 867 1517* **Fax** *(07) 867 1520* **Quartos** *7* **Mapa** *E2*

Nova opção de hospedagem econômica e para mochileiros, a dois minutos a pé das atrações locais. Oferece dormitórios, quartos privativos, ampla cozinha comunitária, varanda, solário e churrasqueira. Também empresta mountain bikes e instrumentos musicais e malabares. **www.turtlecove.co.nz**

WHITIANGA Ferry Landing Lodge $$$$

1169 Purangi Road, Cooks Beach **Tel** *(07) 866 0445* **Fax** *(07) 866 0792* **Quartos** *2* **Mapa** *E2*

A pouca distância de ferryboat do outro lado do porto em Whitianga, a pousada fica em meio à mata nativa. Os hósp-des podem caminhar nela, nadar nas praias próximas ou usar o caiaque de dois lugares dos proprietários. Café-da-manhã na varanda com geléias caseiras. **www.ferrylandinglodge.co.nz**

WHITIANGA Mercury Bay Beachfront Resort $$$$$

113 Buffalo Beach Road **Tel** *(07) 866 5637* **Fax** *(07) 866 4524* **Quartos** *8* **Mapa** *E2*

Jardins cercados de Pohutakawa levam do resort a uma praia arenosa. Todos os chalés têm pátio privativo e vista para o mar, além de varanda ou acesso ao jardim. Empréstimo de caiaques, pranchas de bodyboard, bote e varas de pescar. Churrasqueira e piscina com hidromassagem. Está próximo dos restaurantes da cidade. **www.beachfrontresort.co.nz**

WELLINGTON E O SUL

KAPITI COAST Sand Castle Motel $

20 Paetawa Road (off Peka Peka Road), Waikanae **Tel** *(04) 293 6072* **Fax** *(04) 293 3926* **Quartos** *8* **Mapa** *E4*

Em meio às dunas da praia arenosa de Waikanea, os cilindros, cones e blocos desse motel parecem mesmo um castelo de areia. São oito unidades independentes de um quarto, a maioria com vista para o mar e pátio privativo. Banheiras aquecidas de hidromassagem são outro atrativo.

KAPITI COAST The Fantails Accommodation $

40 MacArthur Street, Levin **Tel** *(06) 368 9011* **Fax** *(06) 368 9279* **Quartos** *5* **Mapa** *E4*

A mata cerca este bed and breakfast, que também oferece chalés independentes. O jantar e o café-da-manhã são caseiros e feitos com produtos orgânicos, boa parte cultivada lá mesmo. Um refúgio tranquilo em 2 acres de jardins em estilo inglês no meio da cidade, com um viveiro de animais nos fundos. **www.fantails.co.nz**

NEW PLYMOUTH B-K's Egmont Motor Lodge $

115 Coronation Avenue **Tel** *(06) 758 5216 e 0800 115 033* **Fax** *(06) 758 5215* **Quartos** *18* **Mapa** *D3*

Todas as unidades têm sua própria cozinha neste simpático motel, aberto em 2002, que oferece uma hospedagem econômica. Em frente ao hipódromo, com vista para o Mount Egmont. Oferece restaurante e cafés-da-manhã continentais. **www.bksegmontmotorlodge.co.nz**

NEW PLYMOUTH Egmont Eco Lodge $

12 Clawton Street **Tel** *(06) 753 5720* **Quartos** *60* **Mapa** *D3*

Situado em seu próprio vale de sete acres, no centro de New Plymouth, em meio a àrvores nativas e junto a um riacho. A pousada fica a 15 minutos da cidade a pé pela margem do rio. Há transporte gratuito para subir os 1.000m do Mount Egmont, ponto de partida para caminhadas no National Park e escaladas. **www.mttaranaki.co.nz**

NEW PLYMOUTH Landmark Manor Motel $$

72 Leach Street **Tel** *(06) 769 9688* **Fax** *(06) 769 9689* **Quartos** *17* **Mapa** *D3*

Um motel novo (aberto em 2002) com unidades bem equipadas. Localização bastante central, próximo dos cafés, restaurantes e lojas, da trilha costeira e do Pukekura Park, o local onde anualmente no verão acontece o Festival of Lights (dez-fev). Decoração colorida, moderna e arrojada. **www.landmarkmanor.co.nz**

NEW PLYMOUTH Pukekura Lodge Motel $$

52 Victoria Road **Tel** *(06) 758 2310 e 0800 758 231* **Fax** *(06) 757 5408* **Quartos** *10* **Mapa** *D3*

Junto aos Pukekura Gradens, este motel de administração familiar têm quartos confortáveis e ambiente acolhedor. O lugar para se estar durante o Festival of Lights no verão (dez-fev), mas reserve com antecedência na alta temporada. Chalés independentes com um ou dois quartos e jardins cercados. **www.pukekuralodge.co.nz**

NEW PLYMOUTH Ahu Ahu Beach Villas $$$

Oakura **Tel** *(06) 752 7370* **Quartos** *4* **Mapa** *D3*

O Ahu Ahu fica a 20 minutos de carro de New Plymouth pela bela paisagem da costa, em área rural com vista para o mar. São dois chalés construídos com madeira reciclada de píer, telhas antigas, janelas de treliça e portas de madeira, com pedras, conchas e fósseis incrustados no piso. Ganharam prêmios arquitetônicos. **www.ahu.co.nz**

NEW PLYMOUTH Copthorne Hotel Grand Central $$$

42 Powderham Street **Tel** *(06) 758 7495* **Fax** *(06) 758 7496* **Quartos** *60* **Mapa** *D3*

Elegante hotel para executivos no centro de New Plymouth, próximo do museu Puke Ariki, Govett-Brewster Gallery e Pukekura Park, o local em que anualmente no verão ocorre o Festival of Lights (dez-fev). Centro aquático, campos de golfe e piscinas minerais nas imediações. **www.millenniumhotels.com**

PALMERSTON NORTH Adventure Backpackers $

95 King Street **Tel** *(06) 353 2418* **Fax** *(06) 353 2419* **Quartos** *70* **Mapa** *E4*

Acomodações superbaratas e limpas em um antigo hotel no meio da cidade, planejado especialmente para mochileiros. Tem dormitórios e quartos privativos, além de sala de bilhar, cozinha comunitária e sala de TV com aquecedor e piano. Alugue ou compre um carro, van ou bicicleta aqui, e revenda no fim da viagem. **www.adventure-backpackers.co.nz**

PALMERSTON NORTH Palmerston North Motel $

66 Linton Street ***Tel*** *(06) 358 0681 e 0800 225 692* ***Fax*** *(06) 356 1753* ***Quartos*** *20* ***Mapa*** *E4*

Uma variedade de unidades, algumas acomodando até sete pessoas, em um terreno espaçoso e ajardinado com playground e estacionamento. Fica bem perto de atrações como The Square, Te Manawa Art Gallery e as lojas e cafés boêmios da George Street. O Rugby Museum fica alguns quarteirões adiante. **www.pnm.co.nz**

PALMERSTON NORTH Supreme Accommodation $

665 Pioneer Highway ***Tel*** *(06) 356 5265 e 0800 112 211* ***Fax*** *(06) 356 5267* ***Quartos*** *25* ***Mapa*** *E4*

Um dos maiores motéis da Nova Zelândia, a 1km do centro. Em algumas unidades cabem até dez pessoas. Todas contam com banheiro e cozinha. Pisicina coberta aquecida grande e spa completo. Refeições podem ser entregues nos quartos por qualquer um dos cinco restaurantes. **www.supremeaccom.co.nz**

PALMERSTON NORTH Plum Trees Lodge $$

97 Russell Street ***Tel*** *(06) 358 7813* ***Quartos*** *1* ***Mapa*** *E4*

Pousada-butique com ótima localização, no centro de Palmerston North. Refúgio em plena cidade, com jardins e árvores frondosas. Projetada com charme para acomodar duas pessoas com todo o luxo, com uma cesta de café-da-manhã a desfrutar na varanda ensolarada ou no aconchegante interior com teto de vigas. **www.plumtreeslodge.com**

PALMERSTON NORTH Rydges Palmerston North $$$

140 Fitzherbert Avenue ***Tel*** *(06) 356 5065 e 0800 800 678* ***Fax*** *(06) 356 6692* ***Quartos*** *73* ***Mapa*** *E4*

A acomodação com mais classe em Palmertson. É um hotel de primeira, surpreendentemente aconchegante, frequentado por executivos. Perto de The Square, Te Manawa e Rugby Museum, e a poucos minutos de carro da Massey University. O café e bar La Patio, que dá em The Avenue, é frequentado por hóspedes e habitantes locais. **www.rydges.com**

WAIRARAPA Arbor Motel $

29-31 Main Street, Greytown ***Tel*** *(06) 304 9445* ***Fax*** *(06) 304 8445* ***Quartos*** *5* ***Mapa*** *E4*

Este apurado e recentemente redecorado motel em um jardim pitoresco na rua principal da Greytown histórica fica perto dos cafés, lojas de artesanato e antiquários. Menos pretensioso que a maioria dos hotéis da região, e também menos caro, recebe bem crianças e tem proprietários muito solícitos. **www.greytown.co.nz/accommodation**

WAIRARAPA Shadyvale $$

Hinakura Road ***Tel*** *(06) 306 9374* ***Fax*** *(06) 306 9374* ***Quartos*** *2* ***Mapa*** *E5*

Dois quartos nas duas extremidades dessa casa grande pseudocolonial, mais a vista da cordilheira Tararua, fazem do rural Shadyvale um bed and breakfast muito procurado na verdejante zona rural de South Wairarapa. Um belo passeio a pé até as vinícolas e restaurantes de Martinborough, ou de carro até a costa. **www.shadyvale.co.nz**

WAIRARAPA The White Swan $$

Main Street, Greytown ***Tel*** *(06) 304 8894* ***Fax*** *(06) 304 8824* ***Quartos*** *11* ***Mapa*** *E4*

Um antigo prédio do governo transportado de Wellington atravessando Rimutaka Hill (metade caiu do caminhão). Agora reformado como um elegante hotel de campo, tem quartos com decoração individual em estilos que vão do design contemporâneo ao suntuoso Mughal. Excelente bar e restaurante e serviço acolhedor. **www.thewhiteswan.co.nz**

WAIRARAPA Peppers Martinborough Hotel $$$$$

The Square, Martinborough ***Tel*** *(06) 306 9350* ***Fax*** *(06) 306 9345* ***Quartos*** *16* ***Mapa*** *E5*

Hotel de 1882 que passou por bela reforma. Tem sua própria biblioteca, whisky bar, bistrô e jardim. Oferece nove quartos com varanda para The Square, ou sete quartos no jardim, decorados com paisagens de Scott Tulloch, um artista de Martinborough. **www.martinboroughotel.co.nz**

WAIRARAPA Wharekauhau Country Estate $$$$$

Western Lake Road, Palliser Bay, Featherston ***Tel*** *(06) 307 7581* ***Fax*** *(06) 307 7799* ***Quartos*** *12* ***Mapa*** *E5*

Exclusivo resort de luxo, em uma fazenda de ovelhas em atividade de 50ha com vista para a Palliser Bay. Oferece várias atividades ao ar livre, além de piscina coberta, academia, quadra de tênis e hidromassagem. Os hóspedes ficam em chalés individuais. A diária inclui jantar e café-da-manhã. **www.wharekauhau.co.nz**

WANGANUI Anndion Lodge Accommodation $

143 Anzac Parade ***Tel*** *0800 343 056* ***Fax*** *(06) 343 3056* ***Quartos*** *12* ***Mapa*** *E4*

Dirigida pelos proprietários Ann e Dion nas margens do rio Whanganui, a poucos minutos do centro no começo da rodovia com paisagem Parapara, é uma ótima opção para motociclistas. Para seu deleite, peça o apartamento Super King ou relaxe na sauna ou na piscina. Dion faz ótimos churrascos. **www.anndionlodge.co.nz**

WANGANUI The Tamara Backpackers Lodge $

24 Somme Parade ***Tel*** *06 347 6300* ***Fax*** *06 345 8488* ***Quartos*** *16* ***Mapa*** *E4*

Simpático e central albergue para mochileiros em mansão do começo do século 20 com vista para o Whanganui e para o Mount Ruapehu. Amplo jardim, bilhar, bicicletas, churrasqueira e piano e violão para os hóspedes usarem. Cozinha e salas de refeição e de TV espaçosas. Há quartos simples e duplos (com e sem banheiro). **www.tamaralodge.com**

WANGANUI Kinsgate Hotel The Avenue Wanganui $$

379 Victoria Avenue ***Tel*** *(06) 349 0044* ***Fax*** *(06) 345 3250* ***Quartos*** *73* ***Mapa*** *E4*

Na estrada principal para Wanganyui, a dez minutos a pé das lojas, cafés e restaurantes e das atrações históricas, artísticas e culturais. Um hotel ideal para executivos, em um amplo terreno com piscina. O premiado restaurante e o café-bar descontraído servem cardápio neozelandês. **www.theavenuewanganui.com**

Legenda de preços *pág. 298* **Legenda dos símbolos** *no final do guia*

WANGANUI Rutland Arms Inn $$

Esq da Victoria Avenue com a Ridgway Street **Tel** *(06) 3477677 e 08007885263* **Fax** *(06) 3477345* **Quartos** *8* **Mapa** *E4*

Pequeno bed and breakfast com excelentes instalações, perto do centro. Ambiente simpático e acolhedor, com os confortos modernos neste "pequeno pedaço da Inglaterra" em Wanganui. Apartamentos com decoração individual e nomes surpreendentes (um é Goethe, ou Gotty). O bar tem grande variedade de cerveja e uísque. **www.rutland-arms.co.nz**

WANGANUI Siena Motor Lodge $$

335 Victoria Ave **Tel** *(06) 345 9009 e 0800 888 802* **Fax** *(06) 345 9935* **Quartos** *10* **Mapa** *E4*

Ótimo motel central a pouca distância a pé das lojas e restaurantes do centro, Sarjeant Gallery, Durie Hill Elevator e Memorial Tower, Cooks Gardens, Whanganui Riverboat Centre e o próprio rio. Quartos imaculadamente limpos, bem equipados e confortáveis, muitos com banheira de hidromassagem. **www.siena.co.nz**

WANGANUI Arlesford House $$$

202 SH3 **Tel** *(06) 347 7751* **Fax** *(06) 347 7561* **Quartos** *4* **Mapa** *E4*

Bed and breakafast em casa de campo em meio a um parque de 6 acres a 7km ao norte de Wanganui. A Arlesford House foi projetada pelo importante arquiteto de Wanganui Bob Talboys e construída por Joseph Goppert, quase que só com a madeira nativa *rimu*. Decorado em estilo clássico com antiguidades e tapetes persas. **www.arlesfordhouse.co.nz**

WELLINGTON Cambridge Hotel and Backpackers $

28 Cambridge Terrace **Tel** *(04) 385 8829* **Fax** *(04) 385 2503* **Quartos** *33* **Mapa** *D5*

Hotel econômico, em construção recentemente restaurada. Fica a cinco minutos a pé do Te Papa Museum, do mar, dos bares de Courtenay Place e das lojas, cafés e restaurantes do bairro comercial e do Cuba Quarter. Quartos para famílias ou grupos com beliches. Ótima ala para mochileiros, com chuveiros excelentes. **www.cambridgehotel.co.nz**

WELLINGTON Halswell Lodge $

21 Kent Terrace, Courtenay Place **Tel** *(04) 385 0196* **Fax** *(04) 385 0503* **Quartos** *36* **Mapa** *D5*

Perto do Te Papa, da Oriental Bay e das lojas, cafés e restaurantes do centro. Há a mansão que lhe dá o nome, cuidadosamente restaurada, em uma rua secundária tranquila (diárias um pouco mais caras). Já o hotel oferece diárias menores para longas estadias. Chalés de dois quartos com cozinha e estacionamento (essencial no centro). **www.halswell.co.nz**

WELLINGTON Hotel Wellington $

213 Cuba Street **Tel** *(04) 385 2153* **Fax** *(04) 382 8873* **Quartos** *114* **Mapa** *D5*

Quartos modernos no prédio de 1908 inteiramente reformado e à prova de terremotos. Antes era o hotel do Exército da Salvação conhecido como o Palácio do Povo. No centro do Cuba Quarter, é cercado por cafés, restaurantes e lojas. Fica perto do mar, do Te Papa Museum e da vida noturna de Courtenay Place. **www.hotelwellington.co.nz**

WELLINGTON Hotel Willis $$

318 Willis Street **Tel** *(04) 384 5955 e 0800 249 467* **Fax** *(04) 384 5952* **Quartos** *25* **Mapa** *D5*

Pequeno hotel do centro, perto das butiques e cafés de Cuba Quarter, a pouca distância a pé do Te Papa Museum e do mar, bem como de muitas outras atrações turísticas de Wellington. Quartos asseados e confortáveis fazem desse hotel uma boa opção econômica. Salão de café-da-manhã e bar que serve drinques e petiscos. **www.hotelwillis.co.nz**

WELLINGTON Portland Hotel of Thorndon $$

24 Hawkestone Street **Tel** *(04) 473 2208* **Fax** *(04) 473 3892* **Quartos** *123* **Mapa** *D5*

Perto das estações de trem, de ônibus e do ferryboat, com fácil acesso às estradas, o Portland oferece excelente relação custo-benefício em seus apartamentos confortáveis e bem equipados. Ambiente acolhedor e serviço atencioso, acesso livre à academia e descontos nos fins de semana são atrativos a mais. **www.portlandhotel.co.nz**

WELLINGTON Tinakori Lodge $$

182 Tinakori Road, Thorndon **Tel** *(04) 939 3478* **Fax** *(04) 939 3475* **Quartos** *9* **Mapa** *D5*

Este hotel-butique cheio de personalidade em um sobrado de madeira histórico (1868) fica em Thorndon, bairro repleto de mansões vitorianas. A invejável localização dá acesso aos Botanical Gardens, à Old St Paul's e ao mar, bem como a muitos cafés e restaurantes deliciosos. **www.tinakorilodge.co.nz**

WELLINGTON Eight Parliament Street $$

8 Parliament Street, Thorndon **Tel** *(027) 280 6739* **Fax** *(04) 479 6705* **Quartos** *3* **Mapa** *D5*

Bed and breakfast-butique no bairro histórico Thorndon, do qual se diz concentrar o maior número de mansões vitorianas de madeira depois de São Francisco. Perto das melhores atrações de Wellington, essa refinada casa tem obras de artistas locais nas paredes. Não hospeda crianças. **www.butique-bb.co.nz**

WELLINGTON CityLife Wellington $$$

300 Lambton Quay, The Terrace **Tel** *(04) 922 2800* **Fax** *(04) 922 2803* **Quartos** *68* **Mapa** *D5*

Hotel moderno no coração do bairro comercial, perto das lojas, cafés e restaurantes, do Beehive e de outras tantas atrações. É confortável e tem decoração de bom gosto. Quartos standard e suítes com lavanderia e cozinha. A diária é cara, mas sempre oferece descontos. **www.heritagehotels.co.nz**

WELLINGTON Museum Hotel de Wheels $$$

90 Cable Street **Tel** *(04) 802 8900 e 0800 994 335* **Fax** *(04) 802 8909* **Quartos** *47* **Mapa** *D5*

Em frente ao Te Papa e ao mar, este hotel de cinco andares e 3.500 toneladas foi movido sobre trilhos por 120m de sua localização original para ceder espaço ao novo museu (por isso o nome). Parece um bunker de concreto, mas tem quartos confortáveis com vista para o mar ou para a cidade. **www.museumhotel.co.nz**

WELLINGTON The Lighthouse and The Keep $$$

326 e 116 The Esplanade, Island Bay **Tel** *(04) 472 4177* **Fax** *(04) 472 4177* **Quartos** *2* **Mapa** *D5*

Fica em um bairro à beira-mar com uma histórica comunidade italiana e que agora é popular entre as famílias jovens. Vale a pena guiar até lá para ficar no prédio original do farol ou em uma incomum torre de pedra. Este bed and breakfast é bem localizado, pertinho da praia e de um café e de uma pizzaria. **www.thelighthouse.net.nz**

WELLINGTON Hotel Intercontinental $$$$

2 Grey Street **Tel** *(04) 472 2722* **Fax** *(04) 472 4724* **Quartos** *233* **Mapa** *D5*

Situado no bairro empresarial central, com todas as conveniências e confortos esperadas de um grande hotel internacional. Uma boa seleção de restaurantes e bares, serviço de quarto, todos os serviços imagináveis para executivos, além de piscina e academia. Quartos confortáveis e serviço altamente profissional. **www.ichotelsgroup.com**

WELLINGTON James Cook Hotel Grand Chancellor $$$$

147 The Terrace **Tel** *(04) 499 9500 e 0800 275 337* **Fax** *(04) 499 9800* **Quartos** *260* **Mapa** *D5*

No centro do bairro comercial, o James Cook Hotel é mais conhecido pelos habitantes locais por seu elevador, que liga The Terrace a Lambton Quay. Ganhou vários prêmios por sua recuperação e hospitalidade e tem boa reputação como hotel moderno e internacional de nível médio. Seu proprietário é de Cingapura. **www.ghihotels.com**

WELLINGTON The Terrace Villas $$$$

202 The Terrace, **Tel** *(04) 920 2020* **Fax** *(04) 920 2030* **Quartos** *50* **Mapa** *D5*

Com localização central, apartamentos independentes em mansões do século 19 restauradas que se sucedem ao longo de The Terrace, a um quarteirão do Lambton Quay. Quartos de bom gosto, decorados em estilo do século 19. Ideal para estadias mais longas (preços menores por semana). **www.terracevillas.co.nz**

MARLBOROUGH E NELSON

ABEL TASMAN NATIONAL PARK Abel Tasman Marahau Lodge $$

Marahau Beach, Motueka **Tel** *(03) 527 8250* **Fax** *(03) 527 8258* **Quartos** *12* **Mapa** *D4*

Fica a cinco minutos a pé da entrada do Abel Tasman National Park. Belas acomodações em jardins nativos. Oferece quitinetes ou chalés com pátios privativos. Podem ser obtidos caiaques, barcos até as praias, bem como almoço para levar. Oferece piscina com hidromassagem e programas de caminhadas pela costa. **www.abeltasmanmarahaulodge.co.nz**

ABEL TASMAN NATIONAL PARK Awaroa Lodge $$$$

Awaroa Bay, Abel Tasman National Park **Tel** *(03) 528 8758* **Fax** *(03) 528 6561* **Quartos** *26* **Mapa** *D4*

Ecologicamente correta, requintada e luxuosa pousada no Abel Tasman National Park. Culinária orgânica criativa. Apesar da localização remota, a arquitetura é primorosa e há café, bar, sala de estar, galeria e biblioteca. É possível chegar de helicóptero, caiaque, táxi aquático ou a pé. **www.awaroalodge.co.nz**

ABEL TASMAN NATIONAL PARK Kanuka Hill Lodge $$$$$

The Anchorage, Abel Tasman National Park **Tel** *(03) 548 2863* **Fax** *(03) 548 2869* **Quartos** *3* **Mapa** *D4*

Acomodação singular no coração do parque nacional, com vista espetacular para montanhas cobertas de mata descendo até praias com águas azul-turquesa. É possível chegar de táxi aquático, caiaque ou a pé pela trilha costeira de Marahau. Oferece café-da-manhã completo, almoço para levar e jantar. **www.kanukalodge.co.nz**

BLENHEIM Château Marlborough $

95-115 High Street **Tel** *(03) 578 0064 e 0800 752 275* **Fax** *(03) 578 2661* **Quartos** *30* **Mapa** *D5*

Motel moderno e confortável com vista para os jardins de flores, relógio e fonte de Seymour Square, no centro de Blenheim. Imita a elegância e a grandiosidade européias no estilo *faux-château* de arquitetura. Piscina com bar. Aconchegante e acolhedor bar, recepção e sala de café-da-manhã. **www.marlboroughnz.co.nz**

BLENHEIM Marlborough Hotel $$

20 Nelson Street **Tel** *(03) 577 7333* **Fax** *(03) 577 7337* **Quartos** *28* **Mapa** *D5*

Recentemente remodelado em branco e marrom, com detalhes em vermelho e madeira, e mobília de couro e de fibra de hiacinto, este hotel oferece suítes executivas com hidromassagem, apartamentos para casais e para famílias com mezanino para as crianças. Na entrada, há exuberantes palmeiras *nikau*. **www.marlboroughhotel.co.nz**

BLENHEIM Olde Mill House B&B $$

9 Wilson St, Renwick **Tel** *(03) 572 8458* **Fax** *(03) 572 8458* **Quartos** *2* **Mapa** *D5*

Uma mansão da década de 1920 no local do antigo Renwick Saw Mill, remodelado no estilo "velho mundo". A 15 minutos de carro de Blenheim, perto de lojas básicas, este bed and breakfast fica no meio do vinhedo de Marlborough. Dispõe de cobertores elétricos e despertadores. **www.oldemillhouse.co.nz**

BLENHEIM Arwen Lodge $$$

62 Morven Lane, Fairhall **Tel** *(03) 579 2234* **Quartos** *2* **Mapa** *D5*

No topo de montanhas com vista para o vinhedo, a poucos minutos de carro de Blenheim e perto das vinícolas, restaurantes e de um campo de golfe, é também uma boa base para os Sounds. Dois chalés bem equipados completam as acomodações, e um vinho e cesto de café-da-manhã dão as boas-vindas aos hóspedes. **www.arwenlodge.co.nz**

Legenda de preços *pág. 298* **Legenda dos símbolos** *no final do guia*

BLENHEIM Hotel D'Urville $$$$$

52 Queen Street **Tel** *(03) 577 9945* **Fax** *(03) 577 9946* **Quartos** *11* **Mapa** *D5*

Pequeno hotel em uma construção tombada com uma fachada neoclássica Art Déco. Quartos decorados em temas individuais. Oferece serviço personalizado e um restaurante premiado, servindo culinária neozelandesa de primeira, e há também petiscos de qualidade no ótimo bar. **www.durville.com**

GOLDEN BAY Pohara Beachfront Motel $$

Abel Tasman Drive, Pohara, Takaka **Tel** *(03) 525 9660 e 0800 862 322* **Fax** *(03) 525 9660* **Quartos** *11* **Mapa** *D4*

Bem em frente à praia em Poahara, na estrada de Takaka para o Abel Tasman National Park. Unidades independentes que são a base perfeita para nadar no mar, ou para expedições no parque nacional. Fica perto de espetaculares praias, parques e áreas de preservação da Golden Bay. **www.poharamotel.co.nz**

GOLDEN BAY Twin Waters Lodge $$$

Totara Avenue, Collingwood **Tel** *(03) 524 8014* **Fax** *(03) 524 8054* **Quartos** *3* **Mapa** *D4*

Esta pousada, perto de Farewell Spit, de projeto charmoso fica entre um calmo estuário e uma praia a 10km ao norte de Collingwood. Varandas privativas com vista para a água e sala de estar. Um lugar tranquilo para ouvir os tuís cantar no ninho. Café-da-manhã incluído. Para o jantar, é preciso reserva. Não hospeda crianças nem animais.

KAIKOURA The Old Convent $$

Mt Fyffe Road **Tel** *(03) 319 6603 e 0800 365 603* **Fax** *(03) 319 6690* **Quartos** *15* **Mapa** *D5*

Um convento construído em 1911 para freiras francesas muito bem preservado, na área rural da montanhosa costa de Kaikoura. Agora é um bed and breakfast com ar caseiro, de propriedade de três neozelandeses. A antiga capela é uma sala com lareira. Pétanque, críquete e bicicletas à disposição. **www.theoldconvent.co.nz**

KAIKOURA Anchor Inn Motel $$$

208 The Esplanade **Tel** *0800 720 033* **Fax** *(03) 319 5427* **Quartos** *15* **Mapa** *D5*

Esta pousada se gaba com razão de ser uma opção econômica com instalações cinco-estrelas. Fica à beira-mar em Kaikoura, com a maioria dos quartos confortáveis e bem equipados desfrutando de vistas espetaculares para o mar ou para a montanha. **www.anchorinn.co.nz**

KAIKOURA Fyffe Country Lodge $$$$$

SH1 **Tel** *(03) 319 6869* **Fax** *(03) 319 6865* **Quartos** *6* **Mapa** *D5*

Pousada-butique cercada por jardins em estilo inglês com vista para o Mount Fyffe e para os morros costeiros de Kaikoura, a 250m da praia. Construída com blocos artesanais de argila e madeira nativa reciclada, possui um restaurante premiado. Pescarias são uma opção. Não hospeda crianças menores de 12 anos. **www.fyffecountrylodge.co.nz**

KAIKOURA Hapuku Lodge $$$$$

SH1 at Hapuku Road **Tel** *(03) 319 6559 e 0800 524 568* **Quartos** *6* **Mapa** *D5*

Projetado pelos arquitetos da família do proprietário, em uma localização espetacular, 12km ao norte de Kaikoura, oferece restaurante com um premiado cardápio campestre. Entre os confortos, móveis artesanais e pias de granito ou mármore em quatro casas de luxo na árvore em um bosque de *manukas*. **www.hapuku.lodge.com**

MARLBOROUGH SOUNDS Furneaux Lodge $$

Endeavour Inlet, Queen Charlotte Sound, Picton **Tel** *(03) 579 8259* **Fax** *(03) 579 8279* **Quartos** *16* **Mapa** *D4*

Construída como casa de veraneio pela pioneira família Howden, que emigrou da Escócia pra Wellington em 1880 e se apaixonou pelo Endeavour Inlet cercado de mata nativa. As acomodações são em chalés independentes ou dormitórios para mochileiros, perto do mar. Acesso por barco ou a pé. **www.furneaux.co.nz**

MARLBOROUGH SOUNDS Te Mahia Bay Resort $$

Kenepuru, Kenepuru Sound **Tel** *(03) 573 4089* **Fax** *(03) 573 4089* **Quartos** *13* **Mapa** *D4*

Unidades novas e reformadas em uma baía isolada cercada por mata nativa, bem no limite do Kanepuru Sound. Serviço atencioso e solícito pelos proprietários, que também são devotados ao jardim Dois espaçosos apartamentos modernos recentemente adicionados. As flores nos quartos são colhidas no jardim do hotel. **www.temahia.co.nz**

MARLBOROUGH SOUNDS French Pass Sea Safaris and Beachfront Villas $$$

Rai Valley, French Pass **Tel** *(03) 576 5204* **Quartos** *3* **Mapa** *D4*

Chalés independentes à beira-mar na instalação costeira de French Pass, de onde safáris marítimos podem ajudá-lo a sentir o Mauri (percepção da unidade entre o homem e a natureza). Excursões de barco para a ilha Kakaho, onde se vêem periquitos-de-crista-amarela, tordos-do-mato, arapongas, tuís, o raro cormorão-rei, focas e golfinhos. **www.seasafaris.co.nz**

MARLBOROUGH SOUNDS Raetihi Lodge $$$$

Double Bay, Kenepuru Sound **Tel** *(03) 573 4300* **Fax** *(03) 573 4323* **Quartos** *14* **Mapa** *D4*

Fora das rotas usuais, em sua própria baía, à qual só se chega por barco de aluguel ou particular, esse retiro à beira-mar da década de 1930 é relaxante e confortável. Arquitetura premiada com quartos com vista para o mar, montanha ou jardim. Há um massagista para ajudá-lo a relaxar. Oferece também muitas excursões. **www.raetihilodge.co.nz**

MARLBOROUGH SOUNDS Bay of Many Coves Resort $$$$$

Queen Charlotte Sound, Picton **Tel** *(03) 579 9771 e 0800 579 9771* **Fax** *(03) 579 9777* **Quartos** *40* **Mapa** *D4*

Uma localização espetacular na mata nativa com vista para muitas enseadas. Pescarias, caminhadas, passeios de veleiro e caiaque, ou desfrute a piscina de água doce ou o spa. Refinados apartamentos de frente para o mar decorados em tons neutros de areia e pedra. Chega-se de barco de aluguel ou particular. **www.bayofmanycovesresort.co.nz**

MOTUEKA The Resurgence $$$$$

Riwaka Valley Road, Riwaka ***Tel*** *(03) 528 4664* ***Fax*** *(03) 528 4605* ***Quartos*** *8* ***Mapa*** *D4*

Uma luxuosa pousada em 0,5ha de mata nativa perto dos parques nacionais Abel Tasman e Kahurangi –um ótimo lugar para relaxar, ou para passear de caiaque, a cavalo ou a pé. Quartos na pousada ou chalés independentes. Piscina e hidromassagem ao ar livre. Refeição caseira em estilo mediterrâneo incluída. **www.resurgence.co.nz**

NELSON Nelson Central YHA $

59 Rutherford Street ***Tel*** *(03) 545 9988* ***Fax*** *(03) 545 9989* ***Quartos*** *29* ***Mapa*** *D4*

O melhor dos albergues para mochileiros, no centro, perto do Nelson Market, onde se vende artesanato, produtos orgânicos, plantas e brinquedos todos os fins de semana. A pouca distância a pé das galerias e jardins. Limpo, novo e moderno, com ensolarado jardim e área de refeições e cozinha bem equipada. **www.yha.co.nz**

NELSON Rutherford Hotel Nelson $$$

Trafalgar Square ***Tel*** *(03) 548 2299 e 0800 437 2273* ***Fax*** *(03) 546 3003* ***Quartos*** *114* ***Mapa*** *D4*

O principal hotel no centro de Nelson, que já hospedou a realeza, estrelas de cinema e do esporte e primeiros-ministros, bem como turistas e executivos, embora não haja registro de quantos presidentes ficaram na suíte presidencial. Oferece bufê de café-da-manhã, *sushi*, almoço e drinques no bar. **www.rutherfordhotel.co.nz**

NELSON South Street Cottages $$$

1, 2B, 3, 12 South Street, Nelson ***Tel*** *(03) 540 2769* ***Fax*** *(03) 540 2769* ***Quartos*** *8* ***Mapa*** *D4*

Apartamento de luxo e chalés independentes históricos na mais antiga rua preservada do país. Vivencie o cotidiano colonial de 1860 em um cenário tranquilo e charmoso. Lareiras em todos os chalés, bem como confortos modernos como cozinha e lavanderia. Há também pátio e jardim, além de ficar perto do centro. **www.cottageaccommodation.co.nz**

NELSON Te Puna Wai Lodge $$$

24 Richardson St, Port Hills ***Tel*** *(03) 548 7621* ***Fax*** *(03) 548 7645* ***Quartos*** *3* ***Mapa*** *D4*

Bed and breakfast-butique em uma mansão colonial nas Port Hills de Nelson, com vista espetacular para o mar. Oferece quartos charmosos, com os assoalhos de madeira originais e móveis antigos, banheiros novos com piso de mármore aquecido, além de lareiras e portas de vidro se abrindo para varandas e terraços. **www.tepunawai.co.nz**

NELSON The Honest Lawyer Hotel $$$

1 Point Road, Monaco ***Tel*** *(03) 547 8850 e 0800 921 192* ***Fax*** *(03) 547 8868* ***Quartos*** *13* ***Mapa*** *D4*

A arquitetura em pedra e a localização no estuário de Waimea tornam singular este hotel. Quartos bem mobiliados em estilo rural inglês, com uma dispensa para hóspedes de cortesia. Comida de *pub* inglês com um viés do Pacífico no restaurante, aberto o dia todo. Fica a dez minutos de carro do centro de Nelson. **www.honestlawyer.co.nz**

PICTON Americano Motor Inn $$

32 High Street, Picton ***Tel*** *(03) 573 6398* ***Fax*** *(03) 573 7892* ***Quartos*** *26* ***Mapa*** *D4*

Uma boa base para o terminal do ferryboat, o cais e a estação ferroviária, todos a pouca distância a pé, o Americano fica pertíssimo dos cafés e lojas. Os quartos, recentemente remodelados, são no térreo ou, os com vista para o porto, no primeiro andar. **www.americano.co.nz**

ST ARNAUD Alpine Lodge $$

Main Road ***Tel*** *(03) 521 1869 e 0800 367 777* ***Fax*** *(03) 521 1868* ***Quartos*** *32* ***Mapa*** *D4*

Oferece quartos confortáveis em madeira com boas instalações perto da floresta de faias do Nelson Lakes National Park. Unidades familiares com mezanino e chalés econômicos. Excelente para as áreas de esqui, aventuras nos lagos, florestas e rios, cavernas, trilhas e excursões por toda essa natureza exuberante que o cerca. **www.alpinelodge.co.nz**

CANTERBURY E COSTA OESTE

AKAROA Akaroa Village Inn $$

81 Beach Road ***Tel*** *(03) 304 1111 e 0800 695 2000* ***Fax*** *(03) 304 7423* ***Quartos*** *40* ***Mapa*** *C6*

Unidades de frente para o mar no coração da aldeia, junto ao cais, que podem ser luxuosos apartamentos independentes, chalés no pátio, acomodação no antigo escritório marítimo ou suítes confortáveis com hidromassagem. Vista espetacular para o porto. O acesso à piscina ao ar livre só permitido no verão. **www.akaroavillageinn.co.nz**

ARTHUR'S PASS Middlesouth Alpine Hotel $$

SH73, Arthur's Pass ***Tel*** *(03) 318 9236* ***Fax*** *(03) 318 9200* ***Quartos*** *13* ***Mapa*** *C5*

Sob nova direção, a partir de 2005, o hotel cujo nome anterior era The Chalet cada vez fica melhor. Em uma localização espetacular no Arthur's Pass, no meio dos Southern Alps, o hotel, em estilo de chalé alpino rústico oferece aconchegantes bar e restaurante. Pistas de esqui de inverno a cinco minutos de carro. **www.arthurspass.co.nz**

ARTHUR'S PASS Wilderness Lodge Arthur's Pass $$$$$

SH73 (16km L Arthur's Pass) ***Tel*** *(03) 318 9246* ***Fax*** *(03) 318 9245* ***Quartos*** *24* ***Mapa*** *C5*

Luxuosa pousada rural, que fica em uma fazenda de ovelhas merino de 1.500ha no centro dos Southern Alps. Oferece estilo, conforto, vistas magníficas, tosquia de ovelhas, restaurante *gourmet*, além de organizar caminhadas com guia para explorar os lagos, geleiras e as florestas de faias, cheias de flores e pássaros. **www.wildernesslodge.co.nz**

ASHBURTON Hotel Ashburton $$

Racecourse Road **Tel** *(03) 308 3059 e 0800 330 880* **Fax** *(03) 307 1303* **Quartos** *54* **Mapa** *C6*

Em amplo parque em frente a um hipódromo, as espaçosas unidades do hotel são ajardinadas. Oferece sauna, hidromassagem, piscina aquecida e quadra de tênis cobertas, campo de golfe. Há também bares, restaurantes e um cassino, além de alugar mountain bikes. **www.hotelash.co.nz**

CHRISTCHURCH Ashford Motor Lodge $$

35 Papanui Road **Tel** *(03) 355 3416* **Quartos** *21* **Mapa** *C6*

Perto do Hagley Park, a cinco minutos de carro centro. Oferece chalés com mobília de madeira clara, piscina com aquecimento solar onde os hóspedes podem se refrescar do calor com frequência intenso do verão em Christchurch. Fica perto de restaurantes, cafés e lojas. **www.ashfordmotorlodge.co.nz**

CHRISTCHURCH Rydges Hotel $$

Esq da Worcester Street com Oxford Terrace **Tel** *(03) 3794700 e 0800446187* **Fax** *(03) 3655357* **Quartos** *208* **Mapa** *C6*

Um dos poucos hotéis com vista para o Avon River, perto da Cathedral Square e de todas as atrações do centro e cercado por lojas, cafés e restaurantes. Um imponente prédio moderno com quartos acessíveis a diferentes orçamentos. Alguns com vista para os Southern Alps. Pode ser bem caro, mas há descontos. **www.rydges.com**

CHRISTCHURCH Stonehurst $$

241 Gloucester Street, Latimer Square **Tel** *(03) 379 4620* **Fax** *(03) 379 4647* **Quartos** *20* **Mapa** *C6*

Vencedor do prêmio NZ Tourism de motel e acomodações para mochileiros, no centro de Christchurch, próximo à Cathedral Square. Quitinetes e unidades com um ou dois quartos e banheiro. Agradável varanda com piscina e churrasqueira. Oferece pizzas e massas o dia todo. **www.stonehurst.co.nz**

CHRISTCHURCH Windsor Hotel B&B $$

52 Armagh Street **Tel** *(03) 366 1503 e 0800 366 1503* **Fax** *(03) 366 9796* **Quartos** *40* **Mapa** *C6*

Bed and breakfast de administração familiar, em casa do início do século passado. Quartos individualmente decorados com aquarelas de Denise McCulloch, artista local. Na linha do bonde, e perto do Arts Centre, Canterbury Museum e Botanical Gardens. Café-da-manhã inglês completo. Banheiros coletivos. **www.windsorhotel.co.nz**

CHRISTCHURCH Château on the Park $$$

189 Deans Ave **Tel** *(03) 348 8999* **Fax** *(03) 348 8990* **Quartos** *193* **Mapa** *C6*

O único hotel em estilo resort de Christchurch, em cinco acres de jardins ao lado do Hagley Park, e a uma breve caminhada do centro pelo parque. Muitos dos suntuosos quartos se abrem para os jardins do pátio. Entretenimento ao vivo no bar revestido de lambris e boas opções para comer na arejada *brasserie* no jardim. **www.chateau-park.co.nz**

CHRISTCHURCH Hotel Grand Chancellor Christchurch $$$

161 Cashel Street **Tel** *(03) 379 2999 e 0800 275 337* **Fax** *(03) 379 9989* **Quartos** *176* **Mapa** *C6*

O hotel mais alto em Christchurch, logo depois do City Mall. Quartos espaçosos com ar-condicionado. Bom restaurante e bar. Do 15° andar em diante, tem-se uma vista fantástica de Christchurch e da planície de Canterbury. Pode ser muito caro, mas frequentemente são oferecidas diárias com desconto. **www.grandc.co.nz**

CHRISTCHURCH Warner's Hotel $$$

50 Cathedral Square **Tel** *(03) 366 5159* **Quartos** *23* **Mapa** *C6*

Desde 1863, fica no coração da cidade. Foi recentemente restaurado e reformado em um estilo confortável. O Café W, na praça, oferece café-da-manhã, almoço e jantar, e o bar irlandês com uma reputação de 140 anos de "aprazível hospitalidade" manteve seus tetos com clarabóias, revestimento de carvalho e lareiras. **www.warnershotel.co.nz**

CHRISTCHURCH Crowne Plaza Christchurch $$$$

Esq das ruas Durham e Kilmore **Tel** *(03) 365 7799* **Fax** *(03) 365 0082* **Quartos** *298* **Mapa** *C6*

Frequentado por executivos, este luxuoso hotel de localização central oferece quartos com ar-condicionado e bem equipados, atrium e vários restaurantes. Entre os confortos, serviço de lavanderia ou self-service, academia, acesso a internet banda larga e demais instalações para executivos. **www.christchurch.crowneplaza.co.nz**

CHRISTCHURCH Hambledon $$$$

103 Bealey Ave **Tel** *(03) 379 0723* **Fax** *(03) 379 0758* **Quartos** *8* **Mapa** *C6*

Luxuoso bed and breakfast no belo entorno de uma mansão da década de 1850 meticulosamente restaurada no centro. É decorado com antiguidades vitorianas que incluem uma cama com dossel em mogno entalhado. Os hóspedes podem relaxar na varanda com trepadeiras. Tem quatro suítes, um apartamento e três chalés. **www.hambledon.co.nz**

FOX GLACIER Fox Glacier Resort Hotel $$

6 Cook Flat Road **Tel** *(03) 751 0839 e 0800 273 767* **Fax** *(03) 751 0868* **Quartos** *85* **Mapa** *B6*

Uma charmosa construção antiga de madeira, oferece vários tipos de diária: da econômica à de quartos com serviço completo. A construção de 1928 foi reformada recentemente e conta agora com 49 apartamentos confortáveis e 26 quartos econômicos, além de sala de estar, bar e restaurante. **www.resorts.co.nz**

FOX GLACIER Scenic Circle Glacier Country Hotel $$$$

SH6 **Tel** *(03) 751 0847* **Fax** *(03) 751 0822* **Quartos** *51* **Mapa** *B6*

O hotel é o ideal para os que querem praticar esqui e trilhas na geleiras, caminhadas na floresta tropical, alpinismo, visitas a colônias de garças, pinguins e focas, pescarias e caçadas. Dentro do Westland World Heritage Park, e perto dos centros de informação. Bar aconchegante com lareira e restaurante com bebidas alcoólicas. **www.scenic-circle.co.nz**

FRANZ JOSEF GLACIER Terrace Motel $$

1 Cowan Street **Tel** *(03) 752 0130 e 0800 837 7223* **Fax** *(03) 752 0190* **Quartos** *10* **Mapa** *B6*

Este motel tem quartos espaçosos, modernos e bem equipados. Os proprietários são simpáticos e solícitos, ajudando no planejamento de atividades e excursões ao Franz Josef Glacier e pela região da Costa Oeste. Alguns quartos pintados em um tom vermelho escuro curiosamente relaxante. Fica perto de restaurantes, bares e lojas. **www.terracemotel.co.nz**

FRANZ JOSEF GLACIER Rainforest Retreat $$$

Cron Street **Tel** *(03) 752 0220* **Fax** *(03) 752 0003* **Quartos** *30* **Mapa** *B6*

Casas na árvore luxuosas, chalés, camping e albergue para mochileiros, espalhados em 6 acres de floresta tropical nativa a pouca distância a pé da aldeia de Franz Josef. Entre os confortos, uma borbulhante banheira de hidromassagem e sauna, aquecimento e lavanderia, além de bar e restaurante. **www.rainforestretreat.co.nz**

FRANZ JOSEF GLACIER Scenic Circle Franz Josef Glacier Hotels $$$

SH6 **Tel** *03 752 0729* **Fax** *03 752 0709* **Quartos** *177* **Mapa** *B6*

Três alas separadas, duas na aldeia e a terceira em um parque em declive para o rio ao norte dela. Variás opções de restaurantes e bares, bem como quartos confortáveis. Local muito procurado pelos apreciadores de várias atividades esportivas. Fica bem perto das geleiras. **www.scenic-circle.co.nz**

GERALDINE The Crossing B&B $$$

124 Woodbury Road **Tel** *(03) 693 9689* **Fax** *(03) 693 9789* **Quartos** *3* **Mapa** *C6*

Mansão senhorial em estilo inglês em meio a um charmoso jardim de rosas e plantas nativas, com vista da cadeia de montanhas Four Peaks. Construída para a aposentadoria de um banqueiro, está muito bem conservada e restaurada. Os quartos são mobiliados com antiguidades e os móveis originais. **www.thecrossingbnb.co.nz**

GREYMOUTH Formerly the Blackball Hilton $

26 Hart Street, Blackball (28km inland from Greymouth **Tel** *(03) 732 4705* **Quartos** *18* **Mapa** *C5*

É um hotel histórico na Costa Oeste, localizado em uma antiga mineração de ouro. Colonizado por volta de 1893, quando uma mina de carvão foi aberta, Blackball tornou-se sinônimo de militância em uma greve em 1908, mas desde 1960 sobrevive como um enclave hippie. O hotel serve comida, vinho e cervejas locais. **www.blackballhilton.co.nz**

GREYMOUTH Paroa Hotel Motel $

508 Main South Road, Paroa **Tel** *(03) 762 6860 e 0800 762 6860* **Quartos** *12* **Mapa** *C5*

Autêntica administração familiar nesta pousada onde há quase 50 anos os Monk recebem hóspedes. Perto da réplica da vila de mineração de ouro Shantytown e da inóspita praia de Paroa, 8km ao sul de Greymouth. A construção singular em pedra tem 12 quartos, uma loja de bebidas, dois bares e um restaurante. **www.paroa.co.nz**

GREYMOUTH Revingtons Hotel $

47 Tainui Street **Tel** *(03) 768 7055* **Fax** *(03) 768 7605* **Quartos** *25* **Mapa** *C5*

Hotel de 1876 no centro de Greytown, onde a rainha Elizabeth II e o príncipe Philip ficaram no Coronation Tour, em 1954. Quartos de hotel e um albergue em separado, bar irlandês, bar de esportes e restaurante com bebidas alcoólicas. Ótimo para excursões à fábrica de jade, réplica da Shantytown de 1880 e Monteith's Brewery. **www.revingtons.co.nz**

GREYMOUTH The Ashley Hotel $$

74 Tasman Street **Tel** *(03) 768 5135 e 0800 807 787* **Quartos** *60* **Mapa** *C5*

Um dos melhores lugares para ficar em Greymouth, com um hotel moderno e chalés. Suas opções –quitinetes, apartamentos, suítes e quartos– atendem famílias, casais, grupos, viajantes independentes e executivos. Oferece piscina aquecida, spa, academia e especialidades da Costa Oeste são servidas à la carte no salão formal. **www.hotelashley.co.nz**

GREYMOUTH Rosewood Bed and Breakfast $$$

20 High Street **Tel** *(03) 768 4674 e 0800 185 748* **Fax** *(03) 768 4694* **Quartos** *5* **Mapa** *C5*

Quartos limpos, espaçosos e agradáveis em casa da década de 1920 reformada com bom gosto, perto do centro. Administrada por um simpático casal alemão que retornou há pouco do exterior, e que busca de graça os hóspedes na estação ferroviária ou rodoviária. Oferece café-da-manhã com ovos caipiras. **www.rosewoodnz.co.nz**

HANMER SPRINGS Forest Peak Motel $

4 Torquay Terrace **Tel** *(03) 315 7132 e 0508 224 678* **Fax** *(03) 315 7132* **Quartos** *10* **Mapa** *C5*

Chalés de madeira em um jardim tranquilo com playground, caminhadas na floresta por perto e a pouca distância a pé do centro da cidade e da área termal. Os chalés independentes são pré-fabricados pela Fraemohs e têm vista espetacular, espaço e privacidade. Oferece também um bloco de quartos mais simples, todos em madeira nativa.

HANMER SPRINGS Drifters Inn $$

2 Harrogate Street **Tel** *(03) 315 7554 e 0800 374 383* **Fax** *(03) 315 7235* **Quartos** *15* **Mapa** *C5*

Em frente às piscinas termais, com uma aconchegante sala de estar com na lareira, acesa no inverno. Cozinha e sala de refeições com pátio e churrasqueira externa. Ótima base para esqui, rafting, pesca de truta e salmão, bunge jump, caçadas, golfe, e trilhas para caminhadas e mountain bike. **www.driftersinn.co.nz**

HANMER SPRINGS Hanmer Springs Scenic Views Motel $$

10 Amuri Avenue **Tel** *(03) 315 7419 e 0800 843 974* **Fax** *(03) 315 7419* **Quartos** *16* **Mapa** *C5*

Espaçosas quitinetes e suítes com dois ou três quartos com piso aquecido e vidro duplo para combater o frio do inverno. Uma das pousadas mais novas de Hanmer Springs, construída em pedra natural e madeiras nativas, com interiores de design limpo. A menos de 500m da área termal e do centro da aldeia. **www.hanmerscenicviews.co.nz**

Legenda de preços *pág. 298* **Legenda dos símbolos** *no final do guia*

HOKITIKA Southland Hotel $

111 Revell Street **Tel** *(03) 755 8344 e 0800 120 344* **Fax** *(03) 755 8258* **Quartos** *23* **Mapa** *C5*

Administrado pela mesma família há 105 anos, oferece uma gama de instalações em frente ao mar. Todos os quartos têm vista para os Southern Alps ou para o mar. O restaurante serve excelentes manjubas na época e há quatro bares que evocam a época das minas de ouro. Vende notável variedade de vinhos neozelandeses. **www.southlandhotel.com**

KARAMEA Karamea Village Hotel $

Esq da Waverley Street com Wharf Road **Tel** *(03) 782 6800 e 0800 826 800* **Quartos** *13* **Mapa** *C4*

Um hotel antigo (de 1876) cuidadosamente restaurado na remota e tranquila Karamea, a primeira escala da Heaphy Track. Perto das praias, cavernas e rios. Oferece refeições familiares no prédio principal e diárias acessíveis em seis modernas unidades independentes, três com cozinha. Vencedor do New Zealand Wildfood Challenge em 2004.

KARAMEA Last Resort $

71 Waverley Street **Tel** *(03) 782 6617* **Fax** *(03) 782 6820* **Quartos** *31* **Mapa** *C4*

De econômicos quartos compartilhados a chalés independentes de primeira classe com dois quartos. Construção artesanal em madeira em um estilo aconchegante. O restaurante serve mexilhões, pernil de cordeiro e sobremesas. Por perto, é possível praticar natação, canoagem, pescaria, caminhadas, cavernas e rafting. **www.lastresort.co.nz**

LAKE TEKAPO Godley Resort Hotel $$

SH8 **Tel** *(03) 680 6848* **Fax** *(03) 680 6873* **Quartos** *80* **Mapa** *B6*

No centro da aldeia de Tekapo, a perto da Church of the Good Shepherd e do monumento ao cão trabalhador, com ótima vista para o espetacular Tekapo, é um hotel confortável, com lareira aquecendo a sala de estar no inverno, além de piscina, spa e hidromassagem. **www.tekapo.co.nz**

LAKE TEKAPO Lake Tekapo Scenic Resort $$$

SH8 **Tel** *(03) 680 6808* **Fax** *(03) 680 6806* **Quartos** *19* **Mapa** *B6*

Este resort tem vista para o espetacular Tekapo de seus quartos, que se abrem para varandas. A vizinha Lake Tekapo Tavern tem um bistrô e um bar, e há mais restaurantes e lojas nos arredores. No mesmo local há também o Lake Tekapo Budget Accommodation (para mochileiros). **www.laketekapo.com**

LAKE TEKAPO Lake Tekapo Lodge $$$$$

24 Aorangi Crescent **Tel** *(03) 680 6566* **Fax** *(03) 680 6599* **Quartos** *4* **Mapa** *B6*

Pequena pousada-butique, construída para este fim em adobe, que a mantém quente no inverno e fresca no verão, com vista espetacular para o lago. Os proprietários solícitos e simpáticos sugerem onde comer ou ajudam a planejar a estadia. **www.laketekapo.co.nz**

METHVEN Methven Motels and Apartments $$

200 Main Street **Tel** *(03) 302 9200* **Fax** *(03) 302 9240* **Quartos** *N/A* **Mapa** *C6*

Oferece uma variedade de casas, chalés e apartamentos, ou faz reservas para estadias em fazenda, casa de família, pousada ou hotel perto da área de esqui de Mount Hutt. Entre as opções, o novíssimo Methven Motel, ou The Hutt, aconchegante cabana na floresta. Todos com ótima localização para atividades ao ar livre. **www.mmhhh.com**

MOUNT COOK Glentanner Park Centre $

Mount Cook **Tel** *(03) 435 1855* **Fax** *(03) 435 1854* **Quartos** *14* **Mapa** *B6*

É o camping oficial da região de Mount Cook. Oferece também chalés e albergue para mochileiros. Acomodação econômica com ótima vista do Mount Cook National Park. Caminhadas, passeios a cavalo, heli-esqui, caçadas, pescarias e sobrevôos saem de lá. Perto do lago Pukaki, no meio de uma fazenda de ovelhas. **www.glentanner.co.nz**

MOUNT COOK The Hermitage $$$$

Mount Cook **Tel** *(03) 435 1809* **Fax** *(03) 435 1879* **Quartos** *214* **Mapa** *B6*

É o único hotel no Mount Cook National Park, desde 1884. Com uma localização espetacular, foi recentemente modernizado, incluindo uma nova ala de acomodações. É um grande complexo que oferece chalés e luxuosos quartos de hotel, muitos deles com vista para o Mount Cook. **www.hermitage.co.nz**

PUNAKAIKI The Breakers B&B $$

Nine Mile Creek, SH6 (30km S of Punakaiki) **Tel** *(03) 762 7743 e 0800 350 590* **Quartos** *4* **Mapa** *C5*

Simpática hospitalidade e excelente comida em uma localização isolada e espetacular junto ao mar, cercado por mata nativa e floresta tropical. Todos os quartos têm varanda e vista para o mar. Jantar caseiro sob encomenda. Boa base para Pancake Rocks, o Paparoa National Park, cavernas, rafting e observação de golfinhos. **www.breakers.co.nz**

PUNAKAIKI The Rocks Homestay B&B $$

33 Hartmount Place **Tel** *(03) 731 1141 e 0800 272 164* **Quartos** *3* **Mapa** *C5*

Uma acolhida afável em uma soberba localização com vista total para o mar da Tasmânia, a recortada Costa Oeste, o luxuriante Paparoa National Park e os rochedos de calcário que se erguem íngremes atrás da hotel. Café-da-manhã e jantar sob encomenda. As lojas mais próximas ficam a 100km de distância. **www.therockshomestay.com**

PUNAKAIKI Punakaiki Rocks Hotel and Villas $$$$

SH6 **Tel** *(03) 731 1168 e 0800 786 2524* **Fax** *(03) 731 1163* **Quartos** *63* **Mapa** *C5*

Premiado complexo hoteleiro moderno, com arquitetura projetada para se harmonizar com o ambiente. Em frente ao mar, com vistas espetaculares da selvagem Costa Oeste e da floresta do Paparoa National Park. A pouca distância a pé de Pancake Rocks e Blowholes. Unidade ecológicas energeticamente eficientes. **www.punakaiki-resort.co.nz**

RAKAIA GORGE Terrace Downs $$$$$

Coleridge Road ***Tel*** *(03) 318 6943* ***Fax*** *(03) 317 9372* ***Quartos*** *130* ***Mapa*** *C6*

Luxuoso resort de golfe em uma bela localização em terras altas oferecendo a escolha entre os chalés independentes Fairway, com aceso direto ao campo, e as suítes Terrace Villa, com vista da varanda para o campo de golfe e os Southern Alps. Oferece também restaurante panorâmico e campo de golfe. **www.terracedowns.co.nz**

REEFTON Wilson's Hotel $

32 Broadway ***Tel*** *(03) 732 8800 e 0800 468 351* ***Fax*** *(03) 732 8221* ***Quartos*** *7* ***Mapa*** *C5*

Um cálido e acolhedor hotel construído em 1873, relíquia da era do ouro em Reefton. Uma variedade de comida em estilo de café, inclusive vegetariana, é preparada e servida o dia todo, acompanhado por seis tipos de chope. Oferece também restaurante (qua-dom) além de jardim privativo, campo de pétanque e música ao vivo, até tarde.

TIMARU Grosvenor Hotel $

26 Cairns Terrace ***Tel*** *(03) 688 3129 e 0800 106 102* ***Fax*** *(03) 684 8381* ***Quartos*** *51* ***Mapa*** *C6*

Um hotel imponente datando de 1875, localizado no centro comercial de Timaru, perto do mar e da principal área de lojas. Conhecido como a "velha dama imponente do sul", o histórico Grosvenor tem uma decoração ornamentada que data do século 19. Oferece dois bares (um no subsolo) e restaurante.

TWIZEL Mountain Chalet Motels $

Wairepo Road ***Tel*** *(03) 435 0785 e 0800 629 999* ***Fax*** *(03) 435 0551* ***Quartos*** *25* ***Mapa*** *B6*

Oferece chalés em formato de A em um parque com vista para as montanhas. No coração do Mackenzie Country, a meio caminho entre Christchurch e Queenstown e a 40 minutos de carro do Mount Cook. Uma ótima base para explorar a paisagem das montanhas, e para esportes aquáticos. **www.mountainchalets.co.nz**

WESTPORT Westport Holiday Park and Motels $

31-37 Domett Street ***Tel*** *(03) 789 7043* ***Fax*** *(03) 789 7199* ***Quartos*** *25* ***Mapa*** *C5*

Parque de veraneio para famílias no estilo kiwi tradicional adequado para ficar em uma cidade ávida em se valer de sua imagem de autêntica Nova Zelândia. Chalés com varandas privativas para a mata, bem como unidades em estilo de motel, apartamentos e quartos com beliche, além de playground e churrasqueira. **www.westportholidaypark.co.nz**

OTAGO E SOUTHLAND

BLUFF Foveaux Hotel $

40 Gore Street ***Tel*** *(03) 212 7196* ***Fax*** *(03) 212 7197* ***Quartos*** *7* ***Mapa*** *A7*

Uma construção histórica a dois minutos a pé do ferryboat, este singular hotel Art Déco vem sendo cuidadosamente mantido o mais próximo possível de como era, com mobília de época. Oferece aconchegante acomodação tipo bed and breakfast. A lareira é o lugar perfeito para uma soneca após a degustação de muitas ostras Bluff. **www.foveauxhotel.com**

CROMWELL Golden Gate Lodge $

Barry Avenue ***Tel*** *(03) 445 1777 e 0800 104 451* ***Fax*** *(03) 445 1776* ***Quartos*** *47* ***Mapa*** *B7*

Bem equipado complexo hoteleiro, idela para conferências. Em uma localização central a meio caminho entre Wanaka e Queenstown, tem restaurante e é uma ótima base para explorar ambas as áreas. Oferece diversas atividades e mantém distância das ruas lotadas e preços caros da própria Queenstown. **www.goldengate.co.nz**

DUNEDIN 97 Motel Moray Place $

97 Moray Place ***Tel*** *(03) 477 2050 e 0800 909 797* ***Fax*** *(03) 477 1991* ***Quartos*** *40* ***Mapa*** *B7*

Motel econômico a um quarteirão do Octagon, com camas famosas por seu conforto. Perto da St Paul's Cathedral, Municipal Chambers, Dunedin Public Art Gallery e outras atrações do centro, lojas, teatros e restaurantes –segundo eles, há mais de 50 lugares para comer nas redondezas.

DUNEDIN Leviathan Heritage Hotel $$

27 Queens Gardens ***Tel*** *(03) 477 3160 e 0800 773 773* ***Fax*** *(03) 477 2385* ***Quartos*** *80* ***Mapa*** *B7*

Hotel e albergue econômico não muito longe do centro. A cerca de 500m do Octagon e 200m da estação ferroviária. Transporte de cortesia para a estação rodoviária. Ponto de saída e chegada de excursões para conhecer a vida selvagem local. Bom para viajantes com orçamento limitado, de mochileiros a famílias. **www.dunedinhotel.co.nz**

DUNEDIN Motel on York $$

47 York Place ***Tel*** *(03) 477 6120* ***Fax*** *(03) 477 6122* ***Quartos*** *23* ***Mapa*** *B7*

Ótimo e relativamente novo motel perto do centro, com uma variedade de suítes e quartos, de quitinetes com e sem varanda ou jardim interno a apartamentos interconectados para acomodar famílias maiores ou grupos. Muitos deles oferecem piso aquecido e banheiras de hidromassagem. **www.motelonyork.co.nz**

DUNEDIN Pacific Park Hotel $$

22-4 Wallace Street ***Tel*** *(03) 477 3374* ***Fax*** *(03) 477 1434* ***Quartos*** *26* ***Mapa*** *B7*

No limite do cinturão verde de Dunedin, com vista do alto para a cidade e porto. Há apartamentos ou chalés em jardins espaçosos, além de suítes com banheira de hidromassagem. Oferece cozinha na maioria dos quartos, lavanderia, quadra de tênis, *brasserie* e bar. Alguns quartos hospedam estudantes no ano letivo. **www.pacificparkdunedin.com**

Legenda de preços *pág. 298* **Legenda dos símbolos** *no final do guia*

DUNEDIN Corstorphine House $$$$$
Milburn Street, Caversham **Tel** *(03) 487 1000* **Fax** *(03) 487 6672* **Quartos** *8* **Mapa** *B7*

Mansão imponente de 1863 e caprichadamente restaurada como um hotel-butique. Fica no centro da cidade e é cercada por um parque de 0,12ha. Quartos com decoração individual, com temas como escandinavo, indiano e Art Déco, com tecidos finos, antiguidades e uma combinação de tons vívidos e quentes. **www.corstorphine.co.nz**

DUNEDIN Scenic Circle Southern Cross Hotel $$$$$
Esq das ruas Princes e High **Tel** *(03) 477 0752* **Fax** *(03) 477 5776* **Quartos** *178* **Mapa** *B7*

O maior hotel de Dunedin, no coração da cidade, o Scenic Circle é de 1883, e foi inteiramente modernizado com os padrões de conforto do século 21, com dois restaurantes, bar, café e cassino. A pouca distância a pé do Octagon, estação ferroviária, teatros, lojas e Otago University. As diárias são mais baixas fora de temporada. **www.scenic-circle.co.nz**

GORE Scenic Circle Croydon Hotel $$$
Gore-Queenstown Highway **Tel** *(03) 208 9029* **Fax** *(03) 208 9252* **Quartos** *36* **Mapa** *B7*

No coração da Southland, em um parque de 0,13ha com vista para as ondulantes Hokonui Hills. Campo de golfe de nove buracos, gratuito para hóspedes. Boa base para pescaria de trutas, Hokonui Pioneer Park e a Croydon Aircraft Company. Em volta, há florestas, fazendas, rios, montanhas e um lago. **www.scenic-circle.co.nz**

INVERCARGILL Queens Park Motels $
85 Alice Street **Tel** *(03) 214 4504* **Fax** *(03) 214 4503* **Quartos** *14* **Mapa** *B7*

Em uma localização tranquila longe da estrada, este ótimo motel é vizinho do Queens Park e fica a uma breve caminhada do centro, pelos jardins de rosas do parque. Oferece espaçosas, limpas e arrumadas quitinetes e unidades com um ou dois quartos no gramado bem cuidado, além de restaurante com *chargeback*. **www.queensparkmotels.co.nz**

INVERCARGILL Victoria Railway Hotel $$
3 Leven Street **Tel** *(03) 218 1281 e 0800 777 557* **Quartos** *11* **Mapa** *B7*

O hotel-butique vitoriano da estação ferroviária em Invercargill passou por uma completa modernização arquitetônica e agora oferece charmosa acomodação no centro, perto de museus, parques e galerias de arte e das construções históricos das ruas Dee e Tay. Oferece quartos confortáveis em um prédio tombado, além de bar e restaurante.

MANAPOURI Murrell's Grand View House $$$$$
Lakeside **Tel** *(03) 249 6642* **Fax** *(03) 249 6966* **Quartos** *4* **Mapa** *A7*

Da família Murrel desde 1860, quando o jovem Bob Murrel seguiu os passos de seu pai no desfiladeiro que este descobrira, do Manapouri ao Doubtiful Sound, e lá construiu a pousada. A casa tem mobiliário colonial antigo e fica em meio a amplos gramados e jardins. Não hospeda crianças. **www.murrells.co.nz**

MILFORD SOUND E DOUBTFUL SOUND Overnight Cruises $$$$$
Real Journeys, Lakefront Drive, Te Anau (for bookings) **Tel** *(03) 249 7416* **Fax** *(03) 249 7022* **Quartos** *26* **Mapa** *A6*

A maneira de passar a noite com classe em Fiordland é em um barco no Doubtful ou Milford Sound. Os cruzeiros percorrem as enseadas escondidas antes de ancorar para a noite. O barco oferece apartamentos privativos ou dormitórios com beliches. Bufê de jantar após o pôr-do-sol. Focas e golfinhos são vistos com frequência. **www.realjourneys.co.nz**

MILFORD SOUND Milford Sound Lodge $
SH94 **Tel** *(03) 249 8071* **Fax** *(03) 249 8075* **Quartos** *16* **Mapa** *A6*

Possivelmente o albergue de melhor localização do mundo, aninhado na antiga floresta de faias nas margens do Cleddau River. Um dos dois únicos lugares para passar a noite no Milford Sound, com toda a tranquilidade depois que os turistas do dia se foram. Excelente para caminhadas e passeios de barco e caiaque. **www.milfordlodge.com**

MOERAKI Moeraki Village Holiday Park $
114 Haven Street **Tel** *(03) 439 4759* **Quartos** *11* **Mapa** *B7*

No meio da aldeia de pescadores de Moeraki, a 30 minutos de carro de Oamaru na State Highway 1, com bela vista para o porto. Oferece apartamentos e chalés e fica perto dos rochedos Moeraki e de colônias de focas e pinguins. Instalações recentemente modernizadas. A pouca distância a pé do restaurante e taverna. Os proprietários falam alemão.

OAMARU Kingsgate Hotel Brydone $$
115 Thames Street **Tel** *(03) 434 0011* **Fax** *(03) 434 0010* **Quartos** *49* **Mapa** *B7*

O hotel foi construído em pedra Oamaru em 1881, no bairro comercial de Oamaru. Fica perto de prédios históricos como Forrester Gallery, Courthouse and Waitaki District Council, The Blue Penguin Colony e Public Gardens. Oferece charmosas áreas comuns, incluindo um bar vitoriano com clarabóia, e quartos confortáveis. **www.kingsgatehotels.co.nz**

OAMARU Tokarahi Homestead $$$
47 Dip Hill Road, Tokarahi **Tel** *(03) 431 2500* **Fax** *(03) 431 2551* **Quartos** *4* **Mapa** *B7*

Essa excepcional casa de fazenda vale o desvio de 35 minutos de carro em direção ao inteior. Construída em 1878 em pedra calcária em um estilo singular por um barão da lã, com o imponente hall de entrada e salões de recepção. Foi restaurada em estilo vitoriano e oferece jantar a luz de velas. **www.homestead.co.nz**

OAMARU Pen-y-bryn $$$$$
41 Towey Street **Tel** *(03) 434 7939* **Fax** *(03) 434 9063* **Quartos** *5* **Mapa** *B7*

Premiada pousada-butique em uma casa tombada de 1889 com sala de bilhar, biblioteca e antiguidades. Culinária de primeira usando produtos orgânicos locais, acompanhada por vinhos da Nova Zelândia. Oferece quartos charmosos e simples em estilo campestre. A diária inclui bebidas, jantar e café-da-manhã. **www.penybryn.co.nz**

OTAGO PENINSULA The Homestead $$
238 Harington Point Road **Tel** *(03) 478 0384* **Fax** *(03) 478 0384* **Quartos** *3* **Mapa** *B7*

Próxima às colônias de pinguins-azuis e de olho-amarelo, de albatrozes e focas da península, fica a 15 minutos de carro do centro de Dunedin. Oferece unidades espaçosas (cabem de quatro a seis pessoas), com amplas varandas com vista para o Otago Harbour. Tranquila localização rural e perto de lindas praias. **www.the-homestead.co.nz**

OTAGO PENINSULA Larnach Lodge and Stablestay $$$
145 Camp Road **Tel** *(03) 476 1616* **Fax** *(03) 476 1574* **Quartos** *18* **Mapa** *B7*

No Larnach Castle, cujas ruínas foram restauradas pela família Barker em 1967, os hóspedes ficam em uma recriação de uma fazenda colonial, com quartos temáticos, ou nos estábulos reformados. Os quartos do hotel têm vista para o porto, e os do estábulo têm diária mais barata. O jantar é servido na sala do castelo. **www.larnachcastle.co.nz**

QUEENSTOWN Discovery Lodge $
47-49 Shotover Street **Tel** *(03) 441 1185* **Fax** *(03) 441 1187* **Quartos** *22* **Mapa** *A6*

É ótimo para mochileiros. Fica na rua principal da cidade, perto de bares e de restaurantes. Oferece café e bar descontraídos, além de espaçosa sala de estar com lareira. Muitos dos quartos têm varandas com vista para o lago ou montanhas, com camas duplas ou separadas. Todos têm banheiros azulejados modernos e limpos. **www.dlq.co.nz**

QUEENSTOWN Alexis Motor Lodge & Apartments $$
69 Frankton Road **Tel** *(03) 409 0052* **Fax** *(03) 409 0054* **Quartos** *16* **Mapa** *A6*

Todas as unidades, de 2002, foram projetadas para aproveitar a vista maravilhosa das Remarkable Mountains e do Wakatipu. O café-da-manhã é servido no quarto, para ser desfrutado em ensolarados terraços com vista para o lago. A cinco minutos a pé do centro de Queenstown. Há sala para secar e guardar esquis. **www.alexisqueenstown.co.nz**

QUEENSTOWN Blue Peaks Lodge $$
Esq das ruas Stanley e Sydney **Tel** *(03) 442 9224* **Fax** *(03) 442 6847* **Quartos** *60* **Mapa** *A6*

Instalado em uma elevação com vista para Queenstown, o motel fica a cinco minutos a pé do centro, e perto da Skyline gôndola. Idel para a prática de bunge jump, parapente, canoagem, passeios a pé ou a cavalo. O projeto arquitetônico, em hexágonos, e os tetos azuis tornam fácil achar o caminho de volta. **www.bluepeaks.co.nz**

QUEENSTOWN Garden Court Suites and Apartments $$$
41 Frankton Road **Tel** *(03) 442 9713 e 0800 427 336* **Fax** *(03) 442 6468* **Quartos** *54* **Mapa** *A6*

Há quartos ou apartamentos de todas as formas e tamanhos, para famílias, grupos ou para quem viaja sozinho. Abrem-se para varandas ou pátios privativos, e os mais caros têm mobília de carvalho sólido. A sala de café-da-manhã fica em frente ao jardim central. Ofere bar, spa e planejamento de atividades ao ar livre como esqui. **www.gardencourt.co.nz**

QUEENSTOWN Scenic Circle A-Line Hotel $$$$
27 Stanley Street **Tel** *(03) 442 7700* **Fax** *(03) 442 4715* **Quartos** *81* **Mapa** *A6*

Chalé em estilo suíço reformado nas montanhas que se erguem junto ao centro. Perto do movimento, mas alto o bastante para se valer de uma vista espetacular para o Wakatipu e as montanhas. Os chalés em A ajudam a criar um ambiente alpino tradicional. Spa, sauna e bar. Filiado ao Scenic Circle Aurum Suítes. **www.scenic-circle.co.nz**

QUEENSTOWN Villa del Lago $$$$
249 Frankton Road **Tel** *(03) 442 5727* **Fax** *(03) 442 9498* **Quartos** *16* **Mapa** *A6*

Apartamentos de luxo, com um, dois ou três quartos, em frente ao lago, com conforto como lareiras, vidros duplos e piso aquecido nos banheiros, além de terraços privativos para o verão. Fica próximo da Frankton Walway e do centro com suas lojas, bares, restaurantes e vida noturna. **www.villadellago.co.nz**

QUEENSTOWN Heritage Hotel Queenstown $$$$$
91 Fernhill Road **Tel** *(03) 442 4988* **Fax** *(03) 442 4989* **Quartos** *182* **Mapa** *A6*

Vencedor do NZ Tourism Award de 2005, este sofisticado resort em estilo europeu tem vista para Queenstown, para o lago e para as montanhas. Foi construído com pedras e cedros. O ambiente é acolhedor e a localização ótima, fica a dez minutos de caminhada do centro da cidade. **www.heritagehotels.co.nz**

STEWART ISLAND Bay Motel $$$
9 Dundee Street, Halfmoon Bay **Tel** *(03) 219 1119* **Quartos** *12* **Mapa** *A7*

Novo e onfortável motel perto do Rakiura National Park, com nove quitinetes, uma unidade com um quarto e outra com dois para famílias. Dez delas têm vista para a Halfmoon Bay. A suíte de lua-de-mel com hidromassagem tem a melhor vista e é bastante isolada. Oferece traslado de cortesia para o ferryboat ou campo de pouso. **www.baymotel.co.nz**

STEWART ISLAND Greenvale Bed & Breakfast $$$$
Halfmoon Bay **Tel** *(03) 219 1357* **Quartos** *2* **Mapa** *A7*

A cinco minutos do centro de Oban, com vista para o estreito, o Greenvale fica no local que foi, de 1886 a 1942, uma pensão destruída por um incêndio. Uma base hospitaleira para explorar a luxuriante floresta tropical, dunas de areia e mangues da ilha, hábitat de pássaros nativos. **www.greenvalestewartisland.co.nz**

STEWART ISLAND Stewart Island Lodge $$$$$
Halfmoon Bay **Tel** *(03) 219 1085* **Quartos** *5* **Mapa** *A7*

Pousada luxuosa em meio à mata nativa com vista para a Halfmoon Bay. Ouça os pássaros nativos cantando e observe-os do terraço. Os proprietários Doug e Margaret preparam refeições *gourmet* usando frutos-do-mar frescos e produtos de sua horta de ervas e estufa, acompanhadas por bons vinhos da Nova Zelândia. **www.stewartislandlodge.co.nz**

Legenda de preços *pág. 298* **Legenda dos símbolos** *no final do guia*

TE ANAU Te Anau Lakefront Backpackers $

48-50 Lakefront Drive ***Tel*** *(03) 249 7713* ***Fax*** *(03) 249 8319* ***Quartos*** *14* ***Mapa*** *A7*

Albergue com vista para o lago, com bastante espaço comunitário, incluindo cozinha e sala de refeições, salas de TV e sem TV com piano, violão e lareira. Oferece dormitórios e quartos duplos, alguns com banheiros e ajuda no planejamento de caminhadas, inclusive verificando em sua mochila se há o necessário. **www.teanaubackpackers.co.nz**

TE ANAU Lakefront Lodge Te Anau $$

Esq da Lakefront Drive com Mokoroa Street ***Tel*** *(03) 249 7728* ***Fax*** *(03) 249 7124* ***Quartos*** *13* ***Mapa*** *A7*

Motel moderno de primeira classe em frente ao lago, perto do centro da cidadezinha com restaurantes e cafés. Conta com agente da empresa Te Anau & Fiordland Sightseeing Trips and Tours que sugere e guia atividades na região. Os quartos são limpos, confortáveis e de bom gosto, com isolamento acústico. **www.lakefrontlodgeteanau.com**

TE ANAU Te Anau Top 10 Holiday Park $$

Te Anau Terrace ***Tel*** *(03) 249 7462 e 0800 249 746* ***Fax*** *(03) 249 7262* ***Quartos*** *35* ***Mapa*** *A7*

Um parque de veraneio cinco estrelas, vencedor do NZ Tourism award, perto do lago e da cidade. Oferece luxuosos apartamentos, mas também unidades independentes mais baratas e área de camping. Os banheiros coletivos têm piso aquecido. **www.teanautop10.co.nz**

TE ANAU Kingsgate Hotel $$$

20 Lakefront Drive ***Tel*** *(03) 249 7421* ***Fax*** *(03) 249 8037* ***Quartos*** *94* ***Mapa*** *A7*

Quartos espaçosos, muitos com vista para o lago e para as montanhas, em bem cuidados jardins junto ao lago. A cidade fica próxima (uma agradável caminhada de dez minutos ao longo do lago). Informa sobre as atividades da região e oferece jantar e café-da-manhã a preços razoáveis. **www.millenniumhotels.com**

TE ANAU Luxmore Hotel $$$

Main Street ***Tel*** *(03) 249 7526 e 0800 589 667* ***Fax*** *(03) 249 7272* ***Quartos*** *152* ***Mapa*** *A7*

Hotel moderno e confortável com boas instalações em um prédio de arquitetura duvidosa no centro de Te Anau. Junto aos principais pontos de partida de passeios (várias agências têm sede no hotel). Oferece bar e restaurante com cardápio completo. **www.luxmorehotel.co.nz**

TE ANAU Te Anau Lodge $$$

52 Howden Street ***Tel*** *(03) 249 7477* ***Fax*** *(03) 249 7478* ***Quartos*** *8* ***Mapa*** *A7*

Antigo convento que foi deslocado em 2003 de sua localização original (1936) na vila mineira de Nightcaps. O café-da-manhã feito com produtos próprios é servido na capela. O interior restaurado é revestido com lambris de *rimu* e tem móveis de uma variedade de madeiras nativas. A vista para a montanha é esplêndida. **www.teanaulodge.com**

WANAKA Cardrona Hotel $$$

Crown Range Road ***Tel*** *(03) 443 8153* ***Fax*** *(03) 443 8163* ***Quartos*** *16* ***Mapa*** *A7*

Do período da corrida do ouro, de 1863, fica entre Queenstown e Wanaka. Oferece spa, bar e restaurante, além de quartos com decoração simples, mas refinada com vista para o jardim. Traslado disponível para todas as cinco áreas de esqui que ficam próximas. Oferece também sala para secar o equipamento. **www.cardronahotel.co.nz**

WANAKA Heritage Village Country Resort $$$

Orchard Road ***Tel*** *(03) 443 5300* ***Fax*** *(03) 443 5307* ***Quartos*** *20* ***Mapa*** *A7*

Ideal para estadias mais longas com a família, fica a cinco minutos de carro de Wanaka. Chalés de madeira em estilo alpino, decorados de forma confortável para todas as estações, com aquecedores a gás, azulejos aquecidos e portas de vidro para pátios privativos, além de bar, restaurante, spa e tanque de areia. **www.heritagevillage-wanaka.co.nz**

WANAKA Mount Aspiring Hotel $$$

Lake Wanaka ***Tel*** *(03) 443 5300* ***Quartos*** *48* ***Mapa*** *B6*

Hotel de administração familiar, fica a uma breve caminhada do lago e da Wanaka's Millenium Walkway, e a 2km do centro da aldeia. Construção de madeira e pedra, com tranquila vista para as montanhas em uma alameda de árvores. O restaurante serve iguarias do Pacific Rim. **www.wanakanz.com**

WANAKA Te Wanaka Lodge $$$

23 Brownston Street ***Tel*** *(03) 443 9224* ***Fax*** *(03) 443 9246* ***Quartos*** *13* ***Mapa*** *A7*

Os proprietários são jovens entusiastas da vida ao ar livre. O hotel acomoda esquiadores no inverno e é bed and breakfast no verão. Lugar divertido e simpático para ficar, com ambiente alpino. Biblioteca, spa e pátio aquecido com braseiros. No centro da aldeia, próximo ao lago, restaurantes, lojas e campo de golfe. **www.tewanaka.co.nz**

WANAKA The Moorings $$$

17 Lakeside Road ***Tel*** *(03) 443 8479 e 0800 843 666* ***Fax*** *(03) 443 8489* ***Quartos*** *14* ***Mapa*** *A7*

Unidades independentes com vista para o lago e para as montanhas cobertas de neve do Mount Aspiring National Park. Perto das lojas, cafés e restaurantes de Wanaka, e a 45 minutos de carro das pistas de esqui Cardrona e Treble Scone. Piso aquecido e sala de secagem de esquis no inverno, varandas para o lago no verão. **www.themoorings.co.nz**

WANAKA Edgewater Resort $$$$

Sargood Drive ***Tel*** *(03) 443 8311 e 0800 108 311* ***Fax*** *(03) 443 8323* ***Quartos*** *106* ***Mapa*** *A7*

Acomodação em estilo de resort em suntuosos apartamentos e unidades independentes. Complexo que se espalha junto ao lago com spa, sauna e quadras de tênis. Com esplêndida vista para o lago e para as montanhas, o resort é base para aventuras na região. O restaurante premiado serve produtos sazonais e vinhos da Nova Zelândia. **www.edgewater.co.nz**

ONDE COMER

A culinária e os restaurantes neozelandeses passaram por uma revolução nos últimos 20 anos. Se antes só se comia em restaurante em ocasiões especiais e isso implicava uma refeição européia tradicional, como o carneiro assado com legumes, hoje a Nova Zelândia conta com uma ampla variedade de estabelecimentos para todos os gostos e bolsos. Embora os pratos mais simples ainda sejam oferecidos, a população multicultural exigiu que os restaurantes servissem os pratos tradicionais ao lado das culinárias do resto do mundo, especialmente nas grandes cidades. As influências da Ásia e do Pacífico são as mais presentes. Os restaurantes usam produtos locais, como peixes frescos, ostras, mexilhões, crustáceos (a lagosta da pedra), carne vermelha, de carneiro e de veado, legumes e frutas. Tudo acompanhado do vinho fabricado na Nova Zelândia *(págs. 324-5)*. Uma atração turística muito procurada é um *hangi* maori, espécie de comida típica neozelandesa que é embrulhada e cozida em um buraco na terra sobre pedras aquecidas.

Placa de café, Martinborough

Sala de espera no restaurante Herzog, em Blenheim *(pág. 337)*

TIPOS DE RESTAURANTES

O cenário gastronômico nas grandes cidades da Nova Zelândia varia dos jantares formais aos inúmeros cafés informais. Os clientes podem experimentar pratos da *haute cuisine* ou comer alguns dos mais simples e mais baratos nos inúmeros cafés. Alguns deles têm mesas em pátios, jardins ou na calçada.

Os restaurantes étnicos são chineses, cambojanos, malasianos, turcos e gregos. Há bons restaurantes no interior e nas áreas rurais. Os restaurantes dos vinhedos servem o almoço dos lavradores sob as parreiras e também refeições formais em cenários pitorescos. Os *pubs* também costumam servir refeições, mas de um tipo mais básico e barato. Uma refeição típica inclui bife ou peixe com fritas.

Comer em cafés ou em restaurantes étnicos pode custar menos que NZ$15 por pessoa.

Em restaurantes, o preço varia de NZ$25 a mais de NZ$100 por pessoa, para uma refeição de três pratos.

As redes de fast-food, como McDonalds, KFC e Burger King, estão presentes no país, e o tradicional peixe com fritas embalado para viagem continua sendo muito popular. Não deixe de provar especialidades como as porções de ostras e arenque de Bluff fritos.

HORÁRIOS DE FUNCIONAMENTO E RESERVAS

Os restaurantes servem almoço das 12h às 14h e jantar das 18h às 22h, mas podem abrir mais cedo no fim de semana para o *brunch*. Alguns cafés servem café-da-manhã e fecham depois dos restaurantes. Mas há os que às 16h.

Os cafés que fecham tarde ou ficam abertos 24 horas são os mais populares.

As reservas são obrigatórias nos restaurantes mais formais. Já em bares e cafés isso varia de lugar para lugar.

É aconselhável ligar antes e para se informar sobre reservas e evitar possíveis decepções e filas de espera.

FORMAS DE PAGAMENTO E GORJETA

A maioria dos restaurantes e cafés aceitam cartões de crédito, mas é sempre bom perguntar no ato da reserva.

Alguns restaurantes não aceitam cheques pessoais ou cheques de viagem.

Os impostos estão incluídos nos preços do cardápio e não são cobradas taxas de serviço.

***Chef* abastece bufê de frutos do mar em hotel de Auckland**

Mesas ao ar livre em café de Mount Maunganui

Na sociedade igualitária da Nova Zelândia a gorjeta não é obrigatória, mas é bem recebida. Os clientes podem deixá-las em dinheiro sobre a mesa ou incluí-las na fatura do cartão de crédito.

CRIANÇAS

A maioria dos restaurantes cozinha para crianças. Se as suas forem muito pequenas, cheque antes para saber se são aceitas. Uma opção nos cafés mais frequentados é reservar mais cedo, antes que lote para o jantar. Chineses, gregos e outros restaurantes étnicos costumam ser mais tolerantes em relação às crianças.

A maioria das cidades do país conta com redes de fast-food, e as crianças geralmente gostam de comer peixe e fritas em parques e na praia.

As famílias que se hospedam em motéis com cozinhas equipadas podem se abastecer no supermercado em vez de sair com crianças pequenas para comer em restaurantes.

Placa em café de vinícola

ACESSO PARA DEFICIENTES FÍSICOS

Os proprietários são obrigados por lei federal a garantir que prédios novos ou reformados tenham acesso para cadeira de rodas. Esses estabelecimentos exibem um símbolo internacional.

Os restaurantes também precisam ter ter toaletes adaptados. Mas, como em outros lugares, é melhor ligar antes para checar.

VEGETARIANOS

Os centros de informações turísticas têm condições de fornecer detalhes sobre os restaurantes vegetarianos espalhados por todas as cidades e também em resorts.

Muitos restaurantes incluem alguns pratos vegetarianos e outros costumam adaptar seus cardápios em regiões onde a produção local é farta. Os restaurantes asiáticos também oferecem pratos vegetarianos em seus cardápios.

RESTAURANTES BYO

BYO significa "Bring your own" (traga a sua) bebida. Em vez de uma licença completa para vender álcool, os restaurantes podem ter uma licença BYO, que permite que o cliente traga sua própria bebida. É mais barato do que comprar bebida no local, mas pode ser cobrada uma taxa por rolha. Costuma-se levar uma garrafa de vinho a um restaurante BYO, e nos orientais é aceitável levar algumas cervejas. Alguns restaurantes permitem que o cliente leve o seu vinho, mas é bom perguntar antes.

BEBIDAS ALCOÓLICAS

Bares e restaurantes têm licença para vender todo tipo de bebida alcoólica, incluindo vinho, cerveja e aguardentes. Os cafés também têm, mas a variedade é mais limitada.

Muitos restaurantes e cafés dão preferência a vinhos e a cervejas especiais.

Os restaurantes de vinícolas costumam servir o vinho da região. Os restaurantes BYO permitem que os clientes levem o vinho que desejam beber para acompanhar a refeição.

A água de torneira é potável nos grandes centros. Água engarrafada ou com gás e sucos de frutas naturais também são comuns.

TRAJES

As roupas são informais se comparadas a outras partes do mundo. Nem sempre são exigidos paletó e gravata, mas os de fora se sentirão mais confortáveis vestidos formalmente em restaurantes mais finos. Trajes informais mas elegantes são bem-vindos em restaurantes menos formais. A moda rua é a regra nos cafés do centro.

FUMANTES

Assim como em outros locais fechados, é proibido por lei fumar em restaurantes desde o final de 2004.

A lei não se aplica a mesas ao ar livre, e os proprietários sempre se esforçam para agradar ao cliente.

Não deixe de perguntar sobre espaço para fumantes no ato da reserva.

O Astoria na Lambton Quay, em Wellington

Sabores da Nova Zelândia

A culinária da Nova Zelândia tem como características a diversidade e o frescor dos alimentos e, por ser uma nação relativamente nova, há disposição a experimentar novos pratos e novos sabores. Cercada por um mar limpo e com terras muito férteis, a Nova Zelândia oferece pratos com os mais altos padrões. Muitos produtores possuem certificação orgânica, reforçando a imagem de um país preocupado com o meio ambiente. A culinária costuma ser descrita como da orla do Pacífico, inspirada na Europa, Ásia, Polinésia e nos maoris, os indígenas locais. Seus *chefs* figuram entre os mais conhecidos do mundo, por sua abordagem contemporânea e pela paixão por bons ingredientes.

Azeite de abacate

Um magnífico rebanho solto no pasto

CARNE

Há mais de 50 milhões de ovelhas na Nova Zelândia, todas alimentadas em grandes pastos naturais. O carneiro neozelandês é famoso em todo o mundo e está sempre presente em todos os cardápios. Ele aparece em muitos pratos, da tradicional costela de carneiro à moda de Tânger, e há sempre muitos cortes de carneiros nos churrascos. Para variar, existem muitas outras carnes, como a de boi, de veado e de *cervena* (versão mais leve e mais magra de carne de veado, quando o animal é criado em cativeiro).

PEIXES E FRUTOS-DO-MAR

A Nova Zelândia tem um farto suprimento de frutos-do-mar, com muitas variedades –especialmente o bacalhau azul das ilhas Chatham, as ostras de Bluff e os fantásticos mexilhões verdes de Havelock.

O vermelho e o *hapuku* (ou mero) são os mais comuns de água salgada.

Os salmões de água doce atraem pescadores e apreciadores, sem falar nos criadouros de salmão na Ilha Sul.

Outros peixes populares

Variedade de frutos-do-mar comuns na Nova Zelândia

A COZINHA VARIADA DA NOVA ZELÂNDIA

Mel de Manuka

A culinária neozelandesa é muito diversificada. Um jantar elegante costuma ter influência francesa com toques de modernidade, mas há excelentes bistrôs servindo clássicos como *boeuf bourguinonne* e *tarte au citron*. Os cafés em geral têm uma postura mais descontraída. Os *pubs* refletem o passado anglo-saxão mais conservador, em geral servindo suculentas carnes e legumes assados. Como a Nova Zelândia está na região Ásia-Pacífico, o forte tempero asiático será encontrado em muitos pratos. O peixe com fritas é a especialidade local e é sempre muito apreciado. Na Costa Oeste, peça espadilhas fritas de agosto a setembro, quando a temporada está no auge. Outras experiências interessantes são os restaurantes de vinícolas e o prato típico local, o genuíno *hangi* maori, embrulhado e cozido em um buraco na terra sobre pedras aquecidas.

A sopa de kumara *é feita com batata-doce nativa e servida com croûtons de queijo de cabra.*

Cesta com inhame em um mercado local

são o *terakihi*, o olho-de-vidro e a espadilha. Quanto aos moluscos, o país tem os mariscos nativos *tuatua* e *paua*. Ostras, lagostas e mexilhões também são facilmente encontrados.

Peixe com fritas, melhor ao ar livre e à beira-mar

FRUTAS E LEGUMES

As perfeitas condições de cultivo na Nova Zelândia garantem a alta qualidade dos produtos. Todos os legumes mais comuns são cultivados ao lado das variedades nativas. *Kumara* é a batata-doce local e um tradicional prato maori. Costuma ser assada com casca, mas também cozida, frita e ou fatiada, temperada e cozida lentamente no leite *(scalloped)*. Outros legumes muito consumidos são o inhame e o *taro*. O *tamarillo* (tipo de tomate), o quiuí e a feijoa *(guava)* são frutas nativas. Na época da colheita, as bancas das fazendas na beira da estrada vendem legumes e frutas por um preço bem baixo. O mel extraído da planta nativa *manuka* é conhecido no mundo todo pelo aroma de terra, de madeira e por suas propriedades medicinais. Também é famoso o decadente azeite de abacate da Ilha Norte.

LATICÍNIOS

As condições na Nova Zelândia são ideais para a produção de laticínios. Queijos maravilhosos, iogurtes e sorvetes são feitos por pequenos produtores e encontrados por todo o país, mas principalmente na costa Kapiti, em Blenheim e na península Banks. O sorvete *hokey-pokey* (de baunilha com caramelo) é uma instituição neozelandesa.

COMIDA MAORI

A oferta abundante de comida na Nova Zelândia está explicada na lenda maori como um presente dos deuses. De Tane, o deus das florestas, veio a carne das aves, de Tangaroa, os frutos-do-mar, de Haumia, as plantas selvagens e de Rongo, os legumes cultivados.

O método tradicional de festejar é o *hangi* (pronuncia-se hung-ee). Os homens aquecem as pedras e cavam o buraco na terra, enquanto as mulheres preparam as carnes e os legumes. As pedras são postas no buraco com a comida (enrolada em panos), e a terra é jogada de volta no buraco. A comida cozinha devagar durante horas. Vale a pena esperar pelo resultado dessa tradição.

O hapuku frito *com cebolinha assada, pancetta e rocket dá a este peixe um sabor mediterrâneo.*

O carneiro grelhado *tem um toque especial quando acompanhado de polenta e pimenta-vermelha.*

Pavlova, *ou merengue de creme e frutas vermelhas. Os australianos e neozelandeses reivindicam a invenção.*

O que Beber na Nova Zelândia

Selo do Riesling Corbans Noblel

Tradicionalmente, os neozelandeses são apreciadores de cerveja, e o consumo do vinho é visto como um hábito estrangeiro. Porém, o sucesso meteórico da indústria de vinho local, que já arrebanhou prêmios internacionais, mostra que o vinho cresceu na preferência popular nas últimas duas décadas. O clima marítimo temperado é ideal para maximizar o amadurecimento da uva e a produção de vinhos intensamente saborosos. Há cerca de 300 vinícolas pelo país, a maioria na costa *(págs. 36-7)*. Guias completos de vinhos, vinícolas e restaurantes em vinhedos são vendidos em grandes livrarias ou podem ser encontrados no site www.nzwine.com.

Degustação de vinho na C. J. Pask Winery, em Hastings *(págs. 150-1)*

VINHO BRANCO

Huia Sauvignon Blanc

Palliser Sauvignon Blanc

Chardonnay e Sauvignon Blanc são considerados os melhores vinhos brancos da Nova Zelândia, sendo que o Sauvignon Blanc é tido como o melhor do mundo. Os vinhos brancos produzidos tanto por métodos tradicionais quanto modernos são conhecidos pelo sabor da fruta. Há ainda uma fascinante variedade de Chardonnays para todos os gostos: dos mais baratos, fermentados em tonéis de aço e engarrafados jovens, aos mais caros, fermentados e envelhecidos em barris de carvalho. A maioria das vinícolas produz pelo menos um deles.

O Riesling está ganhando popularidade e costuma ser considerado similar ao leve e elegante estilo alemão.

VINHO BRANCO DOCE

Os vinhos doces da Nova Zelândia também são apreciados e premiados no mundo todo. Os mais interessantes são feitos com uvas afetadas pelo fungo botrítis (processo conhecido como "podridão nobre", e a região de Marlborough vem se destacando como a maior produtora de vinhos finos *(págs. 206-7)*.

Contudo, as condições meteorológicas para produzir vinhos botritizados são irregulares no país, por isso esses excelentes vinhos digestivos tendem a ser mais caros que os demais.

Cave em porão na Gibbston Valley Wines *(pág. 278)*

TIPOS	REGIÕES	PRODUTORES RECOMENDADOS
Chardonnay	Todas as regiões produtoras	Church Road, Clearview, Cloudy Bay, Corbans, Hunters, Morton Estate Wines, Vavasour
Chenin Blanc	Gisborne, Hawke's Bay	Collard Brothers, The Millton Vineyard
Gewürztraminer	Central Otago, Gisborne, Hawke's Bay, Marlborough	Brookfields, Chifney Wines, Dry River, Eskdale, Gatehouse, Lawson's Dry Hills, Stonecroft
Muller-Thurgau	Gisborne, Hawke's Bay, Marlborough	Corbans Gisborne Winery, Pleasant Valley Wines, Vidal of Hawke's Bay, Villa Maria
Pinot Gris	Canterbury, Marlborough	Brookfields, Dry River, Margrain, Martinborough Vineyard
Riesling	Canterbury, Central Otago, Hawke's Bay, Marlborough, Nelson, Wairarap	Allan Scott Wines and Estates, Collards, Cooper's Creek, Corbans, Framingham Wine Company, Grove Mill, Martinborough Vineyard, Neudorf, Stoneleigh
Sauvignon Blanc	Canterbury, Gisborne, Hawke's Bay, Marlborough	Cloudy Bay, Grove Mill, Hunters, Jackson Estate, Nautilus, Palliser, Selaks, Villa Maria
Sémillon	Gisborne, Hawke's Bay, Marlborough	Collards, Huntaway, Kim Crawford, Pleasant Valley, Vidal of Hawke's Bay
Vinhos doces	Central Otago, Gisborne, Hawke's Bay, Marlborough	Church Road, Cooper's Creek, Cottage Block, Dry River, Framingham Wine Company, Villa Maria

VINHO ESPUMANTE

Huia Marlborough Brut

Os espumantes da Nova Zelândia têm qualidade internacional e são muito premiados. O Deutz Marlborough Cuvée foi eleito o "Espumante do Ano" no Great Wine Challenge, em 1998, na Inglaterra.

O visitante precisa saber que há dois tipos de espumante. Na faixa mais baixa de mercado, os "bubblies" são vinhos carbonados e em geral muito doces. Contudo, na faixa média e no topo do mercado estão os rótulos *méthode traditionnelle*, feitos com processos de fermentação de garrafa.

Marlborough é considerada a principal região de *méthode traditionnelle* fermentado em garrafa, mas há outras que começam a ganhar reputação por seus produtos de alta qualidade.

AS VINÍCOLAS DA NOVA ZELÂNDIA	
Auckland	Cabernet Sauvignon, Chardonnay, Merlot, Pinot Noir
Northland	Cabernet Sauvignon, Chardonnay, Merlot
Waikato e Plenty	Cabernet Sauvignon, Chardonnay, Chenin Blanc, Sauvignon Blanc
Gisborne	Chardonnay, Muller-Thurgau, Muscat, Sémillon
Hawke's Bay	Cabernet, Chardonnay, Chenin Blanc, Merlot, Sauvignon Blanc, Sémillon
Wairarapa	Chardonnay, Pinot Noir, Riesling, Sauvignon Blanc
Nelson	Chardonnay, Pinot Noir, Riesling, Sauvignon Blanc
Marlborough	Chardonnay, Pinot Noir, Riesling, Sauvignon Blanc
Canterbury	Chardonnay, Pinot Gris, Pinot Noir, Riesling
Otago	Chardonnay, Pinot Noir, Riesling, Sauvignon Blanc

VINHO TINTO

Alana Estate Pinot Noir

Embora a Nova Zelândia seja mais conhecida pelos vinhos brancos, os tintos estão ganhando importância à medida que os fabricantes encontram lugares melhores e aperfeiçoam os métodos de viticultura e amadurecimento dos vinhos, tornando-os mais estáveis. A variedade tinta Pinot Noir é mais plantada, mas Cabernet Sauvignon, Merlot e Cabernet Franc também se adaptaram ao solo e ao clima locais. Os fabricantes costumam misturar uvas de áreas e províncias diferentes.

Popular restaurante à beira-mar em Clearview Estate, Hawke's Bay *(págs. 150-1)*

TIPO	REGIÕES	PRODUTORES RECOMENDADOS
Cabernet Sauvignon	Auckland, Hawke's Bay, Northland, Waikato	Benfield, Brookfields, Church Road, Delamere Esk Valley, Goldwater, Morton Estate, Villa Maria
Merlot	Auckland, Gisborne, Hawke's Bay, Marlborough	Arahura, Babich, Church Road, C J Pask, Clearview Estate, Corbans, Delegates, Esk Valley, Villa Maria
Pinotage	Auckland, Gisborne, Hawke's Bay, Marlborough	Cottle Hill Winery, Kerr Farm Vineyard, Landmark Estate Wines, Ohinemuri Estate Wine, Pleasant Valley
Pinot Noir	Canterbury, Central Otago, Hawke's Bay, Marlborough, Nelson, Wairarapa	Ata Rangi, Black Ridge, Cloudy Bay, Cooper's Creek, Dry River, Martinborough Vineyard, Palliser, Rippon Vineyard

CERVEJA

Steinlager

A cerveja ainda é a bebida mais consumida na Nova Zelândia e marcas como Steinlager e Kiwi Lager já ganharam fama internacional.

Há cerca de 64 cervejarias no país produzindo tipos que variam de *lagers* leves ao chope e *ales* maltados. A cerveja é bebida gelada, na garrafa, em bares e hotéis. As de baixo teor alcoólico e as importadas, em garrafa ou lata, podem ser encontradas nos supermercados, bares e restaurantes.

OUTRAS BEBIDAS

Quiuí

O clima da Nova Zelândia, que vai de subtropical a alpino, permite plantar uma grande variedade de frutas suculentas, como o famoso quiuí *(pág. 129)*. Suas maçãs transformam-se em cidra. Outras bebidas engarrafadas e águas minerais estão por toda parte. Uma especialidade é Lemon and Paeroa, uma água mineral de Paeroa, na península de Coromandel, com sabor de limão. Café e chá também são muito consumidos.

Como Escolher um Restaurante

Os restaurantes relacionados nas páginas seguintes foram selecionados pela qualidade da comida e preços condizentes. Reunidos por regiões, aparecem por ordem alfabética dentro das categorias de preços. Lembre-se de que é proibido fumar no interior de todos os cafés, bares e restaurantes da Nova Zelândia.

CATEGORIAS DE PREÇO
Para refeições de três pratos para uma pessoa, sem bebida, incluindo o imposto sobre mercadorias e serviços (GST) de 12,5%.

$ menos de NZ$25
$$ NZ$25–NZ$35
$$$ NZ$35–NZ$50
$$$$ NZ$50–NZ$70
$$$$$ mais de NZ$70

AUCKLAND

CITY Dizengoff — $
256 Ponsonby Road, Ponsonby ***Tel*** *(09) 360 0108* — ***Mapa*** *E2*

Muito procurado para a almoço pelos sofisticados frequentadores de Ponsonby, o Dizengoff serve o tipo de culinária judaica que se encontra em Nova York ou em Londres, com um interessante viés saudável. O fígado picado é maravilhosamente temperado, com muito alho. Café-da-manhã caprichado. *Bagels* e espirulina todos os dias.

CITY Grand Harbour Chinese Restaurant — $
18-28 Customs Street West ***Tel*** *(09) 357 6889* — ***Mapa*** *E2*

Um grande restaurante contemporâneo no estilo de Hong Kong, muito frequentado pela comunidade chinesa. O almoço *yum char* (várias porções acompanhadas de chá) é excelente, e o cardápio do jantar também é amplo e abrangente. Reservar é essencial, em especial nos fins de semana, quando sempre há fila –e mesmo assim pode haver espera.

CITY Hees Garden Seafood Restaurant — $
599 Mount Eden Road, Mount Eden ***Tel*** *(09) 630 0785* — ***Mapa*** *E2*

Um marco em Auckland, onde a autêntica culinária chinesa é servida em um ambiente tradicional há 25 anos, com viveiro de peixes com cascata e tanques de frutos-do-mar. É possível escolher entre mais de 70 pratos no cardápio de almoço *yum char* (reservar é essencial), incluindo porco grelhado e peixe com molho de limão.

CITY Mecca — $
85-7 Customs Street West, Viaduct Harbour ***Tel*** *(09) 358 1093* — ***Mapa*** *E2*

O Mecca começou como um pequeno café em Newmarket, mas agora tem filiais em Viaduct Harbour, Chancery Centre, Bacons Lane e muitos outros lugares na cidade. A comida dá ênfase aos sabores do Oriente Médio. Na filial do Chancery Centre, há muitas mesas do lado de fora em um pátio coberto.

CITY One Zone — $
121 Ponsonby Road, Ponsonby ***Tel*** *(09) 376 4954* — ***Mapa*** *E2*

Uma instituição de Auckland, servindo um café soberbo e comida macrobiótica interessante e saborosa. O pátio nos fundos é muito apropriado para as crianças brincarem nos dias quentes enquanto os pais sorvem sua cafeína. É um dos primeiros cafés de Ponsonby, de sua época hippie. Oferece também shows de jazz muito concorridos.

CITY Sheinkin — $
3 Lorne Street ***Tel*** *(09) 303 4301* — ***Mapa*** *E2*

Consistentemente bom café-restaurante no centro, com cardápio de café-da-manhã e almoço com inspiração israelense. Os pratos para provar são a melhor opção (recomenda-se a travessa israelense), além da salada de beterraba, *latkes* (panquecas) de batata e sopas. Bom café, vinhos em taça e uma seleção de chás.

CITY Ariake — $$
Esq das ruas Albert e Quay ***Tel*** *(09) 379 2377* — ***Mapa*** *E2*

Restaurante japonês existente há muito tempo no centro, bem atrás do Ferry Building, à beira-mar. Interior simples, em estilo japonês. Observe o *sushi* sendo feito ou desfrute outras iguarias trazidas à mesa por atenciosas garçonetes com quimonos. Além de ser o primeiro, é com frequência eleito o melhor restaurante japonês da cidade.

CITY Bolliwood — $$
110 Ponsonby Road, Ponsonby ***Tel*** *(09) 376 6477* — ***Mapa*** *E2*

O restaurante indiano preferido de Ponsonby. Seu amplo interior é ideal para grupos, mas tem recantos mais íntimos. O cardápio eclético inclui clássicos como *tandoori chicken* (galinha), *masala* (especiaria) de camarão e banquetes vegetarianos, além do pão de alho e do prato do dia a NZ$10 no almoço. Premiado como o melhor restaurante indiano do país.

CITY Daikoku Teppan-Yaki — $$
148 Quay Street ***Tel*** *(09) 302 2432* — ***Mapa*** *E2*

Rede com seis filiais em Auckland que serve culinária japonesa *teppan-yaki*, preparada pelo *chef* na mesa. A extravagante travessa Daikoku Emperor inclui pitu e filé mignon (e custa caro). Bar separado com saquê e cervejas japonesas. O Ramen Daikoku, próximo ao Britomart Transport Centre, serve pratos de macarrão.

Legenda dos símbolos *no final do guia*

CITY Karin $$

237 Parnell Road, Parnell ***Tel*** *(09) 356 7101* **Mapa** E2

Auckland é excelente para a comida japonesa, em especial *sushi*, combinando o frescor dos peixes da Nova Zelândia com as habilidades culinárias de sua população multicultural. Entre as especialidades do Karin, rolinhos de enguia grelhada e macarrão *udon* com alga *wakame*. Bons cardápios fixos com um prato principal e vários extras.

CITY Mai Thai $$

Esq das ruas Victoria e Albert ***Tel*** *(09) 366 6258* **Mapa** E2

A culinária Mai Thai dos Cinco Grandes Reinos Siameses é uma mistura de gostos –picante, amargo, salgado, doce e de especiarias, com a adição sutil de raízes, verduras e ervas locais para enriquecer os sabores tradicionais e suavizá-los– servidos com um "wai" (sorriso). A melhor comida tailandesa de Auckland.

CITY Oh Calcutta $$

149-155 Parnell Road, Parnell ***Tel*** *(09) 377 9090* **Mapa** E2

Ganhou muitos prêmios e indicações. Experimente o premiado boi *shiahani*, um prato suave de carne com um molho cremoso de amêndoas clássico, com coentro, amêndoas picadas e especiarias com queijo *cottage* caseiro –uma iguaria de reis– ou o *saag dihani*, cogumelos cozidos em purê temperado de espinafre fresco.

CITY Prego $$

226 Ponsonby Road, Ponsonby ***Tel*** *(09) 376 3095* **Mapa** E2

Jantares descontraídos e simpáticos com massas simples, pizza de forno a lenha e grelhados. Grande, barulhento e usualmente lotado, o Prego é um favorito dos locais. Não faz reservas, por isso vá preparado para aguardar no bar. Pão quentinho do forno ameniza a fome durante a espera. No verão, jantar no pátio.

CITY Wildfire Churrascaria $$

Princes Wharf, Quay Street ***Tel*** *(09) 353 7595* **Mapa** E2

É a única churrascaria brasileira da Nova Zelândia. Uma técnica que teria se originado no Rio Grande do Sul no século 18, que consiste em grelhar pedaços de carne de vaca, cordeiro, porco e peixe cobertos de sal sobre carvões em brasa. O preço é fixo, coma quanto puder. É divertido para crianças, mas muito turística.

CITY Pompino $$$

2 Queen Street (esq das ruas Queen e Quay ***Tel*** *(09) 309 3559* **Mapa** E2

No novo prédio da Britomart em frente ao porto, o Pompino é o coração que bate no centro de Auckland. Para a surpresa dos proprietários, que deram o nome a partir de suas nacionalidades, um *pom* (gíria para designar imigrante britânico) e outro filipino, faz enorme sucesso entre os turistas italianos. Eclético cardápio e estilo gráfico anglo-filipino.

CITY The Occidental $$$

6-8 Vulcan Lane ***Tel*** *(09) 300 6226* **Mapa** E2

Café-cervejaria belga em um prédio que abriga o Occidental Hotel desde 1870. Criado como um hotel para caixeiros-viajantes, incluía uma sala de leitura e uma de bilhar, além de um café e um bar. Agora serve mexilhões e cozido flamengo com cervejas Lambic e Trappist, e vinhos da Nova Zelândia.

CITY Bowmans $$$$

597 Mount Eden Road, Mount Eden ***Tel*** *(09) 638 9676* **Mapa** E2

Confiável e acolhedor restaurante suburbano que serve porções generosas da culinária neozelandesa moderna (fusão européia-asiática), em um ambiente descontraído e informal. Famoso por seu serviço simpático. Boa carta de vinhos e amplo cardápio na lousa. Recebeu o prêmio NZ Lamb and Beef Hallmark of Excellence todos os anos desde 1998.

CITY Hammerheads Restaurant $$$$

19 Tamaki Drive, Okahu Bay ***Tel*** *(09) 521 4400* **Mapa** E2

Um dos restaurantes mais conhecidos da cidade, a cinco minutos de carro do centro de Auckland, à beira-mar na Okahu Bay, com vista do porto e do horizonte da cidade. Serve predominantemente, mas não só, frutos-do-mar preparados em uma fusão de ervas e especiarias asiáticas e mediterrâneas. A travessa de frutos-do-mar é excelente, mas cara.

CITY Harbourside Restaurant $$$$

Ferry Building, 1° and., Quay Street ***Tel*** *(09) 307 0556* **Mapa**

Em uma localização imbatível, o Harbourside está sempre na moda. O terraço de lajotas de terracota tem vista espetacular para o movimento dos navios, iates e ferryboat no porto. Após uma modernização com classe, o amplo restaurante se orgulha da nova decoração, sutil, em tons pastel. Serve sobretudo peixe, preparado sem complicações.

CITY Kermadec $$$$

Viaduct Quay, 1° and. Esq das ruas Lower Hobson e Quay ***Tel*** *(09) 309 0412* **Mapa** E2

O Kermadec Ocean Fresh Restaurant domina a área à beira-mar no Viaduct Harbour, com dois restaurantes, três bares, um café e duas salas privativas com tatames japoneses –e todos para frutos-do-mar frescos preparados da maneira singular do Pacific Rim. Seu auge foi nas regatas da America's Cup, mas se mantém na moda.

CITY O'Connell Street Bistro $$$$

3 O'Connell Street ***Tel*** *(09) 377 1884* **Mapa** E2

Um pequeno e íntimo bistrô em estilo europeu, que já ganhou muitos prêmios por sua carta de vinhos e culinária desde que foi aberto em 1999. As influências vêm da cozinha do QEII, do Bluebird de Terence Conran e Melbourne. Entre as iguarias sazonais, vieiras secas com morcela grelhada, e acelga vermelha, batata palha e calda de baunilha e champanhe.

CITY Rice $$$$

Esq das ruas Federal e Wolfe ***Tel*** *(09) 359 9113* ***Mapa*** *E2*

Como o nome sugere, o cardápio do Rice serve alguma variante de arroz em todos os pratos, com sabores sobretudo asiáticos. Decoração moderna e requintada, serviço profissional e simpático. Se a escolha for difícil, o prato para provar é um bom começo. O bar serve saquê em infusão (de baunilha, mel e gengibre e *wasabi*)

CITY Rikka Newmarket $$$$

73 Davis Crescent, Newmarket ***Tel*** *(09) 522 5277* ***Mapa*** *E2*

Restaurante requintado que serve comida japonesa incluindo excelentes sashimis em ambiente chique. Decoração arrojada do designer Richard Priest, com um bar rústico e pisos desbastados. A comida tradicional é apresentada com estilo e o serviço é atencioso. Uma alternativa é o Sake Bar Rikka em Freeman's Bay no Victoria Park Market.

CITY Soul Bar and Bistro $$$$

Viaduct Harbour ***Tel*** *(09) 356 7249* ***Mapa*** *E2*

Bar e restaurante da moda, à beira-mar no Viaduct Harbour, com amplo deque com vista para a marina. É ótimo na hora do almoço, para quem quer um drinque no happy hour, um jantar descontraído, beber até tarde da noite ou o *brunch* do domingo. Cardápio leve, sobretudo com frutos-do-mar. Serviço excelente e simpático.

CITY The French Café $$$$

210 Symonds Street ***Tel*** *(09) 377 1911* ***Mapa*** *E2*

Culinária européia contemporânea em um ambiente sofisticado e íntimo. Bar para drinques, refeições no jardim-de-inverno e pátio. Constantemente eleito um dos melhores restaurantes de Auckland por revistas gastronômicas. Entre as singulares iguarias sazonais, lula com sal e pimenta com geléia de *chili*. Oferece vinhos neozelandeses e franceses.

CITY Toto $$$$

53 Nelson Street ***Tel*** *(09) 302 2665* ***Mapa*** *E2*

O primeiro restaurante de Auckland a combinar a culinária tradicional e moderna da Itália, em um ambiente despretensioso. Deliciosas variações sobre temas clássicos. Em um país atualmente apaixonado pelos próprios vinhos, o Toto é um lugar que oferece excelentes safras de outros lugares, entre elas dos italianos Amarone, Brunello di Montalcino e Barolo.

CITY Vinnies $$$$

166 Jervois Road, Herne Bay ***Tel*** *(09) 376 5597* ***Mapa*** *E2*

Um favorito dos amantes da gastronomia, recentemente adquirido por um novo *chef* que prometeu modernizar decoração e cardápio sem sair muito da fórmula que rendeu incontáveis elogios para a culinária e para os vinhos. Entre os pratos sazonais, ravióli de camarão black tiger, caldo de acelga suíça, agrião e cenoura condimentada.

CITY Antoine's Restaurant $$$$$

333 Parnell Road, Parnell ***Tel*** *(09) 379 8756* ***Mapa*** *E2*

Requintada culinária neozelandesa de inspiração francesa é servida no Antoine's desde 1973, e o elegante restaurante desde então vive lotado. O *chef* Tony Astle, só tinha 22 anos quando tudo começou, viaja anualmente pelo mundo para arejar o paladar. Há um "cardápio nostalgia" com pato assado, rabada e pudim de pão e manteiga.

CITY Dine by Peter Gordon $$$$$

Level 3, SKYCITY Grand Hotel, 90 Federal Street ***Tel*** *(09) 363 7030* ***Mapa*** *E2*

Restaurante novo, muito promovido por contar com o *chef* mais célebre da Nova Zelândia, Peter Gordon –o homem por trás do nascimento da culinária neozelandesa, fundador do famoso Sugar Club em Wellington em 1986. O Dine, no novo SKYCITY Grand Hotel, serve pratos na fusão que é sua marca registrada em ambiente de hotel de luxo.

GREATER AUCKLAND Manuka $$$

49 Victoria Road, Devonport ***Tel*** *(09) 445 7732* ***Mapa*** *E2*

O Manuka fica a 12 minutos de ferryboat do centro de Auckland no chique subúrbio de Davenport, na North Shore. É mais conhecido por suas pizzas de forno a lenha. Serve também massas, saladas, frutos-do-mar e carnes em um ambiente descontraído. O cardápio e os lápis de cera para crianças deixam as famílias contentes.

NORTHLAND

DOUBTLESS BAY Mangonui Fish Shop $

Beach Road, Mangonui ***Tel*** *(09) 406 0478* ***Mapa*** *D1*

Situado sobre a água no Mangonui Harbour, com deque para qualquer tempo. O peixe do dia, diretamente do porto, pode ser vermelho, *terakihi*, cabrinha ou *hapuka*, e há também vieiras, mexilhões, ostras e *kina* (ouriços-do-mar), bem como peixe defumado. Não há lugar melhor para provar peixe fresco.

HOKIANGA Boatshed Café and Gallery $

8 Clendon Esplanade, Rawene ***Tel*** *(09) 405 7728* ***Mapa*** *D1*

Artesanato, cafés e chás, tortas e bolos, café-da-manhã e almoço em um antigo armazém avançando sobre a água na praia de Rawene. Simpático ambiente de café e comida caseira em um lugar que se destaca na paisagem com sua cor vermelha e é também o centro de informações turísticas de Hokianga Harbour.

Legenda de preços *pág. 326* **Legenda dos símbolos** *no final do guia*

HOKIANGA Copthorne Hotel and Resort $$$
SH12, OMapaere ***Tel*** *(09) 405 8737* ***Mapa*** *D1*

Hotel de administração familiar na beira da água em Hokianga Harbour, onde sempre se conhece a família toda, incluindo Bailey, o labrador. Café-da-manhã e generosas refeições *gourmet* são servidas nessa singular residência colonial, bem como drinques e petiscos no *pub* acolhedor às famílias e frequentado por habitantes locais.

HOUHOURA Houhora Tavern $
Saleyard Road ***Tel*** *(09) 409 8806* ***Mapa*** *E1*

Um hotel histórico de 100 anos com vista para o tranquilo porto em Houhoura. Drinques servidos na varanda. Vermelho fresco e seleção de frutos-do-mar no cardápio do bistrô, ou pratos leves no bar. Refeições caseiras nessa taverna que é a mais ao norte da Nova Zelândia, sendo a última chance de comer bem, beber cerveja, e também pôr gasolina.

KAIPARA Sahara Restaurant, Bar and Lounge $$$
Esq da Main com a Franklin Road, Paparoa ***Tel*** *(09) 431 6833* ***Mapa*** *D1*

Instalado no antigo prédio do National Bank, construído em 1914 e cuidadosamente restaurado a ponto de ganhar prêmio pela pintura, o Sahara é um oásis em Kaipara. Inspirados no estilo de vida rural italiano, os proprietários, que foram *chefs* em Melbourne, Londres e na Sardenha, usam porco, bacon, veado, verduras, ostras e vieiras locais.

KAITAIA Bushman's Hut Steakhouse $$
7 Bank Street ***Tel*** *(09) 408 4320* ***Mapa*** *D1*

A churrascaria oferece excelentes filés grelhados de boi da Nova Zelândia, junto com uma variedade de pratos de frutos-do-mar preparados por um *chef* premiado. Todos os ingredientes são de origem local, acompanhados pelos melhores vinhos da região. A decoração é rústica e o ambiente, acolhedor e simpático.

KAITAIA Beachcomber Restaurant $$$
222 Commerce Street ***Tel*** *(09) 408 2010* ***Mapa*** *D1*

A decoração levemente datada e a localização no shopping são mais do que compensadas pela simpática equipe. Frutos-do-mar, carne de avestruz, pratos vegetarianos e bufê de saladas são especialidades da casa. Entradas retrô como coquetel de camarão e abacate, modernizadas com *chili* e lima. Há também clássicos italianos. Bons vinhos.

KAITAIA Henry VIII Restaurant $$$
Esq das ruas North Road e Kohuhu ***Tel*** *(09) 408 2800* ***Mapa*** *D1*

Localizado em um prédio em estilo pseudo-Tudor no norte de Kaitaia há mais de 20 anos, o Henry VIII é parte do Northener Motor Inn. Continua a servir refeições confiáveis e generosas que satisfazem não só o *gourmet* interior, todos os dias das 16h30 em diante no restaurante e bar.

KERIKERI Marsden Estate $$
Wiroa Road ***Tel*** *(09) 407 9398* ***Mapa*** *E1*

O nome vem de Samuel Marsden, o missionário que em 1819 plantou as primeiras videiras da Nova Zelândia, a vinícola Marsden Estate serve comida deliciosa e despretensiosa (rabada com cebolinha e alho e purê de batatas com molho de bacon) em um terraço com vista para o vinhedo. Os vinhos, produzidos desde 1993, têm amadurecido bem. Só almoço.

KERIKERI The Kina Kitchen $$
Village Mall, Kerikeri Road ***Tel*** *(09) 407 7669* ***Mapa*** *E1*

Com frutos-do-mar, carne e cordeiro da Nova Zelândia e especialidades vegetarianas, este estabelecimento informal é muito frequentado por turistas e locais. O restaurante tem um ambiente no pátio, bar bem provido, boa carta de vinhos e música ao vivo à noite. O melhor lugar para curtir, comer e beber em Kerikeri.

PAIHIA Waikokopu Café $
Waitangi Treaty Grounds ***Tel*** *(09) 402 6275* ***Mapa*** *E1*

Casa premiada que oferece bom café e uma ampla variedade de comida, de café-da-manhã e petiscos a jantares elaborados com pratos de carne, cordeiro e frutos-do-mar. Ampla seleção de opções vegetarianas. Localizado em um sombreado jardim com entrada separada. Crianças são bem-vindas e bem atendidas.

PAIHIA 35 Degrees South Aquarium Restaurant and Bar $$
The Wharf ***Tel*** *(09) 402 6220* ***Mapa*** *E1*

Vista fantástica abrangendo as baías Waitangi, Russel e Bay of Islands de um restaurante em um deque sobre a água. Cardápio preparado por um *chef* experiente. Contemple os peixes no aquário marinho enquanto saboreia seu jantar de frutos-do-mar.

PAIHIA Bistro 40 $$$
40 Marsden Road ***Tel*** *(09) 402 7444* ***Mapa*** *E1*

Situado em frente ao mar em um prédio em estilo colonial do fim do século 19. Culinária neozelandesa combinada com abrangente seleção de vinhos locais. No verão, mesas, com velas acesas, são postas no pátio, com vista para os barcos na baía sob o luar. No andar de cima, o Only Seafood oferece um cardápio só de peixes.

PAIHIA Tides Restaurant $$$
Williams Road, Paihia ***Tel*** *(09) 402 7557* ***Mapa*** *E1*

Sem dúvida o lugar mais simpático para comer em Paihia, pertíssimo do cais, em frente ao correio. Café-da-manhã clássico, pães e doces, e almoços com uma ou outra surpresa (peixe com tempero *cajun*, galinha *chimi changa*). Muitos frutos-do-mar no cardápio da noite. Ideal para grupos.

PAIHIA The Sugar Boat $$$$

Waitangi Bridge **Tel** *(09) 402 7018* **Mapa** *E1*

Bar e restaurante a bordo de uma antiga barcaça no Paihia Harbour. Construída em 1890, o barco foi aposentado na década de 1950 e se tornou casa de artistas e ceramistas, um museu de naufrágios e por fim o que é hoje. Os drinques são servidos no convés e os jantares, de inspiração mediterrânea, no elegante porão.

RUSSELL Duke of Marlborough Hotel $$$

The Strand **Tel** *(09) 403 7829* **Mapa** *E1*

O histórico Duke of Marlborough Hotel, o primeiro a ter licença para vender bebidas alcoólicas da Nova Zelândia (1840), foi destruído em um incêndio, reconstruído e reformado várias vezes em 150 anos. Agora oferece refeições de bar, bistrô ou restaurante no aconchegante interior ou na varanda à beira-mar. Especialidades de frutos-do-mar.

RUSSELL Gannets Restaurant $$$

Esq das ruas York e Chapel **Tel** *(09) 403 7990* **Mapa** *E1*

Restaurante premiado com ênfase em frutos-do-mar frescos. O cardápio é bastante variado: iguarias sazonais, ensopado de frutos-do-mar com açafrão ou o peixe do dia com molho de vinho branco e *pernod* em risoto de cogumelo. Estilo culinário de fusão: a experiência européia com sabores da Ásia e do Pacífico. Oferece cardápio para crianças.

TUTUKAKA Schnappa Rock $$$

Marina Road **Tel** *(09) 434 3774* **Mapa** *E1*

Animado café, bar e restaurante na praia que serve café-da-manhã, almoço, jantar e drinques, com um jardim ideal para crianças. Ótimos pratos de carne a peixe com sobremesas infantis (ruibarbo e creme), hambúrgueres e *ceasar salad* no almoço. Entre os coquetéis, o *schnappa rocket* (curaçau azul, bacardi e malibu).

WHANGAREI Reva's on The Waterfront $$

31 Quay Side, Town Basin Marina **Tel** *(09) 438 8969* **Mapa** *E1*

Pizzaria localmente famosa que esteve em vários locais na cidade desde 1976 como um ponto de encontro de músicos, artistas e viajantes, e por fim encontrou o lugar perfeito em frente ao mar. Além das substanciais pizzas, o Reva's serve pratos mexicanos, generosas saladas, massas, peixes e carnes.

WHANGAREI à Deco $$$$

70 Kamo Road **Tel** *(09) 459 4957* **Mapa** *E1*

Culinária neozelandesa moderna com ênfase em produtos frescos da região em um elegante ambiente Art Déco. Muito recomendado, e premiado restaurante. O *NZ Cuisine* indica a casa como "imperdível experiência gastronômica". Recebeu elogios do conselho de marketing do New Zealand Beef and Lamb.

WHANGAREI Tonic Restaurant $$$$

239 Kamo Road **Tel** *(09) 437 5558* **Mapa** *E1*

O Tonic serve uma das melhores comidas da Northland, além de oferecer bom serviço e excelentes preços. Atualmente é considerado um dois melhores restaurantes em Whangarei. Ganhava todos os prêmios culinários até o à Deco desbancá-lo.

CENTRO DA ILHA NORTE

CAMBRIDGE Souter House $$$$

19 Victoria Street **Tel** *(07) 827 3610* **Mapa** *E3*

Restaurante fino instalado em uma residência vitoriana de 1875 construída pelo capitão William Souter. Ganhou prêmios por seus pratos com cordeiro e boi da Nova Zelândia. Bar bem provido, com lareira, e boa carta de vinhos no restaurante que é decorado em estilo formal, antiquado e conservador.

COROMANDEL Pepper Tree Restaurant and Bar $$$

31 Kapanga Road **Tel** *(07) 866 8211* **Mapa** *E2*

No coração de Coromandel, em uma mansão antiga com pátio ensolarado, varandas sombreadas e aconchegante salão. Premiada culinária neozelandesa moderna especializada em frutos-do-mar. Experimente o Coro Sampler –pitu, ostras, mexilhões e salada de peixe cru– ou a deliciosa travessa Seafood Indulgence. Ambiente descontraído e simpático.

GISBORNE The Works $$

The Esplanade **Tel** *(06) 863 1285* **Mapa** *F3*

Instalado no antigo frigorífico construído em 1906, a casa serve um cardápio baseado em produtos locais –os abundantes frutos-do-mar, verduras exóticas, queijos e carnes da região. O mesmo pessoal faz os vinhos Works e Longbush (na maioria brancos), que estão na carta de vinhos. Ambiente descontraído e simpático.

GISBORNE Poverty Bay Club $$$$

Esq da Childers Road com Customhouse Street **Tel** *(06) 868 9179* **Mapa** *F3*

Até recentemente um clube privativo para ricos proprietários de terras, o Poverty Bay Club abriu as portas ao público para almoço, jantar, drinques e *tapas*. Fica em prédio que é um ótimo exemplo da arquitetura provincial do século 19, com sua sacada, pilares e varandas ornamentadas com arabescos.

Legenda de preços *pág. 326* **Legenda dos símbolos** *no final do guia*

HAHEI Luna Café $

1 Grange Road ***Tel*** *(07) 866 3016* ***Mapa*** *E2*

Deliciosa comida caseira em um ambiente acolhedor e simpático. Serve café-da-manhã o dia inteiro, almoço e jantar. Famoso por seus bolinhos e pelo *atomic coffee*. Pátio, com playground ao lado. Reservas são essenciais para o jantar, especialmente nas férias de verão quando Coromandel fica repleta de turistas. Aberto até tarde no verão.

HAHEI The Church $$$

87 Hahei Beach Road ***Tel*** *(07) 866 3797* ***Mapa*** *E2*

Jantar com clima especial em uma igreja de madeira do século 19 restaurada, com alto teto abobadado, janelas em arco e assoalho de madeira. Um *chef*, formado na Suíça, prepara variações de pratos europeus clássicos como *eye fillet* com molho de pimenta-verde e mostarda em grão, ou vieiras secas em ragu de legumes.

HAMILTON The Cazbar and Caffè Restaurant and Bar $$

The Marketplace, Hood Street ***Tel*** *(07) 838 0998* ***Mapa*** *E2*

Um acolhedor e simpático restaurante e bar que serve refeições de deliciar o palato e vinhos de fazê-lo tilintar, em um ambiente maravilhoso. Bons cafés-da-manhã, demorados almoços e generosos jantares. O cardápio oferece pratos tradicionais, de coquetel de camarão a filé com *banoffee pie*, todos com sabores asiáticos.

HAMILTON Embargo $$$

NZI Building, térreo, 12 Garden Place ***Tel*** *(07) 834 1353* ***Mapa*** *E2*

Fica no antigo prédio do New Zealand Herald em Hamilton, aberto por um *chef* austríaco, que passara por Sydney. Café em estilo europeu de dia, restaurante chique à noite. Culinária francesa clássica com sabores do Pacific Rim no jantar. *Brunch* ideal para crianças aos domingos. Bons vinhos neozelandeses e alguns alsacianos.

HAMILTON Tables on the River $$$$

12 Alma Street ***Tel*** *(07) 839 6555* ***Mapa*** *E2*

O lugar para se jantar em Waikato é esta casa que ganhou o prêmio de melhor restaurante regional da região, e o Beef and Lamb Award por muitos anos. Foi o primeiro em melhor combinação de comida e vinho também. Excelente comida moderna, serviço e localização à beira-rio.

MOUNT MAUNGANUI Astrolabe $$$

82 Maunganui Road ***Tel*** *(07) 574 8155* ***Mapa*** *E2*

Um novo conceito na região, com várias áreas distintas, mas interligadas (bar, café, pátio, jantar formal). Premiado, de estilo moderno e com serviço eficiente. Culinária do Pacific Rim moderna usando ingredientes locais. É o tipo de lugar que serve o seu pão orgânico com sal marinho e azeite de oliva extra virgem.

NAPIER Restaurant Indonesia $

409 Marine Parade ***Tel*** *(06) 835 8303* ***Mapa*** *F4*

Em uma região em que a comida é cara, este tradicional restaurante de administração familiar é uma boa alternativa – ainda mais se você estiver cansado da culinária neozelandesa moderna. Localização central no Marine Parade. Prove o *rijsttafel* (banquete indonésio com muitos pratos incluindo *babi pangang* –estômago de porco em molho de abacaxi).

NAPIER Clifton Bay Café $$

Clifton Road, Te Awanga ***Tel*** *(06) 875 0096* ***Mapa*** *F4*

Café rústico em uma construção inspirada no barracão de lã da Clifton Station que ficava no local. Localização excelente perto do mar junto à trilha para a colônia de mergulhões em Cape Kidnappers. Oferece comida de café acima da média e bons vinhos locais. Equipe simpática que recebe bem crianças.

NAPIER Pacifica Kaimoana $$$

209 Marine Parade ***Tel*** *(06) 833 6335* ***Mapa*** *F2*

É o melhor restaurante de frutos-do-mar de Napier. Famoso por seu linguado grelhado, com ervas, alho e manteiga e tostado na grelha, e outros tipos de peixe fresco, servidos com simplicidade. Entre as entradas, fatias de *trevally* ou vieiras Nelson. Ambiente típico do Pacífico, com tapetes trançados, exterior em turquesa e braseiros no pátio.

NAPIER Clearview Estate Winery and Restaurant $$$$

Clifton Road, Te Awanga ***Tel*** *(06) 875 0150* ***Mapa*** *F2*

Premiado estabelecimento vinícola junto ao mar. O restaurante fica em uma localização privilegiadíssima, com mesas em torno do pátio em meio às videiras. Uso inovador de carne, frutos-do-mar, queijo e produtos sazonais locais, com ervas frescas, azeitonas, frutas cítricas e abacates cultivados lá mesmo. Há espaço para crianças brincarem.

NAPIER Mission Estate Winery Restaurant $$$$

198 Church Road, Greenmeadows ***Tel*** *(06) 845 9354* ***Mapa*** *F2*

Um dos poucos restaurantes de vinícolas que abre à noite, e em localização agradável na encosta junto à cidade. O Mission Estate fica em um seminário marista francês restaurado com vista esplêndida para Napier e para o oceano. Culinária de estilo europeu, com sobremesas maravilhosas. Famoso por seu concerto anual.

NAPIER Provedore $$$$

60 West Quay, Port Ahuriri ***Tel*** *(06) 834 0189* ***Mapa*** *F2*

É o lugar para frequentar, comer bem, beber e curtir em Napier. Com vista para o porto pesqueiro, a casa oferece *brunch*, almoço, *tapas* com um viés cantonês e culinária de inspiração asiática e mediterrânea no jantar. Ocasionalmente, há música ao vivo ou DJs. Ótimo para uma taça de vinho da seleta carta e algo para comer. Aberto até tarde.

NAPIER Te Awa Winery $$$$

SH50 ***Tel*** *(06) 879 7602* ***Mapa*** *F2*

Outro restaurante de vínicola muito recomendado, no ótimo vinhedo Gimblett Gravels –a 15 minutos de carro de Napier. Excelente comida de inspiração européia sem rebuscamentos, servida em ambiente rústico sob uma pérgola no verão. Ótimos vinhos de sua produção. Há espaço de sobra para as crianças correrem.

NAPIER Chambers Restaurant $$$$$

12 Browning Street ***Tel*** *(06) 835 7800* ***Mapa*** *F2*

Restaurante fino de muita reputação. Embora a culinária seja excelente, é muito caro, e o ambiente é um tanto formal demais, especialmente se comparado com as descontraídas alternativas possíveis nas videiras na Hawke's Bay. Por outro lado, abre para o jantar e fica no coração de Napier.

OTOROHANGA Be'Guinness $$

91 Maniapoto Street ***Tel*** *(07) 873 8010* ***Mapa*** *E3*

Oferece comida rural tradicional e é especializado em steak e vários outros pratos de carne e chouriços. Oferece também chope Guinness tirado do barril, bem como outras cervejas de produção local, como a Waikato Draught. O restaurante expõe pinturas de paisagens de artistas de Waikato. Ambiente acolhedor.

RAGLAN Vinnies $$

7 Wainui Road ***Tel*** *(07) 825 7273* ***Mapa*** *E2*

Bar sedutor com 120 pratos internacionais à escolha, e mais um cardápio diário na lousa. Ampla variedade de petiscos, saladas, pizzas, frutos-do-mar frescos, *curries*, culinária mexicana e do Pacific Rim, além de sobremesas caseiras. Abre do café-da-manhã até tarde quase todos os dias. Fica em torno de um histórico chalé de *kauri*, com jardim-de-inverno.

RAGLAN Marlin Café and Grill $$$

Raglan Wharf, 43 Rose Street ***Tel*** *(07) 825 0010* ***Mapa*** *E2*

Bem ao lado do cais, com comida para todas as ocasiões. Frutos-do-mar são a especialidade, mas há também boas carnes grelhadas, e os proprietários não ligam se você for lá só para beber e apreciar a linda vista para o mar. Interior de madeira com ar de celeiro e varanda ensolarada.

ROTORUA Landing Café $$

The Landing, Lake Tarawera ***Tel*** *(07) 362 8595* ***Mapa*** *E3*

Junto ao cais no esplêndido Tarawera, o belo percurso de carro de meia hora de Rotorua vale a pena não só pela localização, mas por ser simpático, acolhedor e descontraído e servir comida excelente. Almoce na varanda olhando os barcos ou jante em frente à lareira no inverno. Excelente caldeirada de vieiras.

ROTORUA Zanelli's $$$

1243 Amohia Street ***Tel*** *(07) 348 4908* ***Mapa*** *E3*

Restaurante italiano que há 20 anos serve uma variedade de massas tradicionais e pratos clássicos de carne, como vitela em molho de vinho branco, limão e salsa, sobremesas de dar água na boca, incluindo o famoso *gelato*, tiramisù e *zabaglione*, além de pratos do dia com ingredientes sazonais. Fica no centro de Rotorua, perto das demais atrações da cidade.

ROTORUA Bistro 1284 $$$$

1284 Eruera Street ***Tel*** *(07) 346 1284* ***Mapa*** *E3*

No coração geotermal de Rotorua, a casa é regularmente eleita o melhor restaurante da cidade, vencedor do Beef and Lamb awards. A culinária simples de inspiração européia, bem preparada inclui rosbife com cogumelos grelhados, batatas fritas e molho *béarnaise*. Carta de vinhos neozelandeses seletiva a preços razoáveis e ótimas sobremesas.

TAUPO Peppers Brasserie $$

Millennium Hotel & Resort Manuel's Taupo, 245 Lake Terrace ***Tel*** *(07) 378 5110* ***Mapa*** *E3*

Decoração à moda antiga, ótima localização e ambiente despretensioso. Oferece refeições premiadas em um ambiente ideal para famílias, com cardápio para crianças e bufê nos fins de semana. Entre as sobremesas, geléia de uva verde e baunilha com bolo de gengibre coberto com mascarpone e sorvete de baunilha.

TAUPO Prawn Farm Restaurant $$

Huka Falls Road, Wairakei Park ***Tel*** *(07) 374 8474* ***Mapa*** *E3*

Com o afetuoso lema "conheça-os, cumprimente-os, coma-os", a fazenda de camarões oferece passeios nos quais se vêem camarões sendo criados em água geotermal, e em seguida refeições à base de camarão. Bem perto de Huka Falls, para aqueles que não podem se dar ao luxo de ir ao requintado restaurante do Huka Lodge.

TAUPO The Bach $$$$

2 Pataka Road ***Tel*** *(07) 378 7856* ***Mapa*** *E3*

Localização espetacular com vista para o Taupo e os vulcões. A movimentada casa serve culinária de fusão de primeira, com carnes da Nova Zelândia temperadas com especiarias asiáticas, em pratos como pernil de cordeiro cozido em tamarindo ou codorna recheada com *shiitake*. Seleção de bons quiejos neozelandeses e excelentes vinhos.

TAURANGA Café Bravo $

Red Square ***Tel*** *(07) 578 4700* ***Mapa*** *E2*

Linhas modernas e limpas dão o tom neste requintado café do centro. A casa oferece cafés-da-manhã generosos (incluindo cordeiro e morcela), sanduíches volumosos, pizzas e almoços leves que podem incluir torta de batata com salmão defumado e alcaparras aioli.

Legenda de preços *pág. 326* **Legenda dos símbolos** *no final do guia*

TAURANGA The Lobster Club $$$
Tauranga Bridge Marina **Tel** *(07) 574 4147* **Mapa** *E2*

Restaurante à beira-mar no porto de Tauranga que oferece comida neozelandesa e asiática, de pernil de cordeiro a tempura *tarakihi*. A travessa de frutos-do-mar inclui não só salmão, peixe do dia, vieiras, ostras e camarões, mas também *scotch fillet*. Ainda há saladas, omeletes, pizzas, massas e pratos leves.

TAURANGA Harbourside Bar and Brasserie $$$$
Old Yacht Club (ao sul de The Strand) **Tel** *0800 721 714* **Mapa** *E2*

Em ótima localização sobre a água com vista para os barcos no porto, com interior espaçoso e iluminado e deque coberto. Ótimos pratos à base de frutos-do-mar, preparados nos estilos europeu e asiático –*fettuccine* e *hokkien* lado a lado em um cardápio com peixe e batatas, *bouillabaisse* e carne de veado apimentada. Bons vinhos.

THAMES Sola Café $
720B Pollen Street **Tel** *(07) 868 8781* **Mapa** *E2*

Pequeno e elegante, serve culinária vegetariana, mas é altamente recomendado por carnívoros. Inclui ótima variedade de pães grelhados servidos com azeite de oliva de Marlborough, ou salada de grão-de-bico, cebola roxa e *haloumi* refogado, seguido por *créme brûlée* de gengibre. Os preços são acessíveis e a equipe é bastante simpática.

TONGARIRO NATIONAL PARK The Station Café Bar and Restaurant $
Findlay Street, National Park Village **Tel** *(07) 892 2881* **Mapa** *E2*

A estação ferroviária em National Park Village, construída em 1908 e redecorada com bom gosto, ainda está em operação, servindo aos trens que fazem a rota Auckland-Wellington e passam por aqui duas vezes por dia. Também oferece comida em estilo de café e jantares completos. Ambiente bastante acolhedor.

TONGARIRO NATIONAL PARK Fat Pigeon Garden Café $$
2 Tyne Street, Ohakune **Tel** *(06) 385 9423* **Mapa** *E3*

É possível comer no pitoresco jardim na começo da estrada, onde o *kereru*, o (gordo) pombo nativo arrulha nas árvores, ou em frente à lareira no aconchegante interior, depois de um dia na montanha. Serve especialidades de filé e frutos-do-mar frescos, além de oferecer abrangente carta de vinhos.

TONGARIRO NATIONAL PARK O'Bar and Restaurant $$
72 Clyde Street, Ohakune **Tel** *(06) 385 8268* **Mapa** *E3*

Não só uma, mas duas lareiras aquecem este restaurante moderno e descontraído, com um bar de madeira em forma de ferradura. Pizzas de forno a lenha fizeram a sua reputação, mas o cardápio é abrangente. Ambiente acolhedor e bom para famílias. Oferece *brunch* nos fins de semana de inverno.

TONGARIRO NATIONAL PARK Bayview Château Tongariro $$$$
Whakapapa Village **Tel** *(07) 892 3809* **Mapa** *E3*

Especialidades de cordeiro e veado são servidos no restaurante deste famoso hotel. Requer trajes formais, em um esforço de ressuscitar o padrão elegante do auge do hotel na década de 1920. Culinária asiática no Pihanga Café, uma das opções mais informais do complexo hoteleiro.

WAITOMO Waitomo Tavern $
Waitomo Caves Road **Tel** *(07) 878 8448* **Mapa** *E3*

Comida boa e barata em ambiente divertido, onde o que mais se faz é beber. Muito procurado à noite tanto por habitantes locais como por aqueles que querem se recompor das aventuras do dia. Música ao vivo aos sábados e algumas outras noites. Oferece refeições de bar e fica entre as cavernas, YHA e Waitomo Caves Hotel.

WHAKATANE Fig Bar and Eaterie $$
93 The Strand **Tel** *(07) 308 6549* **Mapa** *F3*

Culinária em estilo mediterrâneo deliciosa a preço acessíveis. Bar e ambiente descontraído. Bom local para *brunch*, almoço ou jantar (qui-sab). Oferece deliciosos pratos clássicos do Oriente Médio e variantes, como galinha servida em cuscuz de frutas e nozes com molho de pêssego, figo e gengibre. As mesas ficam no pátio.

WHAKATANE Global Restaurant and Bar $$
Esq da Commerce Street com The Strand **Tel** *(07) 308 9000* **Mapa** *F3*

Restaurante muito frequentado em Whakatane que serve de tudo. *Coq au vin*, cordeira *korma* ou *tempura* de legumes, *penne*, *sushi* ou pernil de carneiro, *teryaki*, costela de carneiro ou *steak pommes frites*. O bar oferece abrangente carta de vinhos neozelandeses e internacionais, além de uma boa variedade de cervejas e coquetéis.

WHAKATANE Wharf Shed $$$
Strand East **Tel** *(07) 308 5698* **Mapa** *F3*

Restaurante náutico, vencedor do Beef and Lamb Awards, que fica em uma antiga loja de laticínios no cais, com vista para os barcos no porto. Mesas fora no deque ou no cais ensolarado. O cardápio abrangente oferece de tudo, de caldeiradas, *sushi* e frutos-do-mar a carnes e pratos vegetarianos. É acolhedor e descontraído, mas reserve antes.

WHANGAMATA Coast Restaurant and Bar $$$
501 Port Road **Tel** *(07) 865 6999* **Mapa** *E2*

Bar e restaurante descolado, com surpreendente (para o local) decoração retrô-moderna, boa música e serviço despretensioso. Frutos-do-mar em estilo de bistrô, premiada carta de vinhos e coquetéis famosos. Local descontraído e sofisticado para frequentar, comer, beber e curtir. Especialmente popular entre os jovens turistas no verão. Aberto até tarde.

WHITIANGA Zest $$

5 Albert Street ***Tel*** *(07) 866 5127* **Mapa** *E2*

Refeições em ambiente intimista, tanto fora quanto no interior. O *chef* é especializado em uma fusão de sabores mediterrâneos e asiáticos, com ênfase nos pratos do dia de frutos-do-mar. Oferece excelente carta de vinhos neozelandeses, *atomic coffee* e sucos naturais. Há também a opção de levar e comer em casa. Ambiente bastante acolhedor.

WHITIANGA The Fire Place Restaurant $$$$

9 The Esplanade ***Tel*** *(07) 866 4828* **Mapa** *E2*

Oferece pizzas *gourmet* em forno à lenha, galinha e cordeiro assados, e entradas interessantes como sopa de ostras e *bloody mary* gelada. Aconchegante interior em estilo rústico e varanda espaçosa com vista para a baía. Tem ótima carta de vinhos neozelandeses.

WELLINGTON E O SUL

KAPITI COAST Brown Sugar Café $

State Highway 1, Otaki ***Tel*** *(06) 364 6359* **Mapa** *E4*

Charmoso café à beira da estrada em um chalé histórico com um sombreado pátio, que começou como estábulo de cavalos de corrida na década de 1920. Comida em estilo de café, serviço simpático e agradável, com papel importante na vida social dos habitantes de Otaki, bem como dos que por lá passam.

KAPITI COAST The Fisherman's Table $

State Highway 1, Paekakariki ***Tel*** *(04) 292 8125* **Mapa** *E4*

Parte de uma cadeia, este Fisherman's Table tem espetacular localização à beira-mar em Paekakariki, um dos bairros na praia com menos ar de subúrbio. Restaurante amplo, frequentado por famílias e com preços econômicos. Bufê de saladas e muito peixe com batatas. Ótimo para ir com crianças.

NEW PLYMOUTH Bella Vita $$$

37 Gover Street ***Tel*** *(06) 758 3393* **Mapa** *D3*

O Bella Vita serve culinária clássica italiana sem rebuscamentos, em um ambiente intimista. Oferece massas consistentemente boas, bem como pratos de carne e peixe aproveitando muito bem os produtos neozelandeses, além de sobremesas deliciosas como *tiramisù* e *pannacotta*. Os degraus tornam o acesso difícil para deficientes.

NEW PLYMOUTH The Salt Restaurant $$$

1 Egmont Street ***Tel*** *(06) 769 5301* **Mapa** *D3*

O Salt, no andar de cima no motel mais novo e requintado de Plymouth, fica aberto o dia todo para café-da-manhã, almoço, jantar e refeições leves, petiscos e drinques. Contemple as ondas arrebentando de qualquer uma das mesas, dentro ou na varanda. O cardápio do jantar é sobretudo à base de frutos-do-mar.

NEW PLYMOUTH Albert's $$$$

161 Courtney Street ***Tel*** *(06) 759 1348* **Mapa** *D3*

Clássico restaurante em estilo europeu contemporâneo no coração de New Plymouth. Ambiente chique com toalhas de linho branco e copos de cristal. Combina boa comida e vinhos, em um cardápio à base de carnes. Boa carta de vinhos, sobretudo neozelandeses, e serviço excelente.

PALMERSTON NORTH Bella's Café $$

2 The Square ***Tel*** *(06) 357 8616* **Mapa** *E4*

Em um luminoso ambiente em estilo de café mediterrâneo, o Bella's oferece culinária inventiva com inspiração italiana e asiática. O cardápio traz uma seleção de pratos em constante mudança, tais como *kumara*, bacon crocante e pinhões tostados com espinafre, com azeite de oliva balsâmico com *kikorangoi blue cheese*.

PALMERSTON NORTH Barista $$$

77 George Street ***Tel*** *(06) 357 2614* **Mapa** *E4*

Na rua mais descolada de Palmerston North, perto de Te Manawa e The Square, o Barista leva sua comida e vinho tão a sério quanto o seu café, servindo deliciosos e sofisticados pratos neozelandeses com um viés de fusão. Conhecido como bar, serve também vinho, café-da-manhã, almoços e jantares ótimos e despretensiosos.

PALMERSTON NORTH Déjeuner $$$$

159 Broadway Avenue ***Tel*** *(06) 952 5581* **Mapa** *E4*

É o restaurante mais fino de Palmerston North. Fica em uma casa antiga construída por um dos fundadores da cidade, e que foi durante anos um consultório médico, é agora decorado em estilo sóbrio, com tons fortes e escuros. A especialidade é cordeiro ou pernil de vitela assado com um purê perfumado.

PALMERSTON NORTH The BathHouse Restaurant and Bar $$$$

161 Broadway Avenue ***Tel*** *(06) 952 5570* **Mapa** *E4*

Este bar e restaurante fica em um antigo banho turco e ainda tem um ambiente cálido, com uma lareira de tijolos no centro e um ensolarado pátio coberto nos fundos. *Brunch* clássico *(eggs benedict)*, almoços leves e jantares de culinária fusão. Oferece vinhos em taça e música ao vivo (qui-sex).

Legenda de preços *pág. 326* **Legenda dos símbolos** *no final do guia*

WAIRARAPA Wild Oats Café $

127 High Street North, Carterton ***Tel*** *(06) 379 5580* ***Mapa*** *E4*

Aberto recentemente pela família que dirige o Dixon Street Deli em Wellington desde 1930, é um ótimo lugar para um almoço leve ou para se reabastecer de café e com a enorme variedade de sanduíches em diferentes tipos de pão e doces a caminho do norte de Wellington.

WAIRARAPA Café Cecille $$

Queen Elizabeth Park, Masterton ***Tel*** *(06) 370 1166* ***Mapa*** *E4*

Convenientemente localizado perto do novo museu de Masterton, o Aratoi, e junto à principal estrada da região. Muitas mesas ao ar livre neste café no parque, cujas atrações incluem um aviário, playground, jardins, parque de cervos e campo de golfe. No verão, o críquete é uma atração a mais. Às quintas-feiras, traga sua própria bebida.

WAIRARAPA Saluté $$$

83 Main Street, Greytown ***Tel*** *(06) 304 9825* ***Mapa*** *E4*

Restaurante premiado que serve excelente culinária mediterrânea e do Oriente Médio. Há um pátio sombreado com fonte, aquecido por fogueira no inverno. A casa oferece uma variedade de pratos, de ovos Florentine e French toast a Harira, uma sopa marroquina de cordeiro, grão-de-bico, lentilha, limão e ervas.

WAIRARAPA Est Wine Bar and Eatery $$$$

8 Memorial Square, Martinborough ***Tel*** *(06) 306 9665* ***Mapa*** *E4*

Fica no antigo prédio do correio, do século 19, na praça principal de Martinborough. O antigo cofre no porão abriga agora a adega. Refeições em frente à lareira, ou em um dos dois pátios. Cardápios neozelandeses completos, cardápio do bar ou travessas para acompanhar vinhos não só de Martinborough.

WANGANUI Amadeus Riverbank Café $

69 Taupo Quay ***Tel*** *(06) 345 1538* ***Mapa*** *E4*

Café muito popular que fica às margens do rio. Serve interessantes versões de pratos clássicos de café-da-manhã ou almoço, como salmão defumado da Nova Zelândia e ovos mexidos em torrada de *bagel*, guacamole com chips de milho ou um sanduíche chamado *hot babe* (bacon, abacate e banana) acompanhados de café, sucos, cerveja, vinho ou aguardente.

WANGANUI Indigo Café and Bar $$

1 Maria Place, Majestic Square ***Tel*** *(06) 348 7459* ***Mapa*** *E4*

Interessado em cativar o mercado executivo, mas acolhe famílias, grupos e indivíduos para seu *brunch* de classe, almoços em estilo de café e jantares sofisticados e caros. Experimente o ossobuco de vitela temperada marroquina em purê de *pastinaca* com *gremolata*. Fica no coração da cidade e tem três níveis, com mesas no interior, mezanino e pátio.

WELLINGTON Dixon Street Deli $

45 Dixon Street ***Tel*** *(04) 384 2436* ***Mapa*** *D5*

Administrado pela mesma família desde sua abertura por imigrantes russos em 1930, a Dixon Street Deli evoluiu de *delicatessen* para café na terceira geração. Próximo à Cuba Street, serve café-da-manhã e almoço com pratos como risoto de abóbora, bem como porções do balcão. Não deixe de provar o Dixon Deli Platter.

WELLINGTON Nikau Gallery Café $

City Gallery Building, Civic Square ***Tel*** *(04) 801 4168* ***Mapa*** *D5*

Um café espaçoso e arejado adjacente à City Gallery, o Nikau oferece um bufê e cardápio à la carte, com considerável atenção ao detalhe, para um café. Serviço simpático e charmoso, e particularmente atencioso com crianças, com brinquedos e livros para distraí-las. Abre-se para uma praça.

WELLINGTON Café Istanbul $$

156 Cuba Street ***Tel*** *(04) 385 4998* ***Mapa*** *D5*

Travessas de *meze*, *shish kebab* e *baklava*, bem como iguarias menos conhecidas entre as delícias turcas servidas em um aconchegante ambiente em estilo turco, com tapetes nas paredes. Lanternas turcas penduradas no teto e uma enorme lareira bem no centro. É um bom lugar para ir em grupos grandes.

WELLINGTON Monsoon Poon $$

12 Blair Street ***Tel*** *(04) 803 3555* ***Mapa*** *D5*

Um confluência de culinárias do Sudeste Asiático –do sul da Índia e da China, malaia, tailandesa, vietnamita e filipina– em um ambiente alegre e descontraído. Muitos favoritos, como o *mee goreng*, *nasi goreng*, *laksa* e carne *rendang* em abundância, com coquetéis, cervejas, vinhos ou *lassi*.

WELLINGTON Roti Chenai $$

5/120 Victoria Street ***Tel*** *(04) 382 9807* ***Mapa*** *D5*

Wellington tem muitos restaurantes malaios, mas este é consistentemente considerado o melhor pelos moradores e críticos gastronômicos. É especializado nos sabores mais suaves da culinária do sul da Índia e na mistura de estilos chinês, indiano e malaio da culinária malaia. Restaurante econômico para famílias e é bem central.

WELLINGTON Chow $$$

45 Tory Street ***Tel*** *(04) 382 8585* ***Mapa*** *D5*

Sabores frescos da Ásia em um descontraído ambiente moderno. No almoço, aos sábados e domingos, oferece o cardápio Yum Chow. Escolha e se sirva de uma variedade de pratos como vieiras *yakitori* com chalotas, asas de galinha cozida duas vezes com cúrcuma e lima *kaffir*. Todos os pratos acompanhados de arroz de jasmim. Música ao vivo e cabaré.

WELLINGTON Chow $$$
45 Tory Street ***Tel*** *(04) 382 8585* **Mapa** *D5*

O Matterhorn na Cuba Street é instituição de Wellington. Aberto em 1963 como confeitaria por um imigrante suíço, a casa agora se orgulha de oferecer o que há de mais novo e fino em música, comida, bebida, design e cultura da Nova Zelândia. Coquetéis originais e variada carta de vinhos do velho e novo mundo. Aberto até as 3h diariamente.

WELLINGTON Arbitrageur Wine Room and Delicatessa $$$$
125 Featherston Street ***Tel*** *(04) 499 5530* **Mapa** *D5*

O cardápio do Arbitrageur é europeu, com ênfase francesa e italiana, servindo refeições leves em estilo de bistrô. Fica em um prédio de 1950 de pé-direito alto bem no centro de Wellington, é conhecido por sua enorme carta de vinhos (mais de 600 rótulos). Muitos dos bons vinhos são servidos em taças.

WELLINGTON Boulcott Street Bistro $$$$
99 Boulcott Street ***Tel*** *(04) 499 4199* **Mapa** *D5*

Considerado um dos melhores restaurantes de Wellington desde que abriu, em 1991. Comida premiada, ambiente animado e serviço fluente e simpático. Localizado em uma casa vitoriana de 1876 e com decoração elegante, oferece pratos clássicos e modernos, como pernil de cordeiro e *crème brûlée*. Bons vinhos em taças. Não faz reservas.

WELLINGTON Citron Restaurant $$$$
270 Willis Street ***Tel*** *(04) 801 6263* **Mapa** *D5*

Um restaurante muito conhecido especializado em cardápios fixos de três e oito pratos. O estilo da culinária combina o treinamento clássico de Rex Morgan com idéias colhidas em suas viagens –pratos como coxa de frango com especiarias e salada de batata maori com manga e molho picante *kawakawa*. A casa é muito elogiada e premiada.

WELLINGTON Ford's Café $$$$
342 Tinakori Road ***Tel*** *(04) 472 6238* **Mapa** *D5*

O Ford fica no coração de Thorndon, em um chalé histórico que sempre foi famoso por sua comida. Um ícone de Welligton, é o lugar perfeito para café com bolo, *brunch* no fim de semana, um almoço leve ou um aconchegante jantar (prove a travessa de antepasto). Pátio coberto ensolarado. Serviço informal.

WELLINGTON Café Bastille $$$$$
16 Majoribanks Street, Mount Victoria ***Tel*** *(04) 382 9559* **Mapa** *D5*

O premiado Bastille é um bistrô francês tradicional que serve comida deliciosa. Em contraste à miríade de influências e sabores da culinária neozelandesa contemporânea, oferece clássicos franceses como *coq au vin*, sopa de cebolas, *bouillabaisse* e steak *pommes frites*. Boa seleção de vinhos franceses. Cardápio para crianças. Não faz reservas.

WELLINGTON Martin Bosley's Yacht Club Restaurant $$$$$
103 Oriental Parade ***Tel*** *(04) 385 6963* **Mapa** *D5*

Aberto a todos, mas localizado no Royal Port Nicholson Yacht Club, com localização fabulosa em frente ao mar e com vista panorâmica para a cidade e para o porto. Cardápio delicioso que dá ênfase a frutos-do-mar e muitos pratos do dia. A carta de vinhos é particularmente boa em vinhos de Martinborough e Marlborough.

WELLINGTON Shed 5 Restaurant and Bar $$$$$
Queens Wharf ***Tel*** *(04) 499 9069* **Mapa** *D5*

Construído em 1888 como um barracão de lã, o Shed 5 é um dos armazéns mais antigos do cais em Lambton Harbour. Situado no Queens Wharf e perto do centro, a construção histórica meticulosamente restaurada agora abriga um dos mais conhecidos restaurantes de frutos-do-mar de Wellington. Ampla variedade de vinhos, cervejas e coquetéis.

NELSON E MARLBOROUGH

BLENHEIM Bacchus $$
3 Main Street ***Tel*** *(03) 578 8099* **Mapa** *D5*

Consistentemente boa relação custo-benefício neste restaurante servindo sobretudo frutos-do-mar em interior aconchegante com lareira, ou ao ar livre no verão. Ambiente íntimo, cardápio e serviço muito bons. Boa seleção de produtos locais. Abrangente carta de vinhos, com alguns excelentes da região de Marlborough. Aberto só no jantar.

BLENHEIM Twelve Trees Restaurant $$
Allan Scott Wines & Estates Ltd, Jacksons Road ***Tel*** *(03) 572 7123* **Mapa** *D5*

Com o nome vindo das nogueiras enfileiradas na entrada da vinícola, o Twelve Trees é um dos mais antigos restaurantes em vinícolas de Malrborough. Belo restaurante com jardim em meio ao vinhedo, construído em terra compactada. Vinhos são indicados para acompanhar pratos como medalhões de veado com calda de framboesa.

BLENHEIM Bellafico Restaurant and Wine Bar $$$
17 Maxwell Road ***Tel*** *(03) 577 6072* **Mapa** *D5*

Um instituição de Blenheim, o Bellafico tem agora novos proprietários suíços, Dietmar e Volker, que juraram manter seu ambiente acolhedor e serviço simpático e ao mesmo tempo elevar o padrão de sua culinária. Raro cardápio de influência alemã, com batatas *rösti* e *bratwusrt* e jantares sofisticados. Abrangente carta de vinhos de Marlborough.

Legenda de preços *pág. 326* **Legenda dos símbolos** *no final do guia*

BLENHEIM Herzog Winery Restaurant ♿ $$$$$

81 Jeffries Road ***Tel*** *(03) 572 8770* ***Mapa*** *D5*

Restaurante *gourmet* em uma vinícola-butique, muito elogiada por seus vinhos, sua culinária, de inspiração mediterrânea, e serviço altamente profissional. A casa exige trajes formais (paletó e gravata). No primeiro sábado do mês, há palestras e oficinas culinárias que já foram exibidas na TV. O bistrô serve cardápio de almoço mais barato.

GOLDEN BAY Wholemeal Café $

60 Commercial Street, Takaka ***Tel*** *(03) 525 9426* ***Mapa*** *D4*

Outra instituição hippie da Golden Bay, o Wholemeal é o eixo da comunidade alternativa local (observe o quadro de avisos). *Soy lattes*, espirulina, bolos, tortas e outras delícias de forno, saladas e uma interessante variedade de pratos vegetarianos quentes e frios com bastante fibra. Tem também uma galeria.

GOLDEN BAY Mussel Inn $$

SH60, Onekaka ***Tel*** *(03) 525 9241* ***Mapa*** *D4*

O lugar para se ir na Golden Bay (17km ao norte de Takaka) para cerveja artesanal, *ales*, cidras, limonada ou *ginger ale*, vinhos, comida e música, o Mussel Inn é muito apreciado pelos habitantes locais. Amplo jardim. Noites de música ao vivo, com viés folclórico. Entre os pratos, mexilhões no vapor e em caldeirada. No verão, prepare-se para esperar.

HAVELOCK Mussel Boys $

73 Main Road ***Tel*** *(03) 574 2824* ***Mapa*** *D4*

Um restaurante divertido e ideal para famílias com ênfase nos mexilhões verdes locais, com o slogan "limpo, verde e dirigido a mexilhões". Entre as opções à base de mexilhões, a casa oferece caldeirada, no bafo, grelhados, e em cestos. Vinhos brancos Marlborough.

KAIKOURA The Craypot Café and Bar $$$

70 Westend ***Tel*** *(03) 319 6027* ***Mapa*** *D5*

Lugar alegre e acolhedor para provar pitu *thermidor*, caldeirada de mexilhões e outras delícias do mar. Boa seleção de pratos leves de almoço e um ótimo *brownie* de sobremesa. Ambiente descontraído e familiar em uma localização em frente ao mar, junto à praça. Oferece estacionamento e passeios para ver golfinhos

MOTUEKA Hot Mamas Café $

105 High Street ***Tel*** *(03) 528 7039* ***Mapa*** *D4*

Sinta a energia hippie neste café antes de atravessar Takaka Hill para a Golden Bay. O cardápio na lousa traz sopas, pratos vegetarianos, pizzas e petiscos. Há também os bolos e tortas na vitrine do balcão. Destaque para os interessantes murais e para a lareira, no inverno. No verão, fica aberto para a rua e oferece música ao vivo.

NELSON Morrison Street Café $

244 Hardy Street ***Tel*** *(03) 548 8110* ***Mapa*** *D4*

Culinária sazonal e café excelente em um ambiente simpático e movimentado no coração de Nelson. Exposição de arte local no interior e mesas no pátio. Ganhou muitos prêmios de melhor café e de hospitalidade, por seu clima descontraído e comida deliciosa. Popular entre os habitantes locais e viajantes.

NELSON Ma Fish $$$

322 Wakefield Quay ***Tel*** *(03) 539 1307* ***Mapa*** *D4*

Descolado restaurante de peixes contemporâneo em frente ao mar, sobre o Nelson Yacht Club. Refeições no deque no verão. Escolha o seu entre os diferentes peixes frescos da Tasman Bay: *blue warehou*, anchova, bacalhau, linguado, garoupa, vermelho, *terakihi*, cabrinha e tamboril –e escolha o estilo de preparo. *Brunch* singular.

NELSON Miyazu Japanese Restaurant $$$

Rutherford Hotel, Trafalgar Square ***Tel*** *(03) 548 2299* ***Mapa*** *D4*

O Miyazu Japanese Restaurant foi escolhido como melhor restaurante internacional na competição Taste Nelson por vários anos seguidos. As opções vão do peixe cru no bar de sushi e sashimi aos grelhados japoneses tradicionais no *teppan yaki bar*, ou então culinária japonesa *à la carte*.

NELSON Seifried's Vineyard Restaurant $$$

Esq da Redwood Road com a State Highway 60, Appleby ***Tel*** *(03) 544 1555* ***Mapa*** *D4*

Refeições econômicas em um vinhedo com área para as crianças brincarem. Oferece produtos locais frescos e, no inverno, é aquecido por lareira. No verão, as mesas ficam em meio às videiras no verão. Fica a 20 minutos de carro de Nelson na direção do Abel Tasman National Park. Use a saída para a Rabbit Island.

NELSON The Cut ♿ $$$

94 Collingwood Street ***Tel*** *(03) 548 9874* ***Mapa*** *D4*

Comida premiada e excelente carta de vinhos em uma mansão da década de 1900 remodelada, com arte local nas paredes e pátio privativo. Culinária de influência mediterrânea que impressiona por sua simplicidade, sabor e uso de frutos-do-mar e ingredientes frescos. Há também pratos à base de carnes bovina e caprina. Boa relação custo-benefício.

NELSON Waimea Estates Café in the Vineyard $$$

Appleby Highway, Hope ***Tel*** *(03) 544 4963* ***Mapa*** *D4*

Mesas dentro e fora, com aquecimento, no meio do vinhedo de Waimea Estates. Música ao vivo nos fins de semana do verão. A culinária baseada sempre que possível em ingredientes locais frescos inclui carne de veado do Motueka Valley grelhada com salada marroquina de cenoura e batatas assadas, ou a travessa de antepasto misto.

NELSON Appelman's Restaurant $$$$

294 Queen's Street, Richmond ***Tel*** *(03) 544 0610* ***Mapa*** *D4*

Universalmente recomendado, o Apppelman's fica em frente ao mar a 15 minutos de carro do centro de Nelson. Oferece boa seleção de frutos-do-mar e excelente pratos à base de carnes locais, preparados em estilo contemporâneo. Seus pratos de peixe, carne e cogumelos ganharam prêmios. Carta de vinhos seletiva, incluindo os locais.

NELSON Boat Shed Café $$$$

350 Wakefield Quay ***Tel*** *(03) 546 9783* ***Mapa*** *D4*

Restaurante de frutos-do-mar em uma localização nobre no cais sobre a água, consistentemente votado como um dos melhores de Nelson. Esteja preparado para pagar mais pelo pitu, *paua* e outros frutos-do-mar da Nova Zelândia, ou então se entregue ao extravagante menu degustação –por cerca de NZ$230 para dois.

CANTERBURY E COSTA OESTE

AKAROA By The Green $

37 Rue Lavaud ***Tel*** *(03) 304 7717* ***Mapa*** *C6*

Localizado no bairro histórico de Akaroa, um café com bebidas alcoólicas que serve café-da-manhã, almoço e comida de *delicatessen* o dia inteiro, com base em produtos locais sazonais, como cabrinha com aioli de limão e salada. Saboreie um café, uma taça de vinho local ou um coquetel observando o movimento.

AKAROA French Farm Winery and Restaurant $$

French Farm Valley Road ***Tel*** *(03) 304 5784* ***Mapa*** *C6*

Vinhedos e gramados cercam este delicioso restaurante, com lareiras crepitando no inverno. Serve culinária provençal francesa à base de produtos frescos locais como salmão de Akaroa grelhado com *pithivière* de vegetais ou pernil de cordeiro de Canterbury com batata gratinada e calda de hortelã, além de pizzas e vinhos da casa.

AKAROA Harbour 71 $$$$

71 Beach Road ***Tel*** *(03) 304 7656* ***Mapa*** *C6*

Akaroa é famosa por seu salmão (de criadouro), e o premiado *chef* do Harbour 71, Darren Wright, oferece pratos fabulosos como musse fria de salmão defumado e caviar de salmão sobre salmão defumado quente. As alternativas vão de vieiras e garoupa a cordeiro e veado. Há também bons vinhos, em um um histórico armazém de dois andares no porto.

ARTHUR'S PASS Oscar's Haus Alpine Café and Crafts $

State Highway 73 ***Tel*** *(03) 318 9234* ***Mapa*** *C5*

Café movimentado junto ao centro de informações turísticas de Arthur's Pass que oferece pratos simples no almoço. Há uma galeria com artesanato da South Island. É uma boa escala se você quiser comprar suvenires, outros artigos, comida e café, com informação local de brinde.

ARTHUR'S PASS Middlesouth Alpine Hotel Restaurant $$$

State Highway 73 ***Tel*** *(03) 318 9236* ***Mapa*** *C5*

Sob nova direção, este restaurante contratatou novos *chefs* e assistentes para a cozinha para planejar melhorias na comida e no serviço. Atualmente, oferece cardápio *à la carte* com lareira ou bistrô, com especialidades de salmão e veado. É uma das poucas alternativas na região.

ARTHUR'S PASS Mount Rolleston Restaurant, Wilderness Lodge $$$

State Highway 73 ***Tel*** *(03) 318 9246* ***Mapa*** *C5*

Comida *gourmet* no restaurante desta pousada em meio a uma fazenda de criação de ovelhas de 30ha. O cardápio muda diariamente, obtendo o melhor de produtos sazonais, e pode incluir filé no forno ou garoupa da Nova Zelândia sobre espinafre com molho de maracujá, ou pernil de veado.

CHRISTCHURCH Sala Sala $$$

184-6 Oxford Terrace ***Tel*** *(03) 366 6755* ***Mapa*** *C6*

Teppan yaki e *sushi* bar, com ampla variedade de pratos autênticos, preparados e apresentados com maestria pelos *chefs*, para saborear a melhor culinária japonesa. As especialidades incluem *sushi* e *sashimi*. Ampla seleção de vinhos da Nova Zelândia, saquê e cerveja japonesa. Outro Sala Sala foi aberto recentemente em Arrowtown.

CHRISTCHURCH Annie's Wine Bar and Restaurant $$$$

Esq da Rolleston Avenue com Hereford Street ***Tel*** *(03) 365 0566* ***Mapa*** *C6*

Restaurante muito procurado com ótima localização no South Quad do Arts Centre, na antiga sala de escultura nos velhos prédios da universidade em estilo neogótico. Culinária descomplicada com influência mediterrânea e asiática. Oferece vinhos excelentes e pães soberbos. Madeiras nativas, tijolos reciclados e vitrais produzem um charme acolhedor e rústico.

CHRISTCHURCH Minx Dining Room and Rootes Bar $$$$

96 Lichfield Street ***Tel*** *Minx (03) 374 9944, Rootes (03) 365 5993* ***Mapa*** *C6*

Novíssimo e descolado estabelecimento que já adquiriu reputação por sua comida simples e fresca com sabores nítidos e notável apresentação. Comida e bebida com estilo e atitude, a criação de um arrojado *chef* londrino que voltou para casa para inovar. Bar retrô-chique em couro vermelho.

CHRISTCHURCH Pegasus Bay Winery Restaurant $$$$

Stockgrove Road, Amberley, Waipara ***Tel*** *(03) 314 6869* ***Mapa*** *C6*

Recentemente eleito pela revista *Cuisine* o melhor restaurante para refeições informais da Nova Zelândia, faz parte da vinícola Pegasus Bay, de administração familiar, onde os Donaldson produzem vinhos de qualidade e excelente comida. Arte contemporânea da Nova Zelândia no cálido interior em *rimu*, e jardins espetaculares. Culinária fresca e sazonal.

FAIRLIE The Old Library Café $$$

6 Allandale Road ***Tel*** *(03) 685 8999* ***Mapa*** *C6*

Construída em 1914, a antiga biblioteca Fairlie foi reformada com bom gosto, criando um restaurante agradável que serve culinária premiada, de petiscos a refeições *gourmet*, além de sobremesas deliciosas. Ambiente acolhedor, serviço simpático e ótimo café para acelerá-lo em seu caminho de Christchurch a Queenstown (ou vice-versa).

FOX GLACIER Cook Saddle Café and Saloon $$

State Highway 6 ***Tel*** *(03) 751 0700* ***Mapa*** *B6*

Uma grande lareira de pedra torna este agradável restaurante convidativo mesmo no dia mais úmido da Costa Oeste. Variedade de bem preparados pratos de temática americana a preços acessíveis em ambiente descontraído. Há árvores perto da varanda e é ótimo para famílias. Oferece excelentes cervejas locais.

FRANZ JOSEF Beeches Restaurant $$$

State Highway 6 ***Tel*** *(03) 752 0721* ***Mapa*** *B6*

Café, restaurante e bar, aberto para café-da-manhã, almoço e jantar. Abrangente seleção de comida incluindo (na época), salmão e veado. As porções são generosas e oferece uma boa carta de vinhos. A equipe tende a ser sazonal, com pessoas só trabalhando ali nas férias, deixando o serviço um tanto demorado.

GREYMOUTH Café 124 on Mackay $

124 Mackay Street ***Tel*** *(03) 768 7503* ***Mapa*** *C5*

Refeições no interior e ao ar livre em estilo de café em instalações novas junto a uma loja de presentes. Ótima comida em um ambiente acolhedor com excelente serviço. Entre as melhores comidas da cidade (boi e cordeiro notáveis), e o único lugar com mesas na calçada.

GREYMOUTH Café Collage $$

115 Mackay Street ***Tel*** *(03) 768 5497* ***Mapa*** *C5*

Produtos locais que incluem peixe fresco, pães caseiros premiados como o *grissini* (palito de pão italiano), premiado sorvete e excelentes pratos de carne, cordeiro e veado, acompanhados por vinhos da Ilha Sul e pela cerveja local Monteith's.

HAAST The Craypot $

Jackson Bay ***Tel*** *(03) 750 0035* ***Mapa*** *C6*

Restaurante em um trailer em local remoto com vista para o oceano. Em Jackson Bay, onde mais ao sul chega a estrada de Haast, um lugar sinistro mas belo que foi várias vezes povoado e abandonado. Oferece peixe fresco com batatas fritas e hambúrgueres. Há alguns lugares para sentar no minúsculo trailer.

HOKITIKA Café de Paris $$$

19 Tancred Street ***Tel*** *(03) 755 8933* ***Mapa*** *C5*

Aberto por um *chef* francês 20 anos atrás, o premiado Café de Paris têm uma reputação excelente na Costa Oeste por sua culinária de inspiração francesa e italiana. Clássicos como *soupe à l'oignon*, *carré d'agneau* e *scaloppine di vitello ai funghi* no cardápio.

KARAMEA The Last Resort $$

71 Waverley Street ***Tel*** *(03) 782 6617* ***Mapa*** *C4*

Parte do espalhado e discreto complexo hoteleiro em Karamea, este café e bar serve pizzas, hambúrgueres, saladas, *nachos*, peixe com fritas, sobremesas, tortas, chá, café, sucos, vinhos e chope. O restaurante oferece uma seleção de bons frutos-do-mar e alguns pratos de carne à noite.

KARAMEA Karamea Bight Restaurant $$$

Esq da Waverley Street com Wharf Road ***Tel*** *(03) 782 6800* ***Mapa*** *C4*

Proprietários simpáticos oferecem ampla variedade de pratos de bar baratos, bem como refeições completas no antiquado pub do Karamea Village Hotel. Vencedor regional e nacional do Wild Food Challenge, com pratos como manjubas em cesta de algas ou coelho selvagem com *chutney*.

MOUNT COOK Old Mountaineers' Café Bar and Restaurant $$

Larch Grove ***Tel*** *(03) 435 1890* ***Mapa*** *B6*

Vizinho ao centro de informações do Aoraki Mount Cook National Park, o Old Mountaineer's foi oficialmente inaugurado por sir Edmund Hillary em 2003. Serve ótimas sopas e petiscos em estilo mediterrâneo, além da boa culinária neozelandesa à moda antiga (filé grelhado ou peixe com fritas), seguido por pudins quentes e tortas.

MOUNT COOK Alpine Restaurant $$$

The Hermitage ***Tel*** *(03) 435 1809* ***Mapa*** *B6*

É o principal restaurante em Mount Cook, no resort The Hermitage. Bufês suntuosos de café-da-manhã, almoço e jantar, com vista para o Aoraki/Mount Cook de todas as mesas. Oferece uma variedade de pratos incluindo sopas, saladas, frutos-do-mar, carnes e sobremesas. Aberto o ano inteiro, oferecendo refeições mais baratas que o Panorama.

MOUNT COOK Panorama Restaurant $$$$

The Hermitage ***Tel*** *(03) 435 1809* ***Mapa*** *B6*

Restaurante de classe no resort The Hermitage em Mount Cook, de onde se pode ver o sol se pôr no Aoraki/Mount Cook durante o jantar. Veado, lebre e carnes da Nova Zelândia são especialidades, com sobremesas de dar água na boca. A casa, de 35 anos, é tradicional e vem frequentemente arrematando muitos prêmios.

WESTPORT The Bay House Café and Art Gallery $$$$

Tauranga Bay ***Tel*** *(03) 789 7133* ***Mapa*** *C5*

Localização soberba em meio na costa, com vista espetacular para a Tauranga Bay perto da colônia de focas em Cape Foulwind. O Bay House é um ótimo lugar para almoço, jantar ou café. Uso inovador de produtos locais, incluindo maracujá-preto. Frutos-do-mar locais são uma especialidade, em particular a caldeirada.

OTAGO E SOUTHLAND

ARROWTOWN Pesto $$

18 Buckingham Street ***Tel*** *(03) 442 0885* ***Mapa*** *B6*

Irmão mais novo do restaurante Saffron, o Pesto oferece pizza e massa que agradam às famílias no fim de uma ruela iluminada por braseiros em noites frias na singular Arrowtown. A decoração não é nada pitoresca, já que a casa foi feita em madeira reciclada, concreto aparente e tetos de cobre.

ARROWTOWN Saffron $$$$$

18 Buckingham Street ***Tel*** *(03) 442 0131* ***Mapaa*** *B6*

O variado cardápio do Saffron, que é complementado por uma carta de vinhos destacando os de Otago Central, é baseada em animais caçados na região. Na rua principal de Arrowtown, a construção de metal corrugado não sugere a sua culinária realmente sofisticada. Combinações interessantes, como pato assado e sopa de caranguejo com tapioca.

BLUFF Lands End $$$

10 Ward Parade ***Tel*** *(03) 212 7575* ***Mapa*** *A7*

Uma localização magnífica no Stirling Poin, com vista para a Stewart Island, no extremo sul da Nova Zelândia, onde a State Highway 1 acaba. Peixe fresco pescado lá é uma especialidade. Conhecido pelo bacalhau local, salmão e ostras Bluff. Excelente seleção de vinhos neozelandeses. Vende também artesanato e suvenires.

CLYDE Oliver's $$$

34 Sunderland Street ***Tel*** *(03) 449 2860* ***Mapa*** *B6*

Renomado restaurante que fica em um casa construída em 1863 e cuidadosamente restaurada. com paredes de pedra e piso de tijolos. O ambiente parece simples, mas o resultado é um refinado restaurante francês rústico. Oferece cardápio simples e delicioso, além de boa carta de vinhos.

DUNEDIN Nova $$

29 The Octagon ***Tel*** *(03) 479 0808* ***Mapa*** *B7*

Este café central (ao lado da Dunedin Public Art Gallery) já ganhou o prémio Café do Ano Nobilo. É impecável no atendimento, sobretudo em relação a crianças, e fica aberto todos os dias para café-da-manhã, almoço e jantar até tarde. O cardápio usa produtos locais frescos, dos clássicos de café-da-manhã aos pratos italianos e asiáticos.

DUNEDIN Plato Café $$$

2 Birch Street ***Tel*** *(03) 477 4235* ***Mapa*** *B7*

Descontraído café em frente ao porto de Dunedin, o Plato fica em um antigo albergue para marinheiros. O cardápio dá ênfase aos frutos-do-mar, mas também destaca uma variedade de produtos locais, de verduras orgânicas a *eye fillet*. Comida caseira sem complicações, servida com vinhos de Central Otago e cervejas locais. Serviço simpático e ótimo café.

DUNEDIN Bell Pepper Blues $$$$

474 Princes Street ***Tel*** *(03) 474 0973* ***Mapa*** *B7*

Culinária neozelandesa moderna com um toque de sabores asiáticos (o bife *sirloin* frito é temperado com especiarias asiáticas, e o *mahi-mahi* é grelhado com *dukkah* polvilhado) embora haja também fortes influências européias (nhoque de abóbora com espinafre e um supremo de frango reinventado). A casa cobra taxa de rolha de NZ$10.

GORE The Moth $

State Highway 94, Mandeville ***Tel*** *(03) 208 9662* ***Mapa*** *B7*

Ao lado do antigo campo de pouso de Mandeville, The Moth era o Old Railway Hotel, famoso na época da Lei Seca como a área "molhada" mais perto da cidade de Gore. Foi inteiramente reformado tendo como tema a aviação antiga e saiu na *Home and Garden* neozelandesa. Oferece deliciosos pratos vegetarianos.

INVERCARGILL The Cabbage Tree $$

379 Dunns Road ***Tel*** *(03) 213 1443* ***Mapa*** *A7*

A dez minutos de carro ao sul de Invercargill na direção de Oreti Beach, The Cabbage Tree foi montado a partir de um salão comunitário transferido, uma loja em ruínas, janelas de um velho hospital, postes de luz velhos e montes de bancos de igreja. Há um jardim de plantas nativas. O cardáfio é de café *gourmet* (*foccacia* de veado).

Legenda de preços *pág. 326* **Legenda dos símbolos** *no final do guia*

MOERAKI Fleur's Place $$$$

169 Haven Street ***Tel*** *(03) 439 5980* ***Mapa*** *B7*

Restaurante no antigo quebra-mar de Moeraki, construído em 2002 no local onde antes havia uma instalação baleeira, com materiais reciclados. Oferece peixe do dia dos barcos de Moeraki preparado de forma simples com vários molhos à base de alcaparra, lima, coco e coentro. O bacalhau da casa é bem famoso.

OAMARU Whitestone Cheese Café $

3 Torridge Street ***Tel*** *(03) 434 8098* ***Mapa*** *B7*

Um cardápio de lousa inovador com base em queijos com vinhos de Otago Central nessa premiada fábrica artesanal de queijos. A sala onde eles são feitos pode ser vista de uma plataforma exterior antes de provar os queijos. Excelentes queijos de leite de ovelha, fetas, roquefort, brie e camembert de leite de vaca.

OAMARU Casa Nova House $$$$

1 Alt Street ***Tel*** *(03) 437 1782* ***Mapa*** *B7*

Fica em uma imponente mansão construída em 1861 para um inglês no estilo de seu lar ancestral em Leicestershire. Dez anos depois ele deixou o sobrado neogótico para lutar nas Land Wars e nunca mais voltou. Agora é o melhor restaurante da costa de Otago, com salão intismista.

QUEENSTOWN Vesta $

Williams Cottage, Marine Parade ***Tel*** *(03) 442 5687* ***Mapa*** *A6*

Café divertido com vista sem igual para o Wakatipu, o Vesta é também uma loja inovadora exibindo o design contemporâneo da Nova Zelândia. Situado na construção histórica Williams Cottage, que manteve sua ferragem e papel de parede originais. Sala aconchegante e jardim junto ao lago.

QUEENSTOWN Vudu Café $

23 Beach Street ***Tel*** *(03) 442 5687* ***Mapa*** *A6*

Descolado cybercafé e ponto de encontro, aberto diariamente a partir das 8h. O Vudu Café é um ótimo lugar para conhecer novas pessoas e fazer amigos de verdade. Não se esqueça de comprar a camiseta e levar um saco de café torrado na hora.

QUEENSTOWN Amisfield Winery Bistro $$

10 Lake Hayes Road ***Tel*** *(03) 442 0556* ***Mapa*** *A6*

Bistrô que serve comida simples para acompanhar os vinhos produzidos na vinícola. Entre as delícias, salmão com limão e alcaparras, pato com pasta de marmelo ou porco assado com purê de ervilhas. Prove os caprichos diários do *chef* no cardápio "confie no chefe". Localização excelente com vista para o lago Hayes. Refeições no pátio ou junto à lareira.

QUEENSTOWN Finz Down Under Queenstown $$

Steamer Wharf ***Tel*** *(03) 442 7505* ***Mapa*** *A6*

Divertido, simpático e barato, o Finz Down Under Queenstown é um novo restaurante de frutos-do-mar e grelhados no Steamer Wharf. Com seu amplo cardápio, abrangente carta de vinhos, decoração retrô e ambiente descolado, o lugar para ir para se divertir com um grupo de amigos.

QUEENSTOWN Gibbston Valley Winery Restaurant $$$

State Highway 6, Gibbston ***Tel*** *(03) 442 6910* ***Mapa*** *A6*

Esta vinícola atrai as hordas de turistas em seus passeios pelas adegas da região. Sua culinária pode ser um tanto complicada demais para alguns (pitu de Milford Sound e bolinhos de abóbora com aioli de limão e uma salada de *scampi*, ruibarbo e pepino), mas é um bom pretexto para provar os vinhos.

QUEENSTOWN Roaring Megs $$$

53 Shotover Street ***Tel*** *(03) 442 9676* ***Mapa*** *A6*

Este é o lugar para comer boi e cordeiro em Queenstown. Embora se curve à tendência de fusão asiática, a culinária aqui é um pouco mais robusta. Prove as travessas de *hors d'oeuvre*, com peixe defumado, terrina de fígado de pato e laranja, salmão defumado, salame de veado e queijos neozelandeses.

QUEENSTOWN Boardwalk Seafood Restaurant $$$$

Steamer Wharf ***Tel*** *(03) 442 5630* ***Mapa*** *A6*

Fica na costa da Queenstown Bay perto do movimentado Steamer Wharf, com vista espetacular para o lago e montanhas. É especializado em frutos-do-mar frescos que chegam diariamente das ilhas Norte e Sul: ostras, *kingfish*, atum, vermelho, *john dory*, vieiras, pitu, bacalhau, garoupa e, em sua época, salmão de Akaroa e manjuba.

QUEENSTOWN The Bathhouse $$$$$

15 Marine Parade ***Tel*** *(03) 442 5625* ***Mapa*** *A6*

O King George V Bathhouse, construído nas margens do Wakatipu foi restaurado como um charmoso restaurante e café com vista para o lago e para o Walter Peak ao longe. Oferece café, vinho e refeições de três pratos de primeira no solário em estilo jardim-de-inverno. Há ótimos pratos para crianças.

STEWART ISLAND Church Hill Café Bar and Restaurant $$$

36 Kamahi Road, Half Moon Bay ***Tel*** *(03) 219 1323* ***Mapa*** *A7*

Contemple a vista fantástica sobre a Half Moon Bay enquanto come frutos-do-mar da Nova Zelândia preparados de forma inovadora. *Scampi* e salada de frutos-do-mar estão no cardápio junto com o peixe do dia. O *muttonbird*, pássaro marinho tradicionalmente comido pelos maoris, é outra iguaria rara. Serviço simpático e boa carta de vinhos.

COMPRAS NA NOVA ZELÂNDIA

Loja de artesanato, Auckland

A Nova Zelândia tem muitas opções de compras, incluindo produtos que não existem em outros países. Estes vão dos tradicionais trabalhos maoris em osso e jade neozelandês aos tapetes de pele de ovelha e malhas de lã feitas a mão. As cidades nas regiões mais turísticas possuem galerias onde os artesãos locais vendem sua produção, e em Auckland, Wellington e Christchurch estão os principais mercados. Por ser uma das economias mais abertas do mundo, com poucos impostos e sem barreiras à importação, na Nova Zelândia os aparelhos eletrônicos são muito baratos. Não deixe de provar também os vinhos *(págs. 324-5)*, as carnes, os peixes, os laticínios e as frutas.

Kirkcaldie and Stains, a maior loja de departamentos de Wellington

HORÁRIOS DE FUNCIONAMENTO

As lojas da Nova Zelândia abrem das 9h às 17h ou 17h30, de segunda a sexta. Muitas abrem também sábado e domingo. Nas grandes cidades, elas ficam abertas também à noite, às quintas ou sextas-feiras, até 21h.

Os supermercados e shoppings em áreas urbanas funcionam a semana toda e muitos até as 20h ou 21h em várias noites. Nas cidades pequenas ou rurais, as leiterias abrem durante todo o expediente.

COMO PAGAR

Os cartões de crédito são aceitos na maioria das lojas, em geral com um limite mínimo de consumo. Se o seu cartão tiver uma senha, você pode sacar dinheiro em um dos muitos caixas automáticos em bancos e shopping centers. É preciso apresentar um documento, que pode ser passaporte ou carteira de motorista, para descontar cheques de viagem. Cheques pessoais também são aceitos, mas as lojas dão preferência a cartões de crédito.

Os lojistas neozelandeses não costumam barganhar e muitos preferem transações em dinheiro.

Todos os produtos trazem embutido no preço um Imposto de Bens e Serviços (Goods and Service Tax, GST) de 12,5%. Ele não é restituído quando se sai do país.

DIREITOS E RESTITUIÇÕES

O **Consumers' Institute** pode dar informações mais detalhadas sobre os direitos do consumidor. O telefone do instituto é (04) 384 7963. Se o produto adquirido estiver com defeito, você tem direito à restituição.

Se não gostar do que comprou, muitas lojas aceitam devolução ou troca, mas para isso, é preciso apresentar o recibo de compra.

LOJAS DE DEPARTAMENTOS

As quatro maiores cidades têm lojas de departamento que vendem produtos de alta qualidade. Em Auckland, é a **Smith and Caughey's**; em Wellington, a **Kirkcaldie and Stains**; em Dunedin, a **Arthur Barnett**; e em Christchurch, a **Ballantynes**.

A Farmers, Kmart and the Warehouse vende produtos baratos e tem filiais por todo o país.

SHOPPING CENTERS

Há grandes shoppings na capital e nas grandes cidades. A maioria está localizada nos subúrbios, e não em áreas centrais, e costuma abrigar ao menos um supermercado, lojas de roupas, de equipamentos esportivos, de objetos para a casa, além de livrarias.

Muitos têm praça de alimentação com preços convidativos.

Lojista decora a vitrine da loja de roupas Zambesi

LEITERIAS

As leiterias *(dairies)* são pequenas lojas de conveniência, comuns em todas as cidades da Nova Zelândia. Os horários de funcionamento variam, mas a maioria abre durante toda a semana das 7h às 20h. Elas vendem produtos básicos, lanches, bebidas, jornais e cigarros.

BANCAS NOS ACOSTAMENTOS

Bancas vendendo frutas e legumes nas estradas são comuns nas principais áreas produtoras como em Plenty, Marlborough e Otago Central. Muitos pomares permitem colher a fruta no pé e vendem a preços menores.

Os morangos estão por toda parte, na primavera e no verão; as cerejas em Marlborough, no Natal; os abricós, as nectarinas e os pêssegos em Otago, entre janeiro e fevereiro; e o quiuí em Plenty, de abril a setembro.

Banca em estrada

Não deixe de visitar as fábricas de queijo em Waikato, Taranaki, Marl-borough e Canterbury, que também vendem laticínios no local.

MERCADOS

Os mercados da Nova Zelândia vendem mais artesanato do que alimentos, embora o Otara Market em South Auckland *(pág. 91)* só tenha produtos do Pacífico. As bancas dos fazendeiros são muito visitadas. Em Auckland, Wellington e Christchurch os artesãos têm bancas próprias. Os horários variam: em Auckland, o Victoria Park Market *(pág. 91)* funciona todos os dias; o Wakefield Market de Wellington, funciona às sextas, nos fins de semana e nos feriados, e no Arts Centre de Christchurch *(pág. 224)* só funciona nos fins de semana.

Objetos e suvenires da Nova Zelândia à venda em Blenheim

ARTESANATO

Há uma grande quantidade de lojas vendendo objetos de fabricação local e suvenires nas principais cidades, nas cidades turísticas e nos resorts da Nova Zelândia.

Onde a produção artesanal é mais forte, como em Coromandel *(pág. 127)* e Nelson *(pág. 213)*, pequenas galerias mantidas por artistas e artesãos distribuem-se pelos acostamentos das estradas. Lojas de museus, como a do **Museum of New Zealand Te Papa Tongarewa** em Wellington *(págs. 166-7)*, e o **Auckland War Memorial Museum** *(pág. 78)*, também vendem bom artesanato.

A variedade e a qualidade do material aumentam a cada dia. Não deixe de comprar os tradicionais cestos maoris de fibra de linho trançada, jóias e ornamentos de osso e jade neozelandês, bijuterias de conchas *paua*, cerâmicas, vidro soprado, objetos de madeiras nativas e produtos de lã e pele de carneiro *(págs. 344-5)*.

Produtos artesanais vendidos no mercado de Nelson, nos fins de semana

ROUPAS DE GRIFE

Os designers de moda neozelandeses de fama internacional vendem suas roupas nas butiques das principais cidades. As grifes mais famosas são Trelise Cooper, Karen Walker, World, Zambesi e NomD. As peças de lã de alta qualidade são de várias marcas, entre elas Untouched World.

Roupas e acessórios informais exibem etiquetas como Canterbury, Heritage e Macpac *(pág.345)*. Arthur Ellis fabrica os famosos acessórios Fairydown e também a marca Great Outdoors, mais em conta.

AGENDA

LOJAS DE DEPARTAMENTOS

Arthur Barnett
267-285 George St, Dunedin.
Tel *(03) 477 1129.*

Ballantynes
City Mall, Christchurch.
Tel *(03) 379 7400.*
www.ballantynes.co.nz

Kirkcaldie and Stains
165-177 Lambton Quay, Wellington. ***Tel*** *(04) 472 5899.*
www.kirkcaldies.co.nz

Smith and Caughey's
253-261 Queen St, Auckland.
Tel *(09) 377 4770.* **www**.smithandcaugheys.co.nz

LOJAS DE MUSEU

Auckland Museum Store
Auckland Domain.
Tel *(09) 309 2580.*

Te Papa Store
Cable St, Wellington.
Tel *(04) 381 7000.*

O que Comprar na Nova Zelândia

Cesta de fibra de linho

A Nova Zelândia tem muitos produtos exclusivos. Alguns, como esculturas e jóias de osso e jade neozelandês, e objetos de fibra de linho trançada retratam a herança maori, enquanto outros, como tapetes de pele de carneiro e roupas de lã, representam sua forte base agrícola. Outras boas compras são os objetos feitos de madeira nativas, as cerâmicas, os equipamentos para atividades ao ar livre, comida e vinhos. As lojas de presentes e objetos, bem como as lojas de departamentos e de museus, vendem produtos nacionais para todo tipo de orçamento.

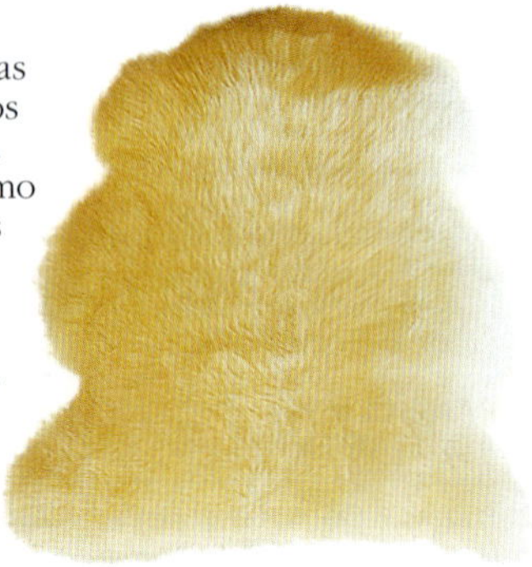

Tapete de pele de carneiro com lã penteada

Os produtos de lã e pele de carneiro *da Nova Zelândia são muito procurados. Embora grande parte da lã seja exportada para a confecção de tapetes, a lã extraída do couro do merino é usada localmente em tecidos e roupas finas. As malhas de lã tingidas e tecidas a mão são vendidas nas lojas de departamentos e de presentes, bem como tapetes, capas para bancos de carro, casaco, botas, chinelos e luvas.*

Malha feita a mão

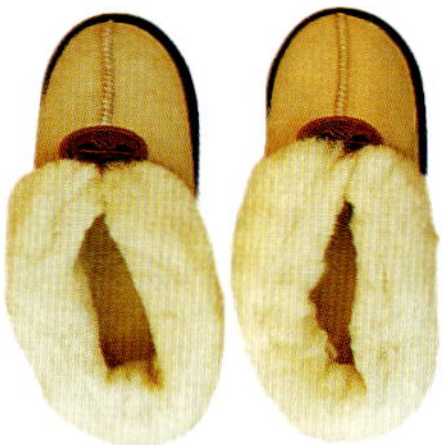

Chinelos de couro

Regalo de lã

Luvas de couro

Cuia de tronco de árvore

Totem com olhos de concha *paua* maori

Objetos de madeiras *feitos de árvores nativas se destacam pelas bonitas texturas e pelo fino artesanato. As madeiras mais usadas são* rimu, kauri, matai *e* faia. *Também se usa madeira reciclada e de espécies exóticas como macrocarpa.*

Bandeja de madeira e concha *paua*

Caixa de madeira *kauri*

Tradicional porrete maori entalhado

Pingente de espiral perfurada

Greenstone *(ou jade) é a pedra preciosa da Nova Zelândia. Os artesãos a utilizam em jóias e ornamentos, tanto em desenhos tradicionais maoris quanto contemporâneos* (pág. 237).

Osso, *usado originalmente pelos maoris em anzóis, hoje é material de objetos decorativos. Os pingentes decorados em forma de anzol fazem sucesso.*

Paua *(abalone) é uma concha encontrada no litoral da Nova Zelândia, muito mais valorizada pela sua madrepérola do que pela carne. É usada principalmente para fazer pingentes e brincos, e para incrustrações em madeira e tradicionais entalhes maoris.*

Concha *paua* e prata em colar e pingente

Caixa com *paua* incrustrada

Taça de vinho

Vaso de vidro

Prato pintado a mão

Caneca de cerâmica

Bule-gato

Cerâmicas e vidros *são o artesanato mais comum da Nova Zelândia. As cerâmicas podem ser de barro rústico ou delicadas peças ornamentais e utilitários de qualidade. O vidro soprado é de alta qualidade, e muitos artesãos têm prazer que você os veja trabalhando* (pág. 213).

Vidro de perfume

O equipamento para atividade ao ar livre *feito na Nova Zelândia está entre os melhores do mundo. A marca mais conhecida é Macpac, que costuma testar seus produtos nas montanhas da Ilha Sul. As melhores lojas estão nas grandes cidades.*

Jaqueta

Mochila

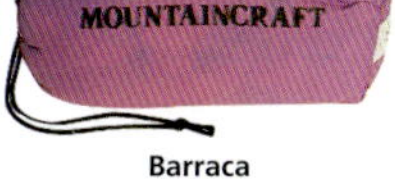

Barraca

A comida e a bebida *produzidas nas grandes fazendas da Nova Zelândia incluem carnes, frutas, laticínios e vinhos, tudo de excelente qualidade. Tem ainda carne de carneiro e gado, e carnes especiais como a de avestruz e de veado. Os queijos de fabricação limitada devem ser experimentados, bem como os deliciosos sorvetes e o mel de plantas nativas. Os vinhos também têm ótima reputação* (págs. 36-7, 324-5).

Queijos Kapiti

Sauvignon Blanc de Marlborough

Bombons de chocolate com quiuí

Potes de mel

DIVERSÃO NA NOVA ZELÂNDIA

Teatro profissional, ópera ou balé, cultura, música e danças maoris e das ilhas do Pacífico, ou rock "down under", a Nova Zelândia é um diversificado cenário das artes. Os locais mais animados estão nas grandes cidades, mas por menor que seja a província, todas têm suas bandas e seus grupos amadores de teatro.

Artista na feira de Auckland

A Nova Zelândia consta do itinerário de muitos artistas internacionais, mesmo que eles não se aventurem além de Auckland e Wellington. A cultura maori é um tema recorrente nas artes locais e está sempre presente nos festivais e em locais como o Te Puia, o centro de artes e artesanato maori de Rotrorua.

INFORMAÇÃO TURÍSTICA

O **Tourism New Zealand** publica um calendário anual de eventos por todo o país em seu website *(pág. 347)*.

Jornais e revistas como *North and South*, *The Listener* e *Metro* também informam sobre os eventos atuais e futuros no país.

THE EDGE®, o maior centro de artes de Auckland

SALAS DE ESPETÁCULO

As maiores salas de espetáculos estão nas quatro principais cidades da Nova Zelândia.

Elas são **THE EDGE®**, em Auckland, que inclui o Aotea Centre, Town Hall e Civic Theatre; o **Convention Centre**, em Wellington; **Town Hall** e **Westpac Centre**, em Christchurch e **Town Hall**, em Dunedin.

RESERVA DE INGRESSOS

Os espetáculos ao vivo podem exigir reserva antecipada. É mais fácil através do sistema internacional **Ticketek**, pela internet ou por telefone, em qualquer uma das agências espalhadas pelo país. Em muitos casos, os ingressos podem ser comprados no próprio local do espetáculo.

TEATRO

As principais companhias de teatro estão restritas às grandes cidades, enquanto as pequenas cidades provinciais são servidas por trupes amadoras. Wellington tem o cenário teatral mais vibrante, com três companhias profissionais *(págs. 156-7)*: **Downstage**, um teatro seminacional; **Circa**, uma cooperativa criada em 1970, famosa por suas excelentes montagens; e **Bats**, mais conhecida pelas apresentações de teatro experimental. A única companhia de teatro maori, **Taki Rua**, exibe dramas étnicos; está sediada em Wellington, mas costuma viajar pelo país apresentando suas novas montagens.

Outros grupos conhecidos no país são a **Auckland Theatre Company**, que se exibe no teatros Maidment, Herald e Sky City; a **Court Theatre**, no histórico Arts Centre de Christchurch; e a **Fortune Theatre**, em uma igreja histórica no centro de Dunedin.

MÚSICA CLÁSSICA, ÓPERA E DANÇA

A **New Zealand Symphony Orchestra** está sediada em Wellington *(págs. 156-7)* mas viaja pelo país regularmente, percorrendo em média 50.000km por ano; é uma das orquestras que mais viajam em todo o mundo. Também costuma apresentar concertos ao ar livre no verão.

As orquestras profissionais regionais neozelandesas são todas de alto padrão e

New Zealand Symphony Orchestra em Town Hall, Wellington

Saxcess, popular quarteto de saxofonistas da Nova Zelândia

também se apresentam regularmente. A principal companhia de ópera é a **National Business Review New Zealand Opera**, que se exibe principalmente no Aotea Centre em Auckland. Canterbury e Hawke's Bay também têm companhias de ópera profissionais.

A **Royal New Zealand Ballet**, a companhia de dança profissional mais antiga da região, possui um amplo repertório *(págs. 156-7)*.

O **Footnote Dance**, o único grupo profissional de dança contemporânea da Nova Zelândia também percorre o país exibindo criações de coreógrafos e compositores nacionais.

ROCK, JAZZ E COUNTRY

O rock kiwi tem um charme especial que atrai apreciadores de todo o mundo.

The Muttonbirds, Dave Dobbyn, Neil Finn e The Datsuns estão entre os roqueiros de maior sucesso internacional, mas de vez em quando também se apresentam no país. As bandas locais costumam se apresentar em grandes espaços, como **THE EDGE®** em Auckland. Em eventos como o International Arts Festival de Wellington apresentam-se artistas de jazz internacionais e locais *(págs. 156-7)*, da mesma maneira que no Bay of Islands Jazz and Blues Festival, em agosto.

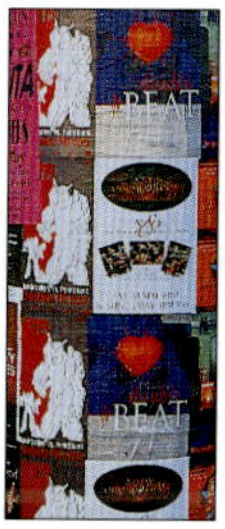

Cartazes de show

A música country tem muitos fãs, e na Nova Zelândia há cantores e bandas excelentes.

Os fãs da tradicional música country devem ir ao Gore em Southland nos meses de maio e junho para assistir ao Gold Guitar Awards *(págs. 287)*.

MÚSICA E DANÇA MAORI

As artes tradicionais dos maoris são apresentadas em vários lugares, como em **Te Puia**, o centro de artes e artesanato maori de Rotorua *(págs. 138-9)*, e no **Auckland War Memorial Museum** *(págs. 78-9)*, ambos exibindo concertos diários.

O Aotearoa Traditional Maori Performing Arts Festival é um evento que ocorre bienalmente e dura três dias. Acontece em vários locais e apresenta a cultura, a música e a dança maoris por toda a Nova Zelândia.

As agências de turismo especializadas em herança maori incluem a música e a dança nos seus roteiros *(pág. 355)*.

Apresentação cultural maori em um festival de artes em Wellington

AGENDA

INFORMAÇÃO TURÍSTICA

Ticketek
Tel (09) 307 5000.
www.ticketek.com

Tourism New Zealand
Tel (04) 917 5400.

GRANDES SALAS

Town Hall, Christchurch
Tel (03) 366 8899.

Town Hall, Dunedin
Tel (03) 474 3614.

THE EDGE®
Tel (09) 309 2677.

Wellington Convention Centre
Tel (04) 801 4231.

Wellington Town Hall
Tel 0800 20 23 24.

Westpac Centre, Christchurch
Tel (03) 339 3599.

TEATRO

Auckland Theatre Company
Tel (09) 309 0390.

Bats Theatre
Tel (04) 802 4175.

Circa Theatre
Tel (04) 801 7992.

Court Theatre
Tel (03) 963 0870.

Downstage Theatre
Tel (04) 801 6946.

Fortune Theatre
Tel (03) 477 8323.

Taki Rua
Tel (04) 472 7377.

MÚSICA CLÁSSICA, ÓPERA E DANÇA

Footnote Dance
Tel (04) 384 7285.

National Business Review New Zealand Opera
Tel (09) 379 4020.

New Zealand Symphony Orchestra
Tel (04) 801 3890.

Royal New Zealand Ballet
Tel (04) 381 9000.

MÚSICA E DANÇA MAORI

Auckland War Memorial Museum
Tel (09) 309 0443.

Te Puia, Rotorua
Tel (07) 348 9047.

Cinema e Música Popular

As artes e o entretenimento da Nova Zelândia estão passando por uma espécie de renascimento incentivado pelos investimentos do governo na cultura local. A música tem a seu favor uma comissão que ajuda a promovê-la tanto nacional quanto internacionalmente, razão pela qual as bandas nacionais estão sendo mais tocadas no rádio. Os grandes teatros e cinemas estão nas principais cidades *(pág. 92)*, embora as cidades menores tenham boas salas de espetáculo para abrigar até festivais internacionais.

CINEMA E FESTIVAIS

Apesar de grandes produções neozelandesas, como a trilogia *O Senhor dos Anéis*, terem ganhado manchetes nos últimos anos, para cada Peter Jackson há muitos outros cineastas fazendo curtas metragens e filmagens digitais. Os neozelandeses adoram cinema, e os avanços na projeção digital não só ajudaram a revitalizar os pequenos cinemas de subúrbio como promoveram uma explosão de "pequenas" salas com telões especiais que acomodam no máximo 50 espectadores em ambientes elegantes.

Além do maior número de salas, surgiram muitos festivais de filmes especiais.

O maior deles é o **International Film Festival**, já com 35 anos. Ele exibe filmes aclamados pela crítica internacional juntamente com mostras clássicas e autorais, e inclui estréias mundiais de realizadores novos e já consagrados da Nova Zelândia. O festival viaja pelo país, a começar dos principais centros no mês de julho e até o fim do ano percorrendo as províncias.

A magnífica reforma do **Embassy Theatre** em Wellington ajudou muito a popularizar o festival.

O artístico cinema **Metro** de Dunedin e o **Academy** de Christchurch também exibem filmes do festival.

O Out Takes é um festival de filmes para gays e lésbicas que acontece em maio e junho em Auckland, Wellington e Christchurch; já o The Date Palm Film Festival, em setembro, exibe filmes do Oriente Médio. Também em setembro e outubro acontece o International Documentary Film Festival, com exibições na independente **Academy Cinema** de Auckland.

O Italian Film Festival acontece nos grandes centros e em pequenas cidades provinciais, em outubro e novembro.

MÚSICA POPULAR

Não há um som típico da Nova Zelândia, mas seus artistas impõem um sabor local em qualquer gênero que apresentem aos fãs.

A banda de Wellington de dub/soul/funk Fat Freddy's Drop arrebanhou todos os principais prêmios do New Zealand Music em 2005 pelo álbum *Based on a True Story*.

Os inúmeros seguidores do hip hop neozelandês têm como líder o produtor P. Money e MCs como Scribe e Dei Hamo encabeçam a lista.

O hip hop local costuma ser uma mistura do *gangsta* norte-americano com ritmos e temas das ilhas do Pacífico. Lideram esse movimento artistas dos selos Dawn Raid, de South Auckland, como Savage, Deceptikonz e Mareko.

The Datsuns é uma banda de rock da cidade provincial de Cambridge que espalhou o estilo *power chords* do AC/DC para o resto do mundo.

O baixista do Led Zeppelin, John Paul Jones, produziu o segundo álbum dessa banda.

Grupos como as bandas Sneaks e os Checks estão seguindo por esse caminho.

Stereogram, Pluto e Elemeno P são roqueiros pop que se beneficiaram da atual política de inclusão do rádio para a música local.

A maior parte dos shows ao vivo acontece em *pubs* e casas noturnas, mas artistas consagrados como Neil Finn, Dave Dobbyn e Bic Runga já apresentam concertos em grandes teatros como o Opera House, de Wellington, e o THE EDGE® *(pág. 346)* de Auckland.

Os festivais de jazz ocorrem em Wellington e na Waiheke Island, em outubro, e a premiação nacional para a música country acontece todos os anos em Gore, na ponta da Ilha Sul *(pág. 287)*.

BOATES, BARES E CAFÉS

O *pub* tradicional da Nova Zelândia com pelo menos três bares e mesas está bem vivo nas províncias, mas nas cidades vem sendo substituído por bares e cafés menores que oferecem boa comida, shows ao vivo e bebidas.

Muitos bares e cafés abaixam as luzes e aumentam o som tarde da noite, mas a diversão sempre começa quando a comida termina.

Não deixe de perguntar, ao chegar, se o jantar ainda está sendo servido. Os bares em estilo irlandês, que vendem cerveja engarrafada e tocam música irlandesa, estão mais nas grandes cidades.

Costuma-se dizer que Wellington tem mais bares, cafés e restaurantes por pessoa do que Nova York. Não se sabe se é verdade ou não, mas os locais mais animados estão na Courtenay Place, na Cuba Street e redondezas.

Os bares agradam aos que preferem música ao vivo, como o **San Francisco Bathhouse**, **Valve** e o **Bar Bodega**, enquanto as boates como **Stage** e **Sandwiches** recebem os que gostam de dançar. **The Matterhorn**, **Good Luck** e **The Last Supper Club** são apenas alguns que oferecem boa comida e uma eclética seleção de DJs.

A vida noturna em Auckland é mais dispersa. O Viaduct Basin *(pág. 72)* surgiu nos fim dos anos 1990 para atender os seguidores da regata America's Cup, como o **Float** e o **Chic**.

As danceterias concentram-se na High Street, na Ponsonby Road e em Karangahape Road. O restaurante **Rakinos** oferece música ao vivo e DJs, e entre os bares da High Street destaca-se o **Cube 5**. O **Occidental Belgian Beer Café** é uma instituição e o **Khuja Lounge** na Queen Street está indo pelo mesmo caminho.

Também na Queen Street estão o berço da dance music underground, o **Fu Bar**, e o jazz pub **London Bar**. Dois grandes palcos para bandas são o **Kings Arms** e **Dogs Bollix**. O **Galatos** está ligado ao reggae e ao dub há muito tempo. Em Karangahape Road estão casas noturnas como **K'Road Ballroom**, **Rising Sun** e **Eden's**.

Christchurch é famosa pelo drum'n'bass. O templo da música ao vivo é, sem dúvida, o **Dux de Lux**, mas **Zebedees**, **Creation** e **Foam Lounge** também hospedam bandas locais e em turnê. O **Ministry Nightclub** toca música para dançar e o **Wunderbar**, na vizinha Lyttleton, tem música ao vivo.

Dunedin foi berço de influentes bandas da Nova Zelândia, como The Chills e Bats.

O **Arc Café** aposta na tradição e costuma agendar bandas de guitarras. No café nasceu um selo que começou gravando as bandas de Dunedin, mas cresceu e hoje grava bandas de todo o país.

O **Chicks Hotel** é um refúgio conhecido de inúmeros nomes famosos de Dunedin. É um lugar agradabilíssimo, que atrai muita gente para as apresentações da música das bandas locais. **Bath St**, que fica na rua de mesmo nome, apresenta regularmente noites de reggae e hip hop. O **10 Bar** e o **Crown Hotel** oferecem e música ao vivo e DJs.

AGENDA

FILMES E FESTIVAIS

Academy Cinema
Arts Centre, 25 Hereford St, Christchurch.
Tel *(03) 366 0167.*

Academy Cinema
City Library Building, 44 Lorne St, Auckland.
Tel *(09) 373 2761.*

International Film Festival
www.enzedff.co.nz

Metro
Town Hall, Moray Place, Dunedin.
Tel *(03) 474 3350.*

The Embassy
10 Kent Tce, Wellington.
Tel *(04) 384 7657.*

PUBS E BARES

10 Bar
The Octagon, Dunedin.
Tel *(03) 477 6310.*

Bar 128
128A Lichfield St, Christchurch.
Tel *(03) 377 0405.*

Bar Bodega
101 Ghuznee St, Wellington.
Tel *(04) 384 8212.*

Chicks Hotel
2 Mount St, Port Chalmers.
Tel *(03) 472 8736.*

Crown Hotel
179 Rattray St, Dunedin.
Tel (03) 477 0132.

Dogs Bollix
Newton Rd (K Rd End), Auckland.
Tel *(09) 376 4600.*

Eden's Bar
335 Karangahape Rd. Auckland.

Kings Arms
59 France St, Auckland.
Tel *(09) 373 3240.*

London Bar
Cnr Queen and Wellesley sts, Auckland.
Tel *(09) 373 3684.*

Occidental Belgian Beer Café
6-8 Vulcan Lane, Auckland.
Tel *(09) 300 6226.*

Rising Sun
373 Karangahape Rd, Auckland.
Tel *(09) 358 5643.*

San Francisco Bathhouse
(antigo Indigo)
171 Cuba St, Wellington.
Tel *(04) 801 6797.*

Southern Cross
35 Abel Smith St, Wellington.
Tel *(04) 803 3324.*

Valve
154 Vivian St, Wellington.
Tel *(04) 385 1630.*

Wunderbar
19 London St, Lyttelton.
Tel *(03) 328 8818.*

CAFÉS

Arc Café
135 High St, Dunedin.
Tel *(03) 474 1135.*

Dux de Lux
41 Hereford St, Christchurch.
Tel *(03) 366 4547.*

Float
Shed 19, Princes Wharf, Auckland.
Tel *(09) 307 1344.*

Good Luck
120 Cuba St, Wellington.
Tel *(04) 801 9950.*

Khuja Lounge
536 Queen St, 3º and., Auckland,
Tel *(09) 360 9852.*

Rakinos
35 High St, Level 1, Auckland.
Tel *(09) 358 3535.*

The Last Supper Club
21 Blair St, Wellington.
Tel *(04) 801 5212.*

The Matterhorn
106 Cuba St, Wellington.
Tel *(04) 384 3359.*

CASAS NOTURNAS

Bath St
1 Bath St, Dunedin.
Tel *(03) 477 6750.*

Chic
201 Quay St, Auckland.
Tel *(09) 377 5360.*

Creation
105 Worcester St, Christchurch.
Tel *(03) 366 4009.*

Cube 5
High St, Auckland.
Tel *(09) 379 9091.*

Foam Lounge
30 Bedford Row, Christchurch.
Tel *(03) 365 292.*

Fu Bar
166 Queen St, Auckland.
Tel *(09) 309 3079.*

Galatos
17 Galatos St, Auckland.
Tel *(09) 303 1928.*

K'Road Ballroom
214 Karangahape Rd, Auckland.
Tel *(09) 366 0340.*

Ministry Nightclub
90 Lichfield St, Christchurch.
Tel *(03) 379 2910.*

Sandwiches
Cnr Kent Tce and Marjoribanks St, Wellington.
Tel *(04) 385 7698.*

Stage
13 Dixon St, Wellington.
Tel *(04) 384 5148.*

Surgery
68 Hobson St, Auckland.
Tel *(09) 307 1558.*

Zebedees
479 Blenheim Rd, Christchurch.
Tel *(03) 341 5210.*

INTERESSES ESPECIAIS E ATIVIDADES AO AR LIVRE

Os que apreciam atividades ao ar livre encontrarão na Nova Zelândia o lugar ideal para fazer o que gostam ou experimentar algo que nunca haviam feito antes. Das emoções radicais, como bungee jump, jet-boat e passeios de helicóptero, montanhismo e rapel, descer corredeiras em bote ou esquiar, o país tem um diversas opções de atividades ao ar livre. As informações são fornecidas no Tourism New Zealand, Department of Conservation (DOC), nos centros de informação turística e nos agentes de viagens.

DOC logo

CAMINHADAS LONGAS E CURTAS

Com 14 parques, florestas e áreas naturais protegidas, o país oferece ambientes para a prática de *tramping* em todos os níveis; "tramping" é o termo local para designar caminhadas especialmente longas e que exigem certa resistência.

Uma rede de trilhas, das mais curtas e fáceis às rudimentares rotas alpinas, entrelaça-se por todo o país; em toda parte há trilhas e caminhos para que o visitante possa conhecer de perto as belezas do meio ambiente local.

As melhores trilhas cortam os parques nacionais, e contam com cabanas básicas, mas confortáveis, que custam entre NZ$10 e NZ$45 por noite.

Várias dessas trilhas –mundialmente famosas pela beleza– são conhecidas como as "Great Walks".

O *tramping* pode ser feito com guia ou independentemente. Neste caso, os *trampers* devem levar a própria comida, roupas adequadas e equipamento para dormir.

As cabanas têm tamanhos e instalações variados; informe-se no DOC antes de partir. Cheque também as condições da trilha e a previsão do tempo. Não deixe de se registrar no posto local ou nos livros de intenções encontrados no início das grandes trilhas. Apesar de o país contar com um sofisticado sistema de busca e resgate, de nada adianta se os *trampers* não registrarem o seu paradeiro e a data prevista de retorno.

Nos roteiros mais populares, como a Abel Tasman Coastal Track e as trilhas Routeburn e Milford, é preciso fazer reservar antecipada.

Trilha com guia na Franz Josef Glacier *(págs. 238-9)*

Placa em trilha

MONTANHISMO E ESCALADA EM PEDRA

Com 30 picos superiores a 3.000m, os Southern Alps, na Ilha Sul, têm muitas oportunidades para a prática de montanhismo com habilidade técnica. As principais regiões são Aoraki/Mount Cook, Westland/Tai Poutini, Mount Aspiring, Arthur's Pass e os parques nacionais de Fiordland, na Ilha Sul, e o Central Plateau, na Ilha Norte. A melhor época para escaladas é entre novembro e março. As condições do tempo nas montanhas pode mudar de uma para a outra; é importante que os montanhistas estejam atualizados com as previsões do tempo, adequadamente equipados e registrem as suas intenções no DOC antes de partir.

Em muitas das principais regiões montanhosas há guias experientes, como a **Alpine Guides (Aoraki) Ltd**.

Há também muitas oportunidades para escalada em pedras. Entre os melhores locais destacam-se as rochas vulcânicas de Port Hills, em Christchurch *(pág. 230)*, e as rochas calcárias de Castle Hill, em Canterbury *(pág. 242)*.

CAVERNAS E RAPEL

A Nova Zelândia possui grandes sistemas de cavernas, com destaque para as Waitomo Caves, no centro da Ilha Norte *(págs. 120-1)*, e em Takaka, a noroeste de Nelson *(pág. 216)*.

Rapel no sistema de Mangapu Cave, em Waitomo *(págs, 120-1)*

Em algumas o acesso é muito fácil, enquanto outras são indicadas para exploradores experientes.

Não deixe de experimentar o *black-water rafting*, em que os participantes flutuam em tubos de borracha por cavernas subterrâneas iluminadas por larvas luminosas.

As melhores para essa atividade estão em Waitomo *(págs. 120-1)* e Westport *(pág. 234)*, onde há operadores de rafting para organizar esse tipo de passeio.

Tanto a Ilha Norte quanto a Sul proporcionam ótimas condições e locais para rapel.

Em Waitomo, os turistas descem ao "Lost Word" *(pág. 121)*, um buraco com 100m em Mangapu Cave com **Waitomo Adventures**.

CICLISMO

Percorrer rodovias e estradas secundárias de bicicleta é uma forma muito comum de conhecer a Nova Zelândia.

Algumas das muitas estradas panorâmicas com ciclovias são a Queen Charlotte Drive, em Marlborough Sounds *(pág. 202)*, e a State Highway 6, na Costa Oeste. O **Otago Central Rail Trail** é um percurso de 150km, que exige de três a cinco dias pedalando ao longo uma antiga via férrea, adaptada para ciclistas.

Mountain biking pela floresta de Rangataua *(pág. 142)*

Há também uma extensa rede de trilhas para ciclistas; Hanmer Springs *(pág. 233)* e Victoria Forest Park *(pág. 233)* estão entre os melhores destinos para *mountain bikers*.

ESQUI

A Nova Zelândia tem várias áreas de esqui, desde as mais sofisticadas a pequenas áreas pertencentes a clubes de esquiadores locais.

As principais são **Whakapapa Ski Area** e **Turoa Ski Resort** nas encostas do Mount Ruapehu *(págs. 142-3)*, na Ilha Norte, **Mount Hutt Ski Area**, em Canterbury *(pág. 246)*, **Coronet Peak**, **Remarkables Ski Area**, **Cardrona Alpine Resort** e **Treble Cone**, em Otago Central *(págs. 194-5)*.

A temporada de esqui começa em meados de junho e vai até setembro.

Na Ilha Sul, os operadores de *heli-esqui* levam os praticantes a áreas intocadas. O *ski touring* e o *cross-country skiing* são praticados em locais como **Waiorau Snow Farm**, perto de Wanaka *(págs. 194-5)*.

AGENDA

CAMINHADA

www.doc.govt.nz
Informações sobre como fazer reserva para as "Great Walks".

MONTANHISMO E ESCALADA

Alpine Guides (Aoraki) Ltd
PO Box 20, Mt Cook. ***Tel*** *(03) 435 1834.* **www**.alpineguides.co.nz

Mount Aspiring Guides
99 Ardmore St, Wanaka. ***Tel*** *(03) 443 9422.* **www**.mtaspiringguides.co.nz

CAVERNAS E RAPPEL

Black Water "Rafting"™
PO Box 13, Waitomo Caves. ***Tel*** *(07) 878 6219, 0800 228 464.* **www**.blackwaterrafting.co.nz

Norwest Adventures
182 Queen St, Westport. ***Tel*** *(03) 789 6686* **www**.caverafting.com

Waitomo Adventures
PO Box 29, Waitomo Caves. ***Tel*** *(07) 878 7788 e 0800 924 866.* **www**.waitomo.co.nz

CICLISMO

New Zealand Pedaltours
PO Box 37-575 Parnell, Auckland. ***Tel*** *(09) 302 0968, 0800 302 0968.* **www**.pedaltours.co.nz

Ohakune Mountain Ride
16 Miro St, Ohakune. ***Tel*** *(06) 385 8257.*

Otago Central Rail Trail
i-SITE Visitor Centre, 48, Octagon, Dunedin. ***Tel*** *(03) 474 3300.*

Pacific Cycle Tours
17 Bay Heights, Governers Bay. ***Tel*** *(03) 329 9913.* **www**.bike-nz.com

ESQUI

Cardrona Alpine Resort
Tel *(03) 443 7411.* **www**.cardrona.co.nz

Coronet Peak
Tel *(03) 442 4620.* **www**.nzski.com

Harris Mountains Heli-skiing
Tel *(03) 442 6722.* **www**.heliski.co.nz

Mount Hutt Ski Area
PO Box 14, Methven. ***Tel*** *(03) 302 8811.* **www**.0800snow.co.nz/mthutt

Remarkables Ski Area
PO Box 359, Queenstown. ***Tel*** *(03) 442 4615.* **www**.nzski.com

Treble Cone
PO Box 206, Wanaka. ***Tel*** *(03) 443 7443.* **www**.treblecone.co.nz

Turoa Ski Resort
Tel *(06) 892 3738.* **www**.turoa.com

Waiorau Snow Farm
Cardrona, Wanaka. ***Tel*** *(03) 443 7542.* **www**.snowfarmnz.com

Whakapapa Ski Area
Tel *(07) 892 3738.* **www**.whakapapa.co.nz

Surfe em Whale Bay, Raglan *(págs. 116-7)*

ESPORTES AQUÁTICOS

Com 18.200km de costa e lagos e rios em abundância, a Nova Zelândia permite que o visitante participe de inúmeros esportes aquáticos.

Ao norte de Hauraki Gulf, em Auckland, fica o paraíso dos iatistas, onde os mais experientes podem alugar barcos para travessias *bareboat (págs. 88-9)*.

Embora a navegação a vela seja mais comum, os fortes ventos típicos do país conseguem desafiar ao mais experiente dos "marujos".

O surfe é muito popular, especialmente na Ilha Norte, nas praias de Piha *(pág. 86)*, Raglan *(págs. 116-7)* e Plenty *(págs. 126, 128)*.

As águas tranquilas das baías e lagos são ideais para windsurfe; as pranchas são alugadas em vários pontos da praia.

Bay of Islands, o Hauraki Gulf de Auckland, Nelson, Marlborough Sounds, Fiordland e Stewart Island são os lugares mais procurados para a prática de caiaque.

Os passeios podem durar até uma semana. É possível alugar caiaques para passeios de algumas horas pelas praias de Auckland, Wellington e outras cidades da costa neozelandesa.

Os caudalosos rios da Nova Zelândia são excelentes para raft e caiaque em corredeiras.

Entre os rios mais perigosos estão Motu *(pág. 132)*, Rangitikei e Tongariro, na Ilha Norte; na Ilha Sul há dezenas deles, do Buller na Costa Oeste, ao Clarence, em Canterbury.

Os menos experientes se arriscam no Whanganui River, o segundo maior da Ilha Norte, que cruza o histórico Whanganui National Park *(pág. 179)*.

Há ótimos pontos de mergulho em toda a malha de reservas marinhas da Nova Zelândia *(págs. 26-7)*. Perto de Whangarei, as impressionantes grutas submarinas das Poor Knights Islands são um dos melhores destinos do mundo para mergulho *(pág. 99)*. Ao norte, o naufragado barco *Rainbow Warrior*, do Greenpeace, também.

Em Fiordland, o exclusivo ecossistema marinho invadido por muita água doce atrai mais espécies à superfície que outras áreas.

CAÇA

Como os animais introduzidos pelos europeus na Nova Zelândia não tinham predadores naturais, eles se multiplicaram, e hoje a caça é incentivada pelas autoridades.

Não é preciso ter licença para caçar, não há restrições ao número de animais mortos e a temporada está aberta durante o ano todo.

Empresas de guias profissionais operam em todo o país, muitas com acesso a áreas particulares.

Sete espécies de gamos, javalis e cabras são comuns em florestas; a camurça e a cabra do Himalaia são encontradas nas regiões montanhosas da Ilha Sul. A temporada de caça ao pato começa no início de maio e dura oito semanas.

PESCA

A Nova Zelândia também deve sua fama à qualidade de seus peixes marinhos e de água doce. O Lake Taupo e os rios que o circundam (especialmente o Tongariro) são considerados os melhores para a pesca da truta *(pág. 141)*, mas há outros bons rios pelo país.

A pesca da truta vai de outubro a maio. O salmão de água doce aparece principalmente nos rios da costa leste da Ilha Sul. A licença para pescar truta e salmão é obrigatória, e o equipamento é fornecido.

A Bay of Islands é o centro da pesca do marlim em águas profundas *(págs. 102-3)*.

Caiáque em corredeiras no Tongariro River

Pesca no Waikato River perto do Huka Lodge *(pág.295)*

A melhor pescaria de caniço em alto mar é na costa leste da Ilha Norte.

Os melhores meses para pescar são de janeiro a maio e não é preciso ter licença específica para essa atividade.

ECOTURISMO

A longa tradição de ativismo ambiental na Nova Zelândia beneficiou muito o ecoturismo. Há uma grande oferta de agentes de turismo especialistas em natureza, e quem trabalha com turismo de aventura, como rafting subterrâneo *(pág. 120)*, costuma conhecer muito bem a fauna e a flora locais.

Há muitos lugares para observar pássaros *(pág. 192-3)*, como a colônia de albatrozes-reais na península de Otago, os pássaros marinhos em Kaikoura *(pág. 209)*, a colônia de garças-brancas em Okarito e a imensa variedade de pássaros na região de Farewell Spit *(pág. 217)*.

Kaikoura é sinônimo de observação de baleias *(pág. 209)*. No inverno, a chance de ver as baleias cachalotes é de quase 100%. Os passeios para ver golfinhos saem da península de Banks, da Bay of Islands e Southland, além de outros lugares.

Barco da Whale Watch® em Kaikoura *(pág. 209)*

AGENDA

RAFTING

Queenstown Rafting
35 Shotover St, Queenstown.
Tel *(03) 442 9792 e 0800 723 8464.*
www.rafting.co.nz

Wet 'n' Wild Rafting Company
2 White St, Rotorua.
Tel *(07) 348 3191 e 0800 462 7238.*
www.wetnwildrafting.co.nz

CAIAQUE

Fiordland Wilderness Experiences
66 Quintin Drive, Te Anau. ***Tel*** *(03) 249 7700.*
www.fiordlandseakayak.co.nz

Abel Tasman Wilson's Experiences
265 High St, Motueka.
Tel *(03) 528 2027.*
www.abeltasman.co.nz

MERGULHO

Dive! Tutukaka
Marina Rd, Tutukaka, Whangarei.
Tel *(09) 434 3867.*
www.diving.co.nz

Splash Gordon
432 The Esplanade, Island Bay, Wellington.
Tel *(04) 939 3483.*
www.splashgordon.co.nz

CAÇA E PESCA

Chris Jolly Outdoors
PO Box 1020, Lake Taupo.
Tel *(07) 378 0623.*
www.chrisjolly.co.nz

Fly Fishing New Zealand Limited
PO Box 8061, Queenstown.
Tel *(03) 442 5363.*
www.wakatipu.co.nz

Mountain High Adventure Company
Snow and Stream Lodge, 5/7 Farquhar Place, Methven.
Tel *(03) 302 8733.*
www.fishandhunt.co.nz

ECOTURISMO

Albatross Encounter
98 Esplanade, Kaikoura.
Tel *(03) 319 6777.*
www.oceanwings.co.nz

Catlins Wildlife Trackers Ecotours
Mirren St, Papatowai, RD2, Owaka, South Otago.
Tel *(03) 415 8613.*
www.catlins-ecotours.nz

Dolphin Discoveries
PO Box 400, esq das ruas Marsden e Williams, Paihia, Bay of Islands.
Tel *(09) 402 8234.*
@ enquiries@dolphinz.co.nz
www.dolphinz.co.nz

Heritage Expeditions
53b Montreal St, Christchurch.
Tel *(03) 365 3500.*
www.heritage-expeditions.co.nz

Whale Watch® Kaikoura Ltd
PO Box 89, Kaikoura.
Tel *(03) 319 6767, 0800 655 121.*
www.whalewatch.co.nz

Pára-quedismo duplo sobre Hawke's Bay

AVENTURAS AÉREAS

Balonismo, parapente (paraglide) e pára-quedismo em dupla são maneiras de se lançar no ar muito mais emocionantes do que voar *(pág. 195)*.

Nas grandes cidades e nos principais resorts há operadores profissionais oferecendo os três tipos de aventura aérea *(pág. 355)*.

Uma maneira espetacular de sobrevoar os Southern Alps e as Canterbury Plains é de balão. Já saltar de parapente do pico Te Mata na Hawke's Bay *(pág. 149)* e das Remarkables perto de Queenstown é uma experiência inesquecível *(págs. 194-5)*. Informe-se nos centros de turismo ou nos agentes de viagens nessas cidades sobre as ofertas.

O vôo panorâmico também é muito comum em todo o país, seja em aviões pequenos, helicópteros ou planadores. As atrações da Ilha Norte incluem sobrevoar o vulcão ativo de White Island Island *(pág. 130)* e o vulcânico Tongariro National Park *(págs. 142-3)*.

Na Ilha Sul, as aeronaves sobrevoam o Mount Cook, os glaciares Fox e Franz Josef *(págs. 252-3)* e Fiordland *(págs. 280-1)*.

Há muitas aterrissagens em locais espetaculares, como em White Island e nas geleiras dos Southern Alps.

Vôo panorâmico sobre o Fiordland National Park *(págs. 280-3)*

Bungee jump do alto da ponte Kawarau, Queenstown *(pág. 276)*

BUNGEE JUMP

Desde que A. J. Hackett usou uma ponte histórica sobre o Kawarau River em Queenstown *(págs.194-5)* para lançar o fenômeno bungee jump em 1988, as operadoras de turismo instalaram equipamento de bungee jump em locais pitorescos, em geral sobre gargantas de rios, na Ilha Norte e na Ilha Sul.

A segurança é fundamental para o salto. Os saltadores são pesados para que a corda que os prende tenha a extensão exata. A corda é firmemente presa aos seus tornozelos antes de ele saltar da ponte ou da plataforma.

JET-BOAT

O engenheiro e fazendeiro Bill Hamilton aperfeiçoou o desenho do jet-boat (barco rápido motorizado), tornando esse equipamento versátil muito popular nos rios do país.

Em locais como Waikato *(pág. 140)* e Queenstown *(págs. 194-5)*, os operadores de jet-boat levam os turistas por estreitos desfiladeiros, atravessam as águas rasas e fazem giros de 360 graus.

Algumas operadoras oferecem safáris em jet-boat e levam os visitantes em longas viagens por paisagens belíssimas. Os coletes salva-vidas são obrigatórios.

GOLFE

Há mais de 400 campos de golfe na Nova Zelândia.

O aluguel do campo não custa mais que NZ$5 por taco nas áreas rurais. Mesmo nos campos urbanos mais exclusivos não se paga mais que NZ$50.

Os fins de semana costumam ser reservados aos sócios, embora muitos clubes mantenham parceria com clubes estrangeiros e o visitante possa jogar a qualquer hora.

Os grandes clubes alugam todos os equipamentos.

VEÍCULOS COM TRAÇÃO NAS QUATRO RODAS

Nas regiões montanhosas e zonas rurais da Nova Zelândia há centenas de trilhas rústicas, muitas delas abertas para dar acesso às fazendas, serrarias, minas de ouro e acampamentos de mineiros.

Os veículos com tração nas quatro rodas são obrigatórios para se explorar esses locais.

As agências de turismo do país oferecem viagens de um dia e safáris mais longos por vários terrenos.

CAVALGADAS

Os amplos espaços abertos do país são ideais para passeios a cavalo. Eles podem ser em florestas, em trilhas em regiões montanhosas ou pelas praias.

As cavalgadas podem durar

Trilha para cavalos em Hanmer, North Canterbury

meio dia, o dia todo e há safáris de muitos dias. Algumas operadoras ficam perto das cidades.

Em geral, elas dão instruções sobre montaria e fornecem todo o equipamento.

ESPORTES COLETIVOS

Os neozelandeses são apaixonados por rugby. Vale a pena assistir aos jogos da temporada, que vai de março a outubro *(págs. 38-9)*.

O Super 12 e o National Provincial Championship são as principais competições. Os jogos costumam atrair multidões, assim como as partidas de críquete, que duram um dia inteiro. O clima é ainda melhor nas partidas que começam no fim da tarde e entram pela noite com as luzes acesas.

As corridas de cavalo são a paixão nacional; as grandes corridas acontecem entre novembro e abril *(págs. 38-9)*. O *netball* também tem muitos torcedores; os melhores jogos envolvem o time nacional, o Silver Ferns.

Os ingressos para eventos esportivos são vendidos pela Ticketek *(pág. 347)*.

PASSEIOS PELA HERANÇA MAORI

As agências que oferecem encontros genuínos com a herança maori são muitas.

Os passeios incluem uma visita a um *marae*, onde os participantes participam de um *hangi* (celebração tradicional) e conhecem o protocolo, os mitos, as lendas, as danças e a arte dos maoris.

A agência **Te Urewera Adventures** faz trilhas a cavalo e hospeda em um *marae* no país Uewera, o lar espiritual do povo tuhoe.

Torcedores de Waikato em uma partida de rugby provincial

AGENDA

AVENTURAS AÉREAS

Air Safaris
PO Box 71, Lake Tekapo.
Tel *(03) 680 6880.*
www.airsafaris.co.nz

Aoraki Hot Air Balloon Safaris
PO Box 75, Methven.
Tel *(03) 302 8172 e 0800 256 837.*
www.nzballooning.com

Fiordland Helicopters
PO Box 180, Te Anau Airport. ***Tel*** *(03) 249 7575.*
www.fiordland helicopters.co.nz

New Zealand Paragliding Ltd
6 Sumnervale Drive, Christchurch.
Tel *(03) 326 7634 e 0800 111 6111.*
www.paragliding.co.nz

Sky Trek
PO Box 412, Queenstown.
Tel *(03) 442 6311.*
@ skytrek@xtra.co.nz

BUNGEE JUMP

A. J. Hackett Bungy
PO Box 488, Queenstown.
Tel *(03) 442 4007.*
www.ajhackett.com

Taupo Bungy
202 Spa Rd, Taupo.
Tel *(07) 377 1135 e 0800 888 408.*
www.taupobungy.com

VEÍCULOS COM TRAÇÃO

Edgewater Adventures
59A Brownston St, Wanaka.
Tel *(03) 443 8422.*
www.adventure.net.nz

JET-BOAT

Huka Jet
Wairakei Park.
Tel *(07) 374 8572.*
www.hukajet.co.nz

Shotover Jet
PO Box 189, Queenstown.
Tel *(03) 442 8570.*
www.shotoverjet.co.nz

Twin Rivers Jet
Main Town Pier, Rees St, Queenstown.
Tel *(03) 409 0000.*
www.twinriversjet.co.nz

CAVALGADAS

Alpine Horse Safaris
Waitohi Downs, Hawarden, Canterbury.
Tel *(07) 314 4293.*
www.alpinehorse.co.nz

Dart Stables
PO Box 47, Glenorchy.
Tel *(03) 442 5688.*
www.dartstables.com

Hurunui Horse Treks
757 The Peaks Rd, Hawarden, Canterbury.
Tel *(03) 314 4204.*
www.hurunui.co.nz

Pakiri Beach Horse Rides
Rahuikiri Rd, Pakiri, RD 2, Wellsford.
Tel *(09) 422 6275.*
www.horseride-nz.co.nz

PASSEIOS PELA HERANÇA MAORI

Red Feather (Tia Raukura) Expeditions
PO Box 60243, Titirangi, Auckland.
Tel *(09) 818 7770.*
www.ecotoursnz.com

Tamaki Tours
PO Box 1492, 1220 Hinemaru St, Rotorua.
Tel *(07) 346 2999.*
www.maoriculture.co.nz

Te Urewera Adventures of New Zealand
Matuatua Rd, Rotorua.
Tel *(07) 366 3969.*

MANUAL DE SOBREVIVÊNCIA

INFORMAÇÕES ÚTEIS

O turismo é uma das mais importantes fontes de renda da Nova Zelândia, já que o país atrai mais de 2 milhões de visitantes estrangeiros por ano. Com o crescimento do turismo, houve também uma significativa melhora nos serviços para acompanhar a crescente demanda. Há uma grande variedade de acomodações e restaurantes *(págs. 294-319 e 320-41)*. O acesso a informações úteis nos vários centros de turismo i-SITE, que são administrados pelo Tourism New Zealand é fácil e gratuito. Na maioria das melhores atrações do país –como os parques nacionais, as praias, os lagos e rios– a entrada é gratuita. Os neozelandeses são simpáticos e estão sempre dispostos a oferecer ajuda, mas o turista precisa ter algum conhecimento da língua inglesa, pois são poucos os que são fluentes em outros idiomas.

Logo do i-SITE Visitor Centre

Centro de informação turística, Viaduct Basin, Auckland *(pág. 72)*

QUANDO IR

Primavera, verão e outono (de setembro a abril) são as épocas de maior movimento no país, embora nos meses de inverno (de junho a agosto) a temporada de esqui também seja muito procurada.

Uma palavra define o clima da Nova Zelândia: instável. O norte da Ilha Norte é subtropical, enquanto o resto do país tem clima temperado.

Contudo, todas as regiões estão sujeitas a mudanças súbitas de tempo. Na Ilha Sul, não é raro que um dia de verão comece com 30°C e termine com temperaturas entre 15°C e 20°C.

As temperaturas médias no verão ficam entre 20°C e 30°C, e no inverno entre 10°C e 15 °C.

Os maiores extremos climáticos ocorrem no interior de Otago Central, onde as temperaturas no verão alcançam 30°C e no inverno caem para 0°C.

Na Nova Zelândia a variação climática é mais acentuada de oeste para leste: os litorais oeste de ambas as ilhas estão no caminho dos ventos oeste, que trazem chuvas do mar da Tasmânia.

O leste é muito mais seco e ensolarado, mas o clima úmido e chuvoso a oeste sustenta florestas densas e variadas.

A primavera costuma ser instável em todo o país, com mais chuvas e ventos que nas outras estações.

A população lota as praias, lagos e rios no verão, quando a temperatura é agradável para banhos em todas as regiões.

De fevereiro ao fim de abril, o tempo é mais quente e estável. A neve cai principalmente nas regiões montanhosas no inverno, embora o interior e o litoral da Ilha Sul às vezes tenham chuvas pesadas.

O inverno não é nem tão frio nem tão longo quanto no hemisfério norte.

FUSO HORÁRIO

A Nova Zelândia está 15 horas à frente do horário de Brasília e duas horas à frente do de Sydney.

O horário de verão no país começa em outubro e termina em março.

PASSAPORTES E VISTOS

As pessoas que visitam a Nova Zelândia devem ter um passaporte válido por mais três meses, além do tempo de permanência no país.

Para cidadãos brasileiros, não é exigido visto se o período de permanência no país for de até três meses.

Entretanto, é necessário que o turista brasileiro tenha a passagem área de retorno, demonstre ter dinheiro suficiente para se manter no país (NZ$1.000 por mês e por pessoa).

Além disso, só pode perma-

Ônibus de turismo Newmans na Milford Road, no outono

◁ Trilheiros no Green Lake, Fiordland National Park *(pág. 281)*

Centro de informação do Department of Conservation, Totaranui *(pág. 215)*

necer no país pelo tempo concedido na aduana. E é preciso também comprovar que possui reserva de hotel ou o endereço onde ficará hospedado no país.

Se for ficar mais de três meses, em caso de estudo ou trabalho, é preciso solicitar o visto na Embaixada da Nova Zelândia, em Brasília, ou no Consulado-Geral da Nova Zelândia, em São Paulo.

Estas são as duas únicas cidades brasileiras nas quais a Nova Zelândia mantém escritórios diplomáticos.

Para obter licença de trabalho na Nova Zelândia, os candidatos devem provar que têm oferta de emprego. Só oferta, porém, não é suficiente; o empregador precisa também atender a certas exigências.

Outra opção é um programa recíproco de trabalho temporário, mantido entre a Nova Zelândia e vários outros países.

O programa permite trabalhar no país temporariamente sem ter proposta de emprego.

Mas há uma restrição. Só é permitido para as pessoas que tenham entre 18 e 30 anos.

As vacinas não são exigidas para entrar na Nova Zelândia.

TAXA DE EMBARQUE

É cobrada uma taxa de embarque de NZ$25 de passageiros com mais de 12 anos que embarcam nos aeroportos internacionais de Auckland, Wellington e Christchurch.

Placa de resort

RESTRIÇÕES AGRÍCOLAS E PERMISSÕES ALFANDEGÁRIAS

A Nova Zelândia depende muito de suas indústrias agrícolas, por isso impede a entrada de pragas e doenças que possam afetar a produtividade de suas fazendas e plantações.

Quaisquer fruta, carne, vegetais e animais precisam ser declarados na chegada. Se algum desses itens não for declarado, o turista está sujeito a multa de NZ$100.000 ou cinco anos de detenção.

Em caso de dúvida sobre um item, declare-o ao chegar aos fiscais do Ministry of Agriculture and Forestry; eles lhe dirão se é permitido ou não.

Em geral, os itens são inspecionados e tratados, se necessário, e devolvidos.

As barracas e os tênis usados recentemente no campo devem ser declarados.

As drogas e armas de fogo são, naturalmente, proibidas. No caso de armas, é possível obter uma licença da Polícia da Nova Zelândia na chegada. O país faz parte de um acordo internacional contra o comércio de espécies ameaçadas e de produtos como marfim, casco de tartaruga, osso de baleia e derivados de tigres e rinocerontes.

Compram-se bens isentos de impostos no embarque e desembarque de aeroportos e em lojas duty-free nas cidades *(pág. 90)*. Para os maiores de 17 anos as regras da alfândega são: 200 cigarros, 250g de tabaco ou 50 charutos, ou os três até 250g; 4,5l de cerveja ou vinho e 1,125ml de aguardentes e outras bebidas.

INFORMAÇÕES TURÍSTICAS

A agência central de turismo é a Tourism New Zealand, mas o serviço de informação oficial que mantém contato com os turistas é o **i-SITE** Visitor Centre Network.

Trata-se de uma empresa privada, embora seja coordenado pelo Tourism New Zealand. São mais de 80 centros espalhados pelo país, exibindo o logo verde e preto. Abertos diariamente, eles dão informações sobre as atrações e atividades locais, vendem mapas e guias, fazem reservas em hotéis, marcam passeios, viagens e atividades. Os centros vendem suvenires e oferecem acesso a internet.

Os centros do Department of Conservation nos parques nacionais fornecem informações detalhadas sobre as atividades e atrações do parque. Muitos têm ótimas exposições, audiovisuais e palestras sobre a história natural da região. Também informam sobre a previsão do tempo e as condições das estradas, rios e trilhas.

Dia ensolarado em Scorching Bay, Wellington *(pág. 169)*

O Te Papa Museum tem entrada grátis ***(págs. 166-7)***

HORÁRIOS DE FUNCIONAMENTO E PREÇOS DE INGRESSO

Na alta estação, os pontos turísticos costumam abrir a semana toda, mas é bom confirmar antes.

Os preços dos ingressos variam: vários locais têm entrada livre e as galerias e museus ou aceitam doações ou cobram um ingresso baixo.

Os parques nacionais têm entrada livre e certas áreas só são liberadas com guia autorizado. Cobra-se uma taxa para dormir em cabanas.

Empresas privadas administram vários locais de turismo de aventura e as taxas variam conforme a atividade.

Veja na pág. 342 os horários de funcionamento das lojas.

ETIQUETA

Assim como na Austrália, a sociedade neozelandesa é relativamente informal.

As pessoas são descontraídas e abertas, gostam de receber estrangeiros e ajudar o turista com informações e indicações. O vestuário varia conforme o lugar, mas em cafés e restaurantes os trajes informais são os mais comuns.

É proibido fumar em escritórios, lojas e aviões, no transporte público e em táxis, além de bares, cafés, restaurantes e cassinos. Não se deve fumar em casas particulares sem a permissão do anfitrião. Se for comer na casa de um neozelandês, leve uma garrafa de vinho ou algo que possa ser compartilhado; eles não se sentem bem recebendo presentes caros.

Gorjetas em hotéis e restaurantes não são obrigatórias, mas hoje são mais comuns pelo crescente número de turistas estrangeiros.

Os neozelandeses não aprovam e não dão gorjetas em táxis, bares ou para carregadores, mas não é impróprio recompensar um bom serviço em restaurante (o valor usual das gorjetas é 10%, como em outros lugares do mundo).

Placa de toalete maori/inglês

DEFICIENTES FÍSICOS

Na Nova Zelândia todo prédio novo ou reformado é obrigado por lei a ter acesso para pessoas com necessidades especiais.

Hotéis, restaurantes, pontos turísticos, cinemas, aeroportos e shopping centers estão adaptados para cadeiras de rodas e permitem a entrada dos cães-guias.

Os aeroportos têm pessoal treinado para ajudar no embarque e no desembarque de passageiros deficientes, já os trens e os ônibus são inacessíveis e os deficientes infelizmente precisarão de ajuda. A Avis tem carros com controles manuais, mas é preciso pedir com 14 dias de antecedência *(pág. 377)*.

Nas cidades, os táxis têm cadeira de rodas.

Certas atividades de turismo de aventura são mais difíceis para os deficientes físicos, mas as operadoras estão dispostas a ajudar se forem avisadas com antecedência.

VIAJAR COM CRIANÇAS

Com seus amplos espaços abertos, a ausência de animais selvagens e as baixas estatísticas criminais, a Nova Zelândia é um lugar seguro para levar as crianças em férias. Elas são bem aceitas em muitos tipos de acomodação, mas os motéis são os mais adequados para as famílias. Eles oferecem boa infra-estrutura, já que contam com quartos grandes e cozinha completa

Os restaurantes têm cardápio ou porções menores, e muitos têm cadeirão. As grandes redes internacionais de fast-food estão presentes no país, bem como serviços locais de comida embalada para viagem.

As lojas de departamentos e os shoppings centers costumam ter fraldário e salas de amamentação.

As melhores atrações da Nova Zelândia agradam tanto as crianças quanto os adultos, como o Museum of New Zealand Te Papa Tongarewa *(págs. 166-7)*, o International Antarctic Centre *(pág. 227)* e os parques nacionais.

Os pequenos têm descontos em aviões, ônibus, trens e barcos. Menores de 5 anos são obrigados por lei a viajar de carro em assento para criança. As locadoras de carro providenciarão o equipamento se avisadas com antecedência.

Torcedores vestidos informalmente para partida de críquete em Wellington

ESTUDANTES

Os estudantes que possuem a carteira ISIC (International Students Identity Card) têm muitos descontos durante a viagem, inclusive em vôos domésticos.

Eles também pagam menos em cinemas, teatros, galerias e museus.

Para saber quais são as vantagens oferecidas, entre em contato com o órgão responsável em sua cidade de origem. Só quem está matriculado em escola, universidade ou outros cursos pode solicitar a carteira ISIC.

Se o seu intuito for estudar na Nova Zelândia e o curso durar até três meses, não é necessário visto. Mas se o curso tiver duração maior é preciso ter um visto de estudante. O formulário de solicitação para este tipo de visto é obtido no Consulado-Geral da Nova Zelândia, em São Paulo, ou na própria embaixada do país, em Brasília.

Se você já estiver no país, na condição de visitante ou a trabalho e queira estudar por tempo integral, é possível solicitar uma permissão especial de estudante. Para consegui-lo, procure o escritório de imigração na cidade onde está hospedado ou consulte em www.immigration.govt.nz.

Alguns jornais diários

JORNAIS, REVISTAS E TELEVISÃO

Todas as grandes cidades têm seu jornal matinal, enquanto as cidades menores costumam ter vespertinos. *The New Zealand Herald*, o maior do país, é publicado em Auckland. O *Press* de Christchurch é o maior jornal da Ilha Sul. O *Otago Daily Times* é publicado em Dunedin e o *Southland Times*, em Invercargill. Uma excelente leitura de fim de semana é o *The Sunday Star Times*, publicado nacionalmente. As melhores revistas de atualidades são *The Listener* e *North and South*, e as especializadas em negócios são a *The National Business Review*, *Independent Business Weekly* e a *Unlimited Magazine*. Muitas revistas e jornais estrangeiros, como *Time* e *The Economist*, são vendidos em livrarias e bancas das grandes cidades. A estatal e não-comercial National Radio é famosa pela qualidade da programação, oferecendo notícias do mundo todo e programas de atualidades, teatro e música. Os três canais abertos de televisão são TV1 e TV3, que transmitem principalmente programação local, e a TV2, que exibe a maioria dos programas norte-americanos. A tevê paga Sky oferece canais especiais como CNN e National Geographic, entre muitos outros.

MATERIAL ELÉTRICO

A corrente elétrica na Nova Zelândia é 230/240 volts 50 hertz, mas a maioria dos hotéis e motéis possui soquetes 110 volts para barbeadores elétricos.

Para todos os demais equipamentos é preciso um adaptador, pois as tomadas são para dois ou três pinos.

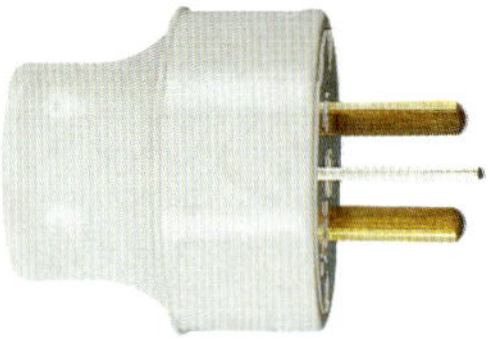

Plugue-padrão de três pinos da Nova Zelândia

AGENDA

EMBAIXADAS E CONSULADO

Embaixada da Nova Zelândia em Brasília
SHIS QI 9, cj, 19, casa 1.
Tel *(61) 3248 9900.*
www.nzembassy.com/home.cfm?c=44

Consulado-Geral
Al. Campinas, 579, 15° and, São Paulo.
Tel *(11) 3148 0616.*

Embaixada do Brasil em Wellington
Level 9, Deloite House, 10 Brandon St. Wellington.
Tel *(04) 473 3516.*
www.brazil.org.nz

EMPRESAS DE TURISMO

Christchurch and Canterbury Marketing
Old Chief Post Office, Cathedral Square West.
Tel *(03) 379 9629.*
www.christchurchtourism.co.nz

Hawkes Bay Tourism
Civic Court, 2° and. Napier. **Tel** *(06) 834 1918 e 0800 429 537.*
www.hawkesbaytourism.co.nz

Latitude Nelson
Esq das ruas Trafalgar e Halifax. **Tel** *(03) 5466228.*
www.nelsonnz.com

Tourism West Coast
Level 1, Regent Theatre Building, Mackay St, Greymouth.
Tel *(03) 768 6633.*
www.west-coast.co.nz

Totally Wellington
33 Gilmer Terrace, Wellington.
Tel *(04) 916 1205.*
www.WellingtonNZ.com

Tourism Auckland
Wellesley St, Auckland.
Tel *(09) 979 7070.*
www.aucklandnz.com

Tourism Dunedin
193 Princes St, Dunedin.
Tel *(03) 471 8042.*
www.dunedinnz.com

Tourism New Zealand
80 The Terrace, Wellington.
Tel *(04) 917 5400.*
www.purenz.com

Tourism Rotorua
1106 Arawa St, Rotorua.
Tel *(07) 348 4133.*
www.rotoruanz.com

VIAJANTES COM DEFICIÊNCIA

Disability Information Centre
Tel *0800 693 342.*

Segurança Pessoal e Saúde

Outdoor Safety

Logo do Mountain Safety Council

A Nova Zelândia é um dos países mais seguros do mundo para se visitar. Seus cidadãos têm reputação de ser amáveis e respeitar as leis e o ambiente econômico e político é estável. Como em qualquer outra sociedade, crimes violentos acon-tecem; os visitantes podem tomar pre-cauções para proteger a si mesmos e a seus bens. Os maiores riscos, porém, são ambientais; muitos turistas se per-dem nas montanhas, nas florestas e nas águas com pouca comida e roupas inadequadas, ou por subestimarem o terreno ou pela velocidade com que o tempo é capaz de mudar.

Carro de bombeiro

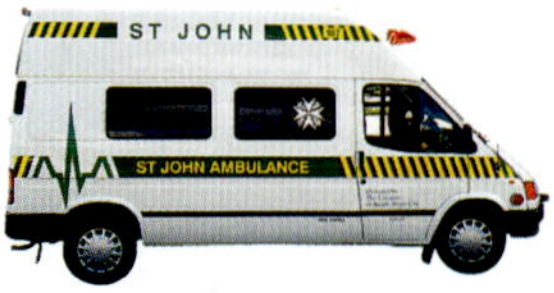

Ambulância

SEGURANÇA PESSOAL

Há poucas áreas na Nova Zelândia que o turista não possa visitar. Diferentemente das cidades grandes européias e asiáticas, as ruas ficam desertas à noite e não é aconselhável, particularmente às mulheres, caminhar sozinhas pelas ruas.

Tenha o bom senso de evitar os parques e os lugares isolados e mal iluminados, especialmente nas áreas urbanas, depois que anoitece. Mesmo nas principais cidades há pouco transporte público tarde da noite, embora os táxis sejam frequentes e seguros.

Muitos turistas pegam carona, e apesar de a maioria das vezes ser seguro, não é a maneira mais recomentada de viajar pelo país, especialmente estando só. As mulheres jamais devem pegar carona desacompanhadas.

Acidentes em estradas são o maior problema de saúde pública na Nova Zelândia. Quem pretende viajar de carro deve procurar conhecer as regras de trânsito *(pág.375)*. O limite de velocidade em estradas é de 100km/h e 50km/h nas áreas urbanas. A malha viária é asfaltada, mas as estradas secundárias de cascalho requerem cuidados *(pág. 376)*. O uso do cinto de segurança é obrigatório.

Policial feminina

Bombeiro

PROPRIEDADE PRIVADA

Os viajantes devem cuidar muito bem de seus pertences na Nova Zelândia.

Crimes como roubos em carros podem ocorrer; é melhor evitá-los trancando o veículo e tirando da vista tudo o que houver dentro dele.

Objetos de valor como passaportes, cartões de crédito e cheques de viagem devem ser portados em cintos apropriados ou guardados no cofre do hotel. É aconselhável ter uma apólice de seguro ampla com cobertura também para perda e roubo.

PROPRIEDADE PERDIDA

Os bens roubados devem ser reportados à polícia, mesmo que as chances de recuperá-los seja pequena e vá depender das circunstâncias.

A polícia lavrará um boletim de ocorrência, que poderá ser apresentado à seguradora para a solicitação de reembolso.

Os shopping centers, hotéis, aeroportos e estações de trem e ônibus têm setores de achados e perdidos; esse é o primeiro lugar a procurar em caso de perda de algum objeto ou documento.

ASSISTÊNCIA MÉDICA E SEGURO-SAÚDE

A Nova Zelândia conta com um excelente atendimento médico. Os telefones de todos os clínicos gerais e hospitais estão listados por região na frente do catálogo telefônico regional.

Pelo programa de compensação de acidentes da Nova Zelândia, o visitante tem cobertura para ferimentos em caso de acidente, com direito a despesas médicas e hospitalares pagas dentro do país, mas não para tratamento ou perda de bens fora da Nova Zelândia.

Apesar de a consulta médica ser razoavelmente barata, o visitante deve providenciar uma cobertura médica e dentária antes de sair de casa.

É preciso apresentar receita médica para comprar a maioria dos remédios na Nova Zelândia. Quem usar uma quantidade maior de remédios deve apresentar atestado médico para evitar problemas na alfândega ao entrar ou sair do país. As autoridades sanitárias da Nova Zelândia não exigem nenhum tipo de vacina dos turistas estrangeiros.

FARMÁCIAS

A Nova Zelândia conta com uma extensa rede de farmácias (comumente chamadas de *chemists*) que vendem desde cosméticos a medicamentos com receita.

Os farmacêuticos qualificados podem indicar gratuitamente algum medicamento, mas as receitas precisam ser prescritas e assinadas pelo médico. As grandes cidades têm farmácias de urgência que ficam abertas à noite. Os telefones e endereços estão na lista telefônica.

RISCOS AMBIENTAIS

Pela ausência de animais perigosos, de cobras de qualquer espécie e doenças graves contagiosas, a Nova Zelândia oferece poucos riscos ao visitante. A instabilidade do clima talvez seja a maior ameaça, principalmente para os que se aventuram em áreas selvagens sem a devida proteção.

A hipotermia chega rapidamente e pode ser fatal, por isso não deixe de levar roupas quentes, comida e bebida, mesmo em caminhadas de um dia pelas florestas ou pelas montanhas.

Muitas trilhas envolvem travessias de rios e o nível da água pode subir rapidamente após a chuva. Procure um abrigo e espere as águas descerem a um nível seguro.

O ar limpo e a camada de ozônio mais fina podem provocar queimaduras na pele. Um bom chapéu e bloqueador solar com fator de proteção de pelo menos 15 são obrigatórios no verão.

Farmácia em Auckland

Há salva-vidas nas praias mais frequentadas; bandeiras vermelhas e amarelas indicam as áreas seguras para banho.

Mas como a costa da Nova Zelândia é extensa, onde não há salva-vidas as correntes podem ser perigosas.

Muitas pessoas já morreram afogadas nos rios do país, na maioria trilheiros impacientes que não esperaram as águas se acalmarem.

A giardia é um parasita presente na água que provoca diarréia, dor de estômago e náusea. É melhor evitar beber água dos lagos, poços ou rios sem antes fervê-la ou tratá-la.

Alerta de prevenção da queimadura solar

A água fornecida nas cidades costuma ser excelente e pode ser bebida sem grandes temores.

O pequenino e irritante mosquito-pólvora pica as áreas expostas da pele, causando muita coceira. Está presente sobretudo na costa oeste da Ilha Sul, mas em geral pode ser mantido à distância com um bom repelente de insetos.

Bote de resgate em Mount Maunganui *(pág. 128)*

AGENDA

EMERGÊNCIA

Polícia, bombeiros e ambulância
Ligação gratuita ***Tel*** *111, 24 horas em todas as áreas.*

AA Emergency Road Service
Ligação gratuita ***Tel*** *0800500222 24 horas em todas as áreas.*

Busca e Resgate
Ligação gratuita ***Tel*** *111, 24 horas em todas as áreas*

HOSPITAIS

Auckland
Tel *(09) 379 7440.*

Christchurch
Tel *(03) 364 0640.*

Dunedin
Tel *(03) 474 0890.*

Wellington
Tel *(04) 385 5999.*

FARMÁCIAS DE PLANTÃO

Auckland
Tel *(09) 520 6634.*

Christchurch
Tel *(03) 366 4439.*

Dunedin
Tel *(03) 477 0890.*

Wellington
Tel *(04) 385 8810.*

TELEFONES ÚTEIS

Dental
Para tratamento dentário, procure "Dentists" nas Páginas Amarelas.

Lifeline
Auckland ***Tel*** *(09) 522 2999.*
Christchurch ***Tel*** *(03) 366 6742.*
Dunedin ***Tel*** *(03) 471 6208.*

Samaritans of Wellington
Tel *(04) 473 9739.*

Poisons Centre
Urgência ***Tel*** *0800 764 766.*
Consultas ***Tel*** *(03) 479 7248.*

Bancos e Moedas

Inúmeras instituições bancárias operam na Nova Zelândia, quase todas estrangeiras. As grandes redes bancárias incluem o Bank of New Zealand, Westpac, National Bank, ANZ and ASB. Há agências de todas as principais redes nos distritos financeiros das grandes cidades e também em shopping centers, que costumam ter uma ou duas agências. Moedas estrangeiras podem ser trocadas facilmente nos bancos e nas casas de câmbio particulares. Não há nenhuma restrição quanto à quantidade de dinheiro estrangeiro que pode entrar ou sair do país, mas quem porta mais de NZ$10.000 em dinheiro precisa declarar na alfândega.

Logos de instituições bancárias

BANCOS

O sistema bancário é moderno e eficiente. Os bancos eletrônicos, porém, diminuíram o número de agências, e algumas pequenas cidades rurais já não contam com serviços bancários.

Se for viajar por áreas remotas, não deixe de checar antes se haverá possibilidade de trocar ou retirar dinheiro.

Os bancos costumam abrir das 9h30 às 16h30 de segunda à sexta-feira. Alguns abrem nas manhãs de sábado.

O horário das casas de câmbio em aeroportos internacionais coincidem com o dos vôos. As tarifas de câmbio ficam expostas nos grandes bancos.

TRAVELLER'S CHEQUES

Os traveller's cheques ainda são a maneira mais segura de portar grandes somas de dinheiro. Os emitidos pelas empresas Thomas Cook e American Express são aceitos em toda o país.

Traveller's em moeda estrangeira podem ser trocados por dólares neozelandeses em bancos, nas agências da American Express e da Travelex e em casas de câmbio, algumas exibindo a placa *bureau de change* na fachada.

Os grandes hotéis aceitam cheques de viagem, bem como algumas lojas de presentes nas principais cidades e balneários.

CARTÕES DE CRÉDITO

Todos os principais cartões de crédito são aceitos na Nova Zelândia. Visa, MasterCard, Diners Club e American Express são os mais comuns, e podem ser usados para reservar e pagar hotéis, alugar carros e comprar passagens aéreas, bem como para entrar nas principais atrações turísticas e fazer compras em lojas.

Em pequenas lojas e cafés os cartões nem sempre são aceitos, por isso leve sempre dinheiro consigo.

As bandeiras dos cartões aceitos estão sempre visíveis nas lojas.

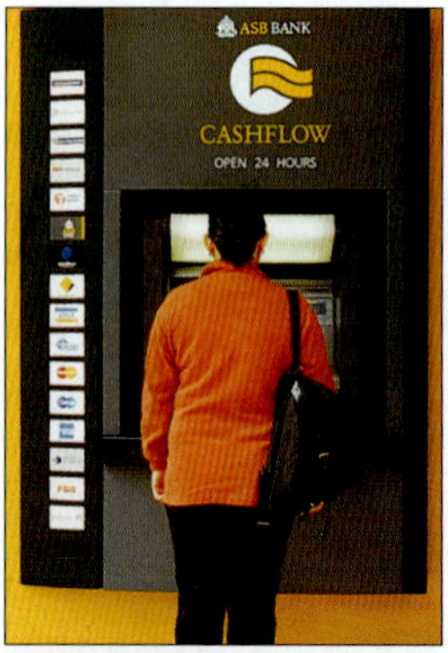

Caixa eletrônico em Auckland

CAIXAS ELETRÔNICOS E TRANSFERÊNCIA ELETRÔNICA

Há caixas eletrônicos ATM *(Automatic Teller Machines)* por todo o país, nos shopping centers e bancos de cidades grandes e pequenas.

Antes de embarcar, os turistas devem consultar o banco se poderão usar cartão de débito para retirar dinheiro nos caixas eletrônicos da Nova Zelândia; isso varia de banco para banco, dependendo da rede bancária internacional a que pertençam.

É possível sacar dinheiro com cartão de crédito tendo um número PIN codificado: o logo *Plus* nos caixas eletrônicos indica que esse serviço é oferecido a portadores de cartões da bandeira Visa; o logo *Maestro* é o equivalente para os cartões da bandeira MasterCard.

Placa na fachada de uma casa de câmbio

CASAS DE CÂMBIO

As casas de câmbio estão no centro das principais cidades e regiões balneárias.

Ficam abertas geralmente das 8h às 19h30 ou 20h durante a semana, e das 10h até o fim da tarde nos fins de semana, ou seja, muito além do horário bancário oficial.

Entretanto, cobram comissões e taxas superiores às dos bancos.

AGENDA

PERDA DE CARTÕES E TRAVELLER'S CHEQUES

American Express
Tel 0800 441 068.

Diners Club
Tel 0800 657 373.

MasterCard
Tel 0800 449 140.

Visa
Tel 0508 600 300.

MOEDA LOCAL

A unidade de moeda local é o dólar da Nova Zelândia (NZ$), dividido em 100 cents (c).

Como as moedas de um e dois cents saíram de circulação, os preços das compras à vista foram arredondados em 5 cents, para cima ou para baixo. Mas a moeda de 5 cents também está desaparecendo.

Embora a Nova Zelândia tenha adotado a moeda decimal em 1966, algumas mais antigas continuam sendo usadas, como as de *sixpence*, *shilling* e *two shilling* (equivalentes a 5 cents, 10 cents e 20 cents, respectivamente).

Pequenas lojas, cafés e táxis nem sempre trocam NZ$50 ou NZ$100, por isso procure ter cédulas menores como as de NZ$10 e NZ$20.

Para dificultar a falsificação e para que as cédulas durem mais, o cartão de débito está substituindo o papel-moeda.

Cédulas

O dólar da Nova Zelândia têm cédulas de NZ$5, NZ$10, NZ$20, NZ$50 e NZ$100. Sir Edmund Hillary, o primeiro homem a escalar o monte Everest (págs. 19, 50) *estampa a cédula de NZ$5, e a sufragista do século 19 Kate Sheppard está na cédula de NZ$10.*

Cédula de NZ$100

Cédula de NZ$50

Cédula de NZ$20

Cédula de NZ$10

Cédula de NZ$5

10 cents (10c)

20 cents (20c)

50 cents (50c)

Moedas

As moedas que estão em circulação na Nova Zelândia são de 10c, 20c, 50c, NZ$1 e NZ$2. A moeda de 10c exibe um tradicional entalhe maori e a de NZ$1 tem um ícone nacional, o pássaro quivi, o responsável pelo termo coloquial "kiwi dollar".

1 dólar (NZ$1)

2 dólares (NZ$2)

Como Usar Telefones na Nova Zelândia

A Nova Zelândia tem um sistema de telefonia moderno e sofisticado. Os telefones públicos são operados pela empresa de telecomunicações Telecom e são facilmente encontrados nas ruas das grandes e pequenas cidades, bem como em prédios públicos, aeroportos e shopping centers. Os hotéis cobram um extra por ligações feitas dos quartos, por isso prefira ligar de um telefone público. Há também uma extensa rede de telefonia móvel para quem prefere utilizar o celular.

TELEFONES PÚBLICOS

A maioria dos telefones públicos só aceita cartões pré-pagos e de crédito.

Os aparelhos localizados em áreas vigiadas, como shopping centers, podem aceitar moedas.

Está indicado do lado de fora das cabines que tipo de pagamento é aceito naquele determinado telefone.

Os cartões telefônicos são comprados em supermercados, bancas de revista, *dairies* e correio.

Cabine de telefone público

As cabines de telefone público têm um fone receptor, um dicador com 12 botões, instruções, lista de telefones úteis e catálogos telefônicos com páginas brancas e amarelas. Para falar com o serviço de informações gratuito é só discar 123, que informa o custo aproximado dos interurbanos ou quanto custa uma ligação a cobrar antes de ligar. As ligações para o número de emergência 111 não é cobrada.

Os números 0800 também são gratuitos.

COMO USAR UM TELEFONE DE MOEDA/CARTÃO

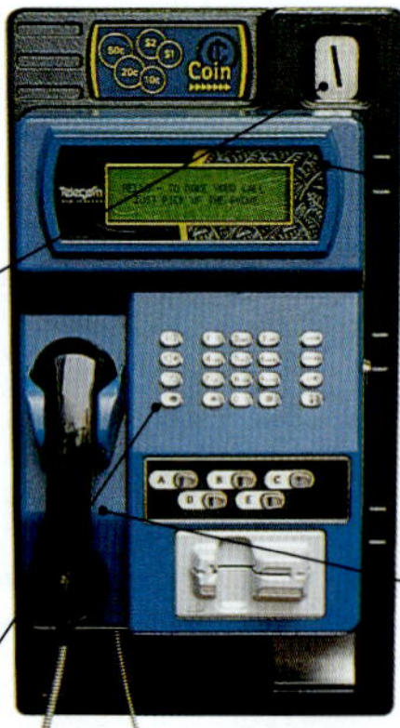

1 Tire o fone do gancho e espere o sinal de discar.

2 Insira as moedas ou um cartão da Telecom. O crédito restante em seu cartão será exibido.

3 Disque o número e espere o sinal de chamada.

4 Quando o seu crédito estiver terminando, você ouvirá um bipe. É só inserir um novo cartão ou colocar mais moedas.

5 Recoloque o fone no gancho ao final da ligação e retire o cartão. Aparecerá no visor quanto ainda resta de crédito no cartão.

Cartões telefônicos
Oferecidos em valores de NZ$5, NZ$10, NZ$15,

TELEFONES CELULARES

Os telefones celulares podem ser usados na maior parte do país, menos em regiões mais remotas e montanhosas, como as que da costa oeste da Ilha Sul.

O visitante pode alugar um telefone celular por um curto período, embora essa opção seja mais cara. Para os turistas que fazem questão de ter um celular, uma alternativa mais barata é comprar um telefone que use cartões pré-pagos. Esses aparelhos custam menos de NZ$100 e os créditos são vendidos em livrarias e *dairies*.

HOME COUNTRY DIRECT

Turistas de cerca de 50 países selecionados podem usar o serviço Home Country Direct para fazer ligações através da companhia telefônica de seu país de origem. As ligações serão cobradas pela companhia na sua conta mensal. Os números estão nas *Páginas Brancas* do catálogo telefônico. A Embratel oferece este serviço. Se quiser ligar para o Brasil , é só discar 000955. Se fizer uma ligação internacional em telefone pago, é mais barato usar um cartão de desconto pré-pago Telecom do que o cartão de crédito ou telefônico. Compre-os nas lojas da Telecom, *dairies* e postos de serviços.

Anúncio de serviços de e-mail e internet em um cybercafé

SERVIÇOS DE FAX E E-MAIL

Postos de correios, fotocopiadoras e muitos hotéis, motéis e até albergues enviam e recebem fax em seu nome. Cobra-se um valor fixo por página recebida ou enviada.

Os cybercafés que estão por toda a Nova Zelândia oferecem serviços de acesso à internet. Os cafés podem fornecer um endereço de e-mail, se você precisar, mas é melhor obtê-lo em um grande provedor de internet antes de viajar, caso ainda não tenha.

Os viajantes também podem enviar e receber e-mails na maioria dos hotéis. As *Páginas Amarelas* do catálogo telefônico trazem a lista dos lugares que oferecem serviços de fax e acesso a internet.

CATÁLOGOS TELEFÔNICOS

Cada região da Nova Zelândia tem suas *Páginas Brancas* e *Páginas Amarelas*. Nas *Páginas Brancas* estão os números residenciais e comerciais em ordem alfabética, números de emergência e de setores do governo.

Nas *Páginas Amarelas*, há números comerciais agrupados pelo tipo de serviço.

Muitas regiões têm um catálogo só para as duas listas, mas cidades maiores, como Auckland, Wellington e Christchurch, têm volumes separados.

COMO DISCAR O NÚMERO CORRETO

- Ligações nacionais (STD): código de área + o número de telefone.
- Ligações internacionais (IDD): 00 + o código do país (55 se for o Brasil) + o código de área + o número.
- Auxílio à lista: nacional e local, **018** (50c por consulta); internacional, **0172** (NZ$ 1,50 por duas consultas).
- Todas as ligações internas com auxílio da operadora: **010**.
- Todas as ligações internacionais com auxílio da operadora (a cobrar com cartão de crédito): **0170**.
- Ligações internacionais com preço definido: disque **0160** em vez de 00 no início (NZ$3,99). Pela Embratel, é só discar 000 955 (R$ 2,97108 pelo 1º minuto + R$ 0,29710 para cada seis segundos.
- Os prefixos **021, 025, 027** e **029** são de celulares e os números **0800** são ligações gratuitas.
- Os números de emergência estão na pág. 363, ou procure o item "números nacionais" em **www**.whitepages.co.nz

Como Enviar Cartas

Os serviços postais da Nova Zelândia estão a cargo do New Zealand Post. Cartas e pacotes podem ser enviados através de *post shops* (lojas postais), que pertencem ou são agências do New Zealand Post. Estas lojas costumam ficar nas livrarias. O horário de funcionamento varia, mas em geral é das 9h às 17h.

CORRESPONDÊNCIA LOCAL E INTERNACIONAL

Há dois tipos de correspondência local: *FastPost*, que é entregue no dia seguinte à postagem, e a simples, que leva de dois a três dias.

Uma carta simples para dentro do país custa 45c, e a *FastPost* custa 90c.

A correspondência aérea internacional leva pelo menos uma semana para chegar à maioria dos países. Cartas e pacotes enviados pelo sistema econômico *International Economy* levam três semanas.

Carteira da Nova Zelândia

Encomendas não urgentes devem usar o *EconomyPost*, e documentos e encomendas urgentes chegarão ao destino via *International Express*.

Empresas privadas de courier também oferecem preços competitivos para enviar cartas e pacotes para o exterior. Vale a pena comparar os preços.

SELOS

Os selos são vendidos em supermercados, *dairies*, bancas de jornais e filiais de *post shop*.

A Post's Stamp Business Unit produz 12 séries comemorativas ao ano e de um a três selos definitivos.

Selos com temas naturais da Nova Zelândia

CAIXAS DE CORREIO

A Nova Zelândia tem caixas de correio padrão e *FastPost*. Podem ser encontradas em esquinas e do lado de fora das *post shops*. Elas são recolhidas duas vezes ao dia, ao meio-dia e às 17h.

Caixas de correio padrão e *FastPost*

POSTA RESTANTE

O correio central de cada cidade também funciona como posta restante.

O endereço deve estar claro: *c/-* (aos cuidados de) *"Poste Restante, Central Post Office"*, seguido do nome da cidade.

A posta restante será guardada por três meses. É preciso apresentar um documento ou passaporte para retirá-la.

INFORMAÇÃO DE VIAGEM

A grande maioria dos visitantes chega à Nova Zelândia de avião. Auckland é a porta de entrada mais movimentada, seguida por Christchurch. Estando no país, o turista costuma usar a malha aérea doméstica para viajar, especialmente entre os balneários das ilhas Norte e Sul. As linhas de ônibus cobrem quase todas as principais estradas do país. As ferrovias são em menor número, mas as principais atravessam belas paisagens. Para explorar a Nova Zelândia longe das grandes rotas de transporte e dos maiores balneários, o carro é a melhor opção. Há boas estradas, mas as rotas alpinas e as estradas para o interior exigem cuidados.

Logo da Air New Zealand

COMO CHEGAR DE AVIÃO

A maior companhia aérea nacional, a **Air New Zealand**, tem extensa malha internacional com vôos diretos ou compartilhados para mais de 130 países. É mais presente na Austrália e parte do Pacífico sul.

Não há vôos diretos do Brasil para a Nova Zelândia. Mas é possível voar para Auckland pelas companhias **Lan Chile** e **Aerolíneas Argentinas**.

A **Lan Chile** voa diariamente do Rio de Janeiro e de São Paulo para Santiago, e de lá para Sydney, fazendo escala em Auckland.

A companhia **Aerolíneas Argentinas** voa diariamente de Porto Alegre, Rio de Janeiro e São Paulo para Buenos Aires, e de lá, três vezes por semana, para Sydney, com escala em Auckland.

VÔOS INTERNACIONAIS

Uma viagem do Brasil para a Nova Zelândia é exaustiva, já que o vôo não é direto e contará com, no mínimo, uma conexão.

Dependendo do tempo de espera da conexão, em Santiago do Chile ou em Buenos Aires, a viagem pode durar de 16 a 26 horas.

A Nova Zelândia tem três aeroportos principais. Auckland é a maior porta de entrada, seguida por Christchurch e Wellington.

O aeroporto de Auckland tem a maioria das conexões internacionais, inclusive para Argentina, Canadá, Chile, China, Alemanha, Indonésia e Japão.

Os de Christchurch e Wellington recebem menos conexões internacionais e basicamente cargueiros da Trans Tasman, mas têm vôos para as ilhas do Pacífico.

Christchurch também tem conexões diretas para Cingapura.

A partir das cidades de Hamilton, Palmerston North, Queenstown e Dunedin é possível voar para a Austrália.

Nenhum dos aeroportos é congestionado e raramente eles são prejudicados pelo mau tempo, embora a neve possa interferir em Queenstown, e o vento em Wellington.

TARIFAS AÉREAS

Por ser um país relativamente distante, as tarifas aéreas para a Nova Zelândia costumam ser caras, principalmente na alta estação, de dezembro a fevereiro, quando as empresas aéreas cobram tarifas cheias.

Mas na baixa estação há descontos de todo tipo. Isso pode significar uma economia de até 50% nas tarifas econômicas, embora sejam menos flexíveis e os vôos possam ser cancelados.

Pesquise os preços em várias agências de viagens ou nas companhias aéreas antes de fazer uma reserva.

Placa de distâncias em Christchurch

AEROPORTO	INFORMAÇÃO	DISTÂNCIA DO CENTRO
Auckland	(09) 275 0789	21km
Wellington	(04) 385 5123	8km
Christchurch	(03) 353 7777	11km
Dunedin	(03) 486 2879	30km

O projeto "Cidade das Velas" do Aeroporto Internacional de Auckand

Informe-se sobre tarifas promocionais especiais, como os bilhetes dois-por-um, bilhetes comprados com antecedência, descontos para estudantes, tarifas especiais para idosos e tarifas para ficar em fila de espera.

Compare os preços dos bilhetes com "retorno em aberto". Cheque os limites e as penalidades antes de comprar um bilhete com preço especial.

CHEGADA

Nos vôos para a Nova Zelândia, os visitantes recebem um formulário de declaração de bens para completar.

Eles devem ser entregues na chegada, junto com o passaporte. Alimentos frescos e material orgânico devem ser postos em latas fornecidas antes da área de imigração. Multas pesadas são cobradas de quem não declarar itens em quarentena no país *(págs. 358-9)*.

Os aeroportos de Auckland, Wellington e Christchurch têm muitas lojas e postos de correio e telecomunicações.

As locadoras de veículos ficam dentro dos aeroportos e os horários dos serviços bancários coincidem com a chegada dos vôos internacionais *(pág. 364)*.

A transferência dos aeroportos para o centro das cidades é direta: táxis e *shuttles* (vans com trailers para levar a bagagem) fazem serviço porta-a-porta, e há linhas regulares de ônibus.

Nos aeroportos é possível reservar passagens aéreas para vôos domésticos.

Os terminais doméstico e internacional de Auckland estão a 1km ou a cinco minutos a pé um do outro; um serviço de *shuttle* gratuito opera entre eles das 6h às 10h30. Em Cristchurch e Wellington, esses terminais são no mesmo prédio.

Ônibus do aeroporto

***Shuttle* porta-a-porta**

Táxi do aeroporto

AGENDA

COMPANHIAS AÉREAS

Aerolíneas Argentinas

Em Porto Alegre:

Av. Salgado Filho, 267.

Tel *(51) 3221 3300.*

No Rio de Janeiro:

Av. Rio Branco, 134, 7° and.

Tel *(21) 2103 4200.*

Em São Paulo:

Al. Santos, 2241, 14° e 15° and.

Tel *(11) 2175 4200.*

(ligação gratuita) 0800 707 3313

www.aerolineas.com.ar

Air New Zealand

Tel *0800 737 000.*

www.airnewzealand.co.nz

Lan Chile

No Rio de Janeiro:

R. da Assembléia, 92, 13° and.

Em São Paulo:

R. da Consolação, 247, 12° and.

Tel *0800 761 0056*

Fax *0800 761 0057*

www.lanchile.com

TARIFA DE TÁXI PARA O CENTRO	ÔNIBUS PARA O CENTRO	TARIFA DE SHUTTLE PARA O CENTRO	TEMPO DE VIAGEM
NZ$60	NZ$15	NZ$22	1 hora
NZ$25	NZ$5	NZ$22	½ hora
NZ$25	NZ$7	NZ$18	½ hora
NZ$60	Indisponível	NZ$15	½ hora

Viagem Aérea Doméstica

A Nova Zelândia possui uma extensa malha de transporte aéreo doméstico, interligando não só os grandes centros e cidades provinciais como também cidades menores. Embora seja um país pequeno, sua forma alongada faz com que as viagens por terra entre os grandes centros, como Auckland, Wellington e Christchurch sejam muito demoradas. Por isso o transporte aéreo é muito importante. A principal empresa doméstica é a **Air New Zealand**, que possui outras companhias que operam serviços adicionais para centros provinciais. Há muitas tarifas promocionais sendo oferecidas, especialmente na internet, ou se o viajante tiver possibilidade de reservar com muita antecedência.

Vôo doméstico da Air New Zealand chegando em Wellington

ROTAS E COMPANHIAS AÉREAS

A Air New Zealand opera uma malha nacional que interliga as principais cidades e os centros provinciais, incluindo os grandes balneários turísticos de Rotorua e Queenstown.

Cerca de 26 cidades são servidas por vôos regulares. Os vôos complementares para centros provinciais são operados sob a bandeira Air New Zealand Link, que compreende três outras empresas: a **Air Nelson**, a **Mount Cook Line** e a **Eagle Air**.

Também há vôos de Invercargill a Stewart Island, de Auckland a Great Barrier Island, de Wellington a Blenheim (uma alternativa ao ferryboat) e de Wellington a Picton pela **SoundsAir**, que oferece 16 vôos por dia).

A **Freedom Air** é uma empresa de vôos econômicos que pertence à Air New Zealand e voa entre Auckland, Wellington e Christchurch. Além dos vôos internos, voa também de Hamilton, Palmerston North e Dunedin para Brisbane, Melbourne, Sydney e Coolanagatta, na Austrália.

A **Qantas** também oferece tarifas econômicas de Auckland a Christchurch, e de Auckland a Wellington.

A **Origin Pacific Airways** é outra companhia aérea que faz vôos internos entre Auckland, Hamilton, New Plymouth, Tauranga, Rotorua, Napier, Palmerston North, Wellington, Christchurch, Nelson e Blenheim. Os vôos de Dunedin a Christchurch, Nelson e Wellington só saem se houver procura.

Há ainda vôos charter que incluem roteiros paisagísticos.

DESCONTOS PARA ESTRANGEIROS

Existe um acordo internacional para obter descontos em tarifas domésticas, por isso cheque com seu agente de viagens antes de embarcar.

Há vários tipos de passagens aéreas que permitem fazer viagens em um só sentido a um preço fixo.

O "South Pacific Airpass" da Air New Zeland é um sistema de cupons que permite ao turista viajar dentro da Nova Zelândia e entre a Nova Zelândia, a Austrália e algumas ilhas do Pacífico.

É necessário comprar um mínimo de dois e um máximo de dez cupons para "zonas" determinadas, e pagar de acordo com a zona.

Por exemplo, um vôo direto de Auckland a Hamilton conta como zona 1, enquanto um vôo entre Auckland e Christchurch conta como zona 3.

A oferta só é válida para passageiros estrangeiros em visita à Nova Zelândia, e o cupom pode ser comprado na sua cidade natal junto com o bilhete aéreo internacional. É possível comprar cupons adicionais em lojas da Air New Zealand em qualquer destino e pedir restituição antes ou depois da viagem.

PACOTES *FLY AND DRIVE*

Uma forma conveniente de viajar pela Nova Zelândia é voar até um destino e depois prosseguir de carro.

É possível combinar diferentes pontos de chegada e partida para alugar os veículos. Por exemplo, é possível voar de Auckland a Queenstown, depois dirigir de Queenstown a Christchurch. A Air New Zealand e outras companhias aéreas têm acordos com as principais empresas de aluguel de carro para dar descontos a seus passageiros *(pág. 374)*.

Há inúmeros pacotes *fly and drive* de Auckland para a Ilha Sul na temporada de esqui, incluindo-se uma combinação de avião, vans ou carros de aluguel e passes em teleféricos a preços muito competitivos. Os agentes de viagens e as companhias aéreas têm várias promoções especiais. Não deixe de pesquisar a que for mais adequada e econômica.

Planadores da Mount Cook Line aterrissados em Mount Cook Airfield

Passageiros no check-in do Christchurch Internacional Airport

TARIFAS AÉREAS

As tarifas domésticas normais costumam ser caras, mas as companhias aéreas colocam tarifas variadas em cada vôo, de modo que pessoas que embarcam na última hora às vezes encontram bons preços.

A Air New Zealand, por exemplo, oferece uma *Express Class*, tarifas com um desconto substancial sobre as tarifas padrão.

A *Express Class* é dividida em três categorias, com diferentes condições entre si.

Passageiros jovens também obtêm descontos. Crianças até 2 anos só pagam 10% da valor da tarifa cheia se viajarem no colo, e crianças de 2 a 11 anos pagam 75% do valor da tarifa de uma pessoa adulta.

CHECK-IN

Em vôos domésticos, as companhias aéreas exigem que os passageiros se apresentem 30 minutos antes do embarque.

A Air New Zealand tem quiosques de check-in automático em vôos domésticos.

Não é preciso confirmar vôos.

RESTRIÇÕES DE BAGAGEM

Todos os passageiros, crianças inclusive, que viajam em classe econômica têm limite de bagagem de 32kg. O peso máximo da bagagem de mão é de 5kg e deve caber sob a poltrona da frente ou no bagageiro.

Artigos pessoais como casaco, sacolas e câmeras devem ser despachados.

AGENDA

COMPANHIAS DOMÉSTICAS

Air New Zealand
Tel *0800 737 000.*
www.airnewzealand.co.nz

Freedom Air
Tel *0800 600 500.*
www.freedomair.co.nz

Qantas
Tel *0800 808 767.*

Origin Pacific Airways
Tel *0800 302 302.*
www.origin.pacific.co.nz

SoundsAir
Tel *0800 505 005.*

PRINCIPAIS ROTAS AÉREAS DOMÉSTICAS

Os vôos domésticos entre as principais cidades, complementados por vôos de conexão entre cidades menores e balneários turísticos, cobrem praticamente todo o país. Viajar de avião é a melhor opção para quem vai passar pouco tempo no país.

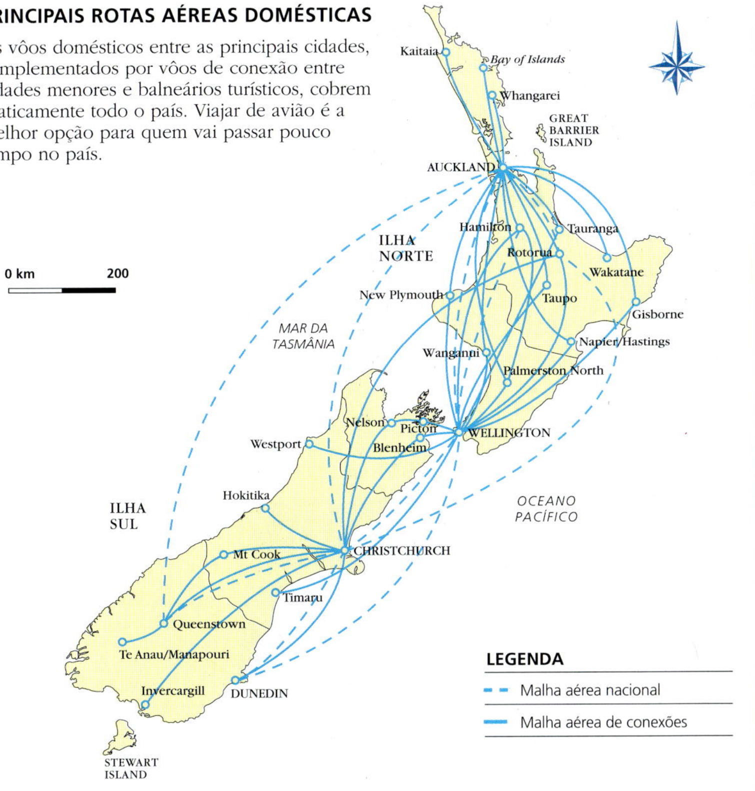

Como viajar de Trem, Ônibus e Ferryboat Interilhas

Embora a Nova Zelândia não possua uma malha ferroviária extensa, há trens interligando as principais cidades e percorrendo paisagens deslumbrantes, algumas não visíveis da estrada. A região montanhosa exigiu a construção de altos viadutos e longos túneis. Os ônibus rodoviários da Nova Zelândia percorrem uma malha extensa e eficiente, interligando praticamente todo o país. Os ônibus são excelentes alternativas aos trens e agradam tanto aos viajantes independentes quanto aos que preferem passeios guiados. As ilhas Norte e Sul estão interligadas por ferryboats, que fazem várias travessias diárias.

A TranzAlpine atravessando a Ponte Kowai perto de Springfield

A REDE FERROVIÁRIA DA NOVA ZELÂNDIA

As ferrovias são operadas pela empresa privada **Tranz Scenic 2001 Ltd**; já os serviços de ferryboat Interislander e Lynx pertencem a outras empresas.

Os serviços ferroviários de passageiros interligam as principais cidades e centros provinciais como Ohakune, Palmerston North, Picton, Kaikoura e Greymouth.

Na Ilha Norte, o trem diurno interliga Auckland a Wellington e é chamado de Overlander.

VIAGENS ESPECIAIS

Todas as principais rotas ferroviárias passam por belas e interessantes paisagens.

A rota mais procurada é a TranzAlpine, que vai de Christchurch a Greymouth, passando pelas Canterbury Plains antes de atravessar drasticamente os Southern Alps via Otira Tunnel *(págs. 242-3)*, e depois as florestas tropicais da Costa Oeste.

Muita gente retorna a Christchurch no mesmo dia, mas outras compram passagem só de ida e continuam a partir de Greymouth para outras atrações na costa.

A TranzCoastal, entre Picton e Christchurch, também é muito procurada pela paisagem esplêndida da costa Kaikoura.

Em Otago, há dois trens de passeio particulares –o Taieri Gorge Railway *(pág. 264)* e o Kingston Flyer *(pág. 279)*.

VIAGEM DE ÔNIBUS

A viagem de ônibus é segura, eficiente e muito procurada pelos turistas que visitam a Nova Zelândia. As principais empresas são **InterCity Coachlines** e **Newmans Coach Lines**.

Ônibus InterCity na State Highway 6, na Costa Oeste

Quem viaja de ônibus tem a opção de fazer passeios guiados, viajar em linhas regulares ou usar um dos passes de viagem oferecidos a viajantes independentes.

A maioria das cidades da Nova Zelândia é servida pela InterCity, que oferece tanto linhas regulares quanto passes de viagem para três meses. Às vezes há descontos de 30 a 50% nas linhas regulares, embora possa haver cancelamento de alguns horários.

A **Magic Bus** é outra empresa que oferece passes de viagem para viajantes mochileiros. Eles compram um passe nacional, que pode ser usado a qualquer momento em um prazo de 12 meses.

Outras empresas de ônibus têm rotas específicas em várias regiões.

PASSAGENS E RESERVAS

As reservas para viagens de trem são feitas com agentes de viagens ou nos telefones da Tranz Scenic Reservations durante toda a semana, das 7h às 21h.

Os trens da Nova Zelândia não têm classes separadas.

Existe, porém, um sistema de tarifas por poltronas tanto em trens quanto em ferryboats; sempre há descontos de até 50% nas tarifas padrão, especialmente na baixa estação.

Não deixe de perguntar qual é a melhor oferta quando fizer uma reserva.

PASSES DE VIAGEM

Uma forma econômica e independente de viajar é usar o passe Tranz Scenic de trens e ferryboast, similares aos passes de trens europeus, bastante utilizado pelos turistas. Há dois tipos de passes, um válido para sete dias de viagem, o outro, para um mês inteiro.

Os passes representam um bom desconto no preço das tarifas. Mas não são aceitos em viagens de ônibus.

Navio da frota Interislander

FERRYBOAT INTERILHAS

A principal linha de ferryboats interilhas entre Wellington e Picton pertence à frota **Interislander**, que transporta passageiros, carros e mercadorias.

O serviço Interislander faz cinco viagens de ida e volta por dia, com cerca de três horas cada uma. Os navios são extremamente confortáveis, com recursos como restaurantes, bares, cafés, cinemas, salas para crianças, deques de obser-vação e "salas de repouso". Os viajantes podem reservar outros serviços a bordo.

O **Bluebridge Cook Strait Ferry** faz duas viagens diárias e oferece recursos similares aos ferryboats Interislander.

No verão, os ferryboats são incrementados por catamarãs de alta velocidade, o **Lynx**, que faz o percurso de Wellingyon a Picton em duas horas e meia.

Faça reserva com antecedência nos ferryboats, especialmente nas férias e se for atravessar com o carro.

AGENDA

VIAGENS DE TREM

Tranz Scenic 2001 Ltd
Tel 0800 872 467.
Tel (04) 495 0775.
www.tranzscenic.co.nz

EMPRESAS DE ÔNIBUS

InterCity Coachlines
Tel (09) 913 6100.
www.intercitycoach.co.nz

Newmans Coach Lines
Tel (04) 499 3261.

Magic Bus
Tel (09) 358 5600.

FERRYBOAT

Interislander e Lynx
Tel 0800 802 802.
Tel (04) 498 3302.
www.interislandline.co.nz

Bluebridge Cook Ferry
Tel (04) 472 3707.

PRINCIPAIS ROTAS DE TREM, ÔNIBUS E FERRYBOAT

Viajar pelas linhas nacionais de ônibus e pela malha ferroviária é um passeio e tanto se considerarmos as belas paisagens. Os serviços de ferryboat interilhas permitem ao visitante conhecer grande parte do país. As empresas de ônibus locais servem as pequenas cidades. Mas não se esqueça de que alguns trechos ferroviários não são para passageiros, como os de Wellington a Napier, de Auckland a Tauranga, de Auckland a Rotorua e de Christchurch

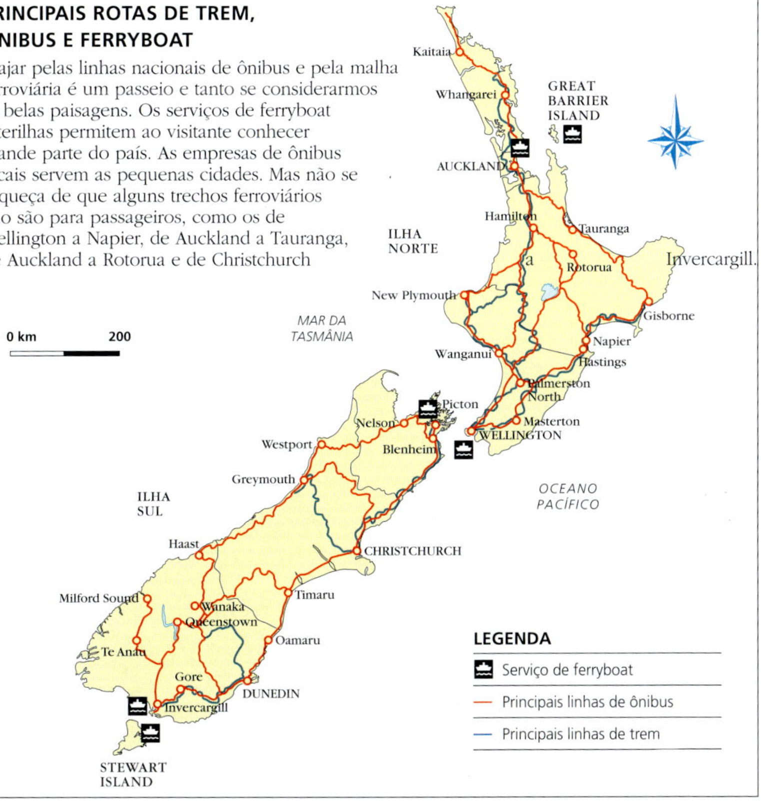

Como Viajar de Carro

Placa de estrada em Auckland

Mesmo que o transporte público ofereça inúmeras opções para transitar entre cidades, o carro permite explorar melhor as bonitas áreas rurais da Nova Zelândia, além de se poder parar em pequenos cafés do interior, nas vinícolas e outros pontos turísti-cos, ou apenas descer para admirar a vista. Longe das grandes cidades, as estradas são relativamente tranquilas, algumas quase vazias. Costumam estar bem conservadas e até as grandes rodovias têm trechos em curvas e montanhosos. Estradas de mão dupla e várias pistas, só nas proximidades das grandes cidades.

LICENÇA DE MOTORISTA

Se você tiver uma Carteira de Habilitação Internacional válida, pode dirigir no país por até 12 meses. Se a sua licença não for impressa em inglês, faça uma tradução ou tire uma licença internacional. Todos os motoristas, visitantes estrangeiros inclusive, devem portar sempre a licença quando estiverem dirigindo.

ALUGUEL DE CARRO

É muito fácil alugar um carro na Nova Zelândia, já que o país conta com uma grande variedade de empresas locadoras, incluindo filiais da **Avis**, **Budget** e **Hertz**.

As tarifas variam muito, dependendo do tamanho do carro, da temporada e do período de aluguel. Na baixa estação, a diária de um carro pequeno pode custar NZ$19, enquanto a de um veículo 4x4 no pico da temporada chega a custar até NZ$140.

Nas grandes cidades os aluguéis são mais baixos do que nas cidades mais remotas, onde as locadoras têm menos carros disponíveis.

Algumas locadoras oferecem o sistema quilometragem fixa, o que é mais vantajoso para viajar próximo das grandes cidades por dois ou três dias. Para períodos mais longos e viajar pelas estradas, é melhor um contrato de quilometragem ilimitada. O combustível não está incluído no preço do aluguel.

As locadoras costumam fazer promoções, como combinar aluguel de carro com pacotes de esqui. Quando for alugar o carro, diga quais são seus planos para que o atendente possa lhe oferecer o melhor contrato.

Balcão da Avis no Aeroporto Internacional de Auckland

As locadoras menores costumam cobrar tarifas mais baixas, mas nem sempre incluem em suas cotações detalhes como seguro, o que pode ser bastante complicado e nada compensador.

Algumas cobram a mais de quem devolve o carro em local diferente de onde foi alugado.

Outras cobram menos de quem se dispõe a dirigir de um ponto a outro em que faltam carros, por exemplo, de Wellington a Auckland.

É uma forma mais econômica de viajar, mas os passeios podem ser prejudicados pela urgência de devolver o carro. As locadoras não alugam carros a menores de 21 anos. Elas preferem pagamento em cartão de crédito; mesmo que você pague em dinheiro ou traveller's cheques, elas ficarão com uma cópia do cartão em caso de roubo ou defeito no veículo.

A State Highway segue paralela à ferrovia que atravessa a costa de Kaikoura

OUTROS VEÍCULOS

Um tipo de transporte muito comum dos que visitam a Nova Zelândia é a *campervan,* ou trailer.

As grandes empresas, como **Maui Rentals** e **Kea Campers**, têm representantes em Auckland, Christchurch e Queenstown. As *campervans* podem ser de vários tamanhos e ter de dois a seis beliches. São equipadas com geladeira e fogareiro a gás, e algumas têm ducha, toalete e forno microondas.

Os preços variam ao longo do ano. No verão, a *campervan* com dois beliches custa NZ$145 por dia e a de seis beliches, NZ$275; de maio a setembro os mesmos veículos custarão, NZ$65 e NZ$170, respectivamente.

Van da Maui Rentals estacionada à beira-mar em Auckland

A Nova Zelândia é o lugar ideal para viajar de *campervan*, porque há áreas de camping belíssimas em praticamente todas as cidades *(pág. 297)*.

SEGURO

O valor do aluguel de uma *campervan* inclui o seguro contra colisões e roubo do veículo. As apólices também costumam cobrar franquias muito altas, em alguns casos até NZ$1.500 por carro e NZ$ 5.000 por uma *campervan*.

Muitas empresas oferecem opções de "redução de franquia" mediante o pagamento de uma taxa diária entre NZ$ 10 e NZ$20, para reduzir a franquia a menos de NZ$200.

Há planos de acidentes pessoais, que devem ser cobertos por uma apólice de viagem mais abrangente.

O seguro para menores de 25 anos é mais caro.

Posto de venda de gasolina e diesel

COMBUSTÍVEL

A maioria dos carros na Nova Zelândia é a gasolina, enquanto os veículos 4X4 e as *campervans* são a diesel.

A gasolina é vendida por litro e pode ser comum ou *premium*, ambas sem chumbo. Como no Brasil, o diesel é mais barato que a gasolina e fácil de ser encontrado.

O combustível é vendido em postos de serviço *(service stations)*.

Nas cidades eles ficam abertos até tarde da noite e alguns nem sequer fecham.

Todos os povoados têm postos de serviço ou pequenas lojas com uma bomba de gasolina, mas estas fecham à noite e nos fins de semana, por isso não deixe de abastecer o carro antes de percorrer longas distâncias.

Os postos de serviço também vendem produtos básicos de mercearia, além de jornais e revistas.

REGRAS E PLACAS NAS ESTRADAS

Os neozelandeses dirigem do lado esquerdo da estrada.

A sinalização segue o padrão internacional e as distâncias são em quilômetros.

O limite de velocidade é 100km/h nas estradas e 50km/h nas áreas urbanas.

O excesso de velocidade é o maior perigo nas estradas, e há radares espalhados por todo o país.

As câmeras registram detalhes dos carros que excedem o limite de velocidade e o motorista recebe multas escalonadas de acordo com a velocidade. Ultrapassar 50km/h, o limite permitido, pode causar suspensão da habilitação por 28 dias. Como o país tem muitas estradas com curvas, são comuns as placas alertando para diminuir a velocidade.

A faixa amarela no meio da estrada indica que é proibido ultrapassar por falta de visibilidade.

Limite de velocidade

As principais rodovias têm passagens de nível em intervalos regulares. Para fazer uma conversão o motorista deve dar preferência ao tráfego, e nos cruzamentos aos veículos que vêm da direita. As leis para quem dirige embriagado são rigorosas. O motorista pode ser solicitado a fazer o teste de bafômetro a qualquer momento. O nível aceitável de álcool no sangue é de 80mg de álcool por 100ml de sangue (30mg para menores de 20 anos). A polícia no interior é tão vigilante quanto nas cidades e faz testes de bafômetro com frequência.

Os acidentes com feridos devem ser relatados à polícia em até 24 horas. Quando um acidente envolver outro veículo, os motoristas devem trocar informações sobre os respectivos seguros.

É melhor não assumir a responsabilidade por um acidente sem antes informar a polícia sobre o que aconteceu. A decisão, em alguns casos, é dada por ela.

É obrigatório motoristas e passageiros usarem cinto de segurança, e os menores de 5 anos devem viajar em cadeiras no banco de trás.

Motoristas dirigem devagar por entre as ovelhas em rodovia

CONDIÇÕES DA ESTRADA

Considerando-se a pequena população e o tamanho do país, a Nova Zelândia tem estradas excelentes. Contudo, quem está acostumado a percorrer longas distâncias em rodovias de duas ou três pistas precisa tomar cuidado.

Barreiras de tamanho médio só existem perto das grandes cidades, e nas outras estradas a única coisa que separa o motorista do fluxo de trânsito oposto é uma linha central pintada. Em razão do terreno montanhoso do país, os trechos em curvas são comuns até nas grandes rodovias estaduais. Outro perigo são as ferrovias que atravessam as estradas. Luzes e cancelas costumam ser ativadas para indicar a aproximação de um trem, mas em regiões remotas às vezes não há nada disso; portanto, sempre diminua a velocidade antes de cruzar uma ferrovia.

Muitas estradas secundárias não são pavimentadas, como a estrada para Oparara Basin ao norte de Karamea *(pág. 234)*.

Muito cuidado nessas estradas, que costumam ser estreitas e onde é fácil perder o controle na superfície de cascalho ou nas beiradas sem acostamento.

Dirigir no inverno costuma ser tranquilo, embora o gelo e a neve nas regiões de montanhas e no interior da Ilha Sul

SINALIZAÇÃO EM ESTRADAS DO INTERIOR DO PAÍS

As placas alertam e instruem o motorista. A velocidade permitida depende da condição da estrada e do movimento. É preciso estar alerta, pois às vezes há animais na pista, cruzamentos de ferrovia, estradas de cascalho e pontes estreitas, onde a prioridade é dos que vão na direção da seta branca.

Cuidado com os pinguins

Estrada de cascalho derrapante

Atenção: vacas

Ferrovia adiante

Cuidado com os quivis

Travessia de crianças

Atenção: *pukekos* na estrada

Ponte estreita à frente

Carro de socorro mecânico da AA

possam causar problemas. Costuma-se espalhar areia nessas estradas para impedir que os carros derrapem, mas é melhor checar as condições das mesmas no DOC ou na Automobile Association (AA) antes de se embrenhar por regiões alpinas como Arthur's Pass *(págs. 242-3)* e Haast Pass *(pág. 273)*.

Pontes estreitas são comuns nas pequenas rodovias e nas estradas secundárias da costa oeste da Ilha Sul. A seta vermelha indica que a preferência é de quem está vindo.

Há também as pontes que são usadas por carros e trens: a luz vermelha piscando anuncia a aproximação de um trem.

Ponte para carros e trens perto de Kumara Junction

Os animais soltos costumam ser um problema, mas isso só acontece nas estradas pequenas.

É mais comum ter de esperar o fazendeiro afastar o rebanho para dar passagem.

O motorista precisa ter paciência e dirigir muito devagar no meio dos animais.

Os gambás e outros animais noturnos costumam andar pelas estradas à noite; é preciso muito cuidado para não atropelá-los.

ATENDIMENTO NAS ESTRADAS

As locadoras prestam socorro aos problemas mecânicos envolvendo seus carros e providenciam outro veículo, se for o caso.

A **Automobile Association** (AA) é uma organização de âmbito nacional que presta serviços mecânicos e informa sobre as condições das estradas. Além disso, fornece mapas detalhados de todas as regiões da Nova Zelândia, guias com todos os tipos de acomodação, de campings a hotéis de luxo, presta assistência técnica e dá informações turísticas.

Esta associação tem escritórios nas grandes cidades. Grande parte dos clubes de automóveis internacionais tem acordos recíprocos com a AA da Nova Zelândia.

Para ter direito aos benefícios, apresente o cartão do seu clube em um escritório da AA e se registre como sócio temporário.

Ser sócio do AA dá direito a três atendimentos por defeito mecânico por ano, além de descontos em hotéis e motéis e em aluguel de carros.

COMO DIRIGIR NA CIDADE

Se for dirigir nas grandes cidades, tenha um mapa atualizado para localizar as ruas de mão única.

Se puder, evite os horários de pico (7h30-9h e 16h30-18h), principalmente em Auckland e Wellington.

As notícias do trânsito são transmitidas pelas rádios locais *(pág. 361)*.

Há áreas de estacionamento no centro das cidades, em parques, em prédios e em shopping centers. Essas áreas são administradas por conselhos, e os veículos estacionados ilegalmente ou que ultrapassam o tempo dos parquímetros são multados. As cidades costumam manter zonas *clearway*, onde os veículos estacionados podem ser guinchados. Nesse caso, ligue para a polícia para saber onde está seu carro. Para retirá-lo é preciso pagar multa no ato.

AGENDA

EMPRESAS DE ALUGEL DE CARROS

Avis
Tel *0800 655 111.*
www.avis.com

Budget Rent A Car
Tel *0800 652 227.*
www.budget.co.nz

Hertz
Tel *0800 654 321.*
www.hertz.co.nz

Kea Campers
Tel *0800 520 052*
www.keacampers.com

Maui Rentals
Tel *0800 651 080.*
www.maui.co.nz

CLUBES DE AUTOMÓVEIS

Automobile Association
Tel *0800 500 543.*

CONDIÇÃO DAS ESTRADAS

Automobile Association
Tel *0900 33 222.*

Parquímetro operado por moeda em uma área de estacionamento

Índice geral

Os números de página em **negrito** referem-se a temas principais

A

D

I

M

N

U

V

W

Y

Z

Agradecimentos

A DORLING KINDERSLEY gostaria de agradecer aos seguintes profissionais, cuja contribuição e assistência tornaram possível a preparação deste livro.

Colaboradores

Helen Corrigan é escritora e jornalista, especializada em rádio. Vive em Wellington, onde, desde 2002, exerce a função de assessora parlamentar de imprensa.

Roef Hopman é consultor de relações públicas e escritor freelance. Vive em Auckland, já foi editor da *Design Trends* e é responsável pela organização de projetos de relações públicas em países do Pacífico, além de contribuir para diversas publicações especializadas.

Gerard Hutching é jornalista freelance, especializado em história natural e meio ambiente. Escreveu diversos livros, destacando-se *The Natural World of New Zealand* que ganhou, em 1999, o prêmio Montana Book of the Year, na categoria meio ambiente.

Rebecca Macfie é uma premiada jornalista que vive em Christchurch. É especializada em negócios e assuntos nacionais. Colabora com vários jornais e revistas neozelandeses.

Geoff Mercer vive em Hastings e escreve diariamente para jornais de Wellington e Hawke's Bay. Organiza uma compilação de história oral, além de escrever biografias e romances e colaborar com várias publicações locais.

Simon Noble mora em Nelson e preocupa-se com os cenários históricos e naturais do país. Escreveu *The Treasured Pathway*, famoso guia local sobre uma viagem pelo norte da Ilha Sul.

Peter Smith pratica iatismo e é escritor e arte-educador em Auckland. Trabalha no Auckland College of Education.

Michael Ward é *chef* de cozinha. Trabalhou para a indústria alimentícia por quase 20 anos. Seu interesse maior é divulgar a culinária e os vinhos neozelandeses.

Mark Wright é um escritor freelance que vive em Dunedin. Escreve sobre viagens, tecnologia, saúde e carros antigos. Tem formação em rádio e escreve roteiros para televisão e cinema.

Outros Colaboradores

Georgina Palffy; Simon Vita

Dorling Kindersley

Gerente Editorial Kate Poole
Editores de Mapas Casper Morris, David Pugh
Produção Michelle Thomas
Diretor editorial Gillian Allan
Editor Neil Lockley
Designer Supriya Sahai

Índice

Kay Lyons

Fotografias adicionais

Peter Bush, Louise Goossens, Ian O'Leary

Assistência Editorial

Brendan Hutching, Kate Molan, Marianne Petrou.

Assistência Especial

Debbie Ameriks e Amelia Manson, Office of Treaty Settlements, Wellington; Tim Amos, Department of Conservation, Wellington; Lane Ayr, Bay of Islands Swordfish Club; Kate Banbury, Waitomo Glow Worm Caves New Zealand, Otorohanga; Jennifer Beatson, Latitude Nelson; Black's Point Museum, Reefton; Hughie Blues and Amanda Turner, Waikokopu Café, Waitangi; Julia Bradshaw, Lakes District Museum, Arrowtown; Linda Burgess, Wellington; Dennis Buurman, Ocean Wings; Elizabeth Caldwell, Arts Council of New Zealand; Cathedral Church of St Paul, Wellington; Alan Cooper, Geology Department, University of Otago, Dunedin; C.P. Group, Auckland; Croydon Aircraft Company, Gore; Jo Darby, Tourism Industry Association New Zealand; Carol Davidson, New Zealand Festival 2000; Department of Conservation Visitor Centres; Jenny Dey, Photosource New Zealand Ltd; Richard Doyle e Lisa Hoffman, Christchurch City Council; Far North Regional Museum, Kaitia; Tammy Fromont e Nineke Metz, Destination Northland Limited; Dianne Gallagher, New Zealand Mountain Safety Council Inc.; Jane Gilbert, Film New Zealand; família Gillooly, Farewell Spit Safari, Collingwood; Donna Gray, Abel Tasman National Park Enterprises; Lesley Grey e Sharon Pasco, Stewart Island Promotion Association; Frank Habicht, Paihia; Haoni Waititi Marae, Auckland; Lee Harris, Fiordland Travel Limited, Queenstown; Tania Harris, Waitangi National Trust; Christine Harvey, Whale Watch®, Kaikoura; Cameron Hill, Air New Zealand, Auckland; Hillary Commission; Barbara Hinkley e Suzanne Knight, Museum of New Zealand Te Papa Tongarewa; InterCity Coachlines; Anne Irving, City Gallery, Wellington; Peter Jackson, Blenheim; Jean Johnston, Wellington City Council; Kapiti Cheese; Kelly Tarlton's Underwater World e Antarctic Encounter, Auckland; Michael Liao, Kiwfruit Country, Te Puke; Fay Looney, New Plymouth; Peter McCleavey Gallery, Wellington; Ruth McGirr, Robert McDougall Art Gallery e Annex, Christchurch; Bill e Joan MacGregor, Lake Hawea; Robert McGregor, Art Déco Trust, Napier; Annabelle MacKenzie e Cathy Muker, New Zealand High Commission, Kuala Lumpur; Cathy Maslin, Key-Light Image Library; Heather Mathie e Betty Moss, Alexander Turnbull Library; Darryl May, Oamaru; Montana Marlborough Winery; Anita Moreira, Air New Zealand, Kuala Lumpur; Morven Hills Station, Oamaru; Museum of Caves, Waitomo; Newmans Coach Lines; New Zealand Fighter Pilots Museum, Wanaka; Okarito Nature Tours, Westland; Old Mandeville Airport, Gore; Otago Early Settlers Museum, Dunedin; equipe de segurança, Parliament House, Wellington; Libby Passau e Nick Turzynski, Hodder Moa Beckett Publishers Ltd; Jacky Payne; Penguin Place, Otago Peninsula; Meng-Chong Phang, New Zealand Tourism Board, Singapura; Clive Ralph, Napier; Rewa's Village, Kerikeri; Chris e Phil Rose, Wairau River Wines; Royal Albatross Centre, Taiaroa Head; Russell Museum; Mary Sharrock, Ansett Airways, Austrália; Jenny Shipley, MP, Wellington; Stone Store, Kerikeri; Annalese Taylor, New Zealand Tourism Board, Auckland; Judith Tizard, MP; Tourism Auckland Office; Tourism Industry Association New Zealand; Tranz Rail Ltd; Tom Van der Kwast, Picton; Andrew e Jeannie Van der Putten; Visitor Information Centres; Tim Warren, Visual Impact Pictures Ltd; equipe de concerto, Whakarewarewa Thermal Village, Rotorua; Whangarei Museum of Fishes; Dr Rodney Wilson, Auckland War Memorial Museum; Jane Wynyard, The Royal New Zealand Ballet.

Permissões de Fotografia

A editora agradece às seguintes pessoas e instituições pela assistência e permissão para fotografar em suas dependências:

Graham Abbott, Hanmer Springs Thermal Reserve; Art and Gourd Gallery, Golden Bay; Ashford Craft Village, Ashburton; Auckland International Airport; Auckland Zoological Gardens; Avis, Auckland International Airport; Babich Winery, Auckland; Grant Barron, Olveston House, Dunedin; Café de Paris, Hokitika; Canterbury House Vineyards, Waipara; Christ Church Cathedral, Christchurch; Dr Fiona Ciaran, Aigantighe Art Gallery, Timaru; Clapham Clock Museum, Whangarei; Coal Town Museum, Westport; Dargaville Maritime Museum; DFS Galleria, Auckland; Driving Creek Railway and Potteries, Coromandel; Dunedin Public Art Gallery; Dunedin Railway Station; The

Edwin Fox, Picton; Ana Foreman, Weta Shop, Coromandel; Gibbston Valley Winery, Queenstown; Lindsay Hazley, Southland Museum and Art Gallery, Invercargill; Helen and Ross Ivey, Glentanner Station; Kevin Judd, Cloudy Bay; Steve Jones, Science Centre, Manawatu Museum and Art Gallery, Palmerston North; Kauri Kingdom, Kaitaia; Stuart Landsborough's Puzzling World, Wanaka; Left Bank Art Gallery, Greymouth; Le Brun family, Blenheim; Malcolm McLaughlan e Peter Thornley, Icon Restaurant, Wellington; Maori Arts and Crafts Institute, Rotorua; Royce McGlashen, Nelson; Matakohe Kauri Museum, Dargaville; Mountain Jade Greenstone Factory, Hokitika; Mt Bruce Wildlife Centre, Wairarapa; Mountford Vineyard, Canterbury; Museum of Transport and Technology, Auckland; Museum of Wellington City and Sea; New Zealand Automobile Association; New Zealand Rugby Museum, Palmerston North; North Otago Museum, Oamaru; Nigel e Teresa Ogle, Tawhiti Museum, Hawera; Outdoor Heritage, Newmarket; Out of New Zealand, Auckland; Parnell Fire Service; Parnell Police Station; Pegasus Bay, Canterbury; Provincial Council Buildings, Christchurch; Queenstown Rafting; Rainbow's End Adventure Park, Auckland; Rippon Vineyards, Wanaka; St John's Ambulance; St Paul's Cathedral, Dunedin; Shantytown, Greymouth; Sheraton Auckland Hotel; Shotover Jet, Queenstown; Southward Car Museum, Paraparaumu; Stockton Mine, Westport; Thames School of Mines and Mineralogical Museum; Tramway Museum, Paekakariki; Waiau Waterworks, Coromandel; Waipara Springs, Canterbury; Whakarewarewa Thermal Village, Rotorua; Whale Watch®, Kaikoura; Whanganui Riverboat Centre; Zambesi, Wellington.

Créditos das Fotos

a = alto; ae = alto, à esquerda; cae = centro, alto, à esquerda; ac = alto, centro; cad = centro, alto, à direita; ad = alto, à direita; cea = centro, à esquerda, acima; ca = centro acima; cda = centro, à direita, acima; ce = centro, à esqueda; c = centro; cd = centro, à direita; cbe = centro, embaixo, à esquerda; cbd = centro, embaixo, à direita; cb = centro, embaixo; b = embaixo; bc = embaixo, centro; bd = embaixo, à direita; be = embaixo, à esquerda; bcd = embaixo, centro, à direita; bce = embaixo, centro, à esquerda; (d) detalhe.

A editora agradece às seguintes pessoas, empresas e bancos de imagens que permitiram a reprodução de suas imagens:

AGL Aerial Imagery: 39bd; Air New Zealand: 368ac; Alamy Images: Paul Miller 11bd; Paul Thomspon Images 323ae; Douglas Fisher 323ce; Jon Arnold Images 10cad; Ansett Australia: 368cae; Anz National Bank Limited: 364cbe; Art Deco Trust: 146be.

Bay of Islands Swordfish Club: 103ac, 103cae; Britomart Limited: 70cae; Peter Bush: 20a, 33cd, 38cbe, 38be, 38bd, 71ad, 119cbe, 157be, 347cd, 360be.

Christchurch City Council: 218; City Gallery, Wellington: 164ad; Corbans Wines: 36ae; Corbis: Peter Beck 322ce; Graham Tim 11ce; Zefa/Jose Fuste Raga 10be; Stuart Westmorland 288ae.

Department of Conservation, Wellington: 191ad, 219b, 238ad, 350ac; Destination Northland Limited: 96ce, 103cad, 108bc, 109ae.

Gareth Eyres, Exposure: 39ae, 41bc, 42cr, 58-9, 108c, 121cd, 144-5, 186-7, 204-5c, 215ae, 239cd, 271bd, 283ad, 351ae, 352ae, 352b, 353a; Getty Images: Darryl Torckler 99bd.

Fiordland Travel Limited: 280ad, 284ad, 284cae, 284cbe, 284be, 283ae, 283ce, 283cd. Herzog Winery and Luxury Restaurant: 312ce; Hodder Moa Beckett Publishers Ltd: 33be.

Intercity Coachlines: 372bc.

Key-Light Image Library: Warren Jacobs 22-3; Brian Enting Photography 23ae; Warren Jacobs 26ad; Andy Radka 26ce; Nick Servian 30bd, 30-1c; Michael Pole 34ad; James White 34cbe; Graham Meadows 34bc; Nick Servian 34bd; Gary Bowering 37bc; Graham Radcliffe 42be; Brian Enting Photography 47be; Andy Belcher 64ae; Geoff Mason 64ad; Brian Enting Photography 64bd; Warren Jacobs 100-1; Richard Cory-Wright 119bd; Brian Enting Photography 142cbe; Andy Belcher 143cd; Michael Hall 152; Nick Servian 165ad; Graham Radcliffe 173bd; Peter Laurenson 183cbd; Warren Jacobs 183bd; Brian Chudleigh 194ad; Geoff Mason 195bd; Caroline Hobbs 239ad; Nic Bishop 244be; Geoff Mason 247ce; Tim Hawkins 252bc; Warren Jacobs 272ce; Nic Bishop 273ca; Peter Reese 290ce; Geoff Mason 350be; Ron Redfern 351c; Warren Jacobs 355ae; Geoff Mason 370bd; Graham Radcliffe 372ce; Kiwifruit Country: 129ad.

Lakes District Museum: 279c; Holger Leue: 22bd, 26cd, 27be, 34cae, 34-5c, 49bc, 65cd, 65bd, 68ce, 73ce, 74ae, 75be, 77ad, 78bd, 83bc, 89a, 92be, 93ae, 103bd, 113b, 120ce, 122bd, 123ac, 127bd, 130ad, 131cbd, 138ae, 143ad, 190ad, 190cae, 192ae, 194-5c, 227bd, 232ae, 238ae, 244bd, 252ad, 252ce, 253ae, 254, 267c, 272bd, 276ae, 277c, 278ad, 280bd, 282ad, 282cd, 282be, 283ce, 283b, 286ae, 288ce, 288bc, 289bd, 297ce, 376cae, 376cad, 376be, 377ce; Rob Lucas: 24be, 24bc, 24bd, 25cae, 25be, 25cbd, 132ae, 244ae, 252ae, 272ae, 283cd.

Robert McDougall Art Gallery e Annex: 32be; Darryl May: 268ae, 268cae, 268cbe, 269ca, 269ca; Rod Morris: 1 (d), 17ac, 24ae, 24cbe, 24cb, 24cbd, 25ae, 25ad, 25cae, 25cad, 25ae, 47cd, 89ce, 192ad, 192ce, 192be, 192bd, 245cd, 251ce, 266cd, 272be, 289cd, 291ae; Museum of New Zealand Te Papa Tongarewa: 29be, 30ae, 30be, 31ae, 31cd, 33ae, 46ad, 46bc, 47cae, 51ca, 57be, 166ae, 166ad, 166cae, 166cbe, 167ae, 167cd, 167cbe, 360ae.

National Party Office: 53bc; Newmans Coach Lines: 358bd; New Zealand Festival 2000: 40ac, 156cbe, 156-7c, 335ae; *The New Zealand Herald*: 18b, 53ad, 117be, 157ac; New Zealand Mountain Safety Council Inc.: 362ae.

Office of Treaty Settlements: 45ca, 53ce; Olveston House: 265ae

Lloyd Park: 23bd, 35be, 35bc, 190-1c, 191bd, 240-1, 247ac, 247cad, 247cd; Photosource New Zealand Ltd: 2-3, 8-9, 35ce, 35cd, 35cbe, 38ca, 39cbe, 39be, 40be, 43c, 43b, 54-5, 62ce, 109cad, 119be, 121be, 150ae, 161ce, 176-7, 182ad, 182be, 193ad, 194ae, 194bd, 195ae, 238ce, 245ae, 253cad, 281cd, 354ae, 355cd.

The Royal New Zealand Ballet: 92cd, 157bd.

Science Centre and Manawatu Museum: 175ad, 175bd, 175be; Sky City Auckland Limited, 74ae; Stewart Island Promotion Association: 288ae; Supershuttle: 369c.

Tourism New Zealand: 56be, 57bd, 60ae, 95b, 97ae, 295ce, 297a, 354be, 358ca, 375ce; Alexander Turnbull Library: 9 (d), 18c, 30ad, 31ad, 31b, 32ae, 33bd, 36ce, 44, 45be, 46ae, 46ce, 46be, 46cae, 47ca, 47bd, 48ae, 48c, 48be, 48bd, 49bd, 50ad, 50cbe, 50be, 51c, 51bc, 51bd, 52ae, 52cbe, 52cb, 55 (d), 59 (d), 62ae, 62be, 62-3c, 63ae, 63cd, 85bd, 137bd, 171bd, 187 (d), 226cd, 235ce, 293 (d), 357 (d).

Visual Impact Pictures Ltd: 16, 26be, 27cd, 27bd, 28ad, 35cad, 35cbd, 35cae, 39cad, 40cd, 78ad, 80-1, 103be, 109cbd, 112, 117ce, 123be, 128be, 142ad, 182ae, 190cbe, 191ae, 195be, 214ad, 246ae, 274-5, 291cd, 292-3, 296bd, 356-7. Waitangi National Trust: 41cd, 96bd, 104ce, 104be, 105ae, 105be; Waitomo Glow Worm Caves New Zealand: 120ae; Wellington City Council: 87bd, 156bd; Dr Kim Westerskov: 86cd, 103cbd, 149bd, 193ae, 193cad, 193cb, 266ae, 280ae; Westpac Limited: 354ce; Whale Watch®: 209cae; Women's Golf New Zealand: 39ad.

Guarda anterior: Todas as fotos especiais exceto Christchurch City Council: bc; Holger Leue: bd; Visual Impact Pictures Ltd: ce.

Capa – Frente: Getty Images: Image Bank/Peter Turner imagem principal; Museum of New Zealand Te Papa Tongarewa: *Hei tiki ornament*. Desconhecido, Pounamu (jade). Cortesia de Mr W L Buller be. Atrás – DK Images: Peter Bush cae, cbe, be; Gerald Lopez ae. Lombada – DK Images: Gerald Lopez b: Getty Images: Image Bank/Peter Turner a.

Frases

Na terceira coluna –na segunda, na seção Interpretando o Cardápio–, você encontra a transcrição da pronúncia das palavras em inglês, não com os símbolos do alfabeto fonético internacional, mas do modo como seriam escritos em português, para que sejam mais facilmente compreendidos. Há na língua inglesa sons inexistentes em português, como o "th", que é transcrito aqui de duas maneiras diferentes: como "d" na palavra "this" ou como "f" na expressão "thank you". A pronúncia correta é, nos dois casos, com a língua entre os dentes frontais. O "h" de " help" é transcrito pelas letras "rr", enquanto o "rr" de "sorry" aparece como "r", com um som próximo ao do "r" seguido de consoante pronunciado em algumas regiões do interior de São Paulo.

Em Emergências

Socorro	**Help**	rrélp
Pare	**Stop**	stáp
Chame um médico	**Call a doctor**	koladáktor
Chame uma ambulância	**Call an ambulance**	kolanémbiulens
Chame a polícia	**Call the police**	kol dê pôlís
Chame os bombeiros	**Call the fire department**	kol dê fáier dêpártment
Onde fica o telefone mais próximo?	**Where is the nearest telephone?**	ueriz dê nírest télefoun?
Onde fica o hospital mais próximo?	**Where is the nearest hospital?**	ueriz dê nírest rráspital?

Comunicação Essencial

Sim	**Yes**	iés
Não	**No**	nôu
Por favor	**Please**	plíz
Obrigado	**Thank you**	fênkiu
Desculpe	**Sorry**	sóri
Com licença	**Excuse me**	ekskíuzmi
Oi	**Hello**	rrêlou
Adeus	**Goodbye**	gudbái
Manhã	**Morning**	mórnin
Tarde	**Afternoon**	efternún
Noite	**Evening**	ívinin
Noite (tarde)	**Night**	náit
Ontem	**Yesterday**	iéstêrdei
Hoje	**Today**	túdei
Amanhã	**Tomorrow**	tumárou
Aqui	**Here**	rríêr
Lá	**There**	dér
O quê?	**What?**	úat?
Quando?	**When?**	úen?
Por quê?	**Why?**	úai?
Onde?	**Where?**	uér?

Frases Úteis

Como vai?	**How are you?**	rrauáriu
Muito bem, obrigado.	**Very well, thank you**	véri uél, fénkiu
Muito prazer em conhecer você	**Pleased to meet you**	plízd tu mítiu
Até logo	**See you soon**	síu sún
Está bem/bom	**That's fine**	déts fáin
Onde está.../estão..?	**Where is/ where are...?**	ueriz uérár
Quantos metros/ quilômetros são até...?	**How far is it to...**	rrau farízit tu-
Como se vai para...?	**Which way to...?**	úitch uei tu
Você fala português?	**Do you speak portuguese?**	du iu spík pôrtiuguíz?
Você fala espanhol?	**Do you speak spanish?**	du iu spík spênish?
Não entendo	**I don't understand**	ai dount anderzténd
Pode falar mais devagar, por favor?	**Could you speak more slowly, please?**	kúdiu spík môr slôulí, plíz?
Sinto muito	**I'm sorry**	áim ssóri

Palavras Úteis

grande	**big**	bêg
pequeno	**small**	smól
quente	**hot**	rát
frio	**cold**	kôuld
bom	**good**	gûd
ruim	**bad**	béd
suficiente	**enough**	ináf
bem	**well**	uél
aberto	**open**	ôupen
fechado	**closed**	klôuzd
esquerda	**left**	léft
direita	**right**	ráit
direto	**straight (on)**	strêit (ón)
perto	**near**	níer
longe	**far**	fár
em cima	**up**	áp
abaixo	**down**	dáun
cedo	**early**	êrlí
tarde	**late**	léit
entrada	**entrance**	êntranss
saída	**exit**	égzêt
banheiros	**restrooms**	réstrumz
mais	**more**	môr
menos	**less**	léss

Nas Compras

Quanto - custa isto?	**How much does - this-cost?**	rrau mátch daz dês kóst?
Eu gostaria...	**I would like...**	ai uôd laik...
Vocês tem..?	**Do you have..?**	du iu rrév...?
Estou só olhando, obrigado	**I'm just looking, thank you**	aim djast lûkin..., fênkiu
Vocês aceitam cartões de crédito?	**Do you take credit cards?**	du iu têik... krédit kardz?
A que horas vocês abrem?	**What time do you open?**	uotáim du iu ôupén?
A que horas vocês fecham?	**What time do you close?**	uotáim du iu klôuz?
este	**this one**	dêss uán
aquele	**that one**	dét uán
caro	**expensive**	ekspénssív
barato	**cheap**	tchíp
tamanho (roupas ...e sapatos)	**size**	ssáiz
branco	**white**	úait
preto	**black**	blék
vermelho	**red**	réd
amarelo	**yellow**	iélou
verde	**green**	grín
azul	**blue**	blú
loja de antiguidades	**antique shop**	entík sháp
padaria	**bakery**	bêikeri
banco	**bank**	bénk
livraria	**bookshop**	bôkshap
açougue	**butcher's**	bôtcherz
farmácia	**drugstore**	drágztôr
peixaria	**fishmarket**	fêsh márket
quitanda	**greengrocer's**	grín grôusserz
loja de alimentos	**grocer's**	grôusserz
cabeleireiro	**hairdresser's**	rrer drésserz-
mercado, a feira	**market**	márket
jornaleiro	**newstand**	niúztend
agência do correio	**post office**	pôustófiss
loja de calçados	**shoe shop**	shú sháp
supermercado	**supermarket**	supermárket
tabacaria	**tobacco shop**	tbákou sháp
agência de viagens	**travel agency**	trévl êidjenssí

Atrações Turísticas

galeria de arte	**art gallery**	art guélerí
catedral	**cathedral**	kfídral
igreja	**church**	tchêrtch
jardim	**garden**	gárden
biblioteca	**library**	láibreri
museu	**museum**	miuzíam
informação turística	**tourist information**	tôrist infôrmêishan
prefeitura	**city hall**	cêti ról
fechado por - férias/feriado	**closed for - holiday**	klouzd for rrólidei
ponto de ônibus	**bus stop**	bástap
estação de trem	**railroad station**	reil rôud stêishan

No Hotel

Vocês têm quarto disponível?	**Do you have a vacant room?**	du iu rrev â vêikant rum?
quarto para dois	**double room**	dábô rúm
com cama de casal	**with double bed**	uêf dábô bed
quarto com duas camas	**twin room**	tuên rúm

quarto de solteiro/ individual	**single room**	cêngol rúm
quarto com banheiro	**room with a bath**	rúm uêf â bef
chuveiro	**shower**	sháuer
porteiro	**porter**	pórter
chave	**key**	kí
Eu tenho uma reserva	**I have a reservation**	ai rrev â rezêrvêishan

No Restaurante

Tem uma mesa para...?	**Have you got a table for...?**	rreviu gat a teibôu for..?
Quero reservar uma mesa	**I want to reserve a table**	ai uant tu rizérv â teibôu
A conta, por favor	**The check, please**	dê tchék, plíz
Sou vegetariano/a	**I'm vegetarian**	áim vedjetérian
garçonete	**waitresse**	uêitress
garçom	**waiter**	uêiter
menu	**menu**	mêniu
menu do dia	**fixed-price menu**	fêkst-praiss mêniu
carta de vinhos	**winelist**	uáin lêst
copo	**glass**	gléss
garrafa	**bottle**	bátlôu
faca	**knife**	náif
garfo	**fork**	fórk
colher	**spoon**	spún
café-da-manhã	**breakfast**	brékfest
almoço	**lunch**	lântch
jantar	**dinner**	dêner
prato principal	**main course**	mêin kórs
entrada	**starter**	stárter
prato do dia	**today's special**	tdêiz spéshial
café	**coffee**	kófi
malpassado	**rare**	rér
ao ponto	**medium**	mídium
bem-passado	**well done**	uél dán

Interpretando o Cardápio

apple	épôl	maçã
baked	bêik	ao forno
banana	bnána	banana
beef	bíf	carne de boi
beer	bíêr	cerveja
bread	bréd	pão
butter	bára	manteiga
cake	kêik	bolo
cheese	tchíz	queijo
chicken	tchêken	frango
chocolate	tcháklat	chocolate
cold meat	kôuld mít	frios
dessert	dêzért	sobremesa
dry	drái	seco
egg	êg	ovo
fish	fêsh	peixe
fried	fráid	frito
fruit	frút	a fruta
garlic	gárlek	alho
ham	rrem	presunto
icecream	áiss krím	sorvete
lamb	lêm	cordeiro
lemon	léman	limão
lemonade	lémanêid	limonada
lobster	lábster	lagosta
meat	mít	carne
milk	mêlk	leite
mineral water	míneral uáter	água mineral
nuts	nâts	nozes
oil	óill	azeite
olives	ólêvz	azeitonas
onion	ânian	cebola
orange	órandj	laranja
pepper	péper	pimenta
pie	pái	torta
pork	pórk	porco
potatoes	ptêitôuz	batatas
prawns	prónz	camarões
red wine	red úain	vinho tinto
rice	ráiss	arroz
roast	rôust	assado
rosé wine	rouzê úain	vinho rosé
salt	sólt	sal
sauce	sóss	o molho
sausages	sósêdj	linguiças
seafood	sífud	frutos do mar
sirloin steak	sêrloin stêik	filé mignon
soup	súp	sopa
still/sparkling	stíl/spárklin	sem gás/com gás
sugar	shûgar	açúcar
vegetable stew	védjetabôu stú	cozido de vegetais
tea	tí	chá
toasts	tôusts	torradas
vinegar	vênagar	vinagre
white wine	úait úain	vinho branco

Números

0	**zero**	zírou
1	**one**	uán
2	**two**	tú
3	**three**	frí
4	**four**	fór
5	**five**	faiv
6	**six**	sêks
7	**seven**	sévên
8	**eight**	êit
9	**nine**	nain
10	**ten**	tên
11	**eleven**	ilévên
12	**twelve**	tuélv
13	**thirteen**	fêrtín
14	**fourteen**	fortín
15	**fifteen**	fêftín
16	**sixteen**	sêkstín
17	**seventeen**	seventín
18	**eighteen**	êitín
19	**nineteen**	naintín
20	**twenty**	tuentí
21	**twenty-one**	tuentí uán
22	**twenty-two**	tuentí tú
30	**thirty**	fêrí
31	**thirty-one**	fêri uán
40	**fourty**	fóri
50	**fifty**	fêfti
60	**sixty**	sêksti
70	**seventy**	séventi
80	**eithty**	êiti
90	**ninety**	náinti
100	**one hundred**	uán rrándrêd
200	**two hundred**	tu rrándrêd
500	**five hundred**	faiv rrándrêd
1.000*	**one thousand**	uán fáuzand
1.001	**one thousand one**	uán fáuzand úan

Tempo

um minuto	**one minute**	uán mênat
uma hora	**one hour**	uán áuar
meia hora	**half an hour**	rréfenáuar
segunda-feira	**Monday**	mândei
terça-feira	**Tuesday**	túzdei
quarta-feira	**Wednesday**	uênizdêi
quinta-feira	**Thursday**	fêrzdêi
sexta-feira	**Friday**	fráidêi
sábado	**Saturday**	satêrdêi
domingo	**Sunday**	sândêi

* Os países de língua inglesa adotam a grafia 1,000 para o numeral 1.000 (um mil) e 1.50 para 1,50 (um e cinquenta), exatamente o oposto da convenção brasileira.

Glossário

CULTURA

Aotearoa: nome maori da Nova Zelândia; significa literalmente "Senhor da Longa Nuvem Branca", dado pela esposa do explorador Kupe *(pág. 17)*
haka: dança e canção de guerra executada por homens *(pág. 30)*
hangi: tipo de cozimento em forno de barro, cujo calor é fornecido por pedras especiais ou brasas *(pág. 137)*
hongi: estilo de cumprimento em que os narizes são pressionados um contra o outro. Quando as pessoas *hongi*, suas *hau* ou essências vitais se entrecruzam.
iwi: tribo, pessoas. *Hapu* é uma subtribo e *whanau* é uma família estendida
kai: comida. Qualquer palavra que tenha *kai* relaciona-se com comida, por exemplo, *kai moana* (frutos-do-mar) *(pág. 109)*
kete: cesta trançada de fibra de linho, *kiekie* ou *pingao* *(pág. 31)*
mana: autoridade, prestígio, poder psíquico
maori: ordinário ou comum, termo usado pelos indígenas neozelandeses do século 19 para se distinguirem dos *pakeha* (estrangeiros ou diferentes)
maoritanga: cultura maori
marae: local de reunião, pátio aberto na frente da casa de culto da aldeia, área de encontros importantes, funerais e lazer *(pág. 116)*
mere: clava de guerra feita com jade polido, a mais valorizada das armas *(pág. 200)*
moko: tatuagens feitas no rosto, nas nádegas e nas coxas dos homens, e nos lábios e no queixo das mulheres *(pág. 30)*
pa: aldeia fortificada ou paliçada *(pág. 50)*
pakeha: estrangeiro, descendente de europeus
poi: bola feita de folhas de árvores presa a uma corda, usada pelas mulheres em danças graciosas *(págs. 30-31)*
tane: homem, macho
tangi: funeral
taonga: tesouros culturais, peças entalhadas e mantos tecidos que são passados de uma geração a outra
tapu: sagrado, divino, proibido; corresponde a tabu
tiki: vem de *heitiki*; valiosa figura de jade usada ao redor do pescoço. Ainda há dúvidas sobre as origens e o significado religioso desse ornamento *(pág. 30)*
wahine: mulher, fêmea
waiata: canções. São de vários tipos, por exemplo, *waiata tangi* (lamentos) e *waiata aroha* (canções de amor)
waka: canoa. As melhores eram as canoas de guerra, *waka taua,* com elaborados entalhes e 30m de comprimento *(pág. 47)*
whare: casa. Há várias casas diferentes: *whare runanga* (casa de culto) *(pág. 28)*; *whare whakairo* (casa cavada); *whare puni* (casa onde a família dorme)

GEOGRAFIA E NATUREZA

kauri: grande árvore encontrada nas florestas ao norte da Nova Zelândia *(pág. 24)*
kea: raro e curioso papagaio alpino cujo nome vem do som que ele emite *(pág. 25)*
kiwi: pássaro noturno que não voa, mas usa seu longo bico para procurar minhocas na terra *(pág. 24)*
koru: a espiral, principal motivo dos desenhos maoris, inspirada no broto da samambaia, ou *koru*; significa "despertar, o processo de crescimento, alegria" *(pág. 24)*
kumara: batata-doce, trazida da Polinésia para a Nova Zelândia, onde se tornou o prato básico *(pág. 45)*
manuka: um arbusto do qual se faz um chá com qualidades antibacterianas e são extraídos mel e óleos *(pág. 24)*
paua: um molusco de concha negra também conhecida como abalone, muito valorizada para confecção de jóias *(pág. 345)*
pohutukawa: árvore de grande porte presente em toda a orla marítima. Cobre-se de flores vermelhas no início do verão, por isso é chamada de "árvore de Natal" *(pág. 25)*
ponga: samambaia
pounamu: *greenstone* ou jade, a pedra preciosa usada em jóias e armas, presente na Ilha Sul e comercializada com as tribos da Ilha Norte *(pág. 237)*
Te Ika a Maui: o peixe de Maui, a Ilha Norte
Te Wai Pounamu: Ilha Sul

PALAVRAS E FRASES USADAS NO DIA-A-DIA

Haere mai: Bem-vindo
Haere ra: adeus (de quem fica para quem vai)
E noho ra: Adeus (de quem vai para quem fica)
Ka pai: obrigado
Kia ora: obrigado, boa sorte, boa saúde
Tena koe: Alô (para uma pessoa)
Tena koutou: alô (para mais de três pessoas)
Kei te pehea koe: Como vai você?
Kei te pai: Muito bem, obrigado

PALAVRAS QUE DÃO NOME AOS LUGARES

ao: nuvem
atua: espírito ou deuses
awa: rio ou vale
hau: vento
ika: peixe
iti: pequeno
kai: comida
kainga: aldeia
kare: ondulações na superfície da água
manga: riacho, afluente
manu: pássaro
maunga: montanha
moana: mar ou lago
motu: ilha
nui: grande
one: praia, areia ou lama
papa: superfície plana e larga
po: noite
puke: morro
puna: nascente
rangi: céu, celeste
roa: longo
roto: lago
rua: dois, buraco
te: o, a
wai: água
wero: desafio
whanga: baía ou enseada
whenua: terra ou país

Mapa Rodoviário da Nova Zelândia

Distâncias

em quilômetros

Ilha Norte

Wellington	660	550	533	983	334	355	145	462	380	548	584	195	545	819
Auckland		504	127	325	423	369	528	234	280	206	115	454	298	170
Gisborne			394	829	216	599	394	287	350	298	413	468	201	675
Hamilton				452	296	242	401	107	153	107	107	327	193	297
Kaitaia					748	694	853	561	605	531	440	779	622	155
Napier						412	178	225	143	311	347	252	308	593
New Plymouth							234	312	296	398	349	160	384	539
Palmerston North								331	249	417	454	074	424	698
Rotorua									082	086	158	305	085	404
Taupo										167	205	222	165	450
Tauranga											115	391	097	376
Thames												434	209	285
Wanganui													358	624
Whangarei														467

	Blenheim	Christchurch	Dunedin	Greymouth	Haast	Invercargill	Milford Sound	Mount Cook	Nelson	Picton	Queenstown	Te Anau	Timaru	Wanaka
Christchurch	321													
Dunedin	682	361												
Greymouth	331	255	616											
Haast	721	527	424	308										
Invercargill	876	555	195	745	376									
Milford Sound	1058	748	387	835	494	280								
Mount Cook	643	322	329	525	360	445	578							
Nelson	117	438	799	296	604	996	1107	737						
Picton	029	350	711	360	717	905	1121	672	113					
Queenstown	800	479	299	567	187	189	299	271	917	829				
Te Anau	971	650	286	714	359	159	121	449	986	1000	186			
Timaru	482	162	199	365	426	417	610	210	600	510	336	486		
Wanaka	790	363	276	456	148	242	352	212	649	762	071	231	278	
Westport	265	360	658	105	413	849	921	630	211	324	600	863	476	588